MOLINIE 1996

LA LÉGISLATION

DE

L'INSTRUCTION PRIMAIRE

EN FRANCE

DEPUIS 1789 JUSQU'A NOS JOURS

RECUEIL

DES

LOIS, DÉCRETS, ORDONNANCES, ARRÊTÉS, RÈGLEMENTS,
DÉCISIONS, AVIS, PROJETS DE LOIS,

AVEC INTRODUCTION HISTORIQUE ET TABLE ANALYTIQUE

Par M. GRÉARD

VICE-RECTEUR DE L'ACADÉMIE DE PARIS
MEMBRE DE L'INSTITUT.

DEUXIÈME ÉDITION

TOME I

De 1789 à 1833

PARIS

TYPOGRAPHIE DELALAIN FRÈRES

IMPRIMEURS DE L'UNIVERSITÉ

1 et 3, rue de la Sorbonne.

LA LÉGISLATION

DE

L'INSTRUCTION PRIMAIRE 2140

EN FRANCE.

LA LÉGISLATION

DE

L'INSTRUCTION PRIMAIRE

EN FRANCE

DEPUIS 1789 JUSQU'A NOS JOURS

RECUEIL

DES

LOIS, DÉCRETS, ORDONNANCES, ARRÊTÉS, RÈGLEMENTS,
DÉCISIONS, AVIS, PROJETS DE LOIS,

AVEC INTRODUCTION HISTORIQUE ET TABLE ANALYTIQUE

Par M. GRÉARD

VICE-RECTEUR DE L'ACADÉMIE DE PARIS
MEMBRE DE L'INSTITUT.

DEUXIÈME ÉDITION

TOME I

De 1789 à 1833

PARIS

TYPOGRAPHIE DELALAIN FRÈRES

IMPRIMEURS DE L'UNIVERSITÉ

1 et 3, rue de la Sorbonne.

AVERTISSEMENT

Cette seconde édition, faite pour répondre au vœu qui nous a été adressé, a été entièrement remaniée et complétée sur divers points.

Depuis 1873, date de la première publication, un grand nombre de documents ont été découverts dans les archives locales. Quelques-uns qui avaient été inexactement édités ont été revus d'après les originaux. D'autre part, l'expérience nous a fait reconnaître que les lois fondamentales, surtout celles de l'époque révolutionnaire, ne pouvaient être bien comprises que si elles étaient accompagnées de l'exposé de motifs qui les a précédées, et suivies du commentaire qui en a assuré l'application.

C'est dans cet esprit qu'a été conçue cette édition nouvelle. Je ne l'aurais pas entreprise, si je n'avais pu compter sur l'active et dévouée collaboration de M. ALBERT DURAND, secrétaire-adjoint de l'Académie de Paris. Je me fais un devoir de consigner ici ce témoignage.

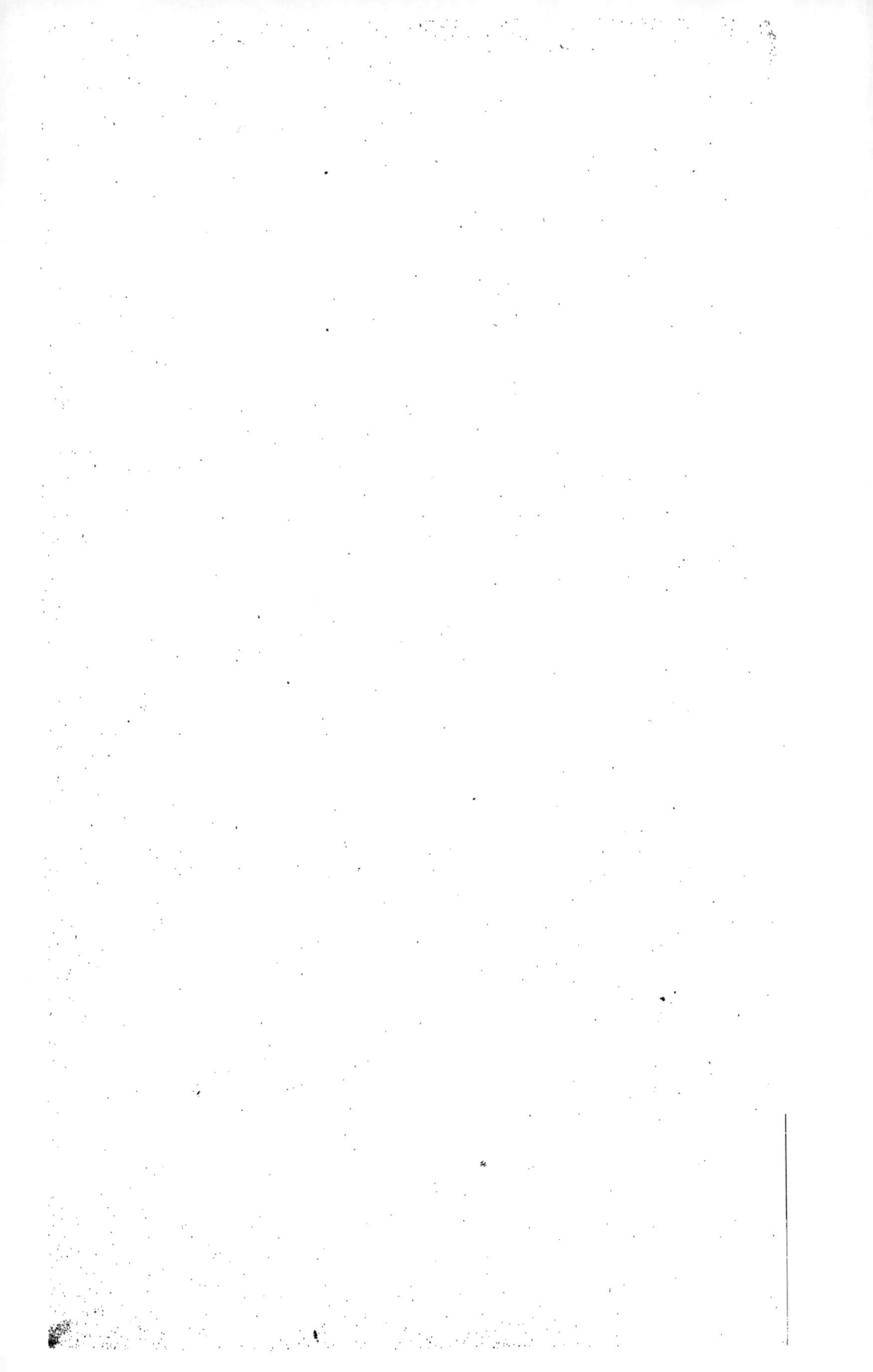

LA LÉGISLATION

DE L'INSTRUCTION PRIMAIRE EN FRANCE

DEPUIS 1789 JUSQU'A NOS JOURS.

———◦———

Décret relatif à l'abolition des dîmes et aux mesures à prendre pour assurer les services auxquels elles étaient affectées[1].   4 août 1789

4 Août 1789.

. . . .

ARTICLE 5. — Les dîmes de toute nature et les redevances qui en tiennent lieu, sous quelque dénomination qu'elles soient connues et perçues, même par abonnement, *possédées par les corps séculiers et réguliers,* par les bénéficiers, les fabriques et tous gens de main-morte, même par l'ordre de Malte et autres ordres religieux et militaires, même celles qui auraient été abandonnées à des laïcs en remplacement et pour option de portion congrue, sont abolies, sauf à aviser aux moyens de subvenir d'une autre manière à la dépense du culte divin, à l'entretien des ministres des autels, au soulagement des pauvres, aux réparations et reconstructions des églises et presby-tères, et à tous les établissements, séminaires, écoles, collèges, hôpi-taux, communautés et autres, à l'entretien desquels elles sont actuel-lement affectées.

Et cependant, jusqu'à ce qu'il y ait été pourvu, et que les anciens possesseurs soient entrés en jouissance de leur remplacement, l'Assemblée nationale *ordonne* que lesdites dîmes continueront d'être perçues suivant les lois et en la manière accoutumée.

1. Extrait des décrets votés dans la nuit du 4 août.

Gréard. *Lég. de l'Instr. primaire.*   1

Quant aux autres dîmes, de quelque nature qu'elles soient, elles seront rachetables de la manière qui sera réglée par l'Assemblée; et jusqu'au règlement à faire à ce sujet, l'Assemblée nationale ordonne que la perception en sera aussi continuée.

. . . .

Décret relatif à la constitution des Assemblées primaires et des Assemblées administratives.

22 Décembre 1789-Janvier 1790.

SECTION III.

Des fonctions des Assemblées administratives.

. . . .

ARTICLE 2. — Les administrations de département seront encore chargées, sous l'autorité et l'inspection du Roi, comme chef suprême de la Nation et de l'administration générale du royaume, de toutes les parties de cette administration, notamment de celles qui sont relatives :

1° Au soulagement des pauvres et à la police des mendiants et des vagabonds;

2° A l'inspection et à l'amélioration du régime des hôpitaux, hôtels-Dieu, établissements et ateliers de charité, prisons, maisons d'arrêt et de correction;

3° A la surveillance de l'éducation publique et de l'enseignement politique et moral.

. . . .

Décret concernant l'administration des biens déclarés à la disposition de la Nation.

22 Avril 1790.

ARTICLE 1er. — L'administration des biens déclarés, par le décret du 2 novembre dernier[1], être à la disposition de la Nation, sera et demeurera, dès la présente année, confiée aux administrations de

---

1. Ce décret met à la disposition de la Nation les biens de l'Église, qui formèrent la garantie des assignats.

département et de district, ou à leurs Directoires, sous les règles, les exceptions et les modifications qui seront expliquées.

. . . .

ART. 8. — Sont et demeurent excéptés, quant à présent, des dispositions de l'article 1er du présent décret, l'ordre de Malte, les fabriques, les hôpitaux, les maisons de charité et autres où sont reçus les malades, les Collèges et maisons d'institution, étude et retraite, administrés par des ecclésiastiques ou par des corps séculiers, ainsi que les maisons de religieuses occupées à l'éducation publique et au soulagement des malades; lesquels continueront, comme par le passé, et jusqu'à ce qu'il en ait été autrement ordonné par le Corps législatif, d'administrer les biens et de percevoir, durant la présente année seulement, les dîmes dont ils jouissent.

Décret relatif à l'Instruction et à la conservation des Monuments publics, des Bibliothèques faisant partie des domaines nationaux, etc.

13-19 octobr 1790

13-19 Octobre 1790.

L'Assemblée nationale décrète :

1° Qu'elle ne s'occupera d'aucune des parties de l'Instruction, jusqu'au moment où le Comité de constitution, à qui elle conserve l'attribution la plus générale sur cet objet, aura présenté son travail relatif à cette partie de la Constitution ;

2° Qu'afin que le cours de l'Instruction ne soit point arrêté un seul instant, le Roi sera supplié d'ordonner que les rentrées dans les différentes écoles publiques se feront cette année encore comme à l'ordinaire, sans rien changer cependant aux dispositions du décret sur la constitution du clergé, concernant les séminaires ;

3° Elle charge les Directoires des départements de faire dresser l'état et de veiller, par tous les moyens qui seront en leur pouvoir, à la conservation des monuments, des églises et maisons devenues domaines nationaux, qui se trouveront dans l'étendue de leur territoire, et lesdits états seront remis au Comité d'aliénation ;

4° Elle commet au même soin, pour les nombreux monuments du même genre qui existent à Paris, pour tous les dépôts de chartes, titres, papiers et bibliothèques, la municipalité de cette ville, qui s'associera, pour éclairer sa surveillance, des membres choisis des différentes Académies.

Décret relatif à la vente des biens nationaux et à la situation des religieux chargés de l'enseignement public.

23-28 Octobre 1790.

TITRE Iᵉʳ.

*De la distinction des biens nationaux à vendre dès à présent
et de l'administration générale.*

ARTICLE 1ᵉʳ. — L'Assemblée nationale décrète qu'elle entend par biens nationaux :

1° Tous les biens des domaines de la couronne ;

2° Tous les biens des apanages ;

3° Tous les biens du clergé ;

4° Tous les biens des séminaires diocésains.

L'Assemblée ajourne tout ce qui concerne :

1° Les biens des fabriques ;

2° Les biens de fondations établies dans les églises paroissiales ;

3° Les biens des séminaires-collèges, des collèges, des établissements d'étude ou de retraite, et de tous les établissements destinés à l'enseignement public ;

4° Les biens des hôpitaux, maisons de charité, et autres établissements destinés au soulagement des pauvres, ainsi que ceux de l'ordre de Malte, et tous autres ordres religieux militaires.

. . . .

ART. 3. — Ne seront pas vendus les biens servant de dotation aux chapelles desservies dans l'enceinte des maisons particulières, par un chapelain ou desservant à la seule disposition du propriétaire, ni les biens servant de dotation aux fondations faites pour subvenir à l'éducation des parents des fondateurs, qui ont été conservés par les articles 23 et 26 du décret du 12 juillet dernier, sur la constitution civile du clergé. Ces biens seront administrés comme par le passé.

. . . .

ART. 6. — Au moyen des dispositions de l'article 3 du titre II du décret sur les ordres religieux, qui ordonne qu'il sera tenu compte, jusqu'à ce qu'il en soit autrement ordonné, aux religieuses vouées par leur institut, et actuellement employées à l'enseignement public et au soulagement des pauvres, de la totalité de leurs revenus, les biens par elles possédés seront administrés, à compter du 1ᵉʳ janvier

1791 par l'administration de département et de district, et, dès cette époque, il leur sera tenu compte en argent de leurs revenus.

Art. 7. — Les biens des religieuses vouées à l'enseignement public pourront même être vendus dès à présent ; quant à ceux des religieuses destinées au soulagement des pauvres, ils sont compris dans l'ajournement ci-devant prononcé.

Art. 8. — Sont aussi compris dans ledit ajournement les biens possédés par les religieux voués au soulagement des pauvres, ainsi que ceux des congrégations séculières, mais non ceux des religieux voués à l'enseignement public. Néanmoins, quant aux biens des religieux voués au soulagement des pauvres, au moyen des pensions à eux accordées, ils cesseront de les administrer au 1er janvier 1791. A cette époque, les administrations de département et de district en prendront l'administration, et dès lors lesdites pensions commenceront à courir.

Art. 9. — Seront réservés aux établissements mentionnés dans le précédent article, les bâtiments, jardins et enclos qui sont à leur usage, sans que les religieux qui vivront en commun puissent personnellement rien prétendre au delà de ce qui leur a été réservé par les précédents décrets sur les ordres religieux.

Art. 10. — A l'égard des religieux chargés de l'enseignement public, des mains desquels l'administration de leurs biens a dû être retirée, en vertu du décret des 14 et 20 avril, et dont les pensions commencent à compter du 1er janvier 1790, pour être payées en 1791, ils rendront, comme les autres religieux, compte de ce qu'ils auront reçu ; et, dans le cas où ils cesseraient ou négligeraient de remplir leurs fonctions, il pourra être provisoirement pourvu par les Directoires du département, sur l'avis de ceux de district, et après avoir entendu les municipalités, tant au remplacement desdits religieux, qu'aux moyens de fournir à la dépense de l'enseignement dont ils étaient chargés, en prenant l'autorisation du Corps législatif.

. . . .

Art. 12. — Les ecclésiastiques, les religieux et les religieuses mentionnés dans les articles 6, 7, 8 et 10, ainsi que ceux qui régissent les biens des séminaires diocésains, rendront leur compte de régie de la présente année, le 1er janvier 1791, au Directoire du district de leur établissement, pour, sur son avis, être arrêté par le Directoire du département.

Art. 13. — Les biens des fabriques, des fondations établies dans les églises paroissiales, conservées provisoirement par l'article 25 du décret du 12 juillet dernier, sur la constitution civile du clergé ; ceux des établissements d'étude et de retraite, ceux des séminaires-

collèges, ceux des collèges et de tous autres établissements d'enseignement public, administrés par des ecclésiastiques et des corps
séculiers, ou des congrégations séculières, ensemble les biens des
hôpitaux, maisons de charité et de tous autres établissements destinés au soulagement des pauvres, continueront, jusqu'à ce qu'il en
ait été autrement ordonné, d'être administrés comme ils l'étaient au
1er octobre présent mois, lors même qu'ils le seraient par les municipalités qui auraient cru devoir se charger de les régir, en vertu de
l'article 50 du décret du 14 décembre dernier, concernant les municipalités.

ART. 14. — Les administrateurs des biens mentionnés en l'article 13 ci-dessus seront tenus, jusqu'à ce qu'il en ait été autrement
pourvu, de rendre leurs comptes tous les ans, à compter du 1er janvier 1791, en présence du Conseil général de la commune, ou de
ceux de ses membres qu'il voudra déléguer, pour être vérifiés par
le Directoire du district, et arrêtés par celui du département.

ART. 15. — Quant aux établissements d'enseignement public et
de charité qui étaient administrés par des chapitres et autres corps
ecclésiastiques supprimés, lorsqu'ils seront dans des villes de district, ils le seront par l'administration du district ou son Directoire,
sous l'autorité de celle du département et de son Directoire. Ceux
qui se trouveront dans les villes où il n'y aura pas d'administration
de district, seront administrés par les municipalités, sous l'autorité
desdites administrations, à la charge de rendre compte, ainsi qu'il
est prescrit en l'article 14 ci-dessus ; le tout aussi provisoirement,
et jusqu'à ce qu'il y ait été autrement pourvu.

------

22 mars 1791.   **Décret relatif à la prestation de serment civique.**

22 Mars 1791.

ARTICLE 3. — Nul agrégé, et en général nul individu, ne sera
appelé à exercer, et nul professeur ne pourra continuer aucune fonction ou remplir aucune place dans les établissements appartenant à
l'Instruction publique dans tout le royaume, qu'auparavant il n'ait
prêté le serment civique, et, s'il est ecclésiastique, le serment des
fonctionnaires publics ecclésiastiques.

Décret relatif à la déchéance des fonctionnaires de l'Instruction publique qui n'ont pas prêté serment et à leur remplacement.

15-17avril 179

15-17 Avril 1791.

ARTICLE 1er. — Toutes personnes chargées d'une fonction publique dans le département de l'Instruction qui n'ont pas prêté le serment prescrit par les lois des 26 décembre et 22 mars dernier sont déchues de leurs fonctions, et il doit être provisoirement pourvu, s'il est nécessaire, à leur remplacement, par les Directoires de département.

ART. 2. — Pour remplir les chaires de professeur et toutes autres places vacantes ou qui viendront à vaquer dans le département de l'Instruction publique, jusqu'au moment où l'Assemblée nationale en aura décrété la nouvelle organisation, les Directoires de département ne sont pas astreints à ne choisir que parmi les agrégés des Universités.

Extrait du plan de Mirabeau sur l'organisation des Écoles publiques.
Projet de décret (1791)[1].

TITRE Ier.

ARTICLE 1er. — L'Assemblée nationale, conformément à des principes déjà discutés, établit que, toute fondation quelconque ne pouvant avoir pour objet que l'utilité publique, et n'étant garantie que par la loi qui représente la volonté de la nation, la nation, seul juge naturel de cette utilité, reste toujours maîtresse de retirer sa garantie et de se mettre à la place des fondateurs pour expliquer leurs intentions. L'Assemblée considère que, la loi étant l'expression de l'opinion ou de la volonté publique, c'est aux organes de cette volonté à déterminer immédiatement tout ce qui peut influer sur sa formation à l'avenir, et qu'il est important que l'éducation publique soit organisée sur un plan vraiment social; qu'elle soit soumise à des magistrats élus et fréquemment renouvelés par le peuple, lesquels la dirigent toujours d'après ses intérêts, et n'y laissent introduire aucun genre de corruption; considère, en outre, que, les Académies étant l'espérance des gens de lettres de toutes les classes, et faisant une partie essentielle du corps enseignant, elles doivent être soumises au même régime et tendre au même but, qui est la propagation des idées saines et des connaissances utiles.

ART. 2. — En conséquence, à l'avenir, les départements seront chargés de l'administration des Académies et des Écoles publiques; et, dans le Corps législatif, il sera nommé un Comité d'éducation, destiné à lui rendre un compte

---

1. Cf. *Travail sur l'Éducation publique, trouvé dans les papiers de Mirabeau l'aîné*, publié par P. J. G. CABANIS, docteur en médecine, etc.; Paris, Imprimerie Nationale, 1791.

exact de leur situation dans tout le royaume, à lui présenter les plans d'amélioration ou de réforme, et à surveiller d'une manière spéciale la conduite des corps administratifs relativement à cet objet.

. . . .

Titre II. — *Des Collèges et Écoles publiques.*

Art. 3. — A l'avenir, tous les Collèges et Écoles publiques seront soumis aux départements, et ces corps administratifs en surveilleront l'enseignement et la police.

. . . .

Art. 4. — Dans chaque département il y aura au moins un Collège de littérature. Le département fera en sorte qu'il s'en établisse un dans chaque district.

Dans chaque endroit où l'organisation nouvelle du clergé conservera un curé ou un vicaire, il y aura une École d'écriture et de lecture, pour l'entretien de laquelle il sera affecté une somme depuis 100 jusqu'à 200 livres, payable chaque année sur les fonds du département. Le maître d'école sera autorisé à recevoir une rétribution de ses élèves : il enseignera à lire, à écrire, à calculer, et même, s'il est possible, à lever des plans et à arpenter. Il se servira, pour enseigner à lire, de livres qui feront connaître la Constitution, et qui expliqueront, d'une manière simple et nette, les principes de la morale. Tout maître d'école qui se distinguera dans ce genre d'enseignement recevra des récompenses, qui seront fixées et distribuées par le Directoire du département. La nomination des maîtres d'école de paroisse se fera de la manière suivante : la commune présentera trois sujets au Directoire du district, qui sera tenu d'en choisir un ; et le sujet choisi ne pourra être destitué, sans que les motifs de la destitution aient été discutés et trouvés valables par le même Directoire.

. . . .

Art. 9. — Les jeunes gens ne pourront être reçus dans un Collège avant l'âge de dix ans. Ils seront examinés sur leurs précédentes études ; et, pour être admis, il faudra qu'ils sachent bien lire, bien écrire, bien compter, et qu'ils puissent répondre sur les principes de morale enseignés dans les Écoles primaires.

. . . .

Art. 17. — Les Universités ne forment entre les différents Collèges et les différentes Ecoles que les liaisons qui doivent se former naturellement entre les dépositaires et les propagateurs des connaissances utiles.

. . . .

Art. 24. — Partout où il y a des Écoles de lecture, d'écriture et d'arithmétique pour les jeunes filles, on les conservera et l'on en créera de semblables dans toutes les municipalités. Les unes et les autres seront formées suivant les principes énoncés dans l'article 4 du présent titre [1].

Art. 25. — L'établissement de toute École particulière pour les enfants de l'un et de l'autre sexe sera parfaitement libre.

. . . .

1. Si l'Assemblée nationale juge à propos d'employer des sœurs de charité dans les campagnes pour soigner les pauvres malades et diriger les ateliers charitables de femmes, ces sœurs pourront encore tenir les Écoles de jeunes filles, et remplir ainsi plusieurs objets utiles. (*Note* du projet.)

Loi portant qu'il sera créé et organisé une instruction commune à tous les citoyens.

3-14 Septembre 1791.

Il sera créé et organisé une instruction publique, commune à tous les citoyens, gratuite à l'égard des parties d'enseignement indispensables pour tous les hommes, et dont les établissements seront distribués graduellement dans un rapport combiné avec la division du royaume.

(*Extrait de la Constitution.*)

Extrait du projet de loi sur l'instruction publique présenté à l'Assemblée nationale au nom du Comité de constitution, par M. de Talleyrand-Périgord, rapporteur[1].

10, 11, 19 Septembre 1791.

I. — *Ecoles primaires.*

L'objet des Écoles primaires est d'enseigner à tous les enfants leurs premiers et indispensables devoirs; de les pénétrer des principes qui doivent diriger leurs actions; et d'en faire, en les préservant des dangers de l'ignorance, des hommes plus heureux et des citoyens plus utiles.

ARTICLE 1er. — Chaque administration de département déterminera le nombre des Écoles primaires de son arrondissement, sur la demande des municipalités présentée par les Directoires des districts.

Il sera établi à Paris une École primaire par section.

ART. 2. — Les Écoles primaires seront gratuites et ouvertes aux enfants de tous les citoyens, sans distinction.

ART. 3. — Nul n'y sera admis avant l'âge de six ans accomplis.

ART. 4. — On y enseignera aux enfants :

1º A lire tant dans les livres imprimés que dans les manuscrits;

2º A écrire, et les exemples d'écriture rappelleront leurs droits et leurs devoirs;

3º Les premiers éléments de la langue française, soit parlée, soit écrite;

4º Les règles de l'arithmétique simple;

5º Les éléments du toisé;

6º Les noms des villages du canton; ceux des cantons, des districts et des villes du département; ceux des villes, hors du département, avec lesquelles leur pays a des relations plus habituelles.

ART. 5. — On y enseignera :

1º Les principes de la religion;

2º Les premiers éléments de la morale, en s'attachant, surtout, à faire connaître les rapports de l'homme avec ses semblables;

3º Des instructions simples et claires sur les devoirs communs à tous les citoyens et sur les lois qu'il est indispensable à tous de connaître;

1. Ce plan ne fut pas accepté par l'Assemblée.

4° Des exemples d'actions vertueuses qui les toucheront de plus près, et, avec le nom du citoyen vertueux, celui du pays qui l'a vu naître.

Art. 6. — Dans les villes et bourgs au-dessus de mille âmes, on enseignera aux enfants les principes du dessin géométral.

Pendant les récréations, on les exercera à des jeux propres à fortifier et à développer le corps.

Art. 7. — Deux notables de la commune seront chargés de surveiller l'École primaire, et de distribuer des prix tous les ans.

Art. 8. — Chaque département, sur la demande des municipalités, présentée par le Directoire du district, fixera, dans son arrondissement, le nombre des maîtres et celui des Écoles primaires.

Art. 9. — Il sera ouvert un concours pour le meilleur ouvrage nécessaire aux Écoles primaires.

Les auteurs qui voudront concourir, adresseront leur ouvrage aux commissaires de l'Instruction publique, qui le feront passer à l'Institut national. D'après le jugement motivé de l'Institut, les commissaires de l'Instruction publique feront leur rapport à l'Assemblée nationale, qui prononcera sur l'envoi de l'ouvrage aux départements.

. . . .

III. — *Des pensions gratuites.*

Les pensions gratuites sont des encouragements accordés par la société, et distribués à ceux des jeunes gens qui, par des dispositions marquées, promettent de lui rapporter un jour le fruit de ses avances.

Art. 1er. — Il sera établi dans la maison principale d'éducation de chaque département au moins dix pensions gratuites en faveur des jeunes gens du département qui s'en seront rendus dignes par leur application et leurs talents.

. . . .

Art. 3. — Il y aura de plus, pour chaque département, des pensions gratuites, destinées à des jeunes gens qui seront élevés gratuitement à Paris.

Art. 4. — Les pensions gratuites établies à Paris seront formées de toutes les fondations existantes à Paris pour l'éducation, de celles connues sous le nom de bourses dans les collèges, séminaires et autres maisons d'éducation.

Ces fondations seront réunies sous une seule administration, et il en sera formé des pensions gratuites d'une valeur égale.

Art. 5. — Ces pensions gratuites seront réparties entre les quatre-vingt-trois départements. La base de la proportion sera celle de l'imposition, de la population et du territoire.

. . . .

Art. 7. — Les jeunes gens qui auront obtenu des pensions gratuites, seront distribués en nombre égal dans les maisons qui seront établies à Paris pour l'éducation publique.

Leur pension sera payée par l'administration des biens de l'Éducation, d'après le taux qui sera fixé.

. . . .

Art. 9. — Les Directoires de département nommeront aux pensions gratuites de leur arrondissement, et ne pourront les administrateurs faire tomber leur choix sur leurs enfants, pendant le temps de leur administration.

Art. 10. — Tous les ans, les maîtres d'écoles primaires et ceux des écoles de district remettront à la municipalité la liste de leurs élèves, contenant leur âge, leur pays, avec des observations sur ceux qui se sont distingués par leurs progrès et leurs talents.

La municipalité vérifiera la liste et l'enverra au Directoire du district, qui la fera passer au Directoire du département.

Art. 11. — A la vacance d'une pension gratuite, chaque Directoire de district présentera au Directoire de département les noms des six jeunes gens qui auront obtenu les témoignages les plus distingués pour leurs progrès, leur conduite et leurs talents : le Directoire de département nommera l'un d'eux à la pluralité des voix, et, en cas de partage, au scrutin individuel.

. . . .

IV. — *De l'élection, de la nomination et de la destitution des maîtres d'Écoles primaires.*

Les maîtres d'écoles primaires... doivent être éclairés et vertueux, puisqu'ils sont également chargés d'instruire les enfants et de les former à la vertu. Leurs talents seront donc éprouvés par des examens sévères, et les précautions qui seront prises pour leur nomination garantiront aux pères et à la société les qualités morales des maîtres auxquels sera confiée l'espérance des familles et celle de la patrie.

Art. 1er. — Il sera fait une liste d'éligibles dans laquelle seront choisis les maîtres qui enseigneront dans les Écoles primaires.....

Art. 2. — Ceux qui se destineront à l'enseignement des Écoles primaires se rendront, à un temps indiqué chaque année, aux chefs-lieux de district qui seront déterminés par le Directoire du département. Le Directoire nommera cinq juges, dont deux au moins seront choisis parmi les maîtres publics. Les candidats seront examinés sur toutes les parties de l'enseignement des Écoles primaires. Ceux qui seront reçus à l'examen seront inscrits sur la liste des éligibles.

. . . .

Art. 8. — Les Commissaires de l'Instruction publique feront imprimer la liste de tous les éligibles pour les différents genres d'enseignement; ils y joindront la liste des maîtres enseignant dans les Écoles publiques. Cette liste sera envoyée tous les ans à tous les districts et départements du royaume.

Art. 9. — Lorsqu'une place de maître d'école primaire sera vacante, le procureur-syndic de la municipalité en donnera avis au procureur-syndic du district; le Directoire nommera à la place vacante parmi tous les éligibles du royaume.

. . . .

Art. 11. — Le maître nommé recevra du Roi un brevet d'Institution. Avant d'entrer dans l'exercice de ses fonctions, il prêtera le serment civique entre les mains de la municipalité.

Art. 12. — Nul ne sera maître public dans les Écoles primaires..... avant vingt-un ans.

. . . .

Art. 13. — A la prochaine organisation de l'éducation publique, les maîtres seront choisis de préférence parmi ceux qui sont présentement en exercice.

Art. 14. — Ceux qui ne seraient pas employés seront inscrits sur la liste des éligibles.

Art. 15. — Les municipalités seront chargées de l'inspection et surveillance des Écoles primaires.....

Art. 16. — Les municipalités feront connaître au procureur-syndic du district..... les plaintes faites contre les maîtres pour fait de leur enseignement. Ils ne pourront être destitués que par le Directoire du département, à la pluralité des trois quarts des voix, et après avoir été entendus.

V. — *Du traitement des maîtres.*

Il a été décrété constitutionnellement que *l'instruction publique serait gratuite à l'égard des parties de l'enseignement indispensables pour tous les hommes.* Ainsi, l'enseignement des Écoles primaires est une dette qui sera acquittée entièrement par la société.

Art. 1er. — Le traitement des maîtres d'écoles primaires sera gradué selon les localités. Le maximum sera de 1 000 livres, avec un local pour l'école. Le minimum sera de 400 livres.

Art. 2. — Le traitement des maîtres d'écoles primaires de Paris sera de 1 000 livres.

Art. 6. — Tout maître d'école primaire aura, après vingt ans d'exercice, son traitement pour retraite.

Nota. — Il y aura à Paris 48 maîtres d'écoles primaires, à 1 000 livres.

XV. — *Méthodes et livres élémentaires.*

L'Assemblée nationale met au rang des bienfaits publics les bons livres élémentaires sur toutes les connaissances humaines, les méthodes propres à agrandir et à perfectionner les facultés principales de l'homme; les procédés bien éprouvés, destinés à faciliter l'application des principes dans la pratique des arts; toutes les découvertes, soit dans les arts, soit dans les sciences, et particulièrement les ouvrages de tout genre qui serviront le mieux la morale. Elle veut que l'Institut national mette en usage tous ses moyens pour arriver à ces grands résultats, qu'il attache à leur recherche tous les talents, tous les efforts de l'émulation publique; et elle ordonne aux Commissaires de l'instruction de faire parvenir, sans délai, aux départements, tout ce que, sur ces divers objets, l'Institut aura, par un suffrage solennel, recommandé à la confiance publique.

XVII. — *Éducation des femmes.*

Art. 1er. — Les filles ne pourront être admises aux Écoles primaires que jusqu'à l'âge de huit ans.

Art. 2. — Après cet âge, l'Assemblée nationale invite les pères et mères à ne confier qu'à eux-mêmes l'éducation de leurs filles, et leur rappelle que c'est leur premier devoir.

Art. 3. — Il sera pourvu, dans chaque département, aux moyens de former des établissements destinés à procurer aux filles qui sortiront des Écoles primaires, ou de la première éducation paternelle, la facilité d'apprendre des métiers convenables à leur sexe.

Art. 4. — Il sera pourvu aussi, par les départements, à l'établissement d'un nombre suffisant de maisons d'éducation pour les filles qui ne pourront être élevées dans la maison paternelle.

Art. 5. — Ces maisons seront dirigées par des institutrices nommées par les Directoires des départements.

Art. 6. — Les départements prescriront des règles à ces établissements, veilleront à leur exécution, pourront destituer les institutrices dont la conduite ne répondrait pas à la confiance publique.

Art. 7. — Ils fixeront le prix des pensionnats et les traitements des institutrices, et les proportionneront aux objets d'enseignement qu'elles seront capables de professer pour leurs élèves.

Art. 8. — Toutes les instructions données aux élèves dans les maisons d'éducation publique, tendront particulièrement à préparer les filles aux vertus de la vie domestique, et aux talents utiles dans le gouvernement d'une famille.

XVIII. — *Des Commissaires de l'Instruction publique.*

Les Commissaires de l'instruction publique sont établis pour réunir en un centre commun, et répandre, dans tout le royaume, tous les moyens d'instruction propres à maintenir l'unité des principes et à perfectionner cette partie essentielle de l'organisation sociale.

Art. 1er. — Il sera établi à Paris une administration centrale, sous le nom de Commission générale de l'Instruction publique. Ses membres seront au nombre de six, et auront le titre de Commissaires de l'instruction publique.

Art. 2. — Il sera établi, sous chaque Commissaire, un Inspecteur. Les Inspecteurs pourront être momentanément envoyés dans les divers établissements d'instruction du royaume, lorsque la Commission le jugera nécessaire.

Art. 3. — Les Commissaires et Inspecteurs seront nommés par le Roi, qui pourra ensuite les suspendre de leurs fonctions; mais l'instruction étant la première défense contre les abus de l'autorité, leur destitution ne pourra être prononcée que sur un jugement du Corps législatif.

Art. 4. — Les Commissaires se partageront entre eux les divers objets de l'instruction; et chacun fera exécuter, sous sa responsabilité, les lois relatives à la partie dont il aura été chargé.

Art. 5. — Ils auront sous leur surveillance tout ce qui tient à l'instruction, tout ce qui concerne les prix et concours qui seront ouverts pour tous les objets d'utilité publique, les spectacles, les fêtes nationales, les arts, les bibliothèques publiques formées de celles des maisons religieuses, la Bibliothèque nationale, la correspondance de toutes les bibliothèques.

Art. 6. — Il sera nommé, dans chaque Directoire de département, un membre chargé de la surveillance de ce qui concerne l'instruction : il sera tenu de donner connaissance tant de l'état que des besoins de l'instruction publique dans le département.

Art. 7. — Tous les biens et revenus destinés à l'éducation publique seront sous la surveillance des Commissaires. Ils rendront compte, tous les ans, à l'Assemblée législative, de la situation de ces biens.

Art. 8. — Ils présenteront, chaque année, à l'Assemblée législative, un état des progrès de l'instruction dans toutes les parties du royaume.

Art. 9. — Ils nommeront, pour la première fois, aux places de nouvelle création, dont la nomination n'aura pas été attribuée aux corps administratifs, et rendront un compte public des motifs de leur choix.

ART. 10. — Ils seront tenus de présenter au Corps législatif, dans le plus court délai possible, et dans l'ordre des besoins pressants, des projets de règle-ment sur tous les objets de détail qui ne se trouveront point compris dans les articles précédents.

ART. 11. — La Commission générale nommera son secrétaire et les employés des bureaux; elle présentera à l'Assemblée législative l'état des employés nécessaires, pour ledit état être décrété ainsi qu'il conviendra.

ART. 12. — Le traitement des Commissaires sera de 15 000 livres; celui des Inspecteurs, de 8 000 livres.

XIX. — Liberté de l'enseignement.

Il sera libre à tous particuliers, en se soumettant aux lois générales sur l'enseignement public, de former des établissements d'instruction : ils seront tenus seulement d'en instruire la municipalité, et de publier leurs règlements.

XX. — Prolongation provisoire de l'enseignement actuel.

Les Universités et corporations chargées maintenant de l'instruction publique continueront leurs fonctions jusqu'au parfait établissement des nouveaux moyens d'instruction qui devront leur succéder; après quoi, elles seront supprimées.

20,21 avril 1792. Extrait du projet de décret sur l'organisation de l'Instruction publique présenté à l'Assemblée législative par Condorcet au nom du Comité d'Instruction publique [1].

20, 21 Avril 1792.

TITRE Ier. — Division de l'Instruction.

ARTICLE 1er. — Il y aura cinq degrés d'instruction, qui correspondront aux besoins qu'ont les différents citoyens d'acquérir plus ou moins de connaissances.

ART. 2. — Des Écoles primaires formeront le premier degré.

On y enseignera les connaissances rigoureusement nécessaires à tous les citoyens. Les maîtres de ces écoles s'appelleront Instituteurs.

ART. 3. — Des Écoles secondaires, établies dans les villes, formeront le second degré. On y enseignera ce qui est nécessaire pour exercer les emplois de la société, et remplir les fonctions publiques qui n'exigent ni une grande étendue de connaissances, ni un genre d'études particulier. Les maîtres porteront aussi le nom d'Instituteurs.

. . . .

1. Voir ci-après, page 18, l'aperçu des dépenses qu'aurait entraînées ce plan.

L'Assemblée législative n'ayant pas accepté le plan de Talleyrand, Condorcet fut chargé par elle de préparer un projet; les évènements qui se précipitèrent ne permirent pas d'en entamer la discussion.

Lanthenas, dans le projet qu'il soumit à la Convention, en décembre 1792, reproduit les dispositions essentielles du plan de Condorcet.

TITRE II. — *Écoles primaires.*

ART. 1er. — Dans les Écoles primaires des campagnes, on apprendra à lire et à écrire ; on y enseignera les règles de l'arithmétique, les premières connaissances morales, naturelles et économiques, nécessaires aux habitants des campagnes.

ART. 2. — On enseignera les mêmes objets dans les Écoles primaires des bourgs et des villes ; mais on insistera moins sur les connaissances relatives à l'agriculture, et davantage sur les connaissances relatives aux arts et au commerce.

ART. 3. — L'enseignement des Écoles primaires sera partagé en quatre divisions, que les élèves parcourront successivement.

ART. 4. — Les élèves ne seront pas admis à ces écoles avant l'âge de six ans.

ART. 5. — On fera composer incessamment les livres élémentaires qui devront être enseignés dans les Écoles primaires. Ces livres seront rédigés d'après la meilleure méthode d'enseignement que les progrès actuels des sciences nous indiquent, et d'après les principes de liberté, d'égalité, de pureté dans les mœurs et de dévouement à la chose publique, consacrés par la Constitution.

Outre ces livres pour les enfants, il en sera fait d'autres, qui serviront à guider les instituteurs. Ceux-ci contiendront des principes sur la méthode d'enseigner, de former des jeunes gens aux vertus civiques et morales ; des explications et des développements des objets contenus dans les livres élémentaires de l'école.

Il y aura quelque différence entre les livres à l'usage des campagnes et ceux à l'usage des bourgs et villes : différence qui se rapportera à celle de l'enseignement.

ART. 6. — La religion sera enseignée dans les temples, par les ministres respectifs des différents cultes.

ART. 7. — Tous les dimanches, l'instituteur donnera une instruction publique, à laquelle les citoyens de tout âge, et surtout les jeunes gens qui n'ont pas encore prêté le serment civique, seront invités d'assister.

Ces instructions auront pour objet :

1° De rappeler les connaissances acquises dans les Écoles ;

2° De développer les principes de la morale et du droit naturel ;

3° D'enseigner la Constitution et les lois dont la connaissance est nécessaire à tous les citoyens, et en particulier celles qui seront utiles aux jurés, juges de paix, officiers municipaux ; d'annoncer et d'expliquer les lois nouvelles qu'il leur est important de connaître ;

4° De donner des connaissances sur la culture et les arts, d'après les découvertes nouvelles.

ART. 8. — Il sera composé pour les citoyens des campagnes et ceux des villes, qui se borneront au premier degré d'instruction, des livres de lecture. Ces ouvrages, différents pour les âges et les sexes, rappelleront à chacun ses droits et ses devoirs, ainsi que les connaissances nécessaires à la place qu'il occupe dans la société.

ART. 9. — Il sera formé pour chaque École une petite collection de livres à l'usage des enfants qui fréquenteront l'École, et la garde en sera confiée à l'instituteur.

Art. 10. — Il y aura une École primaire et un instituteur dans tous les villages qui ont depuis quatre cents jusqu'à quinze cents habitants.

Art. 11. — Pour les villages au-dessous de quatre cents habitants, et les habitations dispersées et éloignées de plus de mille toises d'une École, il y aura une École et un instituteur par arrondissement comprenant depuis quatre cents jusqu'à quinze cents habitants. Les enfants des habitations qui ne sont pas éloignées de plus de mille toises d'une École fréquenteront l'École la plus voisine.

Art. 12. — Dans les endroits qui renferment de quinze cents à quatre mille habitants, il y aura deux Écoles, un instituteur et une institutrice; ou une seule École, avec un instituteur et une institutrice.

Art. 13. — Dans les villes de quatre à huit mille habitants, il y aura quatre Écoles, deux instituteurs et deux institutrices.

Art. 14. — Dans les villes de huit à vingt mille habitants, il y aura, par quatre mille habitants, deux Écoles, l'une avec un instituteur, l'autre avec une institutrice.

Art. 15. — Dans les villes au-dessus de vingt mille habitants jusqu'à cinquante mille, il y aura deux Écoles, l'une avec un instituteur, l'autre avec une institutrice, par cinq mille habitants.

Art. 16. — Dans les villes plus considérables, il y aura un instituteur et une institutrice par six mille habitants.

Titre III. — *Écoles secondaires.*

Art. 1er. — On enseignera dans les Écoles secondaires :

1o Les notions grammaticales nécessaires pour parler et écrire correctement, l'histoire et la géographie de la France et des pays voisins ;

2o Les principes des arts mécaniques, les éléments pratiques du commerce, le dessin ;

3o On y donnera des développements sur les points les plus importants de la morale et de la science sociale, avec l'explication des principales lois et les règles des conventions et des contrats ;

4o On y donnera des leçons élémentaires de mathématiques, de physique et d'histoire naturelle, relatives aux arts, à l'agriculture et au commerce.

Art. 2. — Dans les Écoles secondaires où il y aura plus d'un instituteur, on pourra enseigner une des langues étrangères les plus utiles, suivant les localités.

Art. 3. — L'enseignement sera partagé en trois divisions, que les élèves parcourront successivement.

Art. 4. — Les livres élémentaires composés pour ces Écoles seront aussi partagés en trois divisions, correspondantes à celles de l'enseignement.

Art. 5. — Les instituteurs des Écoles secondaires donneront aussi, tous les dimanches, des instructions auxquelles tous les citoyens pourront assister.

Art. 6. — Chaque École secondaire aura une bibliothèque proportionnée à l'étendue des connaissances qu'on y enseigne avec quelques modèles de machines, et quelques instruments de physique. La garde en sera confiée à l'un des instituteurs.

Art. 7. — Il y aura des Écoles secondaires dans chaque chef-lieu de district, et en outre dans les endroits de quatre mille habitants et au-dessus.

Art. 8. — Dans les endroits de plus de quinze cents, mais de moins de quatre mille habitants, qui seraient trop éloignés des Écoles secondaires, il pourra en être établi une sur la demande motivée des communes et l'avis des corps administratifs.

Art. 9. — Dans les endroits qui auront moins de six mille habitants, il n'y aura qu'une École secondaire et un seul instituteur.

Art. 10. — Dans les villes de six à huit mille habitants, il y aura une École secondaire avec deux instituteurs.

Art. 11. — Dans chaque ville de huit à quinze mille habitants, il y aura une École secondaire avec trois instituteurs.

Art. 12. — Dans les villes qui ont plus de quinze mille habitants, il y aura une École secondaire avec trois instituteurs par quinze mille habitants.

. . . .

Titre VIII. — *Nominations.*

. . . .

Art. 9. — Les instituteurs des Écoles secondaires seront nommés par le conseil général de la commune, sur une liste de trois éligibles, présentée par le conseil général de l'Institut de l'arrondissement.

Art. 10. — Il sera formé, d'après les mêmes règles et par les professeurs de l'Institut de l'arrondissement, une liste d'aspirants aux places d'instituteurs d'écoles primaires.

Art. 11. — Lorsqu'une place d'instituteur d'école primaire viendra à vaquer, les professeurs de l'Institut de l'arrondissement présenteront aux pères de famille du lieu ou de la section de la ville où l'École sera située une liste de trois éligibles, et ces pères de famille éliront l'instituteur à la pluralité absolue.

Art. 12. — Les étrangers qui réuniront les connaissances requises pourront être nommés, comme les Français, aux places de professeurs, de conservateurs et d'instituteurs.

. . . .

Art. 14. — Il sera présenté un mode particulier de nomination pour la première formation de tous les établissements d'instruction.

Titre IX. — *Élèves de la Patrie.*

Art. 1er. — La Nation accorde, à titre d'encouragement, à un nombre déterminé de jeunes gens, qui se seront le plus distingués par leurs talents et leur conduite, des pensions temporaires qui leur procureront la facilité de fréquenter le degré d'instruction supérieur. Ces jeunes gens porteront le titre *d'élèves de la patrie.*

Art. 2. — Chaque Institut enverra tous les ans au Lycée de l'arrondissement un de ses élèves, qui recevra une pension annuelle de cinq cents journées de travail, au taux du district où le Lycée est situé. Cette pension ne pourra être continuée au delà de cinq ans.

Art. 3. — Les Écoles secondaires de chaque département enverront pareillement chaque année, aux Instituts qui y seront établis, un nombre de jeunes gens égal au tiers de la représentation nationale du département. Chacun d'eux recevra une pension annuelle de quatre cent cinquante journées de travail, au taux du district où l'Institut sera situé. Cette pension ne sera accordée que pour quatre années. Les élèves pourront choisir entre les Instituts du département.

ART. 4. — Les Écoles primaires réunies de chaque département enverront chaque année, aux Écoles secondaires, un nombre d'élèves égal à la représentation nationale du département. Ils choisiront, dans le département, l'École qui leur conviendra le plus; la pension annuelle sera de trois cents journées de travail, au taux du district où l'École secondaire sera située. Cette pension ne pourra être continuée au delà de trois années.

ART. 5. — L'industrie ne devant pas moins être encouragée que les sciences, il sera accordé à des élèves sortant des Écoles secondaires, et qui auront annoncé des dispositions particulières pour les arts mécaniques, le commerce, ou d'autres genres d'industrie, à chacun une somme, une fois payée, égale à cinq cents journées de travail, pour leur apprentissage dans une profession d'une utilité générale. Leur nombre sera égal au tiers de la représentation nationale de chaque département.

ART. 6. — Dans les mêmes vues, et pour le même objet, il sera accordé une somme, aussi une fois payée, équivalente à deux cent cinquante journées de travail, à un nombre d'élèves sortant des Écoles primaires, égal à celui de la représentation nationale de chaque département.

ART. 7. — Il sera statué, par une loi particulière, sur la manière de décerner, dans les différents degrés d'instruction, l'encouragement et le titre d'élève de la patrie, ainsi que sur les dispositions à faire relativement aux fonds affectés aux bourses et places franches.

. . . .

24 mai 1792. **Aperçu des frais que coûtera le Plan d'instruction publique, présenté, au nom du Comité d'instruction publique, par M. Condorcet, député du département de Paris [1].**

24 Mai 1792.

L'Assemblée nationale a demandé un aperçu des frais que coûterait à la Nation l'exécution du plan qui lui a été proposé par son Comité.

La seule difficulté de ce travail était de déterminer, d'une manière assez précise, le nombre d'Écoles primaires et secondaires qui pourrait résulter des dispositions du projet de décret.

M. Romme s'en est chargé. Quoiqu'il n'existe pas d'état complet de la population de la France, cependant on a rassemblé une grande quantité de faits : on connaît le nombre des villes, et, d'une manière approchée, celui de leurs habitants; on connaît, pour les anciennes divisions du royaume, la population des campagnes par lieues carrées; et, d'après ces données, un homme accoutumé, comme M. Romme, à manier le calcul avec habileté, pouvait espérer d'atteindre à une exactitude suffisante.

Le nombre des Écoles primaires sera d'environ 34 000 : elles coûteront 15 millions; et comme 2 700 000 enfants, formant le dixième de la population totale, peuvent y être admis, la dépense, pour chaque enfant, sera, par année, de 5 livres 10 sous; et, en supposant que ces enfants restent cinq ans dans ces écoles, il n'en coûtera au Trésor national qu'environ 28 livres pour donner à un citoyen toutes les connaissances indispensables.

Les Écoles secondaires sont nécessaires, pour qu'il y ait une égalité réelle entre les habitants des villes et ceux des campagnes, entre ceux qui s'occupent des arts et ceux qui se livrent à l'agriculture; elles ne le sont pas moins pour former les maîtres des écoles primaires.

1. Note imprimée par ordre de l'Assemblée nationale; *Instruction publique*, n° 6.

– 2.

Ces Écoles emploieront environ deux mille cent instituteurs, et coûteront deux millions trois cent mille livres.

On peut évaluer à 135 000 le nombre des enfants qui les suivront, chaque année ; ce qui fait pour chacun une somme de 17 livres.

Les 110 Instituts coûteront 3 960 000 livres ; plus de 80 000 élèves les suivront : aussi la dépense pour chacun d'eux ne sera, par année, que de 50 livres.

Les six Lycées coûteront 1 350 000 livres ;

La Société nationale, 300 000 livres ;

Les élèves de la Patrie, environ 1 300 000 livres.

La dépense totale, 24 400 000 livres.

Les Lycées et les Instituts seront établis dans des lieux déjà consacrés à l'enseignement, ou dans des édifices nationaux.

L'entretien de ces édifices, les dépenses nécessaires pour y former le premier établissement, seraient à la charge des communes. Le Comité a jugé que l'avantage qu'avaient les citoyens de ces villes d'avoir ces institutions plus à leur portée, d'y envoyer leurs enfants, sans être obligés à la dépense du payement d'une pension, devait être compensé par quelques sacrifices.

Les frais du premier établissement des Écoles secondaires et primaires et leur entretien seront aussi à la charge des communes. Le motif que l'on vient d'alléguer existait pour les Écoles secondaires ; et, quant aux Écoles primaires, nous avons pensé qu'une administration locale serait plus économique et plus simple ; qu'il ne fallait point surcharger l'administration générale de ces soins minutieux ; qu'en même temps il fallait bien se garder de les confier à ceux qui seraient chargés de la direction de l'instruction, parce que toute administration étendue donne nécessairement une influence ; qu'il faut éviter qu'ils en aient une étrangère à leurs fonctions essentielles, afin de pouvoir leur conserver une indépendance plus entière.

D'ailleurs, comme plusieurs communes ont déjà des Écoles achetées par elles et construites à leurs frais, que ces Écoles sont très différentes entre elles pour l'étendue, pour la dépense de l'entretien, il aurait été difficile de faire une loi générale qui se prêtât aux localités, qui n'exposât point à commettre des injustices, qui ne produisît pas de mécontentements fondés, ou qui n'entraînât pas une inégalité trop grande dans la distribution des frais d'entretien, qu'il aurait fallu, dans chaque lieu, proportionner ou à la population ou à l'impôt, si le Trésor public en eût été chargé.

Sans doute, un certain nombre de communes pauvres auront besoin de secours pour le premier établissement ; mais les administrations des départements seront autorisées à leur en accorder.

Ce moyen était, d'ailleurs, le seul qui pût assurer la promptitude du premier établissement.

Les Écoles primaires et secondaires, c'est-à-dire l'instruction qu'il est indispensable d'assurer à tous les citoyens, coûteront 17 300 000 livres, et le reste de l'instruction environ 7 millions.

Et cette partie n'est pas moins nécessaire. N'importe-t-il pas, en effet, à la généralité des citoyens que les hommes qui exerceront des professions utiles aient de véritables lumières, ne soient pas égarés par l'ignorance et, ce qui serait pis encore, par les préjugés ? N'est-il pas utile à tous les hommes que les sciences soient cultivées, qu'elles le soient toutes, et qu'elles le soient dans toutes leurs parties.

Si, par des vues étroites, on voulait exclure les sciences qui paraissent de pure curiosité, ou séparer dans chacune ce qui est utile de ce qui ne l'est pas, on nuirait à cette utilité même, pour laquelle on aurait voulu tout sacrifier; et on verrait bientôt qu'au lieu d'avoir écarté des spéculations, on n'a fait que consacrer des erreurs et des routines imparfaites. Les ennemis des théories auraient-ils deviné que l'étude des gaz nous révélerait l'art de blanchir les toiles; que l'examen des phénomènes que présente un morceau de verre frotté avec la main nous apprendrait à nous préserver de la foudre?

Comment, enfin, aurez-vous de bons maîtres, même pour les connaissances les plus simples, si, de degrés en degrés, l'enseignement des connaissances les plus élevées n'est point encouragé et partout répandu?

Les dépenses pour ces enseignements supérieurs ne sont point perdues pour ceux des citoyens qui n'en profitent pas immédiatement.

L'ordre naturel de la distribution des richesses a établi une proportion entre ce qu'il coûte pour se rendre capable d'une profession, et le salaire de ceux qui la cultivent; autrement elle serait abandonnée. Le salaire d'une profession se règle ainsi sur la fortune personnelle de ceux qui s'y destinent, parce qu'ils ne s'y livreront pas si elle ne leur assure l'espèce d'aisance à laquelle ils sont accoutumés; et, par conséquent, toute profession à laquelle on ne peut se rendre propre que par des dépenses assez considérables ne pouvant être suivie que par des hommes qui ont ou de la fortune, exigera des salaires plus considérables. Ainsi, toute dépense qui tend à rendre moins dispendieuses les études nécessaires pour exercer des professions utiles, pour remplir des fonctions nécessaires, loin d'être une charge pour les citoyens, doit bien plutôt être considérée comme un soulagement réel.

Si vous augmentez la dépense de ceux qui se destinent aux fonctions de maîtres, vous serez obligés de leur donner un traitement plus fort, et cette seule augmentation de dépense rendrait presque nulle l'économie à laquelle les degrés supérieurs d'instruction auraient été sacrifiés.

Il ne reste qu'à comparer la dépense proposée aux sommes employées ci-devant à l'éducation publique.

Le revenu des congrégations séculières est au moins de 4 millions, et les pensions qu'il faut laisser aux membres de ces congrégations seront beaucoup plus que compensées par le profit qui résultera de la vente des biens. On peut évaluer à une somme égale les revenus des Collèges où l'enseignement est confié à des laïques.

Les dépenses du Trésor public relatives à l'instruction montaient au moins à 4 millions sous l'ancien régime.

Il y aura donc une économie de 5 millions au moins sur la partie de l'instruction qui n'est pas universelle; et ces 5 millions sont reportés à l'instruction générale et commune.

Celle-ci est portée à 17 millions dans le nouveau plan. Il reste donc 12 millions, par lesquels on remplace: 1° ce que la plupart des fabriques donnaient pour les maîtres des petites écoles; 2° ce que, dans plusieurs villes et communautés, la municipalité y ajoutait; 3° les fondations très nombreuses faites pour ces écoles; 4° les mois des enfants; 5° le salaire des maîtres particuliers dans les villes et bourgs, chez lesquels un grand nombre d'enfants apprenaient l'arithmétique, l'arpentage, un peu de grammaire, de géographie ou d'histoire.

Il serait difficile d'apprécier à la rigueur la valeur de ces différents objets; mais il n'est guère possible de les porter au-dessous de 12 millions.

La dépense du nouveau plan d'instruction publique ne surpassera donc pas celle des anciens établissements, et cependant nous n'avons pas encore tout compté.

Nous n'avons point parlé d'un assez grand nombre de Collèges tenus par les congrégations régulières supprimées, où une partie de la dépense était à leur charge. Nous n'avons point mis en ligne de compte la partie des dépenses de l'instruction supportée dans plusieurs établissements par le produit des pensionnats. Nous n'avons pas compté les établissements originairement consacrés à l'instruction, et qui avaient été détournés de leur destination, comme une théologale dans plus de 200 chapitres, une écolâtrie dans un grand nombre d'autres. Nous n'avons pas compté tout ce qui a été ou doit être encore épargné sur l'éducation ecclésiastique.

Nous n'avons pas compté ce qu'il en coûte aux citoyens qui ne savent pas lire ni écrire, pour payer des écrivains, économie dont ils jouiront, aussitôt qu'un de leurs enfants aura pu suivre l'instruction de l'École primaire. Or, cette épargne est toute en faveur du pauvre, qui seul était chargé de cette dépense, et qui ne payera dans l'impôt destiné à la dépense de l'instruction qu'une portion presque insensible. Enfin, nous n'avons point compté cette partie des biens ecclésiastiques que l'Assemblée constituante, en les déclarant domaines nationaux, en ordonnant de les mettre en vente, a déclaré devoir être remplacée et consacrée à l'instruction publique, l'une des anciennes destinations de ces biens.

Extrait de la loi relative aux Congrégations. 18 août 1792.

18 Août 1792.

TITRE II.

ARTICLE 2. — Demeurent réservés de l'aliénation, jusqu'à ce que le Corps législatif ait prononcé sur l'organisation de l'instruction publique, les bâtiments et jardins à l'usage des Collèges encore ouverts en 1789, quoique faisant partie des biens propres des Congrégations supprimées.

TITRE III.

CHAPITRE PREMIER.

Section première.

ART. 1er. — Les individus des Congrégations séculières ecclésiastiques, voués en même temps au service du culte et à l'instruction publique, exerçant ces fonctions dans les séminaires et Collèges, qui auront été admis dans la congrégation selon les règles et épreuves requises pour cette admission, recevront pour traitement de retraite, savoir :

1º Cent livres, une fois payées, par année de congrégation, ceux qui

qui auront vécu cinq années et au-dessous dans la même congrégation ;

2° Vingt livres de pension par chaque année de congrégation, ceux qui en auront plus de cinq, jusqu'à dix inclusivement ;

3° Trente livres également de pension par année de congrégation, ceux qui en auront plus de dix.

Néanmoins le *maximum* desdites pensions ne pourra, dans aucun cas, excéder douze cents livres.

TITRE IV.

Art. 1er. — Les professeurs provisoires pour l'Instruction publique, nommés suivant les formes prescrites par le présent décret, auront pour traitement le revenu net du Collège auquel ils sont attachés, l'entretien des bâtiments prélevé, ou le produit à quatre pour cent de la vente des biens desdits Collèges qui seront aliénés ; lequel revenu sera réparti par les Directoires de département, suivant le mode que les administrations jugeront convenable d'après l'avis des districts.

TITRE V.

Art. 3. — Les traitements fixés par le présent décret ne seront susceptibles d'aucun accroissement avec l'âge des titulaires ; ils seront censés avoir commencé au premier janvier dernier. Ils seront payés, savoir :

Les gratifications, par moitié : la première au premier octobre, la dernière au premier janvier suivant ;

Les pensions d'avance, par trimestre : le premier paiement sera fait au premier octobre prochain, et il sera tenu compte des mois écoulés.

Art. 4. — D'ici à cette époque, pour tout délai, les supérieurs et administrateurs de chaque maison donneront compte de ce qu'ils peuvent avoir reçu sur les revenus de 1792 ; le reliquat, la dépense légitime déduite, sera versé dans la caisse du district ; ou, s'il avait été employé en avances, il sera retenu sur chaque pensionnaire, au sol la livre de son traitement.

Art. 15. — Les membres des Congrégations supprimées pourront disposer du mobilier de leur chambre seulement, et des effets qu'ils prouveront avoir été à leur usage exclusif et personnel, sans toutefois qu'ils puissent enlever lesdits effets qu'après avoir prévenu la municipalité du lieu, et sur la permission qu'elle en aura donnée.

Art. 20. — Les membres des Congrégations séculières, tant ecclésiastiques que laïques, qui n'auront pas rempli leurs fonctions, pendant l'année 1791, dans les maisons auxquelles ils étaient attachés n'auront aucun droit au traitement ci-dessus décrété, sauf l'exception portée dans les articles 22 et 23 du présent décret.

Décret relatif à la suppression des Congrégations séculières et des Confréries. 18-22 août 1792.

18-22 Août 1792.

Article 1er. — Les corporations connues en France sous le nom de Congrégations séculières ecclésiastiques, telles que celles des prêtres de l'Oratoire de Jésus, de la Doctrine chrétienne, de la Mission de France ou de Saint-Lazare, des Eudistes, de Saint-Joseph, de Saint-Sulpice, de Saint-Nicolas du Chardonnet, du Saint-Esprit, des Missions du Clergé, des Mulotins, du Saint-Sacrement, des Bonics, des Trouillardistes, la congrégation de Provence, les Sociétés de Sorbonne et de Navarre ; les congrégations laïques, telles que celles des frères de l'École chrétienne. . . . . et généralement toutes les Corporations religieuses et Congrégations séculières d'hommes et de femmes, ecclésiastiques ou laïques, même celles uniquement vouées au service des hôpitaux et au soulagement des malades, sous quelque dénomination qu'elles existent en France, soit qu'elles ne comprennent qu'une seule maison, soit qu'elles en comprennent plusieurs, ensemble les familiarités, confréries, les pénitents de toutes couleurs, les pèlerins et toutes autres associations de piété ou de charité, sont éteintes et supprimées à dater du jour de la publication du présent décret.

Art. 4. — Aucune partie de l'enseignement public ne continuera d'être confiée aux maisons de charité, non plus qu'à aucune des maisons des ci-devant Congrégations d'hommes et de filles, séculières ou régulières.

Art. 5. — D'après l'avis des Directoires de département, l'Assemblée nationale statuera sur les secours à donner aux maisons de charité des deux sexes, attachées au service des pauvres et des malades, qui, en cessant l'enseignement, auraient perdu une partie de leurs moyens de subsistance.

ART. 6. — Tous les membres des Congrégations employés actuellement dans l'enseignement public en continueront l'exercice à titre individuel, jusqu'à son organisation définitive ; ceux qui discontinueront leurs services sans des raisons jugées valables par les Directoires de département, sur l'avis des districts et l'observation des municipalités, n'obtiendront que la moitié du traitement qui leur aurait été accordé.

ART. 7. — Les Directoires de département feront sans délai, et d'après l'avis des districts et les observations des municipalités, tous les remplacements provisoires qui seront nécessaires dans toutes les maisons où se fait actuellement l'enseignement public.

ART. 8. — Les places vacantes dont il s'agit à l'article précédent seront données de préférence, toutes choses d'ailleurs égales, aux personnes qui auront été arbitrairement destituées, ou qui, après avoir quitté l'enseignement, voudront en reprendre les fonctions [1].

Projet de décret explicatif de la loi du 18 août 1792, présenté à la Convention nationale par Fouché, au nom du Comité d'Instruction publique[2].

La Convention nationale, après avoir entendu son Comité d'Instruction publique,
Décrète :

ARTICLE 1er. — Les membres des Congrégations séculières qui ont rempli durant vingt ans les fonctions d'instituteurs publics, seront exceptés de l'article 6 du titre premier de la loi du 18 août 1792, article par lequel les membres desdites congrégations actuellement employés dans l'enseignement public sont obligés à en continuer l'exercice jusqu'à son organisation définitive.

ART. 2. — Les congrégationnaires qui continueront provisoirement les fonctions d'instituteurs conserveront, jusqu'à nouvelle organisation, leurs logements individuels dans les bâtiments qui sont à l'usage des Collèges, et qui, conformément à l'article 2 du titre II de la susdite loi du 18 août, demeurent réservés de l'aliénation.

ART. 3. — Il ne sera exigé des ci-devant membres des congrégations d'autres titres d'admission ou d'incorporation que les certificats des supérieurs locaux ou généraux, portant qu'au moment de la suppression des Congrégations, les individus en étaient membres, et qu'ils y étaient entrés à telle époque. Ces cer-

---

1. Les titres III et IV fixent les traitements de retraite des individus des Congrégations vouées au culte et à la grande instruction, et les traitements des professeurs provisoires. Le titre V décide que les membres de l'enseignement qui ne justifieront pas de la prestation du serment civique n'auront droit à aucun traitement.
2. Ce projet date de la fin de 1792 ou du commencement de 1793. Il fut écarté ; un autre projet, présenté par le même Fouché, au nom des Comités d'Instruction publique et de Finances, aboutit au décret du 18 **ventôse** An I (8 mars 1793).

tificats seront justifiés par les registres et actes desdites Congrégations, lesquels, dûment paraphés, seront remis par les supérieurs généraux au Directoire de leur département.

Art. 4. — Les pensions de 30 livres par chaque année de congrégation, établies par l'article premier du chapitre premier du titre III de la susdite loi, en faveur de ceux qui ont passé plus de dix années dans les Congrégations séculières, ne pourront excéder la somme de 1000 livres, conformément au décret du 27 septembre 1792.

Art. 5. — Les années de congrégation compteront jusqu'au 1er janvier prochain.

Art. 6. — Les corps administratifs sont autorisés, jusqu'à ce qu'il en ait été autrement ordonné, à fixer sur les fonds des Collèges le traitement des professeurs provisoires. Ce traitement ne pourra être moindre de 1200 livres dans les villes au-dessous de trente mille âmes, et de 1500 livres, dans les villes au-dessus de cette population, sans néanmoins que le maximum, pour les premières villes, puisse s'élever au delà de 1500 livres, et pour les secondes, de 2000 livres : dérogeant pour cet effet à l'article 1er du titre IV de la loi du 18 août 1792.

Art. 7. — Les instituteurs et institutrices qui continueront à remplir les fonctions des Écoles dites de *petite instruction*, recevront la moitié des traitements ci-dessus.

Art. 8. — Il ne pourra être fait aucune retenue sur le premier payement prescrit par l'article 3 du titre V, qu'autant que les congrégationnaires n'auront pas satisfait aux dispositions de l'article 6 du titre premier, ou des articles 2, 8, 18, 20 et 25 du titre V;

Nulle responsabilité d'administration ne pouvant être exercée sur ceux qui n'étaient chargés d'aucune gestion, et la responsabilité de ceux qui en étaient chargés ne pouvant avoir d'autre objet que de justifier qu'ils n'ont distrait ou dilapidé les biens meubles ou immeubles appartenant à la République.

Art. 9. — L'article 20 du titre V sera interprété de la manière suivante :

Les membres des Congrégations séculières qui auront abandonné, durant l'année 1791, les fonctions instructives dont ils étaient chargés au commencement de ladite année, ne recevront aucun traitement, sauf le cas de maladie et l'exception portée dans les articles 22 et 23 du titre V.

Art. 10. — C'est toujours à la maison où ils ont résidé en dernier lieu, à quelque titre que ce soit, que les congrégationnaires seront censés appartenir ; et c'est là seulement qu'ils pourront disposer du mobilier de leur chambre et des effets servant à leur usage personnel, conformément à l'article 15 du titre V.

Art. 11. — Le décret concernant la suppression des Congrégations séculières ne s'étendant pas aux établissements d'instruction publique, qui ne dépendent point de ces fondations, la vente des biens de ces établissements continuera à être suspendue, conformément au décret rendu par l'Assemblée constituante.

**Projet de décret sur l'organisation des écoles primaires présenté à la Convention natio-
nale par Chénier au nom du Comité de l'Instruction publique le 22 frimaire An I
(12 décembre 1792), et repris par Lanthenas le 28 frimaire suivant (18 décembre)[1].**

La Convention nationale, sur le rapport de son Comité d'instruction publique,
Décrète :

TITRE Ier. — *Enseignement.*

Les Écoles primaires formeront le premier degré d'instruction. On
y enseignera les connaissances rigoureusement nécessaires à tous

---

1. Le projet est inspiré de celui de Condorcet, page 14, qu'il reproduit dans ce
qu'il a d'essentiel. Il fut ajourné après le vote de l'article 1er. La discussion fut
reprise en 1793 sur un nouveau plan, celui de Lakanal.

Voir les documents ci-après, indépendamment de ceux qui sont insérés à la suite
du projet de Lanthenas, pages 32 et suivantes :

Discours de Chénier (12 décembre 1792) sur l'Instruction publique;

Opinion de Durand-Maillane sur les Écoles primaires, discours prononcé à la Convention le 12 décembre ;

Discours sur l'organisation de l'Instruction publique et de l'éducation nationale en
France, examen et réfutation du système proposé successivement par Condorcet et
Romme, par C.-L. Masuyer (12 décembre) ;

Discours de Jacob Dupont (14 décembre) ;

Rapport justificatif de Lanthenas (18 décembre) ;

Opinion de Lequinio (de la Gironde) sur l'Instruction publique (18 décembre);

Discours sur l'Instruction publique et spécialement sur les Écoles primaires, par
Ducos (de la Gironde) (18 décembre);

Discours sur l'Éducation publique, précédé de notions préliminaires sur la Constitution, par Rudel (du Puy-de-Dôme);

Discours de Louis Portiz (Oise), dans lequel l'orateur caractérise d'un mot les
divers projets présentés à l'occasion des propositions de Lanthenas (décembre 1792) :

« Je ne suivrai pas, dit-il, les divers orateurs qui m'ont précédé à cette tribune :

BANCAL vous a exposé avec éloquence des motifs à l'appui de ma proposition;

DUCOS à des rapprochements ingénieux a mêlé des aperçus philosophiques;

LECLERC propose de forcer les enfants d'aller aux écoles du citoyen;

PETIT, plein de J. J. Rousseau, veut une éducation plus appropriée aux mœurs
d'hommes suivant, dans les forêts, les lois de la nature, qu'à une agrégation de
citoyens;

RABAUT adapte à notre éducation des usages antiques...;

DURAND-MAILLANE, étayé de l'autorité de Jean-Jacques, a dit que les sciences et
les arts corrompent les mœurs....

Hâtons-nous.... de procurer à toutes les classes du peuple français une source de
jouissances pures, et au législateur des moyens prompts et infaillibles de dissiper
les erreurs et de confondre les préjugés. »

Voir également :

Coup d'œil sur l'Éducation publique, par le citoyen Legendre, président de la section du Louvre et doyen des comptes de quartier aux postes, distribué à la Convention nationale, le 9 novembre 1792;

Discours sur l'Éducation nationale, physique et morale des deux sexes, par Jean
Verdier, instituteur de la jeunesse, docteur en médecine, licencié ès lois (1792), avec
une épigraphe de Mirabeau.

les citoyens. Les personnes chargées de l'enseignement dans les Écoles s'appelleront *Instituteurs*[1].

Dans les Écoles primaires, on apprendra à lire et à écrire. On y enseignera les règles de l'arithmétique et les premières connaissances morales, naturelles et économiques.

L'enseignement des Écoles primaires sera partagé en quatre divisions que les élèves parcourront successivement. Les élèves ne seront pas admis à ces Écoles avant l'âge de six ans.

Il sera composé des livres élémentaires qui devront être enseignés dans les Écoles primaires. Ces livres seront rédigés d'après la meilleure méthode d'enseignement que les progrès des sciences nous indiquent, et d'après les principes de liberté, d'égalité, de pureté dans les mœurs et de dévouement à la chose publique, nécessaires dans un état républicain.

Outre ces livres pour les élèves, il en sera fait d'autres qui serviront de guide aux instituteurs. Ceux-ci contiendront les principes sur la méthode d'enseigner, de former les jeunes gens aux vertus civiques et morales, des explications et des développements des objets contenus dans les livres élémentaires de l'École.

L'enseignement devant être commun à tous les citoyens sans distinction de culte, tout ce qui concerne les cultes religieux ne sera enseigné que dans les temples.

Une fois par semaine, l'instituteur donnera une instruction publique, à laquelle tous les citoyens de tout âge, de l'un et de l'autre sexe, seront invités d'assister.

Ces instructions auront pour objet :

1º De rappeler les objets enseignés dans les Écoles;

2º De développer les principes de la morale et du droit naturel;

3º D'enseigner les lois dont la connaissance est nécessaire aux fonctions publiques les plus rapprochées de tous les citoyens;

4º D'annoncer les nouvelles et tous les événements qui intéresseront le plus la République;

5º De donner des connaissances sur la culture et les arts, d'après les découvertes nouvelles.

Il sera composé, pour tous les citoyens qui se borneront au premier degré d'instruction, des livres de lecture. Ces ouvrages, différents pour les âges et les sexes, rappelleront à chacun ses droits et ses devoirs, ainsi que les connaissances nécessaires à la place qu'il occupe dans la société.

Il sera formé, pour chaque École, une petite collection de livres à l'usage des élèves qui fréquenteront l'École, et la garde en sera confiée à l'instituteur.

TITRE II. — *Distribution des Écoles primaires dans la République.*

Il y aura une École primaire dans tous les lieux qui ont depuis quatre cents jusqu'à quinze cents habitants. Cette École pourra servir pour toutes les habitations moins peuplées, qui ne sont pas éloignées de plus de mille toises.

1. Ce 1er paragraphe seul fut voté dans la séance du 12 décembre. Les autres articles restèrent à l'état de projet.

Pour les habitations plus éloignées et les lieux qui n'auraient pas quatre cents habitants, il y aura une École par arrondissement embrassant de quatre cents à quinze cents habitants ; cette École sera placée de la manière la plus convenable.

Dans les lieux qui renferment de quinze cents à quatre mille habitants, il y aura deux Écoles, un instituteur et une institutrice.

Dans les villes de quatre mille à huit mille habitants, il y aura quatre Écoles, deux instituteurs et deux institutrices.

Dans les villes de huit à vingt mille habitants, il y aura deux Écoles pour quatre mille habitants, l'une avec un instituteur, l'autre avec une institutrice.

Les villes plus peuplées auront de plus deux Écoles par cinq mille habitants au-dessus de vingt mille habitants.

Les villes de cinquante mille habitants auront, par conséquent, vingt-deux Écoles.

Les villes plus peuplées auront de plus deux Écoles par six mille habitants au-dessus de cinquante mille.

Les villes de cent mille habitants auront, par conséquent, trente-huit Écoles.

Celles qui sont plus peuplées auront de plus deux Écoles par dix mille habitants au-dessus de cent mille.

Titre III.

[Il contient des dispositions particulières pour les pays où la langue française n'est pas d'un usage familier au peuple [1].]

Titre IV. — *Appointements des instituteurs et bâtiments pour les Écoles.*

Les appointements des instituteurs varieront à raison de la population des lieux où les Écoles seront situées. Ils seront fixés de la manière suivante :

Dans les lieux au-dessous de quinze cents habitants, chaque instituteur recevra six cents livres.

Dans les lieux de quinze cents à quatre mille habitants, chaque instituteur recevra six cent cinquante livres, et chaque institutrice cinq cents livres.

Dans les lieux de quatre à dix mille habitants, les instituteurs auront chacun sept cent cinquante livres, et les institutrices six cents livres.

Dans les lieux de dix à vingt mille habitants, les instituteurs auront chacun huit cent cinquante livres, et les institutrices sept cents livres.

Dans ceux de vingt à trente mille habitants, les instituteurs auront mille livres, et les institutrices huit cent cinquante livres.

Dans ceux de trente à cinquante mille habitants, chaque instituteur aura onze cent cinquante livres, et chaque institutrice mille livres.

Dans ceux de cinquante à cent mille habitants, chaque instituteur aura treize cents livres, et chaque institutrice onze cents livres.

Dans les lieux plus peuplés, chaque instituteur aura quatorze cents livres, et chaque institutrice douze cents livres.

Les instituteurs obligés d'enseigner, en même temps, en français et dans l'idiome du pays, à raison de ce surcroît d'occupation, recevront une augmentation d'appointements de deux cents livres.

---

1. Voir ci-après le décret du 27 **janvier** 1794.

Les bâtiments des Écoles primaires seront fournis par les communes, qui pourront disposer à cet effet des maisons de fabrique ou des maisons nationales, déjà uniquement consacrées aux petites Écoles.

Les frais de premier établissement, d'ameublement et d'entretien seront à la charge des communes.

Les instituteurs des Écoles primaires seront logés aux frais des communes, et, autant que faire se pourra, dans le lieu même des Écoles.

Titre V. — *Mode des premières nominations.*

Pour parvenir promptement à l'organisation des Écoles primaires, il sera formé, dans chaque département, une Commission de personnes instruites. Leur nombre pourra varier d'un département à l'autre. Il ne sera ni au-dessous de cinq ni au-dessus de onze.

A cet effet, dans la huitaine qui suivra la publication du présent décret, les conseils généraux des communes enverront au Directoire du département une liste indicative des citoyens qu'ils croiront dignes d'entrer dans la Commission. Les séances où cette liste sera arrêtée seront annoncées d'avance.

Dans la huitaine suivante, le Directoire du département, sur les listes qui lui seront parvenues, nommera les personnes les plus instruites et les plus recommandables par leurs mœurs et leur patriotisme.

Le Directoire du département et la Commission réunis détermineront, à la pluralité des suffrages, le nombre, le placement et la circonscription des Écoles, conformément au titre II du présent décret.

Dans les communes qui, à raison de leur population, auront plusieurs Écoles, leurs emplacements et leurs circonscriptions seront déterminés par les conseils généraux des communes.

Le Directoire du département, de concert avec la Commission, en faisant publier le décret, fera une proclamation dans tous les lieux du département, par laquelle il invitera tous les citoyens instruits qui voudront se consacrer à l'instruction dans les Écoles primaires, ainsi que ceux qui en remplissent actuellement les fonctions, à se faire inscrire à leur municipalité.

Huit jours après la proclamation, les municipalités feront parvenir au Directoire du département les listes des personnes inscrites; cette liste sera remise à la Commission, qui fixera les jours et le lieu de l'examen.

Les aspirants, ainsi que les personnes déjà employées à l'enseignement, seront examinés par la Commission sur leurs connaissances, sur leur aptitude à enseigner, d'une manière claire et analytique. La Commission prendra des informations sur leurs mœurs et leur conduite, et fera une liste de tous ceux qu'elle jugera éligibles. Le comité présentera un projet d'instruction sur le mode de ces examens.

Cette liste sera imprimée et envoyée dans tous les lieux où il devra y avoir des Écoles primaires.

Sur cette liste, les pères de famille, les veuves, mères de famille, ainsi que les tuteurs et curateurs de l'arrondissement, du village ou de la section de la ville où l'École sera située, éliront l'instituteur au scrutin et à la pluralité absolue. Ceux qui sont actuellement en fonctions pourront être réélus.

Le procureur général syndic indiquera le jour des élections pour chaque lieu.

Les dispositions précédentes s'étendent à l'examen et à la nomination des institutrices.

Les ministres d'un culte quelconque ne pourront être admis aux fonctions de l'enseignement public, dans aucun degré, qu'en renonçant à toutes les fonctions de leur ministère.

L'instituteur sera installé de la manière suivante :

Tous les enfants qui devront fréquenter l'École se réuniront dans un lieu convenable ; ils seront accompagnés des pères et mères de famille, et, en présence du conseil général de la commune, l'instituteur fera la promesse solennelle de remplir avec zèle et assiduité les importantes fonctions qui lui sont confiées, de faire tous ses efforts pour propager les connaissances utiles et inspirer les vertus morales et civiques.

Parmi les pères et mères de famille qui assisteront à la cérémonie, celui et celle qui auront ou auront eu le plus d'enfants, en présentant à l'instituteur les enfants assemblés au nom des pères et mères de famille, déclareront qu'ils remettent entre ses mains leur autorité paternelle, pour ce qui concerne l'instruction des enfants.

En cas de vacance, par mort, démission, ou quelque autre cause que ce soit, d'une place d'instituteur ou d'institutrice, il sera pourvu au remplacement sur la liste des éligibles, arrêtée par la Commission, d'après la convocation indiquée par le procureur général syndic du département, et suivant le mode fixé par les articles précédents.

---

18 décembre 1792.   **Opinion de Michel-Edme Petit (de l'Aisne) sur le projet des Écoles primaires présenté par le Comité d'Instruction publique à la Convention nationale** [1].

28 Frimaire An I (18 Décembre 1792).

... Il est un préliminaire indispensable à l'établissement des Écoles primaires, c'est une école de républicanisme... Je demande :

1° Que préalablement à l'institution des Écoles primaires, nous nous occupions de détruire la mendicité ;

2° Qu'il soit fait, par la Convention nationale, une adresse à tous les Français, dans laquelle on rappellera à tous les individus les droits et les devoirs du vrai républicain ; les conditions essentielles des mariages pour les rendre heureux ; les devoirs des époux les uns envers les autres, leurs devoirs envers leurs enfants, et la manière dont il est bon qu'ils élèvent ceux-ci jusqu'à ce qu'ils puissent entrer aux Écoles primaires.

1. Voir ci-après, page 67, à l'occasion du projet de la Commission des Neuf, le plan de Michel-Edme Petit (10 vendémiaire An II, 1er octobre 1793).

Contre-projet présenté à la Convention nationale par J.-B. Leclerc lors de la discussion du projet Lanthenas[1].

28 Frimaire An I (18 Décembre 1792).

Substituer au premier article du projet du Comité celui-ci :

Il sera établi dans toute l'étendue de la République des Écoles du Citoyen. On y enseignera les connaissances rigoureusement nécessaires à tous les citoyens. Les personnes chargées de l'enseignement dans ces Écoles s'appelleront *Instituteurs*.

Ajouter au projet les articles suivants :

ARTICLE 1er. — Nul ne sera dispensé d'envoyer ses enfants aux Écoles du Citoyen.

ART. 2. — Il sera dressé, par les soins des officiers municipaux de chaque commune, un état de tous les enfants ayant atteint l'âge de sept ans. Cet état sera remis à l'instituteur.

ART. 3. — Celui-ci tiendra registre des enfants qui ne se rendront pas à son école, et en fera son rapport au moins une fois par mois à la municipalité, qui sera tenue de mander devant elle le père, ou autre parent, chargé de chaque enfant.

Le maire lui lira la présente loi, lui fera publiquement une représentation amicale et fraternelle, et lui dira ensuite : « Au nom de la République, je me plains de ce que vous ne remplissez pas envers l'enfant dont vous êtes chargé les devoirs que vous impose la patrie. »

ART. 4. — Si dans le courant du mois qui suivra cet avertissement, l'enfant ne paraît point aux Écoles du Citoyen, l'instituteur en fera son rapport à la municipalité, qui mandera de nouveau le père, ou autre parent, chargé de l'enfant. Le maire lui rappellera la présente loi, l'avertissement précédent et finira par ces mots : « Au nom de la République et pour la dernière fois, je me plains de ce que vous ne remplissez pas envers l'enfant dont vous êtes chargé les devoirs que vous impose la patrie, et je vous préviens que, si dans le courant du mois prochain, il ne suit pas les écoles, vous aurez perdu vos droits de citoyen (si c'est un homme), et le droit d'assister aux fêtes publiques (si c'est une femme). »

ART. 5. — Si ce second avertissement est inutile, l'instituteur en fera son rapport, et la municipalité prononcera que tel a perdu ses droits de citoyen, ou que telle a perdu le droit d'assister aux fêtes civiques.

ART. 6. — Ne seront néanmoins tenus d'assister avec assiduité ceux dont la demeure sera distante de plus de 500 toises, à condition toutefois que les parents justifieront qu'ils sont en état, soit par eux-mêmes, soit par d'autres, de procurer à leurs enfants les mêmes connaissances que celles qui seront ensei-

1. La discussion du projet Lanthenas et des contre-projets auxquels il avait donné lieu fut ajournée, le 18 décembre, sur la demande de Marat.

« Quelque brillants, dit-il, que soient les discours que l'on nous débite ici sur cette matière, ils doivent céder place à des intérêts plus urgents. Vous ressemblez à un général qui s'amuserait à planter et déplanter des arbres pour nourrir de leurs fruits des soldats qui mourraient de faim. Je demande que l'Assemblée ordonne l'impression de ces discours, pour s'occuper d'objets plus importants. »

gnées dans les Écoles du Citoyen; mais ces enfants seront tenus de se rendre auxdites écoles au moins une fois par semaine, pour y subir un examen.

ART. 7. — Si, par cet examen, il est constaté que l'enfant manque d'instruction, ou faute d'enseignement, ou par un mauvais mode d'enseignement, l'instituteur exigera qu'il rentre dans l'assiduité commune, et s'il y manque, il fera son rapport à la municipalité qui se conformera à ce qui est prescrit par les articles 3, 4 et 5 du présent décret.

ART. 8. — Si les parents prétendent que l'enfant est suffisamment instruit, la municipalité ordonnera un nouvel examen en sa présence, un jour d'instruction publique, et jugera.

ART. 9. — Les Comités de Secours, d'Instruction publique et des Finances se réuniront pour présenter, sous quinze jours, les moyens les plus efficaces de subvenir aux besoins des enfants indigents, et d'indemniser leurs parents de la perte qui pourrait résulter pour eux, du temps que ces enfants consacreront à leur instruction dans les Écoles du Citoyen.

---

20 décembre 1792.
Projet de décret présenté à la Convention nationale par Romme, député du Puy-de-Dôme, au nom du Comité d'Instruction publique [1].

30 Frimaire An I (20 Décembre 1792).

ARTICLE 1er. — L'instruction publique sera divisée en quatre degrés, sous les dénominations : 1° d'Écoles primaires; 2° d'Écoles secondaires; 3° d'Instituts ; 4° de Lycées.

ART. 2. — On enseignera dans les Écoles primaires les connaissances rigoureusement nécessaires à tous les citoyens.

ART. 3. — On se préparera, dans les Écoles secondaires, aux connaissances nécessaires pour remplir les fonctions publiques les plus rapprochées de tous les citoyens, et pour exercer les professions et emplois les plus ordinaires de la société.

ART. 4. — Les Instituts présenteront les connaissances nécessaires pour remplir les fonctions publiques, ainsi que les éléments des sciences, arts et belles-lettres.

ART. 5. — L'ensemble et les parties les plus relevées des connaissances humaines seront enseignés dans les Lycées.

ART. 6. — L'instruction publique sera établie dans tous ses degrés par le pouvoir législatif.

ART. 7. — L'enseignement sera gratuit dans tous les degrés de l'instruction publique.

ART. 8. — L'instruction publique sera soumise à la surveillance des corps constitués, pour tout ce qui tient à l'ordre public et à l'administration des propriétés nationales. L'enseignement sera soumis à une surveillance distincte, dont le mode sera présenté avec l'organisation générale.

1. Ce projet de décret ne fut pas discuté, le débat ayant été ajourné par suite du procès du Roi.

Projet de décret présenté à la Convention nationale par Rabaud Saint-Étienne[1].

1er Nivôse An I (21 Décembre 1792).

Il sera élevé en chaque canton, à la campagne, un édifice destiné aux assemblées des citoyens, aux Écoles publiques, aux fêtes nationales, et aux autres institutions communes que la nation jugera convenable d'établir. Cet édifice portera pour inscription *Temple national*. En attendant, les citoyens s'assembleront, ou dans les églises, ou même aux champs dans la belle saison. Nulle ville ou commune ne pourra, sous aucun prétexte, former pour elle de pareils établissements.

Cet édifice sera environné d'une enceinte suffisante et ombragée, pour y contenir tous les citoyens et habitants du canton pour les exercices et fêtes dans les saisons et jours favorables.

Les jours de dimanche seront consacrés à la pratique de toutes les institutions publiques que la nation aura déterminées.

Les exercices du corps, et les jeux publics propres à augmenter la force, l'agilité et la santé, seront fixés par une loi particulière.

Chaque dimanche, il sera donné une leçon de morale aux citoyens assemblés. Cette leçon sera prise dans des livres élémentaires approuvés par le Corps législatif.

Chacun des ces exercices commencera par la lecture alternative de la Déclaration des droits et de celle des devoirs. Les seuls officiers municipaux sont constitués, à cet égard, officiers de morale : ils ne pourront se dispenser de ces fonctions. En cas d'absence, de maladie ou d'autre cause valable, et qui sera jugée par le peuple, celui-ci pourra nommer des citoyens pour remplir, ce jour-là, les fonctions des officiers publics.

En chaque exercice, il sera chanté des hymnes à l'honneur de la Patrie, à la liberté, à l'égalité, à la fraternité de tous les hommes, propres enfin à former les citoyens à toutes les vertus. Ces hymnes devront être approuvés par le Corps législatif.

Dans les saisons et jours favorables, les citoyens se donneront réciproquement le spectacle des exercices militaires, ce qui sera déterminé par des règlements particuliers. Tout enfant âgé de dix ans sera tenu de savoir par cœur la Déclaration des droits et celle des devoirs, et les principaux hymnes civils. Il sera fait un examen général des enfants de cet âge, dans le temple du canton, en présence de tous les officiers municipaux, le premier dimanche du mois de juillet.

Cette journée sera nommée la *fête des enfants*. De ce jour, les jeunes garçons seront admis à apprendre les exercices militaires ; ceux d'entre eux qui, pour quelque raison que ce soit, auraient été rejetés dans l'examen, seront renvoyés d'un an à cette admission.

Les détails de la fête de ce jour seront prescrits par une loi particulière.

En chaque ville, bourg ou village, les enfants de dix ans et au-dessus seront formés aux premiers exercices militaires.

En chaque canton, ils seront exercés aux évolutions et manœuvres, jusqu'à l'âge de quinze ans, où tous devront être formés.

---

1. Le projet fut renvoyé au Comité d'Instruction publique.
   Gréard. *Lég. de l'Instr. primaire.*

3

Il sera établi aussi pour les enfants, par des règlements particuliers, des exercices de gymnastique propres à développer toutes les forces du corps et à lui donner de belles proportions. Des prix seront distribués aux vainqueurs.

En chaque assemblée publique, il y aura des places distinctives pour les vieillards des deux sexes âgés de plus de soixante ans.

Dans chaque section, pour les villes, et dans les cantons, pour les campagnes, les vieillards des deux sexes, âgés de plus de soixante ans, se réunissent pour élire un sénat, composé d'un nombre égal de personnes des deux sexes; il aura les fonctions suivantes :

Tous les enfants, jusqu'à l'âge de quinze ans, seront soumis à sa censure, et tout vieillard de soixante ans aura le droit de leur faire des reproches sur leurs fautes. Les parents qui auraient à se plaindre de leurs enfants pourront les amener au sénat pour y être censurés.

Le sénat distribuera les prix aux enfants vainqueurs dans les exercices publics.

Il réprimandera, dans les enfants, les actions de lâcheté, de cruauté, de désobéissance à leurs parents, et tous les vices contraires au bon ordre et au bien de la société.

Il donnera des éloges publics aux enfants qui se distingueront par leur tendresse pour leurs parents, pour leurs frères et sœurs, et par des dispositions heureuses pour l'exercice des vertus domestiques.

Le sénat pourra censurer les pères et mères, quelle que soit leur fortune, qui élèvent leurs enfants avec trop de délicatesse, qui leur laissent prendre le goût des frivolités, ou qui leur inspirent de l'orgueil.

Le sénat s'assemblera une fois par mois.

Lorsque les principes constitutionnels de morale et le mode de gouvernement auront été ratifiés par le peuple, ils seront rédigés en forme de catéchisme ; et tout enfant âgé de quinze ans sera obligé de le savoir par cœur.

Il sera dressé un catéchisme simple et court sur les droits et les devoirs des nations entre elles, que tout garçon de quinze ans sera obligé de savoir par cœur.

Les jeunes gens arrivés à l'âge de quinze ans subiront un examen sur ces deux objets, dans le temple national du canton, en présence des officiers municipaux du canton, le premier dimanche de juillet de chaque année. Le même jour, ils feront des évolutions militaires pour la dernière fois. Cette journée sera nommée la *fête des adolescents.*

Il sera déterminé, par le Corps législatif, quel mode de vêtement doit être donné aux enfants des différents âges, depuis la naissance jusqu'à l'adolescence.

La forme des vêtements des citoyens, des armes, des exercices; l'appareil des fêtes, et toutes les choses d'institution commune, seront également déterminées par le Corps législatif.

Il sera formé incessamment des ateliers de travail pour tous les âges. Les départements consulteront, à cet égard, les conseils généraux des communes ; ils examineront leurs demandes ; et, sur leur avis, les communes de nouveau consultées, le Corps législatif statuera.

Tout citoyen qui, à l'âge de vingt-un ans, ne justifiera pas qu'il sait un métier propre à lui faire gagner sa vie, ne pourra exercer les droits de citoyen, ni aucune fonction publique, ni servir dans les armées. Cette loi commencera à avoir son effet en 1800.

Le Corps législatif enverra aux citoyens, tous les ans, une ou deux fois, selon

3.

les circonstances, des instructions morales propres à corriger les abus, à prévenir les vices ou à réprimer les altérations qui pourraient être faites dans la morale publique, dans la constitution et dans les lois. Ces instructions seront lues dans les assemblées des cantons.

Projet de décret sur l'éducation nationale présenté à la Convention nationale par Bancal[1].

24 décembre 1792.

4 Nivôse An I (24 Décembre 1792).

La Convention nationale, considérant que les assemblées et les Écoles élémentaires sont les bases de l'état civil ; que la liberté et le bonheur du peuple ne peuvent être bien assurés que par une bonne éducation, et que, tous les Français étant frères et égaux en droits, cette éducation doit être égale pour tous, décrète ce qui suit :

ARTICLE 1er.—Les degrés de l'Instruction publique sont fixés à deux; savoir : les Écoles élémentaires et les Écoles centrales.

ART. 2. — Il y aura une École élémentaire dans chaque municipalité de la République. Le nombre en sera augmenté et proportionné à la population. On y enseignera les premiers éléments des sciences et des arts.

ART. 3. — Il y aura une École centrale dans chaque chef-lieu de département, où seront formés et conservés des dépôts pour la culture des arts et des sciences.

ART. 4. — Pour faire participer tous les citoyens à l'instruction des Écoles centrales, il sera choisi, tous les ans, suivant le mode qui sera déterminé, un certain nombre de jeunes citoyens des Écoles élémentaires, qui porteront le nom d'*élèves de la patrie*.

ART. 5. — Ces élèves seront entretenus, aux frais de la Nation, dans l'École centrale du département, pendant cinq années.

ART. 6. — Il ne sera enseigné dans ces Écoles aucune des connaissances ayant trait à une autre vie. Le système moral et politique est entièrement séparé du système religieux.

ART. 7. — Le culte de la loi étant le seul sur lequel les hommes réunis en société puissent *s'accorder*, parce que la loi est l'expression de la *volonté générale* ;

Les cultes religieux, au contraire, ayant varié chez tous les peuples, et excité des dissentiments, des discordes et des guerres civiles, parce qu'ils n'expriment que des *volontés privées;*

La Convention déclare qu'il n'y aura d'autre *culte public* que celui de la loi.

Tous les cultes religieux seront libres, mais privés, et ceux qui les exerceront seront tenus de se conformer aux lois de la République.

ART. 8. — La loi étant ce qu'il y a de plus respectable sur la terre, son culte sera célébré publiquement une fois la semaine, dans toutes les Écoles élémentaires, par la lecture de la Déclaration des droits, par des instructions et des chants civiques.

---

1. Le projet fut renvoyé au Comité d'Instruction publique; il ne fut pas discuté; mais on en retrouve la pensée dans les décrets de 1795.

ART. 9. — Il sera donné à chaque École élémentaire, aux frais de la Nation, un local sain et convenable, qui servira aussi aux assemblées publiques de la commune et de la municipalité. Il y aura un jardin où les enfants recevront des leçons d'agriculture et de gymnastique.

ART. 10. — Il sera fait une *division morale* de la France, qui sera aussi la division *politique* des assemblées élémentaires de l'Assemblée nationale. Chacune de ces divisions aura un temple élevé à la Liberté, avec un amphithéâtre circulaire, où l'on célébrera des fêtes nationales et les événements mémorables et glorieux de la Révolution.

Tous les professeurs de l'École centrale de département se rendront à ces fêtes nationales avec leurs élèves.

Cette division, l'ordre et les époques de ces fêtes seront concertés par les trois Comités réunis d'Instruction, de Constitution et de Finances.

ART. 11. — Le Ministre de l'Intérieur mettra incessamment sous les yeux de la Convention l'état des ci-devant châteaux des émigrés, afin qu'elle détermine et assigne ceux qui pourront être destinés à la division dont est parlé ci-dessus.

ART. 12. — L'indemnité des instituteurs élémentaires sera de douze cents livres par an ; et ils auront un logement dans les bâtiments de l'École.

ART. 13. — L'établissement des Écoles élémentaires sera fait, dans deux mois, avec la plus grande solennité. Ce jour sera un jour de fête.

ART. 14. — Pour imprimer à toutes les contrées de la République le même esprit de fraternité, donner à l'institution plus d'unité et de force, et aplanir les obstacles qu'elle pourrait éprouver à sa naissance, la Convention députera des commissaires qui seront pris dans son sein.

ART. 15. — Tous les enfants de la République devant recevoir la même éducation élémentaire, les pères et mères ou tuteurs, dont les enfants ou pupilles n'iraient pas aux Écoles pendant tout le temps prescrit par la loi, seront privés de leurs droits de citoyens et imposés à une triple contribution.

ART. 16. — Il sera donné des récompenses à tous les citoyens qui donneront à la patrie des ouvrages élémentaires de morale et des sciences naturelles, lesquels auront été jugés conformes aux principes de la nouvelle éducation. Les noms de ces citoyens seront rappelés dans les fêtes nationales, comme des bienfaiteurs de l'humanité.

Je demande que cet honneur soit décerné dès à présent à Jean-Jacques Rousseau.

1792.

Projet de décret présenté à la Convention nationale par Arbogast, au nom de la Commission d'Instruction publique.

1792.

ARTICLE 1er. — Il sera formé une Commission d'hommes éclairés dans les sciences, les lettres et les arts, pour s'occuper incessamment de la composition des livres qui devront servir à l'enseignement dans le troisième degré d'instruction.

1. Le projet ne porte aucune date; certains auteurs lui attribuent la date du 5 décembre 1792; mais il ne fut examiné que dans la séance du 13 juin 1793 (voir ci-après, page 43, le texte du décret intervenu à la même date).

Art. 2. — La Convention nationale charge son Comité d'Instruction publique du choix des personnes qui devront concourir à ce travail, et d'en soumettre la liste à l'approbation de la Convention.

Art. 3. — Il sera ouvert un concours pour la composition des livres pour les Écoles primaires et secondaires.

Art. 4. — Aussitôt après sa nomination, la Commission arrêtera, de concert avec le Comité d'Instruction, les plans des ouvrages élémentaires destinés au troisième degré d'instruction.

Art. 5. — La même Commission arrêtera pareillement, de concert avec le Comité d'Instruction, les programmes des différents livres élémentaires qui devront servir aux Écoles primaires et secondaires.

Art. 6. — Ces programmes seront rendus publics; les citoyens français et les étrangers seront invités à concourir à la composition de ces livres. La Commission jugera, entre les différents écrits qui seront envoyés, ceux qui mériteront la préférence.

Projet sur l'Éducation nationale, présenté à la Convention nationale par Jean-Bon-Saint-André [1].

792-1793

1792-1793.

Les considérations que j'ai présentées me paraissent établir incontestablement les vérités suivantes :

1º Que l'éducation nationale appartient également à tous ;

2º Que cette éducation nationale ne consiste point en préceptes, mais qu'elle est le résultat de vos lois, de vos institutions, de vos mœurs, de vos usages ;

3º Que, pour qu'elle soit bonne, vous devez tout organiser, de manière qu'il ne reste aucune trace de l'ancien régime ; mais que tout rappelle au citoyen le culte sacré de la patrie et la nécessité des vertus morales, sans lesquelles il n'y a point de liberté ;

4º Que l'Instruction publique n'est qu'une branche très secondaire de l'éducation nationale ;

5º Que cette instruction doit être une et la même pour tous ;

6º Qu'elle doit, par conséquent, être bornée aux connaissances élémentaires indispensables pour former le citoyen ;

7º Que les arts et les sciences, dans des degrés supérieurs aux simples besoins, doivent être abandonnés à l'industrie et au génie ;

8º Que néanmoins l'État se doit à lui-même et à sa propre splendeur d'encourager les savants et les artistes, et qu'il doit être établi pour cet objet des lois particulières dignes de la munificence de la nation française, mais assez sévères pour exclure la médiocrité ;

9º Que l'Instruction publique ne doit point être remise entre les mains d'hommes dépendants, en quoi que ce soit, les uns des autres, ou même liés entre eux, de manière à faire craindre aucune corporation ; mais qu'au con-

---

1. Ces réflexions, dit l'auteur en renvoi à la première page, étaient destinées à être présentées à la Convention nationale, lors de la première discussion sur l'Instruction publique, d'après le plan de Condorcet, rappelé par Romme, avec quelques modifications. Le projet n'a pas de date; il est à peu près de la même époque que le précédent.

traire, chaque École doit être indépendante, et ne doit reconnaître d'autorité que celle de la loi et des magistrats chargés de veiller à son exécution ;

10° Que, pour rendre l'instruction vraiment utile et bonne, c'est surtout les maîtres qu'il importe d'éclairer sur leurs devoirs et sur la manière de les remplir ;

11° Qu'il faut accorder aux maîtres et la considération et le traitement analogues à l'importance de leurs fonctions ;

12° Qu'il faut rendre l'instruction agréable en la variant, qu'il est surtout essentiel qu'elle ne soit pas monotone et pédantesque ;

13° Qu'il faut mettre tous les citoyens à même d'y participer, en s'occupant sans délai des moyens de procurer à tous une honnête aisance qui ne les détourne pas du soin de s'instruire par la nécessité de céder à des besoins urgents et impérieux.

Je demande donc que la Convention nationale décrète qu'il n'y aura qu'un seul et même genre d'instruction pour tous les citoyens, et qu'elle renvoie à son Comité d'Instruction publique, pour lui présenter un plan simple et uniforme, dans lequel l'éducation se trouve liée à l'enseignement, d'après les principes de liberté et d'égalité qui doivent former la base de la Constitution.

---

14 février 1793. **Décret relatif à la gestion des biens appartenant aux établissements d'Instruction publique et aux traitements des professeurs en exercice.**

25 Pluviôse An I (14 Février 1793).

ARTICLE 1er. — La loi concernant la suppression des Congrégations régulières ne s'étendant pas aux établissements d'Instruction publique, indépendants de ces fondations, la vente des biens de ces établissements continuera à être suspendue, conformément aux décrets rendus par l'Assemblée constituante.

ART. 2. — La recette et la gestion des biens appartenant aux établissements d'Instruction publique, soit qu'elles aient été confiées précédemment à des Congrégations séculières ou à des laïques, continueront d'être faites sous la surveillance des corps administratifs ou municipalités, qui respectivement en sont chargés, sans que la régie des domaines nationaux puisse s'en mêler.

ART. 3. — Les recenseurs de la régie seront tenus, dans la huitaine de la publication du présent décret, de compter de clerc à maître, par-devant les corps administratifs ou municipaux, respectivement chargés de l'administration des Collèges, de tous deniers par eux perçus, comme appartenant à ces établissements, et seront contraints d'en verser immédiatement le montant en deniers ou quittances entre les mains des receveurs qui précédemment en étaient chargés, ou de ceux qui leur seront désignés par les administrations.

Art. 4. — Les corps administratifs sont autorisés, jusqu'à ce qu'il en ait été autrement ordonné, à fixer le traitement des professeurs actuellement en exercice ainsi qu'il suit :

Dans les villes au-dessous de trente mille âmes, il ne pourra être moindre de 1 000 livres; et dans les villes au-dessus de cette population, de 1 500 livres, sans néanmoins que le *maximum* pour les premières villes puisse s'élever au delà de 1 500 livres, et pour les secondes au delà de 2 000 livres[1].

Extrait du décret relatif à la vente des biens formant la dotation des Collèges et autres établissements d'Instruction publique. 8 mars 1793.

18 Ventôse An I (8 Mars 1793).

La Convention nationale, ouï le rapport de ses Comités d'Instruction publique et des Finances, décrète :

ARTICLE 1er. — Les biens formant la dotation des Collèges, des bourses et de tous autres établissements d'Instruction publique français, sous quelque dénomination qu'ils existent, seront, dès à présent, vendus dans la même forme et aux mêmes conditions que les autres domaines de la République, sauf les exceptions ci-après énoncées.

Art. 2. — Ces mêmes biens, soit que l'administration en ait été précédemment confiée à des Congrégations séculières ou régulières, à des corps laïques ou à des particuliers, seront, à compter du 1er janvier 1793 jusqu'à la vente, administrés par les préposés de la régie des domaines nationaux, sous la surveillance des corps administratifs, conformément aux lois sur cette matière ; tous actes d'administration desdits préposés, antérieurs à cette époque, sont confirmés.

Art. 3. — Lesdits Collèges et établissements cesseront de recevoir, à compter de ce jour, les rentes et les arrérages qui pourraient leur être dus par le Trésor public.

Art. 4. — Les administrateurs desdits établissements rendront compte de leur régie, conformément à la loi du 18 août 1792. Le reliquat de leurs comptes et tous les arriérés, en cas qu'il y en ait, seront versés dans la caisse des receveurs de district, comme propriétés nationales; les préposés de la régie seront tenus, sous la

1. Dérogation à l'article 1er du titre IV de la loi du 18 août 1792.

surveillance des corps administratifs, de poursuivre les régisseurs ou économes qui les auraient dilapidés ou partagés.

ART. 5. — Sont exceptés des dispositions contenues dans les articles 1er et 2 tous les bâtiments servant ou pouvant servir à l'usage des Collèges et de tous autres établissements de l'instruction des deux sexes ; les logements des instituteurs, professeurs et élèves, ensemble les jardins et enclos y attenant, ainsi que ceux qui, quoique séparés, sont à l'usage des établissements de l'Instruction publique, tels que les jardins des plantes, les emplacements pour la botanique et l'histoire naturelle.

Les corps administratifs sont tenus de faire procéder aux réparations urgentes, nécessaires pour prévenir la ruine et la dégradation des bâtiments réservés ci-dessus, sans que, sous prétexte de cette autorisation, ils puissent se permettre aucuns ouvrages d'embellissement ou d'augmentation.

. . . .

ART. 7. — Toutes ventes de biens dépendant des Collèges et autres établissements d'Instruction publique français faites dans les formes prescrites pour la vente des domaines nationaux, sont validées par le présent décret. La Convention annule seulement la vente des objets réservés par l'article 5 ci-dessus.

ART. 8. — A compter du 1er janvier 1793, le payement des professeurs et instituteurs, tant des Collèges que de tous les établissements d'Instruction publique français, seront à la charge de la Nation ; et, dans le cas où les traitements des professeurs eussent été réglés à compter d'une époque antérieure, soit en vertu de la loi du 18 août 1792, soit en vertu de toute autre loi, ou même en vertu d'arrêtés des corps administratifs, ils seront également payés par le Trésor public ; le tout suivant les règles ci-après :

ART. 9. — Les établissements d'Instruction publique dont les fonds ont été toujours faits par la Trésorerie nationale, continueront d'être payés sur les anciens états de la même manière, jusqu'à la nouvelle organisation.

ART. 10. — Il sera payé à chaque professeur et instituteur ce qui aura été convenu ou réglé avec eux par les corps administratifs, sans néanmoins que le traitement de chacun puisse excéder, savoir : dans les villes au-dessous de trente mille âmes, 1 500 livres, et dans les villes au-dessus de cette population, 2 000 livres.

ART. 11. — Les traitements seront payés tous les trois mois par les receveurs des districts, sur les ordonnances des Directoires de district. Les fonds nécessaires seront fournis par la Trésorerie nationale, d'après l'état de dépense dont il sera parlé dans l'article ci-après.

Art. 12. — Les fonds nécessaires pour le payement du premier trimestre de 1793, ainsi que pour les arrérages des traitements ou pensions qui peuvent être dus auxdits professeurs, seront pris provisoirement sur le produit des contributions publiques, et délivrés sans délai sur les ordonnances des Directoires de district.

Art. 13. — Les frais d'entretien des bâtiments, jardins et enclos mentionnés dans l'article 5, et tous autres frais nécessaires à l'instruction qui est donnée dans les Collèges et autres établissements français de ce genre, seront également à la charge de la Nation. En conséquence, les corps administratifs seront tenus d'envoyer incessamment au Ministre de l'Intérieur des états de toutes les dépenses mentionnées, tant dans le présent article, que dans les articles 7, 8, 9 et 10 ci-dessus; pour, sur le compte qui en sera rendu par le Ministre, être faits les fonds qui seront jugés nécessaires.

Art. 14. — Sur la proposition d'un membre, la Convention nationale décrète que les possessions affectées à l'entretien des établissements d'Instruction publique des protestants des départements du Haut et du Bas-Rhin, leur étant provisoirement conservées par la loi du 5 novembre 1790, elle passe à l'ordre du jour, motivé sur la loi même.

. . . .

Décret relatif aux pensions des instituteurs et des professeurs des Collèges.   5 mai 1793.

16 Floréal An I (5 Mai 1793).

Article 1er. — Les pensions méritées et obtenues par les instituteurs, professeurs ou maîtres des Collèges et autres établissements d'enseignement public, dont les biens ont été mis en vente par la loi du 8 mars dernier, continueront de leur être payées sur le pied qu'elles se trouveront réglées.

Art. 2. — Les pensionnaires de ce genre seront tenus, pour la conservation de leurs pensions, de se conformer aux lois concernant les pensionnaires de l'État. Néanmoins, jusqu'à ce qu'il ait pu leur être délivré un nouvel acte, ils seront provisoirement payés par les receveurs de district, de la manière et aux conditions ci-après, indépendamment des autres conditions prescrites pour le payement des pensions, et à la charge de représenter un certificat de civisme dans les formes prescrites par la loi.

Art. 3. — Pour pouvoir toucher les leurs des receveurs de district, les pensionnaires du genre non mentionné à l'article 1er du présent décret seront tenus de présenter leurs titres au Directoire du district de leur domicile, et, sur la vérification qui en sera faite, il leur sera délivré une ordonnance par celui du département.

ART. 4. — Le payement, tant qu'il sera fait en vertu de l'article 2 ci-dessus, par les receveurs de district, le sera sur les fonds et de la manière réglés par la loi du 8 mars dernier, et seulement après la représentation du certificat de civisme exigé par l'article 2 du présent décret : à cet effet, lesdites pensions seront portées dans l'état des dépenses qui doit être envoyé au Ministre de l'Intérieur en vertu de ladite loi.

ART. 5. — Ceux des instituteurs, professeurs ou maîtres qui, n'ayant pas exercé le temps prescrit pour obtenir des pensions, continueront leur service, et qui prétendront ensuite avoir droit d'en obtenir, se pourvoiront comme les autres prétendants à des pensions sur l'État, et il leur en sera accordé, conformément aux lois particulières sur les Collèges, antérieures à celles faites par l'Assemblée constituante.

ART. 6. — Les professeurs, maîtres ou sous-maîtres ecclésiastiques du Collège-boursier de Foix, établi à Toulouse, pourvus comme instituteurs et comme ministres du culte catholique dans ledit Collège, en vertu des lettres-patentes du 21 septembre 1791, qui, après avoir prêté le serment prescrit, étaient restés en fonctions à l'époque de la loi du 18 août 1792, seront traités comme les bénéficiers pourvus de chapellenies laïques, mentionnés dans la loi du 24 août 1790, concernant le traitement du clergé. Ils pourront, d'ailleurs, emporter du logement qu'ils occupaient, ou qu'ils pourraient encore occuper dans ledit Collège, les meubles et effets étant à leur usage.

ART. 7. — La Convention nationale déclare que les membres de la ci-devant congrégation de la Mission de France, ou de Saint-Lazare, sont compris dans la classe des Congrégations vouées au culte et à la grande instruction : en conséquence, elle déclare comme non-avenu l'arrêté du Directoire du département de Paris, du 3 novembre 1792, et décrète que le traitement des individus des maisons énoncées audit arrêté sera fixé suivant les règles établies par le paragraphe 1er du titre III de la loi du 18 août 1792.

Décret relatif à l'établissement des Écoles primaires[1].

30 mai 1793.

11 Prairial An I (30 Mai 1793).

La Convention nationale, après avoir entendu le rapport du Comité de Salut public, décrète ce qui suit : .

ARTICLE 1er. — Il y aura une École primaire dans tous les lieux qui ont depuis quatre cents jusqu'à quinze cents individus.

Cette École pourra servir pour toutes les habitations moins peuplées, qui ne seront pas éloignées de plus de mille toises.

ART. 2. — Il y aura dans chacune de ces Écoles un instituteur chargé d'enseigner aux élèves les connaissances élémentaires nécessaires aux citoyens pour exercer leurs droits, remplir leurs devoirs, et administrer leurs affaires domestiques.

ART. 3. — Le Comité d'Instruction publique présentera le mode proportionnel pour les communes plus peuplées et pour les villes.

ART. 4. — Les instituteurs seront chargés de faire aux citoyens de tout âge, de l'un et de l'autre sexe, des lectures et des instructions une fois par semaine.

ART. 5. — Le projet de décret présenté par le Comité d'Instruction publique sera mis à l'ordre du jour irrévocablement tous les jeudis.

Décret relatif à l'ouverture d'un concours pour la composition de livres élémentaires[2].

13 juin 1793.

25 Prairial An I (13 Juin 1793).

La Convention nationale, ouï son Comité d'Instruction publique, décrète ce qui suit :

ARTICLE 1er. — Il sera ouvert un concours pour la composition des livres élémentaires destinés à l'enseignement public.

ART. 2. — Il sera formé une Commission d'hommes éclairés dans les sciences, les lettres et les arts, pour juger, entre les différents ouvrages qui seront envoyés, ceux qui mériteront la préférence.

ART. 3. — Le Comité d'Instruction publique est chargé du choix des personnes qui composeront ladite Commission, et d'en soumettre la liste à l'approbation de la Convention.

---

1. Présenté par Barrère, au nom du Comité de Salut public.
2. Ce décret ne reçut pas d'exécution. Une proposition pour l'organisation du concours annoncé fut soumise à la Convention par Grégoire au nom du Comité d'Instruction publique, le 4 pluviôse An II (23 janvier 1794). Le projet fut adopté sans discussion le 9 pluviôse. Voir le texte du décret intervenu, page 87.

ART. 4. — Aussitôt après sa nomination, la Commission arrêtera, de concert avec le Comité d'Instruction publique, le plan des ouvages qui devront servir à l'enseignement public.

ART. 5. — Les programmes seront rendus publics : les citoyens français et les étrangers seront invités à concourir à la composition de ces livres.

ART. 6. — Il sera accordé des récompenses nationales à ceux qui, au jugement de la Commission, auront présenté les meilleurs livres élémentaires sur les sciences, les lettres et les arts.

---

24 juin 1793. **Loi disposant que l'instruction doit être à la portée de tous les citoyens** [1].

6 Messidor An I (24 Juin 1793).

. . . .

ART. 22. — L'instruction est le besoin de tous. La société doit favoriser de tout son pouvoir les progrès de la raison publique, et mettre l'instruction à la portée de tous les citoyens.

---

26 juin 1793. **Projet de décret présenté à la Convention nationale, au nom de la Commission d'Instruction publique, par Sieyès, Daunou, Lakanal** [2].

8 Messidor An I (26 Juin 1793).

PROJET D'ÉDUCATION NATIONALE.

Institution des Écoles nationales.

ARTICLE 1er. — Les Écoles nationales ont pour objet de donner aux enfants de l'un et de l'autre sexe l'instruction nécessaire à des citoyens français.

ART. 2. — Il sera établi, sur le territoire de la République, une École par mille habitants.

1. Extrait de la Constitution décrétée le 24 juin, acceptée le 10 août 1793.
2. Le projet fut dénoncé le 30 juin par le montagnard Hassenfraz au club des Jacobins. « Le père de ce projet, dit-il, est le prêtre Sieyès, dont vous connaissez la perfidie. »
La vérité est que le chapitre des fêtes était tout entier de Sieyès, qui l'avait, en grande partie, emprunté au projet de Rabaud Saint-Étienne, page 33.
Voir les documents ci-après :

Art. 3. — Dans les lieux où la population est trop dispersée, il pourra y avoir un instituteur adjoint, placé sur la demande de l'administration du district, et d'après un décret de l'Assemblée nationale.

Art. 4. — Dans les lieux où la population est rapprochée, une seconde École n'est établie que lorsque la population s'élève à deux mille individus; la troisième, à trois mille habitants complets, et ainsi de suite.

Art. 5. — Chaque École nationale est divisée en deux sections, une pour les garçons, une pour les filles.

En conséquence, il y a un instituteur et une institutrice.

Bureaux d'inspection.

Art. 6. — Il y a auprès de chaque administration de district un bureau d'inspection chargé de la surveillance et de la partie administrative des Écoles nationales.

Art. 7. — Le bureau d'inspection est composé de trois commissaires nommés par le conseil d'administration du district, et pris hors de son sein.

Art. 8. — Il est renouvelé par tiers à chaque nouvelle administration.

Des Instituteurs

Art. 9. — Les instituteurs et institutrices des Écoles nationales sont examinés et élus par le bureau d'inspection.

Cette nomination est confirmée librement par l'administration du district.

Art. 10. — Si l'administration refuse de confirmer la nomination du bureau, le bureau peut faire un autre choix.

Art. 11. — Si le bureau persiste dans sa nomination et l'administration dans son refus, celle-ci désignera la personne qu'elle croira mériter la préférence.

Les deux choix seront envoyés à la Commission centrale, objet du chapitre suivant, qui prononce définitivement entre l'administration et le bureau.

Art. 12. — Les plaintes contre les instituteurs et institutrices sont portées directement au bureau d'inspection du district.

Contre-projet de Couppé (de l'Oise), curé de Sermaise, qui ne fut pas discuté (2 juillet 1793) ;

Discours de Lequinio (2 juillet);

Discours et projet de Bourdon (3 juillet); son projet est reproduit aux pages 48 et suivantes; il n'est pas sans analogies avec celui de Lepelletier, qui avait été communiqué officieusement à quelques membres de l'Assemblée, et qui paraissait obtenir une grande faveur dans l'opinion de la Montagne. — Le 3 juillet, la Convention adopta la résolution suivante, qui écartait le plan Lakanal : « Il est nommé une Commission chargée de présenter, sous huit jours, un projet de décret sur l'éducation et l'instruction publique. »

Voir également :

Brochure intitulée : *Lakanal à ses collègues ;* elle est extraite du *Journal d'Instruction sociale*, nos 3, 4, 5 et 6, et reproduit les articles de Sieyès;

Essai sur l'Instruction publique, par Daunou (juillet 1793);

Plan simple, facile et uniforme d'une éducation républicaine et populaire, par Delaguelle (Loiret);

Idées sur l'Éducation nationale, par Alex. Deleyre (Gironde);

Brochure sur l'*Éducation publique*, par Ch. Duval (Ille-et-Vilaine);

Courtes Réflexions sur l'Instruction publique, par Faure (Seine-Inférieure), août 1793.

ART. 13. — Lorsque la plainte est en matière grave, et après que l'instituteur a été entendu, si le bureau juge qu'il y a lieu à destitution, sa décision est
portée au Conseil général de l'administration du district, pour y être confirmée.

ART. 14. — Si l'arrêté du Conseil général n'est pas conforme à l'avis du
bureau, l'affaire est portée à la Commission centrale, qui prononce définitivement entre l'administration et le bureau.

ART. 15. — Le salaire des instituteurs et institutrices est le même dans
toute l'étendue de la République; il est fixé à ..... Il peut être changé tous les
dix ans.

ART. 16. — L'instituteur portera, dans l'exercice de ses fonctions, et aux
fêtes nationales, une médaille avec cette inscription : *Celui qui instruit est un
second père.*

De la Commission centrale de l'Instruction publique.

ART. 17. — Il y a près du Corps législatif, et sous son autorité immédiate,
une Commission centrale d'Instruction publique.

ART. 18. — Ses fonctions, relativement aux Écoles nationales, sont d'arrêter,
avec l'approbation du Corps législatif, une méthode uniforme d'enseignement;
Les règlements généraux qui fixent les devoirs des instituteurs et des institu
trices ;
Le régime et la discipline commune des Écoles nationales ;
Enfin, de les administrer par l'intermédiaire des bureaux d'inspection.

ART. 19. — Ses fonctions, relativement aux bureaux d'inspection, sont :
De correspondre avec eux ;
De les surveiller ;
De dénoncer les abus, et de présenter au Corps législatif les moyens d'y
remédier.
Les autres fonctions de la Commission centrale sont déterminées dans la suite
du présent décret.

ART. 20. — La Commission centrale de l'Instruction publique est composée
de douze membres.
Elle se renouvelle annuellement par tiers.
Les membres sortants peuvent être réélus.
La nomination annuelle se fait par le Corps législatif, sur une liste double,
présentée par la Commission elle-même.

ART. 21. — Le salaire des membres de la Commission centrale et des
bureaux d'inspection est le même que celui des instituteurs.

Instruction et régime des Écoles nationales.

ART. 22. — L'éducation que la Nation donne aux enfants de la République est
en même temps :
Intellectuelle,
Physique,
Morale et industrielle ; en un mot, elle embrasse tout l'homme.

ART. 23. — Les premières leçons de lecture et d'écriture sont données par
l'institutrice aux enfants de l'un et de l'autre sexe.
Après ce premier enseignement, les garçons passent aux mains de l'instituteur.

Art. 24. — Dans l'une et l'autre section de chaque École nationale, on achève de perfectionner les enfants dans la lecture et l'écriture;

On enseigne les règles de l'arithmétique, l'art de se servir des dictionnaires;

On donne les premières connaissances de géométrie, de physique, de géographie, de morale et d'ordre social.

Art. 25. — Les élèves des Écoles nationales sont instruits dans les exercices les plus propres à entretenir la santé, et à développer les forces et l'agilité du corps.

Ils sont particulièrement exercés au chant et à la danse, de manière à pouvoir figurer dans les fêtes nationales.

Art. 26. — Les garçons sont élevés surtout aux exercices militaires, auxquels préside un officier de la garde nationale désigné par le bureau d'inspection.

Art. 27. — Un officier de santé du district est chargé par le même bureau de visiter, dans les quatre saisons de l'année, toutes les Écoles nationales du district.

Il examine et conseille les exercices gymnastiques les plus convenables.

Il examine les enfants, et indique en général et en particulier les règles les plus propres à fortifier leur santé.

Art. 28. — Les élèves des Écoles nationales assistent et ont une place marquée dans les fêtes nationales du canton et dans celles de la commune.

Art. 29. — Ils visitent plusieurs fois l'année, avec leurs instituteurs, sous la conduite d'un magistrat du peuple, les hôpitaux et les prisons les plus voisins.

Art. 30. — Les mêmes jours ils aident dans leurs travaux domestiques ou champêtres les pères ou les mères de famille que leurs infirmités ou leurs maladies empêchent de s'y livrer. (*Article ajouté.*)

Art. 31. — On les conduit quelquefois dans les manufactures et les ateliers où l'on prépare des marchandises d'une consommation commune, afin que cette vue leur donne quelque idée des avantages de l'industrie humaine.

Art. 32. — Une partie du temps destiné aux Écoles est employée à des ouvrages manuels de différentes espèces utiles et communes.

Les filles surtout sont instruites à coudre, à tricoter, etc.

Art. 33. — Les instituteurs font à des jours marqués, pour tous les habitants, des lectures publiques sur des points de morale, d'ordre social, d'économie rurale, etc.

Art. 34. — Les élèves de l'une et l'autre section de chaque École nationale sont formés séparément en société, modelée à peu près sur le plan de la grande société politique et républicaine.

Art. 35. — L'instituteur et l'institutrice tirent de ce mode d'organisation des secours pour faciliter la distribution de l'enseignement et le maintien d'une bonne police dans leur École.

Art. 36. — Des prix d'encouragement sont donnés aux enfants qui se sont le mieux conduits, et qui ont été les plus utiles à l'École, comme aussi à ceux qui, dans les différents cours, ont montré le plus de talent.

Art. 37. — Les grands prix des Écoles sont distribués, en présence du peuple, dans la fête de la jeunesse, l'une des grandes fêtes nationales du canton instituées dans le chapitre ci-dessous, *Des fêtes nationales.*

Art. 38. — La Commission centrale de l'Instruction publique, et, sous elle, les bureaux d'inspection, sont chargés de pourvoir aux règlements supplémentaires pour le premier établissement de l'éducation publique, et de les présenter à l'approbation du Corps législatif.

Des élèves de la Patrie.

Art. 39. — La Nation accorde aux enfants peu fortunés qui ont montré, dans les Écoles nationales, le plus de dispositions pour les sciences, lettres et arts, des secours particuliers qui les mettent à portée d'acquérir des connaissances supérieures et des talents, dans les Écoles particulières, auprès des professeurs libres.

Art. 40. — Ces secours sont accordés sur la demande des bureaux d'inspection et l'avis de la Commission centrale.

Écoles particulières et libres.

Art. 41. — La loi ne peut porter aucune atteinte au droit qu'ont les citoyens d'ouvrir des cours et Écoles particulières et libres sur toutes les parties de l'instruction, et de les diriger comme bon leur semble.

Art. 42. — La Nation accorde des encouragements et des récompenses aux instituteurs et professeurs, tant nationaux que libres, aux savants et hommes à talents, qui ont rendu de grands services au progrès des lumières, des arts, et à l'industrie.

Art. 43. — Les bureaux d'inspection et la Commission centrale ont exclusivement la surveillance de police et de protection sur les Écoles particulières et libres, et sur les pensionnats d'éducation.

. . . .

---

3 juillet 1793.   **Projet de décret sur l'éducation nationale présenté à la Convention nationale par Léonard Bourdon, député du Loiret [1].**

15 Messidor An I (3 Juillet 1793).

(Imprimé par ordre de la Convention.)

Titre Iᵉʳ. — *Division de l'instruction.*

Article 1ᵉʳ. — Il y aura trois degrés d'instruction.

Art. 2. — Des Écoles communales forment le premier degré ; les connaissances absolument nécessaires à tous les citoyens y sont enseignées.

Art. 3. — Des Écoles secondaires ou Lycées forment le second degré ; les connaissances nécessaires pour remplir les différentes fonctions publiques, celles qui peuvent servir à perfectionner l'industrie, les sciences exactes, les langues, les beaux-arts y sont enseignés.

Art. 4. — Un Lycée central forme le dernier degré ; on y enseigne, au milieu des matériaux réunis de toutes les connaissances humaines, l'ensemble et les parties les plus relevées des sciences et des arts.

---

1. Le projet fut présenté au cours de la discussion du plan de Lakanal. Voir les notes ci-dessus, pages 44 et 45, concernant ce dernier projet.

Titre II. — *Ecoles communales.*

Art. 1er. — Dans chaque arrondissement de 1 500 habitants, il y a deux Écoles communales ; l'une pour les garçons au-dessus de dix ans, dirigée par un instituteur ; l'autre pour les garçons au-dessous de cet âge et pour les filles, dirigée par une institutrice.

Art. 2. — Dans les lieux où la population est plus rapprochée, il ne sera établi de seconde école qu'au-dessus de 3 000 âmes, une troisième au-dessus de 6 000.

Art. 3. — Les administrateurs peuvent solliciter l'établissement d'une seconde école, même au-dessous de 1 500 habitants, lorsque les localités l'exigent.

Art. 4. — Dans les unes et dans les autres on enseigne la lecture, l'écriture, les principes de la morale, la déclaration des droits et la Constitution, le calcul, la langue française et la géographie, et les élèves de chaque sexe sont formés aux exercices du corps qui leur sont propres.

Les garçons reçoivent des leçons élémentaires sur la théorie de l'agriculture, des métiers les plus nécessaires, et de l'art de la guerre, dans la pratique duquel ils s'exercent habituellement.

Les filles s'exercent aux différents ouvrages qui conviennent à leur sexe.

Art. 5. — Par la suite, nulle personne ne sera admise à être instituteur, qu'elle n'ait acquis des connaissances dans l'art de la chirurgie ; et à être institutrice, qu'elle ne soit instruite dans l'art des accouchements.

Art. 6. — Les pères de famille qui veulent se charger eux-mêmes de l'instruction de leurs enfants, et qui ne les envoient pas aux leçons des Écoles communales, sont tenus de représenter ces enfants aux examens qui ont lieu dans les Écoles communales à différentes époques. Ces examens sont faits en présence des pères de famille de l'arrondissement ; et si l'enfant leur paraît instruit dans des principes contraires à ceux de la République, ils forment un jury qui prononce que le père a perdu le droit naturel qu'il avait d'élever lui-même son enfant.

Ce jugement est porté à la municipalité, qui est tenue d'ordonner la translation de l'enfant dans la Maison d'égalité dont il *va être* question.

Maisons communes d'éducation.

Art. 7. — Dans chaque arrondissement de 30 Écoles communales, il y a une maison d'éducation commune et gratuite, appelée *Maison d'égalité*. Cette maison est destinée à recevoir tous les enfants adoptifs de la patrie, et, en général, tous ceux que leurs parents voudront faire jouir des avantages de l'éducation commune, et confier aux soins de la République.

Art. 8. — Les enfants y sont reçus à l'âge de sept ans, et y restent jusqu'à quatorze.

Art. 9. — Ils y sont nourris, entretenus et instruits aux frais de la République, jusqu'à ce que le produit des ateliers de travail qui y seront établis puisse suffire aux dépenses.

Art. 10. — Les citoyens de l'arrondissement qui désirent que leurs enfants puissent profiter des avantages de l'éducation commune, et aux travaux et à la subsistance desquels cependant ces enfants sont utiles, peuvent les retirer chaque année de la Maison d'égalité, pendant les travaux de la campagne, en justifiant des besoins qu'ils ont des services de leurs enfants, par une attestation de trois pères de famille.

Ils sont tenus pendant ce temps d'envoyer leurs enfants à l'École communale.

ART. 11. — L'enseignement dans les Maisons d'égalité est le même que dans les Écoles communales ; tous les enfants s'y exercent en outre à l'agriculture et à la pratique des arts les plus nécessaires à la vie.

ART. 12. — Les Écoles communales et les Maisons d'égalité sont sous la surveillance et l'administration des pères de famille.

ART. 13. — Les fêtes nationales sont célébrées dans les Maisons d'égalité.

ART. 14. — Les élèves de la Maison d'égalité sont vêtus simplement, nourris frugalement, couchés durement.

ART. 15. — La Maison d'égalité est dirigée par huit instituteurs :

Deux pour la théorie et les sciences ;

Deux pour le labourage ;

Trois pour les arts et métiers ;

Un pour les exercices militaires.

ART. 16. — Tous les instituteurs sont nourris dans la maison avec leurs femmes ; ils ont un traitement, le premier de 800 livres ; le second de 600 livres, et les autres de 400 livres.

ART. 17. — Le traitement des instituteurs des Écoles communales est de 1 500 livres dans les campagnes et dans les villes au-dessous de 50 000 âmes ;

De 1 800 livres dans les villes au-dessus de ce nombre.

ART. 18. — Les Maisons d'égalité qui sont établies dans les villes seront, autant que faire se pourra, situées hors de leur enceinte.

A l'agriculture on substituera la culture d'un jardin, et aux arts des campagnes les arts des villes.

ART. 19. — Dans ces maisons, les élèves au-dessus de l'âge de dix ans sont organisés en sociétés, d'après les bases de la liberté et de l'égalité républicaine ; ils font eux-mêmes leurs règlements, ils choisissent parmi eux des fonctionnaires publics chargés de leur exécution ; ils vivent en hommes libres.

On se conformera autant qu'il est possible à cet article, même dans les Écoles communales.

ART. 20. — Dans chaque arrondissement de 100 000 âmes, il y a une maison d'éducation commune pour les filles, dans laquelle sont reçues toutes celles dont la Nation est dans le cas de prendre soin, soit parce qu'elles lui ont été abandonnées, soit à cause de l'indigence honorable de leurs parents, ou des services que ceux-ci ont rendus à la patrie.

On y reçoit également toutes celles qui y sont présentées, moyennant une pension dont le minimum de 150 livres, et le maximum de 300 livres, suivant les lieux, est fixé par le Conseil général de la commune.

ART. 21. — Les filles qui y sont reçues gratuitement y restent jusqu'à l'âge de seize ans.

Toutes sont exercées aux vertus, aux talents et à la gymnastique qui convient à leur sexe.

ART. 22. — Ces maisons de filles sont en correspondance avec celles destinées aux garçons ; elles font les habits, le linge de ceux-ci, qui, en échange, leur fournissent des denrées de leur récolte, des livres, etc.

ART. 23. — Il y a dans toutes les écoles un jour de repos chaque semaine ; dans ce jour, appelé vulgairement le *dimanche*, la moitié des garçons des deux maisons les plus voisines se rendent alternativement à la maison des filles ; ils y concourent ensemble aux différents exercices qui leur sont communs.

4.

ART. 24. — Les maisons de garçons sont administrées par deux pères de famille, et celles des filles par deux mères de famille ; les uns et les autres sont nommés par les pères et mères de l'arrondissement.

ART. 25. — La Nation fournit pour chaque maison d'éducation commune un domaine national, et subvient pendant dix années aux salaires des instituteurs et institutrices.

A chaque maison de garçons sont attachés cinquante arpents.

ART. 26. — Chaque arrondissement fournit, au moyen d'une contribution prise sur les citoyens qui ont un revenu de plus de 300 livres, et qui est progressive sur le superflu, le mobilier nécessaire à chaque maison ; et, en outre, chaque année, une contribution en nature, pour supplément à la nourriture et à l'entretien des élèves ; cette contribution décroîtra chaque année, à proportion du progrès de la maison et de la diminution de ses besoins ; elle durera au moins six et au plus dix années.

ART. 27. — Toutes les contributions volontaires sont reçues.

ART. 28. — Lorsque les ateliers de différents genres qui s'établiront successivement dans ces maisons, et dont l'objet principal sera l'emploi des matières premières de chaque lieu, auront acquis assez d'activité pour donner un excédent, toutes dépenses prélevées, cet excédent est divisé en prix, pour être distribués tous les trois mois entre les élèves qui se conduisent le mieux, qui ont fait le plus d'ouvrage, et qui ont développé le plus d'adresse ; les juges sont leurs camarades.

Le montant de ces prix est accumulé et placé dans l'établissement lui-même, au profit de chacun de ceux qui les ont obtenus, et lui forme, avec les intérêts, un pécule pour l'époque de sa sortie de l'école.

ART. 29. — Dès que le nombre des enfants que les parents auront déposés dans la maison commune s'élèvera au-dessus de 400, l'administration supérieure de l'arrondissement pourra proposer au Corps législatif d'en établir une seconde, dans laquelle seront reportés la moitié des élèves de la première.

ART. 30. — Tous les détails relatifs à l'exécution des articles précédents seront déterminés par des règlements et par une instruction particulière.

. . . .

ART. 41. — Chaque année il y a deux vacances dans les Maisons d'égalité et dans les Lycées.

La première, pendant tout le mois de mai, est employée à visiter les autres Maisons ou Lycées, à fraterniser et concourir avec leurs élèves.

La seconde est de quinze jours, pendant la moisson ou les vendanges ; les élèves peuvent les passer chez leurs parents, qu'ils aident dans leurs travaux.

. . . .

ART. 44. — Dans les Écoles communales, Maisons d'égalité et Lycées, les instituteurs font des leçons publiques de morale et de Constitution.

. . . .

ART. 50. — Dans dix années de la date du présent décret, les places d'instituteurs qui vaqueront dans les Écoles communales ou Maisons d'égalité, seront données à des élèves du Lycée de l'arrondissement, parvenus à l'âge de vingt-un ans.

Ces instituteurs seront choisis par les instituteurs du Lycée et les pères de famille, sur une liste double de candidats formée par les élèves eux-mêmes.

. . . .

ART. 55. — Les instituteurs du Lycée central, auxquels sont réunis un certain nombre d'élèves nommés par leurs camarades, entretiennent une correspondance active avec toutes les Écoles communales, Maisons d'égalité et Lycées, par le moyen d'un journal.

ART. 56. — Chacune de ces Écoles fait parvenir au Lycée central toutes les observations qu'elle a recueillies, sur tout ce qui peut contribuer au progrès des lumières et des connaissances humaines, sur les nouvelles méthodes d'instruction, sur les sujets les plus distingués, et sur les traits de vertu les plus remarquables de chacun d'eux.

ART. 57. — Les Maisons d'égalité, Écoles communales et Lycées sont pourvus, pour leurs observations physiques, des instruments nécessaires et des modèles de tableaux à remplir.

Ces observations portent sur le beau et le mauvais temps qu'il fait chaque jour, sur le degré de chaud et de froid, les différentes densités de l'atmosphère, la quantité de pluie et de neige, la hauteur des eaux, la direction des vents, des brouillards, de la grêle, des tempêtes;

Sur les progrès ou les avaries des productions de la terre, les symptômes des épidémies et des épizooties;

Sur la plantation et la coupe des bois, les défrichements et les desséchements des marais, l'ouverture des canaux et routes, l'exploitation des mines, le commerce et l'industrie, le prix des denrées de première nécessité;

Sur les espèces de culture les plus usitées; sur les instruments aratoires; sur la quantité des différentes espèces de récoltes;

Sur les nouveaux établissements et découvertes dans les sciences, arts et métiers;

Sur la population, les naissances, mariages et décès;

Sur la population des animaux[1].

Ces différentes observations, dont les unes se font journellement, et les autres une fois chaque année, font la matière d'un deuxième journal, dont la publication contribue aux progrès rapides des sciences et des arts.

ART. 58. — Il est formé une Commission pour faire le programme des différents ouvrages élémentaires nécessaires tant aux instituteurs qu'aux élèves.

Les ouvrages que la Commission juge les plus utiles sont imprimés; un mois après, il y a une assemblée publique, dans laquelle les membres de la Commission, assistés de deux citoyens nommés par chacun des concurrents, prononceront à haute voix leur jugement motivé sur le meilleur ouvrage dans chaque genre.

L'auteur reçoit une couronne de chêne des mains du Président du Corps législatif, et, en outre, une somme de 1200 livres ou de 600 livres, suivant la nature de l'ouvrage.

ART. 59. — Son ouvrage est aussitôt déclaré livre élémentaire des Écoles nationales.

ART. 60. — Chaque année pendant laquelle il n'a pas été présenté un meilleur ouvrage, l'auteur reçoit le quart du montant de la première indemnité.

. . . .

ART. 65. — Tous les établissements particuliers d'éducation sont permis; mais la Nation prendra les précautions nécessaires pour qu'on ne s'y écarte jamais des principes qu'elle a consacrés.

. . . .

1. Le citoyen Ruelle, de l'Observatoire de Paris, a présenté un travail intéressant sur la nécessité de ces observations. (*Note du projet.*)

ART. 69. — Dès que les Maisons d'égalité pour les enfants des deux sexes seront établies, les enfants actuellement dans les maisons de secours, âgés de 8 ans, y seront déposés chacun dans l'arrondissement de leur naissance ; ils y seront élevés, nourris et instruits conformément à l'article 7 avec l'intérêt et les soins que la République donne à ses enfants.

ART. 70. — La Commission présentera incessamment les règlements et instructions nécessaires pour l'exécution de la présente loi.

Plan d'éducation nationale de Michel Lepelletier, présenté à la Convention nationale 13 juillet 1793. par Maximilien Robespierre[1].

25 Messidor An I (13 Juillet 1793).

ARTICLES GÉNÉRAUX.

ARTICLE 1er. — Tous les enfants seront élevés aux dépens de la République, depuis l'âge de cinq ans jusqu'à douze ans pour les garçons, et depuis cinq ans jusqu'à onze ans pour les filles.

ART. 2. — L'éducation nationale sera égale pour tous; tous recevront même nourriture, mêmes vêtements, même instruction, mêmes soins.

ART. 3. — L'éducation nationale étant la dette de la République envers tous, tous les enfants ont droit de la recevoir, et les parents ne pourront se soustraire à l'obligation de les faire jouir de ses avantages.

---

1. Michel Lepelletier avait été assassiné le 30 nivôse An I (20 janvier 1793). — Le rapport qu'il avait préparé fut lu à la Convention le jour de la mort de Marat. — Son projet fut successivement amendé, au nom de la Commission des Six, par Robespierre, le 11 thermidor (29 juillet), et par Bourdon, le 14 thermidor (1er août). Voir les projets Bourdon, pages 48, 60 et 119. Le projet de Robespierre est à peu près le même que celui de Lepelletier. Nous signalons par des renvois les articles qui en diffèrent.

Voir les documents ci-après :

Discours et projet de décret par M. J. Chénier (janvier 1793), proposant que les funérailles de Lepelletier soient faites aux frais de la nation ;

Discours de Grégoire, Lequinio, Fourcroy (30 juillet);

Discours de Thibeaudeau et Piette (1er août);

Base de l'Éducation publique ou *L'Art de former les hommes*, par P. C. Fr. Dupont (Hautes-Pyrénées) (ci-après, page 61);

Idées sur l'Éducation nationale, par Alex. Deleyre (1793), avec une épigraphe de Montaigne, livre II, chapitre XVII;

Courtes Réflexions sur l'Instruction publique, par P. J. D. G. Faure (Seine-Inférieure), août 1793;

Projet de décret de Calès sur l'éducation nationale (ci-après, page 62);

Plan simple, facile et uniforme d'une Éducation républicaine et populaire, par Delaguelle (de la Gironde), 1793;

Sur l'Éducation publique, par Ch. Duval (Ille-et-Vilaine), 1793.

Voir également les débats de la séance du 13 août, dans laquelle Lacroix, Robespierre, Sainte-Foy, Léonard Bourdon, Romme, Danton, prirent la parole; la discussion aboutit au décret du 13 août (page 65), qui était l'adoption en principe du projet de Lepelletier, amendé par la Commission.

ART. 4. — L'objet de l'éducation nationale sera de fortifier le corps des enfants, de le développer par des exercices de gymnastique, de les accoutumer au travail des mains, de les endurcir à toute espèce de fatigue, de les plier au joug d'une discipline salutaire [1], de former leur cœur et leur esprit par des instructions utiles, et de leur donner les connaissances qui sont nécessaires à tout citoyen, quelle que soit sa profession.

ART. 5. — Lorsque les enfants seront parvenus au terme de l'éducation nationale, ils seront remis entre les mains de leurs parents ou tuteurs [2], et rendus aux travaux des divers métiers et de l'agriculture, sauf les exceptions qui seront spécifiées ci-après, en faveur de ceux qui annonceraient des talents et des dispositions particulières.

ART. 6. — Le dépôt des connaissances humaines et de tous les beaux-arts sera conservé et enrichi par les soins de la République : leur étude sera enseignée publiquement et gratuitement par des maîtres salariés par la Nation.

Leurs cours seront partagés en trois degrés d'instruction : les Écoles publiques, les Instituts, les Lycées.

ART. 7. — Les enfants ne seront admis à ces cours qu'après avoir parcouru celui de l'éducation nationale [3].

Ils ne pourront être reçus avant l'âge de douze ans aux Écoles publiques.

Le cours d'étude y sera de quatre années ; il sera de cinq ans dans les Instituts, et de quatre ans dans les Lycées.

ART. 8. — Pour l'étude des belles-lettres, des sciences et des beaux-arts, il en sera choisi un sur cinquante. Les enfants qui auront été choisis seront entretenus aux frais de la République auprès des Écoles publiques [4], pendant le cours d'étude de quatre ans.

ART. 9. — Parmi ceux-ci, après qu'ils auront achevé ce premier cours, il en sera choisi la moitié, c'est-à-dire ceux dont les talents se sont développés davantage ; ils seront également entretenus aux dépens de la République auprès des Instituts pendant les cinq années du second cours d'étude [5].

Enfin, moitié des pensionnaires de la République qui auront parcouru avec plus de distinction le degré d'instruction des Instituts, sera choisie pour être entretenue auprès des Lycées, et y suivre le cours d'étude pendant quatre années.

ART. 10 [6]. — Le mode de ces élections sera déterminé ci-après.

ART. 11 [7]. — Ne pourront être admis à concourir ceux qui, par leurs facultés personnelles, ou celles de leurs parents, seraient en état de suivre, sans le secours de la République, ces trois degrés d'instruction.

ART. 12. — Le nombre et l'emplacement des Écoles publiques, des Instituts et des Lycées, le nombre des maîtres et le mode d'instruction, seront déterminés ci-après.

---

1. Les mots : *de les plier au joug d'une discipline salutaire*, ne figurent pas au projet de Robespierre.

2. Le projet de Robespierre porte : « .... et rendus aux diverses professions utiles de la société et de l'agriculture, sauf les exceptions qui seront spécifiées ci-après, à l'égard de ceux destinés à parcourir les cours d'études dont il va être parlé ».

3. Le projet de Robespierre ne comprend que le premier paragraphe de cet article.

4. Le projet de Robespierre s'arrête au mot *Instituts*, par lequel il remplace ceux de *Écoles publiques*.

5. Le projet de Robespierre ne comprend que le premier paragraphe de cet article.

6. Le texte de l'article 10 du projet de Robespierre est le même que celui de l'article 12 du projet de Lepelletier.

7. L'article 11 n'existe pas dans le projet de Robespierre.

DE L'ÉDUCATION NATIONALE.

ART. 1er. — Il sera formé dans chaque canton un ou plusieurs établissements d'éducation nationale, où seront élevés les enfants de l'un et de l'autre sexe, dont les pères et mères, ou, s'ils sont orphelins, dont les tuteurs seront domiciliés dans le canton.

Pour les villes, les enfants de plusieurs sections pourront être réunis dans le même établissement.

ART. 2. — Lorsque l'enfant aura atteint l'âge de cinq ans accomplis, les père et mère, ou, s'il est orphelin, son tuteur, seront tenus de le conduire à la maison d'éducation nationale du canton, et de le remettre entre les mains des personnes qui y sont préposées.

ART. 3. — Les pères et mères ou tuteurs qui négligeraient de remplir ce devoir perdront les droits de citoyen, et seront soumis à une double imposition directe pendant tout le temps qu'ils soustrairont l'enfant à l'éducation commune.

ART. 4. — Lorsqu'une femme conduira un enfant âgé de cinq ans à l'établissement de l'éducation nationale, elle recevra de la République pour chacun des quatre premiers enfants qu'elle aura élevés jusqu'à cet âge, la somme de 100 livres, le double pour chaque enfant qui excédera le nombre de quatre jusqu'à huit, et enfin 300 livres pour chaque enfant qui excédera ce premier nombre.

Aucune mère ne pourra refuser l'honneur de cette récompense; elle n'y aura droit qu'autant qu'elle justifiera par une attestation de la municipalité qu'elle a allaité son enfant.

ART. 5. — Il sera rédigé avec simplicité, brièveté et clarté, une instruction indicative des attentions, du régime et des soins qui peuvent contribuer à la conservation et à la bonne santé des enfants pendant la grossesse des mères, le temps de la nourriture, du sevrage, et jusqu'à ce qu'ils aient atteint l'âge de cinq ans.

ART. 6. — La Convention invite tous les citoyens à concourir à la rédaction de cette instruction, à adresser leur ouvrage au Comité d'Instruction publique.

L'auteur de l'instruction qui aura été jugée la meilleure, et adoptée par la Convention, aura bien mérité de la patrie, et recevra une récompense de vingt-quatre mille livres.

ART. 7. — A la tête de cette instruction sera imprimé l'article ci-après :

ART. 8. — Les officiers publics, chargés de recevoir les déclarations des mariages et des naissances, seront tenus de remettre un exemplaire de cette instruction à chaque personne qui se présentera devant eux pour déclarer son mariage.

ART. 9. — Tous les enfants d'une section ou d'un canton seront, autant qu'il sera possible, réunis dans un seul établissement; il y aura pour cinquante garçons un instituteur, et pour pareil nombre de filles une institutrice.

Dans chacune de ces divisions, les enfants seront classés, de manière que les plus âgés seront chargés de surveiller et de faire répéter les plus jeunes, sous les ordres de l'inspecteur, de l'instituteur ou de l'institutrice, ainsi qu'il sera expliqué par le règlement.

ART. 10. — Durant le cours de l'éducation nationale, le temps des enfants sera partagé entre l'étude, le travail des mains, et les exercices de gymnastique.

ART. 11. — Les garçons apprendront à lire, écrire, compter, et il leur sera donné les premières notions du mesurage et de l'arpentage.

Leur mémoire sera cultivée et développée; on leur fera apprendre par cœur quelques chants civiques, et le récit des traits les plus frappants de l'histoire des peuples libres et de celle de la Révolution française.

Ils recevront aussi des notions de la constitution de leur pays, de la morale universelle, et de l'économie rurale et domestique.

ART. 12. — Les filles apprendront à lire, écrire et compter.

Leur mémoire sera cultivée par l'étude des chants civiques, et de quelques traits de l'histoire, propres à développer les vertus de leur sexe.

Elles recevront aussi des notions de morale et d'économie domestique et rurale.

ART. 13. — La principale partie de la journée sera employée par les enfants de l'un et l'autre sexe au travail des mains.

Les garçons seront employés à des travaux analogues à leur âge, soit à ramasser, à répandre des matériaux sur les routes, soit dans les ateliers des manufactures qui se trouveraient à portée des maisons d'éducation nationale, soit à des ouvrages qui pourraient s'exécuter dans l'intérieur même de la maison : tous seront exercés à travailler la terre.

Les filles apprendront à filer, à coudre et à blanchir; elles pourront être employées dans les ateliers des manufactures qui seront voisines, ou à des ouvrages qui pourront s'exécuter dans l'intérieur de la maison d'éducation.

ART. 14. — Ces différents travaux seront distribués à la tâche aux enfants de l'un et l'autre sexe.

La valeur de chaque tâche sera estimée et fixée par l'administration des pères de famille, dont il sera parlé ci-après.

ART. 15. — Le produit du travail des enfants sera employé ainsi qu'il suit :

Les neuf dixièmes en seront appliqués aux dépenses communes de la maison; un dixième sera remis à la fin de chaque semaine à l'enfant, pour en disposer à sa volonté.

ART. 16. — Tout enfant de l'un et l'autre sexe, âgé de plus de huit ans, qui dans la journée précédente, si c'est un jour de travail, n'aura pas rempli une tâche équivalente à sa nourriture, ne prendra son repas qu'après que les autres enfants auront achevé le leur, et il aura la honte de manger seul; ou bien il sera puni par une humiliation publique qui sera indiquée par le règlement.

ART. 17 [1].—Les moments et les jours de délassements seront employés à des exercices de gymnastique, qui seront indiqués par le règlement. Les garçons seront formés en outre au maniement des armes.

ART. 18. — Aucuns domestiques ne seront employés dans les maisons d'éducation nationale. Les enfants les plus âgés, chacun à leur tour, et sous les ordres et l'inspection des instituteurs et institutrices, rempliront les diverses fonctions du service journalier de la maison, ainsi qu'il sera expliqué par le règlement.

ART. 19. — Les enfants recevront également et uniformément, chacun suivant son âge, une nourriture saine, mais frugale, un habillement commode, mais grossier; ils seront couchés sans mollesse, de telle sorte que, quelque profession qu'ils embrassent, dans quelques circonstances qu'ils puissent se trouver durant le cours de leur vie, ils apportent l'habitude de pouvoir se passer des commodités et des superfluités, et le mépris des besoins factices.

---

1. Le texte de cet article n'existe pas dans le projet de Robespierre, qui saute de l'art. 17 à l'art. 19.

Art. 20. — Dans l'intérieur ou à portée des maisons d'éducation nationale, seront placés, autant qu'il sera possible, les vieillards ou infirmes hors d'état de gagner leur vie, et qui seront à la charge de la commune.

Les enfants seront employés chacun à leur tour, suivant leur force et leur âge, à leur service et assistance.

Art. 21. — Les établissements de l'éducation nationale seront placés dans les édifices publics, maisons religieuses ou habitations d'émigrés, s'il en existe dans le canton; s'il n'en existait point, les corps administratifs sont autorisés à choisir un local convenable dans les châteaux dépendants des ci-devant fiefs, après avoir toutefois payé aux propriétaires la juste et préalable indemnité. Enfin, à défaut de ces ressources, il sera pourvu autrement à la formation la plus économique (et par devis) de ces établissements.

Art. 22. — Chaque instituteur recevra un traitement de 400 livres, et chaque institutrice 300 livres; ils auront en outre le logement et double portion de la nourriture des enfants les plus âgés[1].

Art. 23. — Les dépenses des établissements d'éducation nationale seront supportées ainsi qu'il suit :

Les récompenses fixées par l'article 4 ci-dessus, en faveur des mères qui auront allaité leurs enfants et les auront élevés jusqu'à l'âge de cinq ans, ainsi que les traitements en argent des instituteurs et institutrices, seront à la charge de la République.

Quant aux frais d'établissement et d'entretien des maisons d'éducation nationale, à la nourriture et aux vêtements des enfants, et aux dépenses de la maison, il y sera pourvu : 1° par le produit du travail des enfants, sauf la réserve du dixième, dont il est autrement disposé par l'article 15 ci-dessus; 2° les revenus personnels qui pourraient appartenir aux enfants élevés dans lesdites maisons seront employés à la dépense commune, pendant tout le temps qu'ils y demeureront; 3° le surplus sera acquitté comme charge locale par toutes les personnes domiciliées dans le canton ou section, chacune au marc la livre de ses facultés présumées d'après la cote de ses impositions directes.

Art. 24. — Pour régir et surveiller chaque établissement d'éducation nationale, les seuls pères de famille domiciliés dans le canton ou section formeront un conseil de cinquante-deux personnes choisies parmi eux.

Chaque membre du conseil sera tenu à sept jours de surveillance dans le cours de l'année, en sorte que chaque jour un père de famille sera de service dans la maison d'éducation.

Sa fonction sera de veiller à la préparation et à la distribution des aliments des enfants, à l'emploi du temps et à son partage entre l'étude, le travail des mains et les exercices, à l'exactitude des instituteurs et institutrices à remplir les devoirs qui leur sont confiés, à la propreté et à la bonne tenue des enfants de la maison, au maintien et à l'exécution du règlement; enfin à pourvoir à ce que les enfants reçoivent, en cas de maladie, les secours et les soins convenables.

Le surplus et le détail des fonctions du père de famille sera développé par le règlement.

Le conseil des pères de famille commettra en outre une administration de

---

1. L'art. 22 du projet de Robespierre comprend en outre le paragraphe suivant :

« La Nation met leurs fonctions au rang des plus honorables; elle place les services de ceux qui les remplissent dignement parmi les plus grands services rendus à la Nation, titres à son estime et à la reconnaissance ».

quatre membres tirés de son sein pour déterminer, selon les temps et les saisons, les aliments qui seront donnés aux enfants, régler l'habillement, fixer les genres de travail des mains auxquels les enfants seront employés, et en arrêter le prix.

L'organisation et les devoirs, tant du conseil général des pères de famille que de l'administration particulière, seront plus amplement déterminés par un règlement.

ART. 25. — Au commencement de chaque année, le conseil des pères de famille fera passer au département l'état des enfants qui auront été élevés dans la maison d'éducation nationale de leur canton ou section, et de ceux qui sont morts dans le courant de l'année précédente.

Il enverra pareillement l'état du produit du travail des enfants pendant l'année.

Les deux états ci-dessus énoncés seront doubles, l'un pour les garçons, l'autre pour les filles.

Il sera accordé par le département une gratification de 300 livres à chacun des instituteurs de la maison dans laquelle il sera mort, pendant le cours de l'année, un moindre nombre d'enfants, comparativement aux autres maisons situées dans le département, et en observant les proportions du nombre des enfants qui y ont été élevés.

Pareille gratification sera accordée à chacun des instituteurs de la maison dans laquelle le produit du travail aura été le plus considérable, et en observant aussi les proportions du nombre des enfants qui y auront été élevés. Les dispositions précédentes auront lieu pareillement en faveur des institutrices des filles.

Le département fera imprimer chaque année le nom des maisons, celui des instituteurs et institutrices qui auront obtenu cet honneur. Ce tableau sera envoyé au Corps législatif et affiché dans chacune des municipalités du département[1].

ART. 26. — Pour la parfaite organisation des Écoles primaires, il sera procédé, au concours, à la composition des livres élémentaires qui vont être indiqués, et à la solution des questions suivantes :

Livres élémentaires à composer.

1° Méthode pour apprendre aux enfants à lire, à écrire, à compter, et pour leur donner les notions les plus nécessaires de l'arpentage et du mesurage ;

2° Principes sommaires de la Constitution, de la morale, de l'économie domestique et rurale ; récit des faits les plus remarquables de l'histoire des peuples libres et de la Révolution française : le tout divisé par leçons propres

---

1. L'art. 25 du projet de Robespierre comprend le même texte que ci-dessus, plus le paragraphe suivant :

« L'obligation de confier à la patrie les enfants, les jeunes citoyens, pour être élevés par elle dans les principes de l'égalité et de la République, est un devoir de père et de citoyen. Ceux qui refuseront de le remplir seront imposés à une double contribution directe, et leurs noms seront inscrits sur un tableau affiché dans les municipalités, dans le lieu des assemblées primaires et électorales ; les noms de ceux qui l'auront rempli seront honorablement inscrits sur une autre colonne. La Nation adopte tous les enfants qui ont perdu leurs pères et mères ; elle les élèvera dans les maisons d'éducation nationale, durant la période qui vient d'être déterminée. »

à exercer la mémoire des enfants et à développer en eux le germe des vertus civiles et des sentiments républicains;

3° Règlement général de discipline, pour être observé dans toutes les maisons d'éducation nationale;

4° Instructions à l'usage des instituteurs et institutrices, de leurs obligations, des soins physiques qu'ils doivent prendre des enfants qui leur sont confiés, et des moyens moraux qu'ils doivent employer pour étouffer en eux le germe des défauts et des vices, développer celui des vertus et découvrir celui des talents.

Le Comité d'Instruction publique spécifiera par un programme l'objet de ces différents ouvrages.

Tous les citoyens sont invités à concourir à la rédaction de ces livres élémentaires, et à adresser leurs travaux au Comité d'Instruction publique.

L'auteur de chacun de ces livres élémentaires qui aura été jugé le meilleur et adopté par la Convention aura bien mérité de la patrie, et recevra une récompense de 40 000 livres.

Questions à résoudre.

1° Quelle est la forme d'habillement complet des enfants de l'un et l'autre sexe, le plus commode et le plus économique?

Il sera présenté deux modèles, l'un pour l'habillement des garçons, l'autre pour celui des filles.

L'auteur du modèle qui sera adopté par la Convention recevra une récompense de 3 000 livres.

2° Quels sont les divers genres d'aliments les plus convenables aux enfants depuis l'âge de cinq ans jusqu'à douze, et en même temps les plus économiques?

Les recettes qui seront indiquées par les citoyens devront, autant qu'il sera possible, être variées et multipliées; ils auront égard aux productions qui sont les plus communes, selon la saison et les différents climats de la République. Elles contiendront également, pour chaque espèce de climats, les quantités qui feront par jour la portion de l'enfant, en graduant les quantités suivant les différents âges.

3° Quels seront les soins et attentions physiques propres à conserver et fortifier la santé des enfants? Quels sont les exercices de gymnastique les plus propres à favoriser leur croissance, développer leurs muscles et leur donner force, adresse et agilité?

4° Quels sont les divers genres de travail des mains auxquels on peut le plus commodément, le plus utilement employer les enfants dans l'intérieur des maisons d'éducation nationale, lorsqu'ils ne seront pas occupés à des travaux au dehors? Et quelle est la méthode la plus simple de partager les tâches, et de reconnaître chaque jour facilement l'évaluation de chaque enfant?

Les citoyens qui présenteront les solutions les plus satisfaisantes sur les trois questions précédentes, et dont les ouvrages auront été adoptés par la Convention, recevront pour chacune des trois questions résolues une récompense de 24 000 livres.

1er août 1793. **Projet de décret portant modifications au plan de Lepelletier présenté à la Convention nationale, au nom de la Commission d'Instruction publique, par Léonard Bourdon.**

14 Thermidor An I (1er Août 1793).

I. — Les enfants mâles que leurs parents voudront confier aux soins de la République seront élevés, nourris et entretenus à ses frais, depuis l'âge de sept ans jusqu'à quatorze.

II. — L'éducation nationale sera égale pour tous les enfants qui seront déposés dans les maisons établies à cet effet : tous y recevront même nourriture, mêmes vêtements, mêmes soins. Ces maisons s'appelleront *Maisons d'égalité*.

III. — L'objet de l'éducation nationale sera de fortifier le corps des enfants; de les développer par des exercices gymnastiques; de les endurcir à toutes espèces de fatigues; de les accoutumer au travail des mains; d'éveiller et de diriger leur industrie; de leur faire faire l'apprentissage de la vie; de les former à la pratique de la liberté et de l'égalité, et de leur donner les connaissances qui sont nécessaires à tout citoyen, quelle que soit sa profession.

IV. — On y donne, en outre, les mêmes instructions que dans les Écoles communales.

Chaque maison d'instruction commune recevra 500 enfants.

V. — Aussitôt après la promulgation de la loi, il sera établi, dans chaque département, une de ces maisons, dans laquelle seront déposés sur-le-champ les enfants adoptifs de la patrie, demeurant dans l'étendue de son ressort.

Les parents qui voudront faire recevoir leurs enfants dans ces maisons communes seront tenus de les faire inscrire sur un registre ouvert à cet effet dans chaque municipalité.

VI. — L'officier public qui recevra les inscriptions remettra à chaque père de famille le numéro sous lequel il aura été inscrit.

VII. — Chaque municipalité sera tenue de faire passer chaque mois, à l'Administration supérieure, le tableau des inscriptions qui auront été faites sur le registre, avec la date précise de chacune.

VIII. — Les enfants qui auront été les premiers inscrits, seront placés dans la maison dont l'article V ordonne le prompt établissement, jusqu'à concurrence.

IX. — Dès qu'il y aura 500 nouvelles inscriptions, il sera établi une seconde maison commune, et ainsi de suite.

X. — Lorsqu'il sera formé une maison commune dans un canton, les Écoles primaires qui y étaient établies seront réunies et incorporées avec elle.

XI. — Les citoyens de l'arrondissement qui désirent que leurs enfants puissent profiter des avantages de l'instruction commune, et à la subsistance desquels cependant ces enfants seraient utiles, peuvent les retirer chaque année, pendant les travaux de la campagne, en justifiant le besoin qu'ils ont des services de leurs enfants par une attestation de trois pères de famille.

XII. — Tous les exercices des Maisons d'égalité sont publics et communs aux enfants, demeurant chez leurs parents, qui voudront y assister.

Les Maisons d'égalité et les Écoles primaires seront sous la surveillance et l'administration des pères de famille de l'arrondissement.

XIII. — L'éducation que les pères de famille qui ne déposeront pas leurs enfants dans les Maisons d'égalité donneront à leurs enfants sera surveillée.

Les instituteurs et les pères de famille de l'arrondissement examineront avec attention quels sont les principes que les enfants reçoivent dans la maison paternelle; et si ces principes sont contraires à ceux de la liberté et de l'égalité, ils en dresseront procès-verbal et le feront passer à l'Administration, qui ordonnera que l'enfant sera déposé dans la Maison d'égalité.

Projet de décret sur les bases de l'éducation publique ou l'art de former les hommes, présenté à la Convention nationale par P. C. Fr. Dupont (des Hautes-Pyrénées)[1].

1793.

ARTICLE 1er. — Dans toute la Républiqne, et aux frais de la Nation, il y aura des Écoles primaires.

ART. 2. — Il y aura une École primaire dans tout point central où il pourra se faire un rassemblement de 400 individus.

ART. 3. — Les élèves ne pourront y être reçus qu'à l'âge de six ans.

ART. 4. — Jusqu'à cet âge, l'éducation sera commune aux deux sexes.

ART. 5. — Elle ne consistera que dans des exercices volontaires, propres à fortifier leurs organes, et à développer leurs goûts et leurs penchants.

ART. 6. — On ne pourra les assujettir à aucune étude abstraite autrement que par manière de repos et de récréation.

ART. 7. — La carrière de toutes les connaissances humaines est également ouverte aux deux sexes.

ART. 8. — L'éducation devant prendre la nature pour modèle, il sera fait distinction des arts et métiers qui devront être exercés par les femmes, et de ceux à exercer par les hommes.

ART. 9. — Nul homme ne pourra exercer le métier de femme, sans perdre le droit de citoyen.

ART. 10. — L'homme qui épouserait une femme qui exercerait le métier des hommes perdra son droit de citoyen.

ART. 11. — La République étant une et indivisible, l'éducation se fera dans la langue française, commune à la grande majorité des citoyens.

ART. 12. — Dans tous les départements-frontières, une partie essentielle de l'éducation sera l'enseignement des langues usitées dans les pays voisins de ces départements.

ART. 13. — On n'enseignera dans les Écoles que la morale universelle; chaque religion sera enseignée dans les temples par les pasteurs.

ART. 14. — L'état d'instituteur public est incompatible avec celui de pasteur; les instituteurs se feront aimer comme des pères, et non craindre comme des tyrans.

ART. 15. — Les livres élémentaires seront les mêmes pour toute la République.

ART. 16. — Les livres de lecture seront différents dans les campagnes et dans les villes.

ART. 17. — Leur but principal sera de rendre les hommes heureux et bons, en leur faisant aimer le travail; on y joindra la candeur et l'austérité des mœurs de la campagne, la douceur et le charme de la vie champêtre et pastorale, et on rendra à l'agriculture l'honneur et le premier rang que les arts frivoles et de luxe avaient usurpé sur elle.

ART. 18. — On honorera les arts à proportion de leur utilité.

1. Le projet ne porte aucune date précise. Il est de l'année 1793.

Art. 19. — L'oisiveté et l'ignorance sont des délits dans la République.

Art. 20. — Tout citoyen doit compte à la République de l'usage de ses facultés classiques et morales.

Art. 21. — Tout citoyen est tenu d'exercer un art ou profession.

Art. 22. — Au chef-lieu de canton, à l'enseignement public de l'École primaire seront réunis des maîtres qui enseigneront aux élèves l'exercice des arts et métiers, les plus utiles pour manufacturer les matières premières que la nature ou l'industrie fournit dans le canton.

Art. 23. — Les élèves qui se seront le plus distingués dans quelque art seront appelés de préférence à l'instruction ; et chaque année ils recevront une récompense proportionnée aux services qu'ils auront rendus, et aux talents dont ils auront donné les preuves.

Art. 24. — Les institutrices établies au chef-lieu de chaque canton suivront la même méthode, et joindront aux connaissances spéculatives l'exercice des différents arts qui favoriseront davantage l'industrie et le commerce du canton.

Art. 25. — Elles feront des instructions sur l'économie rurale domestique, et sur les devoirs à remplir par les mères de famille.

Art. 26. — On honorera spécialement celles qui allaitent leurs enfants.

Art. 27. — Il sera fait une instruction ou adresse à toutes les mères de famille de la République, pour leur rappeler cet important devoir, et les dangers auxquels elles s'exposent en négligeant de le remplir.

Art. 28. — Il sera fait une collection de livres destinés à former l'esprit et le cœur des élèves des deux sexes ; elle sera sous la surveillance des instituteurs et des institutrices et confiée à leurs soins.

Art. 29. — Dans chaque département, il y aura une Société d'Agriculture et de Commerce.

Art. 30. — Elle tiendra une séance publique tous les mois.

Art. 31. — Les ingénieurs des ponts et chaussées en seront essentiellement membres.

Art. 32. — Les résultats de leurs assemblées seront envoyés au Comité d'Agriculture et de Commerce près le Corps législatif.

Art. 33. — Chaque mois, il sera fait un rapport sur les vues nouvelles présentées par ces différentes sociétés, et les auteurs des découvertes utiles seront récompensés,

Art. 34. — Les instituteurs seront honorés comme les suppléants de la bienfaisance paternelle, et comme les gardiens du plus précieux dépôt de la République.

Dispositions de détail.

Les articles de détail seront la conséquence de ces bases, si elles sont adoptées.

1793.   Projet de décret sur l'éducation nationale, présenté à la Convention nationale
               par Jean-Marie Calès (de la Haute-Garonne) [1].

Article 1er. — Il sera formé, dans chaque district de la République, une maison d'éducation pour les jeunes filles.

----

1. Le projet ne porte aucune date précise. Comme le précédent, il est de 1793.

Art. 2. — Cette maison sera saine et commode; les appartements à coucher et les salles d'instruction seront ouvertes au nord et au midi, de manière à pouvoir renouveler l'air avec facilité. Les élèves n'habiteront jamais le rez-de-chaussée, s'il n'est reconnu à l'abri de toute humidité.

Art. 3. — Elles seront reçues dans ces maisons depuis l'âge de huit ans jusqu'à l'âge de douze.

Art. 4. — On les habillera toutes des mêmes étoffes de la même couleur, et leur habillement sera dans la forme la plus commune.

Art. 5. — On leur apprendra à lire, écrire, parler français et à compter, dans la première année.

Art. 6. — Outre ces connaissances, dès l'âge de neuf à dix ans, on formera les jeunes filles à tous les ouvrages qui conviennent à une mère de famille. On les occupera d'abord de la couture, et, à proportion de leurs progrès, on les poussera jusqu'à savoir faire leurs habits.

Art. 7. — Chaque individu, âgé de dix à douze ans, sera, deux jours de la semaine, exercé aux différents ouvrages de blanchissage, comme lessives, savonnades, etc. Pendant deux autres jours, il travaillera à la cuisine, et le reste de la semaine à telle filature à laquelle son goût ou son aptitude le rendront propre.

Art. 8. — Chaque année, on fera un examen de la capacité des élèves. Celles qui auront acquis les connaissances pour présider à un ménage seront renvoyées dans leur maison paternelle, et jamais on ne les gardera dans la maison commune au delà de leur quinzième année.

Art. 9. — Les frais relatifs à la construction seront à la charge du Trésor public; ceux de premier établissement à celle du district, et les assemblées administratives fixeront, tous les ans, le prix de la pension, d'après celui des denrées, et il sera déterminé un *maximum* qu'on ne pourra dépasser. Ce taux sera modéré, et, s'il ne suffit pas pour salarier les maîtresses et pour les autres dépenses de la maison, l'État fournira ce qui sera jugé nécessaire.

Décret sur l'uniformité et le système général des poids et mesures.   1er août 1793.

14 Thermidor An I.(1er Août 1793).

Article 1er. — Le nouveau système des poids et mesures, fondé sur la mesure du méridien de la terre et la division décimale, servira uniformément dans toute la République.

Art. 2. — Néanmoins, pour laisser à tous les citoyens le temps de prendre connaissance de ces nouvelles mesures, les dispositions de l'article précédent ne seront obligatoires que dans un an, à compter du jour de la publication du présent décret. Les citoyens sont seulement invités d'en faire usage avant cette époque.

Art. 3. — Il sera fait, par des artistes au choix de l'Académie des Sciences, des étalons des nouveaux poids et mesures, qui seront envoyés à toutes les administrations de départements et de districts.

ART. 4. — L'Académie des Sciences nommera quatre commissaires pris dans son sein, et le Comité d'Instruction publique en nommera deux pour surveiller la construction des étalons ; ils en constateront l'exactitude, et signeront les instructions destinées à accompagner les envois, qui seront faits par le Ministre de l'Intérieur.

ART. 5. — L'Académie des Sciences enverra au Comité d'Instruction publique un devis estimatif des frais qu'exigera la construction des étalons, pour que la Convention puisse décréter les fonds nécessaires.

ART. 6. — Ces étalons seront conservés avec le plus grand soin dans une armoire destinée à cet objet, dont la clef restera entre les mains d'un des commissaires de chaque corps administratif.

ART. 7. — Afin d'empêcher la dégradation des étalons, les corps administratifs nommeront, dans chaque chef-lieu de département ou de district, une personne éclairée pour assister à la communication que les artistes prendront de ces étalons, dans la vue de construire des instruments de mesure et de poids à l'usage des citoyens.

ART. 8. — Dès que les nouveaux étalons seront parvenus aux administrations de district, toutes les municipalités de chaque district seront tenues de faire construire des instruments de mesure et de poids, qui resteront déposés à la maison commune.

ART. 9. — Le recueil des différents mémoires rédigés jusqu'à présent par les commissaires de l'Académie, qui comprend les détails des opérations faites pour parvenir au nouveau système des poids et mesures, sera imprimé et accompagnera l'envoi des étalons.

ART. 10. — La Convention charge l'Académie de la composition d'un livre à l'usage de tous les citoyens, contenant des instructions simples sur la manière de se servir des nouveaux poids et mesures, et sur la pratique des opérations arithmétiques relatives à la division décimale.

ART. 11. — Des instructions sur les nouvelles mesures, et leurs rapports aux anciennes le plus généralement répandues, entreront dans les livres élémentaires d'arithmétique qui seront composés pour les Écoles nationales.

Décret relatif à l'instruction en commun et à l'instruction dans la famille[1]. 13 août 1793

26 Thermidor An I (13 Août 1793).

La Convention décrète qu'il y aura des établissements nationaux où les enfants des citoyens seront élevés et instruits en commun; et que les familles qui voudront conserver leurs enfants dans la maison paternelle auront la faculté de les envoyer recevoir l'instruction publique dans des classes instituées à cet effet.

Loi déterminant les rapports entre les pères et mères et les enfants. 26 août 1793.

(Titre du Code civil.)

9 Fructidor An I (26 Août 1793).

ARTICLE 1er. — L'enfant mineur est placé par la nature et par la loi sous la surveillance et la protection de son père et de sa mère. Le soin de son éducation leur appartient. Ils (les parents) ne peuvent en être privés que dans les cas et pour les causes que la loi détermine.

ART. 2. — Le principal devoir des pères et mères, après avoir nourri et élevé leurs enfants, est de leur apprendre ou faire apprendre un métier d'agriculture, ou un art mécanique. Ceux qui négligeraient d'accomplir cette obligation sont tenus de fournir des aliments à leurs enfants pendant toute leur vie.

Décret relatif au remplacement des instituteurs qui n'ont pas enseigné les principes de la Révolution. 9 septembre 1793.

23 Fructidor An I (9 Septembre 1793).

ARTICLE 3. — Jusqu'à l'organisation définitive de l'Instruction publique, les corps administratifs sont expressément chargés de pour-

---

1. Ce décret était l'adoption, en principe, du plan de Lepelletier. Il fut voté sur les instances de Danton. La Convention le rapporta le 19 octobre 1793, à la demande de Léonard Bourdon, après la lecture des projets présentés par Romme au nom de la Commission des Neuf.

Gréard. *Lég. de l'Instr. primaire.* 5

voir au remplacement de ceux des instituteurs publics qui n'ont pas constamment professé, depuis 1789, les principes de la Révolution[1].

---

15 septembre 1793.

Décret relatif à la création de trois degrés progressifs d'instruction professionnelle.

29 Fructidor An I (15 Septembre 1793).

La Convention nationale, sur la pétition qui lui a été présentée par le département de Paris, les districts ruraux, la commune, les sections et les sociétés populaires réunies, décrète :

Article 1er. — Indépendamment des Écoles primaires dont la Convention s'occupe, il sera établi dans la République trois degrés progressifs d'instruction : le premier, pour les connaissances indispensables aux artistes et ouvriers de tous les genres ; le second, pour les connaissances ultérieures, nécessaires à ceux qui se destinent aux autres professions de la société ; et le troisième, pour les objets d'instruction dont l'étude difficile n'est pas à la portée de tous les hommes.

Art. 2. — Les objets d'étude de ces écoles seront classés et enseignés d'après les tableaux annexés à la minute du présent décret.

Art. 3. — Pour les moyens d'exécution, le département et la municipalité de Paris sont autorisés à se concerter avec la Commission de l'Instruction publique de la Convention nationale, afin que ces établissements soient mis en activité au 1er novembre prochain[2], et, en conséquence, les Collèges de plein exercice et les Facultés de théologie, de médecine, des arts et de droit, sont supprimés sur toute la surface de la République.

1. Cet article est inséré dans le *Journal général de l'Instruction publique* sous la forme d'un décret spécial, qui porte la date du 12 vendémiaire An II (3 octobre).

2. Le décret ne reçut aucune application; le 16 septembre, Couppé de l'Oise demanda qu'il fût rapporté. Malgré une chaleureuse défense de Fourcroy, le décret fut suspendu sur la proposition de Bazire. L'ajournement d'une discussion nouvelle, fixée à trois jours, fut prolongé indéfiniment. Trois membres furent adjoints à la Commission des Six, pour la préparation d'un plan détaillé d'éducation nationale.

Projet de décret sur l'éducation nationale, présenté à la Convention nationale par Michel-Edme Petit[1].

1er octobre 1793.

10 Vendémiaire An II[2] (1er Octobre 1793).

La Convention nationale décrète ce qui suit :

ARTICLE 1er. — Les maris et femmes sont invités à se porter réciproquement l'amour, les égards, les soins qu'exige l'état du mariage.

ART. 2. — L'homme ou la femme notoirement coupables d'adultère seront bannis pour deux ans de toutes les fêtes publiques.

ART. 3. — Les mères sont invitées, au nom de la nature, à allaiter elles-mêmes leurs enfants, et il sera pourvu, par des secours publics, aux besoins de celles qui seraient trop pauvres pour remplir ce devoir.

ART. 4. — Tous les enfants appartiennent à la République, et leurs parents ne peuvent être bons citoyens qu'autant qu'ils auront pour eux les soins que leur faiblesse exige, qu'autant qu'ils leur inspireront de bonne heure le goût du travail et de la simplicité, le courage des privations, l'amour de la République, la haine des rois, des dictateurs et de tout pouvoir arbitraire.

ART. 5. — Les parents qui ne pourront pas instruire leurs enfants eux-mêmes les enverront à l'École publique.

ART. 6. — Le temps d'étude pour les enfants est fixé à deux heures par jour pour les Écoles primaires dans toute l'étendue de la République.

ART. 7. — Les parents ne remettront point aux instituteurs l'autorité paternelle : car le pouvoir de la nature ne peut se confier à qui que ce soit; mais ils sont autorisés à surveiller fraternellement les instituteurs pour s'assurer s'ils usent envers les enfants de toute la bonté, de toute la douceur que l'enfance obtient toujours des hommes de bien.

ART. 8. — Toutes corrections physiques sont expressément bannies des Écoles, quelles qu'elles soient, et même des maisons d'apprentissage.

ART. 9. — On emploiera tous les moyens pour faire trouver aux enfants un plaisir dans l'accomplissement de leurs devoirs.

ART. 10. — Les maîtres d'école actuellement existants dans chaque commune sont conservés sous le titre d'*instituteurs*.

ART. 11. — Ils seront tenus de subir, devant la municipalité et le conseil général de la commune, un examen sur la lecture, l'écriture, les comptes, la connaissance des devoirs et des droits de l'homme, la Constitution de la République française.

ART. 12. — Il leur sera accordé un traitement proportionné au nombre des enfants de la commune.

1. Ce projet ne fut pas discuté. — Petit le reprit le 19 frimaire (9 décembre).
Il faisait partie de la Commission des Neuf, chargée, — après le rejet du plan de Lakanal et l'admission en principe de celui de Lepelletier, — de préparer un projet de décret, qui fut présenté par Romme le 20 octobre (page 70), et voté en partie le 30 vendémiaire, le 7 et le 9 brumaire (pages 73, 74 et suivantes).
Petit s'était séparé sur quelques points de ses collègues de la Commission, et il avait, avant le dépôt du rapport de Romme, présenté le projet en son nom personnel.

2. Voir ci-après, page 81, le décret sur l'ère des Français; l'An I commence le 22 septembre 1792 et finit le 21 septembre 1793.

Art. 13. — Il y aura aussi dans chaque commune une institutrice, qui enseignera aux filles à lire, à écrire, à coudre, filer, etc.; il leur sera aussi accordé un traitement.

Art. 14. — Les instituteurs seront nommés par la municipalité sur la présentation de la majorité absolue des pères de famille, et leur examen aura lieu entre la présentation et la nomination.

Art. 15. — Les institutrices seront présentées par les mères de famille. Elles subiront aussi un examen sur ce qu'elles devront enseigner, et seront nommées par la municipalité.

Art. 16. — Tous les citoyens qui se sont adonnés à l'étude de la morale et de la bonne littérature sont invités à présenter à la Convention nationale, avant le premier novembre prochain, le catéchisme républicain. Ils s'attacheront à développer dans cet ouvrage les vrais principes de la liberté, de l'égalité, les motifs de toutes les vertus républicaines, du respect dû aux lois, aux personnes, aux propriétés. Le style de ce catéchisme devra être simple, clair : on n'y emploiera que les mots de la langue française, les phrases et les tournures le plus généralement usitées dans la République.

Art. 17. — La Convention nationale, sur le rapport de son Comité d'Instruction publique, portera le jugement motivé des ouvrages qui seront présentés, et il sera accordé aux auteurs des récompenses proportionnées à leurs succès.

Art. 18. — Dans chaque commune, un citoyen choisi par la municipalité enseignera aux enfants mâles le maniement des armes, et les jeunes gens de la commune feront l'exercice aux mêmes lieux, jours et heures que les enfants.

Art. 19. — Une école de natation sera établie dans toutes les communes qui en seront susceptibles.

Art. 20. — Il sera distribué annuellement des prix aux enfants de tous les citoyens, sans exception, qui dans quelque école que ce soit, ayant fait des progrès dans leurs études, auront eu le plus d'assiduité au travail ou aux exercices de corps relatifs à l'agriculture ou aux métiers d'utilité première. Ces prix consisteront en exemplaires de la Constitution ; et dans une fête instituée à cet effet les enfants les recevront du maire de la commune, et en mettant un genou en terre pour marquer le respect dû à la loi. Tous les pères leur donneront ensuite le baiser civique. Il y aura aussi des prix pour les filles : ces prix consisteront en ajustements simples, en rouets à filer, etc.; ils leur seront délivrés en présence de la municipalité, par la plus âgée des mères de famille.

Art. 21. — Les jours de congé ou de récréation seront les mêmes par toute la République, et tous les enfants élevés soit aux écoles, soit chez leurs parents, seront confondus ensemble, et s'occuperont de jeux connus, sous la surveillance des pères et des instituteurs.

Art. 22. — Les pères et mères, riches ou pauvres, emploieront tout leur zèle, tous leurs moyens, ou ceux que la République leur offre, pour que leurs enfants, à l'âge de quinze ans, soient tous en état de gagner leur pain par un travail quelconque, et qu'au même âge ils sachent, aussi parfaitement que possible, le catéchisme républicain, lire, écrire et compter.

Art. 23. — Il sera établi dans chaque district une maison commune d'instruction, où les enfants qui auront montré un goût particulier et irrésistible pour les sciences et les arts seront admis à l'âge de quinze ans; mais ils ne seront reçus dans ces maisons qu'autant qu'ils seront en état de gagner leur pain par un travail quelconque, et ils continueront de se livrer à ce travail en apprenant les choses qui leur seront enseignées dans ces maisons.

Art. 24. — On enseignera dans ces maisons les éléments de toutes les sciences et la théorie des arts, et douze professeurs seront à cet effet salariés par la République.

Art. 25. — Ceux des enfants qui, dans l'espace d'une année, auront fait des progrès dans cette première étude, seront envoyés et entretenus aux frais de la Nation dans les différents endroits où l'on exerce la pratique des arts qu'ils auront choisis : ils feront tous leurs voyages à pied par étapes.

Art. 26. — Ils ne seront ainsi entretenus que pendant un temps proportionné à l'utilité sociale républicaine de la science ou de l'art qu'ils auront embrassé. Un peintre ne sera entretenu qu'un an, un chirurgien le sera pendant six, etc., un poète pendant trois mois.

Art. 27. — On apprendra la chirurgie et la médecine dans les hôpitaux civils ou militaires, la navigation dans les ports de mer et en course, la peinture dans les ateliers des grands maîtres, et mieux encore chez le plus grand maître de tous, la nature.

Art. 28. — A des jours marqués, les professeurs de physique expérimentale, de botanique et d'agriculture tiendront dans chaque district des cours publics où tous les laboureurs seront invités d'assister.

Art. 29. — Ces professeurs s'attacheront à déraciner les préjugés de la routine, de l'habitude et de la superstition même, qui nuisent aux progrès de l'agriculture; mais ils approcheront doucement la vérité des esprits, et ils la laisseront deviner plutôt qu'ils ne l'enseigneront.

Art. 30. — Il y aura dans chaque département des Communes des arts et des sciences. L'objet de ces Communes, dont l'organisation, ainsi que celle du Lycée républicain, sera indiquée par un décret particulier, sera : 1º de conserver et d'entretenir dans chaque département le dépôt de toutes les connaissances humaines; 2º de cultiver la partie des sciences et des arts qui se trouvera avoir un rapport plus particulier avec les localités du département; 3º d'entretenir une correspondance active d'observations sur les anciennes ou sur les nouvelles découvertes en tout genre, sur l'utilité sociale de ces découvertes, avec le Lycée dont il va être parlé.

Art. 31. — Il sera établi dans Paris un Lycée républicain, où des prix seront accordés à ceux qui donneront les ouvrages les plus propres à améliorer l'instruction publique, l'éducation nationale, à perfectionner les lois, à encourager les hommes à toutes les vertus. Les grandes actions y seront récompensées, et elles passeront avant les beaux discours : le Corps législatif fixera le mode de toutes récompenses, et ce mode variera suivant la nature des actions ou des ouvrages.

Art. 32. — On conservera avec soin les dépôts précieux qui auront été confiés à toutes les ci-devant Académies, et ces dépôts seront remis à la garde des Communes des arts, aussitôt après leur organisation.

Art. 33. — Les pensions des savants ou artistes, obtenues de l'ancien Gouvernement, sont conservées aux titulaires, et le Gouvernement de la République, plus généreux que l'orgueil des monarques, pourvoira aux besoins de ceux qui, s'étant livrés à l'étude de la morale ou des sciences, auront fait plusieurs ouvrages utiles.

Art. 34. — Il est permis à tout citoyen d'établir et d'organiser des maisons d'enseignement, d'ouvrir des cours, etc., pourvu qu'il donne ses leçons en public.

Art. 35. — La Convention nationale déclare que l'agriculture est le premier des arts, et l'amour de la République une et indivisible, la première de toutes les vertus.

Projet de décret présenté à la Convention nationale par Romme, au nom de la Commission d'éducation (Commission des Neuf)[1].

29 Vendémiaire An II (20 Octobre 1793).

La Convention, après avoir entendu sa Commission d'éducation nationale sur les nombreuses pétitions envoyées des divers points de la République, et sur celle qui a été présentée le 15 de ce mois par la commune, les sections, les sociétés populaires, les districts ruraux et le département de Paris, pour demander la prompte organisation d'une éducation républicaine, afin de faire disparaître l'enseignement dérisoire et barbare des Collèges d'humanités, et de toutes les Écoles de l'ancien régime, qui retardent, dans la génération naissante, le développement de l'esprit public et de l'amour de la patrie, décrète ce qui suit :

ARTICLE 1er. — Tous les Collèges d'humanités, les Écoles de droit et de théologie, et les petites écoles, sous quelque dénomination qu'elles existent, sont supprimés. Cette suppression aura son effet aussitôt que les nouveaux établissements pourront entrer en exercice.

ART. 2. — L'instruction nationale, prise dans son ensemble, se divise en deux grandes parties :

La *première* est relative aux besoins de chaque citoyen;

La *seconde* est relative aux besoins de la société entière.

ART. 3. — Les Écoles nationales consacrées à la première partie sont distribuées dans toute la République en Écoles de l'enfance et Écoles de l'adolescence.

ART. 4. — Tout individu, depuis l'âge de six ans, est inscrit dans les Écoles nationales.

Il y apprend à connaître ses droits, ses devoirs, comme homme et comme citoyen.

Par des exercices gymnastiques et militaires, par le travail des mains et la fréquentation des ateliers, par l'exercice de ses facultés intellectuelles et les grands exemples de vertus sociales puisés dans les annales des hommes libres, et surtout dans notre Révolution, chacun est préparé à se choisir une profession utile, et à devenir l'ami et le défenseur intrépide de la patrie.

ART. 5. — Les Écoles de l'enfance se divisent en premières et secondes écoles. L'enseignement est essentiellement le même dans toutes les Écoles nationales, mais modifié et gradué selon l'âge et la capacité des élèves. Il est conforme au premier tableau annexé au présent décret.

ART. 6. — Tous ceux qui remplissent l'honorable fonction d'élever et d'instruire les enfants de la République portent le titre d'*instituteurs*, quelle que soit l'école dans laquelle ils exercent leur zèle et leurs talents.

Ils sont fonctionnaires publics.

ART. 7. — Il y a une première École dans toutes les communes qui ont depuis 400 jusqu'à 1 500 habitants des deux sexes et de tout âge [2].

1. Le projet fut combattu par Duhem, et défendu par Romme. Robespierre, qui était intervenu dans la discussion du 13 août (page 53), ne prit pas la parole. Danton n'assistait pas à la séance du 20 octobre.

2. Cet article est déjà décrété, fait observer en note la Commission. — Voir, page 43, le décret du 30 mai 1793.

ART. 8. — Sur la demande des habitants et l'avis des corps administratifs, il peut être établi une première École dans les lieux qui n'ont pas la population exigée par l'article précédent, pourvu que cette population se trouve dans l'arrondissement de mille toises de rayon, et que dans cet arrondissement il n'y ait pas d'autres écoles.

ART. 9. — Les Écoles nationales sont multipliées et distribuées dans la République, à raison de la population, conformément au second tableau annexé au présent décret.

ART. 10. — Les corps administratifs, de concert avec les conseils généraux des communes, déterminent, pour chaque commune, le nombre des premières écoles, conformément à ce tableau.

ART. 11. — Le placement des secondes et troisièmes écoles est déterminé conformément au tableau, par les corps administratifs, après avoir pris le vœu des communes, et en présence des commissaires envoyés par elles.

ART. 12. — La Commission d'éducation nationale et le Comité d'Instruction publique réunis sont chargés de faire les programmes qui doivent ouvrir le concours pour la composition des ouvrages nécessaires aux Écoles nationales. Ils pourront s'adjoindre des coopérateurs pris dans la Convention ou hors de son sein, afin d'accélérer ce travail important et urgent.

Les programmes seront conformes au premier tableau annexé au présent décret, et envoyés aux corps administratifs, aux sociétés populaires et aux sociétés libres des arts.

ART. 13. — Les Écoles des mines, d'artillerie, du génie, des ponts et chaussées, de marine, de médecine et de chirurgie, les Écoles relatives à l'agriculture, à l'histoire naturelle, à la physique, aux arts et à l'enseignement des langues orientales, sont maintenues jusqu'à une nouvelle organisation de ces établissements.

Tableaux annexés au Projet de décret présenté par Romme.

RAPPORT EN NOMBRE DES SECONDES ÉCOLES AUX PREMIÈRES.

Dans les communes les moins peuplées.	1 sur 10
Dans les communes plus peuplées, progressivement. . . . . . . $\left\{ \begin{array}{l} \text{1 sur 9} \\ \text{1 sur 8} \\ \text{1 sur 7} \end{array} \right.$	
Dans les grands centres de population	1 sur 6

RAPPORT EN NOMBRE DES TROISIÈMES ÉCOLES AUX SECONDES.

Dans les communes les moins peuplées.	1 sur 10
Dans les centres de population	1 sur 8

Objets qui sont enseignés dans les Écoles nationales pour préparer l'homme à l'exercice de ses droits, à la connaissance de ses devoirs, et à une profession utile.

ÉCOLES NATIONALES.			
PREMIÈRES ÉCOLES DE L'ENFANCE.	SECONDES ÉCOLES DE L'ENFANCE.	ÉCOLES DE L'ADOLESCENCE ou TROISIÈMES ÉCOLES.	INSTITUTEURS.
Langue française. { Parler, Lire, Écrire.	Langue française.	Langues { française, étrangères, anciennes } dans leurs rapports aux arts, à l'histoire, à nos relations avec nos voisins.	3
Traits et anecdotes de la Révolution. Notions géographiques de la France.	Notions historiques de la Révolution. Géographie	Histoire { morale, politique, industrielle, commerciale } des peuples pour perfectionner notre industrie et nos ressources par leurs arts.	1
Premières notions { des droits, des devoirs } de l'homme.	Droits et devoirs de l'homme. Idée { de l'organisation sociale, des lois les plus usuelles.	Art social { Droit naturel, Constitution, Législation } dans ses rapports à l'éducation du citoyen.	1
Première connaissance { des objets naturels et locaux, de l'action naturelle des éléments, des nombres, du compas, des poids et mesures, du niveau, de la mesure du temps. } Premier usage	Notions { d'histoire naturelle, de physique. } Usage { du calcul, de la règle, du compas } pour { l'arpentage, le nivellement, la coupe { des bois, des pierres, la levée { du plan, de la carte.	Histoire naturelle, Physique, Chimie, Mathématiques, Mécanique, Dessin. } dans leurs rapports aux arts utiles.	5
Première notion { du levier, de la poulie. Travaux des champs. Visite des ateliers.	Connaissance pratique { des machines simples, de leur application, de l'agriculture, des arts et métiers.	Arts servant aux premiers besoins de l'homme pour { le nourrir, le vêtir, l'abriter, le conserver, le défendre.	5
Un instituteur.	Deux instituteurs.	Quinze instituteurs.	15

Décret relatif à l'organisation et à la distribution des premières Écoles [1].　21 octobre 1793.

30 Vendémiaire An II (21 Octobre 1793).

ARTICLE 1er. — Il y a des premières Écoles distribuées dans toute la République, à raison de la population.

ART. 2. — Les enfants reçoivent dans ces Écoles la première éducation physique, morale et intellectuelle, la plus propre à développer en eux les mœurs républicaines, l'amour de la patrie et le goût du travail.

ART. 3. — Ils apprennent à parler, lire, écrire la langue française.

On leur fait connaître les traits de vertu qui honorent le plus les hommes libres, et particulièrement les traits de la Révolution française les plus propres à leur élever l'âme et à les rendre dignes de la liberté et de l'égalité.

Ils acquièrent quelques notions géographiques de la France.

La connaissance des droits et des devoirs de l'homme et du citoyen est mise à leur portée par des exemples et par leur propre expérience.

On leur donne les premières notions des objets naturels qui les environnent, et de l'action naturelle des éléments.

Ils s'exercent à l'usage des nombres, du compas, du niveau, des poids et mesures, du levier, de la poulie, et de la mesure du temps.

On les rend souvent témoins des travaux champêtres et des ateliers; ils y prennent part autant que leur âge le permet.

ART. 4. — Il y a une première École par commune dont la population est de 400 à 1.500 habitants des deux sexes et de tout âge.

ART. 5. — Sur la demande des habitants et l'avis des corps administratifs, il peut être établi une première École dans les lieux qui n'ont pas la population exigée par l'article précédent, pourvu que cette population se trouve dans l'arrondissement de mille toises de rayon, et que dans cet arrondissement il n'y ait pas d'autres écoles.

ART. 6. — Pour déterminer le nombre et la distribution des pre-

1. Voté sur la proposition de Romme.

mières Écoles dans les communes plus peuplées, on suit la progression suivante :

Population des communes.	Nombre des premières Écoles.	
Depuis 400 jusqu'à 1 500 h.	1	
— 1 500 — 3 000 —	2	} 2 pour 3 000 de plus.
— 3 000 — 6 000 —	4	
— 6 000 — 8 000 —	5	
— 8 000 — 10 000 —	6	
— 10 000 — 12 000 —	7	
— 12 000 — 14 000 —	8	} 2 pour 4 000 de plus.
— 14 000 — 16 000 —	9	
— 16 000 — 18 000 —	10	
— 18 000 — 20 000 —	11	
— 20 000 — 25 000 —	13	
— 25 000 — 30 000 —	15	} 2 pour 5 000 de plus.
— 30 000 — 35 000 —	17	
— 35 000 — 40 000 —	19	
— 40 000 — 46 000 —	21	
— 46 000 — 52 000 —	23	} 2 pour 6 000 de plus.
— 52 000 — 58 000 —	25	
— 58 000 — 64 000 —	27	
— 64 000 — 71 000 —	29	
— 71 000 — 78 000 —	31	
— 78 000 — 85 000 —	33	} 2 pour 7 000 de plus.
— 85 000 — 92 000 —	35	
— 92 000 — 100 000 —	37	
et au-dessus.		

Art. 7. — L'exécution de l'article précédent est confiée aux corps administratifs, qui se concertent à cet effet avec les conseils généraux des communes.

Art. 8. — Le Comité d'Instruction publique est chargé de prendre toutes les mesures nécessaires pour faire composer promptement les livres élémentaires propres aux premières Écoles.

26, 28 et 30 octobre 1793.

Décrets complémentaires relatifs à l'organisation des Écoles [1].

5, 7 et 9 Brumaire An II (26, 28 et 30 Octobre 1793).

Articles additionnels.

Article 1er. — Les enfants des deux sexes sont admis dans les Écoles depuis l'âge de six ans accomplis.

Art. 2. — Le Comité d'Instruction publique est chargé de faire une instruction simple et courte pour diriger les pères et les mères

1. Votés sur la proposition de Romme.

de famille dans les premiers soins à donner aux enfants depuis leur naissance jusqu'à leur entrée dans les Écoles.

Art. 3. — Pour acquérir de l'agilité, de l'adresse et de la force, les enfants se livrent aux exercices analogues à leur âge, et particulièrement aux marches, aux exercices militaires et à la natation, autant que les localités le permettent.

Art. 4. — On forme de bonne heure les enfants à soulager dans leurs travaux domestiques et champêtres les vieillards, les pères de famille, les veuves, les orphelins qui ont besoin de secours, ainsi qu'à travailler pour le soldat de la patrie, qui quitte ses foyers, ses champs, son atelier, pour la défense commune.

Art. 5. — Les filles s'occupent des mêmes objets d'enseignement, et reçoivent la même éducation que les garçons, autant que leur sexe le comporte ; mais elles s'exercent plus particulièrement à la filature, à la couture et aux travaux domestiques qui conviennent à leur sexe.

Art. 6. — L'enseignement public est partout dirigé de manière qu'un de ses premiers bienfaits soit que la langue française devienne, en peu de temps, la langue familière de toutes les parties de la République.

Art. 7. — Dans toutes les parties de la République, l'instruction ne se fait qu'en langue française.

Art. 8. — Il y a un instituteur par chaque première École.

Art. 9. — Les instituteurs sont fonctionnaires publics.

Art. 10. — Ils portent un signe distinctif pendant l'exercice de leurs fonctions.

Art. 11. — Il y a incompatibilité entre les fonctions de l'instituteur et le service, de quelque nature qu'on l'entende, d'un culte quelconque.

Art. 12. — L'enseignement et tous les exercices des Écoles sont publics et gratuits ; tous ceux qui y sont employés sont salariés par la Nation.

Art. 13. — Les bâtiments des premières Écoles sont fournis par les communes ou les sections des communes qui forment l'arrondissement de chaque École.

Art. 14. — Les communes sont, en conséquence, autorisées à se présenter comme tous les citoyens pour acheter des maisons nationales, pour être appropriées aux objets dont il s'agit.

Art. 15. — Elles peuvent disposer pour cet objet des maisons de fabriques ou des maisons nationales, déjà consacrées uniquement aux petites écoles.

Art. 16. — Les frais de premier établissement, d'ameublement et d'entretien sont à la charge de tous les habitants de l'arrondissement de l'École.

ART. 17. — Les instituteurs des premières Écoles sont logés aux frais des habitants, et autant qu'il est possible dans le lieu même de l'École.

ART. 18. — Sur le nombre des premières Écoles dévolues à chaque commune par la progression décrétée, le conseil général de chaque commune détermine combien il en est consacré spécialement à l'éducation des filles.

---

28 octobre 1793. **Décret relatif : 1° au placement des premières Écoles ; 2° à la nomination et au traitement des instituteurs et des institutrices [1].**

7 Brumaire An II (28 Octobre 1793).

La Convention nationale, après avoir entendu son Comité d'Instruction publique,

Décrète :

ARTICLE 1er. — Il est établi par district une Commission composée d'hommes éclairés et recommandables par leur patriotisme et leurs bonnes mœurs.

ART. 2. — Cette Commission s'occupe : 1° du placement des Écoles dont l'arrondissement embrasse plusieurs communes : elle se concerte, à cet effet, avec le Directoire de district ; 2° de l'emplacement des maisons d'enseignement dans les communes qui doivent en avoir, en se conformant à l'instruction annexée à la minute du présent décret, et en se concertant avec les conseils généraux des communes ; 3° de l'examen des citoyens qui se présentent pour se dévouer à l'éducation nationale dans les premières Écoles.

ART. 3. — Chaque Commission est composée de cinq membres, qui sont nommés comme suit :

ART. 4. — Chaque conseil général de commune envoie au Directoire de son district, dans la décade courante, à compter de la réception du présent décret, une liste de cinq citoyens, après avoir consulté pour chacun d'eux le Comité de surveillance du lieu, où le plus voisin du lieu, s'il est encore en exercice, pour attester leur patriotisme et leurs bonnes mœurs.

ART. 5. — Au second décadi après l'envoi du décret aux com-

---

1. Voté sur la proposition de Romme.

munes, le Directoire de district nomme en séance publique, et à haute voix, les cinq membres de la Commission, qui ne peuvent être pris que dans la liste générale des présentations, et parmi ceux dont les bonnes mœurs et le patriotisme sont authentiquement reconnus, comme il est dit dans l'article précédent.

Art. 6. — En cas d'égalité de voix entre deux citoyens, l'homme marié est préféré au célibataire, le père de famille à celui qui n'a pas d'enfants, l'homme âgé à celui qui l'est moins ; et dans le cas où il y aurait encore indécision le sort décide.

Art. 7. — Le procès-verbal de la nomination de la Commission est expédié à toutes les communes pour être affiché.

Art. 8. — La Commission se rassemble au chef-lieu du district : elle invite tous les citoyens qui veulent se consacrer à l'honorable fonction d'instituteur dans les premières Écoles à se faire inscrire dans leurs municipalités respectives.

Art. 9. — Ces listes d'inscription portent le nom, le prénom, l'âge et la profession de chacun : elles annoncent pareillement ceux qui sont mariés et ceux qui ne le sont pas.

Art. 10. — Une copie certifiée de chaque liste d'inscription est envoyée à la Commission, après avoir été visée par le comité de surveillance du lieu le plus voisin, pour attester pareillement le patriotisme et les bonnes mœurs de ceux qui se sont inscrits.

Art. 11. — Tout Français est admis à l'inscription dans tel département, dans telle commune qu'il lui plaît, en justifiant de sa bonne conduite et de son civisme.

Art. 12. — Aucun ci-devant noble, aucun ecclésiastique et ministre d'un culte quelconque ne peut être membre de la Commission, ni être élu instituteur communal.

Art. 13. — La Commission appelle les citoyens inscrits dans l'ordre de l'envoi des listes, et chacun est examiné suivant l'ordre de son inscription dans la commune.

Art. 14. — La Commission examine publiquement les connaissances de l'individu, son aptitude à enseigner, ses mœurs et son patriotisme ; elle est dirigée, dans cet examen, par une instruction faite par le Comité d'Instruction publique, et approuvée par la Convention nationale.

Art. 15. — Après avoir terminé ces examens, la Commission proclame la liste de tous ceux qu'elle juge propres à remplir les fonctions d'instituteur ; cette liste forme la liste des éligibles ; elle est envoyée dans tous les arrondissements des Écoles, et affichée.

Art. 16. — Au décadi qui suit immédiatement l'envoi de la liste, les pères de famille, les veuves mères de familles, et les tuteurs se rassemblent pour nommer l'instituteur parmi les éligibles.

Art. 17. — Le procès-verbal de l'élection est envoyé à la Commission, qui le fait passer à l'instituteur, pour lui servir de titre.

Art. 18. — Ceux qui auraient été nommés dans plusieurs communes sont tenus d'opter sans délai.

Art. 19. — Les communes pour lesquelles l'option n'aurait pas lieu recommencent l'élection.

Art. 20. — La Commission envoie au département une copie certifiée de la liste des éligibles, afin que les districts dont la liste serait insuffisante puissent avoir recours à celles qui pourraient avoir un excédent.

Art. 21. — Les dispositions précédentes s'étendent à la nomination des institutrices.

Art. 22. — Les femmes ci-devant nobles, les ci-devant religieuses, chanoinesses, sœurs grises, ainsi que les maîtresses d'école qui auraient été nommées dans les anciennes Écoles par des ecclésiastiques ou des ci-devant nobles, ne peuvent être nommées institutrices dans les Écoles nationales.

Art. 23. — En cas de vacance d'une place d'instituteur ou d'institutrice, sur la demande de la municipalité, le Directoire de district convoque les pères de famille, et leur envoie la liste des éligibles, en leur indiquant ceux qui sont déjà nommés. Les pères de famille nomment, sur cette liste, à la place vacante.

Du traitement des instituteurs et des institutrices.

Article 1er. — Le minimum du traitement des instituteurs est fixé à 1 200 livres.

Art. 2. — Les Comités d'Instruction publique et des Finances réunis feront un rapport sur la détermination du maximum du traitement, et sur l'échelle des traitements intermédiaires[1].

---

1. Au nombre des pièces imprimées par ordre de la Convention, se trouve un projet de décret sans date, qui, selon toute vraisemblance, a été rédigé en exécution de l'article 2 ci-dessus. En voici la teneur :

Projet de décret présenté au nom des Comités d'Instruction publique et des Finances, pour les Écoles nationales.

Traitement des instituteurs et des institutrices.

« Art. 1er. — Chaque instituteur, outre le logement, reçoit un traitement fixé sur la progression suivante :

Addition au décret du 7 Brumaire An II (28 octobre 1793)[1]. 28 octobre 1793.

La Convention nationale, après avoir entendu son Comité d'Instruction publique,

Décrète :

ARTICLE 1er. — Les arrondissements des premières Écoles qui ne pourraient se former conformément à ce qui a été décrété, sans outre-passer les limites d'un district ou d'un département, sont déterminés par les Commissions d'éducation des districts respectifs, sans aucun égard aux limites.

Elles déterminent aussi de concert le placement de ces écoles.

ART. 2. — Les instituteurs nationaux ne peuvent, sous aucun prétexte, diriger d'autre éducation que celle des élèves attachés aux Écoles nationales, ni donner à aucun autre des leçons particulières.

ART. 3. — Si, un mois après que la Commission d'éducation a arrêté l'emplacement et les dispositions de la maison d'une École nationale, la commune n'en a pas commencé l'exécution, les corps administratifs sont chargés d'y pourvoir, au défaut de la commune, et à ses frais, à prendre sur les sous additionnels.

Décret relatif à la surveillance des écoles nationales[2]. 30 octobre 1793.

9 Brumaire An II (30 Octobre 1793).

ARTICLE 1er. — La surveillance de l'éducation des premières Écoles a trois objets différents :

1° Les mœurs et la conduite des instituteurs et des élèves de l'un et de l'autre sexe ;

« Dans les communes qui ont depuis :

400 jusqu'à	1 500 habitants,		1 000 livres.
1 500	—	6 000	—	1 200	—
6 000	—	20 000	—	1 400	—
20 000	—	40 000	—	1 600	—
40 000	—	64 000	—	1 800	—
64 000	—	100 000	—	2 000	—
Au-dessus de 100 000	—		2 400	—

« Art. 2. — Les institutrices reçoivent, dans la même progression, un traitement diminué d'un cinquième. »

1. Votée sur la proposition de Romme.
2. Votée sur la proposition de Romme. — Les décrets des 30 vendémiaire, 5, 7 et 9 brumaire, furent rapportés le 29 frimaire suivant.

2° L'enseignement et l'exercice ;

3° Les maisons et tous les objets qui servent aux Écoles.

Art. 2. — La surveillance des mœurs, celle de l'enseignement et des exercices, appartient aux pères de famille, qui l'observent comme il est dit ci-après. La surveillance des maisons et des objets appartenant aux Écoles est réservée à la municipalité du lieu, sous la surveillance du district.

Art. 3. — Dans l'arrondissement de chaque École, les pères de famille assemblés pour nommer l'instituteur ou l'institutrice nomment en même temps un d'entre eux pour exercer, au nom de tous, la surveillance sur l'éducation, avec le titre de *magistrat des mœurs* ; le développement des fonctions qui lui sont confiées est l'objet de l'instruction annexée au présent décret [1].

Art. 4. — La Commission d'éducation créée par l'art. 1er du décret du 7 brumaire [2] est autorisée, jusqu'à l'organisation définitive de toute l'éducation nationale, à se rassembler au chef-lieu de district dans la dernière décade de chaque trois mois, pour se faire rendre compte par le magistrat des mœurs et les instituteurs de tout ce qui est relatif à leurs fonctions.

Art. 5. — Elle reçoit les réclamations et les plaintes contre les instituteurs et les institutrices, les examine en séance publique, et destitue, s'il y a lieu, ceux qu'elle juge indignes de remplir les fonctions qui leur étaient confiées.

Art. 6. — Elle envoie tous les trois mois au Comité d'Instruction publique un tableau des progrès de l'éducation nationale, pour être présenté à l'Assemblée des représentants du peuple.

Art. 7. — L'exécution des lois relatives à toutes les branches de l'Instruction nationale est confiée provisoirement au Conseil exécutif (c'est-à-dire aux Ministres), sous la surveillance immédiate du Comité d'Instruction publique.

Art. 8. — Pour organiser cette surveillance de manière à faire concourir l'éducation nationale avec tous les autres moyens de salut public, le Comité d'Instruction publique doit se concerter avec le Comité de Salut public, et présenter un rapport sur cet objet.

1. Cette instruction n'est pas au *Moniteur.*
2. Voir page 76.

Décret sur l'ère, le commencement et l'organisation de l'année, et sur les noms des jours et des mois[1].

24 novembre 1793.

4 Frimaire An II (24 Novembre 1793).

La Convention nationale, après avoir entendu son Comité d'Instruction publique, décrète ce qui suit :

ARTICLE 1er. — L'ère des Français compte de la fondation de la République, qui a eu lieu le 22 septembre 1792 de l'ère vulgaire, jour où le soleil est arrivé à l'équinoxe vrai d'automne, en entrant dans le signe de la Balance, à 9 heures 18 minutes 30 secondes du matin, pour l'Observatoire de Paris.

ART. 2. — L'ère vulgaire est abolie pour les usages civils.

ART. 3. — Chaque année commence à minuit, avec le jour où tombe l'équinoxe vrai d'automne pour l'Observatoire de Paris.

ART. 4. — La première année de la République française a commencé à minuit, le 22 septembre 1792, et a fini à minuit, séparant le 21 du 22 septembre 1793.

ART. 5. — La seconde année a commencé le 22 septembre 1793 à minuit, l'équinoxe vrai d'automne étant arrivé ce jour-là, pour l'Observatoire de Paris, à 3 heures 11 minutes 38 secondes du soir.

ART. 6. — Le décret qui fixait le commencement de la seconde année au 1er janvier 1793 est rapporté; tous les actes datés de l'an second de la République, passés dans le courant du 1er janvier au 21 septembre inclusivement, sont regardés comme appartenant à la première année de la République.

ART. 7. — L'année est divisée en 12 mois égaux, de trente jours chacun : après les douze mois, suivent cinq jours pour compléter l'année ordinaire; ces cinq jours n'appartiennent à aucun mois.

ART. 8. — Chaque mois est divisé en trois parties égales, de dix jours chacune, qui sont appelées *décades*.

ART. 9. — Les noms des jours de la décade sont :

Primidi,	Sextidi,
Duodi,	Septidi,
Tridi,	Octidi,
Quartidi,	Nonidi,
Quintidi,	Décadi.

Les noms des mois sont :

Pour l'automne
{ Vendémiaire,
  Brumaire,
  Frimaire.

Pour l'hiver
{ Nivôse,
  Pluviôse,
  Ventôse.

Pour le printemps
{ Germinal,
  Floréal,
  Prairial.

Pour l'été
{ Messidor,
  Thermidor,
  Fructidor.

Les cinq derniers jours s'appellent les *Sanculotides*.

1. Voir le *Rapport* sur l'ère de la République par G. Romme (20 septembre 1793).

Gréard. *Lég. de l'Instr. primaire.*   6

ART. 10. — L'année ordinaire reçoit un jour de plus, selon que la position de l'équinoxe le comporte, afin de maintenir la coïncidence de l'année civile avec les mouvements célestes. Ce jour, appelé *Jour de la Révolution*, est placé à la fin de l'année, et forme le sixième des Sanculotides. — La période de quatre ans, au bout de laquelle cette addition d'un jour est ordinairement nécessaire, est appelée *la Franciade*, en mémoire de la Révolution, qui, après quatre ans d'efforts, a conduit la France au gouvernement républicain. La quatrième année de la Franciade est appelée *Sextile*.

ART. 11. — Le jour, de minuit à minuit, est divisé en dix parties ou heures, chaque partie en dix autres; ainsi de suite, jusqu'à la plus petite portion commensurable de la durée. La centième partie de l'heure est appelée minute décimale; la centième partie de la minute est appelée seconde décimale. (Cet article ne sera de rigueur pour les actes publics qu'à compter du premier vendémiaire, l'An III de la République.)

ART. 12. — Le Comité d'Instruction publique est chargé de faire imprimer, en différents formats, le nouveau calendrier, avec une instruction simple pour en expliquer les principes et l'usage.

ART. 13. — Le calendrier ainsi que l'instruction seront envoyés aux corps administratifs, aux municipalités, aux tribunaux, aux juges de paix et à tous les officiers publics, aux armées, aux sociétés populaires et à tous les Collèges et Écoles. Le Conseil exécutif provisoire le fera passer aux Ministres, Consuls et autres agents de France dans les pays étrangers.

ART. 14. — Tous les actes publics seront datés suivant la nouvelle organisation de l'année.

ART. 15. — Les professeurs, les instituteurs et institutrices, les pères et mères de famille et tous ceux qui dirigent l'éducation des enfants, s'empresseront à leur expliquer le nouveau calendrier, conformément à l'instruction qui y est annexée.

ART. 16. — Tous les quatre ans, ou toutes les Franciades, *au Jour de la Révolution*, il sera célébré des jeux républicains, en mémoire de la Révolution française.

---

19 décembre
1793.

Décret sur l'organisation de l'Instruction publique [1].

29 Frimaire An II (19 Décembre 1793).

SECTION Iʳᵉ. — *De l'enseignement en général.*

ARTICLE 1ᵉʳ. — L'enseignement est libre.

ART. 2. — Il sera fait publiquement.

---

1. Voir les documents ci-après :
Discours de Marie-Joseph Chénier (15 brumaire);
Décret du 19 brumaire portant que, « sur la proposition d'un de ses membres, la Convention nationale décrète que le Comité de Salut public lui présentera, dans le plus court délai, une liste de six membres pour composer la Commission qui doit réviser le décret sur l'organisation des premières Écoles. Le Comité d'Instruction publique est chargé.... de la revision de ce décret. La Convention fixe au 1ᵉʳ frimaire

6.

Art. 3. — Les citoyens et citoyennes qui voudront user de la liberté d'enseigner seront tenus :

1° De déclarer à la municipalité ou section de la commune qu'ils sont dans l'intention d'ouvrir une École ;

2° De désigner l'espèce de science ou art qu'ils se proposent d'enseigner ;

3° De produire un certificat de civisme et de bonnes mœurs, signé de la moitié des membres du conseil général de la commune, ou de la section du lieu de leur résidence, et par deux membres au moins du comité de surveillance de la section, ou du lieu de leur domicile, ou du lieu qui en est le plus voisin.

Art. 4. — Les citoyens et citoyennes qui se vouent à l'instruction ou à l'enseignement de quelque art ou science que ce soit seront désignés sous le nom d'instituteur et d'institutrice.

Section II. — *De la surveillance de l'enseignement.*

Art. 1er. — Les instituteurs et institutrices sont sous la surveillance immédiate de la municipalité ou section, des pères et mères, tuteurs ou curateurs, et sous la surveillance de tous les citoyens.

Art. 2. — Tout instituteur ou institutrice qui enseignerait dans son École des préceptes ou maximes contraires aux lois et à la morale républicaine, sera dénoncé par la surveillance, et puni selon la gravité du délit.

Art. 3. — Tout instituteur ou institutrice qui outrage les mœurs publiques est dénoncé par la surveillance, et traduit devant la police correctionnelle, ou tout autre tribunal compétent, pour y être jugé suivant la loi.

Section III. — *Du premier degré d'instruction.*

Art. 1er. — La Convention nationale charge son Comité d'Instruction de lui présenter les livres élémentaires des connaissances

la discussion du décret revisé qui lui sera présenté par la Commission ou par le Comité d'Instruction publique » ; la discussion ne s'ouvrit que le 18 frimaire ;

Projet de revision du décret pour l'organisation des premières Écoles, présenté par Romme au nom du Comité d'Instruction publique (18 frimaire) ;

Discours de Thibaudeau (19 frimaire) ;

Discours de Fourcroy, Romme, Sainte-Foy (21 frimaire);

Rapport de Bouquier et discussion (22, 23 et 29 frimaire) à la suite de laquelle son projet fut adopté (29 frimaire);

Projet Petit, ci-dessus, page 67, reproduit par l'auteur le 19 frimaire, avec une addition à l'article 10 : «.... et il sera établi des instituteurs dans toutes les communes qui en seront susceptibles ».

absolument nécessaires pour former les citoyens, et déclare que les premiers de ces livres sont les Droits de l'homme, la Constitution, le tableau des actions héroïques ou vertueuses.

ART. 2. — Les citoyens et citoyennes qui se borneront à enseigner à lire, à écrire, et les premières règles de l'arithmétique, seront tenus de se conformer, dans leurs enseignements, aux livres élémentaires adoptés et publiés à cet effet par la représentation nationale.

ART. 3. — Ils seront salariés par la République, à raison du nombre des élèves qui fréquenteront leurs Écoles, et conformément au tarif compris dans l'article suivant.

ART. 4. — Les instituteurs et institutrices qui ouvriront des Écoles dans les communes de la République, quelle que soit leur population, recevront annuellement, pour chaque enfant ou élève, savoir : l'instituteur, la somme de vingt livres ; l'institutrice, quinze livres.

Les communes éloignées de plus d'une demi-lieue du domicile de l'instituteur le plus voisin, et dans lesquelles, par défaut de population, il ne s'en établirait pas, pourront, d'après l'avis des Directoires de district, en choisir un. La République lui accordera un traitement annuel de cinq cents livres.

ART. 5. — Il sera ouvert dans chaque municipalité ou section un registre pour l'inscription des noms des instituteurs et institutrices du premier degré d'instruction, et des enfants ou pupilles qui leur seront confiés, par les pères, mères, tuteurs ou curateurs.

ART. 6. — Les pères, mères, tuteurs ou curateurs seront tenus d'envoyer leurs enfants ou pupilles aux Écoles du premier degré d'instruction, en observant ce qui suit :

ART. 7. — Ils déclareront à leur municipalité ou section :

1° Les noms et prénoms des enfants et pupilles qu'ils sont tenus d'envoyer auxdites Écoles ;

2° Les noms et prénoms des instituteurs ou institutrices dont ils font choix.

ART. 8. — Les enfants ne seront point admis dans les Écoles avant l'âge de six ans accomplis ; ils y seront envoyés avant celui de huit. Leurs pères, mères, tuteurs ou curateurs ne pourront les retirer desdites Écoles que lorsqu'ils les auront fréquentées au moins pendant trois années consécutives.

ART. 9. — Les pères, mères, tuteurs où curateurs qui ne se conformeraient pas aux dispositions des articles 6, 7 et 8 de la présente section, seront dénoncés au tribunal de police correctionnelle ; et si les motifs qui les auraient empêchés de se conformer à la loi ne sont pas reconnus valables, ils seront condamnés, pour la première fois, à une amende égale au quart de leurs contributions.

En cas de récidive, l'amende sera double, et les infracteurs seront regardés comme ennemis de l'égalité, et privés pendant dix ans de l'exercice des droits de citoyen. Dans ce dernier cas le jugement sera affiché.

Art. 10. — Les instituteurs et institutrices du premier degré d'instruction tiendront registre des noms et prénoms des enfants, du jour, du mois où ils auront été admis dans leurs Écoles. Ils ne pourront, sous aucun prétexte, prendre aucun de leurs élèves en pension, donner aucune leçon particulière, ni recevoir des citoyens aucune espèce de gratification, sous peine d'être destitués.

Art. 11. — Ils seront payés par trimestre ; et, à cet effet, ils sont tenus de produire à la municipalité ou à la section un relevé de leurs registres, fait mois par mois, portant les noms et prénoms des enfants qui auront assisté à leurs leçons pendant chaque mois. Ce relevé sera confronté avec le registre de la municipalité ou section. La confrontation faite, il leur sera délivré un mandat.

Art. 12. — Ce mandat contiendra le nombre des enfants qui, pendant chaque mois, auront suivi l'École de l'instituteur ou de l'institutrice, et la somme qui lui sera due. Il sera signé du maire et de deux officiers municipaux ou de deux membres du conseil de la commune ou par le président de la section et deux membres du conseil de ladite section, et par le secrétaire.

Art. 13. — Les mandats seront visés par les Directoires, et payés à vue par les receveurs de district.

Art. 14. — Les jeunes gens qui, au sortir des Écoles du premier degré d'instruction, ne s'occuperont pas du travail de la terre, seront tenus d'apprendre une science, art ou métier utile à la société.

Art. 15. — Ceux desdits jeunes gens qui, à l'âge de vingt ans accomplis, ne se seraient pas conformés aux dispositions de l'article ci-dessus, seront privés pendant dix ans de l'exercice des droits de citoyen.

Les pères, tuteurs ou curateurs qui auraient concouru à l'infraction de la présente loi, subiront la même peine.

Elle sera prononcée par la police correctionnelle, sur la dénonciation qui lui en sera faite, dans le cas où l'inexécution ne serait pas fondée sur des motifs valables.

30 décembre   **Décret relatif au « Recueil des actions héroïques et civiques**
1793.   **des Républicains français ».**

10 Nivôse An II (80 Décembre 1793).

La Convention nationale décrète que les numéros [1] du *Recueil
des actions héroïques et civiques des Républicains français* seront
énvoyés en placards et en cahiers aux municipalités, aux armées,
aux sociétés populaires et à toutes les Écoles de la République;
qu'ils seront lus publiquement les jours de décade, et que les instituteurs seront tenus de les faire lire à leurs élèves.

---

28 janvier 1794.   **Décret relatif à l'établissement des instituteurs de langue française**
dans plusieurs départements [2].

8 Pluviôse An II (28 Janvier 1794).

La Convention nationale, après avoir entendu le rapport du
Comité de Salut public,
Décrète :

ARTICLE 1er. — Il sera établi, dans dix jours à compter du jour
de la publication du présent décret, un instituteur de langue française dans chaque commune de campagne des départements du
Morbihan, du Finistère, des Côtes-du-Nord, et dans la partie de la
Loire-Inférieure dont les habitants parlent l'idiome appelé bas-
breton.

ART. 2. — Il sera procédé à la même nomination d'un instituteur
de langue française dans les communes des campagnes des départements du Haut et Bas-Rhin, dans le département de Corse, dans
la partie du département de la Moselle, du département du Nord, du
Mont-Terrible, des Alpes-Maritimes, et des Basses-Pyrénées, dont
les habitants parlent des idiomes étrangers.

ART. 3. — Il ne pourra être choisi aucun instituteur parmi les
ministres d'un culte quelconque, ni parmi ceux qui auront appar-

---

1. Le premier numéro (24 pages in-8°) est daté du 10 nivôse an II. Il est intitulé:
« *Recueil des actions héroïques et civiques des Républicains français*, présenté
à la Convention nationale, au nom de son Comité d'Instruction publique, par Léonard
Bourdon, député du Loiret. »
2. Voté sans discussion sur la proposition de Barrère, ce décret n'a reçu aucune
exécution.

tenu à des castes ci-devant privilégiées ; ils seront nommés par les représentants du peuple, sur l'indication faite par les sociétés populaires.

ART. 4. — Ils seront tenus d'enseigner tous les jours la langue française et la Déclaration des Droits de l'homme à tous les jeunes citoyens des deux sexes, que les pères, mères et tuteurs sont obligés d'envoyer dans les Écoles publiques.

Les jours de décade, ils donneront lecture au peuple et traduiront vocalement les lois de la République, en préférant celles qui sont analogues à l'agriculture et aux droits des citoyens.

ART. 5. — Les instituteurs recevront du Trésor public un traitement de mille cinq cents livres par an, payables à la fin de chaque mois à la caisse du district, sur le certificat de résidence donné par la municipalité, d'assiduité et de zèle à leurs fonctions, donné par l'agent national près chaque commune.

Les sociétés populaires sont invitées à propager l'établissement des clubs pour la traduction vocale des décrets et des lois de la République, et à multiplier les moyens de faire connaître la langue française dans les campagnes les plus reculées.

Le Comité de Salut public est chargé de prendre à ce sujet toutes les mesures qu'il croira nécessaires.

Décret relatif à l'organisation d'un concours pour les livres de classe [1].   29 janvier 1794.

9 Pluviôse An II (29 Janvier 1794).

ARTICLE 1er. — Un concours est ouvert jusqu'au 1er messidor prochain, pour des ouvrages sur les sujets suivants :

1° Instructions sur la conservation des enfants, depuis la grossesse inclusivement, et sur leur éducation physique et morale depuis la naissance jusqu'à l'époque de leur entrée dans les Écoles nationales ;

2° Instructions pour les instituteurs nationaux, sur l'éducation physique et morale des enfants ;

3° Méthodes pour apprendre à lire et à écrire : ces deux objets traités ensemble ou séparément ;

1. Le projet fut voté sur la proposition de Grégoire.
Voir le rapport fait à la Convention par Grégoire au nom des Comités de Finances, des Domaines et d'Instruction publique (11 prairial An II) sur l'entretien des jardins botaniques et plantes rares, et sur le parti le plus avantageux à tirer des jardins que la République possède à Constantinople et à l'étranger.
Voir également les *Observations* de Blondin au Conseil des Cinq-Cents (1796).

4° Notions sur la grammaire française ;

5° Instructions sur les premières règles d'arithmétique et de géométrie pratique ;

6° Notions sur la géographie ;

7° Instructions sur les principaux phénomènes et sur les productions les plus usuelles de la nature ;

8° Instructions élémentaires sur la morale républicaine.

ART. 2. — Les auteurs adresseront leurs ouvrages à la Convention nationale, et ne se feront connaître qu'après le jugement.

ART. 3. — Des récompenses nationales seront décernées aux auteurs des ouvrages qui auront été jugés les meilleurs.

ART. 4. — Le Comité d'Instruction publique[1] présentera un rapport sur l'organisation d'un jury destiné à juger du mérite des ouvrages envoyés au concours, et sur les récompenses à décerner.

1er avril 1794.   **Loi qui supprime le Conseil exécutif provisoire.**

12 Germinal An II (1er Avril 1794).

ARTICLE 1er. — Le Conseil exécutif provisoire est supprimé, ainsi que les six Ministres qui le composent.

Toutes les fonctions cesseront au 1er floréal prochain.

ART. 2. — Le Ministère sera suppléé par douze Commissions, dont l'énumération suit :....

2° Commission de l'Instruction publique.

---

13 avril 1794. **Projet de décret présenté à la Convention nationale, au nom du Comité d'Instruction publique, par G. Bouquier[2].**

24 Germinal An II (13 Avril 1794).

SECTION I.

Moyens de propager l'instruction.

ARTICLE 1er. — La réunion des citoyens en assemblée de communes, de sections, et en sociétés populaires, les théâtres, les jeux civiques, les évo-

1. Le jury fut composé de : Lagrange, Daubenton, Lebrun, Monge, Richard, Garat, Thouin, Prony, Servais, Hallé, Corvisart, Desorgue, Vandermonde, Buache. Il ne put achever ses travaux avant la fin de la Convention.

2. Ce projet fut ajourné par la Convention ; les évènements se précipitèrent quelque temps après, et le projet ne fut pas repris.

Voir les *Courtes observations* de Boissy d'Anglas (Ardèche) (28 germinal) ; — le

lutions militaires, les fêtes nationales et locales, font partie du dernier degré d'instruction publique.

ART. 2. — Pour faciliter la réunion des citoyens en sociétés populaires, la célébration des fêtes nationales et locales, l'exécution des jeux civiques, des évolutions militaires et la représentation de pièces patriotiques, la Convention déclare que les églises, les maisons ci-devant curiales, actuellement abandonnées, et qui le seront dans la suite, appartiennent aux communes.

Elle charge son Comité d'Instruction de faire choix des livres élémentaires existants des diverses sciences et arts qui doivent concourir à la perfection de l'Instruction publique, et d'accélérer, par la voie du concours, la composition de ceux qui manquent.

SECTION II.

Des sciences et arts dont l'enseignement sera salarié par la République.

ART. 1er. — Dans chacune des communes de Lille, Metz, Strasbourg, Besançon, Bourges, Montpellier, Toulouse, Bordeaux et Brest, il sera établi sept instituteurs de santé qui seront tenus de donner en langue française des leçons publiques : 1° d'anatomie et physiologie; 2° de botanique et matière médicale; 3° de chimie et pharmacie; 4° de chirurgie; 5° d'accouchement, des maladies des femmes et des enfants; 6° de pathologie thérapeutique; 7° de médecine clinique.

ART. 2. — Cet établissement sera double pour la commune de Paris.

ART. 3. — Il y aura de plus, dans cette commune, auprès de chacune des maisons publiques destinées au traitement des maladies des enfants, de celles des hommes dont l'esprit est aliéné, et au traitement des maladies vénériennes, un officier de santé chargé de donner aux élèves le résultat de toutes ses observations sur tout ce qui peut contribuer au soulagement de l'humanité dans ses afflictions.

ART. 4. — Indépendamment des instituteurs vétérinaires actuellement en activité, il en sera établi un dans chacune des communes ci-après : Arras, Nancy, Dijon, Poitiers, Avignon, Aurillac, Toulouse, Bordeaux, Bourges, Rennes, Caen.

ART. 5. — Il sera établi un instituteur de génie et mines, et un d'artillerie, dans chacune des places fortes de la République ci-après : Lille, Metz, Strasbourg, Besançon, Port-la-Montagne, Perpignan, Bayonne, Brest, Paris.

ART. 6. — Ces instituteurs militaires enseigneront publiquement les sciences nécessaires à former des ingénieurs, mineurs et artilleurs, d'après les livres élémentaires qui leur seront délivrés à cet effet.

ART. 7. — La partie du génie relative aux ponts et chaussées ne sera enseignée qu'à Paris; trois instituteurs seront chargés de cet enseignement.

ART. 8. — Quatre Observatoires seront établis dans la République : le premier à Paris, quatre astronomes y seront attachés; le deuxième à Strasbourg, le troisième à Brest, le quatrième à Marseille. Deux astronomes seront attachés à chacun de ces trois Observatoires.

ART. 9. — Les astronomes de la République sont tenus de former des élèves pour les observations astronomiques et météorologiques, pour les calculs de

rapport de Barrère (13 prairial); — l'Adresse de la Convention au Peuple français sur la connaissance de la langue nationale (16 prairial).

la connaissance des temps, et autres ouvrages tendant à perfectionner la navigation.

ART. 10. — Il y aura un hydrographe dans chaque port de la République; il y enseignera publiquement les sciences nécessaires aux marins.

ART. 11. — Il sera établi dans la commune de Paris un instituteur de minéralogie et un de métallurgie.

ART. 12. — La Commission chargée des relations de la République avec l'étranger sera tenue d'entretenir auprès de chacun de ses agents dans les contrées asiatiques quatre jeunes gens destinés à y acquérir la connaissance des langues de ces contrées.

ART. 13. — Les différents instituteurs ci-dessus désignés pour remplir le dernier degré d'instruction seront salariés par la République.

ART. 14. — L'enseignement libre des sciences et arts non désignés par le présent décret n'est pas aux frais de la République.

ART. 15. — Les enfants qui auraient des dispositions bien prononcées pour quelque art ou science dont l'enseignement est ou n'est pas salarié par la République, et dont ils ne seraient pas à portée de pouvoir profiter, si leurs parents sont reconnus par le conseil général de leur commune hors d'état de subvenir à leur instruction, obtiendront, pour trois années seulement, un secours d'encouragement, qui leur sera délivré année par année, suivant le mode et aux conditions énoncées dans une des sections ci-après.

SECTION III.

Du choix des instituteurs des sciences et arts dont l'enseignement est salarié par la République.

ART. 1er. — Les instituteurs des sciences et arts dont l'enseignement est salarié par la République seront élus par des jurys.

ART. 2. — Ces jurys seront composés chacun de quarante membres. Leur formation se fera publiquement.

ART. 3. — Le jury auquel sera confié le choix des instituteurs de santé, de l'art vétérinaire, de minéralogie, de métallurgie et d'hydrographie, sera formé à la pluralité relative des voix, par les administrateurs de districts réunis aux citoyens des communes où ces établissements seront placés.

ART. 4. — Les ingénieurs, mineurs et artilleurs de tout grade, en garnison dans les places fortes de la République où doivent être établis les instituteurs des sciences relatives au génie, mines et artillerie, formeront, à la pluralité relative des voix, le jury qui doit les choisir.

ART. 5. — Les jurys feront leurs élections publiquement et à la majorité absolue. Ils émettront leurs votes à haute voix.

ART. 6. — Il sera fait double du procès-verbal d'élection : l'un sera déposé au secrétariat de la municipalité, et l'autre envoyé à la Commission d'Instruction publique.

ART. 7. — L'expédition du procès-verbal d'élection sera le titre de l'instituteur élu.

ART. 8. — La Commission d'Instruction, sur les dénonciations qui pourraient lui être faites contre un ou plusieurs instituteurs ci-dessus, après avoir vérifié les faits, en ordonnera, s'il y a lieu, le remplacement par élection, conformément au présent décret.

ART. 9. — Les quatre astronomes actuellement en exercice à l'Observatoire de la République, à Paris, sont maintenus comme observateurs et instituteurs des sciences astronomiques.

ART. 10. — Sur la présentation du Comité d'Instruction publique, la représentation nationale nommera les six astronomes qui doivent être établis dans les Observatoires désignés à l'article 8, section II.

Section IV.

Moyens généraux d'instruction.

ART. 1er. — Indépendamment des établissements fixés par le décret du 8 pluviôse, il y aura dans les grandes communes de la République une bibliothèque et un cabinet d'instruments de physique expérimentale par chaque section de population de 50 000 âmes. Il y aura de plus, auprès de chaque hospice ou maison de bienfaisance, un jardin destiné à la culture des plantes usuelles.

ART. 2. — Ces établissements seront ouverts au public. Le conseil général de la commune déterminera le mode de publicité.

ART. 3. — Les citoyens qui cultivent quelque art ou science relative à ces établissements y seront admis chaque jour.

ART. 4. — Les citoyens qui désireraient ouvrir des cours de physique expérimentale ou d'histoire naturelle, et qui n'auraient pas les objets et instruments nécessaires à cet effet, pourront, sous leur responsabilité et du consentement du conseil général de la commune, donner publiquement leurs leçons dans les cabinets nationaux.

ART. 5. — Ces cabinets nationaux sont sous la surveillance immédiate des municipalités.

ART. 6. — Il sera établi dans chacun d'eux un ou plusieurs surveillants aux frais de la République.

ART. 7. — Ces surveillants seront élus conformément à l'article 3 de la section III.

ART. 8. — Ils seront chargés, sous leur responsabilité, de la conservation des objets confiés à leur garde, sous peine d'être poursuivis comme dilapidateurs du Trésor public.

[Les sections V et VI sont relatives aux récompenses et aux traitements des instituteurs.]

Nouveau plan général d'Instruction publique présenté à la Convention nationale, au nom du Comité d'Instruction publique, par G. Bouquier [1].   1794.

Section I.

De l'enseignement en général.

ARTICLE 1er. — L'enseignement est libre.

ART. 2. — Il sera fait publiquement.

---

1. Ce projet se rapproche du précédent assez sensiblement. La section I du premier correspond à la section IV; la section II à la section V; la section IV à la section I. Il ne porte aucune date; mais de l'exposé des motifs il semble résulter qu'il est postérieur au précédent.

Art. 3. — Les citoyens et citoyennes qui voudront user de la liberté d'enseignement seront tenus :

1° De déclarer à la municipalité, ou à la section de la commune, qu'ils sont dans l'intention d'ouvrir une École ;

2° De désigner l'espèce de science ou art qu'ils se proposent d'enseigner ;

3° De produire un certificat de civisme et de bonnes mœurs signé de la moitié des membres du conseil général de la commune, ou de la section du lieu de leur résidence, et par deux membres au moins du comité de surveillance de la section, ou du lieu de leur domicile, ou du lieu qui en est le plus voisin.

Art. 4. — Les citoyens et citoyennes qui se vouent à l'instruction ou à l'enseignement de quelque art ou science que ce soit, seront désignés sous le nom d'instituteur ou d'institutrice.

Section II.

De la surveillance de l'enseignement.

Art. 1er. — Les instituteurs et institutrices sont sous la surveillance immédiate de la municipalité ou section, des pères, mères, tuteurs et curateurs, et sous la surveillance générale de tous les citoyens.

Art. 2. — Tout instituteur ou institutrice qui enseignerait dans son école des préceptes ou maximes contraires aux lois et à la morale républicaine sera dénoncé par la surveillance et puni selon la gravité du délit.

Art. 3. — Tout instituteur ou institutrice qui outrage les mœurs publiques est dénoncé par la surveillance et traduit devant la police correctionnelle ou tout autre tribunal compétent, pour y être jugé suivant la loi.

Section III.

Du premier degré d'instruction.

Art. 1er. — La Convention nationale charge son Comité d'Instruction de lui présenter les livres élémentaires des connaissances absolument nécessaires pour former les citoyens, et déclare que les premiers de ces livres sont les Droits de l'homme, la Constitution, le tableau des actions héroïques ou vertueuses.

Art. 2. — Les citoyens et citoyennes qui se borneront à enseigner à lire, à écrire, et les premières règles de l'arithmétique, seront tenus de se conformer, dans leurs enseignements, aux livres élémentaires adoptés et publiés à cet effet par la représentation nationale.

Art. 3. — Ils seront salariés par la République à raison du nombre des élèves qui fréquenteront leurs Écoles, et conformément au tarif compris dans l'article suivant.

Art. 4. — Les instituteurs et institutrices du premier degré d'instruction qui ouvriront des Écoles dans les communes d'une population de 300 à 3 000 âmes recevront annuellement de la République, pour chaque enfant ou élève, savoir : l'instituteur, la somme de 10 livres ; l'institutrice, celle de 8 livres, d'après le tableau suivant :

	Instituteurs.	Institutrices.
Ci de 300 à 3 000 âmes	10 livres.	8 livres.
3 000 à 6 000 —	12 —	9 —
6 000 à 18 000 —	14 —	12 —
18 000 à 36 000 —	16 —	12 —
36 000 à 72 000 —	18 —	14 —
72 000 à 214 000 — et au-dessus.	20 —	16 —

Art. 5. — Il sera ouvert, dans chaque municipalité ou section, un registre pour l'inscription des noms des instituteurs et institutrices du premier degré d'instruction, et des enfants ou pupilles qui leur seront confiés par les pères, mères, tuteurs ou curateurs.

Art. 6. — Les pères, mères, tuteurs ou curateurs pourront, à leur choix, envoyer leurs enfants ou pupilles aux Écoles du premier degré d'instruction, en observant ce qui suit :

Art. 7. — Ils seront tenus de déclarer à leur municipalité ou section :

1° Les noms et prénoms des enfants ou pupilles qu'ils sont dans l'intention d'envoyer auxdites Écoles ;

2° Les noms, prénoms des instituteurs ou institutrices dont ils font choix.

Art. 8. — Ceux desdits pères, mères, tuteurs ou curateurs qui n'auraient pas rempli les conditions ci-dessus seront tenus de payer l'instituteur ou l'institutrice, en conformité du tarif et à raison du nombre d'enfants ou pupilles qu'ils leur auraient confiés.

Art. 9. — Les enfants ne pourront être installés dans les Écoles qu'à l'âge de six ans accomplis, et le premier jour de chaque mois.

Art. 10. — Les instituteurs ou institutrices du premier degré d'instruction tiendront registre des noms, prénoms des enfants et du mois où ils auront été installés dans leurs Écoles.

Art. 11. — Ils seront payés par trimestre, et, à cet effet, ils sont tenus de produire à la municipalité, ou à la section, un relevé de leurs registres, fait mois par mois, portant les noms et prénoms des enfants qui auront assisté à leurs leçons pendant chaque mois. Ce relevé sera confronté avec le registre de la municipalité ou de la section. La confrontation faite, il leur sera délivré un mandat.

Art. 12. — Ce mandat contiendra le nombre des enfants qui pendant chaque mois auront suivi l'École de l'instituteur ou de l'institutrice, et la somme qui lui sera due. Il sera signé du maire et de deux officiers municipaux, ou de deux membres du conseil général de la commune, ou par le président de la section et deux membres du conseil de ladite section, et par le secrétaire.

Art. 13. — Les mandats seront payés à vue par les percepteurs de la contribution foncière ou mobilière de la commune ou section, et seront passés en compte auxdits percepteurs par les receveurs de district.

Art. 14. — Les jeunes gens qui, au sortir de l'École du premier degré d'instruction, ne s'occuperont pas du travail de la terre, seront tenus d'apprendre une science, art ou métier utile à la société.

Art. 15. — Ceux desdits jeunes gens qui, à l'âge de vingt ans accomplis, ne se seront pas conformés aux dispositions de l'article ci-dessus, seront privés pour le reste de leurs jours de l'exercice du plus beau de tous les droits, celui de citoyen.

SECTION IV.

Du dernier degré d'instruction.

ART. 1er. — La réunion des citoyens en sociétés populaires, les théâtres, les jeux civiques, les évolutions militaires, les fêtes nationales et locales, font partie du second degré d'Instruction publique.

ART. 2. — Pour faciliter la réunion des sociétés populaires, la célébration des fêtes nationales et locales, des jeux civiques, des évolutions militaires, et la représentation des pièces patriotiques, la Convention déclare que les églises et maisons ci-devant curiales, actuellement abandonnées, appartiennent aux communes.

ART. 3. — Elle charge son Comité d'Instruction de faire choix des livres élémentaires existants des diverses sciences qui doivent concourir à la perfection de l'Instruction publique, et d'accélérer la composition de ceux qui nous manquent.

Enseignement des sciences utiles à la société.

ART. 1er. — Il y aura des officiers de santé dans chaque hospice ou maison de bienfaisance de la République.

ART. 2. — Leur nombre sera proportionné à celui des malades qui sont annuellement traités dans chacune de ces maisons.

ART. 3. — Les officiers de santé auprès d'une maison de bienfaisance sont tenus de donner des leçons publiques de médecine, de chirurgie, de botanique, de chimie, d'accouchements.

ART. 4. — Il sera établi des instituteurs de génie, d'artillerie, sape et mine, dans les quatre places de la République ci-après, savoir :

A Lille, deux instituteurs d'artillerie, sape et mine ;

A Valenciennes, deux de génie ;

A Perpignan, deux d'artillerie, sape et mine;

A Bayonne, deux de génie.

ART. 5. — Ces instituteurs militaires enseigneront publiquement les sciences nécessaires à former des ingénieurs, artilleurs, sapeurs et mineurs, d'après les livres élémentaires qui leur seront délivrés à cet effet.

ART. 6. — La partie du génie relative aux ponts et chaussées ne sera enseignée qu'à Paris : trois instituteurs seront chargés de cet enseignement.

ART. 7. — Quatre Observatoires seront établis dans la République.

Le premier à Paris : quatre astronomes y seront attachés ;

Le deuxième à Strasbourg ;

Le troisième à Brest ;

Le quatrième à Marseille ;

Deux astronomes seront attachés à chacun de ces trois Observatoires.

ART. 8. — Les astronomes de la République sont tenus de former des élèves pour les observations astronomiques et météorologiques, pour les calculs de la connaissance des temps et autres ouvrages tendant à perfectionner la navigation.

ART. 9. — Il y aura un hydrographe dans chaque port de la République; il y enseignera publiquement les sciences nécessaires aux marins.

ART. 10. — Les différents instituteurs ci-dessus désignés pour remplir le dernier degré d'instruction seront salariés par la République.

Art. 11. — L'enseignement libre des sciences et arts non désignés par le présent décret n'est pas aux frais de la République.

Art. 12. — Néanmoins les jeunes gens qui auraient des dispositions bien prononcées pour quelque art ou science dont l'enseignement n'est pas salarié, pourront, sur l'attestation de l'instituteur qui leur aura donné les premiers éléments desdits arts et sciences, et sur celle du conseil général de la commune ou section, obtenir, dans les cas seulement où ils appartiendront à des parents hors d'état de fournir au développement de leurs heureuses dispositions, un secours annuel d'encouragement pendant un nombre d'années déterminé.

Section V.

Moyens généraux d'instruction.

Art. 1er. — Il sera formé dans chaque chef-lieu de communes les plus populeuses de la République une bibliothèque, un muséum, un cabinet d'histoire naturelle, un cabinet d'instruments de physique expérimentale; et, auprès de chaque hospice, un jardin pour la culture des plantes usuelles.

Art. 2. — Ces établissements seront ouverts au public deux fois par décade.

Art. 3. — Les citoyens qui cultivent quelque art ou science relatifs à ces établissements y seront admis chaque jour en présentant leur carte civique.

Art. 4. — Les citoyens qui désireraient ouvrir des cours de physique expérimentale ou d'histoire naturelle, et qui n'auraient pas les moyens de se procurer les objets et instruments nécessaires à cet effet, pourront, sous leur responsabilité et du consentement de la municipalité et du conseil général de la commune, donner leurs leçons dans les cabinets nationaux.

Art. 5. — Ces établissements nationaux sont sous la surveillance immédiate des municipalités.

Art. 6. — Il sera établi dans chacun d'eux un surveillant particulier aux frais de la République.

Aperçu général des dépenses annuelles nécessaires pour l'exécution du plan proposé :

Premier degré d'instruction.	26 000 000
Dernier degré d'instruction	2 000 000
Moyens généraux d'instruction.	2 000 000
Total.	30 000 000

Sur l'éducation (fragments d'Institutions républicaines).

(Saint-Just.)

Les enfants appartiennent à leur mère jusqu'à cinq ans, si elle les a nourris, et à la République ensuite jusqu'à la mort.

La mère qui n'a point nourri son enfant a cessé d'être mère aux yeux de la Patrie. Elle et son époux doivent se représenter devant le magistrat, pour y répéter leur engagement, ou leur union n'a plus d'effets civils.

L'enfant, le citoyen, appartiennent à la Patrie. L'instruction commune est nécessaire. La discipline de l'enfance est rigoureuse.

On élève les enfants dans l'amour du silence et le mépris des rhéteurs. Ils sont formés au laconisme du langage. On doit leur interdire les jeux où ils déclament, et les accoutumer à la vérité simple. Les enfants ne jouent que des jeux d'orgueil et d'intérêt : il ne leur faut que des exercices.

Les enfants mâles sont élevés, depuis cinq ans jusqu'à seize ans, par la Patrie.

Il y a des Écoles pour les enfants depuis cinq ans jusqu'à dix ans. Elles sont à la campagne. Il y en a une dans chaque section et dans chaque canton.

Il y a des Écoles pour les enfants depuis dix jusqu'à seize ans. Il y en a une dans chaque section et dans chaque canton.

Les enfants, depuis cinq ans jusqu'à dix, apprennent à lire, à écrire, à nager.

On ne peut frapper ni caresser les enfants. On leur apprend le bien, on les laisse à la nature.

Celui qui frappe un enfant est banni.

Les enfants sont vêtus de toile dans toutes les saisons. Ils couchent sur des nattes et dorment huit heures.

Ils sont nourris en commun et ne vivent que de racines, de fruits, de légumes, de laitage, de pain et d'eau.

Les instituteurs des enfants depuis cinq ans jusqu'à dix ne peuvent avoir moins de soixante ans, et sont élus par le peuple, parmi ceux qui ont obtenu l'écharpe de la vieillesse.

L'éducation des enfants depuis dix ans jusqu'à seize ans est militaire et agricole. Ils sont distribués en compagnies de soixante. Six compagnies forment un bataillon. Les instituteurs nomment, tous les mois, le chef parmi ceux qui se sont le mieux conduits. Les enfants d'un district forment une légion. Ils s'assemblent tous les ans, au chef-lieu, le jour de la fête de la jeunesse. Ils y campent et y font tous les exercices de l'infanterie, dans les arènes préparées exprès. Ils apprennent aussi les manœuvres de la cavalerie et toutes les évolutions militaires.

Ils apprennent les langues.

Ils sont distribués aux laboureurs dans le temps de la moisson.

Depuis seize ans jusqu'à vingt et un ans, ils entrent dans les arts et choisissent une profession, qu'ils exercent chez les laboureurs, dans les manufactures ou sur les navires.

Tous les enfants conserveront le même costume jusqu'à seize ans; depuis seize ans jusqu'à vingt et un ans, ils auront le costume d'ouvrier ; depuis vingt et un ans jusqu'à vingt-cinq ans, celui de soldat, s'ils ne sont pas magistrats.

Ils ne peuvent prendre le costume des arts qu'après avoir traversé, aux yeux du peuple, un fleuve à la nage, le jour de la fête de la jeunesse.

Depuis vingt et un ans jusqu'à vingt-cinq, les citoyens non magistrats entreront dans la milice nationale, mariés ou non.

Les instituteurs des enfants jusqu'à seize ans sont choisis par les Directoires des districts et confirmés par la Direction générale des Arts, nommée par le Gouvernement.

Les laboureurs, les manufacturiers, les artisans, les négociants sont instituteurs.

Les jeunes hommes de seize ans sont tenus de rester chez les instituteurs jusqu'à vingt et un ans, à peine d'être privés du droit de citoyen pendant leur vie.

Il y a, dans chaque district, une Commission particulière des Arts, qui sera consultée par les instituteurs et donnera des leçons publiques.

Les Écoles seront dotées d'une partie des biens nationaux. Ce serait peut-être une sorte d'instruction propre aux Français que des sociétés d'enfants, présidées par un magistrat, qui indiquerait les sujets à traiter et dirigerait les discussions, de manière à former le sens, l'âme, l'esprit et le cœur.

Les filles sont élevées dans la maison maternelle.

Dans les jours de fête, une vierge ne peut paraître en public après dix ans, sans sa mère, son père ou son tuteur.

Loi relative à la réorganisation des Comités de la Convention nationale. 24 août 1794.

7 Fructidor An II (24 Août 1794).

TITRE Ier.

De la formation des Comités.

ARTICLE 1er. — Il y aura seize Comités de la Convention nationale, savoir :

. . . .

Un Comité d'Instruction publique composé de seize membres.

TITRE II.

Attributions des Comités.

Comité d'Instruction publique.

ART. 10. — Le Comité d'Instruction publique a la surveillance des Monuments nationaux, Bibliothèques publiques, Musées, Cabinets d'histoire naturelle, collections précieuses, des Écoles, du mode d'enseignement, des inventions et recherches scientifiques, de la fixation des poids et mesures, des spectacles et des fêtes nationales.

Il propose les lois relatives à ces divers objets et prend, en se conformant à celles qui sont rendues, des mesures d'exécution sur les mêmes objets.

Gréard. *Lég. de l'Instr. primaire.*

23 septembre
1794.

Projet de décret de Debry sur les fondements de la morale publique.

2 Vendémiaire An III (23 Septembre 1794).

ARTICLE 1er. — Le peuple et la loi honorent la mère qui nourrit son enfant, le père qui l'élève, et l'enfant reconnaissant.

ART. 2. — Les bases de l'éducation physique et morale à recevoir dans la maison paternelle sont celles-ci : vêtement commode et salubre ; nourriture saine, sobre et commune ; exercice journalier en particulier, et publiquement les quintidi et décadi ; apprentissage d'un métier ; connaissance de la Déclaration des Droits et de la Constitution ; récit des faits héroïques et des chants de triomphe ; attachement entre les élèves ; amour de l'humanité, de la patrie, de ses parents.

ART. 3. — Les pères et mères, à moins d'empêchement légitime, comme maladie ou absence, seront tenus d'accompagner leurs enfants aux fêtes décadaires ; l'opinion y jugera les leçons de l'instituteur par l'examen de l'élève.

ART. 4. — Le Comité d'Instruction publique présentera, dans le délai d'un mois, l'organisation de ces fêtes.

ART. 5. — Il sera établi, sur le plan de l'École de Mars, des Écoles secondaires de cent élèves par département : ces dépôts seront constamment tenus au complet, et serviront eux-mêmes à compléter l'École principale.

ART. 6. — Lors du choix, lequel sera dirigé par l'examen, le vœu des élèves réunis sera consulté par le magistrat.

. . . .

30 octobre 1794.

Décret relatif à l'établissement des Écoles normales[1].

9 Brumaire An III (30 Octobre 1794).

La Convention nationale, voulant accélérer l'époque où elle pourra faire répandre d'une manière uniforme, dans toute la République, l'instruction nécessaire à des citoyens français,

Décrète :

ARTICLE 1er. — Il sera établi à Paris une École normale, où seront appelés, de toutes les parties de la République, des citoyens déjà instruits dans les sciences utiles, pour apprendre, sous les professeurs les plus habiles dans tous les genres, l'art d'enseigner.

ART. 2. — Les administrations de districts enverront à l'École normale un nombre d'élèves proportionné à la population : la base

1. Voir le Rapport de Lakanal (2 brumaire An III).

Voir ci-après (page 106) le règlement des représentants du peuple (24 nivôse An III).

7.

proportionnelle sera d'un pour vingt mille habitants. A Paris, les élèves seront désignés par l'administration du département.

Art. 3. — Les administrateurs ne pourront fixer leur choix que sur des citoyens qui unissent à des mœurs pures un patriotisme éprouvé, et les dispositions nécessaires pour recevoir et pour répandre l'instruction.

Art. 4. — Les élèves de l'École normale ne pourront être âgés de moins de vingt-un ans.

Art. 5. — Ils se rendront à Paris avant la fin de frimaire prochain ; ils recevront pour ce voyage, et pendant la durée du cours normal, le traitement accordé aux élèves de l'École centrale des Travaux publics.

Art. 6. — Le Comité d'Instruction publique désignera les citoyens qu'il croira les plus propres à remplir les fonctions d'instituteurs dans l'École normale, et en soumettra la liste à l'approbation de la Convention ; il fixera leur salaire, de concert avec le Comité des Finances.

Art. 7. — Ces instituteurs donneront des leçons aux élèves sur l'art d'enseigner la morale, et former le cœur des jeunes républicains à la pratique des vertus publiques et privées.

Art. 8. — Ils leur apprendront d'abord à appliquer à l'enseignement de la lecture, de l'écriture, des premiers éléments du calcul, de la géométrie pratique, de l'histoire et de la grammaire française, les méthodes tracées dans les livres élémentaires adoptés par la Convention nationale, et publiés par ses ordres.

Art. 9. — La durée du cours normal sera au moins de quatre mois.

Art. 10. — Deux représentants du peuple, désignés par la Convention nationale, se tiendront près l'École normale, et correspondront avec le Comité d'Instruction publique sur tous les objets qui pourront intéresser cet important établissement.

Art. 11. — Les élèves formés à cette école républicaine rentreront, à la fin du cours, dans leurs districts respectifs : ils ouvriront, dans les trois chefs-lieux de canton désignés par l'administration de district, une École normale, dont l'objet sera de transmettre aux citoyens et aux citoyennes qui voudront se vouer à l'enseignement public, la méthode d'enseignement qu'ils auront acquise dans l'École normale de Paris.

Art. 12. — Ces nouveaux cours seront au moins de quatre mois.

Art. 13. — Les Écoles normales des départements seront sous la surveillance des autorités constituées.

Art. 14. — Le Comité d'Instruction publique est chargé de rédiger le plan de ces Écoles nationales, et de déterminer le mode d'enseignement qui devra y être suivi.

ART. 15. — Chaque décade, le Comité d'Instruction publique rendra compte à la Convention de l'état de situation de l'École normale de Paris et des Écoles normales secondes qui seront établies en exécution du présent décret, sur toute la surface de la République.

Opinion sur les Écoles primaires, lue à la Convention nationale par Jean-François Baraillon (de la Creuse)[1].

23 Brumaire An III (13 Novembre 1794).

Attendu l'impuissance de trouver autant de sujets qu'il en faudrait pour l'enseignement des sciences et belles-lettres, spécialement nécessaires à un républicain;

Attendu l'impossibilité de doubler les Écoles primaires et les instituteurs, par la nécessité où l'on serait d'établir deux degrés d'instruction dans chaque commune, ou de renoncer au *projet* que l'on présente;

Attendu que, parmi les instituteurs, les uns auront des dépenses de plus, des livres, des instruments à acheter, des études à faire, dont les autres n'auront aucun besoin;

Attendu qu'il est de l'intérêt public de signaler les bons, d'enflammer leur zèle, d'honorer leur succès;

Attendu enfin qu'il importe au Français libre d'être réellement *instruit*, pardessus tout à chaque individu de savoir *se conserver*, de *pourvoir à ses besoins*, de *multiplier ses jouissances*,

Je demande que l'on décrète :

1° Qu'il y aura un instituteur et une institutrice par chaque 2 000 habitants, lesquels seront uniquement chargés d'apprendre aux élèves à lire, écrire, les quatre premières règles d'arithmétique, les Droits de l'homme, la Constitution française et les préceptes de morale républicaine;

2° Qu'il y aura, indépendamment, des *Écoles de canton*, où l'on enseignera la grammaire française, les règles de l'arpentage, les éléments de physique, d'hygiène, de prophylactique, de l'art vétérinaire, et l'histoire de la Révolution; — et au sexe, quelques règles de médecine sur la menstruation, la grossesse, les couches, les suites de couches, l'allaitement et la manière d'élever à la patrie des enfants sains et robustes;

3° Que les instituteurs seront réputés fonctionnaires publics, qu'ils en auront le rang dans toutes les fêtes et cérémonies nationales;

4° Que leur salaire, dans les communes, sera fixé à 1 000 livres; celui des instituteurs et institutrices de canton, à 1 200 livres;

5° Que le jury d'instruction ne sera point salarié, mais qu'il sera la récompense de ceux qui auront bien mérité de la patrie; qu'ils seront d'abord nom-

---

1. Le projet Sieyès-Daunou-Lakanal (page 44) avait été repris par Lakanal, qui fut chargé de présenter un rapport à la Convention. Baraillon prit la parole le 23 brumaire, le 26 et le 27. La discussion aboutit au décret du 27 brumaire (voir page 101).

més par les administrations de district; ensuite, *le Gouvernement révolutionnaire ayant cessé*, par le peuple; que leurs délibérations ne seront soumises qu'au seul Comité d'Instruction publique de la Convention nationale, et ensuite à ceux qui seront par la suite légalement constitués;

6° Et enfin que les instituteurs et institutrices, qui se seront distingués dans leurs élèves, recevront chaque année, au chef-lieu de district, chaque jour de la fête de la jeunesse, outre une *couronne civique*, une indemnité proportionnée à leurs succès, laquelle ne pourra jamais excéder la somme de 300 livres, dont le jury d'instruction sera seul le juge et le distributeur.

Décret relatif à la constitution des Écoles primaires.

27 Brumaire An III (17 Novembre 1794).

17 novembre 1794.

CHAPITRE Ier.

Institution des Écoles primaires.

ARTICLE 1er. — Les Écoles primaires ont pour objet de donner aux enfants de l'un et de l'autre sexe l'instruction nécessaire à des hommes libres.

ART. 2. — Les Écoles primaires seront distribuées sur le territoire de la République à raison de la population : en conséquence, il sera établi une École primaire par mille habitants.

ART. 3. — Dans les lieux où la population est trop dispersée, il pourra être établi une seconde École primaire, sur la demande motivée de l'administration du district, et d'après un décret de l'Assemblée nationale.

ART. 4. — Dans les lieux où la population est pressée, une seconde École ne pourra être établie que lorsque la population s'élèvera à deux mille individus ; la troisième, à trois mille habitants complets, et ainsi de suite.

ART. 5. — Dans toutes les communes de la République, les ci-devant presbytères non vendus au profit de la République sont mis à la disposition des municipalités, pour servir tant au logement de l'instituteur qu'à recevoir les élèves pendant la durée des leçons. En conséquence, tous les baux existants sont résiliés.

ART. 6. — Dans les communes où il n'existe plus de ci-devant presbytère à la disposition de la Nation, il sera accordé, sur la demande des administrations de district, un local convenable pour la tenue des Écoles primaires.

ART. 7. — Chaque École primaire sera divisée en deux sections : l'une pour les garçons, l'autre pour les filles ; en conséquence, il y aura un instituteur et une institutrice.

CHAPITRE II.

Jury d'instruction.

ART. 1er. — Les instituteurs et institutrices sont nommés par le peuple; néanmoins, pendant la durée du Gouvernement révolutionnaire, ils seront examinés, élus et surveillés par un jury d'instruction composé de trois membres désignés par l'administration du district, et pris, hors de son sein, parmi les pères de famille.

ART. 2. — Le jury d'instruction sera renouvelé par tiers tous les six mois.

Le commissaire sortant pourra être réélu.

CHAPITRE III.

Des instituteurs.

ART. 1er. — Les nominations des instituteurs et des institutrices, élus par le jury d'instruction, seront soumises à l'administration du district.

ART. 2. — Si l'administration refuse de confirmer la nomination faite par le jury, le jury pourra faire un autre choix.

ART. 3. — Lorsque le jury persistera dans sa nomination, et l'administration dans son refus, elle désignera, pour la place vacante, la personne qu'elle croira mériter la préférence; les deux choix seront envoyés au Comité d'Instruction publique, qui prononcera définitivement entre l'administration et le jury.

ART. 4. — Les plaintes contre les instituteurs et les institutrices seront portées directement au jury d'instruction.

ART. 5. — Lorsque la plainte sera en matière grave, et après que l'accusé aura été entendu, si le jury juge qu'il y a lieu à destitution, sa décision sera portée au Conseil général de l'administration du district, pour être confirmée.

ART. 6. — Si l'arrêté du Conseil général n'est pas conforme à l'avis du jury, l'affaire sera portée au Comité d'Instruction publique, qui prononcera définitivement.

ART. 7. — Les instituteurs et les institutrices des Écoles primaires seront tenus d'enseigner à leurs élèves les livres élémentaires composés et publiés par ordre de la Convention nationale.

ART. 8. — Ils ne pourront recevoir chez eux comme pensionnaires ni donner de leçons particulières à aucun de leurs élèves : l'instituteur se doit tout à tous.

Art. 9. — La Nation accordera aux citoyens qui auront rendu de longs services à leur pays dans la carrière de l'enseignement, une retraite, qui mettra leur vieillesse à l'abri du besoin.

Art. 10. — Le salaire des instituteurs sera uniforme sur toute la surface de la République : il est fixé à douze cents livres pour les instituteurs, et à mille livres pour les institutrices. Néanmoins, dans les communes dont la population s'élève au-dessus de vingt mille habitants, le traitement de l'instituteur sera de quinze cents livres, et celui de l'institutrice de douze cents livres.

Chapitre IV.

Instruction et régime des Écoles primaires.

Art. 1er. — Les élèves ne seront pas admis aux Écoles primaires avant l'âge de six ans accomplis.

Art. 2. — Dans l'une et l'autre section de chaque École, on enseignera aux élèves :

1° A lire et à écrire, et les exemples de lecture rappelleront leurs droits et leurs devoirs ;

2° La Déclaration des Droits de l'homme et du citoyen, et la Constitution de la République française ;

3° On donnera des instructions élémentaires sur la morale républicaine [1] ;

4° Les éléments de la langue française, soit parlée, soit écrite ;

5° Les règles du calcul simple et de l'arpentage ;

6° Les éléments de la géographie et de l'histoire des peuples libres ;

7° Des instructions sur les principaux phénomènes et les productions les plus usuelles de la nature.

On fera apprendre le recueil des actions héroïques et des chants de triomphe.

Art. 3. — L'enseignement sera fait en langue française ; l'idiome du pays ne pourra être employé que comme un moyen auxiliaire.

Art. 4. Les élèves seront instruits dans les exercices les plus propres à entretenir la santé, et à développer la force et l'agilité du

---

1. Voir les *Lettres républicaines* contenant les principes de l'éducation, du civisme, de la morale, de la civilité et de toutes les vertus qui font les bons citoyens, par Chemin-Dupontès, An II ; — la plaquette de L. Portiez, député de l'Oise, sur les *Voyages et leur utilité dans l'éducation* (1794) ; — le *Discours* sur les fondements de la morale publique, page 98, par Jean Debry (Aisne) (2 vendémiaire An III) ; — *Essai* sur la morale calculée, discours à la Convention, par Lavicomterie (Paris) (vendémiaire An III).

corps. En conséquence, les garçons seront élevés aux exercices militaires, auxquels présidera un officier de la garde nationale, désigné par le jury d'instruction.

ART. 5. — On les formera, si la localité le comporte, à la natation; cet exercice sera dirigé et surveillé par des citoyens nommés par le jury d'instruction, sur présentation des municipalités respectives.

ART. 6. — Il sera publié des instructions, pour déterminer la nature et la distribution des autres exercices gymnastiques, propres à donner au corps de la force et de la souplesse, tels que la course, la lutte, etc.

ART. 7. — Les élèves des Écoles primaires visiteront plusieurs fois l'année, avec leurs instituteurs et sous la conduite d'un magistrat du peuple, les hôpitaux les plus voisins.

ART. 8. — Les mêmes jours ils aideront, dans leurs travaux domestiques et champêtres, les vieillards et les parents des défenseurs de la patrie.

ART. 9. — On les conduira quelquefois dans les manufactures et les ateliers où l'on prépare des marchandises d'une consommation commune, afin que cette vue leur donne quelque idée des avantages de l'industrie humaine, et éveille en eux le goût des arts utiles.

ART. 10. — Une partie du temps destiné aux Écoles sera employé à des ouvrages manuels de différentes espèces utiles et communes.

ART. 11. — Il sera publié une instruction pour faciliter l'exécution des deux articles précédents, en rendant la fréquentation des ateliers et le travail des mains vraiment utiles aux élèves.

ART. 12. — Des prix d'encouragement seront distribués tous les les ans aux élèves, en présence du peuple, dans la fête de la jeunesse.

ART. 13. — Le Comité d'Instruction publique est chargé de publier, sans délai, des règlements sur le régime et la discipline internes des Écoles primaires.

ART. 14. — Les jeunes citoyens qui n'auront pas fréquenté ces Écoles seront examinés, en présence du peuple, à la fête de la jeunesse; et s'il est reconnu qu'ils n'ont pas les connaissances nécessaires à des citoyens français, ils seront écartés, jusqu'à ce qu'ils les aient acquises, de toutes les fonctions publiques.

ART. 15. — La loi ne peut porter aucune atteinte au droit qu'ont les citoyens d'ouvrir des Écoles particulières et libres, sous la surveillance des autorités constituées.

ART. 16. — La Convention nationale rapporte toute disposition contraire à la présente loi.

Extrait du registre des délibérations du Comité d'Instruction publique[1].

28 Brumaire An III (18 Novembre 1794).

Un membre fait un rapport sur les Écoles primaires, et, sur sa proposition, le Comité arrête ce qui suit :

Article 1er. — Dans un mois, pour tout délai, la Commission exécutive de l'Instruction publique rendra compte, par écrit, de l'exécution de la loi d'organisation des Écoles primaires dans toute la République.

Art. 2. — Ce compte sera divisé en cinq colonnes :

La première comprendra :

1° Le nom des communes où les Écoles primaires seront en activité ;

2° L'époque de la formation de chaque jury ;

3° Celle de la nomination des instituteurs et institutrices.

La seconde colonne contiendra :

1° Les noms des communes où les Écoles primaires n'existeraient pas encore ;

2° L'exposé succinct des raisons qui auraient empêché leur établissement ;

3° Les noms des citoyens qui, appelés par les administrations de district aux fonctions de juré d'instruction, auraient refusé cette honorable mission ;

4° L'exposé des motifs de leur refus.

La troisième colonne sera employée à présenter l'état sommaire des demandes des administrations, pour l'établissement des Écoles primaires, dans les lieux où la population très dispersée rendrait dangereux ou trop pénible le déplacement des élèves.

Dans la quatrième colonne, seront présentées les demandes motivées des administrations, tendant à obtenir des édifices nationaux, pour servir à l'instruction primaire dans les communes où il n'existerait pas de presbytère à la disposition de la Nation.

La cinquième colonne sera consacrée aux observations particulières qu'on jugera utiles à l'amélioration de l'établissement des Écoles primaires.

Art. 3. — Immédiatement après la remise au Comité du compte ci-dessus, il sera fait un rapport général à la Convention, pour désigner à la reconnaissance nationale les administrations et les jurys d'instruction qui auront pressé, avec une sollicitude paternelle, l'établissement des Écoles primaires dans leur arrondissement, et pour dénoncer à l'opinion publique les administrations qui auraient apporté des lenteurs coupables à l'exécution de cette bienfaisante loi.

La Commission d'Instruction publique demeure chargée de l'exécution du présent arrêté.

Signé au registre : Chénier, Baraillon, Plaichard, Mazade, Massieu.

Pour copie conforme :

Garat, Ginguené, Clément de Ris.

1. Cet arrêté a pour objet l'application immédiate du décret du 27 brumaire. — Voir pour les résultats obtenus le rapport de Lakanal, floréal An III.

14 janvier 1795. **Règlement arrêté par les représentants du peuple près les Écoles normales.**

24 Nivôse An III (14 Janvier 1795).

I. — La séance commencera tous les jours à onze heures du matin et finira à une heure un quart.

II. — Les travaux des Écoles normales seront distribués dans l'ordre suivant :

Primidi ⎧ 1° Mathématiques . . . . Lagrange et Laplace conjointement.
et   ⎨ 2° Physique. . . . . Haüy.
Sextidi. ⎩ 3° Géométrie descriptive. . . . . . . Monge.

Duodi ⎧ 1° Histoire naturelle. . . . . Daubenton.
et   ⎨ 2° Chimie. . . . . Berthollet.
Septidi. ⎩ 3° Agriculture . . . . Thouin.

Tridi ⎧ 1° Géographie. . . . . Buache et Mentelle conjointement.
et ⎨ 2° Histoire. . . . . Volney.
Octidi. ⎩ 3° Morale . . . . Bernardin de Saint-Pierre.

Quartidi ⎧ 1° Grammaire. . . . . Sicard.
et   ⎨ 2° Analyse de l'entendement. . . . . Garat.
Nonidi. ⎩ 3° Littérature. . . . . Laharpe.

III. — Les *quintidis*, les professeurs des Écoles normales réunis auront, en présence des élèves, une conférence à laquelle seront invités les savants, les gens de lettres et les artistes les plus distingués.

IV. — Ces conférences auront principalement pour objet la lecture et la discussion des livres élémentaires à l'usage des Écoles primaires de la République.

V. — Les Écoles normales vaqueront les *décadis*. Les élèves se répandront dans les Bibliothèques, les Observatoires, les *Muséum* d'histoire naturelle et des arts, les Conservatoires d'arts et métiers, et dans tous les dépôts consacrés à l'Instruction ; tous ces dépôts leur seront ouverts, sur le vu d'une carte marquée au timbre du Comité d'Instruction publique, et signée des deux représentants du peuple près les Écoles normales.

VI. — Les séances des Écoles normales seront alternativement employées au développement des principes de l'art d'enseigner, exposés par les professeurs, et à des conférences sur ces principes entre les professeurs et les élèves.

VII. — Les conférences ne pourront jamais s'ouvrir que sur des matières traitées dans la séance précédente.

VIII. — Aucun élève ne pourra prendre la parole, s'il ne s'est fait inscrire, et s'il n'est appelé par le professeur.

IX. — Dans le cours des débats, le professeur pourra ajourner sa réponse à la séance suivante.

X. — Les leçons, les débats et les conférences, qui auront lieu dans les Écoles normales, seront recueillis dans un journal sténographié; ce journal sera distribué aux membres de la Convention nationale, aux professeurs et aux élèves des Écoles normales; il sera envoyé aux administrations de district de la République, et à ses Ministres, Consuls et agents en pays étrangers.

Signé : LAKANAL, DELEYRE.

Décret sur le nouveau système des Poids et Mesures[1].

7 avril 1795.

18 Germinal An III (7 Avril 1795).

La Convention nationale, voulant assurer au Peuple Français le bienfait des Poids et Mesures uniformes et invariables, précédemment décrétés, et prendre les moyens les plus efficaces pour en faci-

---

1. Voici la table sommaire des Rapports et Décrets concernant les Poids et Mesures, annexée au Rapport du 11 ventôse An III, présenté par Prieur, de la Côte-d'Or :

1790.	Proposition de Talleyrand à l'Assemblée Constituante sur les Poids et Mesures.
6 mai 1790.	Rapport de Bonnay; — Opinion de Bureau de Pusy.
8 mai 1790.	Décret qui charge l'Académie des Sciences de déterminer l'utilité des Poids et Mesures, et de composer les livres élémentaires à envoyer dans les départements, pour y répandre l'instruction nécessaire au nouveau système.
8 décembre 1790.	Décret qui ordonne l'envoi à Paris d'étalons des anciennes mesures de tous les départements.
12 septembre 1792.	Décret pour faire payer les dépenses de l'opération des nouvelles mesures.
31 mars 1793.	Proclamation du Conseil exécutif provisoire, qui recommande aux départements les commissaires de l'Académie, pour les opérations astronomiques des Mesures.
»	Recueil de pièces relatives aux Poids et Mesures, contenant :

1° Rapport fait à l'Académie, le 27 octobre 1790, sur le titre des métaux monnayés et l'échelle de division de toutes les sortes de Mesures;

2° Rapport fait à l'Académie, le 19 mars 1791, sur le choix d'une unité de Mesure;

3° Rapport fait à l'Académie, le 11 juillet 1792, sur la nomenclature des Mesures linéaires et superficielles;

4° Compte rendu à la Convention, le 25 novembre 1792,

liter l'introduction dans toute la République, après avoir entendu le rapport de son Comité d'Instruction publique, décrète ce qui suit :

Article 1er — L'époque prescrite par le décret du 1er août 1793, vieux style, pour l'usage des nouveaux poids et mesures est prorogée, quant à sa disposition obligatoire, jusqu'à ce que la Convention nationale y ait statué de nouveau, en raison des progrès de la fabrication ; les citoyens sont cependant invités de donner une preuve de leur attachement à l'unité et à l'indivisibilité de la République, en se servant dès à présent des nouvelles mesures dans leurs calculs et transactions commerciales.

Art. 2. — Il n'y aura qu'un seul étalon des poids et mesures pour toute la République : ce sera une règle de platine sur laquelle sera tracé le *mètre*, qui a été adopté pour l'unité fondamentale de tout le système des mesures. Cet étalon sera exécuté avec la plus grande précision, d'après les expériences et les observations des commissaires chargés de sa détermination, et il sera déposé près du Corps législatif, ainsi que le procès-verbal des opérations qui au-

	sur l'état des travaux pour venir à l'uniformité des Mesures :
	5° Rapport fait à l'Académie, le 19 janvier 1793, sur l'unité des Poids et sur la nomenclature de ses divisions ;
	6° Rapport fait à l'Académie, le 29 mai 1793, sur le système général des Poids et Mesures, joint au rapport suivant.
1er août 1793.	Rapport d'Arbogast et décret adoptant le travail de l'Académie, ordonnant la fabrication des étalons, et fixant au 1er juillet 1794 l'usage obligatoire du nouveau système.
9 septembre 1793.	Décret pour la correction de l'expédition fautive du précédent.
11 septembre 1793.	Décret qui crée une Commission temporaire en remplacement de l'Académie, pour la suite des opérations sur les Mesures.
27 vendémiaire An II (18 octobre 1793).	Décret relatif à l'acte de navigation, qui ordonne que le jaugeage des vaisseaux sera modifié suivant les nouvelles Mesures.
1er brumaire An II (22 octobre 1793).	Rapport de Fourcroy et décret qui ordonne la fabrication d'étalons prototypes et autres, assigne des fonds pour les dépenses, et charge la Commission de perfectionner le jaugeage des tonneaux, des vaisseaux, etc.
3 brumaire An II (24 octobre 1793).	Décret qui défend d'ôter les signes de royauté ou féodalité sur les anciennes Mesures, attendu leur prochain renouvellement.
4 frimaire An II (24 novembre 1793).	Décret relatif au calendrier, qui établit la division du jour en décimales.
17 frimaire An II (7 décembre 1793).	Décret portant qu'à compter du 1er germinal An II les marchés seront stipulés en livres, décimes, centimes.
28 frimaire An II (18 décembre 1793).	Décret qui fixe les divisions de Poids au-dessus du gramme, suivant l'échelle 2, 5, 10 et 20.
30 nivôse An II (20 janvier 1794).	Décret pour substituer le nom de cadil à celui de pinte.
21 pluviôse An II (10 février 1794).	Décret qui établit des concours pour régler l'horlogerie en décimales.

ront servi à le déterminer, afin qu'on puisse les vérifier dans tous les temps.

Art. 3. — Il sera envoyé dans chaque chef-lieu de district un modèle conforme à l'étalon prototype dont il vient d'être parlé, et en outre un modèle de poids exactement déduit du système des nouvelles mesures. Ces modèles serviront à la fabrication de toutes les sortes de mesures employées aux usages des citoyens.

Art. 4. — L'extrême précision qui sera donnée à l'étalon en platine ne pouvant pas influer sur l'exactitude des mesures usuelles, ces mesures continueront d'être fabriquées d'après la longueur du mètre adopté par les décrets antérieurs.

Art. 5. — Les nouvelles mesures seront distinguées dorénavant par le surnom de *Républicaines;* leur nomenclature est définitivement adoptée comme il suit :

On appellera :

Mètre, la mesure de longueur égale à la dix-millionième partie de l'arc du méridien terrestre, compris entre le pôle boréal et l'équateur ;

Are, la mesure de superficie pour les terrains, égale à un carré de dix mètres de côté ;

Stère, la mesure destinée particulièrement aux bois de chauffage, et qui sera égale au mètre cube ;

Litre, la mesure de capacité, tant pour les liquides que pour les matières sèches, dont la contenance sera celle du cube de la dixième partie du mètre ;

Gramme, le poids absolu d'un volume d'eau pure, égal au cube de la centième partie du mètre, et à la température de la glace fondante ;

Enfin, l'unité des monnaies prendra le nom de *Franc,* pour remplacer celui de *livre* usité jusqu'aujourd'hui.

Art. 6. — La dixième partie du mètre se nommera *décimètre,* et sa centième partie *centimètre.*

On appellera *décamètre* une mesure égale à dix mètres : ce qui fournit une mesure très commode pour l'arpentage. *Hectomètre* signifiera la longueur de cent mètres.

Enfin *kilomètre* et *myriamètre* seront des longueurs de mille et de dix mille mètres, et désigneront principalement les distances itinéraires.

Art. 7. — Les dénominations des mesures des autres genres seront déterminées d'après les mêmes principes que celles de l'article précédent.

Ainsi, *décilitre* sera une mesure de capacité dix fois plus petite que le litre; *centigramme* sera la centième partie du poids d'un gramme.

On dira de même *décalitre* pour désigner une mesure contenant dix litres; *hectolitre*, pour une mesure égale à cent litres. Un *kilogramme* sera un poids de mille grammes.

On composera d'une manière analogue les noms de toutes les autres mesures.

Cependant, lorsque l'on voudra exprimer les dixièmes et les centièmes du franc, unité des monnaies, on se servira des mots *décime* et *centime*, déjà reçus en vertu des décrets antérieurs.

ART. 8. — Dans les poids et les mesures de capacité, chacune des mesures décimales de ces deux genres aura son double et sa moitié, afin de donner à la vente des divers objets toute la commodité que l'on peut désirer. Il y aura donc le *double-litre* et le *demi-litre*, le *double-hectogramme* et le *demi-hectogramme*, et ainsi des autres.

ART. 9. — Pour rendre le remplacement des anciennes mesures plus facile et moins dispendieux, il sera exécuté par parties et à différentes époques. Ces époques seront décrétées par la Convention nationale, aussitôt que les mesures républicaines se trouveront fabriquées en quantités suffisantes, et que tout ce qui tient à l'exécution de ces changements aura été disposé.

Le nouveau système sera d'abord introduit dans les assignats et monnaies, ensuite dans les mesures linéaires ou de longueur, et progressivement étendu à toutes les autres.

ART. 10. — Les opérations relatives à la détermination de l'unité des mesures de longueur et de poids, déduites de la grandeur de la Terre, commencées par l'Académie des Sciences, et suivies par la Commission temporaire des Mesures, en conséquence des décrets des 8 mai 1790 et 1er août 1791, vieux style, seront continuées jusqu'à leur entier achèvement par des commissaires particuliers, choisis principalement parmi les savants qui y ont concouru jusqu'à présent, et dont la liste sera arrêtée par le Comité d'Instruction publique. Au moyen de ces dispositions, l'administration dite *Commission temporaire des Poids et Mesures* est supprimée.

ART. 11. — Il sera formé en remplacement une agence temporaire composée de trois membres, et qui sera chargée, sous l'autorité de la Commission d'Instruction publique, de tout ce qui concerne le renouvellement des poids et mesures, sauf les opérations confiées aux commissaires particuliers, dont il est parlé dans l'article précédent.

Les membres de cette agence seront nommés par la Convention

nationale sur la proposition de son Comité d'Instruction publique. Leur traitement sera réglé par ce Comité en se concertant avec celui des Finances.

ART. 12. — Les fonctions principales de l'agence temporaire seront :

1° De rechercher et employer les moyens les plus propres à faciliter la fabrication des nouveaux poids et mesures, pour les usages de tous les citoyens ;

2° De pourvoir à la confection et à l'envoi des modèles qui doivent servir à la vérification des mesures dans chaque district ;

3° De faire composer et de répandre les instructions convenables pour apprendre à connaître les nouvelles mesures et leurs rapports avec es anciennes ;

4° De s'occuper des dispositions qui deviendraient nécessaires pour régler l'usage des mesures républicaines, et de les soumettre au Comité d'Instruction publique, qui en fera rapport à la Convention nationale ;

5° D'arrêter les états de dépenses de toutes les opérations qu'exigeront la détermination et l'établissement des nouvelles mesures, afin que ces dépenses puissent être acquittées par la Commission d'Instruction publique ;

6° Enfin, de correspondre avec les autorités constituées et les citoyens dans toute la République, sur tout ce qui sera utile pour hâter le renouvellement des poids et mesures.

ART. 13. — La fabrication des mesures républicaines sera faite, autant qu'il sera possible, par des machines, afin de réunir à l'exactitude la facilité et la célérité dans les procédés, et par conséquent de rendre l'achat des mesures d'un prix médiocre pour les citoyens.

ART. 14. — L'agence temporaire favorisera la recherche des machines les plus avantageuses ; elle en commandera, s'il en est besoin, aux artistes les plus habiles, ou les proposera au concours, suivant les circonstances. Elle pourra aussi accorder des encouragements en avances, matières ou machines aux entrepreneurs qui prendraient des engagements convenables pour quelque partie importante de la fabrication des nouveaux poids et mesures. Mais dans tous ces cas l'agence sera tenue de prendre l'autorisation du Comité d'Instruction publique.

ART. 15. — L'agence temporaire déterminera les formes des différentes sortes de mesures, ainsi que les matières dont elles devront être faites, de manière que leur usage soit le plus avantageux possible.

ART. 16. — Il sera gravé sur chacune de ces mesures leur nom particulier; elles seront marquées, en outre, du poinçon de la République, qui en garantira l'exactitude.

Art. 17. — Il y aura à cet effet, dans chaque district, des vérificateurs chargés de l'apposition du poinçon. La détermination de leur nombre et de leurs fonctions fera partie des règlements que l'agence préparera, pour être ensuite soumis à la Convention nationale par son Comité d'Instruction publique.

Art. 18. — Le choix des mesures appropriées à chaque espèce de marchandise aura lieu de manière que, dans les cas ordinaires, on n'ait pas besoin de fractions plus petites que les centièmes.

L'agence recherchera les moyens de remplir cet objet, en s'écartant le moins possible des usages du commerce.

Art. 19. — Au lieu des tables des rapports entre les anciennes et les nouvelles mesures, qui avaient été ordonnées par le décret du 8 mai 1790, il sera fait des échelles graphiques pour estimer ces rapports sans avoir besoin d'aucun calcul. L'agence est chargée de leur donner la forme la plus avantageuse, d'en indiquer la méthode, et de la répandre autant qu'il sera nécessaire.

Art. 20. — Pour faciliter les relations commerciales entre la France et les nations étrangères, il sera composé, sous la direction de l'agence, un ouvrage qui offrira les rapports des mesures françaises avec celles des principales villes de commerce des autres peuples.

Art. 21. — Pour subvenir à toutes les dépenses relatives à l'établissement des nouvelles mesures, ainsi qu'aux avances indispensables pour le succès de cette opération, il y sera affecté provisoirement un fonds de cinq cent mille livres, que la Trésorerie nationale tiendra à cet effet à la disposition de la Commission d'Instruction publique.

Art. 22. — La disposition de la loi du 4 frimaire An II, qui rend obligatoire l'usage de la division décimale du jour et de ses parties, est suspendue indéfiniment.

Art. 23. — Les articles des lois antérieures au présent décret et qui y sont contraires sont abrogés.

Art. 24. — Aussitôt après la publication du présent décret, toute fabrication des anciennes mesures est interdite en France, ainsi que toute importation des mêmes objets venant de l'étranger, à peine de confiscation et d'une amende du double de la valeur desdits objets.

La Commission des administrations civiles, police et tribunaux, et celle des revenus nationaux, sont chargées de l'exécution du présent article.

Art. 25. — Dès que l'étalon prototype des mesures de la République aura été déposé au Corps législatif par les commissaires chargés de sa confection, il sera élevé un monument pour le conserver et le garantir de l'injure des temps. — L'agence temporaire s'occupera d'avance du projet de ce monument destiné à consacrer de la manière la plus indestructible la création de la République, les triomphes du Peuple Français, et l'état d'avancement où les lumières sont parvenues dans son sein.

Art. 26. — Le Comité d'Instruction publique est chargé de prendre tous les moyens de détail nécessaires pour l'exécution du présent décret, et l'entier renouvellement des poids et mesures dans toute la République. — Il proposera successivement à la Convention les dispositions législatives qui devront en dépendre.

Art. 27. — L'agence temporaire rendra compte de ses opérations à la Commission d'Instruction publique et au Comité de ce nom, avec lequel elle pourra correspondre directement pour la célérité des opérations.

Art. 28. — Il est enjoint à toutes les autorités constituées, ainsi qu'aux fonctionnaires publics, de concourir de tout leur pouvoir à l'opération importante du renouvellement des poids et mesures.

Décret relatif à l'envoi dans les départements de représentants du Peuple, nommés sur la présentation du Comité d'Instruction publique.   7 avril 1795.

18 Germinal An III (7 Avril 1795).

Article 1er. — Pour assurer la prompte exécution des lois relatives à l'Instruction publique, et particulièrement de celles sur l'établissement des Écoles primaires et des Écoles centrales militaires, par décrets des 27 brumaire et 7 ventôse, il sera envoyé dans les départements 5 représentants du Peuple[1], nommés par la Convention nationale, sur la présentation du Comité d'Instruction publique.

Art. 2. — Les représentants seront investis, pour l'objet de leur mission, des pouvoirs dont sont revêtus les autres représentants du Peuple dans les départements.

Art. 3. — Les 5 arrondissements affectés aux représentants nommés seront déterminés par arrêté du Comité d'Instruction publique, lequel arrêté sera inséré dans le *Bulletin de Correspondance.*

---

1. Ce furent : Dupuis, Baraillon, Lakanal, Bailleul et Jard-Panvillers.

ART. 4. — Les représentants nommés se concerteront avant leur départ avec le Comité d'Instruction publique, et entretiendront avec lui une correspondance suivie pendant la durée de leur mission.

---

3 avril 1795. **Règlement pour la police interne des Écoles primaires, arrêté par le Comité d'Instruction publique.**

24 Germinal An III (13 Avril 1795).

I. — Les classes de chaque sexe seront tenues dans des salles distinctes.

II. — Les Écoles situées dans les communes dont la population est au-dessous de mille habitants, ne seront ouvertes qu'une fois par jour;

Et celles qui se trouvent dans les communes qui ont une population excédante, ouvriront deux fois par jour [1].

III. — La durée des classes, tant des Écoles qui ne s'ouvriront qu'une fois par jour, que de celles qui s'ouvriront deux fois, sera réglée par le jury d'instruction.

IV. — Le temps des classes sera employé de manière que les élèves apprennent le plus promptement à lire, à écrire et à calculer.

V. — Toute punition corporelle est bannie des Écoles primaires [2].

VI. — Les Écoles primaires vaqueront les jours de décade, et dans les communes des campagnes, pendant le temps des grandes récoltes du canton où elles sont situées, c'est-à-dire pendant la fenaison, la moisson et les vendanges.

Le temps et la durée de ces vacances seront déterminées par le jury.

*Les Membres composant le Comité
d'Instruction publique,*

DELEYRE, *président;* LAKANAL, DAUNOU, BARAILLON, BAILLEUL, CURÉE, RABAUT, LALANDE, DULAURE.

---

1. Cet article est motivé sur les inconvénients qu'il y aurait à faire revenir deux fois dans un jour des enfants dont le domicile pourrait être assez éloigné de la commune où l'École est établie. (*Note de l'arrêté.*)

2. Cet article est le plus difficile à généraliser; c'est le chef-d'œuvre de l'éducation particulière, que de produire les meilleurs effets avec les plus légères punitions et le bon emploi des récompenses.

Les représentants donneront eux-mêmes le mode à suivre pour atteindre ce but, dans les diverses Écoles qu'ils organiseront. (*Note de l'arrêté.*)

Projet de décret de Masuyer sur l'organisation de l'Instruction publique [1].   27 mai 1795.

8 Prairial An III (27 Mai 1795).

TITRE Ier.

Dispositions générales préliminaires.

ARTICLE 1er. — La Constitution française déclare : « Il sera créé et organisé une Instruction publique, commune à tous les citoyens, gratuite à l'égard des parties d'enseignement indispensable pour tous les hommes, et dont les établissements seront distribués gratuitement dans un rapport combiné avec la division du royaume. Il sera établi des fêtes nationales pour conserver le souvenir de la Révolution française, entretenir la fraternité entre les citoyens et les attacher à la Constitution, à la patrie et aux lois. » En conséquence, l'Assemblée nationale supprime, comme inutiles et insuffisants, tous les Collèges, Écoles, Séminaires, Universités, Académies, et généralement tous les établissements, sous quelques formes ou dénominations qu'ils existent actuellement, ayant pour objet l'instruction publique et commune des citoyens en général, ou de quelques citoyens en particulier, et l'enseignement ou l'étude des sciences en général, ou de quelques sciences ou arts en particulier.

ART. 2. — L'Assemblée nationale déclare biens nationaux toutes les propriétés, meubles ou immeubles, tous les biens et revenus quelconques ayant appartenu à tous et à chacun de ces établissements, à quelque titre que ce soit; ordonne qu'ils seront incessamment mis en vente par les corps administratifs, en se conformant à cet égard aux lois relatives à l'aliénation des biens nationaux.

ART. 3. — Demeurent néanmoins provisoirement exceptés de la vente les bâtiments et édifices qui pourraient être appropriés à la nouvelle organisation de l'Instruction publique, et la vente en demeure suspendue jusqu'après cette nouvelle organisation, en suite de laquelle tous les édifices et bâtiments qui n'auront pas été conservés pour cet usage seront incessamment mis en vente comme biens nationaux.

ART. 4.—Toutes les bibliothèques, cabinets d'histoire naturelle, de physique, d'astronomie, de machines, d'antiquités, statues, tableaux, tous les objets, en un mot, qui tiennent aux sciences, arts et belles-lettres, sont essentiellement exceptés de la vente, et seront conservés pour être mis à la disposition des établissements de l'Instruction publique, selon les règles qui seront prescrites au titre de la Bibliothèque et du Musée national.

ART. 5.—Les bourses, institutions, fondations et autres établissements pieux destinés à l'instruction gratuite de quelques individus, appartenant à des Collèges, corps ou communautés, villes ou ci-devant provinces, sont également supprimés; et les biens destinés à l'acquit de ces bourses ou fondations seront vendus comme biens nationaux.

ART. 6. — L'Assemblée nationale met à la charge de la Nation et déclare dé-

1. Voir le décret rendu le 8 prairial An III décidant que « l'écrit sur l'Éducation nationale » de Masuyer sera imprimé et distribué, et qu'une indemnité sera accordée à ses héritiers, à la charge d'acquitter ses dettes.
    Voir *Discours* sur l'organisation de l'Instruction publique et de l'Éducation nationale en France (juillet 1793).

penses de l'État toutes les dépenses nécessaires à l'Instruction publique telles qu'elles seront réglées par le présent décret.

Art. 7. — L'Instruction publique sera organisée ainsi qu'il suit :

Art. 8. — Il y aura quatre degrés d'Instruction publique, savoir : 1° des Écoles primaires dans chaque municipalité. On y enseignera ce que l'homme doit pratiquer toute sa vie, les principes de l'instruction, de morale et de politique ; tous les citoyens y apprendront à lire et à écrire ;

2° Des Écoles secondaires dans chaque canton. On y enseignera les devoirs et les droits du citoyen ; on le mettra à même de remplir les fonctions auxquelles la Constitution l'appelle ; on lui enseignera l'éducation des troupeaux, l'administration de sa fortune, les éléments des sciences pratiques ;

3° Un Gymnase ou Lycée dans chaque département. On y enseignera les sciences et les arts dans toute leur étendue, on y perfectionnera les connaissances nécessaires au citoyen dans toutes les places et les emplois ; on y enseignera la science du gouvernement sous tous ses points de vue ;

4° Un Institut national : on y mettra l'homme à portée de perfectionner par lui-même toutes les sciences et tous les arts, et de reculer, s'il en est capable, les bornes de la raison et de la sagesse humaines.

Art. 9. — Les Séminaires ou établissements destinés à l'éducation des ministres du culte catholique, établis par l'Assemblée constituante, ne font point partie des établissements de l'Instruction publique nationale.

Art. 10. — Tout ce qui concerne la croyance particulière et les dogmes religieux de tous les cultes, sectes ou religions, sera enseigné exclusivement dans les temples et par les seuls ministres des différents cultes, sectes ou religions ; et il est défendu à tous fonctionnaires de l'Instruction publique nationale de s'occuper jamais, dans leurs leçons, de tout ce qui regarde les croyances particulières et les dogmes religieux des citoyens.

Art. 11. — La nouvelle organisation de l'Instruction publique sera mise en vigueur à la prochaine rentrée des Écoles de la présente année, troisième de la Liberté ; et jusque-là toutes les institutions actuelles continueront leurs exercices.

TITRE II.

Des Écoles primaires ou des Écoles dans les communes de campagne ayant matrice de rôles.

Art. 1er. — Dans chaque municipalité fournissant une matrice de rôles, il y aura un recteur ou instituteur, ou au moins une rectrice ou institutrice d'Écoles primaires ; et dans tous les chefs-lieux de canton, il y aura un instituteur et une institutrice.

Art. 2. — Dans les municipalités dont la population s'élève au-dessus de 1 500 âmes, il y aura un instituteur et une institutrice d'Écoles primaires.

Art. 3. — Dans les municipalités dont la population exige plus d'une assemblée primaire, il y aura, au choix de la municipalité, un instituteur ou une institutrice d'école par section ou assemblée primaire ; mais, dans tous les cas, il y aura au moins autant d'instituteurs que d'institutrices de ces Écoles.

Art. 4. — Dans les municipalités dont la population excède 40 000 âmes, il y aura un instituteur et une institutrice d'École par section ou assemblée primaire.

Art 5. — Le traitement national annuel ne pourra être moindre de 150 livres ni au-dessus de 300 livres, pour les instituteurs; et pour les institutrices moindre de 100 livres, ni au-dessus de 240 livres.

Art. 6. — Indépendamment de ce traitement national, les municipalités fourniront aux recteurs et aux rectrices d'Écoles le logement et le chauffage, un local pour l'École et un jardin suffisant. Elles leur céderont, en outre, la jouissance de trois arpents de terre labourable et d'un arpent de prés ou de terre susceptible d'être mis en nature de pré, qui seront détachés des fonds appartenant à la commune, ou leur payeront en argent la non-jouissance de ces terres sur le pied des bonnes terres du territoire.

Art. 7. — Autant qu'il sera possible, les terres cédées en jouissance aux recteurs et rectrices d'Écoles seront en une seule pièce, qu'ils feront clore.

Art. 8. — Les instituteurs d'Écoles primaires enseigneront gratuitement à leurs élèves :

1° A bien lire et écrire correctement;

2° L'arithmétique;

3° Ils leur feront apprendre par cœur la Déclaration des Droits de l'homme et l'Acte constitutionnel, la division générale de la République, la division particulière du département en districts et cantons, les conditions d'éligibilité aux diverses fonctions publiques, le mode et la durée de ces fonctions, leur étendue et leur limite ; ou, ce qui est la même chose, ils leur feront apprendre par cœur l'instruction morale et politique qui sera rédigée à l'usage des Écoles primaires.

Art. 9. — Ils prendront les modèles d'écriture qu'ils donneront à leurs élèves dans l'Acte constitutionnel de manière que chaque élève, en sortant de l'École primaire, en ait une copie lisible et écrite de sa main, de même que de l'instruction morale et politique à l'usage de ces Écoles dont il est parlé dans l'article précédent.

Art. 10. — Aux Écoles primaires, les élèves pourront être reçus dès l'âge de six à sept ans jusqu'à l'âge de seize ans, et ils pourront en suivre les leçons pendant quatre ou cinq années entières.

Art. 11. — Les Écoles primaires seront ouvertes tous les jours de l'année, excepté le temps des grandes récoltes dans les différents climats, fauchaisons, moissons, vendanges et mûriers; les directoires de département fixeront le temps et la durée de ces vacances.

Art. 12. — Les institutrices d'Écoles primaires enseigneront à leurs élèves à lire et écrire; elles exerceront leur mémoire en leur faisant apprendre par cœur l'Acte constitutionnel et les instructions morales et pratiques qui seront rédigées par elles ; de plus, elles leur apprendront les ouvrages les plus familiers, tels que la couture et filature de laine, du chanvre et du lin.

Art. 13. — Les recteurs d'Écoles secondaires, les juges de paix, les municipalités et les notables du lieu visiteront, plusieurs fois dans l'année, les Écoles primaires.

Art. 14. — A deux époques de l'année, il sera distribué dans chaque École des prix de bonne conduite, de lecture, d'écriture et de mémoire; les élèves de l'École concourront, avec les juges, à la distribution de ces prix, suivant le mode indiqué pour les Écoles secondaires et pour les Gymnases.

Art. 15. — Ces prix consisteront principalement en bons livres de morale pratique, à la portée des enfants, et surtout des habitants de la campagne.

Art. 16. — Les instituteurs et les institutrices d'Écoles primaires seront présentés par les municipalités aux Directoires de district et aux recteurs d'Écoles secondaires, au directoire du Gymnase, qui jugeront de leur capacité par des examens sévères, et ils recevront leurs commissions ou institutions des Directoires de district.

ART. 17. — Les instituteurs et institutrices d'Écoles primaires une fois institués ne pourront être destitués par le directoire de Gymnase, que pour des cas très graves de négligence, d'inconduite, d'incivisme ou de superstition, sur les plaintes motivées de la municipalité et sur l'avis des Directoires de district et des recteurs des Écoles secondaires.

ART. 18. — Tous les pères de famille habitant des hameaux écartés ou des métairies isolées sont invités à ne rien négliger pour faire fréquenter les Écoles les plus prochaines par leurs enfants, du moins pendant les saisons qui leur seront le plus commodes. Les municipalités et les recteurs d'écoles sont invités, de leur côté, à ne rien régliger pour leur procurer toutes les facilités possibles.

ART. 19. — Dans les villages composés de plusieurs hameaux écartés, ayant peu de communications entre eux ou avec la principale habitation, les municipalités pourront, d'après une délibération du conseil général de la commune, faire tenir l'école six mois de l'année dans les deux points du territoire qui permettent le plus à tous les habitants de la commune de suivre l'école au moins pendant ces six mois.

ART. 20. — Enfin, suivant que les circonstances et les localités pourraient l'exiger, les directoires de Gymnases et de département accorderont une seconde École primaire sur la demande de la municipalité et du conseil général de la commune, et d'après l'avis des recteurs d'Écoles secondaires et des Directoires de district.

ART. 21. — Les citoyens ne sont point obligés de faire suivre à leurs enfants telle ou telle école de préférence à telle autre ; mais il leur est libre de choisir celle qu'ils croiront leur convenir le mieux. . . . .

. . . .

---

27 juillet 1795.   **Projet de décret de Charrel, articles complémentaires de la Constitution, sur le Calendrier et les Poids et Mesures.**

9 Thermidor An III (27 Juillet 1795).

ARTICLE 1er. — La fondation de la République française, qui a eu lieu le jour de l'équinoxe d'automne de 1792 (vieux style), est l'ère des Français ; en conséquence, les années comptent de cette époque.

ART. 2. — L'année est composée de douze mois égaux, de trente jours chacun, et de cinq jours complémentaires, qui n'appartiennent à aucun mois. Le mois est divisé en parties égales. Il y a une période d'un jour tous les quatre ans. Le règlement qui sera fait, d'après ces bases, portera le nom d'Annuaire.

ART. 3. — L'Annuaire de la République ne règle que les actes des individus considérés comme citoyens.

ART. 4. — Les poids et mesures sont uniformes dans toute l'étendue de la République.

Extrait de la Constitution [1].   22 août 1795.

5 Fructidor An III (22 Août 1795).

TITRE X.

Instruction publique.

ARTICLE 296. — Il y a dans la République des Écoles primaires, où les élèves apprennent à lire, à écrire, les éléments du calcul et ceux de la morale. La République pourvoit aux frais du logement des instituteurs préposés à ces Écoles.

ART. 297. — Il y a dans les diverses parties de la République des Écoles supérieures aux Écoles primaires, et dont le nombre sera tel qu'il y en ait au moins une pour deux départements.

ART. 298. — Il y a, pour toute la République, un Institut national chargé de recueillir les découvertes, de perfectionner les arts et les sciences.

ART. 299. — Les divers établissements d'Instruction publique n'ont entre eux aucun rapport de subordination ni de correspondance administrative.

ART. 300. — Les citoyens ont le droit de former des établissements particuliers d'éducation et d'instruction, ainsi que des sociétés libres, pour concourir au progrès des sciences, des lettres et des arts.

ART. 301. — Il sera établi des fêtes nationales pour entretenir la fraternité entre les citoyens et les attacher à la Constitution, à la patrie et aux lois.

---

1. Voir *Le Vœu de la Nature et de la Constitution de l'An III* sur l'éducation générale applicable aux orphelins des défenseurs et autres enfants ou élèves de la Patrie, par le citoyen Léonard Bourdon (An VII).

La Commission spéciale nommée par le Conseil des Cinq-Cents pour lui présenter le rapport de ce plan était composée de cinq représentants du peuple :

Briot, rapporteur, remplaçant le général Jourdan ;
Savary ;
Saint-Florent ;
Sonthonax ;
Bonnaire (du Cher).

Extrait du décret relatif à l'organisation de l'Instruction publique[1].

3 Brumaire An IV (24 Octobre 1795).

La Convention nationale, ouï le rapport de son Comité d'Instruction publique,

Décrète :

TITRE Ier.

Écoles primaires.

ARTICLE 1er. — Il sera établi dans chaque canton de la République une ou plusieurs Écoles primaires, dont les arrondissements seront déterminés par les administrations de département.

ART. 2. — Il sera établi dans chaque département plusieurs jurys d'instruction ; le nombre de ces jurys sera de six au plus, et chacun sera composé de trois membres nommés par l'administration départementale.

ART. 3. — Les instituteurs primaires seront examinés par l'un des jurys d'instruction ; et, sur la présentation des administrations municipales, ils seront nommés par les administrations de département.

ART. 4. — Ils ne pourront être destitués que par le concours des mêmes administrations, de l'avis d'un jury d'instruction, et après avoir été entendus.

ART. 5. — Dans chaque École primaire, on enseignera à lire, à écrire, à calculer, et les éléments de la morale républicaine.

ART. 6. — Il sera fourni par la République, à chaque instituteur primaire, un local, tant pour lui servir de logement que pour recevoir les élèves pendant la durée des leçons.

Il sera également fourni à chaque instituteur le jardin qui se trouverait attenant à ce local.

Lorsque les administrations de département le jugeront conve-

1. Le projet de loi du 3 brumaire fut présenté à la Convention nationale par Daunou, qui l'avait préparé, le 6 messidor An III à la suite du projet de Constitution présenté le 5 par Boissy d'Anglas.

Cette loi porte la date du 3 brumaire, parce qu'elle a été relue en entier ce jour-là, après avoir été discutée durant plusieurs jours.

Cf. Rapport au Conseil des Cinq-Cents sur l'organisation des Écoles spéciales, par P. C. F. Daunou (25 floréal An V).

Voir le Message du Directoire exécutif au Conseil des Cinq-Cents (3 brumaire An VII).

nable, il sera alloué à l'instituteur une somme annuelle, pour lui tenir lieu du logement et du jardin susdits.

ART. 7. — Ils pourront, ainsi que les professeurs des Écoles centrales et spéciales, cumuler traitements et pensions.

ART. 8. — Les instituteurs primaires recevront de chacun de leurs élèves une rétribution annuelle, qui sera fixée par l'administration de département.

ART. 9. — L'administration municipale pourra exempter de cette rétribution un quart des élèves de chaque École primaire, pour cause d'indigence.

ART. 10. — Les règlements relatifs au régime des Écoles primaires seront arrêtés par les administrations de département, et soumis à l'approbation du Directoire exécutif.

ART. 11. — Les administrations municipales surveilleront immédiatement les Écoles primaires, et y maintiendront l'exécution des lois et des arrêtés des administrations supérieures.

TITRE II.

Écoles centrales.

ART. 1ᵉʳ. — Il sera établi une École centrale dans chaque département de la République.

ART. 2. — L'enseignement y sera divisé en trois sections.

Il y aura dans la première section :

1° Un professeur de dessin ;

2° Un professeur d'histoire naturelle ;

3° Un professeur de langues anciennes ;

4° Un professeur de langues vivantes, lorsque les administrations de département le jugeront convenable, et qu'elles auront obtenu à cet égard l'autorisation du Corps législatif.

Il y aura dans la deuxième section :

1° Un professeur d'éléments de mathématiques ;

2° Un professeur de physique et de chimie expérimentale.

Il y aura dans la troisième section :

1° Un professeur de grammaire générale ;

2° Un professeur de belles-lettres ;

3° Un professeur d'histoire ;

4° Un professeur de législation.

ART. 3. — Les élèves ne seront admis au cours de la première section qu'après l'âge de douze ans ;

Aux cours de la seconde, qu'à l'âge de quatorze ans accomplis;

Aux cours de la troisième, qu'à l'âge de seize ans au moins.

Art. 4. — Il y aura auprès de chaque École centrale une bibliothèque publique, un jardin et un cabinet d'histoire naturelle, un cabinet de chimie et physique expérimentales.

Art. 5. — Les professeurs des Écoles centrales seront examinés et élus par un jury d'instruction.

Les élections faites par le jury seront soumises à l'approbation de l'administration de département.

Art. 6. — Les professeurs des Écoles centrales ne pourront être destitués que par un arrêté de la même administration, de l'avis du jury d'instruction, et après avoir été entendus.

L'arrêté de destitution n'aura son effet qu'après avoir été confirmé par le Directoire exécutif.

Art. 7. — Le salaire annuel et fixe de chaque professeur est le même que celui d'un administrateur de département.

Il sera, de plus, réparti entre les professeurs le produit d'une rétribution annuelle, qui sera déterminée par l'administration de département, mais qui ne pourra excéder vingt-cinq livres pour chaque élève.

Art. 8. — Pourra néanmoins l'administration de département excepter de cette rétribution un quart des élèves de chaque section, pour cause d'indigence.

Art. 9. — Les autres règlements relatifs aux Écoles centrales seront arrêtés par les administrations de département, et confirmés par le Directoire exécutif.

Art. 10. — Les communes qui possédaient des établissements d'instruction, connus sous le nom de Collèges, et dans lesquelles il ne sera pas placé d'Écoles centrales, pourront conserver les locaux qui étaient affectés auxdits Collèges, pour y organiser, à leurs frais, des Écoles centrales supplémentaires.

Art. 11. — Sur la demande des citoyens desdites communes, et sur les plans proposés par leurs administrations municipales, et approuvés par les administrateurs de département, l'organisation des Écoles centrales supplémentaires et les modes de la contribution nécessaire à leur entretien seront décrétés par le Corps législatif.

Art. 12. — L'organisation des Écoles centrales supplémentaires sera rapprochée, autant que les localités le permettront, du plan commun des Écoles centrales instituées par la présente loi.

Titre III.

Des Écoles spéciales.

Art. 1er. — Il y aura dans la République des Écoles spécialement destinées à l'étude :

1° De l'astronomie ;

2° De la géométrie et de la mécanique ;

3° De l'histoire naturelle ;

4° De la médecine ;

5° De l'art vétérinaire ;

6° De l'économie rurale ;

7° Des antiquités ;

8° Des sciences politiques ;

9° De la peinture, de la sculpture et de l'architecture ;

10° De la musique.

Art. 2. — Il y aura, de plus, des Écoles pour les sourds-muets et pour les aveugles-nés.

Art. 3. — Le nombre et l'organisation de chacune de ces Écoles seront déterminés par des lois particulières, sur le rapport du Comité d'Instruction publique.

Art. 4. — Ne sont point comprises parmi les Écoles mentionnées dans l'article 1er du présent titre les Écoles relatives à l'artillerie, au génie militaire et civil, à la marine et aux autres services publics, lesquelles seront maintenues telles qu'elles existent, ou établies par des décrets particuliers[1]. .

Titre IV.

Institut national des Sciences et des Arts.

Art. 1er. — L'Institut national des Sciences et des Arts appartient à toute la République ; il est fixé à Paris. Il est destiné : 1° à perfectionner les sciences et les arts par des recherches non interrompues, par la publication des découvertes, par la correspondance avec les Sociétés savantes et étrangères ; 2° à suivre, conformément aux lois et arrêtés du Directoire exécutif, les travaux scientifiques et littéraires qui auront pour objet l'utilité générale et la gloire de la République.

Art. 2. — Il est composé de membres résidant à Paris et d'un nombre égal d'associés répandus dans les différentes parties de la République ; il s'associe des savants étrangers, dont le nombre est de vingt-quatre, huit pour chacune des trois classes.

1. Ces décrets furent rendus le 30 vendémiaire, sur la proposition de Fourcroy.

Art. 3. — Il est divisé en trois classes, et chaque classe en plusieurs sections, conformément au tableau suivant :

CLASSES.	SECTIONS.	MEMBRES A PARIS.	ASSOCIÉS DANS LES DÉPARTEMENTS.
Ire. Sciences physiques et mathématiques.	1. Mathématiques.	6	6
	2. Arts mécaniques.	6	6
	3. Astronomie.	6	6
	4. Physique expérimentale.	6	6
	5. Chimie.	6	6
	6. Histoire naturelle et minéralogie.	6	6
	7. Botanique et physique végétale.	6	6
	8. Anatomie et zoologie.	6	6
	9. Médecine et chirurgie.	6	6
	10. Économie rurale et art vétérinaire.	6	6
		60	60
IIe. Sciences morales et politiques.	1. Analyse des sensations et des idées.	6	6
	2. Morale.	6	6
	3. Sciences sociales et législation.	6	6
	4. Économie politique.	6	6
	5. Histoire.	6	6
	6. Géographie.	6	6
		36	36
IIIe. Littérature et Beaux-Arts.	1. Grammaire.	6	6
	2. Langues anciennes.	6	6
	3. Poésie.	6	6
	4. Antiquités et monuments.	6	6
	5. Peinture.	6	6
	6. Sculpture.	6	6
	7. Architecture.	6	6
	8. Musique et déclamation.	6	6
		48	48

Art. 4. — Chaque classe de l'Institut a un local, où elle s'assemble en particulier.

Aucun membre ne peut appartenir à deux classes différentes; mais il peut assister aux séances et concourir aux travaux d'une autre classe.

Art. 5. — Chaque classe de l'Institut publiera tous les ans ses découvertes et ses travaux.

Art. 6. — L'Institut national aura quatre séances publiques par an. Les trois classes seront réunies dans ces séances.

Il rendra compte, tous les ans, au Corps législatif, des progrès des sciences et des travaux de chacune de ces classes.

Art. 7. — L'Institut publiera tous les ans, à une époque fixe, les programmes des prix que chaque classe devra distribuer.

Art. 8. — Le Corps législatif fixera tous les ans, sur l'état fourni par le Directoire exécutif, une somme pour l'entretien et les travaux de l'Institut national des Sciences et des Arts.

Art. 9. — Pour la formation de l'Institut national, le Directoire exécutif nommera quarante-huit membres, qui éliront les quatre-vingt-seize autres.

Les cent quarante-quatre membres réunis nommeront les associés.

Art. 10. — L'Institut une fois organisé, les nominations aux places vacantes seront faites par l'Institut, sur une liste au moins triple, présentée par la classe où une place aura vaqué.

Il en sera de même pour la nomination des associés, soit français, soit étrangers.

Art. 11. — Chaque classe de l'Institut aura dans son local une collection des productions de la nature et des arts, ainsi qu'une bibliothèque relative aux sciences ou aux arts dont elle s'occupe.

Art. 12. — Les règlements relatifs à la tenue des séances et aux travaux de l'Institut seront rédigés par l'Institut lui-même et présentés au Corps législatif, qui les examinera dans la forme ordinaire de toutes les propositions qui doivent être transformées en lois.

Titre V.

Encouragements, récompenses et honneurs publics.

Art. 1er. — L'Institut national nommera tous les ans au concours vingt citoyens, qui seront chargés de voyager et de faire des observations relatives à l'agriculture, tant dans les départements de la République que dans les pays étrangers.

Art. 2. — Ne pourront être admis au concours mentionné dans l'article précédent que ceux qui réuniront les conditions suivantes :

1° Être âgé de vingt-cinq ans au moins ;

2° Être propriétaire ou fils de propriétaire d'un domaine rural formant un corps d'exploitation, ou fermier ou fils de fermier d'un corps de ferme d'une ou de plusieurs charrues, par bail de trente ans au moins ;

3° Savoir la théorie et la pratique des principales opérations de l'agriculture ;

4° Avoir des connaissances en arithmétique, en géométrie élémentaire, en économie politique, en histoire naturelle en général, mais particulièrement en botanique et en minéralogie.

ART. 3. — Les citoyens nommés par l'Institut national voyageront pendant trois ans aux frais de la République, et moyennant un traitement que le Corps législatif déterminera.

Ils tiendront un journal de leurs observations, correspondront avec l'Institut, et lui enverront, tous les trois mois, les résultats de leurs travaux, qui seront rendus publics.

Les sujets nommés seront successivement pris dans chacun des départements de la République.

ART. 4. — L'Institut national nommera tous les ans six de ses membres pour voyager, soit ensemble, soit séparément, en vue de faire des recherches sur les diverses branches des connaissances humaines autres que l'agriculture.

ART. 5. — Le Palais national à Rome, destiné jusqu'ici à des élèves français de peinture, sculpture et architecture, conservera cette destination.

ART. 6. — Cet établissement sera dirigé par un peintre français ayant séjourné en Italie, lequel sera nommé par le Directoire exécutif pour six ans.

ART. 7. — Les artistes français désignés à cet effet par l'Institut et nommés par le Directoire exécutif seront envoyés à Rome. Ils y résideront cinq ans dans le Palais national, où ils seront logés et nourris aux frais de la République, comme par le passé; ils seront indemnisés de leurs frais de voyage.

ART. 8. — La Nation accorde à vingt élèves, dans chacune des Écoles mentionnées dans les titres II et III de la présente loi, des pensions temporaires, dont le maximum sera déterminé chaque année par le Corps législatif.

Les élèves auxquels ces pensions devront être appliquées seront nommés par le Directoire exécutif, sur la présentation des professeurs et des administrations de département.

ART. 9. — Les instituteurs et professeurs publics établis par la présente loi, qui auront rempli leurs fonctions durant vingt-cinq années, recevront une pension de retraite égale à leur traitement fixe.

ART. 10. — L'Institut national, dans ses séances publiques, distribuera chaque année plusieurs prix.

ART. 11. — Il sera, dans les fêtes publiques, décerné des récompenses aux élèves qui se seront distingués dans les Écoles nationales.

ART. 12. — Des récompenses seront également décernées, dans les mêmes fêtes, aux inventions et découvertes utiles, aux succès distingués dans les arts, aux belles actions et à la pratique constante des vertus domestiques et sociales.

ART. 13. — Le Corps législatif décerne les honneurs du Panthéon aux grands hommes dix ans après leur mort.

TITRE VI.

Fêtes nationales.

ART. 1er. — Dans chaque canton de la République, il sera célébré, chaque année, sept Fêtes nationales, savoir :
Celle de la Fondation de la République, le 1er vendémiaire;
Celle de la Jeunesse, le 10 germinal;
Celle des Époux, le 10 floréal;
Celle de la Reconnaissance, le 10 prairial;
Celle de l'Agriculture, le 10 messidor;
Celle de la Liberté, les 9 et 10 thermidor;
Celle des Vieillards, le 10 fructidor.
ART. 2. — La célébration des Fêtes nationales de canton consiste :
En chants patriotiques;
En discours sur la morale du citoyen;
En banquets fraternels;
En divers jeux publics propres à chaque localité;
Et dans la distribution des récompenses.

Décret relatif à la division en deux sections des Écoles primaires des deux sexes.[1]   24 octobre 1795.

3 Brumaire An IV (24 Octobre 1795).

La Convention nationale, ouï le rapport de son Comité d'Instruction publique,
Décrète :

ARTICLE 1er. — Chaque École primaire sera divisée en deux sections, une pour les garçons, l'autre pour les filles. En conséquence, il y aura un instituteur et une institutrice.
ART. 2. —Les filles apprendront à lire, écrire, compter, les éléments de la morale républicaine; elles seront formées aux travaux manuels de différentes espèces utiles et communes.

1. Le décret fut voté sur la proposition de Lakanal :
« Vous avez, dit-il, renvoyé à votre Comité d'Instruction publique l'examen de
« cette question : Y aura-t-il des Écoles primaires pour les filles? L'affirmative a été
« adoptée unanimement par votre Comité. »

Loi sur les livres classiques [1].

11 Germinal An IV (31 Mars 1796).

ARTICLE 1er. — Les ouvrages présentés au concours ouvert par la loi du 9 pluviôse An II, et qui, au jugement du jury créé par cet examen, doivent servir pour les Écoles primaires, seront imprimés aux frais de la République, distribués aux membres du Corps législatif, et envoyés aux administrations départementales.

ART. 2. — Les auteurs desdits ouvrages et ceux qui ont le plus approché recevront une indemnité pécuniaire, déterminée dans le jugement du jury, qui sera annexé à la présente résolution.

ART. 3. — Il sera payé une indemnité de 10 000 livres à chaque membre du jury chargé de l'examen des livres.

Loi relative aux livres élémentaires.

10 Fructidor An IV (27 Août 1796).

Considérant que par la loi du 11 germinal dernier, relative à l'impression des ouvrages qui doivent servir de livres élémentaires, il n'a point été dérogé à la loi du 19 juillet 1793, qui assure aux auteurs d'écrits et à leurs héritiers ou concessionnaires le droit exclusif de les faire imprimer, vendre et distribuer, et qu'il est instant de lever les obstacles qui pourraient retarder l'impression des livres élémentaires :

ARTICLE 1er. — Les auteurs des ouvrages adoptés comme livres élémentaires et leurs héritiers ou cessionnaires sont maintenus dans le droit exclusif de les faire imprimer, vendre, distribuer, conformément aux dispositions de la loi du 19 juillet 1793.

ART. 2. — Le Directoire exécutif est autorisé à traiter, pour le nombre de mille exemplaires, avec lesdits auteurs, leurs héritiers ou cessionnaires, qui auront fait imprimer leurs ouvrages.

ART. 3. — Les ouvrages élémentaires dont les auteurs ou leurs cessionnaires auront déclaré qu'ils ne veulent ou ne peuvent en faire l'édition seront imprimés aux frais et à l'imprimerie de la République.

1. Le projet, voté par le Conseil des Cinq-Cents le 28 pluviôse An IV (17 février 1796) sur la proposition de Lakanal, ne fut approuvé par le Conseil des Anciens que le 11 germinal, et contrairement aux conclusions du rapporteur Barbé-Marbois, après un discours de Fourcroy.
Voir les *Observations* de Blondin, professeur de langues vivantes, au Conseil des Cinq-Cents (1796) ; — l'opinion de Fourcroy, prononcée au Conseil des Anciens (11 germinal An IV) ; — la loi du 10 fructidor, page 128.

Loi qui surseoit à la vente de tous édifices servant et ayant servi à l'enseignement primaire [1].

11 septembre 1797.

25 Fructidor An V (11 Septembre 1797).

Le Conseil des Anciens, adoptant les motifs de la déclaration d'urgence qui précède la résolution ci-après, approuve l'acte d'urgence.

[Le Conseil des Cinq-Cents, considérant qu'il est instant de conserver toutes les ressources dont la Nation a besoin pour l'organisation définitive de l'Instruction publique, déclare qu'il y a urgence (17 fructidor).]

Le Conseil, après avoir déclaré l'urgence, prend la résolution suivante :

ARTICLE 1er. — Jusqu'à l'organisation définitive du plan d'Instruction, il est sursis à la vente de tous les édifices connus sous le nom de Collèges, maisons d'école, et généralement de tous les bâtiments et dépendances servant et ayant servi à l'enseignement public.

ART. 2. — La présente résolution sera imprimée.

Projet de résolution concernant les pensionnats.

3 octobre 1797.

12 Vendémiaire An VI (3 Octobre 1797).

Le Conseil des Cinq-Cents, considérant que la génération naissante, l'espérance de la patrie, ne peut être abandonnée plus longtemps aux préceptes de l'incivisme, prend la résolution suivante :

ARTICLE 1er. — Les pensionnats et toutes les autres maisons d'éducation des deux sexes sont mis sous la surveillance des administrations municipales.

ART. 2. — Les administrations municipales sont tenues de les visiter au moins une fois chaque mois, et de s'assurer qu'on inspire aux élèves l'amour de la République et de ses lois.

ART. 3. — Si le contraire est reconnu, l'administration municipale le constatera et interdira la maison. Dans ce cas, les élèves de la commune seront renvoyés à leurs parents, et les étrangers déposés provisoirement dans une autre maison civique.

ART. 4. — Les instituteurs, les institutrices qui professeraient la haine de la République et de ses lois seront, en outre, dénoncés à l'accusateur public, et déportés à perpétuité.

---

1. La loi du 26 fructidor An V (12 septembre 1797) surseoit à la vente des presbytères, jardins et bâtiments y attenant.

Gréard. Lég. de l'Instr. primaire.

9

ART. 5. — Les arrêtés d'interdictions et de dénonciations pris par les administrations municipales sont soumis à la confirmation nécessaire des administrations centrales des départements.

ART. 6. — La présente résolution sera imprimée et portée, dans le jour, au Conseil des Anciens, par un messager de l'État.

Arrêté pour faire prospérer l'Instruction publique[1].

27 Brumaire An VI (17 Novembre 1797).

Le Directoire exécutif, considérant qu'il est de son devoir de faire prospérer, par tous les moyens dont il peut disposer, les diverses institutions républicaines, et spécialement celles qui ont rapport à l'Instruction publique,

Arrête :

ARTICLE 1er. — Qu'à compter du 1er frimaire prochain, tous les citoyens non mariés, et ne faisant point partie de l'armée, qui désireront obtenir de lui, des Ministres, des administrations, des régies et établissements de toute espèce, dépendant du Gouvernement, soit une place quelconque, s'ils n'en occupent point encore, soit un avancement dans celle dont ils sont pourvus, seront tenus de joindre à leur pétition leur acte de naissance *et un certificat de fréquentation de l'une des Écoles centrales de la République;* ce certificat devra contenir des renseignements sur l'assiduité du candidat, sur sa conduite civique, sur sa moralité, sur les progrès qu'il a faits dans ses études.

ART. 2. — Les citoyens mariés qui solliciteront une place de quelque nature qu'elle soit, militaire ou autre, seront tenus, s'ils ont des enfants en âge de fréquenter les Écoles nationales, de joindre également à leur pétition l'acte de naissance de ces enfants, *et des certificats desdites Écoles,* contenant sur eux les renseignements indiqués dans l'article précédent.

ART. 3. — Les administrations centrales de département adresseront, tous les trois mois, au Ministre de l'Intérieur *l'état nominatif des élèves qui fréquentent les Écoles publiques, soit primaires, soit centrales,* avec les nom et domicile de chacun d'eux. Le Directoire exécutif, sur le rapport qui lui sera fait, par le Ministre de l'Intérieur, des résultats qu'offriront les divers tableaux, prendra les mesures nécessaires pour activer l'instruction des Écoles qui ne lui paraîtraient pas assez suivies.

---

1. Cet arrêté ne reçut pas d'exécution.

9.

ART. 4. — Les citoyens qui prétendraient avoir été dans l'impossibilité de satisfaire aux dispositions précédentes seront tenus d'en justifier la cause par des certificats ou autres actes en bonne forme, visés par les administrations des lieux et par l'administration départementale.

Arrêté concernant la surveillance des Écoles particulières, Maisons d'éducation et Pensionnats.

5 février 1798.

17 Pluviôse An VI (5 Février 1798).

Le Directoire exécutif, considérant que l'art. 336 de l'Acte constitutionnel lui impose l'obligation de surveiller les Écoles particulières, les Maisons d'éducation et Pensionnats, comme faisant une partie importante des professions qui intéressent les mœurs publiques;

Considérant que l'art. 18 de la loi du 21 fructidor An III a conservé aux administrations centrales et municipales les attributions qui leur avaient été accordées par les lois des 14 et 22 décembre 1789 (vieux style), et parmi lesquelles se trouve la surveillance de l'enseignement politique et moral;

Considérant que cette surveillance devient plus nécessaire que jamais pour arrêter le progrès des principes funestes qu'une foule d'instituteurs privés s'efforcent d'inspirer à leurs élèves, et qu'il ne doit négliger aucun des moyens qui sont en son pouvoir pour faire fleurir et prospérer l'instruction républicaine,

Arrête :

ARTICLE 1er. — Toutes les Écoles particulières, Maisons d'éducation et Pensionnats sont et demeurent sous la surveillance spéciale des administrations municipales de chaque canton. En conséquence, chaque administration municipale sera tenue de faire, au moins une fois chaque mois, et à des époques imprévues, la visite desdites maisons qui se trouvent dans son arrondissement, à l'effet de constater : 1° si les maîtres particuliers ont soin de mettre entre les mains de leurs élèves, comme base de la première instruction, les Droits de l'homme, la Constitution, et les livres élémentaires qui ont été adoptés par la Convention; 2° si l'on observe les décadis; si l'on y observe les fêtes républicaines, et si l'on s'y honore du nom de citoyen; 3° si l'on donne à la santé des enfants tous les soins qu'exige la faiblesse de leur âge; si la nourriture est propre et saine; si les moyens de discipline intérieure ne présentent rien qui tende à avilir et à dégrader le caractère; si les exercices, enfin, y sont combinés de manière à développer le plus heureusement possible les facultés physiques et morales.

ART. 2. — Les membres des administrations municipales choisis et nommés par eux pour procéder à ces visites dans leurs arrondissements respectifs, s'adjoindront un membre au moins du jury d'Instruction publique, et ils seront toujours accompagnés du commissaire du Directoire exécutif près chaque administration municipale de canton.

ART. 3. —Les administrations municipales dresseront procès-verbal de ces visites et en transmettront copie aux administrations centrales de leurs départements; celles-ci en rendront compte au Ministre de l'Intérieur. Cependant elles pourront prendre provisoirement telle mesure qu'elles jugeront nécessaire pour arrêter ou prévenir les abus, même en ordonnant la suspension ou la clôture de ces Écoles, Maisons d'éducation et Pensionnats.

ART. 4. — Le Directoire exécutif fait un devoir spécial à ses commissaires près les administrations municipales de canton et les administrations centrales de département, de surveiller et de requérir l'exécution des dispositions ci-dessus et de dénoncer avec courage les infractions, omissions ou négligences qu'ils découvriront.

ART. 5. — Le Ministre de l'Intérieur est chargé de l'exécution du présent arrêté, qui sera imprimé au *Bulletin des Lois*.

---

6 octobre 1798.   **Arrêté relatif à l'institution d'un Conseil d'Instruction publique.**

15 Vendémiaire An VII (6 Octobre 1798).

Le Ministre de l'Intérieur vient d'établir près de lui un *Conseil d'Instruction publique*, chargé d'examiner les livres élémentaires, imprimés ou manuscrits, les cahiers, les vues des professeurs, et sans cesse occupé des moyens de perfectionner l'éducation républicaine.

Les membres qui composent ce Conseil sont:

Pour la langue et le goût, les citoyens Palissot et Domergue;

Pour les sciences idéologiques, morales et politiques, les citoyens Daunou, Garat, Jacquemont et Lebreton;

Pour les sciences physiques et mathématiques, les citoyens Lagrange et Darcet, tous membres de l'Institut national.

Message présenté par le Directoire exécutif au Conseil des Cinq-Cents sur la situation de l'Instruction publique [1].

24 octobre 1798.

3 Brumaire An VII (24 Octobre 1798).

Le Directoire exécutif, formé au nombre de membres requis par l'article 142 de la Constitution, arrête qu'il sera fait au Conseil des Cinq-Cents un Message dont la teneur suit :

LE DIRECTOIRE EXÉCUTIF AU CONSEIL DES CINQ-CENTS.

Citoyens Représentants,

Vous avez invité, par votre message du 19 prairial, le Directoire exécutif à faire connaître au Conseil l'état au vrai de l'Instruction publique et les obstacles qui en retardaient les progrès. Vous désirez savoir si l'organisation décrétée par la loi du 3 brumaire An IV est infructueuse par sa propre insuffisance ou par le défaut d'instituteurs, ou par le défaut d'élèves, et les causes qui peuvent les avoir écartés. Pénétré de l'importance d'un objet aussi intéressant, le Directoire exécutif a voulu recueillir tous les renseignements qu'il lui a été possible d'obtenir, et il n'a rien négligé de tout ce qui peut contribuer à éclairer votre religion à cet égard. Il va donc vous exposer, conformément à votre vœu : 1° ce qui a été fait pour établir et activer l'Instruction publique ; 2° l'état où elle se trouve dans le moment actuel ; 3° les causes qui l'ont entravée ; les moyens qu'il croit les plus propres à assurer ses succès. Mais, afin de donner à ce travail une marche plus régulière, et mettre le Conseil en état de mieux saisir ce qui a été fait et ce qui reste à faire, il paraît convenable de parcourir successivement les différentes parties de l'Instruction publique, en indiquant pour chacune d'elles séparément l'état actuel des choses et les mesures qui pourraient améliorer cet état.

Écoles primaires.

Il ne sera peut-être pas inutile de se rappeler ici que la Convention a organisé successivement de trois manières différentes les Écoles primaires. Par la loi du 29 frimaire An II, les instituteurs s'établissaient d'eux-mêmes partout où bon leur semblait. Il leur suffisait d'obtenir l'agrément de leurs municipalités, et ils recevaient du Gouvernement une somme annuelle par chacun des élèves auxquels ils donnaient leurs soins. Dans un temps où l'ignorance était érigée en vertu, elle seule présida au choix des divers instituteurs. Le mode de payement adopté produisit encore une répartition inégale des Écoles ; elles ne s'établissaient que dans les lieux où une nombreuse population faisait espérer un nombre considérable d'élèves. Partout ailleurs l'instruction était abandonnée.

1. Ce Message fut présenté le 3 brumaire ; le 16 du même mois, Bonnaire demandait que la question de l'organisation des Écoles primaires fût reprise ; le 19, Roger-Martin présentait un projet de résolution. (Voir, ci-après, page 140.)

Par la loi du 25 brumaire An III, on voulut remédier à cet inconvénient. Le Écoles primaires furent distribuées sur la surface de la République proportionnellement à la population, et on fixa un traitement annuel pour chaque instituteur; mais cette loi, qui ne remédiait nullement au vice de l'ignorance, imposait au Trésor public une charge énorme, qu'il lui eût été impossible de supporter dans la suite.

Enfin la loi du 3 brumaire An IV, en embrassant toutes les parties de l'Instruction publique, parut devoir fixer pour toujours l'état des Écoles primaires et assurer leur existence. Elle remédia par des épreuves et des examens aux vices de l'ignorance; elle procura une première existence aux instituteurs, en leur accordant la jouissance d'un logement et d'un jardin, ou une indemnité, et elle leur présenta, dans la contribution des élèves, des motifs d'encouragement et d'émulation.

A peine le Gouvernement fut-il en activité qu'un de ses premiers soins a été d'organiser les Écoles primaires dans toute l'étendue de la République, conformément à la loi : les administrations centrales furent invitées, pressées par des circulaires expresses et par la correspondance journalière de s'occuper avec ardeur de cet objet important. Toutes promirent; mais il s'en faut beaucoup que l'exécution ait répondu à ces promesses : à l'exception, en effet, d'un très petit nombre de départements, les Écoles primaires, ou n'existent pas, ou n'ont qu'une existence précaire. La plupart des instituteurs languissent dans les horreurs du besoin, et luttent en vain contre le torrent des préjugés, du fanatisme et de la superstition. Si tout n'est pas à créer dans cette partie, tout est du moins à ranimer et à vivifier.

Serait-il nécessaire, Citoyens représentants, de remettre sous vos yeux les causes de cette situation déplorable? Les atteintes portées à l'esprit public et à toutes les institutions nationales par la fraction désorganisatrice qu'a renversée le 18 fructidor; l'insouciance et la malveillance d'un grand nombre d'administrations centrales et municipales qui secondaient le projet des ennemis des lois et du Gouvernement; le défaut d'asiles où les Écoles primaires pussent s'établir; la faveur accordée aux Écoles anti-républicaines, et tous les genres de persécution dirigées contre les instituteurs patriotes; l'insuffisance des lois pour réprimer ces abus; la prévention de l'ignorance contre les livres élémentaires décrétés par la Convention nationale, et, plus que tout peut-être, l'état malheureux des maîtres, dont rien n'assurait l'existence présente, et qui n'avaient aucune perspective pour l'avenir : tels sont les principes de mort qui ont, ou étouffé dans leur naissance les Écoles primaires, ou en ont arrêté le succès.

Cependant le Gouvernement n'a cessé de les soutenir de tout son pouvoir. Il vit, dès les premiers instants, que ces institutions étaient menacées d'une ruine inévitable, si les instituteurs n'avaient un sort fixe et indépendant du caprice des parents. Il fit part de ses craintes au Corps législatif, et lui indiqua, comme un préservatif sûr contre les dangers qu'il prévoyait, de faire contribuer les habitants des communes, suivant leurs facultés connues, pour assurer un traitement fixe à leur instituteur, soit qu'ils envoyassent ou non leurs enfants recevoir ses leçons. Il ne fut donné aucune suite à cette proposition.

Cette mesure cependant réunit les plus grands avantages; elle ne charge point le Trésor public : en ménageant les pères de famille, elle atteint les célibataires, qui doivent peut-être contribuer plus que les autres citoyens à l'Instruction publique. Tôt ou tard elle forcerait, par leur intérêt, les habitants des campagnes à renoncer à leurs préjugés et à profiter d'une instruction dont tous feraient les frais.

Il ne restait plus qu'un moyen de sauver les Écoles primaires d'une ruine totale : c'était d'assurer aux instituteurs un logement, soit en conservant les presbytères, soit en appropriant à cet usage les ci-devant églises. On n'a adopté ni l'une ni l'autre de ces mesures ; et les instituteurs, sans ressource et sans asile, se sont vus réduits à l'état le plus déplorable.

Ce n'est qu'à l'époque du 18 fructidor qu'il a été permis de faire luire à leurs yeux l'espérance d'un plus heureux avenir. En attendant que des lois plus complètes que celles qui existent vinssent relever entièrement leur courage, le Directoire exécutif s'est empressé de prendre toutes les mesures qui étaient en son pouvoir pour donner une nouvelle activité à l'Instruction publique. Sans parler de plusieurs circulaires adressées aux administrations centrales pour ranimer leur zèle, deux arrêtés ont été pris : l'un, le 27 brumaire, pour forcer tous les citoyens qui désireraient obtenir une place dépendante du Gouvernement à envoyer leurs enfants aux Écoles nationales, et l'autre, le 17 pluviôse, pour arrêter l'influence funeste des établissements particuliers d'éducation, en les mettant sous la surveillance immédiate des administrations centrales et municipales, conformément à la loi du 21 fructidor An III, article 18, et à l'article 356 de la Constitution. Déjà on peut s'applaudir des heureux effets qu'ont produits ces deux arrêtés. Mais il est difficile d'exécuter entièrement le premier, tant que les Écoles primaires ne sont pas partout établies, et le second arrêté ne suffit pas encore : il faut des mesures plus efficaces. C'est au Corps législatif qu'il appartient d'achever ce grand ouvrage.

Quelques-uns des obstacles indiqués ci-dessus n'existent plus. Que le Corps législatif prononce, et les autres vont bientôt disparaître.

On peut les réduire à deux espèces principales : les obstacles intérieurs, qui tiennent à l'institution même des Écoles primaires, et les obstacles extérieurs.

Pour lever les premiers, il suffit d'accorder aux instituteurs : 1° un traitement fixe prélevé sur les habitants des communes dans l'arrondissement desquelles sera établie chaque École primaire ; 2° un logement et un jardin, partout où la chose est encore possible, et, dans le cas contraire, une indemnité qui puisse équivaloir à l'avantage du logement et du jardin ; 3° de compléter les lois relatives à cette partie de l'Instruction publique.

Il serait inutile d'insister sur le premier objet, d'après ce qui a été déjà dit plus haut. Outre les avantages bien constatés d'une pareille mesure, il est démontré que les fonctions d'instituteur ne seront jamais remplies par des hommes vraiment capables, tant qu'elles n'offriront point une existence assurée à ceux qui voudront se consacrer à cet état également pénible et intéressant, et que, dès lors, les Écoles primaires ne peuvent jamais prospérer.

Le second objet n'est pas moins digne de toute l'attention des législateurs ; mais, à cet égard, il faut observer que, dans plusieurs départements, la vente des ci-devant presbytères a été consommée, et le respect dû aux propriétés ne permet pas de revenir sur ces opérations. Il existe néanmoins quelques départements où les maisons presbytériales ne sont pas encore aliénées, du moins en totalité. Il est nécessaire d'y conserver ces maisons et celles du même genre qui sont susceptibles d'être affectées à l'établissement des Écoles primaires, en défendant, par une loi expresse, de les aliéner.

Quant aux départements où l'indemnité est devenue la ressource unique des instituteurs, il est indispensable de la fixer par une loi expresse qui ne laisse rien à l'arbitraire, et qui ait pour base la population des communes où les Écoles seront établies. C'est, en effet, en ne précisant pas les objets et en laissant aux administrations la faculté d'agir à leur gré, qu'il n'a régné jusqu'ici, dans ces établissements, aucun ensemble, aucune uniformité.

Une vue générale d'utilité publique pourrait engager le Corps législatif à abandonner la libre disposition des ci-devant églises aux communes qui voudraient se servir du local et des matériaux pour les approprier, soit aux Écoles, soit aux assemblées des citoyens. La plupart de ces édifices recevraient ainsi une destination économique : on supprimerait les clochers gothiques dont elles sont surchargées, et les communes trouveraient aisément dans le reste du bâtiment de quoi établir commodément le lieu de leurs réunions, celui de leurs Écoles et presque tous les services publics. La Nation peut faire ce sacrifice aux communes qui désireront de l'obtenir dans les intentions qui viennent d'être indiquées. Le Directoire exécutif croit que cet objet mérite d'être pris en considération.

Si les lois ont été insuffisantes relativement au traitement et au logement des instituteurs républicains, elles ne l'ont pas moins été relativement au système de l'instruction en elle-même.

Rien de fixé dans la manière et dans les objets d'enseignement, nul moyen d'émulation pour les élèves, point de liaison prévue entre ce premier degré d'instruction et les Écoles centrales ; des difficultés sans cesse renaissantes sur les personnes qui peuvent ou ne peuvent pas être chargées des fonctions d'instituteurs : telles sont les entraves qui ont nui jusqu'ici, et qui nuiraient toujours aux succès de ces établissements.

Il s'agirait donc maintenant :

1° De fixer d'une manière indéterminée l'enseignement qui doit être suivi dans les Écoles primaires, en désignant les livres qui doivent être mis entre les mains des élèves ;

2° D'établir des moyens d'émulation pour les instituteurs et leurs élèves ;

3° De graduer les Écoles primaires de manière que leur enseignement se rapproche davantage de celui des Écoles centrales ;

4° De déclarer les conditions exclusives des fonctions d'instituteur.

La loi du 3 brumaire porte, titre Iᵉʳ, article 5, que dans chaque École primaire on enseignera à lire, à écrire, à calculer, et les éléments de la morale républicaine.

Un des grands obstacles qu'ait rencontrés l'exécution de cet article est le défaut de méthodes élémentaires. Plusieurs livres ont été décrétés par la Convention nationale ; mais ils supposent tous que les enfants savent déjà lire, et ce premier pas est celui qui a souffert et qui souffre encore plus de difficultés.

La plupart des instituteurs, hors d'état de sortir des sentiers de l'ancienne routine, ne connaissent d'autre méthode, pour apprendre à lire à leurs élèves, que de les faire épeler. A cette méthode, vicieuse en elle-même, est attaché un grand inconvénient : c'est de ne point avoir de syllabaires propres aux principes d'après lesquels l'instruction doit être dirigée. Il est donc nécessaire, en attendant que les instituteurs, plus instruits, puissent suivre un meilleur système d'enseignement, de faire composer des syllabaires ou abécédaires dégagés des formes superstitieuses, et adaptés aux principes de la raison et de la morale républicaine : ce qui ne doit pas empêcher qu'on invite les hommes qui auraient imaginé des méthodes pour apprendre à lire et à écrire, plus simples et plus favorables pour l'enfance, de les faire connaître, afin d'en répandre l'usage dans toute la République.

Il en doit être de même des principes du calcul, pour lesquels il est essentiel de composer des livres élémentaires, afin de familiariser les instituteurs avec le calcul décimal et le système nouveau des poids et mesures, et les mettre à portée de former des élèves. Les livres plus élevés ne manquent pas. Plusieurs ont été décrétés par la Convention nationale. Il en existe d'autres encore qui peuvent être très utiles; il ne s'agit que d'en faire un choix. Le Ministre de l'Intérieur en a reçu un très grand nombre, fruit du travail qu'il a provoqué l'année dernière de la part des professeurs des Écoles centrales. Il a choisi, parmi les membres de l'Institut national, un Conseil composé de plusieurs hommes distingués, et qu'il a chargés d'examiner, soit les livres élémentaires, soit les méthodes qui seraient dans le cas d'être proposées. Cet établissement provisoire est si utile et si nécessaire, qu'il est à désirer que la loi consacre et assure son existence.

Il a été proposé, dans le Conseil des Cinq-Cents, de faire apprendre la musique dans les Écoles primaires. Ce genre d'instruction serait des plus heureux qu'on pût y introduire. Les raisons qui peuvent le motiver ont été suffisamment développées; il ne reste plus qu'à former des vœux et à prendre les mesures nécessaires pour que cette idée si intéressante soit mise à exécution. Le Ministre de l'Intérieur s'occupe, à cet égard, de quelques mesures préparatoires.

L'âme de l'instruction fut toujours l'émulation. Ce ressort si puissant, qui contribue aux succès des études plus relevées, pourrait-il être négligé à l'égard des Écoles primaires; et penserait-on que l'honneur ne peut autant flatter le cœur de l'enfance que celui de la jeunesse et de l'âge mûr? Il paraissait donc convenable d'établir une distribution solennelle des prix dans chaque chef-lieu de canton, pour les diverses Écoles primaires qui se trouveraient dans son arrondissement. Les enfants y seraient couronnés par leurs magistrats, et, avec le temps, ils formeraient eux-mêmes les chœurs qui célébreraient leurs triomphes naissants.

Cette idée doit fixer toute l'attention des législateurs. Les prix proposés pourraient se distribuer dans toute la République le jour de la fête de la Jeunesse. On sent de quel développement heureux cette vue est susceptible; mais il faut assurer les fonds sur lesquels son exécution pourra être prise.

A ce moyen d'émulation il serait possible d'en joindre un autre, non moins intéressant : ce serait d'affecter à ceux qui se distingueraient le plus une des pensions temporaires décrétées par l'article 8, titre V, de la loi du 3 brumaire. Il ne s'agirait pas d'en accorder une pour chaque École primaire; mais on pourrait faire concourir entre eux les élèves de plusieurs cantons qui se seraient le plus distingués : accorder, par exemple, une pension temporaire sur trois cantons, en déterminant le mode et la matière du concours. Il conviendrait également d'assurer des récompenses aux instituteurs qui se seraient distingués dans leur état, et de faire briller à leurs yeux, ou l'espérance de devenir un jour professeurs des Écoles centrales, ou d'obtenir quelque autre prix de leurs travaux et de leur assiduité. Le Corps législatif saura bien trouver les moyens d'être juste à l'égard du petit nombre de ces hommes utiles qui s'élèveront au-dessus des autres et mériteront de leur servir d'exemple.

Le troisième moyen, qui a été indiqué ci-dessus pour l'amélioration de l'Instruction publique, consiste à rapprocher, plus qu'elles ne l'ont été jusqu'ici, les Écoles primaires des Écoles centrales. Le vide qui sépare ces deux degrés d'instruction paraît trop considérable. Ce n'est qu'à douze ans que les enfants peuvent être admis aux Écoles centrales, et l'instruction des Écoles primaires est bornée à apprendre à lire, à écrire, le calcul et les éléments de la morale républicaine. N'est-il pas évident que ces premières notions peuvent être acquises dès l'âge de neuf à dix ans? On demande alors ce que feront pendant trois ans les enfants qui auront reçu cette instruction. A quels maîtres peuvent-ils s'adresser pour obtenir de nouvelles connaissances? Les uns ne peuvent leur rien apprendre de plus que ce qu'ils savent déjà, et les autres sont trop élevés pour qu'ils arrivent à eux sur-le-champ. Au lieu donc des Écoles centrales supplémentaires, qui n'ont pu encore jusqu'ici être organisées, ne serait-il pas plus convenable d'établir des Écoles primaires de second degré, en plaçant dans les principaux chefs-lieux de canton deux ou trois instituteurs chargés d'enseigner les éléments d'histoire et de géographie, de grammaire française et latine, de géométrie et de dessin?

Les conditions prescrites par les articles 10 et 11 du titre II de la loi du 3 brumaire pour les Écoles centrales supplémentaires seraient applicables à l'établissement des Écoles primaires du second degré. L'Instruction publique se trouverait ainsi naturellement liée dans toutes ses parties, et le vide dont on se plaint serait entièrement comblé.

Au reste, le mode dont il s'agit ne serait applicable qu'aux communes qui possédaient autrefois des Collèges, et dans lesquelles il n'y a point eu d'École centrale d'établie. Dans les communes où il se trouve une École centrale, il suffirait d'ajouter deux instituteurs ou professeurs à ceux déjà existants, afin d'éviter la multiplicité des établissements : c'est ce qui sera expliqué plus amplement à l'article des Écoles centrales.

Tout citoyen probe et éclairé peut prétendre aux fonctions de l'enseignement public ; mais il faut une classe d'hommes à l'égard desquels il s'est souvent élevé des difficultés : ce sont ceux qui, exerçant le culte, croient pouvoir remplir les places d'instituteurs publics dans les campagnes. La morale philosophique et universelle devant seule faire la base de l'instruction républicaine, les ministres d'un culte quelconque ne peuvent sans danger être chargés d'un emploi aussi important. Comment des hommes qui professent par état des dogmes incompatibles avec la tolérance et la raison pourraient-ils former la jeunesse aux principes d'une vertu épurée et la dégager de toutes les erreurs qu'enfantent l'esprit et la superstition? Il ne s'agirait pas d'exclure un citoyen de l'enseignement parce qu'il aurait exercé les fonctions du culte. Il s'en trouve de très capables sous le rapport des mœurs, du patriotisme et du talent; mais il paraît nécessaire d'établir que nul ne pourra exercer en même temps les fonctions de ministre des cultes quelconques et celle d'instituteur, et que la morale universelle, fondée sur la nature, sera la seule que l'on pourra enseigner dans les Écoles nationales, et peut-être, à cette occasion, jugerez-vous à propos d'examiner s'il peut être permis de faire publiquement de ces instructions connues sous le nom de *catéchismes*, en réunissant ensemble les jeunes personnes de l'un et de l'autre sexe. Il a souvent, en effet, été porté des plaintes contre les inconvénients qui résultent de ce genre d'enseignement; ils sont trop sensibles pour avoir besoin d'être développés. Les rassemblements auxquels ils donnent lieu sont contraires à l'ordre public. Ils ne font partie des cérémonies d'aucun culte. Ils présentent un tel danger qu'il est urgent de les prohiber.

Enfin, Citoyens représentants, quand vous aurez amélioré le sort des instituteurs de manière à déterminer les hommes honnêtes et instruits à prendre cet état, il faut encore offrir à ceux qui peuvent se dévouer, et qui n'ont pas les connaissances nécessaires, un moyen facile de les acquérir. Il ne faut pas se dissimuler que quand toutes les places d'instituteurs seraient suffisamment rétribuées et encouragées par la loi, le nombre des sujets capables de les occuper serait extrêmement difficile à compléter.

Il est donc nécessaire de former des Écoles pour les maîtres eux-mêmes. A cet égard, les Écoles centrales pourraient servir d'Écoles normales aux instituteurs que les communes y enverraient à leurs frais pendant quelque temps. Cette idée a été proposée par le Ministre de l'Intérieur; elle paraît digne de fixer votre attention. Cette même idée en fait naître une autre, qui ne saurait échapper à votre sollicitude : c'est qu'il est urgent de créer aussi un ou plusieurs établissements où ceux qui se destineront à être professeurs viennent perfectionner leurs études et apprendre surtout l'art d'enseigner. Mais ceci regarde les Écoles centrales, dont il sera question ci-après.

Le Directoire exécutif vient de vous exposer, Citoyens représentants, les obstacles intérieurs qui ont paralysé jusqu'ici les Écoles primaires et les moyens qui paraissent les plus propres pour les faire disparaître ; il va maintenant vous indiquer les obstacles extérieurs qui lui ont porté le plus de préjudice, et qu'il importe de détruire.

On ne s'étendra point ici sur les efforts que le fanatisme royal et superstitieux n'a cessé et ne cesse de faire pour décrier par tous les moyens possibles les institutions républicaines. Ces efforts eussent été en partie inutiles sans la liberté indéfinie qu'ont eue les partisans de la royauté d'ouvrir des Écoles publiques, des maisons d'éducation et des pensionnats, où l'on professait avec autant d'audace que d'impunité les maximes les plus opposées aux lois et au Gouvernement.

L'article 300 de la Constitution permet, à la vérité, aux citoyens de former des établissements particuliers d'éducation et d'instruction ; mais l'article 356, en mettant sous la surveillance particulière de la loi les professions qui intéressent les mœurs publiques, a pourvu au moyen d'arrêter les abus qui pourraient résulter de la mauvaise application du principe établi par l'article 300, rapporté ci-dessus.

Le législateur peut donc prescrire les conditions auxquelles il sera permis de tenir des Écoles et des pensionnats même particuliers.

Dans les républiques anciennes, l'éducation était entièrement soumise aux magistrats, et l'on n'eût pas fait de difficulté d'exclure de la cité quiconque eût enseigné une morale contraire aux lois de l'État. La grande maxime des Spartiates était que les enfants n'appartenaient point à leurs parents, mais à leur patrie. Sans remonter si loin, la République française ne peut-elle pas faire pour le maintien de la liberté ce que les despotes faisaient pour le maintien de la liberté arbitraire. Ce n'était qu'après avoir subi des examens et prêté les serments prescrits alors, que les particuliers étaient admis à pouvoir élever et instruire la jeunesse, et la moindre infraction aux règlements reçus eût été ensuite sévèrement punie.

Sous le Gouvernement républicain, il ne peut, il ne doit exister que des maisons d'éducation et des Écoles républicaines. La loi doit donc déterminer un mode de réception pour être admis aux fonctions d'instituteur même particulier. Elle doit établir des examens sur le civisme, les mœurs et les talents des candidats, et des règlements auxquels ils sont assujettis, et prononcer enfin les cas de destitution ainsi que la forme à suivre dans cette circonstance.

Il paraîtrait donc nécessaire de développer dans un règlement général toutes les conditions requises pour être reçu instituteur ou maître de pension et pour en exercer les fonctions. Ce n'est, en effet, que par ce moyen qu'on peut parvenir à établir dans la République un plan d'éducation uniforme et vraiment national.

Cet article, Citoyens représentants, est de la plus haute importance. On ne peut trop se hâter de soumettre à la même règle tous ceux qui élèveront ou ont déjà élevé des maisons d'éducation. Ce sera seulement alors que la surveillance des administrations aura un but réel et utile. Ces règlements comportent des détails extrêmement minutieux, et qui ne paraissent pas devoir faire l'objet d'une loi. Votre sagesse pourrait bien se borner à en arrêter le principe général et à en abandonner la rédaction, du moins provisoire, au Ministre chargé de diriger l'Instruction publique.

Écoles centrales.

. . . .

Le Président du Directoire exécutif, signé : TREILHARD. *Le Secrétaire général, signé :* LAGARDE.

(*Extrait des délibérations du Directoire exécutif.*)

---

9 novembre 1798.

Projet de résolution présenté au Conseil des Cinq-Cents par Roger-Martin sur l'organisation de l'Instruction publique [1].

19 Brumaire An VII (9 Novembre 1798).

Le Conseil des Cinq-Cents, après avoir entendu le rapport fait au nom de la Commission spéciale,

Considérant que les besoins du peuple réclament instamment la restauration de l'Enseignement public dans toutes ses parties ;

Considérant qu'avant d'adopter un plan général d'organisation sur cet objet important, il est nécessaire de déterminer les bases sur lesquelles il se fonde,

Déclare qu'il y a urgence ;

Et, après avoir déclaré l'urgence, le Conseil prend la résolution suivante :

ARTICLE 1er. — Il sera établi en France trois degrés d'Enseignement public, sous les noms d'*Écoles primaires*, d'*Écoles centrales* et de *Lycées*.

ART. 2. — Il sera, en outre, formé, pour l'enseignement de quelques sciences et arts en particulier, exigeant un enseignement plus répandu ou tenant à des dispositions locales, des établissements consacrés à l'étude de ces mêmes sciences et arts : ces établissements porteront le nom d'*Écoles spéciales*.

ART. 3. — Il y aura dans divers points de la République des Sociétés nationales des Sciences et Arts, dont les travaux auront pour but le perfectionnement des connaissances humaines et de toutes les parties de l'art social, celui des méthodes d'instruction, l'amélioration de l'agriculture et du commerce, les progrès des arts libéraux et des arts mécaniques.

---

1. Voir deux précédents projets présentés par Roger-Martin au nom de la Commission d'Instruction publique (27 octobre 1797 et 26 février 1798) ;

La discussion de ce projet (séance du 27 brumaire An VI) et les discours de Baraillon, Luminais (27 brumaire), ceux de Maugenest, Mortier-Duparc, Ehrmann (11 frimaire).

Voir le discours de Bonnaire (16 brumaire An VII, 6 novembre).

Voir ci-après, page 141, le projet Heurtaut-Lamerville. L'impression et l'ajournement du projet de Roger-Martin furent votés immédiatement.

ART. 4. — L'organisation et la mise en activité de chacun des établissements ci-dessus mentionnés seront l'objet de résolutions spéciales.

ART. 5. — Les frais des Écoles primaires seront à la charge des cantons, ceux des Écoles centrales à la charge des départements ; la Trésorerie nationale fournira à toutes les dépenses des Lycées, des Écoles spéciales et des Sociétés nationales des Sciences et des Arts.

ART. 6. — Il sera pourvu par une loi particulière à la direction des travaux des Sociétés littéraires, à la surveillance générale des études, à la police des maisons d'éducation, à l'organisation et prochaine mise en activité de toutes les institutions ayant rapport à l'Instruction publique et au régime républicain.

ART. 7. — La présente résolution sera imprimée et portée au Conseil des Anciens par un messager d'État.

Projet de décret sur les Ecoles primaires présenté au Conseil des Cinq-Cents par Heurtaut-Lamerville (du Cher) [1].

12 novembre 1798.

22 Brumaire An VII (12 Novembre 1798).

Le Conseil des Cinq-Cents, après avoir entendu le rapport des Commissions d'Instruction publique et des Institutions républicaines, réunies, considérant que le perfectionnement de l'organisation de l'Instruction publique est le devoir le plus sacré des législateurs, le plus ferme appui du bonheur général et le plus sûr garant de l'obéissance aux lois ;

Considérant que l'ignorance alimente la superstition et le fanatisme, retient ou replonge les peuples dans la servitude, et qu'il n'y a point de vraie liberté pour l'homme, si l'instruction n'éclaire l'enfance ;

Considérant que la Constitution oblige tous les Français de savoir lire, écrire et un art mécanique, l'An XII de la République, pour qu'ils aient la faculté d'exercer leurs droits de citoyen ;

Considérant que la loi du 3 brumaire An IV, qui a posé les bases de l'Instruction publique pour les Écoles primaires, a besoin de prompts développements et d'extension ; qu'un traitement assuré doit récompenser sans délai les soins des instituteurs, et que tous les Français doivent contribuer à ce traitement ;

Considérant qu'une surveillance plus active de l'Instruction publique est

---

1. Voir :

Le projet Roger-Martin, page 140 ;

Les discours de Bonnaire (16 brumaire et 1er floréal) ;

Le projet Dulaure (page 147), le projet Duplantier (page 155), l'opinion de Sonthonax (page 162) ;

L'opinion de Joubert, de Challan (28 nivôse), celle de Pison-Dugailand (29 pluviôse, page 156), celle de Bailleul (13 germinal) ;

Le discours de Heurtaut-Lamerville (14 germinal An VII) en réponse aux opinions émises à la tribune sur le projet dont il est rapporteur ;

Le discours de Boulay (18 germinal) et l'opinion d'André (21 germinal) ;

Le projet d'Andrieux (1er floréal An VII), ci-après, page 162.

Les dangers que courait la France au dehors interrompirent les délibérations ; aucune résolution ne fut votée. — Le projet ne fut pas repris par le Consulat. — En brumaire An IX, Chaptal fut chargé de présenter au Conseil d'État un nouveau projet, page 168.

indispensable de la part des administrations, et que des moyens d'émulation et d'encouragement, soit pour les instituteurs, soit pour les élèves sont dans le caractère de la République et nécessaires au succès de l'enseignement desdites écoles,

Déclare qu'il y a urgence.

Le Conseil, après avoir déclaré l'urgence, prend la résolution suivante :

Titre Ier.

De l'établissement et de la répartition des Écoles primaires.

Article 1er. — Il sera établi, si fait n'a été, une École primaire dans tous les chefs-lieux de canton de la République et ensuite dans les autres communes qui, par leur étendue, leur population ou leur situation, appelleront cet établissement. Il pourra y avoir plusieurs Écoles primaires dans la même commune quand la population l'exigera.

Art. 2. — Dans la commune la plus populeuse de l'arrondissement de chaque tribunal correctionnel, il y aura une École primaire composée de deux instituteurs réunis et se concertant pour l'extension de l'enseignement.

Art. 3. — De semblables réunions d'instituteurs pourront avoir lieu dans les communes de cinq mille âmes et au-dessus.

Art. 4. — Dans les communes de dix mille âmes et au-dessus, il pourra y avoir un troisième instituteur réuni aux deux autres.

Art. 5. — L'administration centrale déterminera le nombre des instituteurs, l'arrondissement et le placement des unes et des autres Écoles primaires, sous l'autorisation du Directoire exécutif.

Titre II.

De l'objet de l'enseignement dans les Écoles primaires.

Art. 6. — Les instituteurs des Écoles primaires apprendront à leurs élèves à lire, à écrire et à compter.

L'enseignement embrassera la Déclaration des droits et des devoirs de l'homme et du citoyen, les principes généraux de la Constitution et de la morale républicaine, mise à la portée du premier âge.

Art. 7. — Dans les Écoles primaires composées de plusieurs instituteurs, il sera donné plus d'étendue à l'enseignement. Les principales règles de l'arithmétique, les éléments de la grammaire française, ceux de l'arpentage, ceux de la mesure des solides, ceux de la géographie relative au territoire de la République et des pays limitrophes, des notions sur l'agriculture, le commerce et les arts mécaniques, et l'explication des principaux phénomènes de la nature, seront les objets de cette instruction.

Art. 8. — Le Directoire désignera aux instituteurs primaires les méthodes et les livres dont ils devront faire usage dans leurs leçons. Le Directoire en fera rédiger de nouveaux, s'il le juge nécessaire, et nuls, hors ceux-là, ne seront admis dans les Écoles sous peine de destitution de l'instituteur.

Art. 9. — Le président de l'administration municipale et le commissaire du Directoire près d'elle, ou ceux qui les représentent, après avoir appelé l'agent de la commune, visiteront, à des époques imprévues, une fois par trimestre, les Écoles primaires de leur canton. Ils dresseront, sans désemparer, un procès-verbal précis de l'enseignement de chaque École, du zèle des instituteurs ou institutrices et adresseront, dans les dix jours, l'un à l'Administration centrale, l'autre au commissaire près d'elle, une copie de ce procès-verbal. L'original de ce procès-verbal sera déposé au greffe de l'administration municipale.

Titre III.

De la nomination aux places d'instituteur.

Art. 10. — Dans chaque commune, chef-lieu de département, il sera formé par l'Administration centrale un jury d'Instruction publique pour toutes les Écoles : il sera composé de cinq citoyens recommandables par leur civisme et leurs lumières. Il nommeront entre eux un président, avec lequel l'Administration centrale et les administrations municipales correspondront.

Art. 11. — Ce jury sera renouvelé en partie tous les ans; la première année par trois membres; la seconde, par deux; les membres sortants pourront être réélus après un an.

Art. 12. — Sur la présentation ou sur la demande d'un instituteur primaire par une administration municipale, le jury, après un examen approfondi et d'après la conscience, proposera à l'Administration centrale le candidat qu'il croira digne de remplir la place, et cette Administration nommera, sur l'avis de l'administration municipale du lieu, si le candidat est domicilié dans le département ou d'après des preuves acquises de son civisme et de ses bonnes mœurs, s'il a son domicile hors du département.

Art. 13. — L'instituteur ne pourra être destitué que sur la demande motivée de l'administration municipale, adressée à l'Administration centrale, qui prendra l'avis du jury et prononcera, après que l'instituteur aura été entendu de ces trois autorités ou requis par elles de se présenter.

Art. 14. — Tout instituteur primaire sera solennellement installé dans la classe par le président de l'administration municipale, l'agent de la commune et le commissaire du Directoire exécutif placé près de l'administration, ou par ceux qui les représentent en cas d'absence ou de maladie.

L'instituteur, dans la séance publique de son installation, prononcera, écrira et signera le serment des fonctionnaires publics; ce serment, écrit et signé par lui, sera affiché dans le lieu le plus apparent de l'École et ne pourra en être ôté.

Art. 15. — A l'avenir, nul ne pourra être reçu instituteur primaire qu'il ne soit inscrit sur le registre civique.

Art. 16. — Nul citoyen exerçant les fonctions de ministre d'un culte ne pourra être instituteur primaire.

Art. 17. — Tout militaire blessé à la défense de la patrie, s'il a d'ailleurs la capacité requise, sera de préférence instituteur primaire, quand il se présentera pour en occuper une place vacante.

Art. 18. — Quand il vaquera dans un département une place d'instituteur primaire d'une commune de cinq mille âmes et au-dessus, elle sera donnée de préférence à celui des instituteurs primaires que le jury croira le plus capable de la remplir, parmi ceux des communes moins populeuses qui demanderont cette place, et de préférence aussi à tous autres citoyens.

Novembre 1798.

Titre IV.

Du traitement des instituteurs.

Art. 19. — En conformité de l'article 296 de la Constitution et des lois existantes, les ci-devant presbytères qui n'ont été ni vendus ni soumissionnés, continuent d'être affectés au logement des instituteurs primaires, dans les communes où il en sera établi.

Art. 20. — A défaut de ci-devant presbytères, les églises, dont, par les lois existantes, les communes ont la jouissance pour l'exercice de leur culte, pourront être affectées aux Écoles et au logement des instituteurs.

Art. 21. — A défaut des maisons nationales précitées, il sera payé à chaque instituteur pour son logement une somme annuelle déterminée par l'article suivant.

Art. 22. — L'indemnité accordée aux instituteurs pour frais de logement est de 100 francs, lorsque la population de l'arrondissement de son école est inférieure à 2 000 habitants; — de 150 francs, pour une population de 2 000 à 4 000 âmes; — de 200 francs, pour une population de 4 000 à 10 000 âmes; — de 300 francs, pour une population de 10 000 à 30 000 âmes; — de 400 francs, pour tous les autres degrés supérieurs de population.

Art. 23. — Si l'instituteur est logé dans une maison nationale, ou fournie par la commune, les frais d'entretien et de réparations locatives seront à la charge des cantons, imposés au marc la livre des contributions directes, et levés par les percepteurs des communes.

Art. 24. — L'instituteur primaire jouira aussi d'un traitement fixe et égal à l'indemnité de son logement, ou à celle qu'il aurait, si ce logement ne lui était pas donné par la nation, ou fourni par la commune.

La somme de ce traitement sera imposée et levée suivant l'article précédent.

Art. 25. — Les pères, mères, tuteurs et tutrices des enfants mâles, âgés de sept à dix ans révolus et domiciliés dans le canton, payeront, par mois, pour chaque enfant, à son instituteur primaire, une rétribution individuelle, qui ne pourra être moindre de vingt-cinq centimes, ni excéder un franc.

Les enfants pourront aller aux Écoles primaires composées de plusieurs instituteurs, jusqu'à douze ans, en payant la même rétribution.

Art. 26. — Cette rétribution sera payée, soit que les enfants fréquentent ou non ladite école.

Ceux qui n'ont jamais fréquenté l'école payeront la rétribution depuis sept ans jusqu'à douze.

Cette rétribution fera partie des émoluments de l'instituteur ou des instituteurs de l'École primaire dans l'arrondissement de laquelle ces enfants auront leur domicile.

Art. 27. — La rétribution sera assise sur quatre classes déterminées de contribuables, s'élevant par vingt-cinq centimes jusqu'à un franc, et suivant la progression des cotes des impositions directes, de manière cependant qu'il soit décidé d'abord quels sont ceux qui peuvent entrer dans les classes supérieures, et que l'instituteur retire au moins autant de cette rétribution que de son traitement fixe.

Art. 28. — L'administration municipale déterminera, dans le mois de la publication de la loi, la rétribution précitée, et elle appellera à la délibération définitive un des citoyens les plus éclairés de chacune des classes.

L'arrêté de l'administration municipale sera soumis à l'approbation de l'administration du département.

Art. 29. — Les citoyens qui ne payent que deux francs et au-dessous de contributions directes, sont exempts de payer la rétribution des enfants.

Art. 30. — Quand il y aura plusieurs Écoles primaires dans le même canton, ou dans la même commune, ou plusieurs instituteurs dans la même École primaire, les enfants mâles ne payeront que pour l'École de leur arrondissement et pour un seul instituteur.

Art. 31. — La rétribution individuelle mentionnée dans les deux articles précédents sera levée aussi par les percepteurs des contributions directes, et elle sera payée d'avance pour chaque trimestre.

Titre V.

Des institutrices primaires et des écoles de femmes.

Art. 32. — Les divers articles de cette loi sont communs aux Écoles primaires des femmes, sauf les exceptions énoncées ci-après :

1° Les articles qui ordonnent ou qui permettent des réunions d'instituteurs, ne sont point étendus aux institutrices;

2° Le traitement fixe des institutrices sera d'un cinquième de moins que celui des instituteurs.

Il en sera de même de la rétribution des enfants, et qui, pour les institutrices, sera payée par les filles, et non par les enfants mâles.

Titre VI.

Des moyens d'encouragement envers les élèves et d'émulation
pour les instituteurs.

Art. 33. — Dans le mois de fructidor, et avant les vacances des Écoles primaires, il sera fait un rapport des travaux des élèves, par l'instituteur de l'école, en séance publique et en présence indispensable du président de l'administration municipale, de l'agent de la commune et du commissaire du Directoire près l'administration, ou de ceux qui, d'après la loi, les représentent, et de trois citoyens éclairés du canton, nommés à cet effet par l'administration municipale.

Art. 34. — Les deux élèves de l'École primaire qui auront acquis le plus d'instruction pendant cette année, seront désignés dans le rapport par l'instituteur comme dignes d'obtenir des prix d'émulation.

Art. 35. — Ces prix leur seront décernés par le président de l'administration municipale, en présence du peuple, sur l'autel de la patrie de la commune chef-lieu de canton, le jour de la célébration de la fête de la République.

Art. 36. — Les élèves à qui les prix seront destinés, ainsi que les instituteurs et institutrices, seront placés à côté de l'administration municipale pendant la durée de la cérémonie de cette fête.

Art. 37. — Une somme, qui ne pourra excéder vingt-cinq francs par arrondissement d'École primaire, fera partie de la rétribution individuelle des enfants et sera affectée à l'achat ou à la dépense des prix à distribuer aux élèves de chaque école des deux sexes.

Art. 38. — Ces prix seront, ou le livre de la Constitution, ou des livres inspirant l'amour de la liberté et des vertus civiques, ou des recueils d'hymnes patriotiques.

Sur chacun des prix seront ces mots imprimés : *Prix national*, le nom du canton et celui de l'élève.

Art. 39. — Les noms des élèves qui auront remporté les prix d'émulation seront inscrits sur un tableau, qui sera placé et restera pendant l'année au-dessous du serment de l'instituteur dans le lieu de l'école.

Art. 40. — Les noms de ces élèves et celui de l'instituteur seront mentionnés dans un procès-verbal relatif à la fête de la République, qui sera porté, à la séance subséquente, sur le registre des délibérations de l'administration municipale, et signé des administrateurs, du commissaire du Directoire, de l'instituteur, des élèves qui auront obtenu les prix, et des trois citoyens qui auront assisté au rapport de l'instituteur sur les travaux de l'année.

Art. 41. — Dans le mois de brumaire, d'après les rapports sur l'enseignement dans les Écoles primaires des divers cantons, qui auront été faits pendant l'année à l'Administration centrale, elle rédigera un état général des progrès de l'Instruction publique de ces écoles. Elle y désignera les deux instituteurs qu'elle croira s'être le plus distingués dans l'exercice de leurs fonctions, et l'état sera envoyé dans le trimestre au Ministre de l'Intérieur.

Art. 42. — À la même époque, l'Administration centrale fera connaître au jury d'Instruction publique le nom de ces deux instituteurs, pour lui servir de renseignement, au cas qu'ils se présentent pour remplir une place vacante d'instituteur dans une des communes les plus populeuses du département, ou une place vacante à l'École centrale.

Art. 43. — Le Directoire exécutif, dans la première décade de germinal, transmettra au Corps législatif l'état de situation de l'Instruction publique dans les Écoles primaires et développera les causes qui pourraient en ralentir les progrès, ou les moyens qui lui paraîtraient propres à la perfectionner.

Il nommera au Corps législatif les instituteurs ou institutrices primaires des départements qui se seront distingués, d'une manière particulière, pendant l'année, pour l'avancement de l'enseignement dans leurs Écoles.

Art. 44. — Le Corps législatif, dans sa séance, le jour de la célébration de la fête de la Jeunesse, fera lire à la tribune le message du Directoire contenant le nom des instituteurs primaires qui auraient mérité d'être connus de la République.

Art. 45. — Le Directoire est chargé généralement de faire tous les règlements et instructions nécessaires à l'exécution de la présente loi.

Dans les instructions relatives aux Écoles des femmes, et dans les livres qu'il désignera aux institutrices, il prendra en considération la destination des femmes dans la famille et dans la République.

Art. 46. — Toutes les dispositions contraires à la présente loi sont abrogées.

Art. 47. — La présente résolution sera imprimée; elle sera portée au Conseil des Anciens par un messager d'État.

Projet de décret sur la surveillance et la police des Écoles publiques et particulières présenté au Conseil des Cinq-Cents au nom de la Commission d'Instruction publique et des institutions républicaines par J. A. Dulaure[1].

22 novembre 1798.

2 Frimaire An VII (22 Novembre 1798).

Projet de résolution sur la police et surveillance des Écoles publiques et particulières.

Le Conseil des Cinq-Cents, après avoir entendu le rapport de sa Commission d'Instruction publique et des institutions républicaines sur la surveillance et la police des Écoles publiques et particulières ;

Considérant qu'on ne peut rendre stable une République naissante qu'en y formant le plus grand nombre possible de républicains ; que l'instruction est un des plus puissants moyens pour atteindre ce but ; que près de dix années se sont écoulées depuis la Révolution française, sans que les Représentants se soient efficacement occupés de cet important objet ; qu'il est temps enfin de mettre un terme à de si funestes délais ;

Considérant que les projets de résolution déjà présentés par la Commission d'Instruction publique ne peuvent avoir de force et d'activité sans une loi de surveillance et de police,

Déclare qu'il y a urgence.

Le Conseil, après avoir déclaré l'urgence, prend la résolution suivante :

Titre Ier.

Principes généraux.

Article 1er. — Toutes les Écoles tant publiques que particulières sont sous la surveillance du Gouvernement.

Art. 2. — Il y aura des livres élémentaires fournis ou désignés par le Gouvernement pour toutes les Écoles publiques ou particulières du même degré.

Art. 3. — Il y aura chaque année, dans chaque canton, un examen public que subiront tous les élèves des Écoles primaires et des Écoles particulières, et les enfants élevés chez leurs parents.

Art. 4. — Il y aura dans chaque département un fonctionnaire public, appelé *surveillant des Écoles*.

Art. 5. — Il y aura dans chaque canton un registre de candidats, où seront inscrits les élèves qui l'auront mérité.

Titre II.

Des livres élémentaires et de l'instruction pour les instituteurs primaires.

Art. 1er. — Le Directoire exécutif fera incessamment travailler à un livre élémentaire contenant les premiers principes de la *grammaire, du calcul, de la morale, de la politique, de l'histoire naturelle*, à l'usage des Écoles primaires.

---

1. Voir ci-dessus, page 141, le projet Heurtaut-Lamerville, et ci-après, pages 155 et 162, les opinions de Duplantier et de Sonthonax.

Voir la motion de Dulaure pour l'institution d'un programme et de prix à décerner à l'auteur du meilleur plan d'instruction (1er messidor An VI).

ART. 2. — Le Directoire fera composer, en outre, une instruction particulière pour les instituteurs des Écoles primaires, qui contiendra des principes sur la méthode d'enseigner, de former les jeunes gens aux vertus civiques et morales, des explications et des développements des principes contenus dans le livre élémentaire de l'École, et surtout la méthode d'appliquer ces mêmes principes aux raisonnements à faire pour combattre les erreurs populaires, adoptées dans chaque canton.

ART. 3. — Trois mois après la réception de cette instruction, qui leur sera adressée, les instituteurs d'Écoles primaires seront tenus de se rendre au chef-lieu, afin d'y subir un examen sur le contenu de ladite instruction.

ART. 4. — Les professeurs de l'École centrale, réunis aux membres du jury d'instruction, procéderont à cet examen, et, d'après son résultat, ils pourront destituer l'instituteur d'École primaire ou le maintenir en place.

ART. 5. — Le Directoire exécutif indiquera ou fera composer des livres élémentaires à l'usage des Écoles centrales.

ART. 6. — Les livres élémentaires fournis ou indiqués par le Directoire, tant pour les Écoles primaires que pour les Écoles centrales, seront les seuls qui serviront à l'enseignement dans les Écoles publiques et particulières.

TITRE III.

Des Écoles particulières.

ART. 1er. — Les professeurs, instituteurs, maîtres de pension, ou d'Écoles particulières de l'un ou de l'autre sexe, quelle que soit leur dénomination, chargés de l'instruction de la jeunesse hors des Écoles publiques, seront tenus, dans l'espace des dix jours qui suivront la publication de la présente loi, de se présenter à l'administration municipale de leur canton, d'y déclarer s'ils sont dans l'intention de continuer ou de cesser leur profession. Dans le cas affirmatif, ils déposeront entre les mains des administrateurs du canton une liste contenant les noms, prénoms, âge de tous leurs élèves, puis ils feront chacun, de vive voix, et signeront la déclaration suivante :

« Je déclare que je m'engage à faire lire, apprendre à expliquer ou faire « expliquer à mes élèves les livres élémentaires fournis ou indiqués par le « Directoire exécutif, à n'enseigner rien de contraire aux principes qu'ils con- « tiennent ; que je m'engage de plus à leur inspirer par tous les moyens qui « sont en moi l'amour de la patrie, de la liberté, du Gouvernement républi- « cain, ainsi que toutes les vertus publiques et privées. »

ART. 2. — Il sera dressé procès-verbal par la municipalité de chaque canton de la présentation de chaque instituteur ou institutrice et des formalités prescrites par l'article précédent, où sera relaté l'état nominatif des élèves respectifs, et expédition en sera délivrée à chaque déclarant.

ART. 3. — La formule de l'engagement prescrit par l'article premier du titre III sera transcrite en gros et lisibles caractères, et placée dans le lieu le plus apparent de chaque École particulière, et sera signée par l'instituteur ou l'institutrice qui aura pris l'engagement. Tout chef d'éducation particulière sera tenu d'avoir devant sa porte un tableau où seront écrits ces mots : *École particulière*.

ART. 4. — Tous instituteurs, professeurs, maîtres de pension, de l'un ou de l'autre sexe, des Écoles tant publiques que particulières, seront tenus d'assister, avec leurs élèves, aux fêtes de la République. Les élèves des Écoles publiques, primaires ou centrales, précéderont toujours, dans les fêtes, les élèves des Écoles particulières. L'administration municipale fera mention, dans le procès-verbal des fêtes publiques, de la présence ou de l'absence des professeurs et élèves des Écoles publiques et particulières, et fera mention du rang qu'elles auront tenu dans la cérémonie.

Art. 5. — Les instituteurs ou institutrices des Écoles particulières seront tenus d'envoyer leurs élèves de l'un ou de l'autre sexe, dont le degré d'éducation sera celui des Écoles primaires, à l'examen public, qui aura lieu chaque année au chef-lieu du canton.

Titre IV.

De l'examen public et annuel.

Article unique. — Il y aura, chaque année, dans chaque chef-lieu de canton, un examen public de tous les élèves des deux sexes, des Écoles primaires, des Écoles particulières et des enfants des deux sexes élevés chez leurs parents, dont le degré d'instruction sera le même que celui des Écoles primaires. Cet examen sera fait en présence des autorités constituées du canton. Il y aura des encouragements distribués, des notes favorables délivrées aux élèves qui seront jugés les avoir mérités. Procès-verbal sera dressé de l'assistance à cet examen de tous les élèves de l'un et de l'autre sexe ci-dessus mentionnés, et du degré d'instruction qu'ils y montreront.

Titre V.

Du registre des candidats.

Art. 1er. — Chaque administration municipale aura un registre particulier, appelé *registre des candidats.*

Art. 2. — Dans les chefs-lieux de département, le registre des candidats sera divisé en deux parties, l'une comprenant la liste des candidats d'Écoles primaires, et l'autre celle des candidats d'École centrale.

Art. 3. — Ne seront inscrits dans le registre des candidats que les élèves qui auront rempli les conditions prescrites dans les articles suivants.

Art. 4. — Les élèves des Écoles primaires qui, pendant deux années, auront obtenu des notes favorables de leurs instituteurs, de ceux chargés de la surveillance ou lors des examens annuels, ou qui auront obtenu des prix, seront inscrits dans le registre des candidats.

Art. 5. — Les élèves des Écoles centrales qui, après avoir obtenu l'inscription de leurs noms sur le registre des candidats d'Écoles primaires, et qui, pendant deux années consécutives, mériteront des notes favorables, soit par leur application à l'étude, leurs progrès, soit par quelque acte de vertu civique, ou qui auront obtenu des prix ou encouragements, seront inscrits de nouveau dans le registre des candidats, au rang des candidats d'École centrale.

Art. 6. — Les élèves des Écoles particulières ne pourront prétendre à l'inscription dans le registre des candidats, dans la partie des candidats d'École primaire, qu'après avoir assisté à trois examens publics et annuels, et avoir mérité pendant trois années les notes favorables exigées pendant deux années des élèves des Écoles primaires.

Art. 7. — Nul ne pourra être reçu dans les Écoles gratuites nationales, telles que l'*École polytechnique* et le *Prytanée*, ni avoir droit aux pensions accordées aux élèves dans les Écoles centrales par l'article 8, titre V, de la loi du 3 brumaire, s'il n'a suivi les Écoles primaires et centrales, et s'il n'a été inscrit dans le registre des candidats d'École centrale.

Art. 8. — Chaque année, à la fête de la Jeunesse, la liste des élèves inscrits sur le registre des candidats sera proclamée avec les motifs qui ont déterminé leur inscription.

Art. 9. — Aussitôt qu'un ou plusieurs inscrits sur le registre des candidats aura ou auront atteint l'âge exigé par la Constitution pour être citoyen français, et qu'il sera ou seront inscrits sur le registre civique du canton, l'administration municipale en fera note sur le registre des candidats, à côté de chaque nom des inscrits qui seront dans le cas de l'inscription civique.

Art. 10. — Le registre des candidats sera offert au peuple dans ses assemblées primaires, pour éclairer ses choix, et au Directoire exécutif pour diriger les siens dans les places qui sont à sa nomination.

Art. 11. — Lorsqu'un candidat passera d'une École primaire d'un département pour aller étudier à l'École centrale d'un autre, il se fera délivrer par l'administration municipale de son canton un extrait de son inscription au registre des candidats.

Art. 12. — Si un élève inscrit au registre des candidats était, par la suite, mal noté, soit pour les mauvaises mœurs, son éloignement pour l'étude ou pour quelque acte incivique, et qu'en conséquence il méritât pendant deux années consécutives, soit à l'École primaire, soit à l'École centrale, des notes défavorables, de la part des professeurs, de celle du surveillant, ou des autorités préposées à surveiller les examens publics et annuels, il sera rayé de la liste des candidats, et sa radiation sera proclamée et motivée le jour de la fête de la Jeunesse.

TITRE VI.

Du surveillant.

Art. 1er. — Outre la surveillance dont sont chargés, par l'article 11 de la loi du 3 brumaire, les administrations municipales sur les Écoles primaires de leur canton, il y aura un surveillant spécial dans chaque département.

Art. 2. — Le surveillant sera tenu de faire dans chaque École publique et particulière des visites à des époques imprévues.

Art. 3. — Il pourra correspondre, pour obtenir les renseignements qui lui sont nécessaires, avec les administrations municipales et centrales, et avec les commissaires du Directoire exécutif près ces administrations.

Art. 4. — Il pourra exiger du maître de chaque École ou chef de chaque établissement particulier d'éducation l'expédition du procès-verbal de sa présentation à l'administration municipale de son canton.

Art. 5. — Il dressera procès-verbal de l'état où il aura trouvé chaque École lors de sa visite, et le fera signer, dans le jour, par deux officiers municipaux du canton.

Art. 6. — Ces procès-verbaux exprimeront l'état et la nature de l'enseignement, le nombre ainsi que le progrès des élèves en général, et les noms et âge de ceux qui se distingueront d'une manière particulière, les principes politiques et moraux qui s'y professent, si les livres élémentaires fournis par le Gouvernement sont les seuls qu'on y enseigne. Le surveillant pourra, pour s'en convaincre, interroger les élèves sur le contenu de ces livres élémentaires. Il vérifiera si le calendrier républicain, le calcul décimal, la connaissance des nouveaux poids et mesures, y sont en usage ou enseignés, si les formes ou dénominations républicaines y sont adoptées. Ces derniers points seront toujours mentionnés dans le procès-verbal du surveillant.

ART. 7. — Il adressera directement, au moins une fois tous les trois mois, au Ministre chargé de l'Instruction publique, les procès-verbaux de ces visites dans les Écoles publiques ou particulières ; il y joindra ses observations particulières sur les obstacles locaux qui peuvent s'opposer aux progrès de l'instruction, et sur les moyens qu'il jugera capables de les surmonter.

ART. 8. — Le surveillant pourra assister aux délibérations du jury et lui donner tous les renseignements nécessaires, sans avoir droit d'y voter.

ART. 9. — Il surveillera le pensionnat de l'École centrale.

ART. 10. — Il pourra assister à toutes les visites que feront les administrations centrales et municipales dans les Écoles publiques, et pourra en faire un rapport particulier.

ART. 11. — Le surveillant sera nommé par le Directoire, et pris parmi les citoyens du département où il devra exercer.

ART. 12. — Le traitement des surveillants sera le même que celui des membres de l'Administration centrale. Ses frais de tournées lui seront payés séparément, et seront réglés par l'Administration centrale.

TITRE VII.

De l'éducation domestique.

ART. 1er. — Les pères ou chefs de famille qui voudront se charger par eux-mêmes ou par des instituteurs particuliers de l'éducation de leurs enfants ou parents seront tenus, lorsque leurs enfants ou parents auront atteint l'âge de huit ans, d'en adresser à l'administration municipale de leur canton une déclaration écrite sur papier timbré et signée par eux, de laquelle déclaration l'administration municipale leur délivrera un récépissé.

ART. 2. — Le surveillant adressera, tous les trois mois, au Ministre chargé de l'Instruction publique un état des pères ou chefs de famille qui auront fait la déclaration portée en l'article précédent, ainsi que du nombre des enfants qui auront atteint l'âge de huit ans, et qui seront élevés par leur père ou chef de famille.

ART. 3. — Les enfants élevés chez leurs parents et hors des Écoles publiques et particulières ne pourront figurer dans les fêtes publiques ; ils ne pourront pas non plus être inscrits dans le registre des candidats de leur canton, excepté dans les cas suivants :

ART. 4. — Si leurs pères ou parents, ayant fait à temps la déclaration portée dans l'article 1er de ce titre, envoient leurs enfants ou parents aux examens publics qui seront faits chaque année dans chaque canton ; si, par le résultat de l'examen public, il est prouvé que les enfants instruits hors des Écoles publiques et particulières l'ont été d'après les livres élémentaires fournis par le Directoire exécutif ; enfin, si, après avoir rempli les conditions susdites, ils obtiennent pendant quatre années dans les examens publics et annuels du canton des notes favorables.

ART. 5. — Les chefs de famille qui se seront chargés de l'éducation de leurs enfants ou parents seront tenus d'envoyer chaque année leurs élèves aux examens publics, jusqu'à ce que leurs élèves aient obtenu, par le résultat des examens qu'ils auront subis, une déclaration des examinateurs, portant qu'ils sont suffisamment instruits du contenu du livre élémentaire à l'usage des Écoles primaires.

TITRE VIII.

Des vacances.

ART. 1er. — Les Écoles publiques et particulières ne vaqueront que les décadis, les quintidis et les jours de fête de la République.

ART. 2. — Il y aura, en outre, pour les Écoles publiques deux mois de vacances chaque année, dont l'époque sera déterminée par l'administration centrale de chaque département et sous l'autorisation du Directoire.

TITRE IX.

De l'admission aux Écoles centrales.

ART. 1er. — Nul élève d'École publique ne pourra être admis à l'École centrale de son département ou de quelque autre département, sans être porteur d'un certificat qui atteste qu'il a suivi au moins pendant deux ans l'École primaire de son canton, ou sans avoir subi un examen particulier, dont le résultat prouvera qu'il est instruit suffisamment du contenu du livre élémentaire fourni par le Directoire exécutif aux assemblées primaires.

ART. 2. — Nul élève des Écoles particulières ne pourra être admis à une École centrale sans être porteur d'un certificat qui atteste qu'il a assisté pendant trois années aux examens publics et annuels de son canton, et sans avoir subi l'examen exigé en l'article précédent.

ART. 3. — Nul enfant élevé chez ses parents ne pourra être admis à l'École centrale d'un département, sans être porteur d'un certificat qui atteste qu'il a assisté pendant quatre années aux examens publics de son canton, et sans avoir subi l'examen qui est exigé en l'article premier de ce titre.

ART. 4. — Les certificats mentionnés dans les articles 1, 2 et 3 de ce titre ne pourront être délivrés que par l'administration municipale du canton où les élèves auront subi l'examen annuel, et ils ne pourront avoir de valeur que par le *visa* et la signature du surveillant.

TITRE X.

Des peines.

ART. 1er. — Les instituteurs des Écoles publiques convaincus d'avoir professé d'après d'autres livres de politique et de morale que ceux admis par le Gouvernement seront destitués et déclarés incapables d'enseigner à l'avenir.

ART. 2. — Les instituteurs ou institutrices de pension ou École particulière de l'un et de l'autre sexe qui seront dans le cas exprimé par l'article précédent auront leurs Écoles fermées, et seront en outre condamnés à une amende, qui ne pourra être moindre de 100 francs, et qui ne pourra excéder 500 francs.

ART. 3. — Les instituteurs, institutrices des Écoles particulières qui n'auront point fait, dans le délai fixé, la déclaration portée par l'article 1er du titre III de la présente loi, et qui ne rempliront point les formalités exigées par les articles 3 et 4 du même titre, et qui ne conduiraient point leurs élèves à l'examen public exigé par l'article unique du titre IV, auront leurs Écoles fermées.

Art. 4. — Les instituteurs ou institutrices des Écoles particulières qui seraient convaincus d'avoir continué leur profession après avoir, conformément à l'article 1er du titre III, déclaré ne vouloir la continuer, ou qui, leurs Écoles ayant été fermées, seraient convaincus de continuer l'enseignement, seront condamnés à 500 francs d'amende et à trois mois de détention.

Art. 5. — Les instituteurs ou institutrices d'Écoles publiques et particulières qui seraient convaincus d'opposer quelque résistance au surveillant dans l'exercice de ses fonctions, de s'opposer à ce qu'il prît connaissance des livres qui servent à l'enseignement, à ce qu'il interrogeât les élèves, seront destitués et déclarés incapables de remplir leurs fonctions et profession, et condamnés à 200 francs d'amende, s'ils sont professeurs d'École publique ; et s'ils sont professeurs d'École particulière, leur École sera fermée, et, en outre, ils seront condamnés à 400 francs d'amende.

Art. 6. — Ceux ci-dessus désignés qui seront convaincus d'avoir soulevé leurs élèves ou parents de leurs élèves contre le surveillant, ou d'avoir exercé quelque violence contre lui, seront condamnés aux peines portées par le Code pénal contre ceux qui troublent les fonctionnaires publics dans leurs fonctions.

Art. 7. — Les pères de famille, chefs de maison, qui ayant des enfants ou parents âgés de plus de huit ans, ne les auraient envoyés ni aux Écoles publiques, ni aux Écoles particulières, et qui n'auraient point fait la déclaration portée par l'article 1er du titre VII, seront condamnés à une amende qui équivaudra au montant de leur contribution somptuaire et mobilière.

Art. 8. — Les pères de famille désignés dans l'article précédent qui n'auront point envoyé leurs enfants ou parents âgés de huit ans aux examens publics et annuels seront condamnés à une amende double du montant de leur contribution somptuaire et mobilière.

Art. 9. — Les amendes portées dans les deux articles précédents seront renouvelées chaque année contre les chefs de famille qui ne se conformeraient point au contenu de ces deux articles, jusqu'à ce qu'ils y aient obéi, et que les enfants dont ils se sont chargés de l'éducation aient prouvé par le résultat de l'examen public qu'ils sont instruits du contenu de l'instruction élémentaire désignée par le Directoire exécutif à l'usage des Écoles primaires.

Titre XI.

Dispositions générales.

Art. 1er. — Le Directoire exécutif est chargé de faire tous les règlements nécessaires pour l'organisation de plusieurs articles de la présente loi.

Art. 2. — Tous articles de loi contraires à la présente sont abrogés.

Art. 3. — La présente résolution sera imprimée et envoyée au Conseil des Anciens par un messager d'État.

Loi qui détermine le mode administratif des Recettes et Dépenses.

11 Frimaire An VII (1er Décembre 1798).

TITRE Ier.

Division en cinq classes de toutes les dépenses de la République.

ARTICLE 1er. — Toutes les dépenses de la République sont divisées en cinq classes :

1° Dépenses générales, qui sont supportées par tous les Français ;

2° Dépenses communales, quant aux communes faisant partie d'un canton, qui sont supportées par les seuls contribuables de la commune ;

3° Dépenses municipales, quant aux cantons composés de plusieurs communes, qui sont supportées par les différentes communes formant l'arrondissement du canton ;

4° Dépenses municipales et communales réunies, quant aux communes formant à elles seules un canton, qui sont supportées par les seuls contribuables de chaque commune de chaque espèce ;

5° Enfin, dépenses départementales, qui sont supportées par tous les contribuables de chaque département.

§ 1er. Recettes et Dépenses générales [1].

ART. 2. — Les dépenses générales sont celles. . . . . . .
De l'Institut national ;
Des Écoles spéciales et de service public ;
De la Bibliothèque nationale ;
Du Muséum ;
Du Jardin des plantes...

---

1. L'extrait suivant de la loi du 11 brumaire An VII (1er novembre 1798) donne, pour cette année, l'état des dépenses du Ministère de l'Intérieur, relatives à l'Instruction publique :

DÉPENSES ORDINAIRES. — 5° *division.*

	fr.
Institut national (traitements, 280 000 fr.; voyages, 120 000 fr. pour 26 voyageurs, suivant les articles 1 et 4 du titre V de la loi du 3 brumaire An IV).	400 000
École polytechnique.	394 133
École de médecine de Paris.	266 972
— de Montpellier	148 752
— de Strasbourg	80 480
Bureau des longitudes.	100 533
Observatoires	10 000
Collège de France.	99 829

Opinion de J.-P.-F. Duplantier (de la Gironde) sur l'établissement des Écoles primaires.

14 janvier 1799.

24 Nivôse An VII (14 Janvier 1799).

Je demande qu'il soit décrété en principe :

1° Que nulle personne autre que les instituteurs primaires nationaux ne pourra enseigner les éléments de la morale ;

2° Qu'aucun établissement particulier d'instruction ne pourra recevoir des jeunes citoyens avant l'âge de douze ans ;

	fr.
Prytanée français.	119 082
École de Liancourt	354 080
École de peinture, sculpture, architecture.	88 188
École de Rome.	34 950
École de David.	2 400
École gratuite de dessin	20 600
Musée central et Service du Palais national des Arts.	112 410
Musée des monuments français.	34 920
École française à Versailles.	44 980
Écoles de peinture, sculpture, etc., dans les départements	38 000
Jardin d'histoire naturelle.	269 578
Cabinet de minéralogie de la Monnaie.	14 800
Dépôt des machines de Vaucanson.	11 920
Musée de Versailles.	9 920
École de Mécanique et Conservatoire des Arts et Métiers	119 800
Bibliothèque nationale.	149 413
Cours de Langues Orientales.	23 000
Bibliothèque des Quatre-Nations	27 660
— de l'Arsenal.	37 820
— du Panthéon.	32 400
Musées des départements.	41 075
Dépôts littéraires.	76 270
Achats de livres, tableaux, bustes, médailles, manuscrits, pour les différents dépôts.	100 000
Conservatoire de musique	309 496
Théâtre des Arts	250 000
Confection du cadastre, tables trigonométriques.	119 000
Travaux géodésiques; mesure de l'arc du méridien	99 000
Carte de la France	25 000
Lignes télégraphiques	235 492
École aérostatique de Meudon	31 230
École d'équitation à Caen	6 000
Fêtes nationales.	400 000
Encouragements littéraires.	200 000

DÉPENSES EXTRAORDINAIRES. — 5e *division*.

Bureau des poids et mesures.	120 000
Fabrication des poids et mesures pour étalons et modèles à envoyer dans les départements.	1 000 000
Achèvement du Muséum d'histoire naturelle.	150 000
Achèvement du Musée central des Arts.	200 000
Transport des nouveaux monuments	200 000
Gravure du Voyage de Syrie.	30 000

3° Que tous les jeunes citoyens soient tenus de fréquenter l'École jusqu'audit âge que vous fixerez ;

4° Que ces propositions soient renvoyées à la Commission d'Instruction publique pour rédiger son plan d'après ces principes.

Ce qui ne change que très peu d'articles au projet de la Commission et n'empêche pas la discussion des autres.

18 février 1799.   **Projet de décret concernant l'établissement des Écoles primaires, présenté au Conseil des Cinq-Cents par Pison-Dugalland [1].**

29 Pluviôse An VII (18 Février 1799).

§ Ier. — ENSEIGNEMENT DES ÉCOLES PRIMAIRES.

ARTICLE 1er. — Les Écoles primaires sont instituées, en exécution de l'article 276 de l'Acte constitutionnel pour l'enseignement de la morale, de la Déclaration des Droits et des principales dispositions de la Constitution de l'an III;

Et pour celui de la lecture, de l'écriture, des éléments du calcul et de l'usage des mesures légales.

ART. 2. — La morale est enseignée d'après les maximes qui suivent :

Bases de l'enseignement moral dans les Écoles primaires.

L'Être suprême, qui régit l'univers, impose à l'homme l'obligation d'éclairer la raison et de pratiquer la vertu.

L'homme a en lui le sentiment de la conscience, pour reconnaître le bien et éviter le mal.

La tranquillité de l'âme accompagne les actions vertueuses; la honte et les remords font le premier châtiment du méchant.

La vertu consiste principalement dans le bien, et le vice dans le mal qu'on fait aux hommes.

Il n'est point de vertu sans justice.

Être juste, c'est rendre à chacun ce qui lui appartient; c'est ne point faire à autrui ce que nous ne voudrions pas qui nous fût fait.

Respecter la liberté, la propriété, la sûreté et, en tout, les droits et la félicité des autres, est le premier devoir de l'homme de bien.

L'assassinat est le plus exécrable des crimes.

Les biens sont le fruit du travail de celui qui les a acquis, ou des parents qui les lui ont transmis, ou des amis qui l'en ont gratifié.

La propriété s'identifie avec les droits naturels de l'homme.

Vertus individuelles.

La sobriété et la tempérance;

L'habitude du travail;

L'inconsidération des richesses;

---

1. Le projet n'a pas moins de 74 pages, dont 57 d'un rapport très nourri.

Le mépris des distinctions, hors la récompense personnelle de la vertu et des talents ;
La patience dans l'adversité et la douleur ;
L'acquiescement à la nécessité et à la mort.

Vertus sociales.

L'amour de la vérité et la haine du mensonge ;
La fidélité aux engagements ;
L'amour conjugal ;
L'affection paternelle ;
La piété filiale ;
L'estime pour la pudeur ;
Le respect pour la vieillesse ;
Le soulagement de l'indigence ;
La bienveillance envers tous les hommes.

Vertus publiques.

L'obéissance aux lois ;
Le courage, l'intrépidité dans les combats ;
Et le dévouement à la patrie,
Constituent l'homme vertueux.
L'homme de bien tolère les opinions religieuses qui ne sont point opposées aux préceptes de la morale ;
Et il honore les cultes qui rappellent les hommes à la pratique de la vertu.

Art. 3. — Les instituteurs sont spécialement chargés d'appliquer les préceptes de la morale aux actions, à la conduite et à la situation journalière de leurs élèves ; de former leur opinion et leur jugement d'après les mêmes préceptes ; de les diriger par l'exemple, et de leur inspirer les sentiments de liberté et d'égalité qui doivent caractériser quiconque doit vivre de son travail, et est appelé à exercer les droits de citoyen.

Art. 4. — Les instituteurs doivent donner leurs soins à ce que leurs élèves possèdent la Déclaration des Droits. Ils sont également chargés de leur développer les principales dispositions de l'Acte constitutionnel, particulièrement en ce qui concerne les qualités requises pour exercer les droits de citoyen, les assemblées primaires et électorales et l'origine et la division des pouvoirs dans la République.

Art. 5. — Les élèves doivent être instruits à lire et à copier facilement l'écriture imprimée et manuscrite ;
A pratiquer les premières règles de l'arithmétique sur les entiers et les fractions ;
Et à appliquer les mesures légales aux lignes, aux superficies et aux solides.

Art. 6. — L'enseignement est donné en langue française. Aucun idiome particulier ne doit être employé que momentanément et pour faciliter l'intelligence de la langue.

Art. 7. — Les soins des instituteurs doivent être également partagés entre leurs élèves.

Art. 8. — Le Directoire exécutif promulgue les arrêtés et instructions qu'il juge nécessaires pour la direction de l'enseignement, pour faire connaître les meilleures méthodes et pour établir l'ordre et l'uniformité dans les différentes Écoles de la République.

§ II. — DISTRIBUTION DES ÉCOLES.

ART. 9. — Les Écoles primaires doivent être établies de manière à offrir utilement à tous les jeunes citoyens l'instruction énoncée au titre précédent.

ART. 10. — Ces Écoles sont distribuées par les administrations centrales avec l'approbation du Directoire exécutif, dans les proportions suivantes, savoir :

Pour les communes éparses dans chaque arrondissement de 1 000 à 1 200 habitants de tout sexe et de tout âge une école ;

Dans chaque commune de 1 200 à 1 500 habitants, une école ;

Dans les communes au-dessus de 1 500 habitants jusqu'à 6 000, une école à raison de 1 500 à 2 000 habitants ;

Dans les communes au-dessus de 6 000 habitants jusqu'à 12 000, une école à raison de 2 000 à 2 500 habitants ;

Dans les communes au-dessus de 12 000 habitants jusqu'à 24 000, une école à raison de 2 500 à 3 000 habitants ;

Dans les communes au-dessus de 24 000 habitants jusqu'à 100 000, une école à raison de 3 500 à 4 000 habitants ;

Dans les communes au-dessus de 100 000 habitants, sauf Paris, une école à raison de 5 000 habitants ;

Et dans la commune de Paris, une école à raison de 6 000 habitants.

ART. 11. — Les administrations centrales déterminent le lieu et l'arrondissement des écoles, eu égard au nombre d'élèves et à la position respective des localités, toutefois de manière qu'il y ait une école à chaque chef-lieu de canton.

ART. 12. — Toute commune peut, en tout état de cause, s'adresser à l'administration centrale pour l'établissement d'une école, toutefois sans excéder la population déterminée.

ART. 13. — Dans le mois de la publication de la présente, les administrations centrales adresseront au Directoire exécutif les états de distribution, de placement et arrondissement des écoles du département ; et les écoles seront mises en activité à mesure qu'il se présentera des instituteurs reconnus capables, en commençant par les chefs-lieux de canton.

§ III. — DES INSTITUTEURS.

ART. 14. — Il y a un instituteur pour chaque École primaire.

ART. 15. — Nul n'est admis aux fonctions d'instituteur avant la majorité acquise et sans avoir l'exercice actuel des droits de citoyen français.

ART. 16. — Il y a, au secrétariat de chaque administration centrale, un registre sur lequel tout aspirant aux places d'instituteur est tenu de se faire inscrire, en indiquant ses nom et prénoms, son âge, le lieu de sa naissance, et celui où il est en exercice des droits de citoyen.

Ce registre est clos le dernier complémentaire de chaque année, par un arrêté de l'administration au bas, et n'est ouvert de nouveau qu'au mois de nivôse pour les nominations de l'année suivante.

ART. 17. — Il est formé annuellement en chaque département, dans la première quinzaine de brumaire, un jury d'examen composé de trois professeurs de l'École centrale et de trois membres choisis par l'administration centrale parmi les citoyens les plus connus pour leurs qualités morales et leur instruction.

Les professeurs remplissent alternativement ce service, en commençant par les professeurs premiers nommés dans la classification de l'enseignement ; en cas d'empêchement de l'un des professeurs de tour, il est remplacé par le suivant, et l'administration nomme un citoyen de remplacement pour les autres membres du jury.

L'ancien d'âge des professeurs préside et active ce jury.

Art. 18. — Le jury s'assemble, pendant le mois de frimaire de chaque année, autant de fois qu'il est nécessaire pour examiner les candidats qui se présentent.

Art. 19. — Les candidats sont tenus de se présenter avec les pièces suivantes :

1° Leur acte de naissance ;

2° L'extrait de leur inscription dans la garde nationale ;

3° Celui de leur inscription civique ;

4° L'attestation qu'ils sont en exercice actuel des droits de citoyen, délivrée par leur municipalité ;

5° Un extrait de l'inscription prescrite en l'article 16.

Art. 20. — L'examen est public ; les candidats sont interrogés sur les différentes parties de l'enseignement dont ils doivent être chargés et soumis aux différentes épreuves que le jury estime convenables.

Art. 21. — La capacité n'est reconnue que par les deux tiers des suffrages du jury, formé au nombre de six. Le jury délibère en particulier sur la moralité et la capacité de chaque candidat ; les votes s'émettent au scrutin par ces mots : *reconnu capable* ou *ajourné*.

Chaque membre du jury peut voter pour l'ajournement, par la connaissance qu'il a, en son honneur et conscience, que le candidat n'a pas la moralité requise.

Art. 22. — Le jury dresse le procès-verbal de ses opérations et le remet au secrétariat de l'administration centrale.

Art. 23. — Les candidats reconnus capables ont la faculté de se présenter au secrétariat de l'administration et de désigner, sur le registre ci-dessus énoncé, le lieu ou les lieux, l'un à défaut de l'autre, dans lequel ils désirent être employés, d'après le tableau de distribution des Écoles.

Art. 24. — L'examen fini et le procès-verbal remis, l'administration centrale nomme aux Écoles vacantes ; en cas de concours pour la même École, l'âge et successivement le sort déterminent la préférence.

Art. 25. — L'acte de nomination vise les pièces énoncées en l'article 19, et la déclaration de capacité faite par le jury ; l'instituteur nommé se présente à l'assemblée décadaire du canton de l'École. Le magistrat donne lecture de la nomination. L'instituteur prête le serment prescrit par la loi du 4 nivôse An III, et de donner tous ses soins à l'égale instruction de ses élèves conformément à la loi.

Après ce serment, le magistrat déclare l'instituteur installé, et rappelle, dans un discours, l'importance de ses fonctions et le respect que les élèves doivent lui porter.

Art. 26. — Les instituteurs ne peuvent point s'absenter sans congé de l'administration municipale ; et, en cas d'absence légitime ou d'empêchement prolongé, ils sont tenus à se faire suppléer dans leurs écoles.

Art. 27. — Les candidats ajournés par le jury ont la faculté de se présenter aux examens les années suivantes.

Art. 28. — Pendant trois ans, à compter du premier examen qui aura lieu en exécution de la présente loi, les jurys pourront admettre des instituteurs, à la charge de se perfectionner dans une partie déterminée de l'instruction et de se présenter à un autre examen, à six mois ou un an d'intervalle.

Art. 29. — Le jury, au terme indiqué, procédera au nouvel examen, d'après lequel il reconnaîtra définitivement la capacité, ou ajournera indéfiniment l'instituteur. La place deviendra vacante par cet ajournement, ainsi qu'à l'égard des instituteurs ajournés qui ne se présenteraient pas au terme qui leur aurait été indiqué ; sauf aux instituteurs ainsi déchus à s'inscrire comme candidats pour l'avenir.

Art. 30. — Les instituteurs obtiennent des pensions de la République, après le temps déterminé par la loi ; et ils cumulent ces pensions avec leur traitement.

§ IV. — DES ÉLÈVES.

Art. 31. — Les élèves ne sont admis dans les Écoles primaires que depuis l'âge de sept ans jusqu'à celui de quinze ans révolus.

Art. 32. — Tout jeune citoyen ayant plus de sept ans et moins de quinze est tenu à fréquenter l'école de son arrondissement jusqu'à ce qu'il sache lire et écrire facilement, et qu'il ait profité des autres parties de l'enseignement.

Et dans tous les cas, il est tenu à les fréquenter au moins pendant deux ans.

Art. 33. — Chaque année, dans la première décade de vendémiaire, le commissaire du Directoire dresse, dans chaque arrondissement d'école, l'état nominatif des jeunes gens que leur âge met dans l'obligation de les fréquenter.

Cet état est visé et arrêté de suite par l'administration municipale.

Art. 34. — Dans le courant de fructidor suivant, les élèves qui ont fréquenté l'école pendant deux ans sont examinés par un jury composé d'un membre de l'administration municipale par elle délégué ; d'un citoyen instruit, qu'elle délègue pareillement, et du commissaire du Directoire.

Art. 35. — Ce jury vérifie si les élèves ont acquis les connaissances requises et en délivre certificat à ceux qui sont dans le cas de l'obtenir.

Ce n'est que d'après ce certificat que les élèves de l'âge indiqué en l'article 32 ne sont pas compris dans l'état scolaire de l'année suivante.

Art. 36. — Le jury dresse un procès-verbal de ses opérations contenant l'état nominatif des élèves qu'il a examinés et de ceux à qui il a délivré des certificats favorables. Il note avantageusement ceux qu'il reconnaît s'être distingués, soit par leur instruction, soit d'après les témoignages rendus à leur conduite morale.

Ces notes sont un titre de recommandation pour les places gratuites d'instruction qui pourront être établies et pour l'admission dans les employés salariés par la République.

Ce procès-verbal est remis au secrétariat de la municipalité, et il en est donné lecture à la fête de la République.

Art. 37. — Nul citoyen, à l'avenir, ne sera admis aux emplois salariés de la République, ni à aucun avancement militaire, si, étant âgé de moins de dix ans lors de l'établissement de l'École primaire de son domicile en exécution de la présente loi, il n'a pas fréquenté lesdites écoles pendant deux années.

Art. 38. — Les pères, mères, tuteurs ou curateurs sont tenus d'assujettir leurs enfants ou les mineurs dont ils sont chargés, à la fréquentation desdites écoles pendant le temps prescrit en l'article 22.

Art. 39. — Ceux desdits parents, tuteurs ou curateurs qui négligent ce devoir y sont rappelés par les censeurs dont il sera ci-après parlé.

Après cet avis, ils encourent la censure de l'administration municipale.

Et, en cas de nouvelle négligence, ils sont condamnés correctionnellement en une interdiction des assemblées primaires, pendant un temps qui ne peut être moins d'un an ni de plus de trois, et en une amende égale au montant de leurs contributions directes.

§ V. — Surveillance des Écoles.

Art. 40. — Le président de l'administration municipale et le commissaire du Directoire exécutif dans chaque canton ou dans chaque arrondissement de municipalité sont institués censeurs des Écoles primaires du canton ou de l'arrondissement; et en cette qualité, ils ont, ensemble ou séparément, entrée dans lesdites écoles pour y prendre connaissance de l'état de l'enseignement et de tout ce qui concerne l'exécution de la loi.

Art. 41. — Dans la première décade de chaque trimestre, les instituteurs adressent à l'administration municipale l'état nominatif de leurs élèves, avec des notes sur leur assiduité et leurs progrès dans les différentes parties de l'enseignement, et les censeurs rendent compte du résultat de leur inspection.

L'administration municipale est tenue de faire acte de l'envoi ci-dessus et du compte rendu par les censeurs.

Art. 42. — Si les censeurs ou l'un d'eux reconnaissent que des parents, tuteurs ou curateurs négligent l'obligation qui leur est imposée pour l'instruction de leurs enfants ou de leurs mineurs, ils les y rappellent ainsi qu'il est dit en l'article 38 ; et si lesdits parents, tuteurs ou curateurs persistent dans leur négligence, ils les dénoncent à l'administration municipale, qui les censure s'il y a lieu ; et après la censure, ils les dénoncent au commissaire du Directoire, près le tribunal de police correctionnelle, qui est tenu de les poursuivre.

Art. 43. — Si l'administration municipale reconnaît qu'un instituteur néglige les obligations soit en général, soit envers quelqu'un de ses élèves, elle lui donne les avis qu'elle juge convenables.

Art. 44. — Si elle juge qu'un instituteur contrevient formellement à ses devoirs, elle déclare qu'il y a lieu à examen. La délibération est envoyée à l'administration centrale, qui convoque le dernier jury d'examen et fait citer l'instituteur à jour fixe devant ce jury. La citation est notifiée par le greffier de l'administration municipale.

Art. 45. — Le jury, après avoir examiné les faits et interrogé l'inculpé, a la faculté de le renvoyer à ses fonctions, de le censurer ou de lui prescrire les réformes qu'il juge convenables, ou il déclare qu'il y a lieu à destitution.

La destitution n'a lieu qu'aux deux tiers des suffrages du jury formé au nombre de six.

Art. 46. — Le jury, dans tous les cas, dresse procès-verbal de son examen et l'adresse à l'administration centrale, qui prononce la destitution et pourvoit au remplacement; et, en cas de discordance avec le jury, elle en réfère au Ministre en cette partie, et statue.

Art. 47. — Les censeurs veillent à ce que l'École soit tenue intermédiairement par celui qui est chargé de suppléer l'instituteur ou par tout autre citoyen que l'administration municipale commet à cet effet.

Art. 48. — Le traitement de l'instituteur cède au profit de celui qui le remplace, à compter du jour de la citation à comparaître devant le jury d'examen.

Art. 49. — Les censeurs peuvent, en tout état de cause, requérir l'administration municipale de délibérer sur un instituteur, qu'ils estiment manquer formellement à ses devoirs, ainsi que sur les parents, tuteurs ou curateurs à qui ils estiment avoir à imputer de la négligence.

ART. 50. — Les arrêtés des corps administratifs, relativement à l'enseignement public, sont considérés comme tous autres actes de leur administration.

ART. 51. — Dans la première décade de chaque trimestre, les commissaires du Directoire exécutif près les administrations municipales certifient l'administration centrale de l'exécution de la loi concernant les Écoles de leur arrondissement et spécialement de l'exécution des articles 33, 34, 35 et 42.

Le commissaire du Directoire près l'administration centrale en certifie le Ministre dans le mois suivant; et le Directoire exécutif instruit le Corps législatif de l'état et des progrès de l'enseignement, par un message, dans la première décade de chaque nouvelle session.

---

20 février 1799. **Opinion de Sonthonax sur le projet présenté par la Commission d'Instruction publique, relativement aux Écoles primaires.**

1er Ventôse An VII (20 Février 1799).

Dans ces circonstances, je demande :

1° Que l'instruction primaire soit uniforme dans toute l'étendue de la République, et qu'il y ait une École primaire par chaque commune ;

2° Que les parents, les tuteurs et, en général, tous les citoyens chargés de la surveillance des enfants soient tenus de les envoyer aux Écoles primaires, et ce, sous peine de la dégradation civique.

---

20 avril 1799. **Projet d'Andrieux concernant les Écoles primaires.**

1er Floréal An VII (20 Avril 1799).

Le Conseil des Cinq-Cents, après avoir entendu le rapport des Commissions réunies d'Instruction publique et d'Institutions républicaines, et les trois lectures constitutionnelles ;

Considérant que l'instruction en général, mais surtout la première instruction, indispensable à tous les citoyens, est une dette de la société envers ses membres, qu'elle doit être mise à la portée de tous ;

Que les instituteurs et institutrices primaires sont chargés de remplacer les pères et mères dans un de leurs plus saints devoirs, celui de former le cœur des enfants et de leur inspirer de bonne heure le principe et l'amour de la morale républicaine ;

Qu'ils sont les magistrats de l'enfance, et de véritables fonctionnaires publics, puisque la plus chère espérance de la patrie est dans leurs mains ;

Qu'il importe qu'ils soient honorés, considérés, traités convenablement, et qu'ils aient la confiance de leurs concitoyens ;

Considérant, enfin, que les lois rendues jusqu'à ce jour sur cette matière n'ont pas encore atteint le but que les législateurs doivent se proposer, et qu'il est indispensable de donner à l'Instruction publique une direction conforme à l'esprit, aux mœurs, aux affections républicaines ;

Prend la résolution suivante :

ARTICLE 1er. — Les instituteurs et institutrices primaires sont des fonctionnaires publics. Ils doivent être majeurs, et les instituteurs doivent avoir l'exercice actuel des droits de citoyen français.

11.

ART. 2. — Ils seront élus par les assemblées primaires pour cinq ans et ne pourront être destitués. Ils seront rééligibles indéfiniment.

En cas de vacance par démission volontaire, par mort ou autrement, il sera pourvu au remplacement par l'administration centrale du département, sur la présentation de l'administration municipale du canton. Ce remplacement ne sera que pour le temps qui devra s'écouler jusqu'à la prochaine convocation des assemblées primaires.

ART. 3. — Les instituteurs et institutrices primaires pourront être traduits en jugement devant le tribunal correctionnel du canton pour fait d'incivisme, mauvaises mœurs et banqueroute.

L'action appartiendra tant à l'agent municipal qu'à tous les pères et mères de famille de l'arrondissement.

La condamnation, si elle est prononcée par le tribunal, emportera la destitution, sans préjudice d'autres peines, s'il y a lieu.

Le jugement sera jugé, à l'appel, dans les formes ordinaires.

ART. 4. — Les Écoles primaires seront distribuées par les administrations centrales, sous l'approbation du Directoire exécutif, dans les proportions suivantes : pour les communes éparses dans chaque arrondissement de 1 000 à 1 200 habitants de tout âge et de tout sexe, deux écoles, une de garçons et une de filles ; — dans chaque commune de 12 à 1 500 habitants, deux écoles, une de chaque sexe ; — dans les communes au-dessus de 1 500 habitants jusqu'à 6 000, deux écoles de même, à raison de 1 500 à 2 000 habitants ; — dans les communes au-dessus de 6 000 habitants, jusqu'à 12 000, deux écoles de même, à raison de 2 000 à 2 500 habitants ; — dans les communes au-dessus de 12 000 habitants, jusqu'à 24 000, deux écoles de même, à raison de 2 500 à 3 000 habitants ; — dans les communes au-dessus de 24 000 habitants, jusqu'à 100 000, deux écoles de même, à raison de 3 500 à 4 000 habitants ; — dans les communes au-dessus de 100 000 habitants, sauf Paris, deux écoles de même, à raison de 5 000 habitants ; — et dans la commune de Paris deux écoles de même, à raison de 6 000 habitants.

ART. 5. — Les administrations centrales déterminent le lieu et l'arrondissement des Écoles, eu égard au nombre des habitants et à la position respective des localités, de manière toutefois qu'il y ait au moins une École de chaque sexe dans chaque chef-lieu de canton.

ART. 6. — Les instituteurs et institutrices primaires tiennent la place des pères et mères : comme ils ont dans leurs mains l'espérance de la République, ils doivent former pour elle des citoyens, des hommes justes, courageux, bienfaisants ; des femmes douces, laborieuses, économes ; ils se rappelleront sans cesse que, s'il y a des enfants incapables de faire des progrès dans les sciences, il n'en est point qui ne puisse apprendre la vertu.

ART. 7. — Ils sont spécialement chargés d'appliquer les préceptes de la morale aux actions, à la conduite et à la situation journalière de leurs élèves, de former leurs opinions et leur jugement, de les diriger par l'exemple et de leur inspirer l'amour de la patrie et les sentiments de liberté et d'égalité qui doivent caractériser quiconque sait vivre de son travail, et est appelé à exercer les droits de citoyen.

ART. 8. — L'enseignement dans les Écoles primaires consiste principalement à apprendre à lire, à écrire, et les éléments du calcul. Les instituteurs pourront y joindre, sur différents objets à la portée des enfants, des notions premières qui contribuent à développer leur intelligence et à exercer leur jugement.

ART. 9. — Le Directoire exécutif indiquera les meilleurs livres élémentaires à l'usage des instituteurs et des enfants, mais seulement en ce qui concerne l'enseignement.

Art. 10. — Quant aux livres de morale républicaine, destinés à être appris par cœur par les enfants et à leur inspirer les premiers sentiments et les premiers principes qui doivent devenir la règle de leur vie tout entière, ces livres ne pourront être indiqués et autorisés que par une loi.

Art. 11. — Le Corps législatif décernera une récompense nationale à l'auteur qui aura composé un premier livre élémentaire de morale, propre à être mis dans les mains des enfants de l'un et de l'autre sexe. Ce livre devra être en prose et par demandes et réponses.

Art. 12. — Les Écoles primaires vaqueront le décadi toute la journée, et le quintidi au soir.

Art. 13. — L'après-midi de ces deux jours sera consacré à des jeux et à des amusements en commun pour les enfants de chaque sexe, sous la surveillance les uns de l'instituteur, les autres de l'institutrice. Ces réunions et ces jeux auront lieu en plein air et dans la campagne, autant que la saison et le temps le permettront, sinon dans l'école même. Les jeux des garçons auront pour objet non seulement de leur former une constitution robuste, de les rendre agiles et découplés, et propres au métier des armes, mais de les accoutumer de bonne heure à la règle, à l'égalité, à la fraternité, aux concurrences, à vivre sous les yeux de leurs concitoyens et à désirer l'approbation publique. Les jeux des filles, en développant leurs forces physiques et les grâces de leur sexe, seront dirigés vers les goûts simples et les vertus modestes qui leur conviennent.

La contrainte ne se fera point sentir dans ces réunions, afin que le plaisir et le bonheur, qui semblent n'être faits que pour cet âge, s'y trouvent ; les instituteurs surveilleront, mais en usant le moins qu'il sera possible de leur autorité.

Art. 14. — Les enfants étrangers à l'École pourront être admis à ces jeux, mais à condition : 1° que l'instituteur ou l'institutrice le permettra ; 2° qu'ils y seront conduits et en seront ramenés par leurs parents, tuteurs ou curateurs ; 3° que, pendant le temps de la réunion, ils seront entièrement soumis à l'autorité de l'instituteur ou de l'institutrice.

Art. 15. — Les instituteurs ou institutrices donneront, pendant l'année, de petites récompenses en objets qui soient agréables aux enfants, comme gravures, médailles représentant des hommes célèbres par des vertus républicaines et des services rendus à leur patrie ; chansons, livres à leur portée, etc., il sera alloué à chaque instituteur et institutrice, par l'administration municipale, suivant la localité, depuis 15 jusqu'à 25 francs par an de dépense pour cet objet.

Art. 16. — Deux fois par an, le jour de la fête de la fondation de la République et le jour de la fête de la Jeunesse, il sera distribué publiquement des prix aux enfants dont les instituteurs seront le plus satisfaits. Les parents et tous les enfants assisteront à cette solennité ; l'administration municipale y présidera, et elle fixera pour cette dépense, ainsi que pour celle portée en l'article précédent, une somme qui sera allouée chaque année en dépense locale.

Art. 17. — Il sera payé à chaque instituteur, pour son logement, une somme de 100 francs, lorsque la population de l'arrondissement de l'École ou celle de la commune qu'il habite est au-dessous de 1 500 habitants ; — de 150 francs pour une population de 1 500 à 2 500 ; — de 200 francs pour une population de

2 500 à 5 000 ; — de 250 francs pour une population de 5 000 à 10 000 ; — de 300 francs pour une population de 10 000 à 50 000 ; — de 350 francs pour une population de 30 000 à 100 000 ; — de 400 francs pour une population de 100 000 et au-dessus, sauf Paris ; — et à Paris de 500 francs.

ART. 18. — Quand il y aura dans l'arrondissement d'une École primaire un bâtiment national, non vendu ni soumissionné, dont le loyer, en tout ou en partie, si le bâtiment est divisible, n'excédera pas en valeur l'indemnité relative, mentionnée dans l'article précédent, l'instituteur y sera logé, après avoir obtenu l'autorisation de l'administration centrale, sur l'avis de l'administration municipale. Dans ce cas, les réparations locatives seulement seront à la charge de l'instituteur.

ART. 19. — L'instituteur primaire jouira aussi d'un traitement fixe et égal à l'indemnité de son logement, ou à celle qu'il avait, si le logement ne lui était pas donné par la Nation ou fourni par la commune. Ce traitement fixe et l'indemnité de logement, quand l'instituteur ne sera pas logé, de même que les grosses réparations et celles usufruitières, lorsqu'il sera logé dans un bâtiment national ou fourni par la commune, feront partie des charges locales des cantons ; le montant en sera réparti sur tous les contribuables en proportion des contributions directes, et recouvré par les percepteurs des communes. Dans celles où il y aura des octrois de bienfaisance établis, une portion du produit de l'octroi pourra être appliquée à cette dépense, mais seulement d'après une décision du Corps législatif, sur la demande de l'administration centrale du département.

ART. 20. — Outre le traitement fixe et le logement en nature ou l'indemnité qui en tiendra lieu, l'instituteur primaire recevra une rétribution individuelle des enfants de son école. Elle sera ou convenue de gré à gré entre l'instituteur et les parents ou tuteurs de chaque enfant, ou fixée par l'administration municipale du canton, eu égard aux localités.

ART. 21. — Après vingt ans d'exercice non interrompus, les instituteurs auront une pension de retraite égale à la moitié du traitement fixé et de l'indemnité de logement. Cette pension sera payée par les contribuables de la commune de la même manière que le traitement de l'instituteur en activité. Elle ne sera point compatible avec le traitement.

ART. 22. — Il n'y a point d'incompatibilité entre les fonctions d'instituteur primaire et l'exercice d'un emploi, d'un art, d'un métier et d'un commerce quelconque.

ART. 23. — Les articles 17 et suivants, jusques et y compris le vingt-deuxième sont communs aux institutrices, sous cette exception seulement, que le traitement fixe et l'indemnité de logement, s'il y a lieu, et la pension de retraite seront pour les institutrices d'un cinquième de moins que ceux des instituteurs.

21 mars 1800.

Extrait de la loi relative à la liquidation de la Dette publique.

30 Ventôse An VIII (21 Mars 1800).

ARTICLE 1er. — Il est affecté aux dépenses de l'Instruction publique et à celles des militaires invalides un capital de cent quatre-vingts millions en biens nationaux, valeur de 1790. Ces biens seront incessamment distraits de la masse ; ils ne pourront être aliénés, ni leur destination changée, sans une loi. Leurs revenus seront appliqués, dans la proportion des trois quarts, à l'Instruction publique, et d'un quart aux militaires invalides.

---

4 novembre 1800.

Arrêté relatif à l'application du système décimal des poids et mesures.

13 Brumaire An IX (4 Novembre 1800).

Les Consuls de la République, sur le rapport du Ministre de l'Intérieur, le Conseil d'État entendu, arrêtent :

ARTICLE 1er. — Conformément à la loi du 1er vendémiaire An IV[1], le système décimal des poids et mesures sera définitivement mis à exécution pour toute la République, à compter du 1er vendémiaire An X.

ART. 2. — Pour faciliter cette exécution, les dénominations données aux mesures et aux poids pourront, dans les actes publics,

---

1. Voir, page 63, le décret du 14 thermidor An I (1er août 1793), page 107, le décret du 18 germinal An III (7 avril 1795). — Voir également, en ce qui concerne les monnaies, les lois du 28 thermidor An III (15 août 1795), 7 germinal An XI (28 mars 1803), les lois des 25 mai 1866 et 27 juin 1866. — La loi du 4 juillet 1837 a rendu absolument obligatoire le système métrique à dater du 1er janvier 1840.

Le système métrique décimal est *obligatoire* dans 19 États : France et Colonies, Belgique, Pays-Bas, Suède, Norvége, Allemagne, Autriche-Hongrie, Suisse, Italie, Roumanie, Grèce, Espagne, Portugal, Brésil, Colombie, Équateur, Pérou, Chili, République Argentine.

Il est légalement reconnu à titre *facultatif* dans l'Angleterre, le Canada, les États-Unis.

Il est *accepté* pour le service des douanes en Russie, en Turquie, dans l'Inde anglaise, le Vénézuéla, l'Uruguay.

La France, la Belgique, l'Italie, la Suisse, la Grèce, constituent les cinq États unis d'après la convention de Paris du 23 décembre 1865 pour le système des monnaies.

comme dans les usages habituels, être traduites par les noms fran-
cais qui suivent :

MESURES.	NOMS SYSTÉMATIQUES.	TRADUCTION.	VALEUR.
Mesures itinéraires.	Myriamètre.	Lieue.	10 000 mètres.
	Kilomètre.	Mille.	1 000 mètres.
	Décamètre.	Perche.	10 mètres.
Mesures de longueur.	Mètre.		Unité fondamentale des poids et mesures; dix-millionième partie du quart du méridien terrestre.
	Décimètre.	Palme (le).	10e de mètre.
	Centimètre.	Doigt.	100e de mètre.
	Millimètre.	Trait.	1000e de mètre.
Mesures agraires.	Hectare.	Arpent.	10 000 mètres carrés.
	Are.	Perche carrée.	100 mètres carrés.
	Centiare.	Mètre carré.	
Mesures de capacité (pour les liquides).	Décalitre.	Velte.	10 décimètres cubes.
	Litre.	Pinte.	Décimètre cube.
	Décilitre.	Verre.	10e de décimètre cube.
Mesures de capacité (pour les matières sèches).	Kilolitre.	Muid.	1 mètre cube ou 1 000 décimètres cubes.
	Hectolitre.	Setier.	100 décimètres cubes.
	Décalitre.	Boisseau.	10 décimètres cubes.
	Litre.	Pinte.	Décimètre cube.
Mesures de solidité.	Stère.	Solive.	Mètre cube.
	Décistère.		10e de mètre cube.
		Millier.	1 000 livres (poids du tonneau de mer).
		Quintal.	100 livres.
Poids.	Kilogramme.	Livre.	Poids de l'eau sous le volume du décimètre cube, contient 10 onces.
	Hectogramme.	Once.	10e de livre, contient 10 gros.
	Décagramme.	Gros.	10e de l'once, contient 10 deniers.
	Gramme.	Denier.	10e du gros, contient 10 grains.
	Décigramme.	Grain.	10e du denier.

Art. 3. — La dénomination *mètre* n'aura point de synonyme
dans la désignation de l'unité fondamentale des poids et mesures.
Aucune mesure ne pourra recevoir de dénomination publique qu'elle
ne soit un multiple ou un dividende décimal de cette unité.

Art. 4. — Le mesurage des étoffes sera fait par mètre, dixième
et centième de mètre.

Art. 5. — La dénomination *stère* continuera d'être employée
dans le mesurage du bois de chauffage et dans la désignation des
mesures de solidité; dans les mesures des bois de charpente, on
pourra diviser le stère en dix parties, qui seront nommées *solives*.

Art. 6. — Les dénominations énoncées dans l'art. 2 pourront être écrites à côté des noms systématiques sur les mesures et les poids déjà fabriqués; elles pourront être inscrites, ou seules ou à côté des premiers noms, sur les poids et mesures qui seront fabriqués par suite.

Art. 7. — Dans tout acte public d'achat ou de vente, de pesage ou de mesurage, on pourra, suivant les dispositions précédentes, se servir de l'une ou de l'autre nomenclature.

Art. 8. — Le Ministre de l'Intérieur adressera, dans le plus court délai, à tous les préfets et sous-préfets des mesures-matrices, pour servir de modèles; elles seront déposées au secrétariat. Ces mesures-modèles seront prises dans les poids et mesures, aujourd'hui appartenant à la République. Le surplus sera vendu, et toute fabrication pour le compte du Gouvernement cessera.

Art. 9. — Le Ministre de l'Intérieur présentera aux Consuls, dans le plus court délai, d'après l'avis des préfets, le tableau des communes dans lesquelles il doit être établi des vérificateurs, en exécution de l'art. 13 de la loi du 1er vendémiaire An IV. — Il fera rédiger et publier les tableaux et instructions nécessaires à l'exécution des articles précédents.

Art. 10. — Le Ministre de l'Intérieur est chargé de l'exécution du présent arrêté, qui sera inséré au *Bulletin des Lois*.

---

8 novembre 1800.

Projet de loi sur l'Instruction publique, présenté au Conseil d'État, section de l'Intérieur, par J. A. Chaptal [1].

18 Brumaire An IX (8 Novembre 1800).

Titre Ier. — *Division de l'Instruction publique.*

Article 1er. — Il y aura trois degrés d'Instruction publique en France.

A cet effet, il sera créé des *Écoles municipales*, des *Écoles communales*, des *Écoles spéciales*.

[1]. Voir pour le texte de l'exposé des motifs le *Moniteur universel* (nonidi, 19 brumaire An IX), pages 190 et suivantes.

Voir ci-après, page 176, la circulaire du 25 ventôse An IX (15 mars 1801) prescrivant une enquête sur l'état de l'enseignement en France avant 1789.

Le projet de Chaptal ne reçut aucune suite. Au bout d'un an, le Premier Consul en fit présenter un autre, qui aboutit à la loi du 11 floréal An X (voir page 178).

Voir également :

I. Idée sommaire d'un grand travail :

1º Sur la nécessité, l'objet et les avantages de l'instruction;

2º Sur tous les genres de difficultés qui s'opposent à ses progrès;

3º Sur l'aplanissement de ces mêmes difficultés..... par le citoyen D. L. C. Un in-12 de 40 pages, chez Maradan (Paris), An VIII;

II. Observations sur le système actuel d'Instruction publique par le citoyen Destutt-

ART. 2. — Les *Écoles municipales* ont pour objet de donner la première instruction nécessaire à tous.

Les citoyens chargés de cet enseignement s'appelleront *maîtres d'école*.

ART. 3. — On enseignera, dans les *Ecoles communales*, les connaissances premières nécessaires à ceux qui sont apppelés à remplir des fonctions publiques, à exercer des professions libérales, ou à vivre dans les classes éclairées de la société.

Les citoyens chargés de cette portion de l'Instruction publique porteront le nom d'*instituteurs*.

ART. 4. — Les *Écoles spéciales* sont consacrées à l'enseignement exclusif d'une science ou d'un art.

Les maîtres de cet enseignement auront le titre de *professeurs*.

ART. 5. — Un *Institut national* (créé par l'article 88 de la Constitution) est chargé de recueillir les découvertes, de perfectionner les sciences et les arts.

ART. 6. — L'Instruction publique est libre en France : il est permis à tout citoyen français d'en former des établissements.

TITRE II. — *Répartition des Écoles publiques.*

§ Ier. — ÉCOLES MUNICIPALES.

ART. 1er. — Les *Écoles municipales* seront réparties de façon que l'instruction première soit possible pour tous.

ART. 2. — Le conseil municipal de chaque ville, bourg ou village, formera la demande de l'établissement d'une ou plusieurs Écoles municipales.

ART. 3. — La demande motivée du conseil municipal sera soumise au conseil d'arrondissement, qui pourra l'admettre ou la rejeter.

ART. 4. — Le conseil d'arrondissement ne pourra pas refuser l'établissement d'une École municipale dans les deux cas suivants :

1° Lorsque la distance du chef-lieu de la municipalité à une École voisine est de plus de deux milles ;

2° Lorsque la population s'élève à 2 000 habitants dans les campagnes et à 3 000 dans une ville ou section de ville.

ART. 5. — Les municipalités pourvoiront, à leurs frais, à l'emplacement de l'École et au logement du maître.

§ II. — ÉCOLES COMMUNALES.

ART. 1er. — Les conseils d'arrondissement adresseront leur demande, pour l'établissement des *Écoles communales*, au conseil du département.

ART. 2. — La demande du conseil d'arrondissement sera motivée sur la population, le genre d'industrie, le montant des contributions et l'existenced'un local approprié aux frais de la commune pour recevoir l'établissement.

Tracy, membre du Sénat conservateur et membre associé de l'Institut national. Un in-12 de 80 pages, chez v[e] Panckoucke, An IX;

III. Plan d'éducation publique ou essai sur la nécessité et les moyens de réunir l'éducation à l'instruction publique, présenté au Gouvernement par le citoyen J. Toussaint (avec une épigraphe de Charron, *De la Sagesse*, liv. III, chap. XIV, t. 4, p. 106). Un in-12 de 47 pages chez Fusch, An X.

ART. 3. — Les conseils généraux de département seront tenus de faire droit à la demande du conseil d'arrondissement dans les deux cas suivants :

1° Lorsque la population de l'arrondissement excède 100 000 âmes ;

2° Lorsque le chef-lieu de l'arrondissement a plus de 10 000 habitants.

ART. 4. — Il pourra y avoir dans Paris plusieurs Écoles communales ; le conseil général du département en déterminera le nombre.

§ III. — ÉCOLES SPÉCIALES.

ART. 1er. — Les *Écoles spéciales* seront établies nominativement par la loi, et réparties de manière qu'elles puissent fournir une instruction suffisante pour toutes les professions libérales de la société.

TITRE III. — *Organisation générale des Écoles d'Instruction publique.*

§ Ier. — ÉCOLES MUNICIPALES.

ART. 1er. — Les élèves ne seront reçus dans les Écoles municipales que depuis l'âge de six ans jusqu'à celui de douze.

ART. 2. — Dans les Écoles municipales on apprendra à lire, écrire et chiffrer. On y terminera l'instruction par les principes et la pratique de l'arpentage et du toisé.

ART. 3. — L'enseignement sera gradué dans les Écoles municipales.

Il y aura trois degrés d'instruction dans chaque École :

Le premier aura pour but d'apprendre à lire ; le second, à écrire ; le troisième, à chiffrer, arpenter et toiser.

ART. 4. — Le maître d'école donnera à tous les élèves des leçons de morale, et leur expliquera la Constitution.

ART. 5. — Le temps des leçons, le séjour dans l'École, l'époque et la durée des vacances, seront réglés par le conseil municipal.

ART. 6. — Il y aura congé tous les quintidis et décadis, de même que les jours de fêtes nationales.

§ II. — ÉCOLES COMMUNALES.

ART. 1er. — Les élèves ne seront reçus dans les Écoles communales qu'au-dessus de l'âge de dix ans ; et nul ne pourra y être admis s'il ne sait lire, écrire et chiffrer.

ART. 2. — Le cours d'études, dans chaque École communale, sera de quatre années.

ART. 3. — Dans chaque École communale, l'instruction sera divisée en *cinq classes.*

Dans la première, on enseignera la grammaire française et les principes de la langue latine ;

Dans la seconde, on continuera ces deux études, et on y joindra les premiers éléments de l'histoire naturelle et de la géographie ;

Dans la troisième, outre la continuation de l'étude des langues, on apprendra les éléments des mathématiques et de la physique ;

Dans la quatrième, on s'occupera essentiellement de la littérature ancienne et moderne, et l'on continuera les études précédentes.

Dans les villes dont la population est au-dessus de 30 000 habitants, il y aura une cinquième classe, dans laquelle on enseignera la chimie et la physique expérimentale.

Il y aura une classe particulière pour le dessin, qui sera ouverte à tous les élèves de l'École pendant les quatre ou cinq années de scolarité.

Art. 4. — Un seul instituteur sera attaché à chacune de ces classes.

Art. 5. — Aucun élève entrant dans l'École ne pourra être reçu dans l'une ou l'autre de ces classes qu'après que le directeur de l'École aura constaté son degré d'instruction par un examen préalable.

Art. 6. — Les études seront d'une année dans chacune de ces quatre premières classes ; et nul ne pourra être admis à une classe supérieure que d'après un examen sur la partie d'instruction qu'on donne dans la classe qui est au-dessous.

Art. 7. — Les conseils d'arrondissement ou de département pourront, suivant les localités, ajouter à l'instruction ci-dessus l'enseignement de quelques langues vivantes.

Art. 8. — Dans chaque École communale, il y aura un directeur chargé de surveiller l'enseignement et de maintenir le bon ordre. Il donnera des leçons de morale deux fois par décade.

Art. 9. — Les Écoles communales vaqueront les quintidis et les décadis, et depuis le 15 thermidor jusqu'au 1er vendémiaire.

Art. 10. — Il sera fait des règlements particuliers par le Gouvernement pour déterminer les heures des leçons, la police de l'École, le mode de tous les examens, etc.

§ III. — Écoles spéciales.

Art. 1er. — Nul ne sera reçu dans une École spéciale s'il n'est instruit de tout ce qui s'enseigne dans les Écoles communales. Chaque élève subira, à cet effet, un premier examen d'admission.

Art. 2. — Nul ne pourra être admis dans une École spéciale s'il n'a atteint l'âge de seize ans.

Art. 3. — Sont seuls exceptés des dispositions ci-dessus les élèves de dessin, musique et art vétérinaire, lesquels ne sont tenus que de savoir lire, écrire et chiffrer.

Art. 4. — Les professeurs de chaque École se réuniront en conseil au moins une fois par décade, pour délibérer sur tout ce qui a rapport à l'instruction qui leur est confiée; ils nommeront, tous les ans, dans leur sein, un directeur, qui sera chargé de l'administration, surveillance, correspondance, et de la tenue du registre des élèves.

Art. 5. — Il sera fait par le Gouvernement, pour chaque École spéciale, des règlements pour déterminer l'ordre de l'enseignement, fixer l'époque des cours et les heures des leçons, et assurer une bonne discipline dans chaque École.

Titre IV. — *Nomination des maîtres de l'Instruction publique.*

Art. 1er. — Nul ne pourra exercer des fonctions dans l'Instruction publique s'il n'est citoyen français, ou admis à le devenir, s'il n'a fait sa promesse de fidélité à la Constitution, et s'il n'a déclaré à l'autorité civile du lieu qu'il ouvre une École d'instruction.

§ Iᵉʳ. — ÉCOLES MUNICIPALES.

ART. 1ᵉʳ. — Les *maîtres d'Écoles municipales* seront nommés par le conseil municipal, réuni à un nombre égal de pères de famille désignés par le *maire*.

ART. 2. — Cette nomination devra être confirmée par le sous-préfet, qui, en cas de refus, est tenu de le motiver.

ART. 3. — Dans le cas où le sous-préfet refuse de confirmer la nomination, le Conseil municipal présente un second candidat.

§ II. — ÉCOLES COMMUNALES.

ART. 1ᵉʳ. — Les nominations aux places d'*instituteur* dans les Écoles communales seront faites à Paris, ou dans le département où la place est vacante.

ART. 2. — Seront nommés à Paris :

1º Les instituteurs d'*histoire naturelle*, ou de la seconde classe;

2º Ceux de *physique et chimie*, ou de la cinquième classe;

3º Ceux de *littérature ancienne et moderne*, ou de la quatrième classe;

4º Les instituteurs de *dessin*.

Les premiers seront nommés par les professeurs d'histoire naturelle à l'*École spéciale du Jardin des Plantes ;* les seconds et les troisièmes par les professeurs de l'*Ecole spéciale de littérature et sciences physiques et mathématiques* (Collège de France); les quatrièmes, par les professeurs de l'*Ecole spéciale des arts du dessin.*

ART. 3. — La vacance de l'une de ces places sera annoncée au Ministre de l'Intérieur par le préfet du département; le Ministre en préviendra l'École qui doit nommer, et déterminera le jour auquel les candidats pourront se présenter au concours.

ART. 4. — Les professeurs présenteront au Gouvernement celui des concurrents qu'ils auront jugé le plus capable, et il lui sera délivré un diplôme d'instituteur.

ART. 5. — Seront nommés dans les départements tous les instituteurs non compris dans l'article 2.

ART. 6. — Pour procéder à la nomination d'un instituteur dans un département, il sera créé, par le préfet, un jury composé de trois citoyens distingués par leurs connaissances et leur moralité.

ART. 7. — Ce jury sera renouvelé par tiers chaque année.

ART. 8. — Du moment où une place sera vacante, le préfet en instruira le jury, et déterminera le jour du concours.

ART. 9. — Le concours n'aura lieu qu'autant que le jury ne trouverait point, parmi les élèves salariés du pensionnat (Titre VIII), un citoyen capable de remplir la place vacante.

ART. 10. — Le préfet adressera au Ministre de l'Intérieur le nom du candidat proposé, pour qu'il lui soit délivré un diplôme d'instituteur.

ART. 11. — Le mode d'examen ou de concours, tant à Paris que dans les départements, sera réglé par le Gouvernement.

ART. 12. — La nomination du directeur de chaque École communale sera faite par le conseil d'arrondissement, et confirmée par le Gouvernement.

§ III. — ÉCOLES SPÉCIALES.

ART. 1er. — Les premières nominations aux places de professeurs dans celles des Écoles spéciales qui ne sont pas encore établies, seront faites par le Gouvernement.

ART. 2. — Les remplacements aux places de professeurs dans les Écoles spéciales se feront, par la suite, d'après un concours public ouvert dans le sein de l'École et d'après le mode réglé par le Gouvernement.

Les professeurs seront juges du concours, et présenteront au Gouvernement, pour en obtenir un diplôme de professeur, celui des concurrents qui aura paru le plus capable.

ART. 3. — Les directeurs attachés à l'une des Écoles spéciales où ils n'exercent point les fonctions de professeurs, seront nommés par le Gouvernement.

TITRE V. — *Destitution des maîtres de l'Instruction publique.*

ART. 1er. — Les maîtres d'école pourront être révoqués par le conseil municipal.

ART. 2. — Les instituteurs pourront être suspendus de leurs fonctions par le jury : leur destitution ne pourra être prononcée que par le Gouvernement et après avoir entendu l'accusé.

ART. 3. — Les professeurs ne seront destitués que sur l'avis d'un jury nommé par le Gouvernement, et composé de cinq membres pris parmi les professeurs des Écoles spéciales.

TITRE VI. — *Traitement des maîtres de l'Instruction publique.*

§ Ier. — ÉCOLES MUNICIPALES.

ART. 1er. — Le traitement des maîtres d'école sera réglé d'après la population et dans la proportion suivante :

Dans les villes, bourgs ou villages dont la population est de :
- 5 000 habitants et au-dessous. . . 400 fr.
- 5 000 à 15 000 500
- 15 000 à 30 000 600
- 30 000 à 50 000 800
- au-dessus. 1 000

ART. 2. — Ce traitement sera payé, moitié par l'arrondissement communal, sur les centimes additionnels, et le surplus sera fourni par la municipalité, d'après les arrangements qui seront faits entre le conseil municipal, réuni à un nombre égal de pères de famille, et le maître d'école.

ART. 3. — Les maîtres d'école ne pourront pas se refuser à servir de secrétaires aux maires des campagnes, pour la tenue du registre de l'état civil. Ils ne pourront exiger aucun salaire pour ces fonctions.

§ II. — ÉCOLES COMMUNALES.

ART. 1er. — Le traitement des instituteurs sera fixé d'après la population de la ville où est formé l'établissement, et dans la proportion suivante :

	5 000 habitants et au-dessous . . .	1 200 fr.
	5 000 à 15 000	1 500
Dans les villes dont la po-	15 000 à 30 000	1 800
pulation est de :	30 000 à 50 000	2 000
	50 000 à 100 000	2 200
	au-dessus.	2 500

ART. 2. — Ce traitement sera pris, moitié sur les centimes additionnels de l'arrondissement, moitié sur ceux du département.

ART. 3. — Dans le cas où il existerait des revenus affectés à l'Instruction publique dans un arrondissement, il ne sera pris sur les centimes que le surplus de la somme nécessaire.

ART. 4. — Le traitement du directeur de l'École sera d'une moitié en sus de celui d'un instituteur.

§ III. — ÉCOLES SPÉCIALES.

ART. 1er. — Les professeurs des Écoles spéciales seront payés par le Trésor public, et dans la proportion suivante :

Professeurs de médecine.	2 000 fr.
— de législation.	2 000
— de l'École des arts du dessin.	2 500
— de l'École de musique à Paris.	2 200
— des six Écoles de musique des départements. .	1 000
Les professeurs de chacune des autres Écoles spéciales. .	5 000

ART. 2. — Les professeurs de médecine et de législation percevront, outre le traitement fixe, un traitement éventuel fourni par chaque élève.

ART. 3. — Le traitement éventuel sera de 500 francs par élève pour tout le temps de scolarité. Il sera payé par parties égales, de trois mois en trois mois.

TITRE VII. — *Traitements de retraite.*

ART. 1er. — Tout *maître d'école*, *instituteur* ou *professeur* a droit à un traitement de retraite après vingt ans de service effectif dans l'Instruction publique, et dans le cas d'infirmité constatée.

ART. 2. — Ce traitement de retraite sera moitié de celui dont il jouissait en pleine activité de service.

ART. 3. — Les professeurs de médecine et de législation auront pour leur retraite la totalité de leurs appointements fixes.

ART. 4. — Lorsqu'après vingt années d'enseignement public un *maître d'école*, *instituteur* ou *professeur* voudra continuer son service, il pourra cumuler un quart de son traitement de retraite avec son traitement effectif pendant les dix premières années, moitié pendant les dix années suivantes, trois quarts pendant les autres dix années et la totalité par la suite.

ART. 5. — Le conseil municipal pourra néanmoins forcer un *maître d'école* à discontinuer l'enseignement dans tous les cas où, après vingt années de services, il le jugera incapable d'exercer ses fonctions.

Le jury de département aura le même droit sur les instituteurs, et le Gouvernement sur les professeurs.

Art. 6. — Le temps de service exigé pour avoir droit au traitement de retraite comptera du jour où le maître d'école, instituteur ou professeur, aura été appelé à remplir des fonctions publiques dans l'Instruction.

Art. 7. — Pour avoir droit au traitement de retraite, le service dans l'Instruction ne doit avoir été suspendu que pour des raisons légitimes, ou pour d'autres services publics.

Titre VIII. — *Des pensionnats et examens publics.*

Art. 1er. — Il y aura près de chaque École communale un pensionnat surveillé par le directeur de l'École.

Art. 2. — L'entreprise du pensionnat sera confiée, par le sous-préfet, au citoyen qu'il jugera le plus capable.

Art. 3. — A la fin de chaque année, et à des jours indiqués, les membres du jury départemental se transporteront dans chaque École communale pour y procéder à un examen public, en présence des autorités civiles.

Art. 4. — Ces examens seront annoncés trois mois d'avance.

Art. 5. — Les instituteurs publics et particuliers présenteront à l'examen tous ceux de leurs élèves qu'ils en jugeront dignes; ils les feront inscrire pour la partie sur laquelle ils peuvent être examinés.

Art. 6. — Le mode d'examen au concours sera réglé par le Gouvernement.

Art. 7. — Le préfet ou sous-préfet distribuera des prix, au nom du Gouvernement, à ceux des élèves qui se seront distingués, et les noms des instituteurs seront imprimés et proclamés avec ceux des élèves.

Art. 8. — Il y aura dans chaque pensionnat de l'arrondissement de la préfecture huit places payées par le Trésor public ou sur les fonds destinés à l'établissement des bourses; ces places seront réservées pour ceux des élèves peu fortunés qui se distingueront dans les concours. Le jury présentera, chaque année, au préfet, un nombre d'élèves proportionné à celui des places vacantes.

Art. 9. — Lorsqu'à l'âge de 16 ans, les élèves salariés déclareront se vouer à l'enseignement public, ils seront admis en qualité de répétiteurs dans les pensionnats, seront exercés dans l'art de l'enseignement par le directeur de l'École, et occuperont les premières places vacantes dans l'Instruction publique, pourvu toutefois que le jury les en juge capables.

Art. 10. — Les pensionnaires seront examinés tous les ans par le jury, qui fixera l'époque où ils doivent cesser d'être salariés par le Gouvernement.

Art. 11. — Si quelqu'un de ces élèves salariés annonçait du goût et des dispositions pour le dessin, l'histoire naturelle, la littérature ou toute autre science, le préfet pourra l'envoyer à Paris pour y continuer ses études; sa pension lui sera conservée pendant deux ans. Il comptera toujours parmi les huit élèves salariés du département.

Art. 12. — Les Prytanées actuellement existants seront organisés par le Gouvernement en Écoles militaires.

Titre IX. — *Organisation particulière des Écoles spéciales.*

. . . .

Titre X. — *Institut national des Sciences et Arts.*

. . . .

15 mars 1801. **Circulaire du Ministre de l'Instruction publique aux Préfets, prescrivant une enquête sur la situation de l'Instruction publique[1].**

25 Ventôse An IX (15 Mars 1801).

Une École centrale par département ne suffit pas à l'Instruction publique. Depuis 10 ans, on réclame de toutes parts le rétablissement de ces Collèges florissants où une jeunesse nombreuse trouvait une instruction facile et suffisante.

C'est au moment où la paix continentale appelle l'attention du Gouvernement sur tous les genres d'améliorations dont nos institutions sont susceptibles, qu'il doit porter ses regards sur la première et la plus puissante de toutes, l'Instruction publique.

Mais, pour ne plus rien donner à la théorie trompeuse des illusions, et assurer à la fois à la jeunesse française une instruction convenable, et pourtant appropriée aux moyens, aux besoins, aux convenances, aux localités, je vous invite à me fournir une réponse prompte et exacte aux questions suivantes.

Vous profiterez de la session actuelle des conseils d'arrondissement pour obtenir les renseignements dont j'ai besoin :

1° Quel était le nombre des établissements d'Instruction publique dans l'arrondissement avant la Révolution ?

2° Quel était le nombre des maîtres et des élèves pour chacun ?

3° Quel était le genre d'instruction qu'on y donnait ?

4° Quelles étaient les ressources ou les revenus de chaque établissement ?

5° Existe-t-il encore de disponibles, ou de non aliénés, des bâtiments autrefois consacrés à l'Instruction publique, et quel est leur état ?

6° Existe-t-il encore des revenus affectés à ces établissements ?

7° Les anciens professeurs ou maîtres de l'enseignement vivent-ils encore, et quel est leur état actuel ?

8° Quelle est l'opinion du conseil d'arrondissement sur les avantages de ces maisons d'éducation ?

9° Quelles ressources offre-t-il pour en faciliter le rétablissement ?

Aussitôt que chaque conseil d'arrondissement vous aura fait connaître son opinion, vous me la transmettrez dans le plus bref délai, avec votre avis motivé.

Je vous salue,

CHAPTAL.

---

1. Voir les réponses à cette circulaire publiées en volumes in-8° sous le titre de *Statistique des Préfets*. — Quelques-uns des rapports contiennent des renseignements assez complets sur la situation de l'enseignement primaire.

Arrêté relatif aux baux à longues années des biens ruraux appartenant aux établissements d'Instruction publique.

28 mars 1801.

7 Germinal An IX (28 Mars 1801).

ARTICLE 1ᵉʳ. — Aucun bien rural appartenant aux hospices, aux établissements d'Instruction publique, aux communautés d'habitants ne pourra être concédé à bail à longues années qu'en vertu d'arrêté spécial des Consuls.

ART. 2. — Pour obtenir des autorisations de ce genre, il sera nécessaire de produire les pièces suivantes :

1° La délibération de la Commission des hospices, de l'administration immédiatement chargés des biens consacrés à l'Instruction publique, ou du conseil municipal pour les biens communaux, portant que la concession à longues années est utile ou nécessaire ;

2° Une information *de commodo et incommodo*, faite dans les formes accoutumées, en vertu d'ordres du sous-préfet;

3° L'avis du conseil municipal du lieu où est situé l'établissement dont dépendent les biens d'hospices ou d'Instruction publique;

4° L'avis du sous-préfet de l'arrondissement;

5° L'avis du préfet du département.

ART. 3. — Le Ministre de l'Intérieur fera ensuite son rapport aux Consuls, qui, le Conseil d'État entendu, accorderont l'autorisation, s'il y a lieu.

Arrêté des Consuls qui établit une direction de l'Instruction publique au Ministère de l'Intérieur.

8 mars 1802.

17 Ventôse An X (8 Mars 1802).

ARTICLE 1ᵉʳ. — A compter du 1ᵉʳ germinal prochain, l'usage de la signature griffée n'aura plus lieu au Ministère de l'Intérieur.

ART. 2. — Deux conseillers d'État seront attachés au département de l'Intérieur, et, conformément aux dispositions des articles 7 et 12 du règlement du Conseil d'État, y seront chargés des parties d'administration qui leur seront attribuées dans l'article suivant.

ART. 3. — L'un desdits conseillers d'État aura sous sa direction tout ce qui concerne l'Instruction publique.

Art. 4. — Les bureaux nécessaires à leurs attributions seront sous leur surveillance et leur direction immédiates, et seront formés de manière qu'il n'y ait, dans le département de l'Intérieur, ni addition d'employés ni augmentation de dépenses.

1er mai 1802.

Loi générale sur l'Instruction publique [1].

11 Floréal An X (1er Mai 1802).

TITRE Ier.

Division de l'Instruction.

ARTICLE 1er. — L'Instruction sera donnée :
1° Dans des Écoles primaires établies par les communes ;

1. Par décision du 27 germinal An X, les Consuls arrêtent que le projet de loi sera proposé au Corps législatif le mardi 30 germinal. Le Premier Consul nomme pour le représenter et pour en soutenir la discussion Fourcroy, Rœderer et Regnaud (de Saint-Jean-d'Angély). « Le Gouvernement pense que la discussion sur le projet doit s'ouvrir le 10 floréal. » Signé : BONAPARTE, HUGUES B. MARET, J. G. LOCRÉ. Fourcroy donna lecture des motifs du projet le 30 germinal.

Voir le rapport fait au Tribunat, au nom de la section de l'Intérieur, par Jacquemont, 4 floréal An X (24 avril 1802).

Voir les discours prononcés au Tribunat par :
Challan et Chassiron, 6 floréal ;
Duchesne, 7 floréal ;
Siméon, Carret (du Rhône), Duvidal et Daru, 8 floréal.

Voir :
Le rapport fait au Corps législatif par Jard-Panvillier, l'un des orateurs du Tribunat, 10 floréal ;
Les discours prononcés au Corps législatif par Fourcroy (10 floréal) ; — par Rœderer et Simon (11 floréal).
La discussion fut close le 11 floréal. On sait que le Corps législatif se bornait à entendre les orateurs du Gouvernement et ceux du Tribunat ; après quoi il votait. La loi du 11 floréal fut adoptée par 251 boules blanches et 27 boules noires.

Voir :
Le Projet d'une loi portant défense d'apprendre à lire aux femmes, par S. M., chez Massé (1801). Le projet comprend un avis Aux chefs de maison, aux pères de famille et aux maris, suivi de 80 articles ; 106 pages ;
La brochure Contre le projet de loi de S. M., par une femme qui ne se PIQUE pas d'être femme de lettres, chez Ouvrier et Barba (1801), 62 pages ;
La République de l'An 50, partie morale, ou Plan d'éducation populaire, par le citoyen D., professeur d'un cours de théories nouvelles, chez Foix, pluviôse An X ; 22 pages.

12.

2° Dans des Écoles secondaires établies par des communes ou tenues par des maîtres particuliers;

3° Dans des Lycées et des Écoles spéciales entretenus aux frais du Trésor public.

Titre II.

Des Écoles primaires.

Art. 2. — Une École primaire pourra appartenir à plusieurs communes à la fois, suivant la population et les localités de ces communes.

Art. 3. — Les instituteurs seront choisis par les maires et les conseils municipaux; leur traitement se composera : 1° du logement fourni par les communes; 2° d'une rétribution fournie par les parents et déterminée par les conseils municipaux.

Art. 4. — Les conseils municipaux exempteront de la rétribution ceux des parents qui seraient hors d'état de la payer : cette exemption ne pourra néanmoins excéder le cinquième des enfants reçus dans les Écoles primaires.

Art. 5. — Les sous-préfets seront spécialement chargés de l'organisation des Écoles primaires; ils rendront compte de leur état, une fois par mois, aux préfets.

Titre III.

Des Écoles secondaires.

Art. 6.— Toute École établie par les communes ou tenue par les particuliers, dans laquelle on enseignera les langues latine et française, les premiers principes de la géographie, de l'histoire et des mathématiques, sera considérée comme École secondaire.

Art. 7. — Le Gouvernement encouragera l'établissement des Écoles secondaires et récompensera la bonne instruction qui y sera donnée, soit par la concession d'un local, soit par la distribution de places gratuites dans les Lycées à ceux des élèves de chaque département qui se seront le plus distingués, et par des gratifications accordées aux cinquante maîtres de ces Écoles qui auront eu le plus d'élèves admis aux Lycées.

Art. 8. — Il ne pourra être établi d'Écoles secondaires sans l'autorisation du Gouvernement. Les Écoles secondaires, ainsi que toutes les Écoles particulières dont l'enseignement sera supérieur à celui des Écoles primaires, seront placées sous la surveillance et l'inspection particulière des préfets.

. . . .

TITRE IX.

Dispositions générales.

ART. 40. — Les bâtiments des Lycées seront entretenus aux frais des villes où ils seront établis.

ART. 41. — Aucun établissement ne pourra prendre désormais les noms de *Lycée* et d'*Institut*. L'Institut national des Sciences et des Arts sera le seul établissement public qui portera ce dernier nom.

ART. 42. — Il sera formé, sur les traitements des fonctionnaires et professeurs des Lycées et des Écoles spéciales, un fonds de retenue qui n'excédera pas le vingtième de ces traitements. Ce fonds sera affecté à des retraites, qui seront accordées après vingt ans de service et réglées en raison de l'ancienneté. Ces retraites pourront aussi être accordées pour cause d'infirmités, sans que dans ce cas les vingt années d'exercice soient exigées.

ART. 43. — Le Gouvernement autorisera l'acceptation des dons et fondations des particuliers en faveur des Écoles ou de tout autre établissement d'Instruction publique. Le nom des donateurs sera inscrit à perpétuité dans les lieux auxquels leurs donations seront appliquées.

. . . .

---

23 juin 1802.   **Arrêté qui ordonne la formation d'un état des Écoles de chaque département, susceptibles d'être considérées comme Écoles secondaires.**

4 Messidor An X (23 Juin 1802).

Les Consuls de la République, sur le rapport du Ministre de l'Intérieur, le Conseil d'État entendu,

Arrêtent ce qui suit :

ARTICLE 1er. — Dans les dix jours qui suivront la réception du présent arrêté, les préfets et sous-préfets visiteront, dans leur arrondissement respectif, les Écoles particulières où l'on enseigne les langues latine et française, les premiers principes de la géographie, de l'histoire et des mathématiques, et qui, par ces raisons, peuvent être considérées comme Écoles secondaires; ils dresseront procès-verbal du nombre des professeurs, de celui des élèves attachés à chacune de ces Écoles, ainsi que des inconvénients et des avantages du local de chacun de ces établissements.

ART. 2. — Les sous-préfets adresseront leurs procès-verbaux aux préfets, qui, sans délai, formeront un état général des Écoles de leur département, susceptibles d'être considérées comme Écoles secondaires.

ART. 3. — Les préfets adresseront incontinent au conseiller d'État chargé de la direction et surveillance de l'Instruction publique l'état général mentionné en l'article précédent, avec copie des procès-verbaux sur lesquels il aura été formé. Chaque état sera soumis séparément à l'approbation du Gouvernement.

ART. 4. — Les Écoles comprises dans les états approuvés du Gouvernement porteront seules le titre d'Écoles secondaires et seront les seules admises, dès la présente année, à participer aux encouragements et récompenses mentionnés en l'article 7 de la loi du 11 floréal dernier.

ART. 5. — Les communes ou les instituteurs particuliers qui voudront établir des Écoles secondaires, présenteront leur demande au sous-préfet de l'arrondissement, qui donnera son avis : 1° sur la capacité et le moral des personnes proposées, soit pour la direction et manutention, soit pour l'enseignement; 2° sur les inconvénients et les avantages de l'établissement proposé; et adressera le tout au préfet, qui le transmettra, avec son propre avis, au conseiller d'État chargé de l'Instruction publique, pour être soumis à l'approbation du Gouvernement.

ART. 6. — Indépendamment des visites qui pourront avoir lieu plusieurs fois par an dans les Écoles secondaires, les préfets et sous-préfets feront, chaque année, dans le mois de messidor, la visite des Écoles de leur arrondissement, et dresseront procès-verbal du nombre des professeurs et élèves qui s'y trouveront, ainsi que les autres circonstances propres à en faire connaître la tenue.

ART. 7. — Les préfets feront de ces procès-verbaux l'usage prescrit par les articles 2 et 3 du présent arrêté.

ART. 8. — Les Écoles qui se trouveront comprises dans les états arrêtés chaque année par le Gouvernement pour chaque département, pourront seules conserver le titre d'Écoles secondaires, et être admises à concourir, dans l'année, pour les avantages promis par l'article 7 de la loi du 11 floréal dernier.

ART. 9. — Les élèves des Écoles centrales pourront concourir avec ceux des Écoles secondaires pour l'admission dans les Lycées.

---

4 novembre 1802. **Extrait de l'instruction du conseiller d'État chargé de la direction et surveillance de l'Instruction publique aux inspecteurs généraux des études et aux commissaires de l'Institut, chargés de l'organisation des Lycées.**

13 Brumaire An XI (4 Novembre 1802).

La mission que le Premier Consul vous a confiée, citoyens, est d'une si grande importance, que rien ne doit être oublié de votre part ni de la mienne pour qu'elle soit remplie avec toute l'étendue qu'elle exige et avec tout le succès qu'elle promet. J'ai donc pensé que je devais vous tracer avec quelques développements la route que vous avez à parcourir, les résultats que le Gouvernement attend de vous, les moyens qu'il vous donne pour les obtenir.

. . . .

ARTICLE 1er. — Des Écoles primaires.

Quoiqu'il ne soit pas possible de s'occuper des Écoles primaires en même temps que des Lycées, l'existence de ces Écoles est trop utile pour qu'il vous soit permis de les oublier. Vous compterez donc parmi vos devoirs les visites de quelques-unes d'entre elles, les renseignements à prendre sur leur état dans les lieux que vous parcourrez. Vous reconnaîtrez ce qui subsiste des anciennes petites Écoles fondées avant la Révolution ; vous rechercherez les fondations qui subsistent encore pour cette instruction ; vous observerez les modes divers qui sont suivis pour instruire l'enfance dans les différentes contrées, tels que les maîtres ambulants, les citoyens zélés qui s'en font une si honorable occupation ; vous indiquerez les méthodes que l'on suit, les livres qu'on fait lire aux enfants, le nombre de ceux qui fréquentent les Écoles, les heures et le temps de leur travail. La loi du 11 floréal ayant mis les Écoles primaires sous la surveillance immédiate des sous-préfets, et leur en ayant confié l'établissement, vous demanderez aux sous-préfets compte de son exécution dans leurs arrondissements respectifs. Vous recueillerez ainsi des renseignements qui serviront à compléter l'organisation de ces Écoles ; ils s'étendront encore sur le zèle des communes pour en obtenir, sur le nombre et le mérite des instituteurs, leur traitement, les maisons qu'on leur a destinées, le rapport du nombre des enfants qui les suivent avec celui de la population des cantons ou des arrondissements, la différence qui distingue le moment actuel de l'époque antérieure au 18 brumaire An VIII, et des temps qui ont précédé la Révolution, le vœu des communes sur le titre II de la loi du 11 floréal, leurs opinions sur les institutions. Vous ne perdrez pas de vue les institutions relatives aux filles, les anciennes corporations chargées de l'éducation des enfants, les rapports qui peuvent exister entre ce genre d'institutions et celles qui appartiennent au culte.

. . . .

Arrêté relatif aux concessions de locaux destinés à l'établissement des Écoles secondaires, à la surveillance de ces Écoles, et au payement des frais d'instruction.

21 décembre 1802.

30 Frimaire An XI (21 Décembre 1802).

Les Consuls de la République, sur le rapport du Ministre de l'Intérieur, le Conseil d'État entendu,
Arrêtent :

ARTICLE 1er. — Pour parvenir à obtenir régulièrement la concession des locaux promis aux communes et aux instituteurs particuliers, par l'article 6 de la loi du 11 floréal An X, les communes et les instituteurs justifieront, par des certificats des directeurs de l'enregistrement, que les locaux dont ils demandent la jouissance pour l'établissement des Écoles secondaires, ne font point partie des domaines nationaux définitivement réservés à un autre service public, en vertu d'une décision formelle et spéciale du Gouvernement.

ART. 2. — Les bâtiments invendus qui ont servi à l'usage des Collèges ou de tous autres établissements d'Instruction publique, et qui ne seront point compris dans l'exception indiquée à l'article ci-dessus, seront, de préférence, concédés aux Écoles secondaires; les autres domaines nationaux disponibles ne seront concédés que subsidiairement et à défaut de biens collégiaux.

ART. 3. — Il sera dressé, par le directeur des Domaines, un état des domaines mentionnés dans l'article précédent, ainsi que des revenus qu'ils produisent : cet état, certifié véritable par le sous-préfet de l'arrondissement et le préfet du département, sera transmis au Ministre de l'Intérieur, qui proposera ses vues au Gouvernement sur la meilleure destination et l'emploi le plus utile desdits biens et revenus.

ART. 4. — Les communes ou les instituteurs particuliers dont les Écoles seront érigées en Écoles secondaires, et auxquels il sera fait concession d'un local, en jouiront pendant tout le temps que l'établissement sera jugé digne d'être maintenu École secondaire; ils seront tenus de mettre le bâtiment en état, de le réparer et de l'entretenir.

Ces frais, ainsi que ceux de premier établissement, seront à la charge personnelle des particuliers qui auront formé ces établissements.

Quant aux Écoles secondaires fondées par les communes, les mêmes frais pourront être acquittés, soit par le produit d'une souscription volontaire, soit sur les bénéfices des pensions et rétributions payées par les élèves, soit enfin sur les revenus libres de la commune.

ART. 5. — Tous les frais d'instruction des Écoles secondaires établies par les communes seront prélevés sur le prix des pensions et rétributions des élèves pensionnaires et externes : en cas d'insuffisance, il pourra être fait, chaque année, sur les revenus libres des communes, un fonds spécialement employé à augmenter le traitement des professeurs qui n'auraient pas été convenablement rétribués.

ART. 6. — Les maires auront la surveillance générale des Écoles secondaires, sous l'autorité des sous-préfets et du préfet.

Ils veilleront particulièrement : 1° à ce que l'enseignement donné dans lesdites Écoles comprenne au moins tous les objets prescrits par l'article 6 de la loi du 11 floréal An X ;

2° A ce qu'il n'y ait jamais moins de trois professeurs dans chaque École, y compris le directeur, qui pourra faire lui-même les fonctions de professeur ;

3° A ce que le mode d'enseignement et le règlement relatif à la discipline intérieure de l'École s'accordent, autant qu'il sera possible, avec le mode d'enseignement et les règlements de discipline des Lycées.

ART. 7. — Les recettes et dépenses des Écoles secondaires communales seront administrées, comme les autres dépenses et revenus des communes, par les maires et les conseils municipaux des lieux où seront ces établissements.

Les règlements, ainsi que la nomination des chefs et professeurs de ces Écoles, seront soumis à l'approbation du Ministre de l'Intérieur.

ART. 8. — Le Ministre de l'Intérieur est chargé de l'exécution du présent arrêté, qui sera inséré au *Bulletin des Lois.*

---

12 janvier 1803.   **Titre IV du décret relatif à l'Instruction publique dans l'île d'Elbe.**

[Extrait.]

22 Nivôse An XI (12 Janvier 1803).

ARTICLE 33. — Il y aura une École primaire dans chaque municipalité.

ART. 34. — L'instituteur enseignera la langue française à ses élèves.

Art. 35. — Il sera établi une École secondaire dans l'île, au lieu qui sera fixé par le Gouvernement.

Art. 36. — Nul des jeunes gens de l'île ne pourra aller étudier dans d'autres Écoles que celles du territoire continental de la République, sans la permission du commissaire général.

Art. 37. — Il sera reçu dans les Lycées ou Prytanées de la République, dans le cours de l'An XI, dix enfants des habitants de l'île d'Elbe, ainsi qu'il a déjà été arrêté par les Consuls.

Loi relative aux pensions[1].

5 avril 1803.

15 Germinal An XI (5 Avril 1803).

Article 1er. — Il ne sera, pendant cinq ans, créé chaque année des pensions que pour une somme égale à la moitié des extinctions survenues pendant l'année.

Art. 2. — Aucune pension ne pourra excéder six mille francs.

Art. 3. — Le fonds des pensions fera chaque année un article particulier de la loi sur les dépenses publiques.

Art. 4. — Ne sont pas comprises dans les dispositions de l'article 1er les soldes de retraite, les anciennes pensions restant à liquider, ni les pensions à payer sur les fonds formés par des retenues faites dans diverses administrations sur les traitements des employés.

Arrêté relatif à l'entrée des femmes dans les établissements d'Instruction publique[2].

17 août 1803.

29 Thermidor An XI (17 Août 1803).

Le Ministre de l'Intérieur arrête ce qui suit :

Article 1er. — Les dispositions tant de l'article 7, titre III, du règlement du Prytanée, que de l'article 141, titre III, du règlement

---

1. Voir le *décret* du 16 floréal An I (5 mai 1793), page 41; le *décret* du 13 septembre 1806, page 194; le *statut* du 10 avril 1810, et la note de ce document, page 208.
2. Voir le *décret* du 17 mars 1808. Les professeurs peuvent être mariés, et alors ils logent hors de l'établissement.

Consulter également les documents ci-après :
Règlement du 19 septembre 1809, § *Domestiques;*
Instruction du 1er novembre 1812, § *Employés et domestiques;*
Statut du 4 septembre 1821, § *Gens de service.*

des Lycées, qui interdisent à toute personne du sexe l'entrée dans l'intérieur de ces établissements, sont applicables aux femmes, parentes et domestiques femelles des directeurs et chefs d'enseignement, proviseurs, censeurs, professeurs et autres employés du Prytanée, des Lycées, des Écoles secondaires communales, et autres maisons d'éducation nationales.

En conséquence, il est expressément défendu aux femmes desdits employés, et à toutes autres, de résider dans les bâtiments affectés à ces diverses Écoles, et d'y entrer, sous quelque prétexte que ce puisse être.

ART. 2. — La buanderie, la lingerie et l'infirmerie, si elles sont confiées à des femmes, seront placées dans des corps de logis isolés, dont l'entrée et la sortie n'auront aucune communication avec l'intérieur de l'établissement.

·Signé : CHAPTAL.

---

12 octobre 1803. **Arrêté relatif aux Maisons d'éducation tenues par des particuliers, et qui sont susceptibles d'être érigées en Écoles secondaires.**

19 Vendémiaire An XII (12 Octobre 1803).

Le Gouvernement de la République, sur le rapport du Ministre de l'Intérieur, le Conseil d'État entendu,

Arrête :

ARTICLE 1er. — En exécution des articles 6 et 8 de l'arrêté du 4 messidor An X, les sous-préfets feront, dans leurs arrondissements respectifs, la visite des maisons d'éducation tenues par des particuliers, où l'on enseignera, conformément à l'article 6 de la loi du 11 floréal de la même année, les langues latine et française, la géographie, l'histoire et les mathématiques, et qui, par conséquent, peuvent être érigées en Écoles secondaires.

ART. 2. — Ces visites se feront, pour l'An XII seulement, dans le premier, et à l'avenir, dans le dernier trimestre de chaque année.

ART. 3. — Les maisons d'éducation qui ont déjà obtenu le titre d'Écoles secondaires seront également visitées.

ART. 4. — Aucune École particulière ne pourra être portée à l'avenir au rang des Écoles secondaires, si elle n'a au moins trois instituteurs, y compris le chef, et cinquante élèves tant pensionnaires qu'externes.

ART. 5. — Chaque préfet formera, en conséquence, un état

général des Écoles de son département qui rempliront les conditions prescrites par l'article précédent. Cet état sera présenté à l'approbation du Gouvernement.

Art. 6. — Les Écoles particulières qui seront érigées en Écoles secondaires suivront le mode d'enseignement prescrit pour les Écoles secondaires communales, sauf les modifications nécessitées par les localités ou les circonstances, lesquelles modifications seront soumises par le directeur aux sous-préfets, et par ceux-ci aux préfets, qui les transmettront au conseiller d'État directeur de l'Instruction publique.

Art. 7. — Le Ministre de l'Intérieur est chargé de l'exécution du présent arrêté.

Règlement sur les conditions à remplir pour être admis à professer l'enseignement, soit comme chef d'école, soit comme répétiteur [1].   15 février 1804.

25 Pluviôse An XII (15 Février 1804).

Le Préfet du département de la Seine,

Vu son arrêté du 6 frimaire An IX, concernant les autorisations à obtenir pour professer, dans le ressort du département de la Seine, quelque partie que ce soit de l'enseignement;

Vu également l'article 8 du titre III de la loi du 11 floréal An X, portant que les Écoles secondaires sont, comme toutes les Écoles particulières, sous la surveillance et l'inspection immédiate des préfets;

Et enfin l'arrêté du Gouvernement, en date du 21 prairial An XI, contenant institution des Écoles secondaires du département de la Seine;

Considérant que, par l'arrêté du 6 frimaire An IX ci-dessus visé, il n'avait pu être établi que des mesures purement provisoires, en attendant l'organisation définitive de l'enseignement public;

Que cette organisation ayant été faite depuis, et étant actuellement en activité, il y a lieu de rendre plus complètes les dispositions du susdit arrêté, notamment en ce qui concerne les conditions à remplir pour être admis, soit à ouvrir des Écoles, soit à professer dans les Écoles autorisées;

Qu'indépendamment des modifications à apporter, sous ce premier rapport, à l'arrêté du 6 frimaire An IX, il est nécessaire, attendu la

---

1. Voir ci-dessus, page 180, l'arrêté du 4 messidor An X (23 juin 1802).

suppression ordonnée des Écoles centrales, de pourvoir dès à présent au moyen de suppléer les professeurs desdites Écoles qui avaient été institués membres du jury examinateur, créé par cet arrêté ;

Considérant enfin que les chefs des Écoles particulières du département de la Seine, auxquelles le Gouvernement a accordé le titre d'Écoles secondaires, présentent, par cela même, une garantie spéciale de toutes les qualités désirables dans les membres d'un tel jury ;

Arrête les dispositions réglementaires suivantes :

Article 1er. — Il sera ouvert au bureau d'Instruction publique, établi à la préfecture du département de la Seine, deux registres d'inscription : le premier, pour les chefs d'Écoles secondaires, primaires et particulières, Écoles de bienfaisance, pensionnats, maisons d'éducation et autres établissements quelconques, tenant, sous quelque rapport que ce soit, à l'enseignement de l'un ou de l'autre sexe ; le second, pour les professeurs adjoints, maîtres de quartier, maîtres ou maîtresses attachés auxdites Écoles, pensionnats ou maisons d'éducation.

Art. 2. — Chacun de ces registres comprendra deux divisions principales : institutions pour les garçons, institutions pour les filles ; et le premier de ces registres sera de plus sous-divisé, en distinguant les Écoles simples d'avec les pensionnats, et même, soit entre les Écoles, soit entre les pensionnats, les divers degrés de l'enseignement.

Art. 3. — Les chefs des Écoles secondaires du département, et même les chefs des vingt-quatre Écoles primaires de l'un et de l'autre sexe établies dans la commune de Paris, seront inscrits d'office sur le premier registre, sans qu'ils aient besoin de justifier de leurs droits et qualités.

Art. 4. — Tous autres chefs d'Écoles primaires ou particulières, Écoles de bienfaisance, pensionnats, maisons d'éducation et autres établissements de ce genre existants en vertu d'autorisations légales, soit dans la ville de Paris, soit dans les arrondissements de Saint-Denis et de Sceaux, et de même tous les professeurs, répétiteurs, maîtres de quartier, maîtres et maîtresses ayant obtenu l'autorisation d'enseigner, ou ayant droit d'être attachés en cesdites qualités à des établissements autorisés, sont requis de produire, faire viser et enregistrer leurs autorisations, et inscrire leurs noms, chacun au registre qui les concerne, dans le délai de deux mois, à compter du 1er ventôse prochain.

Art. 5. — Seront reconnues et enregistrées comme légales, les autorisations délivrées avant 1789 dans la forme alors usitée; celles accordées depuis par les diverses administrations et confirmées par l'article 2 de l'arrêté du 6 frimaire An IX, ci-dessus visé, et enfin celles délivrées par la préfecture de la Seine.

Art. 6. — Ceux des chefs d'instruction, répétiteurs et autres, désignés dans les articles précédents, qui auront négligé de se faire inscrire dans le délai fixé, seront présumés avoir renoncé au bénéfice de leurs autorisations, et seront en conséquence distraits des tableaux périodiques qui s'envoient au Ministre.

Art. 7. — Les chefs d'instruction, répétiteurs et autres, s'il en est, qui exercent actuellement en cesdites qualités, sans y avoir été légalement autorisés, et sans avoir, par conséquent, aucun droit à se faire inscrire, quant à présent, sur l'un ou l'autre des registres établis par l'article 1er, seront tenus de fermer leurs Écoles ou pensionnats, et de cesser toutes fonctions relatives à l'enseignement, dans le mois de la publication du présent règlement, à moins que, dans ce délai, ils ne se soient mis en devoir d'obtenir, et n'aient obtenu les autorisations requises, en se conformant à cet effet aux dispositions suivantes, relatives aux admissions à faire à l'avenir.

Art. 8. — Tout individu qui se proposera d'ouvrir une École particulière, un pensionnat ou tout autre établissement d'instruction, présentera sa demande, en forme de pétition, au maire de la commune dans laquelle il a le projet de se fixer, ou, s'il s'agit de la commune de Paris, au maire de l'arrondissement dans lequel il a également le projet de s'établir.

Art. 9. — Le pétitionnaire joindra à sa demande :

1º Un extrait de son acte de naissance ;

2º S'il est marié, un extrait de l'acte de célébration de son mariage ;

3º Et enfin un certificat délivré par l'autorité municipale du lieu ou des lieux où le pétitionnaire a été domicilié pendant les trois dernières années qui auront précédé sa demande, ledit certificat constatant la nature des fonctions ou professions qu'il aura exercées pendant ce temps.

Ces divers actes ou extraits seront légalisés dans les formes usitées.

Art. 10. — A Paris, le maire, après avoir pris des renseignements sur la réputation et les mœurs du pétitionnaire, adressera la demande, avec son avis, au préfet, et dans les arrondissements ruraux au sous-préfet, qui, ensuite, transmettra le tout au préfet avec son avis particulier.

Art. 11. — Si les renseignements sont favorables, le préfet, après avoir statué sur ce rapport, enverra le pétitionnaire soit devant le jury ordinaire, dont il sera parlé ci-après, article 27 et suivants du présent règlement; soit, s'il y a lieu, à raison de l'objet d'enseignement, devant un jury spécial, pour être examiné sous le rapport de la capacité.

Art. 12. — Sur le rapport du jury, le préfet prononcera, s'il y a lieu, l'autorisation demandée, et dans ce cas, le nom du pétition-naire sera porté au premier registre d'inscription dont il a été parlé plus haut.

Art. 13. — Deux ampliations de l'arrêté contenant autorisation seront adressées, s'il s'agit des arrondissements ruraux, au sous-préfet, pour les transmettre au maire; et s'il s'agit des arrondisse-ments municipaux de Paris, au maire directement.

Art. 14. — L'une desdites ampliations restera déposée au secré-tariat de la mairie; l'autre sera remise au pétitionnaire, lorsqu'il aura fait devant le maire la promesse requise avant d'entrer en exercice.

Art. 15. — Tout individu qui se proposera d'obtenir l'autorisa-tion nécessaire pour pouvoir être appelé en qualité de professeur, adjoint, maître de quartier, maître ou maîtresse, par des chefs d'Écoles secondaires, primaires ou particulières, pensionnats, mai-sons d'éducation, et autres établissements de ce genre, adressera sa demande, en forme de pétition, au préfet directement.

Art. 16. — Le pétitionnaire indiquera, dans sa pétition, le lieu de son dernier domicile et celui de son domicile actuel.

Art. 17. — Il joindra à cette pétition l'extrait de son acte de naissance et un certificat semblable à celui exigé par l'article 9 ci-dessus, ayant pour objet de constater la nature des fonctions ou professions qu'il aura exercées pendant les trois dernières années avant sa demande.

Art. 18. — Après vérification préalable des pièces et certificats produits, le pétitionnaire sera envoyé, s'il y a lieu, soit devant le jury ordinaire, soit devant un jury spécial, comme il a été dit dans l'article 11 ci-dessus.

Art. 19. — Sur le rapport du jury, le préfet prononcera, s'il y a lieu, l'autorisation demandée; et, dans ce cas, le nom du pétition-naire sera porté au second registre d'inscription, après, toutefois, que ledit pétitionnaire aura fait, entre les mains du préfet, la pro-messe requise de fidélité à la Constitution; mention sera faite de cette promesse dans l'acte d'inscription.

Art. 20. — Expédition, tant de cet acte que de l'arrêté d'autori-sation, sera délivrée au pétitionnaire pour lui faire titre auprès des chefs d'instruction, à l'effet de pouvoir être appelé par eux dans leurs Écoles, en la qualité mentionnée dans ladite autorisation.

ART. 21. — Il est défendu aux chefs d'instruction d'admettre dans leurs Écoles aucuns professeurs, adjoints, ou autres ci-dessus désignés qui ne justifieraient pas desdites autorisations et inscriptions.

ART. 22. — Les Écoles dont les chefs auront contrevenu aux dispositions de l'article précédent, seront rayées pendant un an des tableaux périodiques qui s'envoient au Ministre, et notamment du tableau spécial des Écoles à élever au rang d'Écoles secondaires; en cas de récidive, l'interdiction de l'École pourra être prononcée.

ART. 23. — Il est pareillement défendu, et ce à peine de suppression, au directeur du bureau d'indication des professeurs, institué par l'arrêté du 15 ventôse An XI, de présenter ou d'adresser aux chefs d'instruction, pour être admis dans leurs Écoles en qualité de professeurs, adjoints, maîtres d'études, etc., des sujets non autorisés dans les formes ci-dessus établies.

ART. 24. — A cet effet, il sera d'abord adressé au directeur de ce bureau, un double du second registre d'inscription établi par l'article 1er du présent arrêté; et ensuite, à dater de la remise de ce registre, il lui sera adressé, dans les cinq premiers jours de chaque mois, pour être transcrit, par continuation, sur ledit registre, un état des autorisations accordées dans le cours du mois précédent.

ART. 25. — Les chefs d'instruction seront tenus d'informer exactement le préfet des admissions et mutations des professeurs, adjoints ou autres, qui auront lieu dans leurs Écoles. Il en sera fait mention au registre d'inscription desdits professeurs, à la suite de leurs noms.

ART. 26. — Il sera donné connaissance de ces admissions et mutations au directeur du bureau d'indication des professeurs, par le chef du bureau d'Instruction publique.

ART. 27. — Le jury institué par l'arrêté du 6 frimaire An IX sera chargé de procéder aux examens attribués par les articles 11 et 18 du présent règlement au jury ordinaire.

ART. 28. — A l'avenir, ce jury sera formé de chefs d'Écoles secondaires du département nommés par le préfet.

Il sera composé de trois membres renouvelés le premier de chaque mois. Leur nomination sera faite par un seul arrêté pour tout un semestre.

ART. 29. — Les dix-huit membres nommés pour le semestre seront appelés dans l'ordre de leur nomination, pour former le jury de chaque mois. Ils pourront, d'ailleurs, être nommés de nouveau, de semestre en semestre.

ART. 30. — En cas d'empêchement, pour quelque cause que ce soit, le membre appelé pour le service du mois sera suppléé par l'un des inscrits sur la liste, au choix du préfet.

ART. 31. — Le jury s'assemblera, d'après l'avis qui lui sera donné par le préfet, qu'il y a lieu de procéder à l'examen d'un ou de plusieurs candidats.

Il tiendra ses séances à la préfecture.

ART. 32. — Les examens porteront sur toutes les parties d'Instruction corrélatives à la nature et au degré de l'enseignement que le candidat se proposera de professer, et seront faits dans les formes prescrites par l'arrêté du 6 frimaire An IX.

ART. 33. — A la fin de l'année, cinq membres d'entre ceux nommés pour le semestre, seront désignés par le préfet, pour présider au concours des élèves des Écoles primaires de Paris, et prononcer entre les concurrents.

Ils assisteront à la distribution générale des prix de ces écoles, et ils y occuperont une place distinguée.

ART. 34. — Sont nommés pour former le jury de chaque mois, pendant le second semestre de l'An XII, les chefs des Écoles secondaires dont les noms suivent :

Les citoyens Butet, Chantereau, Coutier, Crosnier, Delacour, Dubois-Loiseau, Fleurizelle, Guinchard, Hix, Lanneau, Lefèvre, Lemoine, Lepitre, Leroux, Lizarde, Lottin, Pillat, Planche.

ART. 35. — Attendu que le présent règlement sera mis en exécution à dater du 1er ventôse prochain, les trois chefs d'Écoles secondaires portés en tête de la liste ci-dessus seront appelés, par exception, à remplir pendant deux mois de suite, ventôse et germinal, les fonctions de jurés.

ART. 36. — Le présent règlement sera imprimé et affiché. Il en sera envoyé des expéditions aux sous-préfets de Saint-Denis et de Sceaux, aux maires de Paris, au directeur du bureau d'indication des professeurs, et aux chefs d'Écoles secondaires nommés par l'article 34 pour le second semestre de l'An XII.

Par le préfet :   Signé : FROCHOT.

Le secrétaire général,

Signé : ET. MÉJAN.

Extrait du décret relatif aux associations religieuses d'hommes et de femmes. 22 juin 1804.

4 Messidor An XII (22 Juin 1804).

. . . .

ARTICLE 4. — Aucune congrégation ou association d'hommes ou de femmes ne pourra se former à l'avenir sous prétexte de religion, à moins qu'elle n'ait été formellement autorisée par un décret impérial, sur le vu des statuts et règlements selon lesquels on se proposerait de vivre dans cette congrégation ou association.

. . . .

Décret-loi relatif à l'éducation, aux frais de l'État, d'un enfant dans chaque famille qui en a sept vivants. 18 janvier 1805.

29 Nivôse An XIII (18 Janvier 1805)[1].

Tout père de famille ayant sept enfants vivants pourra en désigner un parmi les mâles, lequel, lorsqu'il sera arrivé à l'âge de dix ans révolus, sera élevé, aux frais de l'État, dans un Lycée ou dans une École d'arts et métiers.

Le choix du père sera déclaré au sous-préfet dans le délai de trois mois de la naissance du dernier enfant; ce délai expiré, la déclaration ne sera plus admise.

Si le père décède dans l'intervalle de trois mois, le choix appartiendra à la mère.

Si la mère décède dans le même intervalle, le choix appartiendra au tuteur.

Decret-loi relatif à la formation d'une Université impériale, et aux obligations particulières des membres du Corps enseignant. 10 mai 1806.

10 Mai 1806.

ARTICLE 1er. — Il sera formé, sous le nom d'*Université impériale*, un corps chargé exclusivement de l'enseignement et de l'éducation publique dans tout l'Empire.

---

1. Le calendrier républicain, voté par la Convention le 5 octobre 1793, et appliqué rétroactivement à dater du 22 septembre 1792, fut aboli par le sénatus-consulte du 22 fructidor An XIII (9 septembre 1805). Il cessa d'être en usage le 11 nivôse An XIV (17 janvier 1806), date à laquelle le calendrier grégorien fut rétabli.
Ce document est le dernier de cet ouvrage qui portera une double date.

Art. 2. — Les membres du Corps enseignant contracteront des obligations civiles, spéciales et temporaires.

Art. 3. — L'organisation du Corps enseignant sera présentée, en forme de loi, au Corps législatif, à la session de 1810.

Décret contenant règlement sur les pensions.

(Le Conseil d'État entendu.)

13 Septembre 1806.

Article 1er. — En exécution de la loi du 15 germinal An XI, tout prétendant à une pension adressera sa demande et les pièces justificatives au chef de l'administration à laquelle il appartient, et celui-ci adressera le tout, avec son avis, au Ministre de son département.

Art. 2. — Il sera tenu, dans chaque Ministère, un registre de ces demandes, où elles seront portées par ordre de dates et de numéros; et chaque année, dans le courant de février, les Ministres nous en feront les rapports.

Art. 3. — La pension ne pourra être liquidée, s'il n'y a trente ans de service effectif et soixante ans d'âge, à moins que ce ne soit pour cause d'infirmités. Elle sera liquidée au sixième du traitement dont le pétitionnaire aura joui pendant les quatre dernières années de son service.

Art. 4. — Chaque année de service ajoutée aux trente ans effectifs produira une augmentation à la pension. Cette augmentation sera du trentième des cinq sixièmes restants.

Art. 5. — La pension ne pourra être liquidée au-dessus, soit de douze cents francs pour les traitements qui n'excéderont pas dix-huit cents francs, soit des deux tiers des traitements qui seront au-dessus de dix-huit cents francs, soit enfin de six mille francs à quelque somme que monte le traitement.

Art. 6. — Les dispositions ci-dessus ne sont point applicables aux employés des Ministères et des administrations dont les pensions sont acquittées au moyen de retenues et conformément à des règlements particuliers arrêtés par nous, à l'exception néanmoins de ceux qui auraient pris leur retraite avant que lesdits règlements eussent été rendus.

**Décret sur le mode d'acceptation des dons et legs faits aux Fabriques,   12 août 1807.
aux établissements d'instruction publique et aux communes.**

12 Août 1807.

Napoléon, etc.,

Sur le rapport de notre Ministre de l'Intérieur,

Vu l'arrêté du 4 pluviôse An XII, qui porte, article 1ᵉʳ :

« Les Commissions administratives des hôpitaux et les admi-
« nistrateurs des bureaux de bienfaisance pourront accepter et
« employer à leurs besoins, comme recettes ordinaires, sur la
« simple autorisation des sous-préfets, et sans qu'il soit besoin
« désormais d'un arrêté spécial du Gouvernement, les dons et legs
« qui leur seront faits par actes entre-vifs ou de dernière volonté,
« soit en argent, soit en meubles, soit en denrées, lorsque leur
« valeur n'excédera pas 300 francs en capital ; »

L'article 73 de la loi du 18 germinal An X ;

Considérant que les fabriques, les établissements d'instruction
publique et les communes réclament la même faculté ; qu'il est sans
inconvénient de la leur accorder, et qu'on y trouvera même l'avantage d'épargner le travail minutieux et multiplié qui a été jusqu'à
ce jour, sur cette matière, soumis à notre sanction ;

Notre Conseil d'État entendu ;

Nous avons décrété et décrétons ce qui suit :

Article 1ᵉʳ. — L'arrêté du 4 pluviôse An XII sur les dons et legs
faits aux hôpitaux, et qui n'excèdent pas la somme de 300 francs,
est déclaré commun aux fabriques, aux établissements d'instruction
publique et aux communes.

Art. 2. — En conséquence, les administrateurs des établissements d'instruction publique et les maires des communes, tant
pour les communes que pour les fabriques, sont autorisés à accepter
lesdits legs et dons, sur la simple autorisation des sous-préfets,
sans préjudice de l'approbation préalable de l'évêque diocésain,
dans le cas où ils seraient faits à la charge de service religieux.

Art. 3. — Chaque année, le tableau de ces dons et legs sera
envoyé par les préfets à notre Ministre de l'Intérieur, qui en formera un tableau général, lequel nous sera soumis dans le cours du
mois de janvier et sera publié.

Décret portant organisation de l'Université.

17 Mars 1808.

Napoléon, etc.,

Vu la loi du 10 mai 1806, portant création d'un Corps enseignant,

Notre Conseil d'État entendu,

Nous avons décrété et décrétons ce qui suit :

Titre Iᵉʳ.

Organisation générale de l'Université.

Article 1ᵉʳ. — L'enseignement public, dans tout l'Empire, est confié exclusivement à l'Université.

Art. 2. — Aucune École, aucun établissement quelconque d'instruction ne peut être formé hors de l'Université impériale, et sans l'autorisation de son chef.

Art. 3. — Nul ne peut ouvrir une École, ni enseigner publiquement, sans être membre de l'Université impériale, et gradué par l'une de ses Facultés. Néanmoins l'instruction dans les séminaires dépend des archevêques et évêques, chacun dans son diocèse. Ils en nomment et révoquent les directeurs et professeurs. Ils sont seulement tenus de se conformer aux règlements pour les séminaires par nous approuvés.

Art. 4. — L'Université impériale sera composée d'autant d'Académies qu'il y a de cours d'appel.

Art. 5. — Les Écoles appartenant à chaque Académie seront placées dans l'ordre suivant :

1° Les Facultés, pour les sciences approfondies et la collation des grades ;

2° Les Lycées, pour les langues anciennes, l'histoire, la rhétorique, la logique, les éléments des sciences mathématiques et physiques ;

3° Les Collèges, Écoles secondaires communales, pour les éléments des langues anciennes et les premiers principes de l'histoire et des sciences ;

4° Les Institutions, Écoles tenues par des instituteurs particuliers, où l'enseignement se rapproche de celui des Collèges ;

5° Les pensions, pensionnats appartenant à des maîtres particuliers, et consacrés à des études moins fortes que celles des Institutions;

6° Les petites Écoles, Écoles primaires, où l'on apprend à lire, à écrire, et les premières notions du calcul.

. . . .

TITRE V.

Des bases de l'enseignement dans les Écoles de l'Université.

ART. 38. — Toutes les Écoles de l'Université impériale prendront pour base de leur enseignement:

1° Les préceptes de la religion catholique;

2° La fidélité à l'Empereur, à la monarchie impériale, dépositaire du bonheur des peuples, et à la dynastie napoléonienne, conservatrice de la France et de toutes les idées libérales proclamées par les constitutions;

3° L'obéissance aux statuts du Corps enseignant qui ont pour objet l'uniformité de l'instruction, et qui tendent à former pour l'État des citoyens attachés à leur religion, à leur prince, à leur patrie et à leur famille.

. . . .

TITRE VI.

Des obligations que contractent les membres de l'Université.

ART. 39. — Aux termes de l'article 2 de la loi du 10 mai 1806, les membres de l'Université impériale, lors de leur installation, contracteront par serment les obligations civiles, spéciales et temporaires qui doivent les lier au Corps enseignant.

. . . .

TITRE VII.

Des fonctions et attributions du Grand-Maître de l'Université.

. . . .

ART. 54. — Le Grand-Maître accordera la permission d'enseigner et d'ouvrir des Maisons d'instruction aux gradués de l'Université qui la lui demanderont, et qui auront rempli les conditions exigées par les règlements pour obtenir cette permission.

. . . .

Art. 59. — Les grades, les titres, les fonctions, les chaires, et en général tous les emplois de l'Université impériale, seront conférés aux membres de ce Corps par des diplômes donnés par le Grand-Maître et portant le sceau de l'Université.

.   .   .   .

Titre IX.

Du Conseil de l'Université.

§ 1er. De la formation du Conseil.

.   .   .   .

Art. 75. — Le Conseil sera partagé pour le travail en cinq sections :

La première s'occupera de l'état et du perfectionnement des études ;

La seconde, de l'administration et de la police des Écoles.

.   .   .   .

Chaque section examinera les affaires qui lui seront renvoyées par le Grand-Maître et en fera le rapport au Conseil, qui en délibérera.

§ 2. Des attributions du Conseil.

Art. 76. — Le Grand-Maître proposera à la discussion du Conseil tous les projets de règlements et de statuts qui pourront être faits pour les Écoles de divers degrés.

.   .   .   .

Titre XIII.

Des règlements à donner aux Lycées, aux Collèges, aux Institutions, aux Pensions, aux Écoles primaires.

.   .   .   .

Art. 103. — Les chefs d'institution et les maîtres de pension ne pourront exercer sans avoir reçu du Grand-Maître de l'Université un brevet portant pouvoir de tenir leur établissement. Ce brevet sera de dix années, et pourra être renouvelé. Ils se conformeront, les uns et les autres, aux règlements que le Grand-Maître leur adressera, après les avoir fait délibérer et arrêter en Conseil de l'Université.

Art. 104. — Il ne sera rien imprimé ni publié pour annoncer les études, la discipline, les conditions des pensions, ni sur les exercices des élèves dans les Écoles, sans que les divers prospectus et programmes aient été soumis aux Recteurs et au Conseil des Académies, et sans en avoir obtenu l'approbation.

ART. 105. — Sur la proposition des Recteurs, l'avis des inspecteurs, et d'après une information faite par les Conseils académiques, le Grand-Maître, après avoir consulté le Conseil de l'Université, pourra faire fermer les institutions et pensions où il aura été reconnu des abus graves et des principes contraires à ceux que professe l'Université.

ART. 106. — Le Grand-Maître fera discuter par le Conseil de l'Université la question relative aux degrés d'instruction qui devront être attribués à chaque genre d'École, afin que l'enseignement soit distribué le plus uniformément possible dans toutes les parties de l'Empire, et pour qu'il s'établisse une émulation utile aux bonnes études.

ART. 107. — Il sera pris par l'Université des mesures pour que l'art d'enseigner à lire, à écrire et les premières notions du calcul dans les Écoles primaires, ne soit exercé désormais que par des maîtres assez éclairés pour communiquer facilement et sûrement ces premières connaissances nécessaires à tous les hommes.

ART. 108. — A cet effet, il sera établi auprès de chaque Académie, et dans l'intérieur des Collèges ou des Lycées, une ou plusieurs classes normales, destinées à former des maîtres pour les Écoles primaires. On y exposera les méthodes les plus propres à perfectionner l'art de montrer à lire, à écrire et à chiffrer.

ART. 109. — Les Frères des Écoles chrétiennes seront brevetés et encouragés par le Grand-Maître, qui visera leurs statuts intérieurs, les admettra au serment, leur prescrira un habit particulier, et fera surveiller leurs Écoles.

Les supérieurs de ces Congrégations pourront être membres de l'Université.

. . . .

Décret portant règlement pour l'Université.

(Le Conseil d'État entendu.)

17 septembre 1808.

17 Septembre 1808.

TITRE Ier.

ARTICLE 1er. — Le Grand-Maître de l'Université prêtera serment entre nos mains.

Il nous sera présenté par le prince archichancelier dans la chapelle impériale avec le même cérémonial que les archevêques.

La formule du serment sera ainsi conçue :

« Sire, je jure devant Dieu à Votre Majesté de remplir tous les
« devoirs qui me sont imposés ; de ne me servir de l'autorité qu'elle
« me confie que pour former des citoyens attachés à leur religion, à
« leur prince, à leur patrie, à leurs parents ; de favoriser par tous
« les moyens, qui sont en mon pouvoir, les progrès des lumières,
« des bonnes études et des bonnes mœurs, d'en perpétuer les tradi-
« tions pour la gloire de votre dynastie, le bonheur des enfants et
« le repos des pères de famille. »

TITRE II.

ART. 2. — A dater du 1ᵉʳ janvier 1809, l'enseignement public dans tout l'Empire sera confié exclusivement à l'Université.

ART. 3. — Tout établissement quelconque d'instruction, qui, à l'époque ci-dessus, ne serait pas muni d'un diplôme exprès du Grand-Maître, cessera d'exister.

ART. 4. — Pour la première formation seulement, il ne sera pas nécessaire que les membres enseignants de l'Université soient gradués dans une Faculté ; ils ne seront tenus de l'être qu'à dater du 1ᵉʳ janvier 1815.

TITRE III.

ART. 5. — Avant le 1ᵉʳ décembre prochain, l'archevêque ou évêque du chef-lieu de chacune des Académies où il y aura une Faculté de théologie, présentera au Grand-Maître les sujets parmi lesquels les doyens et les professeurs de théologie seront nommés.

ART. 6. — A l'égard des deux Facultés de théologie de Strasbourg et de Genève, et de celle qui sera incessamment établie à Montauban, les candidats seront présentés, dans le même délai, par les présidents du Consistoire de ces trois villes.

ART. 7. — Le Grand-Maître nommera, pour la première fois, les doyens et les professeurs entre les sujets portés en nombre triple de celui des places auxquelles il faudra pourvoir, et cette nomination sera faite avant le 1ᵉʳ janvier 1809.

ART. 8. — Le Grand-Maître nommera également, pour la première fois, et avant le 1ᵉʳ janvier 1809, les doyens et professeurs des autres Facultés.

ART. 9. — Les chaires des Facultés de théologie ne seront données au concours qu'à dater du 1ᵉʳ janvier 1815, et celles des lettres et sciences à compter du 1er janvier 1811 ; jusque-là il y sera nommé par le Grand-Maître.

TITRE IV.

ART. 10. — Jusqu'au 1er janvier 1815, époque à laquelle les personnes qui se destinent à l'Instruction publique auront pu acquérir les qualités requises, l'ordre des rangs ne sera pas suivi dans les nominations des fonctionnaires; mais nul ne pourra être officier de l'Université ou officier d'Académie avant l'âge de trente ans révolus.

ART. 11. — Toutefois tous les individus qui ont exercé pendant dix ans des fonctions dans l'Instruction publique pourront recevoir du Grand-Maître le diplôme du grade correspondant aux fonctions qu'ils remplissent.

Toutes les nominations du Grand-Maître qui ne seront pas faites parmi les individus ci-dessus désignés seront soumises à notre approbation; et lorsqu'elle aura été accordée, il sera délivré aux fonctionnaires un diplôme du grade correspondant aux fonctions auxquelles ils auront été promus.

Les conseillers titulaires seront nommés par nous incessamment. Ils jouiront dès à présent des honneurs et traitements attachés à leur titre. Ils recevront un brevet de conseiller à vie dans cinq ans, si, d'ici à cette époque, ils ont justifié nos espérances et notre confiance.

ART. 12. — Avant le 1er janvier 1809, le Grand-Maître nommera les conseillers ordinaires, les inspecteurs de l'Université, les Recteurs et inspecteurs des Académies, les proviseurs et censeurs des Lycées, en se conformant aux règles qui viennent d'être établies.

TITRE V.

ART. 13. — Tous les inspecteurs, proviseurs, censeurs, professeurs et autres agents actuels de l'Instruction publique seront tenus de déclarer au Grand-Maître s'ils sont dans l'intention de faire partie de l'Université impériale, et de contracter les obligations imposées à ses membres.

Ces déclarations devront être faites avant le 1er novembre prochain.

ART. 14. — Avant le 15 janvier 1809, tous les membres de l'Université devront avoir prêté le serment prescrit par l'article 39 de notre décret du 17 mars dernier; faute de quoi, ils ne pourront continuer leurs fonctions.

Titre VI.

Art. 15. — Le Grand-Maître est autorisé à nommer, sur la présentation de trois sujets par le trésorier, un caissier général de l'Université, chargé, sous la surveillance du trésorier, de la totalité des recettes, et de l'acquittement des dépenses sur les ordonnances du trésorier. Le caissier général rendra le compte annuel.

. . . .

Titre VIII.

Art. 17. — Le pensionnat normal sera mis en activité dans le cours de l'année 1809 ; le nombre des élèves pourra n'être porté qu'à cent la première année, à deux cents la seconde, et ne sera complété que la troisième année.

Art. 18. — Le chef de l'École normale pourra être choisi par le Grand-Maître, parmi les conseillers à vie, indistinctement, jusqu'à ce qu'il y ait quatre Recteurs conseillers à vie.

Titre IX.

Art. 19. — La maison des émérites sera ouverte dans le cours de l'année 1809.

Art. 20. — La retenue du vingt-cinquième, faite jusqu'à ce jour sur les traitements des proviseurs, censeurs et professeurs, pour les pensions de retraite, aura lieu sur tous les traitements de l'Université.

Titre X.

Art. 21. — Les fonds des bourses dans les Lycées, fournis par le Gouvernement, seront versés par douzième dans la caisse de l'Université, sur l'ordonnance de notre Ministre de l'Intérieur, et en vertu de la quittance du caissier de l'Université, visée par le trésorier.

Art. 22. — Le contingent annuel des villes, pour les bourses destinées dans chaque Lycée aux élèves des Écoles secondaires, sera versé par le caissier de la commune, et aussi par douzième, dans la caisse du Lycée où les bourses seront établies, sur l'ordonnance des préfets, et à Paris, sur l'ordonnance du Ministre de l'Intérieur.

Art. 23. — Les bâtiments des Lycées et Collèges, ainsi que ceux des Académies seront entretenus annuellement aux frais des villes où ils sont établis ; en conséquence, les communes porteront chaque année à leur budget, pour être vérifiée, réglée et allouée par l'autorité compétente, la somme nécessaire à l'entretien et aux réparations de ces établissements, selon les états qui en seront fournis.

TITRE XI.

ART. 24. — La Caisse d'amortissement est autorisée à ouvrir à l'Université impériale un crédit d'un million, avec intérêt de 5 0/0, pendant une année. L'Université, au fur et à mesure de ses rentrées, remboursera la Caisse d'amortissement jusqu'à libération entière.

TITRE XII.

ART. 25. — La rétribution annuelle des étudiants mentionnés en l'article 134 de notre décret du 17 mars dernier[1] est fixée ainsi qu'il suit, savoir :

Pour les pensionnaires, dans les pensions, institutions, Collèges, Lycées et séminaires, au vingtième du prix de la pension payée pour chaque élève ;

Pour les élèves à demi-pension, pour les externes et pour les élèves gratuits ou non gratuits, à une somme égale à celle que payent les pensionnaires de l'établissement où ils sont admis.

ART. 26. — Les élèves de pension ou d'institution, qui suivent et payent comme externes les cours d'un Lycée, ne payeront point la rétribution ci-dessus au Lycée, mais seulement dans leur pension ou institution.

TITRE XIII.

ART. 27. — Il sera payé pour les diplômes, portant permission d'ouvrir une École, accordés par le Grand-Maître, en vertu des articles 2, 54 et 103 de notre décret du 17 mars, savoir :

Deux cents francs par les maîtres de pension ; à Paris, trois cents francs ; quatre cents francs par les instituteurs ; à Paris, six cents francs. Ce payement sera effectué de dix ans en dix ans, à l'époque du renouvellement des diplômes.

ART. 28. — Le droit de sceau, pour ces diplômes, est compris dans les sommes ci-dessus.

1. Voici le texte de cet article :

« Il sera prélevé, au profit de l'Université, et dans toutes les Écoles de l'Empire, un vingtième sur la rétribution payée par chaque élève pour son instruction.

« Ce prélèvement sera fait par le chef de chaque École, qui en comptera tous les trois mois au moins au Trésor de l'Université impériale. »

Art. 29. — Les maîtres de pension et instituteurs payeront chaque année, au 1ᵉʳ novembre, le quart de la somme ci-dessus fixée.

Art. 30. — Les rétributions mentionnées aux titres précédents seront exigibles à dater du 1ᵉʳ novembre 1808.

---

4 novembre 1808.

Décision relative au droit de diplôme que doivent payer les maîtres de pension et les instituteurs

4 Novembre 1808.

Le Conseil de l'Université,

Consulté sur les articles 27, 28 et 29 du décret du 17 septembre 1808, relatifs aux droits de diplôme que payeront les maîtres de pension et instituteurs,

Décide : que d'après le sens véritable de ces articles, les maîtres de pension et instituteurs, indépendamment de la somme fixée par l'article 27, doivent payer, chacune des années suivantes, au 1ᵉʳ novembre, le quart de cette somme.

---

3 février 1809.

Décision relative aux élèves des Collèges et Institutions qui y reçoivent l'instruction primaire.

3 Février 1809.

Le Conseil de l'Université,

Considérant que l'instruction primaire, quand elle est donnée dans les Collèges, ne peut être généralement regardée que comme une préparation à une instruction supérieure, et qu'elle diffère en cela de l'instruction qu'on reçoit dans une école exclusivement primaire,

Décide : que tous les élèves qui vont recevoir l'instruction dans l'enceinte d'un Collège, d'une institution ou d'une pension, doivent payer le droit déterminé par le décret du 17 septembre 1808.

Considérant aussi que quelques établissements peuvent se trouver dans le cas de réclamer une exception fondée sur les motifs qui ont déterminé l'Université à ne point exiger de rétribution des élèves des Écoles purement primaires,

Le Conseil décide : que les réclamations de ce genre seront adressées au Recteur, qui prendra l'avis du Conseil académique, et les transmettra au Grand-Maître, sur la proposition duquel le Conseil prononcera définitivement, après avoir entendu le rapport de la Section de l'administration et de la police des Écoles[1].

Arrêté fixant l'indemnité de voyage due aux inspecteurs de l'Université en tournée.

7 février 1809.

7 Février 1809.

Le Conseil

Arrête qu'il sera alloué une somme de dix francs par poste à chaque inspecteur de l'Université en tournée et laisse au Grand-Maître le soin de statuer sur les demandes d'avances qui pourraient être faites par ces fonctionnaires[2].

Arrêté relatif aux retenues pour les pensions de retraite[3].

18 avril 1809.

18 Avril 1809.

Le Conseil de l'Université,

Considérant que la retenue du vingt-cinquième, faite sur les traitements de l'Université, a pour objet de former un fonds pour les pensions de retraite;

Que tout fonctionnaire qui supporte cette retenue ne la supporte que parce qu'elle doit lui être un jour profitable;

Que cet intérêt ne peut exister pour les prosecteurs et autres agents des Facultés de médecine, qui ne sont employés que temporairement et passent ensuite dans différents services étrangers à l'Université,

Arrête :

ARTICLE 1er. — Nul fonctionnaire ou employé de l'Université n'aura droit à une pension de retraite, qu'autant que la retenue du vingt-cinquième aura été faite annuellement sur son traitement,

ART. 2. — La retenue du vingt-cinquième ne sera pas faite sur les traitements des prosecteurs et autres employés temporaires des Facultés de médecine.

---

1. Voir ci-dessus, page 196, le décret du 17 mars 1808 (art. 5).
2. Les inspecteurs en tournée recevaient, en outre, une somme de douze francs par journée de séjour. (*Conseil*, 24 *avril* 1810.)
3. Voir, page 185, la loi du 15 germinal An XI (5 avril 1803).

31 juillet 1809.   **Décret concernant le costume des membres de l'Université.**

31 Juillet 1809.

ARTICLE 1er. — Les membres de l'Université impériale porteront, dans l'exercice de leurs fonctions et dans les cérémonies publiques, le costume dont la description suit :

Le Grand-Maître.

ART. 2. — Simarre de soie violette, ceinture pareille à glands d'or, robe pareille bordée d'hermine, l'épitoge en hermine, cravate de dentelle, toque violette brodée d'or à deux rangs.

Pour l'exécution de l'article 33 du décret du 17 mars 1808, qui accorde, comme décoration, deux palmes brodées sur la poitrine, on se conformera, pour le Grand-Maître, au modèle n° 1[1], broderie en or.

Le Chancelier, le Trésorier.

ART. 3. — Même costume, sans épitoge, chausse violette, herminée de seize centimètres, toque galonnée d'or à deux rangs, palme en or, même modèle qu'à l'article 2.

Les Conseillers titulaires et le Secrétaire général.

ART. 4. — Même costume, mais avec la robe noire ; palmes comme à l'article 2.

Conseillers ordinaires et Inspecteurs généraux.

ART. 5. — Même forme de costume, simarre et robe noires, sans hermine, ceinture violette, glands d'argent, chausse violette, herminée de douze centimètres, toque noire avec deux galons d'argent, palmes en argent, du modèle n° 1.

Recteurs des Académies et Inspecteurs.

ART. 6. — Même costume, glands de soie à la ceinture, chausse violette herminée de huit centimètres, un seul galon à la toque, cravate de batiste, palmes en argent du modèle n° 3.

---

1. Nous n'avons pas cru nécessaire de reproduire ici le modèle.

Doyens et Professeurs de Facultés.

ART. 7. — Les doyens et professeurs de Facultés porteront, savoir :

Pour les Facultés de droit et de médecine, le costume déjà réglé pour elles ;

Pour les Facultés de théologie, des sciences et des arts, le même costume, quant à la forme, que les deux autres Facultés ; seulement la couleur noire sera affectée à la Faculté de théologie ; la couleur amarante à la Faculté des sciences, et la couleur orange à celle des arts ; palmes en argent n° 4, chausse de la couleur de chaque Faculté, herminée comme à l'article 6.

Membres de l'Université et Officiers des Académies.

ART. 8. — Les officiers des Académies et les simples membres de l'Université porteront la robe et la toque noires, cravate de batiste ; pour les officiers des Académies, chausse avec un passe-poil d'hermine, et pour les membres de l'Université, sans passe-poil ; palmes en soie bleue et blanche, du modèle n° 2 pour les premiers, et du modèle n° 4 pour les seconds.

Appariteurs de l'Université et des Académies.

ART. 9. — Robe noire, toque pareille, bordure violette à la robe ou à la toque, masse en argent.

Sur la poitrine, une médaille aux armes qui seront réglées par l'Université, avec une légende indicative.

Instruction adressée aux Recteurs et contenant des prescriptions relatives aux instituteurs primaires. 24 février 1810.

24 Février 1810.

Les qualités que l'Université exige des instituteurs primaires se renferment en deux points : la capacité et les bonnes mœurs. Ces conditions doivent être également remplies, et par les instituteurs qui exercent déjà l'enseignement, et par les candidats qui se présentent pour l'exercer.

Les autorités locales peuvent, en cas d'incertitude, vous donner, sur l'un et l'autre de ces points, des renseignements qu'il sera toujours bon de consulter.

Des notions beaucoup plus positives encore vous seront données par MM. vos inspecteurs, qui, dans leurs tournées, devront visiter tous ces établissements.

Quand vous aurez recueilli ces divers renseignements, et que votre opinion sera fixée sur tous les instituteurs primaires de votre Académie, vous m'adresserez un état où seront portés, par département, et subdivisés en arrondissements de sous-préfecture et de canton :

1° Les instituteurs que vous croirez convenable de maintenir ;

2° Les sujets qui n'ont point encore exercé, et que vous jugerez en état de remplir cette fonction ;

3° Les individus exerçant déjà, dont l'ignorance ou les mauvaises mœurs vous seront démontrées par des preuves positives ou des témoignages irrécusables.

Ces états contiendront les nom, prénoms et âge des instituteurs ou des candidats, le lieu de leur résidence, la désignation de la commune où l'on propose de les placer ; si c'est une nomination nouvelle ou un déplacement, les témoignages, bons ou mauvais, rendus sur eux, et le titre de l'autorité qui les donne, avec vos propres observations et votre avis.

Quand je vous aurai fait connaître, Monsieur le Recteur, ce que j'aurai statué sur ces différentes propositions, chaque instituteur recevra gratuitement un diplôme.

---

10 avril 1810. **Statut sur l'éméritat et les pensions de retraite des membres de l'Université.**

10 Avril 1810.

Nous, Louis de Fontanes, sénateur, Grand-Maître de l'Université impériale, comte de l'Empire ;

A tous les officiers et membres de l'Université.

Le Conseil de l'Université impériale, sur la proposition du Grand-Maître, a arrêté le statut qui suit :

Titre Ier.

De l'éméritat et des pensions de retraite.

Article 1er. — Conformément à l'article 123 du décret impérial du 17 mars 1808 [1], le titre d'émérite et la pension qui y est attachée sont acquis de droit aux membres de l'Université après trente ans de services non interrompus.

Art. 2. — Néanmoins tout membre de l'Université peut demander au Grand-Maître une pension de retraite avant l'époque de l'émé-

---

1. Voici le texte de cet article :

« Les fonctionnaires de l'Université, …après un exercice de trente années sans interruption, pourront être déclarés émérites et obtenir une pension de retraite, qui sera déterminée, suivant les différentes fonctions, par le Conseil de l'Université. — Chaque année d'exercice au-dessus de trente ans sera comptée aux émérites, et augmentera leur pension d'un vingtième. »

Ces dispositions n'étaient applicables ni aux régents des Collèges, ni aux chefs d'institution, ni aux maîtres de pension, ni aux maîtres d'étude.

ritat; savoir : après vingt ans de service, quel que soit son âge; et après dix ans, s'il est âgé de plus de cinquante ans.

Art. 3. — La pension d'émérite est égale aux trois quarts du traitement fixe dont jouit le fonctionnaire au moment de sa retraite. Cette pension s'accroît d'un vingtième du traitement fixe pour chaque année de service au delà de trente ans. Après trente-cinq ans de service, elle devient égale au traitement et ne peut plus augmenter.

Art. 4. — Tout professeur ou fonctionnaire supérieur devenu émérite, soit qu'il cesse ses fonctions ou qu'il les continue, acquiert de droit le titre d'officier d'Académie, et s'il est déjà pourvu de ce titre, il acquiert celui d'officier de l'Université.

Art. 5. — Les pensions que le Grand-Maître juge à propos d'accorder dans les cas prévus par l'article 2 sont réglées aux taux suivants :

De 10 à 15 ans de service, un quart du traitement fixe;

De 15 à 20 ans de service, trois huitièmes;

De 20 à 25 ans de service, une moitié;

De 25 à 30 ans de service, cinq huitièmes.

Art. 6. — Des circonstances telles que l'âge, les infirmités, l'importance des services rendus, soit dans l'Université, soit dans d'autres fonctions publiques, la publication d'un ouvrage utile à l'Instruction publique, etc., circonstances qu'il appartient au Grand-Maître seul d'apprécier, peuvent concourir à faire élever le taux de la pension, en allouant quelques années de service de plus au fonctionnaire qui demande sa retraite; mais les années additionnelles ne pourront excéder le nombre de cinq.

Art. 7. — Si une pension calculée d'après les deux articles précédents ne s'élevait pas à 500 francs, et que cependant le Grand-Maître décidât qu'il y a lieu d'en accorder une, sans attendre de plus longs services, cette pension sera portée à 500 francs.

Art. 8. — En vertu de l'article 126 du décret du 17 mars 1808, tout membre de l'Université devenu sexagénaire, ou attaqué, pendant l'exercice de ses fonctions, d'une infirmité qui l'empêcherait de les continuer, pourra, jusqu'à ce que la maison des émérites soit établie, obtenir du Grand-Maître une pension de retraite de 1000 francs, quand même il n'aurait pas droit à une pension aussi forte d'après les articles précédents.

Cette pension pourra être portée à 1200 francs, d'après les considérations mentionnées dans l'article 6.

Art. 9. — Aux termes de l'article 127 du même décret, les membres des anciennes Corporations enseignantes, âgés de plus de soixante ans, peuvent également obtenir une pension en produisant leurs titres au Grand-Maître ; mais s'ils ne sont point actuellement attachés à l'Université impériale, cette pension ne pourra excéder le taux déterminé par l'article précédent.

Titre II.

De la manière de compter les années de service qui donnent droit à l'éméritat et aux pensions de retraite.

Art. 10. — L'Université impériale n'accorde de pensions que pour les services rendus dans les établissements d'instruction publique ci-après désignés, qui existent ou qui ont existé sur le territoire de l'Empire français.

Art. 11. — Les années de service dans les Lycées, les Écoles centrales, les anciennes Universités et les anciens Collèges de plein exercice seront comptées dans leur entier aux professeurs ou régents et fonctionnaires supérieurs.

Art. 12. — Les années de service ne seront comptées que pour moitié aux mêmes fonctionnaires, dans les anciens Collèges d'un ordre inférieur, où l'enseignement s'élevait néanmoins jusqu'aux humanités.

Art. 13. — Si un membre de l'Université impériale a été employé jusqu'en 1791, en qualité de professeur ou fonctionnaire supérieur, dans les anciennes Universités ou Collèges de plein exercice, le Grand-Maître pourra regarder ses services comme non interrompus, si la lacune n'a pas été de plus de cinq ans, ou compter la lacune pour cinq ans de service, si elle a été plus longue.

Titre III.

Des formes à remplir pour obtenir une pension de retraite.

Art. 14. — Les demandes en pension de retraite seront adressées au Recteur de l'Académie dans l'arrondissement de laquelle les requérants seront domiciliés. Ces demandes doivent être appuyées des pièces justificatives des services et de leur durée.

Art. 15. — Le Recteur, après avoir examiné et vérifié ces pièces, donnera son avis sur les demandes et adressera le tout au Grand-Maître.

Art. 16. — Chaque membre de l'Université pourra remplir les formalités ci-dessus prescrites avant d'être dans le cas de demander sa retraite, afin que ses années de service soient constatées d'avance et insérées dans le grand registre de l'Université, tenu en vertu de l'article 67 du décret du 17 mars 1808[1].

Statuts des Frères des Écoles chrétiennes.   4 août 1810.

4 Août 1810.

Le Sénateur, Grand-Maître de l'Université Impériale,

Vu l'article 109 du décret impérial du 17 mars 1808;

Vise les statuts des Frères des Écoles chrétiennes, en tant que les Frères des Écoles chrétiennes s'engagent :

1° A substituer à l'article 10 les dispositions suivantes :

Ils s'attacheront à leur Institut par les trois vœux simples de religion, ainsi que par le vœu de stabilité et par celui d'enseigner gratuitement les enfants; ils se conformeront pour leurs vœux à ce qui est statué à cet égard par les lois de l'Empire;

2° A supprimer dans l'article 11, après ces mots : *Ils ne seront admis à faire les vœux,* les mots *même de trois ans,* et dans l'article 13, tout ce qui suit ces mots : *les frères seront admis, autant qu'il se pourra, à l'âge de 16 ou 17 ans.*

Ampliation du présent arrêté sera adressé à M. le Supérieur des Frères des Écoles chrétiennes.

Fait à Paris, au Palais de l'Université impériale, le 4 août 1810.

Le Sénateur, Grand-Maître,
Signé : Fontanes.

Article 1er. — L'Institut des Frères des Écoles chrétiennes est une société dans laquelle on fait profession de tenir les Écoles gratuitement. La fin de cet Institut est de donner une éducation chrétienne aux enfants, et c'est pour ce sujet qu'on y tient les Écoles, afin que les enfants étant sous la conduite des maîtres depuis le matin jusqu'au soir, ces maîtres puissent leur apprendre à bien vivre en les instruisant des principes de notre sainte religion, en leur inspirant les maximes chrétiennes et leur donnant ainsi l'éducation qui leur convient[2].

Art. 2. — L'esprit de l'Institut est un esprit de foi, qui doit engager ceux qui le forment à attribuer tout à Dieu, et à ne rien faire que dans les vues de Dieu, et en conformité parfaite à ses ordres et à sa volonté. Ils auront de plus un zèle ardent pour instruire les enfants, les conserver dans l'innocence et la crainte de Dieu, et leur donner beaucoup d'éloignement et une très grande horreur pour le mal.

Art. 3. — L'Institut est gouverné par un supérieur général, lequel est perpétuel. Il a pour adjoints deux assistants, qui sont son conseil et l'aident à bien gouverner; ils demeurent dans la même maison que lui, assistent à ses conseils, lui prêtent la main quand il est nécessaire, même pour répondre aux lettres qu'il reçoit.

---

1. Ce statut a été annulé par le décret du 14 juin 1810.
2. Dans les Écoles communales, postérieurement à 1861, les frères ont laissé aux villes la liberté de percevoir la rétribution scolaire au profit de la caisse municipale; mais ils sont restés étrangers aux moyens employés pour percevoir cette rétribution.

Art. 4. — Le supérieur général est élu au scrutin par les suffrages des directeurs assemblés des principales maisons; ils élisent de la même manière les deux assistants, lesquels restent en place dix ans et peuvent être continués.

Art. 5. — Le supérieur général peut être déposé, mais seulement par le chapitre général et pour des causes extrêmement graves.

Art. 6. — Le chapitre général se compose de trente des plus anciens frères ou directeurs des principales maisons. Il s'assemble de droit tous les dix ans, à moins qu'il ne soit jugé nécessaire de convoquer quelquefois une assemblée extraordinaire.

Art. 7. — Les maisons particulières sont gouvernées par des frères-directeurs, qui sont trois ans en place, à moins que, pour de justes causes, il ne paraisse plus convenable au supérieur général et à ses assistants de diminuer ou de proroger ce temps.

Art. 8. — Le supérieur général nomme des visiteurs; ils sont aussi trois ans en place, et font leurs visites une fois par an; ils exigent des directeurs un compte de la recette et de la dépense; et, aussitôt que la visite est finie, ils font au supérieur général leur rapport de ce qu'il faudrait corriger dans chaque maison.

Art. 9. — Aucun des frères ne peut être prêtre, ni prétendre à l'état ecclésiastique, porter le surplis et faire aucune fonction dans l'église; mais, tout entiers à leur vocation, ils vivent dans le silence, dans la retraite, et dans la plus entière fidélité à leurs devoirs.

Art. 10. — Ils s'attacheront à leur Institut par les trois vœux simples de religion, ainsi que par le vœu de stabilité et par celui d'enseigner gratuitement les enfants.

Ils se conformeront, pour leurs vœux, à ce qui est statué à cet égard par les lois de l'Empire.

Art. 11. — Ils ne sont admis à faire leurs vœux qu'après avoir été au moins deux ans dans l'Institut, et s'y être éprouvés un an dans le noviciat, à l'École un pareil temps.

Art. 12. — Ils ne sont reçus à les faire qu'après les plus sévères informations, et ils le sont à la majorité absolue des voix par les frères profès de la maison où ils se trouvent.

Art. 13. — Les frères seront admis, autant qu'il se pourra, à l'âge de seize ou dix-sept ans.

Art. 14. — On renverra tout sujet qui se conduirait mal; mais on ne le fera que pour des causes très graves, qui seront jugées telles par le chapitre général des frères et vérifiées à la pluralité des suffrages.

Art. 15. — Il en sera de même pour ceux qui demanderaient à sortir de la maison et à obtenir dispense de leurs vœux.

Art. 16. — Les frères ne s'établissent dans les diocèses que du consentement des évêques et y vivent sous leur autorité, pour le gouvernement spirituel; et sous celle des magistrats des lieux, pour tout ce qui concerne le civil.

De la manière dont les frères doivent se comporter dans les Écoles.

Art. 1er. — Les frères tiendront partout les Écoles gratuitement, et cela est essentiel à leur Institut.

Art. 2. — Ils seront continuellement attentifs à trois choses dans l'École : 1° pendant les leçons, à reprendre tous les mots que l'écolier lit, dit mal; 2° à faire garder exactement le silence aux écoliers pendant tout le temps de l'école; 3º à rendre attentifs les écoliers dans les leçons qu'on leur donne.

Art. 3. — Ils enseigneront tous leurs écoliers selon la méthode qui leur est prescrite, et qui est universellement pratiquée dans l'Institut : ils n'y introduiront rien de nouveau et n'y changeront rien aussi.

Art. 4. — Ils apprendront à lire aux écoliers : 1º le français; 2º le latin; 3º les lettres écrites à la main; 4º à écrire.

Art. 5. — Ils leur apprendront encore l'orthographe et l'arithmétique, le tout comme il est prescrit dans la première partie de la *Conduite des Écoles*. Ils mettront cependant leur premier et principal soin à apprendre à leurs écoliers les prières du matin et du soir; le *Pater*, l'*Ave Maria*, le *Credo* et le *Confiteor*, et ces mêmes prières en français; les commandements de Dieu et de l'Église; les réponses de la sainte Messe; le catéchisme; les devoirs du chrétien et les maximes et pratiques que Notre-Seigneur nous a laissées dans le saint Évangile.

Art. 6. — Ils feront, pour ce sujet, tous les jours le catéchisme pendant une demi-heure; les veilles de congé de tout le jour, pendant une heure; et les dimanches et fêtes pendant une heure et demie.

Art. 7. — Les jours d'école, les frères conduisent les écoliers à la sainte Messe à l'église la plus proche et à l'heure la plus commode, à moins qu'en quelque endroit cela n'ait été jugé impossible par le frère supérieur de l'Institut, lequel fera en sorte que cela n'arrive pas, sinon pour très peu de temps.

Art. 8. — Ils ne recevront et ne retiendront aucun écolier dans l'école, qu'il n'assiste aussi bien au catéchisme les jours de dimanche et de fêtes que les autres jours auxquels on tiendra l'école.

Art. 9. — Il y aura, dans chaque maison, un frère qui livrera les livres, papiers, plumes, etc., à l'usage des écoliers, et on leur donnera l'encre *gratis*, sans exiger d'eux quoi que ce soit pour cela.

Art. 10. — Les frères distribueront les livres aux écoliers aux mêmes prix qu'ils leur auront coûté, tous frais faits, et ces frais seront tous payés dans la maison où sera le fonds d'impression.

Art. 11. — Ils ne recevront ni des écoliers, ni de leurs parents, ni argent ni présent, quelque petit qu'il soit, en quelque jour et en quelque occasion que ce soit.

Art. 12. — Il ne leur sera pas permis de rien retenir de ce que les écoliers auront en main, excepté les livres méchants et suspects, qu'ils porteront au frère-directeur pour les examiner ou faire examiner.

Art. 13. — Ils aimeront tendrement tous leurs écoliers; ils ne se familiariseront cependant avec aucun d'eux, et ne leur donneront rien par amitié particulière, mais seulement par engagement ou récompense.

Art. 14. — Ils témoigneront une affection égale pour tous leurs écoliers, plus même pour les pauvres que pour les riches, parce qu'ils sont beaucoup plus chargés par leur Institut des uns que des autres.

Art. 15. — Ils s'étudieront à donner à leurs écoliers, par tout leur extérieur et par toute leur conduite, un exemple continuel de la modestie et de toutes les autres vertus qu'ils leur doivent enseigner et faire pratiquer.

Art. 16. — Ils ne permettront pas qu'aucun écolier reste auprès d'eux pendant qu'ils seront à leur place.

Art. 17. — Ils ne parleront en particulier à leurs écoliers que fort rarement et par nécessité; et, lorsqu'ils auront à leur parler, ils le feront en peu de mots.

ART. 18. — Ils ne donneront aucune commission à leurs écoliers, et ne leur donneront ni ne recevront d'eux ni lettre, ni billet du dehors ou pour le dehors sans permission ; ils pourront seulement envoyer des billets au frère-directeur quand ils en auront besoin.

ART. 19. — Ils ne feront rien écrire ni copier soit pour eux, soit pour quelque autre personne que ce soit, par aucun écolier, sans permission du frère-directeur, qui examinera si la chose est nécessaire.

ART. 20. — Ils ne demanderont aux écoliers aucune nouvelle, et ne permetront pas qu'ils leur en disent, quelque bonne ou utile qu'elle soit.

De la manière dont les frères doivent se comporter dans les corrections.

ART. 1er. — Les frères auront toute l'attention et la vigilance sur eux-mêmes pour ne punir leurs écoliers que rarement, persuadés qu'ils doivent être que c'est un des principaux moyens pour bien régler leur École et pour bien y établir un très grand ordre.

ART. 2. — Lorsqu'il sera nécessaire que les frères punissent quelque écolier, ce à quoi ils auront alors plus d'égard sera de le faire avec une grande modération et présence d'esprit, et avec les conditions prescrites par le livre de la *Conduite des Ecoles ;* et, pour ce sujet, de ne l'entreprendre jamais d'un prompt mouvement ou lorsqu'ils se sentiront émus.

ART. 3. — Pour cet effet, ils veilleront tellement sur eux-mêmes que la passion de colère ni la moindre atteinte d'impatience n'aient point de part, ni dans la correction qu'ils feront, ni dans aucune de leurs paroles ou de leurs actions ; convaincus qu'ils doivent être que, s'ils ne prennent cette précaution, les écoliers ne profiteront pas de leur correction, ce qui est cependant la fin que les frères doivent avoir en la faisant, et Dieu n'y donnerait pas sa bénédiction.

ART. 4. — Ils se garderont bien alors et en aucun temps de donner aux écoliers aucun nom injurieux ou messéant ; ils ne les nommeront que par leurs noms ; ils ne les tutoieront pas non plus en leur parlant.

ART. 5. — Ils auront aussi un très grand soin de ne point toucher ni frapper aucun écolier de la main, du poing, du pied ou de la baguette, et de ne les pas rebuter, ni pousser rudement ; ils ne les frapperont point sur le visage, sur la tête ni sur le dos.

ART. 6. — Ils se donneront bien de garde de leur tirer les oreilles, le nez ou les cheveux, de leur jeter la férule ou quelque autre chose pour la leur faire apporter : toutes ces manières de corriger ne doivent point être pratiquées par les frères, étant toutes très indécentes et opposées à la charité et à la douceur chrétienne.

ART. 7. — Ils ne corrigeront pas les écoliers pendant le catéchisme, ni pendant les prières, à moins qu'ils ne puissent absolument différer la correction.

ART. 8. — Les frères ne donneront point de férule, hors de leur place, excepté les maîtres des écrivains pendant l'écriture seulement [1].

1. Depuis l'approbation de ces statuts, les chapitres généraux et les supérieurs ont expressément défendu toute punition afflictive, et notamment l'usage de la férule.

Des jours et des temps que les frères feront l'école et des jours
où ils donneront congé.

Art. 1er. — Les frères tiendront l'école cinq jours de la semaine, lorsqu'il n'y aura point de fête.

Art. 2. — Tous les dimanches et toutes les fêtes de l'année scolastique, c'est-à-dire du temps qu'ils feront l'école, excepté les jours de Noël, Pâques, Pentecôte et le jour de la fête de la Très Sainte Trinité, les frères feront assembler leurs écoliers le matin à l'église de la paroisse sur laquelle ils feront l'école, pour les y faire assister à la grand'messe, et ils les feront aussi assembler, après le dîner, dans l'école pour leur faire le catéchisme; après lequel, leur ayant fait réciter la prière du soir, ils les conduiront à vêpres.

Art. 3. — Les frères donneront ordinairement congé le jeudi tout le jour.

Art. 4. — Lorsqu'il y aura une fête dans une semaine, si la fête arrive le lundi, le mardi ou le samedi, on donnera congé le jeudi après midi seulement; si la fête arrive le jeudi ou le vendredi, on donnera congé le mardi après midi; mais si elle arrive le mercredi, on donnera congé le vendredi après midi.

Art. 5. — Le jour de la Commémoration des Morts, on donnera congé tout le jour.

Art. 6. — Le jour de la fête de Saint-Nicolas, qui est le patron des écoliers, et le jour des Cendres, qui est le premier jour de Carême, on donnera congé tout le jour au lieu du jeudi; cependant, chacun de ces jours on fera venir les écoliers le matin à l'école, et on fera le catéchisme depuis huit heures jusqu'à neuf.

Art. 7. — On donnera congé depuis le Jeudi Saint inclusivement jusqu'au lundi suivant exclusivement.

Art. 8. — Les jours des fêtes de N. S. Jésus-Christ et de la Très Sainte Vierge et autres qui ne sont point chômées, qu'on fête et qu'on solennise dans la Communauté, — telles sont la Transfiguration de Notre-Seigneur, l'Exaltation de la Sainte-Croix et les fêtes de la Présentation et Visitation de la Très Sainte Vierge, aussi bien que le jour de la Fête de saint Joseph, patron et protecteur de la Communauté, — on donnera congé tout le jour au lieu du jeudi.

Art. 9. — S'il y a plusieurs paroisses dans la ville, et qu'on célèbre la fête du patron de celle sur laquelle la maison des frères est située, on fera comme aux jours de fête.

Art. 10. — Lorsqu'on fera la fête d'un patron d'une paroisse sur laquelle la maison des frères n'est pas située, mais sur laquelle les frères font l'école, on donnera congé à toutes les écoles au lieu du jeudi.

Art. 11. — Lorsqu'il se rencontrera cinq jours d'école de suite, on donnera un demi-jour de congé.

Art. 12. — Les frères ne donneront aucun congé extraordinaire sans une nécessité évidente.

Art. 13. — On donnera les vacances pendant tout le mois de septembre, et on ne les donnera point en autre temps, à moins qu'il n'y ait une nécessité évidente eu égard au besoin de la récolte et des vendanges, et qu'on en ait un ordre exprès du frère supérieur de l'Institut, qui désignera le jour qu'on les devra commencer et finir.

De l'inspecteur des Écoles.

ART. 1er. — Il y aura un inspecteur qui veillera sur toutes les Écoles, qui sera le frère-directeur ; et, s'il en est besoin de plusieurs dans une maison, celui ou ceux qui le seront, autres que le frère-directeur, lui rapporteront au moins deux fois chaque semaine, le mercredi et le samedi, ce qu'ils auront reconnu de la conduite de chacun des frères de sa classe, et si les écoliers profitent ou non : c'est ce que feront aussi ceux qui seront chargés de la conduite d'une École, en l'absence de l'inspecteur.

ART. 2. — Les frères auront beaucoup de respect pour l'inspecteur des Écoles, non seulement pour le frère-directeur, mais aussi pour tous ceux qui seront chargés de cet office ; et les maîtres d'une École, pour celui qui, en l'absence de l'inspecteur, a la conduite de cette École par ordre du frère-directeur.

De la langue latine.

Les frères qui auront appris la langue latine n'en feront aucun usage dès qu'ils seront entrés dans la Société, et ils se comporteront comme s'ils ne la savaient pas : ainsi, il ne sera permis à aucun frère d'enseigner la langue latine à qui que ce soit, soit dans la maison, soit au dehors.

Signé : Jean-Baptiste HERBET,, dit Frumence, vicaire général
des Frères des Écoles chrétiennes ;
Barthélemy GARNIER, dit F. Barthélemy ;
Jean-Baptiste DIÉ, dit F. Émery ;
AFLABEL, dit F. Célestin.

Certifié conforme à l'original,

Paris, le 25 novembre 1872.

Frre CALIXTE, 1er assistant.

---

10 août 1810. **Instruction adressée aux Recteurs et portant défense aux instituteurs de l'Académie de Paris de faire imprimer et publier, sans autorisation, les programmes, prospectus et annonces relatifs à leurs Écoles.**

10 Août 1810.

Aux termes de l'article 104 du décret du 17 mars 1808, il ne doit être rien imprimé ni publié pour annoncer les études, la discipline, les conditions de pension, les exercices des élèves dans les Écoles, sans que ces divers prospectus et programmes aient été soumis aux Recteurs et aux Conseils d'Académie, et sans avoir obtenu d'autorisation.

L'oubli de ces dispositions, de la part de quelques chefs d'Écoles, m'a fait sentir la nécessité de les leur rappeler par une circulaire.

Le Grand-Maître de l'Université remplissant les fonctions de Recteur de l'Académie de Paris, vous aurez soin, Monsieur, de m'adresser directement les programmes, prospectus et autres annonces relatifs à votre École; je les ferai examiner par une Commission spéciale. D'après son rapport, je vous donnerai, si je le juge convenable, l'autorisation de les faire imprimer et publier.

Décret sur l'éméritat et les pensions de retraite des membres de l'Université. 18 octobre 1810.

(Le Conseil d'État entendu.)

18 Octobre 1810.

ARTICLE 1er. — Le titre d'émérite est acquis aux membres de l'Université après trente ans de services non interrompus; et l'admission dans la maison de l'éméritat, ou la pension, comme émérite, pourra être accordée au bout de ce terme.

ART. 2. — Néanmoins, ceux des membres de l'Université qui, avant son organisation, ont quitté les fonctions de l'enseignement pour se livrer à d'autres fonctions publiques, n'auront à justifier que de trente années de services rendus à l'enseignement, dans les Écoles centrales, Lycées, anciennes Universités et Collèges de plein exercice, pour obtenir le titre et la pension d'émérite, pourvu qu'il n'y ait point interruption depuis la reprise de leurs fonctions dans l'Université.

ART. 3. — La pension d'émérite sera égale aux trois quarts du traitement fixe dont aura joui le fonctionnaire pendant les trois dernières années de son exercice.

Cette pension s'accroîtra d'un vingtième du traitement fixe pour chaque année de service au delà de trente ans. Elle n'augmentera plus, passé le terme de trente-cinq ans, où elle deviendra égale au traitement fixe, calculé comme il est dit ci-dessus.

ART. 4. — Tout membre de l'Université âgé de plus de soixante ans, ou attaqué de quelque infirmité pendant l'exercice de ses fonctions, pourra demander la pension de retraite avant l'époque fixée pour l'éméritat. Lorsque le motif de la retraite aura été jugé légitime par le Conseil de l'Université, la pension sera réglée sur les bases suivantes :

De dix à quinze ans de service, calculé comme il est dit article 3, un quart du traitement fixe;

De quinze à vingt ans, trois huitièmes du traitement fixe;

De vingt à vingt-cinq ans, la moitié du traitement fixe;

De vingt-cinq à trente ans, cinq huitièmes du traitement fixe.

Dans tous les cas, le minimum de la pension est fixé à cinq cents francs.

ART. 5. — Ne sont pas compris dans les dispositions précédentes les membres de l'Université sur le traitement desquels il n'est point fait la retenue prescrite par l'article 20 de notre décret du 17 septembre 1808.

ART. 6. — Les pensions de retraite des membres de l'Université ne seront accordées qu'à raison des services rendus dans les établissements d'instruction publique qui existent ou ont existé sur le territoire de l'Empire français.

Dans les Lycées, les Écoles centrales, les anciennes Universités et Collèges de plein exercice, les années de service seront comptées dans leur entier aux professeurs ou régents et fonctionnaires supérieurs.

Dans les Collèges d'un ordre inférieur, où le droit à l'éméritat n'était pas accordé, les années de service ne seront pas comptées.

ART. 7. — Si un membre de l'Université a été employé jusqu'en 1791, en qualité de professeur ou fonctionnaire supérieur dans les anciennes Universités ou Collèges de plein exercice, ses services seront regardés comme non interrompus si la lacune n'a pas été de plus de cinq ans; ils seront comptés pour cinq ans si elle a été plus longue.

ART. 8. — Les règles pour la délivrance des pensions de retraite aux principaux et régents de Collège seront ultérieurement proposées par le Conseil de notre Université et établies par un règlement rendu en notre Conseil d'État, sur le rapport de notre Ministre de l'Intérieur.

---

8 mars 1811. Instruction adressée aux Recteurs et portant qu'aucune permission d'établir de nouvelles Écoles ne sera accordée, avant de savoir si elles ne nuisent pas à celles qui sont déjà autorisées.

8 Mars 1811.

Plusieurs demandes m'ont été adressées pour obtenir l'autorisation d'établir de nouvelles Écoles. Ces démarches ont donné lieu aux dispositions suivantes:

Aucun établissement d'instruction publique ne sera autorisé avant que M. le Recteur de l'Académie m'ait fait connaître si l'École demandée peut nuire aux institutions déjà autorisées, et si la population de la commune l'exige.

D'après les renseignements de MM. vos inspecteurs, et ceux que vous aurez pris par vous-même, vous me ferez un rapport, que vous me transmettrez avec votre avis.

Décret portant concession gratuite aux départements, arrondissements et communes, de la pleine propriété des édifices et bâtiments nationaux actuellement occupés pour le service de l'administration des Cours et des Tribunaux et de l'Instruction publique.

9 avril 1811.

9 Avril 1811.

NAPOLÉON, etc.,

Sur le rapport de notre Ministre des Finances, relatif aux bâtiments nationaux occupés par les corps administratifs et judiciaires, duquel il résulte que l'État ne reçoit aucun loyer de la plus grande partie de ces bâtiments; que néanmoins notre Trésor impérial a déjà avancé des sommes considérables pour leurs réparations; que l'intérêt particulier de chaque département, autant que celui de notre Trésor, serait que les départements, arrondissements et communes fussent propriétaires desdits édifices, au moyen de la vente qui leur en serait faite par l'État, et dont le prix capital serait converti en rente remboursable par dixièmes;

Vu les lois des 23 octobre 1790, 7 février et 6 août 1791, l'article 11 de la loi du 24 août 1793, et l'avis de notre Conseil d'État, approuvé par nous le 3 nivôse An XIII, la loi du 11 frimaire An VII, ensemble les arrêtés du Gouvernement des 26 ventôse et 27 floréal An VIII et du 25 vendémiaire An X, et notre décret du 26 mars 1806;

Considérant que les bâtiments dont il s'agit n'ont pas cessé d'être la propriété de l'État;

Voulant néanmoins donner une nouvelle marque de notre munificence impériale à nos sujets de ces départements, en leur épargnant les dépenses qu'occasionneraient tant l'acquisition desdits édifices que le remboursement des sommes avancées par notre Trésor impérial pour réparations;

Notre Conseil d'État entendu,

Nous avons décrété et décrétons ce qui suit:

ARTICLE 1er. — Nous concédons gratuitement aux départements, arrondissements ou communes la pleine propriété des édifices et bâtiments nationaux actuellement occupés pour le service de l'administration des Cours et Tribunaux et de l'Instruction publique.

ART. 2. — La remise de la propriété desdits bâtiments sera faite par l'administration de l'Enregistrement et des Domaines aux préfets, sous-préfets ou maires, chacun pour les établissements qui le concernent.

ART. 3. — Cette concession est faite, à la charge par lesdits départements, arrondissements ou communes, chacun en ce qui le concerne, d'acquitter à l'avenir la contribution foncière, et de supporter aussi, à l'avenir, les grosses et menues réparations, suivant les règles et dans les proportions établies, pour chaque local, par la loi du 11 frimaire An VII, sur les dépenses départementales, municipales et communales, et par l'arrêté du 27 floréal An VIII pour le payement des dépenses judiciaires.

ART. 4. — Il ne pourra, à l'avenir, être disposé d'aucun édifice national en faveur d'un établissement public qu'en vertu d'un décret impérial.

---

15 novembre 1811.

Extrait d'un décret impérial concernant le régime de l'Université.

15 Novembre 1811.

NAPOLÉON, etc.,
Nous avons décrété et décrétons :

. . . .

CHAPITRE II.

De la discipline et juridiction de l'Université.

TITRE Ier. — De la compétence.

§ 1er. — DE LA COMPÉTENCE QUANT AU PERSONNEL.

ARTICLE 41. — En conséquence du décret impérial du 17 mars 1808, l'Université impériale aura juridiction sur ses membres, en tout ce qui touche l'observation de ses statuts et règlements, l'accomplissement des devoirs et des obligations de chacun, les plaintes et les réclamations contre ses membres relativement à l'exercice de leurs fonctions, les injures, diffamations et scandales entre les membres, et l'application des peines encourues par les délinquants.

ART. 42. — Cette juridiction sera exercée par le Grand-Maître et par le Conseil de l'Université, conformément aux statuts et aux règlements.

. . . .

TITRE II. — **Des contraventions, des délits et des peines.**

SECTION 1re. — DE CEUX QUI ENSEIGNENT PUBLIQUEMENT EN CONTRAVENTION AUX LOIS ET AUX STATUTS DE L'UNIVERSITÉ, ET DE LA CLÔTURE DE LEURS ÉCOLES.

ART. 54. — Si quelqu'un enseigne publiquement et tient École sans l'autorisation du Grand-Maître, il sera poursuivi d'office par nos procureurs impériaux, qui feront fermer l'École, et, suivant l'exigence des cas, pourront décerner un mandat d'arrêt contre le délinquant.

ART. 55. — Si notre procureur impérial négligeait de poursuivre, le Recteur de l'Académie et même le Grand-Maître seront tenus de dénoncer l'infraction à nos procureurs généraux, qui tiendront la main à ce que les poursuites soient faites sans délai, et rendront compte à notre Grand-Juge de la négligence des officiers de nos tribunaux inférieurs.

ART. 56. — Celui qui enseignera publiquement et tiendra École sans autorisation sera traduit à la requête de notre procureur impérial en police correctionnelle, et condamné à une amende qui ne pourra être au-dessous de cent francs ni de plus de trois mille francs, dont moitié applicable au trésor de l'Université et l'autre moitié aux Enfants trouvés; sans préjudice de plus grandes peines, s'il était trouvé coupable d'avoir dirigé l'enseignement d'une manière contraire à l'ordre et à l'intérêt publics.

ART. 57. — Conformément à l'article 105 de notre décret du 17 mars 1808, et indépendamment des poursuites ordonnées par les articles précédents, le Grand-Maître, après information faite et jugement prononcé par le Conseil de l'Université, dans les formes prescrites aux titres IV et V ci-après, fera fermer les institutions et pensions où il aura été reconnu des abus graves, et où l'enseignement sera dirigé sur des principes contraires à ceux que professe l'Université[1].

CHAPITRE V.

Dispositions générales.

ART. 190. — Le Grand-Maître de l'Université rendra compte également à notre Ministre de l'Intérieur, qui nous en fera un rap-

---

1. Il n'est rien prescrit auxdits titres relativement au personnel de l'instruction primaire.

port, des mesures prises pour l'exécution des articles 107 et 108 des statuts de l'Université impériale du 17 mars 1808, en ce qui concerne l'instruction primaire, et des résultats obtenus.

ART. 191. — Notre Ministre de l'Intérieur nous soumettra aussi un rapport relatif au mode particulier de surveillance que l'Université pourra exécuter sur les maîtres d'école ou sur les instituteurs des Écoles primaires. Ce rapport devra proposer les moyens d'accorder, avec la surveillance de l'Université, l'autorité que doivent conserver les préfets, les sous-préfets et les maires sur les maîtres et instituteurs des petites Écoles.

ART. 192. — Jusqu'à ce qu'il ait été par nous ultérieurement statué sur les moyens d'assurer et d'améliorer l'instruction primaire dans toute l'étendue de notre Empire, les préfets, sous-préfets et maires continueront à exercer leur surveillance sur les Écoles, et devront en adresser leur rapport à l'autorité supérieure à eux. Néanmoins le Grand-Maître continuera d'instituer les maîtres. Les inspecteurs d'Académie veilleront à ce que les maîtres ne portent point leur enseignement au-dessus de la lecture, l'écriture et l'arithmétique, à ce qu'ils observent les règlements établis qui y sont relatifs.

. . . .

---

12 février 1812.

Décret impérial concernant l'universalité des Poids et Mesures[1].

12 Février 1812.

NAPOLÉON, etc.,

Désirant faciliter et accélérer l'établissement de l'universalité des poids et mesures dans notre Empire ;

Sur le rapport de notre Ministre de l'Intérieur ;

Notre Conseil d'État entendu ;

Nous avons décrété et décrétons ce qui suit :

ARTICLE 1er. — Il ne sera fait aucun changement aux unités des poids et mesures de l'Empire, telles qu'elles ont été fixées par la loi du 19 frimaire An VIII.

ART. 2. — Notre Ministre de l'Intérieur fera confectionner, pour l'usage du commerce, des instruments de pesage et mesurage qui présentent, soit les fractions, soit les multiples desdites unités,

---

1. Voir le *décret* du 14 thermidor An I (1er août 1793), page 63, l'*arrêté* du 18 germinal An III (7 avril 1795), page 107, l'*arrêté* du 13 brumaire An IX (2 novembre 1800), page 166.

le plus en usage dans le commerce et accommodés au besoin du peuple.

ART. 3. — Ces instruments porteront sur les diverses faces la comparaison des divisions et des dénominations établies par les lois avec celles anciennement en usage.

ART. 4. — Nous nous réservons de nous faire rendre compte, après un délai de dix années, des résultats qu'aura fournis l'expérience sur le perfectionnement que le système des poids et mesures serait susceptible de recevoir.

ART. 5. — En attendant, le système légal continuera seul à être enseigné dans toutes les Écoles de notre Empire, y compris les Écoles primaires, et à être seul employé dans toutes les administrations publiques, comme aussi dans les marchés, halles, et dans toutes les transactions commerciales et autres entre nos sujets.

Arrêté qui interdit à tout instituteur de tenir pensionnat sans autorisation[1]. 17 juillet 1812.

17 Juillet 1812.

Le Conseil de l'Université,

Vu les articles 27 et 29 du décret du 17 septembre 1808, qui assujettissent à un droit décennal et à un droit annuel les chefs d'institution et les maîtres de pension;

Vu le titre III du décret du 15 novembre 1811 (art. 17, 19 et 22), d'après lequel tous ces chefs d'écoles ne pourront avoir des pensionnaires à demeure dans leurs maisons au-dessus de l'âge de neuf ans, qu'autant que le nombre des pensionnaires que peut recevoir le Lycée ou Collège établi dans la même ville ou dans la résidence du Lycée se trouverait au complet;

---

1. Une instruction a été adressée aux Recteurs, à la date du 30 novembre 1812, relativement aux déclarations exigées de chefs d'Écoles primaires, communales et particulières. En voici le texte :

« La nécessité de s'opposer aux infractions que quelques individus se permettent « contre les règlements de l'Université, en ouvrant des Écoles clandestines, m'a porté « à adopter une mesure dont j'attends d'heureux résultats, Je viens de prévenir « MM. les préfets des départements qu'aucun chef d'École primaire, communale ou « particulière, ne pourra commencer ses fonctions, sans auparavant avoir fait enre- « gistrer son autorisation au secrétariat de la mairie. Cet enregistrement aura lieu « sur la présentation de l'autorisation définitive ou provisoire délivrée soit par le « Grand-Maître, soit par vous. Les instituteurs primaires actuellement en exercice « devront se soumettre sur-le-champ à cette mesure. De votre côté, Monsieur le « Recteur, je vous invite à porter cette obligation à la connaissance des chefs des « Écoles primaires, et de donner connaissance à MM. les préfets de votre arrondisse- « ment académique des autorisations de ce genre qui seront délivrées. »

Vu l'article 76 du décret du 17 mars 1808, en vertu duquel le Grand-Maître propose à la discussion du Conseil tous les projets de règlements et de statuts qui peuvent être faits pour les Écoles des divers degrés ;

Considérant qu'aucun décret n'autorise les chefs des Écoles primaires ou petites Écoles à recevoir des pensionnaires ;

Considérant que le titre III du décret du 15 novembre, en statuant sur l'âge des élèves pensionnaires qui peuvent être admis dans les divers établissements particuliers, ne fait aucune mention des petites Écoles ;

Considérant enfin que le droit d'avoir des pensionnaires à demeure doit être regardé comme exclusivement réservé aux chefs d'institution et aux maîtres de pension ;

Après avoir entendu le rapport des sections réunies de la comptabilité et de l'état et du perfectionnement des études ;

Arrête ce qui suit :

ARTICLE 1er. — Il ne peut être établi de pensionnat dans une maison dont le chef n'aura point obtenu une autorisation du Grand-Maître.

ART. 2. — Les Recteurs surveilleront l'exécution du présent arrêté[1].

Arrêt relatif aux Écoles tenues par les ecclésiastiques[2].

24 Août 1813.

Le Conseil de l'Université,

Après avoir entendu le rapport fait au nom de la section de comptabilité, sur la question de savoir si les curés, desservants ou pasteurs, qui admettent chez eux des élèves pensionnaires ou externes, et leur donnent l'enseignement autorisé pour les institutions ou les pensions, peuvent être exceptés de la règle qui place tous les instituteurs et tous les maîtres sous le régime de l'Université ;

Considérant que, d'après l'article 5 du décret du 17 mars 1808 et l'article 192 du décret du 15 novembre 1811, toute École particu-

---

1. .... Quant aux Écoles primaires autorisées, soit par une décision particulière du Grand-Maître ou du Recteur, soit par une mesure spéciale, elles seront fermées, s'il y a lieu, en vertu d'une ordonnance rendue par le Grand-Maître. Les instituteurs primaires n'étant point membres de l'Université, et n'étant considérés que comme ses agents, ne sont pas justiciables du Conseil. (*Instruction du 25 juillet* 1812.)

2. Voir ci-après l'*ordonnance* du 5 octobre 1814.

lière où l'enseignement n'est pas restreint à la lecture, à l'écriture et à l'arithmétique, est nécessairement une institution ou une pension ;

Que les curés, desservants, pasteurs ou tous autres ecclésiastiques qui admettent chez eux des élèves, et leur donnent l'enseignement autorisé dans les institutions et les pensions, doivent, pour cela seul, être soumis au même régime que les instituteurs et maîtres laïques ;

Considérant que toutes les Écoles, quel que soit le nombre des élèves qui les fréquentent, sont placées sous l'autorité de l'Université, et qu'il est peut-être aussi nécessaire de surveiller les petites Écoles disséminées dans les campagnes que les grands établissements, où les abus ne peuvent jamais s'introduire sans être promptement connus ;

Considérant que les parents qui élèvent eux-mêmes ou font élever par un précepteur des enfants de la même famille, au degré indiqué par l'article 23 du décret du 15 novembre 1811, sont seuls exceptés de la règle générale, et que la ligne de démarcation qui sépare l'instruction publique de l'éducation domestique est tracée par l'article précité,

Arrête ce qui suit :

ARTICLE 1er. — Les curés, les desservants, les pasteurs ou tous autres ecclésiastiques qui admettent chez eux des élèves comme pensionnaires ou externes, pour y recevoir des leçons de grammaire, d'histoire et de géographie, de langues anciennes ou de mathématiques, sont tenus, comme les instituteurs et maîtres de pensions laïques, de demander l'autorisation du Grand-Maître.

Eux et leurs élèves sont soumis à la juridiction de l'Université et aux règles établies par les décrets, notamment aux dispositions contenues aux titres XII et XIII du décret du 17 septembre 1808, et au titre II, chapitre 2, du décret du 15 novembre 1811.

ART. 2. — Sont exceptés les ecclésiastiques qui, conformément à l'article 23 du décret du 15 novembre 1811, se bornent à élever des enfants de leur propre famille.

Ordonnance du Roi qui maintient provisoirement les règlements actuels de l'Université de France.

22 Juin 1814.

Louis, par la grâce de Dieu, Roi de France et de Navarre,

Nous étant fait rendre compte des lois et règlements sur l'instruction publique dans notre Royaume, et voulant prévenir tout relâchement et toute interruption dans l'éducation de la jeunesse, objet si important pour nos sujets;

Sur le rapport de notre Ministre secrétaire d'État de l'Intérieur;

Notre Conseil d'État entendu,

Nous avons ordonné et ordonnons ce qui suit :

ARTICLE 1er. — Jusqu'à ce qu'il ait pu être apporté à l'ordre actuel de l'éducation publique les modifications qui seront jugées utiles, l'Université de France observera les règlements actuellement en vigueur.

ART. 2. — Les membres de l'Université, les instituteurs, les maîtres de pension et tous autres se conformeront à ces règlements, chacun en ce qui le concerne.

———

Ordonnance relative aux Écoles ecclésiastiques [1].

5 Octobre 1814.

Louis, etc.,

Ayant égard à la nécessité où sont les archevêques et évêques de notre Royaume, dans les circonstances difficiles où se trouve l'Église de France, de faire instruire, dès l'enfance, des jeunes gens qui puissent ensuite entrer avec fruit dans les grands séminaires, et désirant leur procurer les moyens de remplir avec facilité cette pieuse intention ;

Ne voulant point toutefois que les Écoles de ce genre se multiplient sans raison légitime,

Sur le rapport de notre Ministre secrétaire d'État de l'Intérieur,

Nous avons ordonné et ordonnons ce qui suit :

1. Voir ci-dessus, page 224, l'*ordonnance* du 24 août 1813.

15.

Article 1er. — Les archevêques et évêques de notre Royaume pourront avoir, dans chaque département, une École ecclésiastique, dont ils nommeront les chefs et les instituteurs, et où ils feront élever et instruire dans les lettres des jeunes gens destinés à entrer dans les grands séminaires.

Art. 2. — Ces Écoles pourront être placées à la campagne et dans les lieux où il n'y aura ni Lycée ni Collège communal.

Art. 3. — Lorsqu'elles seront placées dans les villes où il y aura un Lycée ou un Collège communal, les élèves, après deux ans d'études, seront tenus de prendre l'habit ecclésiastique.

Ils seront dispensés de fréquenter les leçons desdits Lycées ou Collèges.

Art. 4. — Pour diminuer autant qu'il sera possible les dépenses de ces établissements, les élèves seront exempts de la rétribution due à l'Université par les élèves des Lycées, Collèges, institutions et pensionnats.

Art. 5. — Les élèves qui auront terminé leur cours d'études pourront se présenter à l'examen de l'Université pour obtenir le grade de bachelier ès lettres. Ce grade leur sera conféré gratuitement[1].

Art. 6. — Il ne pourra être érigé dans un département une seconde École ecclésiastique qu'en vertu de notre autorisation donnée sur le rapport de notre Ministre secrétaire d'État de l'Intérieur, après qu'il aura entendu l'évêque et le Grand-Maître de l'Université.

Art. 7. — Les Écoles ecclésiastiques sont susceptibles de recevoir des legs et donations, en se conformant aux lois existantes sur cette matière.

Art. 8. — Il n'est au surplus dérogé en rien à notre ordonnance du 22 juin dernier, qui maintient provisoirement les décrets et règlements relatifs à l'Université.

Sont seulement rapportés tous les articles desdits décrets et règlements contraires à la présente.

1. La Commission d'Instruction publique décide que les diplômes de bachelier ès lettres devront être délivrés gratuitement aux élèves des séminaires. (2 *septembre* 1815.)

Cette disposition a été étendue aux élèves des séminaires protestants, par une décision en date du 1er *février* 1816, ainsi conçue :

La Commission décide que les élèves des séminaires protestants pourront prendre gratuitement le grade de bachelier ès lettres, comme les élèves des séminaires catholiques.

Ordonnance portant règlement sur l'Instruction publique.

17 Février 1815.

Louis, etc.,

Nous étant fait rendre compte de l'état de l'Instruction publique dans notre Royaume, nous avons reconnu qu'elle reposait sur des institutions destinées à servir les vues politiques du Gouvernement dont elles furent l'ouvrage, plutôt qu'à répandre sur nos sujets les bienfaits d'une éducation morale et conforme aux besoins du siècle; nous avons rendu justice à la sagesse et au zèle des hommes qui ont été chargés de surveiller et de diriger l'enseignement; nous avons vu avec satisfaction qu'ils n'avaient cessé de lutter contre les obstacles que les temps leur opposaient, et contre le but même des institutions qu'ils étaient appelés à mettre en œuvre; mais nous avons senti la nécessité de corriger ces institutions, et de rappeler l'éducation nationale à son véritable objet, qui est de propager les bonnes doctrines, de maintenir les bonnes mœurs et de former des hommes qui, par leurs lumières et leurs vertus, puissent rendre à la société les utiles leçons et les sages exemples qu'ils ont reçus de leurs maîtres.

Nous avons mûrement examiné ces institutions que nous nous proposons de réformer; et il nous a paru que le régime d'une autorité unique et absolue était incompatible avec nos intentions paternelles et avec l'esprit libéral de notre Gouvernement;

Que cette autorité, essentiellement occupée de la direction de l'ensemble, était en quelque sorte condamnée à ignorer ou à négliger ces détails et cette surveillance journalière, qui ne peuvent être confiés qu'à des autorités locales, mieux informées des besoins et plus directement intéressées à la prospérité des établissements placés sous leurs yeux;

Que le droit de nommer à toutes les places, concentré dans les mains d'un seul homme, en laissant trop de chances à l'erreur et trop d'influence à la faveur, affaiblissait le ressort de l'émulation et réduisait aussi les maîtres à une dépendance mal assortie à l'honneur de leur état et à l'importance de leurs fonctions;

Que cette dépendance et les déplacements trop fréquents, qui en sont la suite inévitable, rendaient l'état des maîtres incertain et précaire, nuisaient à la considération dont ils ont besoin de jouir pour se livrer avec zèle à leurs pénibles travaux, ne permettaient pas qu'il s'établît entre eux et les parents de leurs élèves cette confiance qui est le fruit des longs services et des anciennes habitudes, et les privaient ainsi de la plus douce récompense qu'ils puissent obtenir, le respect et l'affection des contrées auxquelles ils ont consacré leurs talents et leur vie;

Enfin que la taxe du vingtième des frais d'études levée sur tous les élèves des Lycées, Collèges et pensions, appliquée à des dépenses dont ceux qui la payent ne retirent pas un avantage immédiat, et qui peuvent être considérablement réduites, contrariait notre désir de favoriser les bonnes études et de répandre le bienfait de l'instruction dans toutes les classes de nos sujets.

Voulant nous mettre en état de proposer le plus tôt possible aux deux Chambres les lois qui doivent fonder le système de l'Instruction publique en France et pourvoir aux dépenses qu'il exigera, nous avons résolu d'ordonner provisoirement les réformes les plus propres à nous faire acquérir l'expérience et les lumières dont nous avons encore besoin pour atteindre ce but, et, en remplacement de la taxe du vingtième des frais d'études, dont nous ne voulons pas différer plus longtemps l'abolition, il nous a plu d'affecter, sur notre liste civile, la somme d'un million, qui sera employée, pendant la présente année 1815, au service de l'Instruction publique dans notre Royaume.

A ces causes, et sur le rapport de notre Ministre secrétaire d'État au département de l'Intérieur;

Notre Conseil d'État entendu,

Nous avons ordonné et ordonnons ce qui suit :

TITRE Ier.

Dispositions générales.

ARTICLE 1er. — Les arrondissements, formés sous le nom d'*Académies* par le décret du 17 mars 1808, sont réduits à dix-sept, conformément au tableau annexé à la présente ordonnance.

Ils prendront le titre d'*Universités*.

Les Universités porteront le nom du chef-lieu assigné à chacune d'elles.

Les Lycées actuellement établis seront appelés *Collèges royaux*.

ART. 2. — Chaque Université sera composée : 1° d'un Conseil présidé par un Recteur ; 2° de Facultés ; 3° de Collèges royaux ; 4° de Collèges communaux.

ART. 3. — L'enseignement et la discipline, dans toutes les Universités, seront réglés et surveillés par un Conseil royal de l'Instruction publique.

ART. 4. — L'École normale de Paris sera commune à toutes les Universités : elle formera, aux frais de l'État, le nombre de professeurs et de maîtres dont elles auront besoin pour l'enseignement des sciences et des lettres.

TITRE II.

Des Universités.

SECTION Iʳᵉ. Des Conseils des Universités.

ART. 5. — Le Conseil de chaque Université est composé d'un Recteur, président; des doyens des Facultés, du proviseur du Collège royal du chef-lieu, ou du plus ancien des proviseurs, s'il y a plusieurs Collèges royaux, et de trois notables au moins, choisis par notre Conseil royal de l'Instruction publique.

ART. 6. — L'évêque et le préfet sont membres de ce Conseil; ils y ont voix délibérative et séance au-dessus du Recteur.

ART. 7. — Le Conseil de l'Université fait visiter, quand il le juge à propos, les Collèges royaux et communaux, les institutions, pensionnats et autres établissements d'instruction, par deux inspecteurs, qui lui rendent compte de l'état de l'enseignement et de la discipline dans le ressort de l'Université, conformément aux instructions qu'ils ont reçues de lui.

Le nombre des inspecteurs de l'Université de Paris peut être porté à six.

ART. 8. — Le Conseil nomme ces inspecteurs entre deux candidats qui lui sont présentés par le Recteur.

. ART. 9. — Il nomme aussi, entre deux candidats présentés par le Recteur, les proviseurs, les censeurs ou préfets des études, les professeurs de philosophie, de rhétorique et de mathématiques supérieures, les aumôniers et les économes des Collèges royaux.

ART. 10. — Les inspecteurs des Universités sont choisis entre les proviseurs, les préfets des études, les professeurs de philosophie, de rhétorique et de mathématiques des Collèges royaux et les principaux des Collèges communaux; les proviseurs, entre les inspecteurs, les principaux des Collèges communaux et les préfets des études des Collèges royaux; ceux-ci, entre les professeurs de philosophie, de rhétorique et de mathématiques supérieures des mêmes Collèges.

ART. 11. — Le Conseil de l'Université peut révoquer, s'il y a lieu, les nominations qu'il a faites : en ce cas, ses délibérations sont motivées, et elles n'ont leur effet qu'après avoir reçu l'approbation de notre Conseil royal de l'Instruction publique.

Art. 12. — Nul ne peut établir une institution ou un pensionnat, ou devenir chef d'une institution ou d'un pensionnat déjà établi, s'il n'a été examiné et dûment autorisé par le Conseil de l'Université, et si cette autorisation n'a été approuvée par le Conseil royal de l'Instruction publique.

Art. 13. — Le Conseil de l'Université entend et juge définitivement les comptes des Facultés et des Collèges royaux; il entend le compte des dépenses de l'administration générale, rendu par le Recteur, et il le transmet, après l'avoir arrêté, à notre Conseil royal de l'Instruction publique.

Art. 14. — Il tient registre de ses délibérations et en envoie copie tous les mois à notre Conseil royal.

Art. 15. — Il a rang après le Conseil de préfecture dans les cérémonies publiques.

SECTION II. Des Recteurs des Universités.

Art. 16. — Les Recteurs des Universités sont nommés par nous, entre trois candidats qui nous sont présentés par notre Conseil royal de l'Instruction publique, et choisis par lui entre les Recteurs déjà nommés, les inspecteurs généraux des études dont il sera parlé ci-après, les professeurs des Facultés, les inspecteurs des Universités, les proviseurs, préfets des études et professeurs de philosophie, de rhétorique et de mathématiques supérieures des Collèges royaux.

Art. 17. — Les Recteurs des Universités nomment les professeurs, régents et maîtres d'études de tous les Collèges, à l'exception des professeurs de philosophie, de rhétorique et de mathématiques supérieures des Collèges royaux, qui sont nommés comme il est dit en l'article 9.

Art. 18. — Ils les choisissent entre les professeurs, régents et maîtres d'études déjà employés dans les anciens ou les nouveaux établissements de l'instruction, ou parmi les élèves de l'École normale qui, ayant achevé leurs exercices, ont reçu le brevet d'agrégé.

Art. 19. — Les professeurs et régents ainsi nommés ne peuvent être révoqués que par le Conseil de l'Université, sur la proposition motivée du Recteur.

Art. 20. — Les professeurs et régents, nommés par un ou plusieurs Recteurs autres que celui de l'Université dans laquelle ils sont actuellement employés, peuvent choisir l'Université et accepter l'emploi qu'ils préfèrent; mais ils sont tenus d'en donner avis, un mois avant l'ouverture de l'année scolaire, au Recteur de l'Université de laquelle ils sortent.

Art. 21. — Les élèves de l'École normale, appelés par d'autres Recteurs que celui de l'Université qui les a envoyés, ont le même droit d'option, à la charge de donner le même avis.

Art. 22. — Le Recteur de l'Université préside, quand il le juge à propos, aux examens et épreuves qui précèdent les collations de grades dans les Facultés.

Art. 23. — Il est seul chargé de la correspondance.

Art. 24. — Il présente au Conseil de l'Université les affaires qui doivent y être portées, nomme les rapporteurs, s'il y a lieu, règle l'ordre des délibérations et signe les arrêtés.

Art. 25. — En cas de partage de voix, la sienne est prépondérante.

SECTION III. Des Facultés.

. . . .

SECTION IV. Des Collèges royaux et des Collèges communaux.

. . . .

Titre III.

De l'École normale.

Art. 46. — Chaque Université envoie, tous les ans, à l'École normale de Paris un nombre d'élèves proportionné aux besoins de l'enseignement.

Ce nombre est réglé par notre Conseil royal de l'Instruction publique.

Art. 47. — Le Conseil de l'Université choisit ces élèves entre ceux qui, ayant terminé leurs études de rhétorique et de philosophie, se destinent, du consentement de leurs parents, à l'instruction publique.

Art. 48. — Les élèves envoyés à l'École normale y passent trois années, après lesquelles ils sont examinés par notre Conseil royal de l'Instruction publique, qui leur délivre, s'il y a lieu, un brevet d'agrégé.

Art. 49. — Les élèves qui ont obtenu ce brevet, s'ils ne sont pas appelés par les Recteurs des autres Universités, retournent dans celle qui les a envoyés ; et ils y sont placés par le Recteur, et avancés selon leur capacité et leurs services.

Art. 50. — Le chef de l'École normale a le même rang et les les mêmes prérogatives que les Recteurs des Universités.

TITRE IV.

Du Conseil royal de l'Instruction publique.

ART. 51. — Notre Conseil royal de l'Instruction publique est composé d'un président et de onze conseillers nommés par nous.

ART. 52. — Deux d'entre eux sont choisis dans le clergé, deux dans notre Conseil d'État ou dans nos Cours, et les sept autres parmi les personnes les plus recommandables par leurs talents et leurs services dans l'Instruction publique.

ART. 53. — Le président de notre Conseil royal est seul chargé de la correspondance ; il présente les affaires au Conseil, nomme les rapporteurs, s'il y a lieu, règle l'ordre des délibérations, signe et fait expédier les arrêtés, et il en procure l'exécution.

ART. 54. — En cas de partage des voix, la sienne est prépondérante.

ART. 55. — Conformément à l'article 3 de la présente ordonnance, notre Conseil royal dresse, arrête et promulgue les règlements généraux relatifs à l'enseignement et à la discipline.

ART. 56. — Il prescrit l'exécution de ces règlements à toutes les Universités, et il la surveille par des inspecteurs généraux des études, qui visitent les Universités quand il le juge à propos, et qui lui rendent compte de l'état de toutes les Écoles.

ART. 57. — Les inspecteurs sont au nombre de douze, savoir : deux, pour les Facultés de droit ; deux, pour celles de médecine ; les huit autres, pour les Facultés des sciences et des lettres, et pour les Collèges royaux et communaux.

ART. 58. — Les inspecteurs généraux des études sont nommés par nous, entre trois candidats qui nous sont présentés par notre Conseil royal de l'Instruction publique, et qu'il a choisis entre les Recteurs et les inspecteurs des Universités, les professeurs des Facultés, les proviseurs, préfets des études, et professeurs de philosophie, de rhétorique et de mathématiques supérieures des Collèges royaux.

ART. 59. — Sur le rapport des inspecteurs généraux des études, notre Conseil royal donne aux Conseils des Universités les avis qui lui paraissent nécessaires ; il censure les abus, et il pourvoit à ce qu'ils soient réformés.

ART. 60. — Il nous rend un compte annuel de l'état de l'Instruction publique dans notre Royaume.

ART. 61. — Il nous propose toutes les mesures qu'il juge propres à améliorer l'instruction, et pour lesquelles il est besoin de recourir à notre autorité.

Art. 62. — Il provoque et encourage la composition des livres qui manquent à l'enseignement, et il indique ceux qui lui paraissent devoir être employés.

Art. 63. — Il révoque, s'il y a lieu, les doyens des Facultés, et il nous propose la révocation des Recteurs des Universités.

Art. 64. — Il juge définitivement les comptes de l'administration générale des Universités.

Art. 65. — L'École normale est sous son autorité immédiate et sa surveillance spéciale; il nomme et révoque les administrateurs et les maîtres de cet établissement.

Art. 66. — Il a le même rang que notre Cour de Cassation et notre Cour des Comptes, et il est placé, dans les cérémonies publiques, immédiatement après celle-ci.

Art. 67. — Il tient registre de ses délibérations, et il en envoie copie à notre Ministre secrétaire d'État au département de l'Intérieur, qui nous en rend compte, et sur le rapport duquel nous nous réservons de les réformer ou de les annuler.

Titre V.

Des recettes et des dépenses.

Art. 68. — La taxe du vingtième des frais d'études imposée sur les élèves des Collèges et des pensions est abolie[1], à compter du jour de la publication de la présente ordonnance.

Art. 69. — Sont maintenus : 1° les droits d'inscription, d'examen et de diplômes de grade, au profit des Facultés ; 2° les rétributions payées par les élèves des Collèges royaux et communaux, au profit de ces établissements ; 3° les rétributions annuelles des chefs d'institutions et de pensionnats au profit des Universités.

Art. 70. — Les communes continueront de payer les bourses communales et les sommes qu'elles accordent à titre de secours à leurs Collèges : à cet effet, le montant desdites sommes, ainsi que des bourses, sera colloqué à leurs budgets parmi leurs dépenses fixes, et il n'y sera fait aucun changement, sans que notre Conseil royal de l'Instruction publique ait été entendu.

Art. 71. — Les communes continueront aussi de fournir et d'entretenir, de grosses réparations, les édifices nécessaires aux Universités, Facultés et Collèges.

Art. 72. — Les Conseils des Universités arrêtent les budgets des Collèges et des Facultés.

1. Voir ci-après, page 239, la *circulaire* du 5 septembre 1815.

ART. 73. — Les Facultés et Collèges royaux dont la recette excède la dépense, versent le surplus dans la caisse de l'Université.

ART. 74. — Les Conseils des Universités reçoivent les rétributions annuelles des chefs d'institutions et de pensionnats.

ART. 75. — Ils régissent les biens attribués à l'Université de France, qui sont situés dans l'arrondissement de chaque Université, et ils en perçoivent les revenus.

ART. 76. — En cas d'insuffisance des recettes des Facultés et de celles qui sont affectées aux dépenses de l'administration générale, les Conseils des Universités forment la demande distincte et détaillée des sommes nécessaires pour remplir chaque déficit.

ART. 77. — Cette demande est adressée par eux à notre Conseil royal de l'Instruction publique, qui la transmet, avec son avis, à notre Ministre secrétaire d'État au département de l'Intérieur.

ART. 78. — Les dépenses des Facultés et des Universités, arrêtées par notre Ministre secrétaire d'État au département de l'Intérieur, sont acquittées, sur ses ordonnances, par notre Trésor royal.

ART. 79. — Sont pareillement acquittées par notre Trésor royal: 1° les dépenses de notre Conseil royal de l'Instruction publique; 2° celles de l'École normale; 3° les bourses royales.

ART. 80. — A cet effet, la rente de quatre cent mille francs, formant l'apanage de l'Université de France, est mise à la disposition de notre Ministre secrétaire d'État au département de l'Intérieur.

ART. 81. — De plus, et en remplacement provisoire de la taxe abolie par l'article 68 de la présente ordonnance, notre Ministre secrétaire d'État au département de l'Intérieur est autorisé par nous, pour le service de l'Instruction publique dans notre Royaume pendant l'année 1815, à s'adresser au Ministre de notre Maison, qui mettra à sa disposition la somme d'un million, à prendre sur les fonds de notre liste civile.

ART. 82. — Le fonds, provenant de la retenue du vingt-cinquième des traitements dans l'Université de France, demeure affecté aux pensions de retraite : notre Conseil royal est chargé de nous proposer l'emploi le plus convenable de ce fonds, ainsi que les moyens d'assurer un nouveau fonds pour la même destination dans toutes les Universités.

TITRE VI.

Dispositions transitoires.

.   .   .   .

Tableau indicatif des départements compris dans le ressort de chaque Université conformément à l'article 1er de l'ordonnance du Roi en date du 17 février 1815.

UNIVERSITÉS.	DÉPARTEMENTS.	UNIVERSITÉS.	DÉPARTEMENTS.
1. Paris	Seine. Seine-et-Oise. Seine-et-Marne. Oise. Eure-et-Loir. Loiret. Loir-et-Cher. Yonne. Aube. Marne. Aisne. Ardennes.	10. Aix	Basses-Alpes. Var. Bouches-du-Rhône. Vaucluse. Corse.
2. Angers	Sarthe. Mayenne. Maine-et-Loire. Indre-et-Loire.	11. Montpellier	Lozère. Ardèche. Gard. Hérault. Pyrénées-Orientales. Aude.
3. Rennes	Loire-Inférieure. Morbihan. Finistère. Côtes-du-Nord. Ille-et-Vilaine.	12. Toulouse	Ariége. Haute-Garonne. Tarn. Tarn-et-Garonne. Lot. Aveyron. Hautes-Pyrénées. Gers.
4. Caen	Manche. Calvados. Orne. Eure. Seine-Inférieure.	13. Bordeaux	Lot-et-Garonne. Dordogne. Gironde. Landes. Basses-Pyrénées.
5. Douai	Nord. Pas-de-Calais. Somme.	14. Poitiers	Charente-Inférieure. Vienne. Charente. Deux-Sèvres. Vendée.
6. Nancy	Meuse. Moselle. Meurthe. Vosges.	15. Bourges	Indre. Cher. Nièvre. Allier.
7. Strasbourg	Bas-Rhin. Haut-Rhin.	16. Clermont	Puy-de-Dôme. Cantal. Corrèze. Creuse. Haute-Vienne. Haute-Loire. Loire.
8. Besançon	Haute-Saône. Doubs. Jura.		
9. Grenoble	Isère. Mont-Blanc. Hautes-Alpes. Drôme. Rhône.	17. Dijon	Côte-d'Or. Haute-Marne. Saône-et-Loire. Ain.

Décret qui rétablit l'Université telle qu'elle était organisée par le décret du 17 mars 1808.

30 mars 1815.

30 Mars 1815.

ARTICLE 1er. — L'ordonnance du 17 février 1815, portant règlement sur l'Instruction publique, est annulée.

ART. 2. — Sont pareillement annulées les ordonnances des 17 et 21 février, qui nomment les membres du Conseil royal de l'Instruction publique, les inspecteurs généraux des études, le Recteur et les inspecteurs de l'Université de Paris.

ART. 3. — L'Université impériale est rétablie telle qu'elle était organisée par notre décret du 17 mars 1808.

Décret concernant l'établissement d'une École d'essai d'éducation primaire à Paris[1].

27 avril 1815.

27 Avril 1815.

NAPOLÉON, Empereur des Français, etc.,

Considérant l'importance de l'éducation primaire pour l'amélioration du sort de la société;

Considérant que les méthodes jusqu'aujourd'hui usitées en France n'ont pas rempli le but qu'il est possible d'atteindre; désirant porter cette partie de nos institutions à la hauteur des lumières du siècle;

Sur le rapport de notre Ministre de l'Intérieur, avons décrété ce qui suit :

ARTICLE 1er. — Notre Ministre de l'Intérieur appellera près de lui les personnes qui méritent d'être consultées sur les meilleures méthodes d'éducation primaire. Il examinera ces méthodes, décidera et dirigera l'essai de celles qu'il jugera devoir être préférées.

ART. 2. — Il sera ouvert, à Paris, une *École d'essai* d'éducation primaire, organisée de manière à pouvoir servir de modèle et à devenir École normale, pour former des instituteurs primaires.

---

1. Ce décret fut rendu sur la proposition de Carnot. — Il reçut un commencement d'exécution. Un comité d'études fut formé; les membres étaient : Cuvier, de Gérando, l'abbé Gaultier. Mais l'entreprise sombra avec Waterloo.

· ART. 3. — Après qu'il aura été obtenu des résultats satisfaisants de l'École d'essai, notre Ministre de l'Intérieur nous proposera les mesures propres à faire promptement jouir tous les départements des nouvelles méthodes qui auront été adoptées.

---

15 août 1815. **Ordonnance royale établissant une Commission de l'Instruction publique et maintenant l'organisation des Académies.**

15 Août 1815.

LOUIS, etc.,

Notre ordonnance du 17 février[1] n'ayant pu être mise à exécution, et les difficultés des temps ne permettant pas qu'il soit pourvu aux dépenses de l'Instruction publique, ainsi qu'il avait été statué par notre ordonnance susdite;

Voulant surseoir à toute innovation importante dans le régime de l'Instruction, jusqu'au moment où des circonstances plus heureuses, que nous espérons n'être pas éloignées, nous permettront d'établir, par une loi, les bases d'un système définitif,

Nous avons ordonné et ordonnons ce qui suit :

ARTICLE 1er. — L'organisation des Académies est provisoirement maintenue.

ART. 2. — La taxe du vingtième des frais d'études, établie par le décret du 17 mars 1808, continuera d'être perçue à dater du 7 juillet dernier jusqu'à ce qu'il en ait été autrement ordonné. Le recouvrement de l'arriéré dû le 17 février dernier sera poursuivi, conformément aux décrets et règlements.

ART. 3. — Les pouvoirs attribués au Grand-Maître et au Conseil de l'Université, ainsi qu'au chancelier et au trésorier, seront exercés, sous l'autorité de notre Ministre secrétaire d'État au département de l'Intérieur, par une Commission de cinq membres, laquelle prendra le titre de Commission de l'Instruction publique.

ART. 4. — Elle régira les biens et percevra les droits, rentes et revenus qui formaient la dotation de l'Université.

ART. 5. — La présence de trois membres au moins sera nécessaire pour la validité de ses actes.

ART. 6. — Le président de la Commission délivrera les diplômes et ordonnancera les traitements et pensions, conformément aux états arrêtés par la Commission.

. . . .

1. Voir ci-dessus, page 228.

Circulaire adressée par la Commission de l'Instruction publique aux Instituteurs   5 septembre
et maîtres de pension de l'Académie de Paris, relative au versement de la   1815.
rétribution.

5 Septembre 1815.

Messieurs, le Roi, dont la bonté paternelle ne néglige aucun moyen de diminuer les charges de ses sujets, a, par son ordonnance du 17 février, aboli la rétribution, et pourvu, sur sa liste civile, aux dépenses de l'Instruction publique pour la présente année. Les malheurs du temps n'ont pas permis à Sa Majesté de réaliser, en faveur des pères de famille, cet acte de munificence royale, et la rétribution a été rétablie par l'ordonnance du 15 août.

Chargés de pourvoir aux besoins des établissements d'Instruction publique qui, par l'effet des circonstances, ont éprouvé, sur tous les points du Royaume, un grand déficit dans la rentrée de leurs revenus, nous ne pouvons nous dispenser de réunir sans délai, pour venir à leur secours, toutes les ressources que le Gouvernement a mises à notre disposition.

Mais en remplissant, à l'égard des chefs d'institution, un devoir pénible, nous y apporterons tous les adoucissements qui ne préjudicieront point au besoin du service. Nous ne nous dissimulons pas combien les circonstances sont critiques pour les maîtres de pensions : aussi ne formons-nous, pour le moment, aucune demande de fonds sur le trimestre courant ; nous nous bornons à réclamer le payement des sommes arriérées.

La plupart des chefs d'École de l'Académie de Paris sont en retard pour leurs versements du premier trimestre 1815, pour ceux de l'exercice 1814, et même pour les exercices plus reculés. Cependant ils ont reçu la presque totalité des rétributions des élèves, et ils n'ont pu, sous aucun prétexte, se dispenser de les verser dans la caisse de l'Instruction publique.

C'est à ces chefs d'École que nous nous adressons ; et en leur demandant le versement de fonds dont ils ne sont que dépositaires, nous n'exigeons d'eux que l'accomplissement d'une obligation sacrée, à laquelle aucune excuse ne saurait les soustraire.

Plusieurs chefs d'École ne nous ont transmis, depuis longtemps, aucun état trimestriel. Il est indispensable qu'ils se mettent en règle à cet égard, et qu'ils remplissent les formalités prescrites par les statuts. Tout retard les exposera à des poursuites juridiques.

Notre intention, Messieurs, est de nous faire rendre compte, chaque semaine, des versements que vous aurez effectués conformément aux dispositions de cette circulaire. Nous accueillerons toutes les réclamations fondées ; nous saurons distinguer les chefs d'École qui sont dans un véritable état de gêne, de ceux qui manifesteraient une mauvaise volonté évidente. Nous nous ferons un devoir de venir au secours des premiers ; mais nous nous verrions obligés d'user contre les autres de toute la sévérité des lois.

Nous nous plaisons à croire que nous n'aurons que des éloges à vous donner sur votre exactitude à remplir les obligations qui vous sont imposées.

Recevez, etc.

Signé : ROYER-COLLARD, *président;* baron SILVESTRE DE SACY, GUÉNEAU DE MUSSY.

Ordonnance royale concernant l'Instruction primaire.

29 Février 1816.

Louis, etc.,

Sur le rapport de notre Ministre secrétaire d'État au département de l'Intérieur ;

Nous étant fait rendre compte de l'état actuel de l'instruction du peuple des villes et des campagnes dans notre Royaume, nous avons reconnu qu'il manque, dans les unes et dans les autres, un très grand nombre d'Écoles ; que les Écoles existantes sont susceptibles d'importantes améliorations ;

Persuadé qu'un des plus grands avantages que nous puissions procurer à nos sujets, est une instruction convenable à leurs conditions respectives ; que cette instruction, surtout lorsqu'elle est fondée sur les véritables principes de la religion et de la morale, est non seulement une des sources les plus fécondes de la prospérité publique, mais qu'elle contribue au bon ordre de la société, prépare l'obéissance aux lois et l'accomplissement de tous les genres de devoirs ; voulant d'ailleurs seconder, autant qu'il est en notre pouvoir, le zèle que montrent des personnes bienfaisantes pour une aussi utile entreprise, et régulariser, par une surveillance convenable, les efforts qui seraient tentés pour atteindre un but si désirable, nous nous sommes fait représenter les règlements anciens, et nous avons vu qu'ils se bornaient à annoncer des dispositions subséquentes, qui, jusqu'à ce jour, n'ont point été mises en vigueur ;

Vu le mémoire de notre Commission d'Instruction publique, et sa délibération, en date du 7 novembre dernier ;

Notre Conseil d'État entendu,

Nous avons ordonné et ordonnons ce qui suit :

Article 1er. — Il sera formé dans chaque canton, par les soins de nos préfets, un Comité gratuit et de charité pour surveiller et encourager l'instruction primaire.

Art. 2. — Seront membres nécessaires de ce Comité : le curé cantonal, le juge de paix, le principal du Collège, s'il y en a un dans le canton.

Art. 3. — Les autres membres, au nombre de trois ou quatre au plus, seront choisis par le Recteur de l'Académie, d'après les indications du sous-préfet et des inspecteurs d'Académie. Leur nomination sera approuvée par le préfet.

ART. 4. — Les membres du Comité prendront rang entre eux d'après l'ordre d'ancienneté de nomination ; ceux qui seraient nommés le même jour prendront rang d'après leur âge. Le curé cantonal présidera.

ART. 5. — Le sous-préfet et le procureur du Roi seront membres de tous les Comités cantonaux de leur arrondissement, et y prendront les premières places, toutes les fois qu'ils voudront y assister. Dans les villes composées de plusieurs cantons, les Comités cantonaux, sur la demande du Recteur, pourront se réunir pour concerter ensemble des mesures uniformes.

ART. 6. — Dans les cantons où l'un des deux cultes protestants est professé, il sera formé un Comité semblable pour veiller à l'éducation des enfants de ces communions. Les autorités civiles exerceront sur ces Comités la même autorité et la même surveillance que sur les Comités formés pour l'éducation des enfants catholiques.

ART. 7. — Le Comité national veillera au maintien de l'ordre, des mœurs et de l'enseignement religieux, à l'observation des règlements et à la réforme des abus dans toutes les Écoles du canton. Il sollicitera, près du préfet et de toute autre autorité compétente, les mesures convenables, soit pour l'entretien des Écoles, soit pour l'ordre et la discipline.

Il est spécialement chargé d'employer tous ses soins pour faire établir des Écoles dans les lieux où il n'y en a point.

ART. 8. — Chaque École aura pour surveillants spéciaux le curé ou desservant de la paroisse et le maire de la commune où elle est située.

Le Comité cantonal pourra adjoindre au curé et au maire, comme surveillant spécial, l'un des notables de la commune, choisi de préférence parmi les bienfaiteurs de l'École.

Dans les communes où les enfants de différentes religions ont des Écoles séparées, le pasteur protestant sera surveillant spécial des Écoles de son culte.

ART. 9. — Les surveillants spéciaux visiteront, au moins une fois par mois, l'École primaire qui sera sous leur inspection, feront faire les exercices sous leurs yeux et en rendront compte au Comité cantonal.

ART. 10. — Tout particulier qui désirera se vouer aux fonctions d'instituteur primaire devra présenter au Recteur de son Académie un certificat de bonne conduite des curé et maire de la commune ou des communes où il aura habité depuis trois ans au moins ; il sera ensuite examiné par un inspecteur d'Académie ou par tel

autre fonctionnaire de l'instruction publique que le Recteur délé-
guera, et recevra, s'il en est trouvé digne, un brevet de capacité du
Recteur.

ART. 11. — Les brevets de capacité seront de trois degrés.

Le troisième degré, ou le degré inférieur, sera accordé à ceux qui
savent suffisamment lire, écrire et chiffrer pour en donner des
leçons;

Le deuxième degré, à ceux qui possèdent bien l'orthographe, la
calligraphie et le calcul, et qui sont en état de donner un enseignement simultané analogue à celui des Frères des Écoles chrétiennes;

Le premier degré ou supérieur, à ceux qui possèdent par principes la grammaire française et l'arithmétique, et sont en état de
donner des notions de géographie, d'arpentage et autres connaissances utiles dans l'enseignement primaire.

ART. 12. — Chaque Recteur fixera, pour son Académie, une
époque, passé laquelle il ne sera plus délivré de brevets du premier
degré qu'à ceux qui, outre l'instruction requise, posséderont les
meilleures méthodes d'enseignement primaire.

ART. 13. — Pour avoir le droit d'exercer il faut, outre le brevet
général de capacité, une autorisation spéciale du Recteur pour un
lieu déterminé. Cette autorisation spéciale devra être agréée par le
préfet.

ART. 14. — Toute commune sera tenue de pourvoir à ce que les
enfants qui l'habitent reçoivent l'instruction primaire, et à ce que
les enfants indigents la reçoivent gratuitement.

ART. 15. — Deux ou plusieurs communes voisines pourront,
quand les localités le permettront et avec l'autorisation du Comité
cantonal, se réunir pour entretenir une École en commun. Les
communes pourront aussi traiter avec les instituteurs volontaires
établis dans leur enceinte, pour que les enfants indigents suivent
gratuitement l'École.

ART. 16. — Les communes pourront traiter également avec les
maîtres d'école pour fixer le montant des rétributions qui leur seront
payées par les parents qui demanderont que leurs enfants soient
admis à l'École.

Dans ce cas, le conseil municipal fixera le montant de la rétribution à payer par les parents, et arrêtera le tableau des indigents
dispensés de payer.

ART. 17. — Le maire fera dresser, dans chaque commune, et
arrêtera le tableau des enfants qui, ne recevant point ou n'ayant
point reçu à domicile l'instruction primaire, devront être ap-

16.

pelés aux Écoles publiques, d'après la demande de leurs parents.

Art. 18. — Toute personne ou association qui aura fondé une École, ou qui l'entretiendrait par charité, pourra présenter l'instituteur; pourvu qu'il soit muni d'un certificat de capacité, et que le Comité cantonal n'ait rien à objecter sur sa conduite, il recevra l'autorisation du Recteur.

Celui qui aura fondé une École, soit par donation, soit par testament, pourra réserver à ses héritiers ou successeurs, dans l'ordre qu'il désignera, le droit de présenter l'instituteur.

Art. 19. — Les personnes ou associations et les bureaux de charité qui auraient fondé et entretiendraient des Écoles gratuites, pourront aussi se réserver, ou à leurs successeurs, l'administration économique de ces Écoles, et donneront leur avis au Comité de surveillance sur ce qui concerne leur régime intérieur.

Art. 20. — Les maîtres des Écoles fondées ou entretenues par les communes seront présentés par le maire et par le curé ou desservant, à charge par eux de choisir un individu muni d'un certificat de capacité, et dont la conduite soit sans reproche.

Art. 21. — Si le maire et le curé ou desservant ne s'accordent pas sur le choix, le Comité cantonal examinera les sujets présentés par chacun d'eux, et donnera son avis au Recteur sur celui qui mérite la préférence.

Art. 22. — Les communes et les fondateurs particuliers pourront donner les places d'instituteurs au concours, et établir la nécessité de ce mode, ainsi que les formalités à y observer.

En ce cas, les concurrents devront d'abord justifier de leurs certificats de capacité et de bonne conduite; et celui qui, par le résultat du concours, aura été jugé le plus digne sera présenté.

Art. 23. — Toute présentation d'instituteur sera adressée au Comité cantonal, qui la transmettra, avec son avis, au Recteur de l'Académie, lequel donnera l'autorisation nécessaire.

Art. 24. — Lorsqu'un individu muni de brevet de capacité désirera s'établir librement dans une commune à l'effet d'y tenir École, il s'adressera au Comité cantonal et lui présentera, outre son brevet de capacité, des certificats qui attestent sa bonne conduite depuis qu'il l'a obtenu.

Le Comité examinera si cette commune n'est point déjà suffisamment pourvue d'instituteurs, et donnera son avis au Recteur, comme dans le cas de l'article précédent.

Art. 25. — Sur le rapport motivé des surveillants spéciaux et l'avis du Comité cantonal, le Recteur peut révoquer l'autorisation donnée, pour un lieu déterminé, à un instituteur.

ART. 26. — Le Comité cantonal peut aussi provoquer d'office cette révocation de la part du Recteur.

ART. 27. — S'il y a urgence, et dans le cas de scandale, le Comité cantonal a le droit de suspension.

ART. 28. — Le Recteur peut même retirer le brevet de capacité à un instituteur.

ART. 29. — Le Recteur et les inspecteurs d'Académie, dans leurs tournées, donneront la plus grande attention à l'instruction primaire; ils réuniront les Comités cantonaux et se feront rendre compte des progrès de cette instruction; ils visiteront les Écoles, autant qu'il leur sera possible.

ART. 30. — La Commission de l'Instruction publique veillera avec soin à ce que, dans toutes les Écoles, l'instruction primaire soit fondée sur la religion, le respect pour les lois et l'amour dû au souverain. Elle fera les règlements généraux sur l'instruction primaire, et indiquera les méthodes à suivre dans cette instruction et les ouvrages dont les maîtres devront faire usage.

ART. 31. — Les personnes ou les associations qui entretiendront à leurs frais des Écoles, ne pourront y établir des méthodes et des règlements particuliers.

ART. 32. — Les garçons et les filles ne pourront jamais être réunis pour recevoir l'enseignement.

ART. 33. — Au mois de juillet de chaque année, le Recteur enverra à la Commission d'Instruction publique le tableau général des communes et des instituteurs primaires de son Académie, avec des notes suffisantes pour que l'on puisse apprécier l'état de cette partie de l'instruction.

ART. 34. — Les élèves et les maîtres des Écoles primaires sont exempts de tous droits et contributions envers l'administration de l'Instruction publique.

ART. 35. — Il sera fait annuellement, par notre Trésor royal, un fonds de cinquante mille francs, pour être employé par la Commission d'Instruction publique, soit à faire composer ou imprimer des ouvrages propres à l'instruction populaire, soit à établir temporairement des Écoles-modèles dans les pays où les bonnes méthodes n'ont point encore pénétré, soit à récompenser les maîtres qui se sont le plus distingués par l'emploi de ces méthodes.

ART. 36. — Toute association religieuse ou charitable, telle que celle des Écoles chrétiennes, pourra être admise à fournir, à des conditions convenues, des maîtres aux communes qui en demanderont, pourvu que cette association soit autorisée par nous, et que ses règlements et les méthodes qu'elle emploie aient été approuvés par notre Commission de l'Instruction publique[1].

1. C'est dans ces termes que furent successivement autorisées, jusqu'en 1830 :

L'association formée sous le nom de *Société des Écoles chrétiennes du faubourg Saint-Antoine* (*Ordonn. du 20 juin* 1820);

L'association dite des *Frères de la Doctrine chrétienne du diocèse de Strasbourg*, et destinée à fournir des maîtres aux Écoles primaires dans les départements du Haut et du Bas-Rhin (*Ordonn. du 5 décembre* 1821);

L'association de la *Congrégation de l'Instruction chrétienne*, établie pour l'instruction primaire dans les départements qui composaient l'ancienne Bretagne (*Ordonn. du 1er mai* 1822);

L'institution charitable désignée sous le nom de *Frères de la Doctrine chrétienne du diocèse de Nancy*, et destinée à desservir les Écoles primaires des départements de la Meurthe, de la Meuse et des Vosges (*Ordonn. du 17 juillet* 1822);

L'association charitable désignée sous le nom de *Congrégation de l'Instruction chrétienne du diocèse de Valence*, destinée à desservir les Écoles primaires des villes et des campagnes dans les départements du ressort de l'Académie de Grenoble (*Ordonn. du 11 juin* 1823);

L'association des *Frères de l'Instruction chrétienne du Saint-Esprit*, pour l'enseignement primaire dans les départements de Maine-et-Loire, de la Vienne, des Deux-Sèvres, de la Charente-Inférieure et de la Vendée (*Ordonn. du 17 septembre* 1823);

L'association de la *Congrégation des Frères de Saint-Joseph*, destinée à fournir aux communes rurales du département de la Somme des clercs laïques et des instituteurs primaires (*Ordonn. du 3 décembre* 1823);

L'association des *Frères de l'Instruction chrétienne*, pour le département de la Haute-Loire (*Ordonn. des 10 mars* 1825 *et 29 novembre* 1829);

L'institution charitable de la *Société de Marie*, établie en faveur de l'instruction primaire pour les départements de la Gironde, etc. (*Ordonn. du 16 novembre* 1825);

L'association des *Frères du Saint-Viateur*, pour l'instruction primaire dans le département du Cantal (*Ordonn. du 10 février* 1830).

Toutes ces autorisations étaient accordées exactement dans les mêmes termes. Voici la teneur de l'une d'elles, celle qui a acquis une certaine notoriété, sous le nom d'Association des Frères de La Mennais :

Ordonnance du Roi qui autorise l'établissement de la Congrégation de l'Instruction chrétienne pour l'instruction primaire dans les départements qui composent l'ancienne province de Bretagne (1er *mai* 1822).

LOUIS, etc.,

Sur le rapport du notre Ministre secrétaire d'État au département de l'Intérieur ;

Vu les statuts et règlements d'une association charitable qui désire se consacrer à servir les Écoles primaires des villes et des campagnes, dans les départements qui composent l'ancienne province de Bretagne, sous le titre de Congrégation de l'Instruction chrétienne;

Vu notre ordonnance du 29 février 1816 qui règle ce qui concerne l'instruction primaire dans tout le Royaume;

Vu la loi du 10 mai 1806, le décret du 17 mars 1808 et nos ordonnances concernant l'Université de France;

Vu le Mémoire de notre Conseil royal de l'Instruction publique et l'approbation donnée par ce Conseil aux statuts de ladite Congrégation;

Notre Conseil entendu,

Nous avons ordonné et ordonnons ce qui suit :

ARTICLE 1er. — La Société formée par les sieurs de La Mennais et Deshaies, dans

ART. 37. — Ces associations, et spécialement leurs noviciats, pourront être soutenues, au besoin, soit par les départements où il

le but de fournir des maîtres aux Écoles primaires des départements composant l'ancienne province de Bretagne, et désignée sous le nom de Congrégation de l'Instruction chrétienne, est autorisée, aux termes de l'art. 36 de notre ordonnance du 29 février 1816, comme association charitable en faveur de l'Instruction primaire. Elle se conformera aux lois et règlements relatifs à l'Instruction publique et notamment aux articles 10, 11 et 13 de notre susdite ordonnance du 29 février 1816, en ce qui concerne l'obligation imposée à tous les instituteurs primaires d'obtenir du Recteur de l'Académie où ils veulent exercer le brevet de capacité et l'autorisation nécessaire.

ART. 2. — Notre Conseil royal de l'Instruction publique pourra, en se conformant aux lois et règlements de l'administration publique, recevoir les legs et donations qui seraient faits en faveur de ladite association et de ses Écoles, à charge de faire jouir respectivement, soit l'association en général, soit chacune des Écoles tenues par elle, desdits legs et donations, conformément aux intentions des donateurs et testateurs.

ART. 3. — Le brevet de capacité sera délivré à chaque frère de l'Instruction chrétienne, sur le vu de la lettre particulière d'obédience qui lui aura été délivrée par le Supérieur général de ladite Société.

ART. 4. — Notre Ministre secrétaire d'État de l'Intérieur est chargé de l'exécution de la présente ordonnance.

Voici deux types des conditions auxquelles traitaient les associations :

I. *Prospectus pour un établissement des Frères des Écoles chrétiennes.*

ARTICLE 1er. — Les Frères des Écoles chrétiennes n'acceptent d'établissement qu'autant que les Écoles sont parfaitement gratuites, conformément à leurs statuts, sans que les écoliers ou leurs parents y contribuent en rien.

ART. 2. — Il faut que les frères soient au nombre de trois au moins, dont deux seront employés aux Écoles, et l'autre à gérer le petit temporel. Lorsqu'il y aura des classes en ville outre celles de la maison, le directeur n'en aura point à faire, afin qu'il puisse les surveiller toutes et suppléer au besoin; et pour huit ou dix classes, outre le directeur, il y aura encore un surnuméraire pour remplacer les autres frères, en cas de maladie ou d'absence.

ART. 3. — Il faut aux frères un logement convenable à la vie commune de leur profession, lequel renferme : parloir, cuisine, réfectoire, dortoir, chambre d'exercices, chapelle ou oratoire, infirmerie, cave, bûcher, grenier, cour, jardin, puits, enfin des classes contiguës à double courant d'air, et bien éclairées.

ART. 4. — La pension de chaque frère ne pourra être moindre de 600 francs en province, et de 750 francs à Paris, prise sur les octrois, ou fondée par quelque bienfaiteur.

ART. 5. — Il sera en outre payé pour chacun des frères une somme de 1 200 francs une fois délivrée, pour les frais de leur voyage et l'ameublement de la maison.

ART. 6. — L'Institut n'ayant aucun revenu pour la formation des jeunes maîtres, on demande une indemnité de 600 francs par chaque frère également une fois payée, afin de pouvoir se procurer de nouveaux élèves.

ART. 7. — La maison, ainsi que les meubles de l'École, tant à l'usage des maîtres que des écoliers, seront fournis et entretenus par les villes ou fondateurs à perpétuité.

ART. 8. — Les frères ne seront tenus de recevoir des écoliers au-dessous de sept ans, ni d'en admettre plus de soixante dans les classes d'écrivains, ni plus de quatre-vingts dans les autres.

ART. 9. — Ils feront entendre la sainte messe à leurs écoliers tous les jours d'école. Les dimanches et fêtes, ils assisteront avec eux à la messe de paroisse, sup-

serait jugé nécessaire d'en établir, soit sur les fonds de l'Instruction publique.

ART. 38. — Les Écoles, pourvues de maîtres par ces sortes d'associations, resteront soumises, comme les autres, à la surveillance des autorités établies par la présente ordonnance.

ART. 39. — Dans les grandes communes, on favorisera, autant

posé qu'on leur assigne dans l'église une place convenable; et l'après-midi ils leur feront le catéchisme, puis les conduiront aux vêpres; le tout suivant l'usage de leur Institut.

ART. 10. — Ils feront leurs Écoles selon la méthode universellement pratiquée parmi eux, et l'on ne pourra y rien changer, non plus qu'à leurs règles et à leur régime, afin qu'ils puissent conserver l'uniformité, qu'ils regardent comme un des principaux soutiens de leur société.

ART. 11. — Le Supérieur général sera libre de changer les frères, quand il le jugera nécessaire ou utile; alors le changement sera au compte de la maison; mais s'il arrivait que la ville demandât le changement d'un frère, elle serait tenue de payer les frais du changement.

II. Prospectus des Écoles primaires de la Société de Marie.

La Société de Marie a pour objet principal l'enseignement primaire, restreint ou développé. Ses Écoles sont privées ou publiques.

Elle admet la rétribution scolaire, qui est perçue au profit des communes ou des fondateurs, et par leurs soins.

Elle n'envoie nulle part moins de trois sujets. Si deux maîtres suffisent au besoin de l'École, le troisième frère est un servant chargé du soin du temporel.

Le nombre des élèves pour chaque classe ne dépasse point 70. Cependant la petite classe peut être un peu plus nombreuse.

Dans toute École de 2 à 4 classes inclusivement, le frère directeur en a une à sa charge; dans toute École de 5 à 7 classes inclusivement, le frère directeur n'est chargé que de la direction générale; et dans toute École de 8 classes et au delà, outre le frère directeur, qui n'en a point à sa charge, les communes ou les fondateurs payent de plus un surnuméraire.

La méthode d'enseignement est mixte.

Le traitement des frères est pris sur la rétribution scolaire et sur les fonds alloués, soit par les communes, soit par les fondateurs.

La Société de Marie se charge de la direction des pensionnats primaires, quand il y a lieu. Si à côté de l'École qu'elle dirige, elle vient à en élever une pour son compte, elle ne doit à l'établissement aucune rétribution scolaire pour les élèves pensionnaires ou demi-pensionnaires qui fréquentent les classes de l'École primaire.

Le Supérieur général demeure libre de changer ou de déplacer les frères, quand il le trouve utile ou nécessaire au bien de l'établissement ou de l'Institut.

Conditions de l'établissement.

1° Il est alloué par les communes ou les fondateurs un traitement annuel de 700 fr. par frère enseignant.

NOTA. — Dans les villes où la vie matérielle plus chère accuse l'insuffisance du traitement fixé plus haut, la Société se réserve d'exiger une augmentation proportionnelle, pour laquelle elle traite de gré à gré.

2° Il est en outre alloué pour chaque frère une somme une fois payée de 700 fr., pour les frais de premier établissement, qui comprennent les voyages et l'ameublement des maîtres.

Dans le cas où le mobilier serait fourni en nature, il serait réservé, sur la susdite

qu'il sera possible, les réunions de plusieurs classes sous un seul maître et plusieurs adjoints, afin de former un certain nombre de jeunes gens dans l'art d'enseigner.

Art. 40. — Les archevêques et évêques, dans le cours de leurs tournées, pourront prendre connaissance de l'état de l'enseignement religieux dans les Écoles du culte catholique. S'ils assistaient au Comité cantonal, ils y prendraient la première place.

Les Consistoires et les pasteurs exerceront la même surveillance sur les Écoles des cultes protestants.

Art. 41. — Les préfets, sous-préfets et maires conserveront, dans tous les cas, l'autorité et la surveillance administrative qui leur sont attribuées sur les Écoles primaires par les lois et règlements en vigueur.

Art. 42. — Notre Ministre secrétaire d'État au département de l'Intérieur est chargé de l'exécution de la présente ordonnance.

---

somme, 50 fr., par frère, pour frais de voyage, plus les frais de voyage du frère visiteur.

3° Lorsqu'une École déjà établie prend du développement au point d'exiger un ou plusieurs frères de plus, outre le traitement annuel de 700 francs il est payé de plus, pour chaque sujet, la somme de 700 francs stipulée plus haut.

4° Le logement des frères, le local et le matériel des classes sont fournis et entretenus par les communes ou les fondateurs.

5° Quant au mobilier des frères, la Société de Marie en acquiert la propriété à partir du jour de la prise de possession de l'établissement, dans la proportion d'un cinquième par année de jouissance.

Cependant il est loisible aux fondateurs de se réserver la propriété dudit mobilier, pourvu qu'ils en prennent l'entretien à leur charge, en fournissant annuellement, à cet effet, une somme de 35 francs par sujet.

6° La maison destinée au logement des frères comprend 8 pièces, savoir : parloir, cuisine, réfectoire, étude, dortoir, oratoire ou chapelle, chambre du chef, infirmerie; plus, grenier, cave, cour et jardin, puits à pompe; chacune des pièces doit être suffisamment vaste, et distribuée selon les règles de l'Institut.

7° Les classes sont contiguës, à courant d'air et bien éclairées. Elles doivent être disposées, ainsi que le matériel, selon les règles de l'Institut.

8° Les fondateurs s'arrangent avec les conseils de fabrique pour le prix des places, soit des enfants, soit des frères à l'église.

9° Les enfants sont conduits chaque jour à la sainte messe, à moins d'impossibilité morale.

10° Dans le cas de suppression d'un établissement, la partie qui veut rompre doit prévenir l'autre six mois d'avance.

Toutes les conditions ci-dessus étant acceptées, un traité qui les stipule est passé entre les fondateurs et le Supérieur général de la Société de Marie.

Au moment voulu, un visiteur est envoyé sur les lieux, pour vérifier si toutes choses se trouvent dans un état convenable, et d'après son rapport les frères vont prendre possession.

Extrait de la loi de finances.

28 Avril 1816.

Titre VIII.

Des traitements.

Article 78. — Nul ne pourra cumuler en entier les traitements de plusieurs places, emplois ou commissions, dans quelque partie que ce soit : en cas de cumul de deux traitements, le moindre sera réduit à moitié ; en cas de cumul de trois traitements, le troisième sera en outre réduit au quart et ainsi en suivant cette proportion.

Il n'est toutefois dérogé à aucune disposition des lois sur l'incompatibilité de certaines fonctions.

La réduction portée par le présent article n'aura pas lieu pour les traitements cumulés qui seront au-dessous de trois mille francs.

. . . .

Titre XII.

Art. 121. — Les dispositions des lois, décrets et ordonnances relatives aux perceptions concernant l'Instruction publique continueront d'être exécutées. Les lois, décrets et arrêtés qui seraient contraires à la présente sont annulés[1].

Décision sur la question de savoir de quels Comités cantonaux sont membres le juge de paix, le sous-préfet et le procureur du Roi, dans les villes composées de catholiques et de protestants.

30 Avril 1816.

Sur la question de savoir si, dans les villes composées de catholiques et de protestants, et où, conformément à l'ordonnance sur l'instruction primaire, il doit y avoir deux Comités cantonaux, le

---

1. *Projet de loi sur les finances de 1816.*

Titre VIII. — *Retenue sur les traitements.*

Art. 34. — Tous fonctionnaires publics et autres employés de l'État seront, pour leurs traitements, salaires et remises pendant l'année 1816, assujettis à une retenue proportionnelle, conforme au tarif annexé à la présente loi.

sous-préfet, le procureur du Roi et le juge de paix sont membres nés des deux Comités, ou seulement de celui de la religion qu'ils professent :

La Commission décide que les juges de paix sont membres nés du Comité de leur religion ; mais que le sous-préfet et le procureur du Roi sont membres de tous les Comités, de quelque religion qu'ils soient.

---

18 mai 1816. ## Décision relative aux Écoles primaires du culte israélite.

18 Mai 1816.

Relativement à deux questions qui ont été élevées par le Consistoire central des Israélites sur les Écoles primaires de ce culte, savoir : 1° si dans les villes où les Juifs sont en grand nombre, leurs Écoles primaires peuvent être surveillées par des Comités

ART. 35. — Sont seuls exceptés de la retenue prescrite par l'article précédent les employés et salariés dont le traitement est au-dessous de cinq cents francs.

Tarif des retenues à opérer, à partir du 1er janvier 1816, au profit du Trésor royal, sur tous les traitements, appointements et salaires payés sur les budgets ministériels, ou sur les fonds spéciaux, ou recettes particulières des diverses administrations ou établissements publics.

SÉRIE des Classes.	CLASSES DES TRAITEMENTS, ETC.	CENTIMES de Retenue.	SÉRIE des Classes.	CLASSES DES TRAITEMENTS, ETC.	CENTIMES de Retenue.
1re	De 501f à 1 000f. .	1	18e	De 13 001f à 14 000f.	18
2e	De 1 001 à 1 500. .	2	19e	De 14 001 à 15 000 .	19
3e	De 1 501 à 2 000. .	3	20e	De 15 001 à 16 000 .	20
4e	De 2 001 à 2 500. .	4	21e	De 16 001 à 17 000 .	21
5e	De 2 501 à 3 000. .	5	22e	De 17 001 à 18 000 .	22
6e	De 3 001 à 3 500. .	6	23e	De 18 001 à 19 000 .	23
7e	De 3 501 à 4 000. .	7	24e	De 19 001 à 20 000 .	24
8e	De 4 001 à 4 500. .	8	25e	De 20 001 à 30 000 .	25
9e	De 4 501 à 5 000. .	9	26e	De 30 001 à 40 000 .	26
10e	De 5 001 à 6 000. .	10	27e	De 40 001 à 50 000 .	27
11e	De 6 001 à 7 000. .	11	28e	De 50 001 à 60 000 .	28
12e	De 7 001 à 8 000. .	12	29e	De 60 001 à 70 000 .	29
13e	De 8 001 à 9 000. .	13	30e	De 70 001 à 85 000 .	30
14e	De 9 001 à 10 000. .	14	31e	De 85 001 à 100 000 .	31
15e	De 10 001 à 11 000. .	15	32e	De 100 001 à 150 000 .	32
16e	De 11 001 à 12 000. .	16	33e	De 150 001 à 300 000 .	33
17e	De 12 001 à 13 000. .	17			

organisés conformément à l'ordonnance du 29 février dernier; 2° si ces Écoles doivent être aux frais des communes :

Sur la première question, la Commission décide qu'il sera répondu affirmativement; bien entendu que les magistrats désignés par l'ordonnance feront nécessairement partie de ces Comités.

Sur la seconde, la Commission décide qu'il sera répondu négativement.

Circulaire pour l'exécution de la loi sur les finances, relativement aux cumulations de traitement.　　　　31 mai 1816.

31 Mai 1816.

Monsieur le Préfet, la loi du 28 avril dernier porte, article 78 : *Nul ne pourra cumuler en entier les traitements de plusieurs places, emplois ou commissions, dans quelque partie que ce soit; en cas de cumul de deux traitements*, le moindre *sera réduit à moitié; en cas de cumul de trois traitements, le troisième sera*, en outre, réduit au quart, *et ainsi* en suivant cette proportion.

Cette réduction n'aura pas lieu pour les traitements cumulés qui seront au-dessous de 3 000 francs.

L'article 79 assujettit tous les traitements à une retenue proportionnelle au profit du Trésor royal, et fait frapper cette retenue sur les portions de traitements cumulés, réductions faites conformément à l'article 78.

Je viens, Monsieur le Préfet, concerter avec vous quelques mesures pour l'exécution de ces dispositions. J'ai décidé qu'elles n'auront d'effet qu'à partir du 1er mai. Les retenues ont lieu au profit du Trésor, à partir du 1er janvier, parce qu'une ordonnance du Roi a devancé à cet égard le vœu de la loi; mais les réductions pour fait de cumulation ne doivent être opérées qu'à partir de la promulgation de la loi.

Vous aurez remarqué, Monsieur le Préfet, que les réductions sur les traitements sont tout à fait distinctes des retenues : celles-ci sont momentanées et représentent un impôt mis sur les traitements au profit du Trésor royal; celles-là sont des retranchements positifs, des économies réelles à effectuer sur les budgets.

Ce n'est pas sans quelques difficultés que l'on parviendra à opérer exactement ces réductions : voici cependant des données certaines.

Il est dans l'esprit de la loi :

1° Que tous les traitements cumulés sur une tête soient classés dans l'ordre de leur montant, en commençant par le plus fort et finissant par le plus faible;

2° Que les traitements de même somme qui seraient à placer dans cette série soient rangés suivant l'ancienneté de la nomination à la place;

3° Que la réduction se fasse de traitement en traitement, et dans leur ordre, toujours dans la proportion de moitié, et de moitié du reste; qu'ainsi, le premier traitement reste entier, le deuxième soit réduit à moitié, le troisième à moitié de cette moitié ou au quart, le quatrième, s'il y avait lieu, à moitié de ce quart ou au huitième, ainsi de suite;

4° Que néanmoins cette opération ne puisse donner pour résultat réduit, une somme au-dessous de 3 000 francs, et qu'elle s'arrête à 3 000 francs, toutes les fois que le calcul aurait lieu sur une cumulation au-dessus de cette somme, qui, par le fait de la réduction, descendrait au-dessous ;

5° Que les retenues ordonnées par l'article 78 se fassent ensuite sur chaque état de traitement et sur la portion réduite ;

6° Que les budgets des divers services et établissements où se remarqueront les cumulations, soient réduits pour les huit derniers mois de 1816, en raison des économies procurées par les réductions.

Ces dispositions étant convenues, il ne reste plus qu'à connaître les cumulations, et, à cet égard, je pense qu'il faut s'en rapporter aux déclarations des intéressés. Cette déclaration sera demandée, dans chaque partie d'administration, à toutes les personnes portées sur l'état des traitements : elle sera négative, ou, s'il y a cumulation, elle indiquera les traitements dans l'ordre prescrit, du fort au faible. Cette pièce donnera le moyen d'opérer, dans chaque partie, la réduction voulue par la loi, sur celui des traitements cumulés qui figurera sur l'état.

Je vous recommande, Monsieur le Préfet, de n'expédier de mandats de payement qu'après avoir fait vérifier les états, et reconnu qu'on a exécuté l'article 78 de la loi des finances, d'après les explications que je viens de vous donner, et à partir du 1er mai. Vous m'informerez ensuite jusqu'à quel point cet article a été applicable aux fonctionnaires et employés de votre département dont les attributions ressortissent au Ministère de l'Intérieur.

Agréez, etc.

---

14 juin 1816.

Instruction sur les examens pour la délivrance des brevets de capacité pour l'Instruction primaire.

14 Juin 1816.

Monsieur le Recteur, une des attributions qui vous sont réservées par l'ordonnance du Roi du 29 février dernier, relative à l'instruction primaire, est celle de prononcer sur le degré de capacité des maîtres, et de leur délivrer des certificats, gradués d'après l'instruction dont ils auront fait preuve.

L'article 10 de l'ordonnance porte que cet examen sera fait par un inspecteur, ou par tout autre fonctionnaire de l'Instruction publique délégué par vous. L'article 11 ordonne que les brevets de capacité seront de trois degrés, et détermine quelles sont les connaissances à exiger des maîtres pour chacun de ces degrés. C'est sur ces bases qu'il sera nécessaire d'établir les instructions que vous donnerez aux personnes déléguées pour ces examens.

Il suffira, pour obtenir le brevet de capacité du troisième degré, de savoir bien lire, écrire et chiffrer, et d'être en état de bien montrer ces trois choses[1].

1. *Matières de l'examen du troisième degré.*

RELIGION .... Histoire sainte.... { Ancien Testament. / Nouveau Testament. / Catéchisme du diocèse.

LECTURE. .... Imprimés....... { Français. / Latins. / Manuscrits français.

Les examinateurs auront donc soin de s'assurer comment lisent les sujets qui se présenteront, tant dans les livres français et latins que dans les pièces manuscrites; ils leur feront faire des exercices de lecture dans des livres et des cahiers contenant différents caractères d'impression et d'écriture ; il les interrogeront sur les procédés qu'ils emploient pour montrer à lire ; ils en feront autant pour ce qui concerne l'écriture et les chiffres.

Le brevet de deuxième degré[1] ne peut être donné qu'à ceux qui posséderont bien l'orthographe, la calligraphie et le calcul. Afin de constater quelle est l'instruction de chaque candidat qui demandera ce brevet, il conviendra de lui faire écrire sous la dictée un morceau assez étendu, et renfermant assez de difficultés pour qu'on puisse juger jusqu'à quel point le sujet écrit avec exactitude et correction. Il sera tenu, en outre, de produire une pièce qui renferme

PROCÉDÉS pour enseigner à lire.

ÉCRITURE	Cursive.	Lettres majuscules.
		— ordinaires.
	Bâtarde.	Lettres majuscules.
		— ordinaires.

| CALCUL | Pratique sur les mesures anciennes et nouvelles. | Addition. Soustraction. Multiplication. Division. Calcul décimal. |

| MÉTHODE d'enseignement | Simultané. Mutuel. |
| CONNAISSANCES non exigées. | Plain-chant. Arts et métiers. Dessin linéaire. |

1.   *Matières de l'examen du deuxième degré.*

| RELIGION | Histoire sainte. | Nouveau Testament. Ancien Testament. |
| | Catéchisme du diocèse. | |

| LECTURE. | Imprimés. | Français. Latins. |
| | Manuscrits français. | |

PROCÉDÉS pour enseigner à lire.

| ÉCRITURE | Bâtarde. Coulée. Cursive. Ronde. Anglaise. |

ORTHOGRAPHE.
ANALYSE GRAMMATICALE.

| CALCUL. | Théorie. Mesures anciennes et nouvelles. Pratique. | Addition. Soustraction. Multiplication. Division. Règles de trois et de société. |

| MÉTHODE d'enseignement | Simultané. Mutuel. |
| CONNAISSANCES non exigées. | Plain-chant. Arts et métiers. Dessin linéaire. |

les principaux genres d'écriture. Il écrira sous les yeux de l'examinateur, afin de prouver que son écriture est la même que celle de la pièce présentée. Il devra faire les opérations pratiques des quatre premières règles de l'arithmétique, sur des exemples donnés séance tenante. Enfin, le sujet sera interrogé sur sa méthode d'enseigner à lire, à écrire et à calculer ; et, à cet égard, toutes choses égales d'ailleurs, on préférera celui qui possédera le calcul décimal.

Quant aux maîtres qui voudront obtenir le brevet du premier degré[1], indé-

1.   *Matières de l'examen du premier degré.*

RELIGION . . . . { Histoire sainte. . . . { Ancien Testament. / Nouveau Testament.
                        { Catéchisme du diocèse.

LECTURE. . . . . . . { Imprimés. . . . . . . { Français. / Latins.
                      { Manuscrits français.

ÉCRITURE . . . . . . { Bâtarde. / Coulée. / Cursive. / Ronde. / Anglaise.

ORTHOGRAPHE. . . . { Théorie. / Pratique.

GRAMMAIRE. . . . . { Exposition des principes. / Analyse des phrases dictées.

ARITHMÉTIQUE. Mesures anciennes et nouvelles. { Théorie et pratique. { Les quatre règles, / Les { décimales. / fractions { ordinaires. / La règle de trois. / La règle de société, etc.

ARPENTAGE. . . . . { Instruments et méthodes. / Connaissance des figures qui servent à mesurer les surfaces. / Règles du toisé. / Opérations pour rapporter les mesures sur le papier et pour dessiner les plans.

GÉOGRAPHIE. . . . . { Termes de géographie. / Grandes divisions du globe. / Principales chaînes de monts. / Principaux fleuves. / Peuples célèbres. / Productions naturelles des principaux pays, leur industrie, leur commerce.

FRANCE . . . . { Limites. / Divisions administratives, judiciaires et ecclésiastiques. / Situation respective des départements, fleuves et rivières qui les arrosent. / Montagnes. / Genres de culture. / Genres d'industrie. / Événements remarquables de l'histoire de France.

MÉTHODE d'enseignement { Simultané. / Mutuel.

CONNAISSANCES non exigées. { Plain-chant. / Arts et métiers. / Dessin linéaire. / Notions de la sphère. / Perspective.

pendamment des épreuves précédentes, auxquelles ils seront également soumis, ils devront répondre aux questions qui leur seront faites sur les principes de la grammaire française et de l'arithmétique. Ils feront l'analyse grammaticale de quelques phrases dictées ; ils opéreront d'après les principales règles de l'arithmétique, y compris la règle de trois et la règle de société, et en feront ensuite la démonstration.

Les procédés de l'arpentage n'étant point partout les mêmes, et ces procédés, pour des instituteurs primaires, ne pouvant avoir une véritable géométrie pour fondement, il faudra, en attendant qu'il ait été publié des ouvrages élémentaires convenables, se borner à interroger les instituteurs sur les instruments et sur les méthodes qu'ils emploient suivant la disposition du terrain ; mais tous indistinctement devront être versés dans la pratique du calcul décimal, et faire preuve de notions suffisantes touchant les figures qui servent à mesurer les surfaces. On les interrogera en même temps sur les règles du toisé et sur la manière d'opérer pour rapporter leurs mesures sur le papier et dessiner leurs plans.

L'instituteur de première classe devra avoir une idée précise des principaux termes de la géographie, et répondre aux questions générales qui lui seront faites sur les grandes divisions du globe, sur les relations et la direction des principales chaînes de montagnes et des principaux fleuves, sur les peuples et les empires qui se partagent la terre, leurs productions naturelles, leur population et leur industrie. Et comme l'Europe et la France en particulier doivent être l'objet principal de l'enseignement de la géographie dans les Écoles primaires de première classe, on exigera de l'instituteur des notions plus détaillées sur tout ce qui concerne les différentes nations et les différents États de l'Europe. Quant à la France, il devra être dans le cas de la faire connaître par plus de détails encore : il en indiquera les limites avec précision ; on lui en fera énumérer les divisions administratives, judiciaires et ecclésiastiques ; il établira les rapports des départements entre eux, les rivières qui les arrosent, leurs montagnes, les villes qui s'y trouvent, les genres de culture qui y sont en usage, les professions ou les fabriques qui y prospèrent ; et il devra mettre un soin particulier à rapporter à chaque localité les événements remarquables qui s'y rattachent ; il rappellera surtout ceux de ces événements qui seront honorables pour nos rois ou pour la nation, et qui pourront développer dans le cœur des élèves l'amour du souverain et de la patrie.

Il est un genre d'instruction qui se place au premier ordre, et qui doit être exigé de tous les instituteurs indistinctement : c'est la connaissance des préceptes et des dogmes de la religion. Les maîtres seront interrogés sans exception, sur cet objet important, d'après le catéchisme du diocèse. Ceux du premier degré devront, en outre, répondre sur l'histoire de l'Ancien et du Nouveau Testament.

C'est d'après le compte qui vous sera rendu de ces différents examens, que vous aurez à délivrer les certificats de capacité des différents degrés. Vous ferez mention de ces degrés dans le tableau dont nous avons déjà parlé, et dont les Comités cantonaux auront à vous fournir les éléments. Vous vous rappellerez, Monsieur le Recteur, qu'il doit être divisé par départements et subdivisé par arrondissements, et indiquer les communes et les quartiers où sont situées les Écoles, les noms et l'âge des maîtres, leur degré de capacité, le nombre des enfants qui suivent leur École, tant en été qu'en hiver, la rétribution des élèves, et le revenu que leur attribue la commune, en spécifiant si un logement communal fait partie de ce revenu. Vos observations personnelles, Monsieur le Recteur, feront connaître à la Commission si les communes offrent quelques moyens d'améliorer le sort de ces hommes utiles.

Le tableau ne pourra être envoyé trop promptement, après que l'opération des examens sera terminée.

Vous ferez sentir aux examinateurs qu'il est une distinction à faire en faveur des maîtres actuellement autorisés. L'autorisation dont ils jouissent suppose qu'ils ont déjà été jugés capables d'enseigner. S'il ne s'est élevé contre eux aucune plainte fondée, s'ils sont vus favorablement des autorités ecclésiastiques et civiles, il serait injuste de les priver de l'état dont ils sont en possession. Vous leur accorderez donc le certificat de capacité du troisième degré, en engageant ceux que l'âge et leurs dispositions en rendent capables à se mettre bientôt en état de satisfaire aux conditions prescrites pour obtenir celui du deuxième.

Quant aux maîtres du premier degré, comme il serait à craindre que leur trop grande multiplication ne nuisît aux institutions et aux Collèges, vous voudrez bien n'en admettre aucun sans en avoir fait rapport à la Commission, et sans avoir obtenu son aveu.

Telles sont, Monsieur le Recteur, les principales observations que la Commission croit devoir vous adresser sur les examens des instituteurs primaires.

Elle compte trop sur votre expérience et sur vos lumières, pour ne pas croire que vous saurez les modifier et les étendre, s'il le faut, afin de les rendre applicables aux lieux et aux hommes.

Elle désire que le résultat des examens que vous allez prescrire donne les moyens d'ajouter à ces premières vues des développements utiles. Elle vous saura gré de toutes vos communications sur un objet aussi essentiel, et se fera un devoir de les consulter pour les instructions nouvelles qu'elle pourra vous donner par la suite.

Elle joint à la présente instruction les modèles des brevets des différents degrés [1].

Recevez, etc.

27 juin 1816.

Instruction portant que la méthode de l'enseignement mutuel est autorisée dans les Écoles primaires.

27 Juin 1816.

Monsieur le Recteur, la Commission a arrêté que la méthode dite d'*enseignement mutuel*, telle qu'elle est décrite dans le livre intitulé *Manuel pratique*, par M. *Nyon*, est du nombre de celles qu'il est permis d'employer dans les Écoles primaires, sans que l'emploi de cette méthode puisse autoriser à ouvrir des Écoles autrement que dans les formes prescrites et sous la surveillance des autorités établies par les ordonnances et les règlements.

En effet, cette méthode peut devenir très utile dans certaines localités, en donnant moyen d'instruire à peu de frais un grand nombre d'enfants. Elle a d'ailleurs l'avantage incontestable de les instruire plus rapidement, en les tenant toujours en haleine, et en les habituant dès le premier âge à l'ordre et à la règle.

Quelques imprudences, commises par ceux qui ont cherché à l'introduire, avaient d'abord inspiré des préventions, dont il paraît que l'on est revenu par

---

1. Voir ces modèles à l'*Appendice*.

degrés, mais qu'il est important de ne pas faire renaître. Vous aurez donc soin de ne permettre d'établir ces sortes d'Écoles qu'autant que l'on y observera les règles recommandées de la part du Roi par M. le grand-aumônier au préfet de la Seine, dans une lettre qui a été insérée dans les journaux[1].

1. Nous sommes autorisés à publier la notice suivante et à répondre de l'authenticité de tout ce qu'elle contient :

Il s'est élevé des doutes, des inquiétudes sur la méthode peu connue et mal entendue d'instruction élémentaire d'après les principes de Lancastre et de Bell; méthode employée depuis dix ou douze ans avec beaucoup d'avantage en Angleterre, en Irlande, en Écosse, en Amérique, nommément par le clergé catholique.

Voici quelques faits qui pourront éclairer les personnes raisonnables et tranquilliser les bons esprits.

Par sa lettre du 3 février, M. le grand-aumônier apprend à M. le préfet de la Seine qu'ayant fait connaître au Roi les alarmes des catholiques, les réclamations de MM. les curés et le mémoire de MM. les vicaires généraux de Paris, au sujet des nouvelles Écoles pour les catholiques, Sa Majesté l'a chargé d'en donner connaissance à M. le préfet, et en même temps de lui dire que, sans vouloir juger la méthode nouvelle, « Sa Majesté désirait qu'il fût posé en principe, tant pour les établissements déjà faits que pour ceux à créer à l'avenir :

1º Que la religion catholique, apostolique et romaine serait enseignée dans les nouvelles Écoles exclusivement à toute autre;

2º Que tout maître ne professant pas la religion catholique serait exclu de ces Écoles;

3º Qu'il serait fait pour ces Écoles un règlement, de concert avec l'autorité diocésaine;

4º Que MM. les curés seront autorisés à visiter les Écoles établies dans leurs paroisses, et qu'ils veilleront à ce que la religion catholique y soit soigneusement enseignée;

5º Enfin, que l'établissement des nouvelles Écoles ne nuira en rien à ceux des Frères des Écoles chrétiennes, et que dans les lieux et paroisses où ces derniers seront déjà établis en nombre suffisant, il ne sera point admis de nouvelles Écoles en concurrence avec les leurs.

Ces articles ont été revêtus de la signature de Sa Majesté.

La réponse de M. le préfet à la lettre de M. le grand-aumônier a été telle qu'on pouvait le désirer et qu'on devait s'y attendre :

« Vous avez été au-devant de mes vœux (répond M. le préfet à M. le grand-aumônier), en me proposant des mesures qui doivent assurer le succès des nouveaux établissements d'instruction primaire, et sans lesquelles on chercherait vainement à les soutenir. »

Les cinq articles relatés ci-dessus ont également été envoyés par M. le grand-aumônier à M. le secrétaire d'État, Ministre au département de l'Intérieur. Une fois ces dispositions prises, MM. de Quélen, vicaire général de la grande aumônerie, Dastros, vicaire général de Paris, et de Lalande, curé de Saint-Thomas-d'Aquin, qui avaient été nommés par M. le préfet membres du Comité d'Instruction primaire, n'ont plus fait de difficulté, et ils se sont empressés, au contraire, d'assister à ce Conseil. Diverses Commissions y ont été formées pour l'admission des maîtres, pour l'examen des livres et tableaux de lecture. La partie du règlement des Écoles relative à la nomination des maîtres a déjà été faite de concert avec l'autorité diocésaine, et un article de ce règlement veut qu'aucun maître ne soit admis s'il ne présente un certificat du curé de sa paroisse et du maire de son arrondissement; et comme c'est du choix des maîtres destinés à instruire, ainsi que des livres où doit être puisé l'enseignement, que dépend la bonne ou mauvaise instruction, les nouveaux arrangements pris à ce sujet sont bien faits pour calmer toutes les inquiétudes, surtout si MM. les curés s'empressent, comme nous n'en doutons pas, de remplir les intentions de Sa Majesté, en veillant sur l'enseignement religieux des Écoles qui seront établies dans leur paroisse, et en s'assurant de la probité et de la

Il est particulièrement nécessaire que, dans celles qui seront fréquentées par des enfants catholiques, le chef soit catholique, et qu'il n'y emploie de livres de religion que ceux qui auront été régulièrement autorisés à l'usage du diocèse.

Nous n'avons pas besoin de vous recommander de veiller à ce que la religion et l'amour du Roi y fassent la base de l'enseignement, et y soient sans cesse inculqués aux élèves dans leurs lectures, dans leurs exercices, dans leurs prières : ce sont là des obligations communes à toutes les Écoles, et pour la continuation desquelles vous pouvez vous aider maintenant des soins et du zèle de vos Comités cantonaux[1].

---

7 octobre 1816. **Arrêté relatif à l'examen des instituteurs primaires de l'Académie de Paris.**

7 Octobre 1816.

La Commission de l'Instruction publique, remplissant les fonctions de Recteur de l'Académie de Paris,

Vu les articles 10 et 11 de l'ordonnance du 29 février dernier;

Vu les différents rapports qui lui ont été adressés, et desquels il

religion des sujets qui solliciteront leur attention pour être admis au nombre des maîtres ; car enfin il faut convenir que le bon choix des maîtres une fois assuré, la nouvelle méthode n'est plus qu'une sorte d'instrument qui peut avoir son utilité, et qui ne peut avoir d'inconvénients entre les mains des personnes à qui il est remis, puisqu'elles inspirent la confiance et la sécurité désirables.

Au reste, si le temps et l'expérience découvraient quelques-uns de ces inconvénients qu'on n'a encore remarqués dans aucun des pays cités plus haut, la Commission y remédierait avec tout le soin et le zèle qu'on peut attendre d'elle. (Extrait du *Moniteur universel* du 4 avril 1816.)

1. Les inspecteurs veilleront à ce que la méthode d'enseignement mutuel ne soit pas dénaturée par les maîtres qui voudraient l'employer, sans la bien connaître. Il faut empêcher par tous les moyens qu'elle soit pratiquée par des maîtres mal instruits.

Mais l'obligation de connaître ses procédés, tels qu'ils sont exposés dans la classe normale de Paris et dans les Écoles-modèles qui ont été établies sur différents points du Royaume, n'impose pas celle de n'en faire qu'une imitation servile. Il doit être permis aux instituteurs intelligents et capables de contribuer au perfectionnement des méthodes d'ajouter de nouveaux développements et des modifications utiles à celle qu'ils auront adoptée pour leurs classes.

(*Instruction du* 11 *décembre* 1817.)

On se plaint que, dans quelques départements où l'on s'occupe avec un zèle louable de l'organisation des Écoles d'enseignement mutuel, il arrive que des instituteurs s'installent sans y être légalement autorisés, et sans que le Recteur ait été consulté sur leur choix.

Il importe, non moins pour l'entière exécution de l'ordonnance royale que pour le succès de la nouvelle méthode, que vous portiez votre attention sur l'état de choses qui vient de m'être signalé.

..... Les Écoles d'enseignement mutuel sont placées, comme les autres, sous la juridiction de l'Université, et les instituteurs qui les dirigent ne peuvent être dispensés de suivre les règlements.

(*Instruction du* 1er *juillet* 1819.)

17.

résulte que les Comités cantonaux chargés de surveiller et d'encourager l'instruction primaire sont presque tous en activité dans le ressort de l'Académie de Paris;

Considérant qu'il est de son devoir de répondre au zèle des hommes éclairés qui composent ces Comités, et d'appliquer à toutes les Écoles primaires les bienfaits qui doivent résulter d'une prompte exécution de l'ordonnance du Roi,

Arrête :

ARTICLE 1er. — Les instituteurs primaires de Paris et des sous-préfectures de Sceaux et de Saint-Denis, qui sont déjà en exercice, se présenteront, dans le plus bref délai, devant l'inspecteur d'Académie chargé de leur arrondissement, pour être examinés par lui, et recevoir ensuite le brevet de capacité proportionné aux moyens d'instruction dont ils auront fait preuve dans cet examen.

Ils auront soin de se munir auparavant d'un certificat de bonne conduite du curé et du maire de la commune ou des communes où ils auront habité depuis trois ans au moins, et de le présenter à l'inspecteur au moment de l'examen.

ART. 2. — Les instituteurs légalement autorisés recevront de droit le brevet du degré inférieur.

ART. 3. — Tout instituteur primaire de Paris et des deux sous-préfectures, qui, avant le 1er janvier 1817, ne sera pas muni du certificat de capacité prescrit par l'article 10 de l'ordonnance du Roi, sera rayé du tableau des instituteurs primaires.

ART. 4. — Les inspecteurs de l'Académie de Paris sont chargés, chacun en ce qui le concerne, de l'exécution du présent arrêté.

Loi relative aux dons et legs faits aux établissements ecclésiastiques.   2 janvier 1817.

2 Janvier 1817.

LOUIS, etc.

ARTICLE 1er. — Tout établissement ecclésiastique reconnu par la loi pourra accepter, avec l'autorisation du Roi, tous les biens, meubles, immeubles ou rentes qui lui seront donnés par actes de dernière volonté.

ART. 2. — Tout établissement ecclésiastique, reconnu par la loi, pourra également, avec l'autorisation du Roi, acquérir des biens immeubles ou des rentes.

ART. 3. — Les immeubles ou rentes appartenant à un établissement ecclésiastique seront possédés à perpétuité par ledit établissement et seront inaliénables, à moins que l'aliénation n'en soit autorisée par le Roi.

8 février 1817. **Extrait du registre des délibérations de la Commission de l'Instruction publique.**

Séance du **8 Février 1817.**

La Commission de l'Instruction publique,

Sur les demandes qui lui ont été adressées par plusieurs Comités cantonaux, et en attendant que les ouvrages élémentaires à l'usage des Écoles primaires, qu'elle fait composer, aient pu être portés au degré de perfection désirable,

Arrête que les livres suivants seront provisoirement indiqués aux Comités cantonaux, comme pouvant être mis utilement dans les mains des enfants et des maîtres.

CHAPITRE Ier.

Prières.

Prières de l'Enfance pour le matin, le soir, les offices et diverses circonstances de la vie; Paris, Émery, rue Mazarine, n° 30.

Eucologe ou *l'Office divin*, suivant l'usage de Paris.

CHAPITRE II.

Syllabaires.

Syllabaire classique ou *Nouveau Traité élémentaire de Lecture française*, par M. D. de M. C.; Paris, chez Rapel, rue Saint-André-des-Arcs, n° 41.

Premier Livre de l'Enfance, par M. Saron, à Arbois.

Nouveau Syllabaire français, par un ancien instituteur; Lyon, 1808.

Le Quadrille des Enfants ou *Système nouveau de Lecture*; Lyon, 1815; à Paris, chez Brunot-Labbe, quai des Augustins.

Lecture par écho, par Daubenton; chez Belin fils, quai des Augustins, n° 55; Paris, 1809.

Les Images ou *Introduction aux Principes de Lecture*, par F. A. Laussel; Toulouse, 1816.

Cours pratique et progressif de Lecture élémentaire, par D. A. F. Courtois; chez Émery, libraire, rue Mazarine; Paris, 1816.

CHAPITRE III.

Exercices de Lecture.

Le Catéchisme historique, de l'abbé Fleury.

La Doctrine chrétienne, tirée du *Catéchisme historique* de l'abbé Fleury; chez Colas, imprimeur-libraire, rue du Petit-Bourbon, à Paris.

Histoires édifiantes et curieuses tirées des meilleurs auteurs, par l'auteur de *l'Ame élevée à Dieu*; Lyon, 1807.

Abrégé de l'Ancien Testament, de Mésenguy.

Mœurs des Israélites et des Chrétiens, par l'abbé Fleury.

CHAPITRE IV.

Calcul et Arithmétique raisonnée.

Méthode pour apprendre à calculer facilement et promptement; chez Renouard, rue Saint-André-des-Arcs, 1815.

Rudiment des Petites Écoles, par M. F. Mazure, Recteur de l'Académie d'Angers.
Traité élémentaire d'Arithmétique, par S. F. Lacroix, membre de l'Académie des Sciences; Paris, chez Courcier, quai des Augustins, n° 57.
Traité raisonné d'Arithmétique, par M. l'abbé Borne; Clermont-Ferrand, 1809.
L'Arithmétique des Demoiselles; Paris, 1811.
Éléments théoriques et pratiques du Calcul des Changes étrangers, par Rozas; 1 vol. in-8°, Paris, 1809.

CHAPITRE V.

Orthographe.

Remarques sur l'Orthographe française, par M. Pain; chez Laneau, libraire, rue de la Harpe; Paris, 1814.

CHAPITRE VI.

Grammaire.

Grammaire de Lhomond.
Grammaire de Guéroult.
Grammaire abrégée de Wailly.
Rudiment des Petites Écoles, par M. F. Mazure, Recteur de l'Académie d'Angers.
La Grammaire des Grammaires, par M. Girault.
Principes de Grammaire générale, mis à la portée des enfants, par M. Silvestre de Sacy; chez Belin, rue des Mathurins-Saint-Jacques, n° 14, et chez Nicole, rue de Seine, n° 12.

CHAPITRE VII.

Arpentage.

Traité de Topographie, d'Arpentage et de Nivellement, par M. Puissant; chez Mᵐᵉ veuve Courcier, quai des Augustins.
Nouveau Traité de l'Arpentage, par A. Lefèvre; chez Mᵐᵉ veuve Courcier, quai des Augustins.

CHAPITRE VIII.

Livres pour les Maîtres.

A B C royal ou *l'Art d'apprendre à lire* sans épeler les voyelles ni les consonnes, du nom que ces dernières ont dans l'alphabet; dédié aux Enfants de France, par Bouchat; Paris, 1759.
Traité des Sons de la Langue française et des Caractères qui les représentent, par M. l'abbé Bouillette; Paris, 1760.
Syllabaire classique.
Manuel pratique ou *Précis de la Méthode d'Enseignement mutuel*, pour les nouvelles écoles élémentaires, rédigé par M. Nyon; Paris, 1816.
Abrégé de la Méthode des Écoles élémentaires ou *Recueil pratique* de ce qu'il y a de plus essentiel à connaître pour établir et diriger des écoles élémentaires, selon la nouvelle méthode d'enseignement mutuel et simultané; Paris, 1816.
Guide des Fondateurs et des Maîtres pour l'établissement et la direction des écoles élémentaires de l'un et de l'autre sexe, basées sur l'enseignement mutuel; Paris, 1816.

Ces trois derniers ouvrages se trouvent chez Colas, rue du Petit-Bourbon.

Pour extrait conforme :
Le secrétaire général de la Commission
de l'Instruction publique,
Signé : PETITOT.

Ordonnance royale fixant les règles à suivre dans l'acceptation et l'emploi des dons et legs faits à des établissements ecclésiastiques.

2 Avril 1817.

Louis, etc.,

Voulant déterminer les règles qui doivent être suivies pour l'acceptation et l'emploi des dons et legs qui pourront être faits en faveur des établissements ecclésiastiques en vertu de la loi du 2 janvier 1817 et de tous les autres établissements publics, conformément à l'article 910 du Code civil ;

Sur le rapport, etc.

ARTICLE 1er.— Conformément à l'article 910 du Code civil et à la loi du 2 janvier 1817, les dispositions entre vifs ou par testament de biens meubles et immeubles, au profit des églises, des archevêchés et évêchés, des chapitres, des grands et petits séminaires, des cures et succursales, des fabriques, des pauvres, des hospices, des communes, et, en général, de tout établissement d'utilité publique et de toute association religieuse reconnus par la loi, ne pourront être acceptées qu'après avoir été autorisées par Nous, le Conseil d'État entendu, et sur l'avis préalable de nos préfets et de nos évêques, suivant les divers cas.

L'acceptation des dons et legs en argent ou objets mobiliers n'excédant pas 300 francs sera autorisée par les préfets.

ART. 2. — L'autorisation ne sera accordée qu'après l'approbation provisoire de l'évêque diocésain, s'il y a charge de service religieux.

ART. 3. — L'acceptation desdits legs et dons, ainsi autorisée, sera faite, savoir :

Par les évêques, lorsque les dons ou legs auront pour objet leur évêché, leur cathédrale ou leur séminaire ;

Par les doyens des chapitres, si les dispositions sont faites au profit des chapitres ;

Par le curé ou desservant, lorsqu'il s'agira de legs ou dons faits à la cure ou succursale, ou pour la subsistance des ecclésiastiques employés à la desservir ;

Par les trésoriers de fabriques, lorsque les donateurs ou testateurs auront disposé en faveur des fabriques ou pour l'entretien des églises et le service divin ;

Par le supérieur des associations religieuses, lorsqu'il s'agira de libéralités faites au profit de ces associations ;

Par les administrateurs des hospices, bureaux de charité et de bienfaisance, lorsqu'il s'agira de libéralités en faveur des hôpitaux et autres établissements de bienfaisance ;

Par les administrateurs des Collèges, quand les dons ou legs auront pour objet les Collèges ou des fondations de bourses pour les étudiants, ou des chaires nouvelles ;

Par les maires des communes, lorsque les dons et legs seront faits au profit de la généralité des habitants, ou pour le soulagement et l'instruction des pauvres de la commune ;

Et, enfin, par les administrateurs de tous les autres établissements d'utilité publique, légalement constitués, pour tout ce qui sera donné ou légué à ces établissements.

ART. 4. — Les ordonnances et arrêtés d'autorisation détermineront, pour le plus grand bien des établissements, l'emploi des sommes données, et prescriront la conservation ou. la vente des effets mobiliers, lorsque le testateur ou le donateur aura omis d'y pourvoir.

ART. 5. — Tout notaire dépositaire d'un testament contenant un legs au profit de l'un des établissements ou titulaires mentionnés ci-dessus sera tenu de leur en donner avis lors de la publication du testament.

En attendant l'acceptation, le chef de l'établissement ou le titulaire fera tous les actes conservatoires qui seront jugés nécessaires.

ART. 6. — Ne sont point assujettis à la nécessité de l'autorisation les acquisitions et emplois en rentes constituées sur l'État ou les villes, que les établissements ci-dessus désignés pourront acquérir dans les formes de leurs actes ordinaires d'administration.

Les rentes ainsi acquises seront immobilisées et ne pourront être aliénées sans autorisation.

ART. 7. — L'autorisation ou l'acceptation ne fera aucun obstacle à ce que les tiers intéressés se pourvoient, par les voies de droit, contre les dispositions dont l'acceptation aura été autorisée.

ART. 8. — Notre Ministre secrétaire d'État de l'Intérieur est chargé de l'exécution de la présente ordonnance, qui sera insérée au *Bulletin des Lois*.

22 juillet 1817. **Arrêté portant établissement d'une École-modèle d'enseignement mutuel dans douze départements.**

22 Juillet 1817.

La Commission de l'Instruction publique
Arrête :

ARTICLE 1er. — Il sera établi une École-modèle d'enseignement mutuel dans chacune des Académies de Caen, de Rouen, Orléans, Metz, Nancy, Dijon, Bourges, Clermont, Cahors, Montpellier, Aix et Pau, au lieu qui sera désigné par le Recteur.

ART. 2. — Les instituteurs chargés de diriger ces Écoles, sous la surveillance des Recteurs et des inspecteurs d'Académie, seront choisis parmi les personnes qui ont suivi le cours normal établi à Paris, ou les cours des *Écoles-modèles* déjà formées, lorsqu'elles auront satisfait, d'ailleurs, à toutes les conditions exigées par l'ordonnance du 29 février 1816, pour exercer l'enseignement primaire.

ART. 3. — Dans le cas où il ne se présenterait pas actuellement un nombre suffisant de sujets propres à diriger ces nouvelles Écoles, le Recteur désignera dans son Académie un instituteur primaire intelligent, lequel sera envoyé à Paris pour s'instruire des procédés de la méthode d'enseignement mutuel.

ART. 4. — Une somme de 10 000 francs est affectée aux frais de premier établissement de ces douze Écoles-modèles. Cette somme sera imputée sur le fonds de 20 000 francs destiné à l'encouragement de l'instruction primaire pour la présente année 1817.

ART. 5. — Les Recteurs des douze Académies ci-dessus dénommées sont chargés, chacun en ce qui le concerne, de l'exécution du présent arrêté, et particulièrement de se concerter avec les préfets et les maires pour le choix des locaux propres à l'établissement des Écoles-modèles.

---

22 juillet 1817. **Arrêté portant désignation de vingt-quatre départements où un instituteur sera chargé de donner dans son École des exemples des procédés de la méthode d'enseignement mutuel.**

22 Juillet 1817.

La Commission de l'Instruction publique
Arrête ce qui suit :

ARTICLE 1ᵉʳ. — Dans chacun des départements du Loiret, de Loir-et-Cher, de l'Allier, du Cantal, de la Haute-Loire, de l'Ariège, de la Drôme, de l'Eure, du Calvados, de la Manche, de la Meurthe, des Vosges, du Cher, des Landes, des Hautes-Pyrénées, des Basses-Pyrénées, du Rhône, des Basses-Alpes, des Bouches-du-Rhône, du Gard, de la Lozère, de l'Aveyron, de l'Hérault et de l'Aude, un des instituteurs primaires en exercice sera chargé par le Recteur de l'Académie de donner dans son École des exemples des procédés de la méthode d'enseignement mutuel.

Cet instituteur recevra 100 fr. à titre d'encouragement.

ART. 2. — Une somme de 2 400 fr. est affectée à cette dépense, et imputée sur le fonds de 20 000 fr. destiné à l'encouragement de l'instruction primaire pour la présente année 1817.

ART. 3. — Les Recteurs des Académies d'Orléans, Clermont, Toulouse, Grenoble, Rouen, Caen, Nancy, Bourges, Pau, Lyon, Aix, Nîmes et Montpellier, sont chargés, chacun en ce qui le concerne, de l'exécution du présent arrêté.

Loi sur le recrutement de l'armée. [Extrait.]

10 mars 1818.

10 Mars 1818.

. . . .

ARTICLE 15. — Seront dispensés, considérés comme ayant satisfait à l'appel, et comptés numériquement en déduction du contingent à fournir, les jeunes gens désignés par leur numéro pour faire partie dudit contingent, qui se trouveront dans un des cas suivants :

. . . .

5° Les élèves de l'École normale et les autres membres de l'Instruction publique qui contractent devant le Conseil de l'Université l'engagement de se vouer pendant dix années à ce service[1].

Cette disposition est applicable aux Frères des Écoles chrétiennes.

---

1. Ne devront être admis que ceux qui auront assez d'instruction pour mériter un brevet du deuxième degré, et qui seront en état d'employer la méthode des frères ou celle de l'enseignement mutuel. En général, on ne doit accorder que très rarement des brevets du troisième degré, maintenant que les anciens maîtres d'école ont dû se mettre en règle. Dès ce moment, on pourrait fixer l'époque où il n'en serait plus accordé. (*Instruction du 15 janvier* 1819.)

Consulter, pour l'exécution de la loi, la circulaire du 7 août 1818.

Voir ci-après, page 291, la *circulaire du* 10 *octobre* 1820.

Extrait de la loi de finances.

15 Mai 1818.

ARTICLE 12. . . . .
Les pensions des académiciens et hommes de lettres, attachés à
l'Instruction publique, à la Bibliothèque du Roi, à l'Observatoire et
au Bureau des Longitudes pourront (lorsqu'elles n'excéderont pas
deux mille francs, et jusqu'à concurrence de cette somme, si elles
l'excédaient) se cumuler avec un traitement d'activité, pourvu que
la pension et le traitement ne s'élèvent pas ensemble à plus de six
mille francs.

ART. 13. — Pourront également se cumuler les pensions et traitements de toute nature qui, réunis, n'excéderaient pas sept cents
francs, et seulement jusqu'à concurrence de cette somme.

. . . .

ART. 88. — Seront aussi perçues, comme par le passé, les diverses
rétributions imposées en faveur de l'Université sur les établissements particuliers d'instruction et sur les élèves qui fréquentent
les Écoles publiques.

Arrêté relatif aux institutions primaires établies sans autorisation.

22 Mai 1818.

La Commission de l'Instruction publique
Arrête ce qui suit :

Un instituteur primaire qui se sera établi clandestinement dans
une commune ne pourra obtenir d'autorisation régulière, soit pour
cette commune, soit pour les autres communes du canton.

Les Recteurs et, à Paris, les inspecteurs de l'Académie sont chargés
d'assurer l'exécution du présent arrêté.

Arrêté portant qu'il ne sera accordé d'autorisation d'exercer l'enseignement primaire à Paris qu'aux instituteurs qui auront le brevet du deuxième degré.

22 Mai 1818.

La Commission de l'Instruction publique,
Après avoir entendu MM. les inspecteurs de l'Académie de Paris,

Considérant qu'il est convenable de ne confier l'instruction primaire dans la capitale qu'à des maîtres qui possèdent les principes de l'orthographe, et qui aient assez d'intelligence pour employer les bonnes méthodes d'enseignement élémentaire,

Arrête ce qui suit :

A compter du 1er janvier 1819, il ne sera accordé d'autorisation pour exercer l'enseignement primaire dans la ville de Paris qu'aux instituteurs qui auront obtenu un brevet de deuxième degré.

Arrêté portant qu'il sera distribué chaque année des médailles d'encouragement aux instituteurs primaires.   15 juin 1818.

15 Juin 1818.

La Commission de l'Instruction publique
Arrête ce qui suit :

ARTICLE 1er. — Il sera distribué, dans chaque Académie du Royaume, deux médailles en argent et quatre en bronze aux instituteurs primaires qui se seront distingués par la meilleure tenue de leurs Écoles, les progrès des élèves et la supériorité des méthodes d'enseignement.

ART. 2. — Les médailles seront décernées, chaque année, par une délibération du Conseil académique; la distribution en sera publique, et se fera le même jour et dans la même séance que la distribution des prix du Collège royal du chef-lieu de l'Académie.

ART. 3. — Dans l'Académie de Paris, le nombre des médailles sera quadruple; elles seront décernées par la Commission de l'Instruction publique, et distribuées avec les prix du concours des Collèges royaux.

Arrêté relatif aux réunions des Comités cantonaux.   3 juillet 1818.

3 Juillet 1818.

La Commission de l'Instruction publique,
Considérant que de l'entière exécution de l'ordonnance du Roi du 29 février 1816 dépendent les améliorations de tout genre dont l'instruction primaire est susceptible,
Arrête ce qui suit :

ARTICLE 1er. — Les Comités cantonaux, établis par l'article 1er de ladite ordonnance, s'assembleront au moins une fois le mois, et plus souvent s'ils le jugent convenable.

ART. 2. — A cet effet, ils fixeront à chaque séance le jour de l'assemblée suivante, et il en sera fait mention au procès-verbal. Au jour indiqué, les membres du Comité se réuniront de plein droit, sans qu'il soit besoin de convocation.

ART. 3. — Néanmoins, le curé du canton, président, et, à son défaut, le juge de paix pourront convoquer extraordinairement le Comité, si des circonstances imprévues l'exigent.

ART. 4. — La présence de trois membres suffira pour que le Comité délibère valablement, pourvu qu'ils soient réunis en vertu de l'ajournement arrêté à la dernière séance, ou que le Comité ait été convoqué, ainsi qu'il a été dit au précédent article. — En cas d'empêchement du curé du canton, le Comité sera présidé par le juge de paix; en cas d'empêchement de celui-ci, par le membre présent à qui la préséance appartiendra, selon l'ordre établi par l'article 4 de l'ordonnance.

ART. 5. — Dans le délai d'un mois, les Comités cantonaux adresseront aux Recteurs des Académies, et, dans l'Académie de Paris, à la Commission de l'Instruction publique, les noms de leurs membres décédés, ou démissionnaires, ou réputés tels par leur absence du Comité depuis plus d'une année, afin qu'il soit procédé à leur remplacement.

ART. 6. — Il est spécialement recommandé aux Comités cantonaux d'assurer l'exécution des articles 10, 13 et 38 de l'ordonnance. Ils veilleront, en conséquence, à ce que tous les instituteurs de leur arrondissement se présentent, s'ils ne l'ont déjà fait, pour obtenir un brevet de capacité et l'autorisation du Recteur, agréée par le préfet.

Cette obligation est commune aux instituteurs qui appartiennent à des associations religieuses ou charitables, ou qui ont obtenu la recommandation des sociétés formées pour la propagation de l'enseignement mutuel, comme aussi à tous ceux qui dirigent des Écoles entretenues par les communes, ou fondées par des particuliers ou des associations de charité.

ART. 7. — Les Recteurs des Académies et les inspecteurs de l'Académie de Paris sont chargés, chacun en ce qui le concerne, de l'exécution du présent arrêté[1].

---

1. Consulter, pour l'exécution de cet arrêté, la circulaire du 6 *juillet* 1818.

Circulaire relative à l'examen des instituteurs qui se destinent 8 août 1818.
à l'enseignement mutuel.

8 Août 1818.

Monsieur le Recteur, la Société établie à Paris pour l'instruction élémentaire délivre des certificats aux maîtres qui ont suivi le cours normal d'enseignement mutuel, afin d'être en état de diriger une École d'après cette méthode. Ces attestations suffisent pour constater qu'ils possèdent la méthode dont il s'agit. Mais ils ne dispensent point ces maîtres d'être examinés sur les matières qu'ils doivent enseigner à leurs élèves et de se pourvoir d'un certificat de capacité dans les formes prescrites par l'ordonnance[1].

Vous devez vous assurer dans les examens s'ils sont bien instruits des préceptes et des dogmes de la religion ; ils doivent être interrogés sur cet objet important avec le même soin que les autres instituteurs primaires.

Vous devez prendre aussi les informations les plus précises sur la conduite et sur les mœurs de ces maîtres avant de les autoriser à enseigner. Avec ces précautions, il nous paraît impossible que des sujets incapables et indignes de confiance s'introduisent dans la direction des Écoles d'enseignement mutuel, ce qui serait également nuisible aux élèves et au succès des Écoles.

Arrêté relatif aux classes primaires établies dans les institutions 21 août 1818.
et les pensionnats.

21 Août 1818.

La Commission de l'Instruction publique[2],

Informée que divers chefs d'institution et maîtres de pension donnent dans leurs maisons l'enseignement primaire, et qu'il s'est élevé quelques difficultés touchant l'autorité que les Comités cantonaux doivent exercer à leur égard ;

Considérant que les chefs d'institution et maîtres de pension sont autorisés à préparer leurs élèves pour l'instruction des Collèges, mais qu'il n'en résulte pas pour eux le droit de diriger des classes uniquement primaires, et de soustraire ainsi une partie des enfants

---

1. La circulaire du 1er *juillet* 1819 dispose que « les Écoles d'enseignement mutuel sont placées, comme les autres, sous la juridiction de l'Université, et que les instituteurs qui les dirigent ne peuvent être dispensés de remplir les formalités prescrites par les règlements.

2. Cet arrêté avait été délibéré le 16 août par la Commission.

qui prennent ce degré d'instruction à l'autorité spécialement chargée de les surveiller,

Arrête ce qui suit :

ARTICLE 1er. — Les chefs d'institution et les maîtres de pension ne pourront à l'avenir être autorisés à joindre à leur établissement une classe primaire, où ils recevraient des externes, que dans les formes établies pour tous les instituteurs primaires en général.

ART. 2. — Les Écoles de ce genre, que les chefs d'institution et maîtres de pension ont été précédemment autorisés à tenir, subsisteront ; mais elles seront soumises à la surveillance des Comités cantonaux, comme les autres Écoles primaires, sans que, pour cela, cette surveillance puisse s'étendre aux autres parties de l'institution ou du pensionnat.

ART. 3. — Ne sont point comprises dans les dispositions des articles précédents les classes que des chefs d'institution et maîtres de pension tiendraient pour leurs élèves internes seulement, à l'effet de les préparer à recevoir l'instruction supérieure.

---

3 juin 1819. **Instruction adressée par le Ministre de l'Intérieur aux Préfets, concernant les Écoles primaires de filles[1].**

3 Juin 1819.

Monsieur le Préfet, trois années se sont à peine écoulées depuis qu'un acte du Gouvernement a placé l'instruction primaire au rang qu'elle doit occuper parmi les institutions sociales, et déjà les bons effets des nouvelles dispositions se font sentir de toute part.

Exiger des garanties de la moralité et de la capacité des individus auxquels on confie l'éducation des enfants ; soumettre les Écoles à une surveillance éclairée et de tous les moments : tels étaient les principes auxquels on devait tout rapporter ; ils ont servi de base à l'ordonnance royale du 29 février 1816.

Mais plus les résultats obtenus par l'application des dispositions de cette ordonnance ont été heureux, et plus on regrette que celles de ces dispositions qui en étaient susceptibles n'aient point été étendues aux Écoles de filles, qui, moins nombreuses que les premières, mais non moins intéressantes, appellent aussi la sollicitude de l'autorité.

1. Consulter la circulaire du 29 *juillet* 1819, complémentaire de celle du 3 juin, ci-après page 272.

Par circulaire du 16 *mars* 1819, le Ministre de l'Intérieur, à l'occasion d'une difficulté concernant les Frères de la Doctrine chrétienne, avait informé les préfets que l'ordonnance du 29 février 1816 est applicable aux associations religieuses ou charitables vouées à l'enseignement primaire.

J'ai lieu de penser que si MM. les préfets ont hésité à appliquer à ces Écoles les dispositions générales de l'ordonnance, c'est qu'ils attendaient que des instructions de l'autorité supérieure vinssent indiquer une marche uniforme pour tous les départements et suppléer, en quelques points, au silence de cette ordonnance.

Je me suis proposé de remplir ce double but, en rédigeant la circulaire que je vous adresse aujourd'hui.

Les trois objets qui doivent vous occuper sont : 1° le choix des institutrices; 2° la surveillance des Écoles; 3° l'augmentation de leur nombre.

La surveillance de ces institutions devant être attribuée aux Comités cantonaux, et l'ordonnance du 29 février indiquant assez de quelle manière cette surveillance doit être exercée, je crois inutile de m'étendre sur ce point.

Vous savez également quels sont les moyens à employer pour multiplier le nombre des Écoles dans les communes où il est insuffisant. Je vais donc m'attacher surtout à vous guider dans le choix des institutrices, opération d'une grande importance, et qui est confiée à vos soins immédiats.

La première mesure à prendre sera la formation d'une Commission composée de cinq membres, dans le chef-lieu du département; cette Commission sera chargée d'examiner, sous le rapport de l'instruction, les personnes qui désireront se vouer aux fonctions d'institutrices.

Aucune postulante, fille, mariée ou veuve, ne sera admise devant le jury d'examen, si elle n'est âgée de vingt ans au moins, et si elle n'est munie des pièces suivantes, dont vous ferez la vérification :

1° Un acte de naissance, et, si elle est mariée, un extrait de l'acte de célébration de son mariage;

2° Un certificat de bonne conduite et de bonnes mœurs des curés et des maires de la commune ou des communes où elle aura habité depuis trois ans au moins.

D'après le rapport du jury, vous délivrerez, s'il y a lieu, à la postulante un brevet de capacité.

Ces brevets seront de deux degrés : ceux du deuxième degré ou du degré inférieur seront accordés aux personnes qui sauront suffisamment lire, écrire et chiffrer pour en donner des leçons.

Les connaissances exigées des institutrices du premier degré seront les principes de leur religion, la lecture, l'écriture, les quatre premières règles de l'arithmétique, celles de trois et de société, et les éléments de la grammaire.

Pour avoir le droit d'exercer, il faudra, outre le brevet de capacité, une autorisation spéciale pour une commune déterminée, autorisation que vous délivrerez sur la proposition qui vous sera adressée par le maire et le curé ou desservant, ou par le fondateur de l'École, avec l'avis du Comité cantonal. Lorsqu'une institutrice, munie d'un brevet de capacité obtenu dans un autre département, se présentera pour exercer sa profession dans celui que vous administrez, elle sera dispensée de subir l'examen, mais elle n'en sera pas moins tenue de produire les certificats de bonnes mœurs exigés des personnes qui entrent dans la carrière de l'enseignement.

Dans le cas où les certificats présentés ne vous paraîtraient pas offrir toutes les garanties désirables, vous devriez, autant que possible, vous procurer directement des renseignements plus complets.

Lorsqu'une institutrice demandera l'autorisation de passer d'une commune du département dans une autre, elle devra vous présenter des certificats de bonne conduite du maire et du curé de la commune qu'elle va quitter. En cas de refus du maire, ce magistrat devra vous rendre compte de ses motifs, et vous prendrez aussi l'avis du Comité cantonal.

Les articles 7, 8, 9, 14, 15, 16, 17, 18, 19, 20, 21, 22, 23, 25, 26, 27, 28, 31, 39 et 40 de l'ordonnance du 29 février 1816 sont applicables aux Écoles primaires de filles, en substituant toutefois à l'intervention du Recteur celle de l'autorité administrative.

Les institutrices actuellement en exercice devront se pourvoir de nouvelles autorisations. Vous ferez fermer les Écoles de celles qui n'en seront point munies à l'époque du 1er janvier 1820.

Aucune institutrice ne pourra, sous quelque prétexte que ce soit, recevoir des garçons dans son École.

Je vous invite, Monsieur le Préfet, à prendre des mesures pour que toutes les dispositions prescrites par la présente circulaire soient sans délai mises à exécution, et pour qu'elles soient connues des personnes qu'elles peuvent concerner.

Les Comités cantonaux devront en être informés directement par vous. Je ne doute pas qu'ils ne s'acquittent avec zèle des nouvelles fonctions qui leur sont confiées, et dont ils sentiront toute l'importance.

---

17 juillet 1819.   **Extrait de la loi sur la fixation du budget des recettes de l'année 1819.**

17 Juillet 1819.

Article 10. — Continueront d'être perçus . . . .

2° Les diverses rétributions imposées en faveur de l'Université sur les établissements particuliers d'instruction et sur les élèves qui fréquentent les Écoles publiques.

---

29 juillet 1819.   **Instruction complémentaire adressée par le Ministre de l'Intérieur aux Préfets, sur les Écoles de filles qui appartiennent aux Congrégations religieuses.**

29 Juillet 1819.

Les questions adressées par plusieurs préfets, relativement à l'exécution des mesures prescrites par la circulaire du 3 juin, m'ont convaincu de la nécessité d'ajouter de nouvelles instructions à celles que renferme cette circulaire.

On demande, dans quelques départements, si les institutrices qui appartiennent à des Congrégations religieuses doivent être soumises aux mêmes formalités que les institutrices libres.

La circulaire n'exprime point d'exception en faveur des premières, et l'on ne saurait en admettre; la seule formalité dont on puisse les dispenser est celle de se pourvoir des brevets de capacité. Vous pourrez leur délivrer l'autorisation d'enseigner, d'après l'exhibition de leur lettre d'obédience.

Ces institutrices seront ainsi assimilées aux Frères des Écoles chrétiennes.

Quelques préfets pensent que l'institution d'un seul jury d'examen par département entraînera des inconvénients, et que beaucoup de personnes qui désireraient se vouer à la profession d'institutrice seront arrêtées par l'embarras et la dépense d'un voyage de plusieurs jours pour aller subir leur examen.

Cet inconvénient ne m'avait point échappé; mais j'avais pensé qu'il perdrait beaucoup de sa force, si l'on considérait qu'une institutrice n'aurait à faire ce voyage qu'une fois dans sa vie. Il me paraissait devoir céder à un avantage précieux, celui de soumettre les candidats à l'examen d'un jury éclairé, impartial, opérant sous les yeux du premier magistrat du département, et placé au-dessus de toutes les petites influences locales, influences dont l'effet pourrait être aussi funeste aux institutrices elles-mêmes qu'à l'éducation des enfants.

Je conçois cependant que dans les départements d'une grande étendue, et dont le chef-lieu n'est pas placé dans un point central, l'établissement d'un autre ou de plusieurs autres jurys d'examen peut être indispensable.

J'autorise donc une pareille mesure, en laissant à MM. les préfets le soin d'en apprécier la nécessité dans chaque département en particulier.

Je désire, Monsieur le Préfet, que vous me rendiez compte de ce que vous aurez fait à cet égard.

Je n'avais point, dans ma circulaire du 3 juin, déterminé la forme dans laquelle les brevets de capacité et autorisations d'enseigner devaient être rédigés.

Il est convenable qu'elle soit partout la même.

Je vous envoie ci-joint un modèle, dont vous ne devez pas vous écarter[1].

Arrêté relatif aux Comités cantonaux et particulièrement à ceux de l'Académie de Paris.

25 septembre 1819.

25 Septembre 1819.

La Commission de l'Instruction publique,

Considérant que, dans l'Académie de Paris, le zèle et l'activité des Comités cantonaux, établis par l'ordonnance royale du 29 février 1816, ont été quelquefois entravés par des obstacles, qu'il est urgent de faire cesser,

Arrête les dispositions suivantes, pour être exécutées dans le ressort de cette Académie :

ARTICLE 1er. — Tout membre d'un Comité cantonal qui se sera dispensé pendant six mois, sans cause légitime, d'assister aux séances, sera censé s'être démis de ses fonctions.

ART. 2. — Les Comités cantonaux, établis par l'article 1er de l'ordonnance du 29 février, s'assembleront au moins une fois le mois, et plus souvent, s'ils le jugent convenable.

1. Voir ce modèle à l'*Appendice*.

Art. 3. — A cet effet, ils fixeront à chaque séance le jour de l'assemblée suivante, et il en sera fait mention au procès-verbal. Au jour indiqué, les membres du Comité se réuniront de plein droit, sans qu'il soit besoin de convocation.

Art. 4. — Néanmoins, le curé du canton, président, et, à son défaut, le juge de paix pourront convoquer extraordinairement le Comité, si des circonstances imprévues l'exigent.

Art. 5. — La présence de trois membres suffira pour que le Comité délibère valablement, pourvu qu'ils soient réunis en vertu de l'ajournement arrêté à la dernière séance, ou que le Comité ait été convoqué, ainsi qu'il a été dit au précédent article. En cas d'empêchement du curé du canton, le Comité sera présidé par le juge de paix; en cas d'empêchement de celui-ci, par le membre présent à qui la préséance appartiendra selon l'ordre établi par l'article 4 de l'ordonnance.

Art. 6. — Dans le délai d'un mois, les Comités cantonaux adresseront aux Recteurs des Académies, et dans l'Académie de Paris à la Commission de l'Instruction publique, les noms de leurs membres décédés ou démissionnaires, ou réputés tels par leur absence du Comité depuis six mois, afin qu'il soit procédé à leur remplacement.

Art. 7. — Il est spécialement recommandé aux Comités cantonaux d'assurer l'exécution des articles 10, 13 et 38 de l'ordonnance : ils veilleront, en conséquence, à ce que tous les instituteurs de leur arrondissement se présentent, s'ils ne l'ont déjà fait, pour obtenir un brevet de capacité et l'autorisation du Recteur, agréée par le préfet.

Cette obligation est commune aux instituteurs qui appartiennent à des associations religieuses ou charitables, ou qui ont obtenu la recommandation des sociétés formées pour la propagation de l'enseignement mutuel, comme aussi à tous ceux qui dirigent des Écoles entretenues par les communes ou fondées par des particuliers ou des associations de charité.

Art. 8. — D'ici au 1er janvier 1820, les Comités adresseront à la Commission de l'Instruction publique un projet de règlement pour les Écoles de leur canton, dont l'objet sera de régler la discipline intérieure des classes, de telle sorte que les maîtres et les élèves y trouvent une direction sûre : les heures des classes, les jours de vacances et les vacances générales y seront fixés, ainsi que les divers genres de punitions ou de récompenses, etc.

Art. 9. — Les membres des Comités se partageront les Écoles de leur canton, et rendront compte, à chacune de leurs réunions, de l'inspection qu'ils en auront faite, de l'état de l'instruction et de la ponctualité plus ou moins grande avec laquelle les règlements sont suivis.

ART. 10. — Lorsque les occupations du président ou toute autre cause l'empêcheront de s'occuper avec l'activité nécessaire de la correspondance, le Comité se choisira un secrétaire parmi ses membres et le chargera de correspondre en son nom.

ART. 11. — Le perfectionnement du mode d'enseignement et de l'instruction des maîtres devant être un des objets principaux des soins des Comités, ils s'efforceront d'obtenir, dans chaque chef-lieu de canton, au moins une École dirigée d'après la méthode des frères ou d'après celle de l'enseignement mutuel, pour que les maîtres des autres communes puissent y trouver des exemples de ces méthodes, et les employer ensuite dans leurs Écoles.

ART. 12. — Afin d'obtenir ce résultat, à dater du 1er janvier 1820, il ne sera plus accordé d'autorisation, pour les chefs-lieux de canton, à des instituteurs du troisième degré.

ART. 13. — Les droits attribués par les articles 18 et 19 de l'ordonnance du Roi aux fondateurs d'Écoles ne pourront être réclamés que par les associations ou les personnes qui fonderont véritablement une École, ou du moins garantiront le traitement de l'instituteur pendant trois ans.

Règlement concernant les Écoles primaires de filles dans le département de la Seine, et notamment dans la ville de Paris.   9 octobre 1819.

9 Octobre 1819.

Le Préfet de la Seine,

. . . .

Arrête :

ARTICLE 1er. — Les Écoles primaires sont celles où l'on enseigne seulement la lecture, l'écriture et les éléments de l'arithmétique.

ART. 2. — Les seules Écoles primaires de filles, reconnues dans le département de la Seine, sont les suivantes : 1° les douze Écoles communales établies dans chacun des arrondissements municipaux de Paris, dont les dépenses sont payées sur le budget de la ville ; 2° les Écoles d'enseignement mutuel entretenues par la ville sur un fonds spécial, ou par la Société de l'instruction élémentaire, ou par des fondateurs particuliers ; 3° les Écoles de charité entretenues par les bureaux de bienfaisance ; 4° les Écoles des Sœurs, défrayées par les mêmes bureaux, et les autres Écoles tenues par des institutrices qui appartiennent à des Congrégations religieuses; 5° les Écoles rurales, gratuites ou non gratuites, et où l'enseignement est restreint à l'instruction primaire.

ART. 3. — Seront surveillées, suivant le mode prescrit par le présent règlement, les Écoles de Paris ci-dessus désignées. Quant aux Écoles rurales, elles seront placées sous l'inspection et la surveillance des Comités cantonaux, conformément à l'ordonnance royale du 29 février 1816; seulement l'autorité des sous-préfets et des maires remplacera celle qui est attribuée au Recteur, dans ladite ordonnance, sur les Écoles de garçons.

ART. 4. — Toutes les institutrices des Écoles ci-dessus désignées, soit urbaines, soit rurales, sont tenues de justifier d'un brevet de capacité et d'une autorisation, qui leur seront délivrés, selon les formalités prescrites ci-après; à l'égard de celles qui appartiennent à des Congrégations religieuses, elles doivent justifier de leur lettre d'obédience pour obtenir l'autorisation d'enseigner.

ART. 5. — Les personnes qui désireront se vouer aux fonctions d'institutrice subiront un examen de capacité devant le jury institué par le règlement du 20 juin 1816. Cet examen portera exclusivement sur la lecture, l'écriture et les éléments d'arithmétique.

ART. 6. — Elles ne seront point admises devant le jury, si elles ne sont âgées de vingt ans au moins, et si elles ne sont munies des pièces suivantes : 1° un acte de naissance, et, dans le cas où les postulantes seraient mariées ou veuves, un extrait de l'acte de célébration de leur mariage; 2° un certificat de bonne conduite et de bonnes mœurs délivré par les curés et les maires de la commune ou des communes où elles auraient habité depuis trois ans au moins.

ART. 7. — D'après le rapport du jury, le préfet délivrera, s'il y a lieu, des brevets de capacité aux postulantes.

ART. 8. — Pour avoir le droit d'exercer, il faudra, outre le brevet de capacité, une autorisation spéciale pour une commune déterminée; et, à Paris, cette autorisation sera pour l'arrondissement municipal. Cette autorisation sera délivrée à Paris, sur la proposition du maire et des dames surveillantes dont il sera parlé ci-après, ou du fondateur de l'École; et, dans les arrondissements ruraux, sur l'avis du Comité cantonal.

ART. 9. — Lorsqu'une institutrice, munie d'un brevet de capacité obtenu dans un autre département, se présentera pour enseigner dans l'étendue du département de la Seine, elle sera dispensée de subir l'examen de capacité, mais non de produire les pièces désignées par l'article 6.

Art. 10. — Lorsqu'une institutrice admise à exercer dans le département de la Seine voudra changer de commune ou d'arrondissement, elle ne pourra être autorisée qu'en produisant un certificat de bonne conduite du maire et du curé de la commune ou de l'arrondissement qu'elle voudra quitter.

Art. 11. — La surveillance et l'inspection des Écoles primaires de filles établies à Paris sont confiées à des dames surveillantes, qui auront les mêmes fonctions à remplir que les dames inspectrices actuellement chargées de surveiller les maisons d'éducation du sexe, en vertu du règlement du 20 juin 1816, titre III, mais seulement en ce qui est applicable aux Écoles primaires, et ce, conformément aux articles 7, 8 et 9 de l'ordonnance du 29 février, même année.

Art. 12. — Le nombre des dames sera d'une au moins par arrondissement, et elles prendront le titre de dames surveillantes pour les Écoles primaires de jeunes filles. Elles adresseront, tous les trois mois, leur rapport à MM. les maires pour être transmis au préfet au commencement de chaque trimestre.

Art. 13. — Les Écoles rurales primaires, de quelque espèce qu'elles soient, seront sous l'inspection des Comités cantonaux, ainsi qu'il est dit à l'article 3 ci-dessus, et conformément aux articles 7, 8 et 9 de l'ordonnance royale du 29 février 1816. Les fonctions attribuées au Recteur, en ce qui regarde les Écoles de garçons, seront exercées par le sous-préfet, ou en leur nom par le maire de la commune; leurs rapports seront adressés au préfet tous les trois mois, pour servir à la composition des rapports annuels qu'il soumettra à S. Exc. le Ministre de l'Intérieur.

Art. 14. — Conformément à l'article 17 de l'ordonnance royale, MM. les sous-préfets et les maires de Paris feront dresser le tableau des jeunes filles qui, ne recevant point chez leurs parents, ou dans les Écoles établies, l'instruction primaire, sont dans le cas d'être appelées aux Écoles publiques, dont le nombre sera augmenté à cet effet partout où il sera reconnu insuffisant.

Art. 15. — Les sous-préfets et les maires sont également chargés de l'application de ladite ordonnance aux Écoles primaires de jeunes filles, en tout ce qui n'est point contraire au présent règlement, et conformément aux dispositions suivantes.

Art. 16. — A Paris, les dames surveillantes et, dans les communes rurales, les Comités cantonaux veilleront au maintien de l'ordre, des mœurs et de l'enseignement religieux, à l'observation des règlements et à la réforme des abus dans toutes les Écoles de l'arrondissement ou du canton. Ils solliciteront près du préfet, par l'entremise de MM. les maires, les mesures convenables, soit pour l'entretien des Écoles, soit pour l'ordre et la discipline.

Art. 17. — Les Comités cantonaux, les maires et les dames surveillantes sont respectivement chargés d'employer tous leurs soins pour faire établir des Écoles de filles dans les lieux où il n'y en a point.

Art. 18. — Dans les communes rurales, chaque École aura pour surveillants spéciaux le curé ou desservant de la paroisse et le maire de la commune où elle est située.

Art. 19. — Le Comité cantonal pourra adjoindre au curé et au maire, comme surveillant spécial, l'un des notables de la commune, choisi de préférence parmi les bienfaiteurs de l'École.

Art. 20. — Dans les communes où les enfants de différentes religions ont des Écoles séparées, le pasteur protestant sera surveillant spécial des Écoles de son culte.

Art. 21. — Les personnes chargées de la surveillance visiteront, au moins une fois par mois, l'École primaire qui sera sous leur inspection, feront faire les exercices sous leurs yeux, et en rendront compte au maire ou au sous-préfet.

Art. 22. — Toute commune sera tenue de pourvoir à ce que les enfants qui l'habitent reçoivent l'instruction primaire, et à ce que les enfants indigents la reçoivent gratuitement.

Art. 23. — Dans les arrondissements ruraux, deux ou plusieurs communes voisines pourront, quand les localités le permettront, et avec l'autorisation du Comité cantonal, se réunir pour entretenir une École en commun. Les communes pourront aussi traiter avec les institutrices volontairement établies dans leur enceinte, pour que les enfants indigents suivent gratuitement l'École.

Art. 24. — Les communes pourront traiter également avec les maîtres d'école pour fixer le montant des rétributions à payer par les parents qui demanderont que leurs enfants soient admis à l'École.

Art. 25. — Dans ce cas, le conseil municipal fixera le montant de la rétribution, et arrêtera le tableau des indigents dispensés de payer.

Art. 26. — Toute personne ou association qui aurait fondé une École, ou qui l'entretiendrait par charité, pourra présenter l'institutrice ; pourvu qu'elle soit munie d'un certificat de capacité, et que le maire et les dames surveillantes, si l'École est projetée à Paris, — ou le Comité cantonal, si c'est dans l'un des arrondissements ruraux, — n'aient rien à objecter sur sa conduite, elle sera autorisée à exercer.

Art. 27. — Les personnes ou associations, et les bureaux de charité, qui auraient fondé et entretiendraient des Écoles gratuites, pourront aussi se réserver, ou à leurs successeurs, l'administration économique des Écoles ; et ils donneront leur avis aux maires pour les Écoles de Paris, aux Comités cantonaux pour les Écoles rurales, sur ce qui concerne leur régime intérieur.

Art. 28. — Les maîtresses d'Écoles fondées ou entretenues par les communes seront présentées par le maire et par le curé ou desservant, à charge par ceux-ci de choisir une personne munie d'un certificat de capacité, et dont la conduite soit sans reproche.

Art. 29. — Si le maire et le curé ou desservant ne s'accordent pas sur le choix de l'institutrice, les Comités cantonaux, pour les Écoles rurales, et, s'il y a lieu, les dames surveillantes, lorsqu'il s'agira d'une École de Paris, donneront leur avis sur celle qui mérite la préférence.

Art. 30. — Les communes et les fondateurs particuliers pourront donner les places d'institutrices au concours, et établir les formalités à observer : en ce cas, les concurrentes devront d'abord justifier de leurs certificats de capacité et de bonne conduite, et celle qui, par le résultat du concours, aura été jugée le plus digne, sera présentée.

Art. 31. — Toute présentation d'institutrice sera adressée à Paris aux maires, et dans les arrondissements ruraux aux Comités cantonaux, qui la transmettront au préfet, avec leur avis, par l'entremise de MM. les maires et sous-préfets.

Art. 32. — Sur le rapport motivé des personnes chargées de la surveillance, le préfet révoquera, s'il y a lieu, l'autorisation donnée pour un lieu déterminé à une institutrice.

Art. 33. — Les dames surveillantes et les Comités cantonaux peuvent aussi provoquer d'office cette révocation.

Art. 34. — S'il y a urgence, et dans le cas de scandale, MM. les maires de Paris, les sous-préfets et les Comités cantonaux, dans les arrondissements ruraux, ont le droit de suspension ; le préfet pourra retirer, s'il y a lieu, le brevet de capacité aux institutrices.

Art. 35. — Les personnes ou les associations qui entretiendront à leurs frais des Écoles ne pourront y établir des méthodes et des règlements particuliers.

Art. 36. — Aucune institutrice ne pourra, sous quelque prétexte que ce soit, recevoir dans son École des enfants des deux sexes.

Art. 37. — Il sera adressé au préfet, par MM. les sous-préfets et les maires de Paris, des rapports spéciaux sur les Écoles établies ou qui s'établiraient sans autorisation. Faute par les institutrices de de se pourvoir régulièrement, leurs Écoles seront fermées.

ART. 38. — MM. les sous-préfets et les maires de Paris sont chargés, chacun en ce qui le concerne, de l'exécution du présent règlement, dont il leur sera adressé des exemplaires en suffisante quantité, ainsi qu'aux dames surveillantes et aux Comités cantonaux des deux sous-préfectures ; ils sont chargés, en outre, de donner connaissance des dispositions qui précèdent à toutes les institutrices des Écoles primaires actuellement existantes dans leur arrondissement.

---

3 avril 1820. **Ordonnance déclarant applicables aux Écoles de filles les dispositions de l'ordonnance du 29 février 1816, et confiant aux préfets la surveillance de ces Écoles.**

3 Avril 1820.

LOUIS, etc.,

Sur la représentation qui nous a été faite, que notre ordonnance du 29 février 1816, relative à l'instruction primaire, n'exprimait pas suffisamment que les dispositions de cette ordonnance fussent applicables aux institutrices, et pour ne laisser aucun doute sur nos intentions, qui ont été d'apporter aussi dans l'éducation des filles les importantes améliorations dont elle est susceptible ;

Sur le rapport de notre Ministre secrétaire d'État au département de l'Intérieur,

Notre Conseil d'État entendu,

Nous avons ordonné et ordonnons ce qui suit :

ARTICLE 1er. — Les dispositions de notre ordonnance du 29 février 1816 sont applicables aux Écoles de filles, comme aux Écoles de garçons.

ART. 2. — Toutefois, la surveillance qui est attribuée à la Commission de l'Instruction publique sur ces dernières Écoles est confiée, pour les Écoles de filles, aux préfets des départements.

ART. 3. — Les institutrices d'Écoles de filles, appartenant à une Congrégation légalement reconnue, et dont les statuts, et spécialement ceux qui sont relatifs à l'instruction des novices, auront été approuvés par nous, seront assimilées aux Frères des Écoles chrétiennes, en ce point que leurs brevets de capacité seront expédiés sur la présentation de leurs lettres d'obédience, et que les brevets seront déposés dans les mains des supérieures de la Congrégation, lesquelles pourront annuler ceux des institutrices qu'elles se verraient obligées d'exclure.

ART. 4. — Notre Ministre secrétaire d'État de l'Intérieur est chargé de l'exécution de la présente ordonnance.

Ordonnance relative aux pensions de retraite des fonctionnaires de l'Instruction 19 avril 1820.
publique.

19 Avril 1820.

Louis, etc.,

Sur ce qui nous a été représenté que le fonds de retraite et le produit des retenues annuelles exercées sur les traitements d'activité de tous les fonctionnaires des Académies, Facultés et Collèges royaux est insuffisant pour fournir aux pensions de retraite actuellement liquidées ; d'où il résulte que plusieurs anciens fonctionnaires forcés par l'âge, les infirmités ou des circonstances imprévues, à renoncer aux fonctions qu'ils exerçaient dans l'Instruction publique, ne jouissent pas de la pension à laquelle ils ont droit ; que les dispositions de la loi du 15 mai 1818 ne permettent plus d'appliquer, comme auparavant, une partie des fonds généraux à l'amélioration du fonds de retraite ; que cependant la justice et l'humanité exigent que les hommes qui ont acquis par de longs services le droit à une pension de retraite ne soient point abandonnés aux besoins et aux privations dans l'âge avancé, et qu'ils recueillent le fruit des retenues exercées sur leurs traitements pendant tout le temps qu'ils ont été en activité de service ; que le seul moyen d'obtenir un but si désirable est de rétablir l'équilibre entre les ressources et les charges du fonds de retraite de l'Instruction publique, ce qui ne peut être fait qu'en apportant quelques changements aux dispositions précédemment adoptées, tant pour la fixation des retenues à opérer sur les traitements d'activité, que pour le taux des pensions et les conditions exigées pour être admis à la retraite,

Nous nous sommes fait représenter les décrets des 15 brumaire An XII (7 novembre 1803)[1], 17 mars et 17 septembre 1808, et 18 octobre 1810, en ce qui touche l'éméritat et les pensions de retraite des fonctionnaires de l'Instruction publique ; et, voulant pourvoir au rétablissement de l'équilibre entre les charges et les ressources du fonds des retenues,

Notre Conseil d'État entendu,

Nous avons ordonné et ordonnons ce qui suit :

Article 1er. — La retenue qui, conformément aux dispositions de l'article 42 de la loi du 11 floréal An X (1er mai 1802), et à l'article 12 du décret du 15 brumaire An XII (7 novembre 1803), doit

_____
1. *Bulletin des Lois*, IIIe S., 327.

être exercée sur les traitements des fonctionnaires de l'Instruction publique désignés par les articles 123 du décret du 17 mars 1808, 20 du décret du 17 septembre de la même année, et 4 du décret du 18 octobre 1810, et qui était fixée par le décret du 15 brumaire An XII au vingt-cinquième des traitements, sera à l'avenir, et à partir du 1er avril 1820, du vingtième des mêmes traitements.

Art. 2. — La pension d'émérite, fixée, par l'article 3 du décret du 18 octobre 1810, aux trois quarts du traitement fixe dont aurait joui le pensionnaire pendant les trois dernières années de son activité, ne sera plus, pour les pensions à liquider à l'avenir, et à compter du même jour 1er avril 1820, que des trois cinquièmes dudit traitement.

Cette pension s'accroîtra d'un vingtième du traitement fixe pour chaque année de service au delà de trente ans, sans cependant qu'en aucun cas elle puisse excéder le dernier traitement fixe dont aurait joui le pensionnaire pendant les trois dernières années de son exercice.

Dans tous les cas, le *maximum* des pensions ne pourra excéder la somme de cinq mille francs.

Art. 3. — Tout membre de l'Université âgé de plus de soixante ans, ou qui, sans avoir atteint cet âge, serait attaqué de quelque infirmité pendant l'exercice de l'une des fonctions qui donnent droit à la pension, pourra demander la pension de retraite avant l'époque fixée pour l'éméritat dans l'article 3 du décret du 18 octobre 1810, pourvu toutefois qu'il ait au moins dix années effectives et entières de services dans les fonctions qui donnent droit à la pension [1].

Lorsque le motif de la retraite aura été jugé légitime par la Commission de l'Instruction publique, la pension sera réglée à l'avenir, et à compter du 1er avril 1820, d'après les bases suivantes, et toujours à raison du traitement fixe dont le pensionnaire aura joui pendant les trois dernières années de son activité :

De dix à quinze ans de services. . . . . 2/10es ;
De quinze à vingt ans de services. . . . 3/10 ;
De vingt à vingt-cinq ans de services. . . 4/10 ;
De vingt-cinq à trente ans de services. . . 5/10.

1. L'article 3 de l'ordonnance du 19 avril 1820, aux termes duquel tout membre de l'Université, atteint d'infirmités dans l'exercice de fonctions universitaires donnant droit à pension, peut réclamer une pension de retraite, bien qu'il ait moins de soixante ans d'âge, s'il compte plus de dix années de services effectifs, a établi en faveur des fonctionnaires qu'il désigne un véritable droit, qui n'est point subordonné à l'appréciation discrétionnaire du Ministre de l'Instruction publique, et que, dès lors, le Ministre ne saurait, sans excès de pouvoir, leur dénier. (*Conseil d'État,* 2 *décembre* 1858.)

Dans tous les cas, le *minimum* de la pension demeure fixé à cinq cents francs.

Art. 4. — En liquidant les pensions, les fractions d'années d'exercice dans les diverses fonctions de l'Instruction publique, qui donnent droit à la pension, seront réunies; mais il ne sera pas tenu compte de ce qui, après cette réunion, excéderait un nombre de demi-années complètes.

Il ne sera pas non plus tenu compte, dans la fixation des pensions, des fractions au-dessous de dix francs.

Art. 5. — A partir du 1er avril 1820, toutes les pensions liquidées antérieurement à cette époque, et conformément aux bases fixées par le décret du 18 octobre 1810, seront assujetties à la retenue du vingtième au profit du fonds de retraite.

Cette retenue cessera d'avoir lieu aussitôt que le fonds de retraite pourra suffire à ses charges, indépendamment de ladite retenue.

Art. 6. — Il ne pourra être payé aucune pension au delà du fonds de retraite. Néanmoins les fonctionnaires émérites, ou ceux qui, sans avoir atteint l'époque de l'éméritat, seraient admis à la retraite, en vertu de l'article 3 ci-dessus, pourront demander et obtenir la liquidation de leur pension.

Les pensionnaires ainsi liquidés prendront rang entre eux, pour l'entrée en jouissance de leurs pensions, au fur et à mesure des extinctions successives, à raison du jour de la cessation de leurs fonctions; subsidiairement, à raison de la durée de leurs services; et, en cas d'égalité de temps de services, à raison de leur âge.

Art. 7. — Aussitôt que la retenue sur les pensions, prescrite par l'article 5, aura cessé d'être exercée, ainsi qu'il est dit au même article, les économies du fonds de retraite, s'il y en a, seront placées jusqu'à ce que les intérêts accumulés permettent d'accorder des pensions aux veuves, ou de diminuer la retenue sur les traitements.

Art. 8. — En aucun cas, la retenue sur les traitements ne pourra être diminuée que par une ordonnance rendue sur la proposition de notre Ministre de l'Intérieur, d'après la demande de notre Commission de l'Instruction publique.

Instruction du Ministre de l'Intérieur aux Préfets, contenant des dispositions réglementaires relatives aux Écoles de filles.

19 Juin 1820.

Monsieur le Préfet, la lettre circulaire que mon prédécesseur vous a écrite le 3 juin 1819 vous a fait connaître les règlements auxquels les Écoles primaires de filles devaient être soumises, et vous a chargé de leur exécution.

L'état déplorable de l'instruction élémentaire dans les campagnes fixait depuis longtemps l'attention du Gouvernement, et l'on a dû s'occuper d'abord de cet important objet.

Mais les Écoles de filles de degrés supérieurs ont aussi des titres à l'intérêt de l'autorité, et nous allons maintenant nous efforcer d'apporter dans le régime de ces institutions toutes les améliorations dont il est susceptible.

Nous nous conformerons ainsi aux intentions du Roi, exprimées dans son ordonnance du 3 mai dernier.

Nous aurons rempli les devoirs qui nous sont imposés si nous parvenons :

1° A soumettre les maîtresses de pension et les sous-maîtresses à un examen rigoureux, qui tende principalement à faire bien connaître leurs mœurs, l'éducation qu'elles ont reçue, les divers états qu'elles ont exercés, les vraies causes qui les leur ont fait abandonner, et enfin la conduite, les mœurs et les principes des hommes auxquels elles sont attachées par les liens du mariage ;

2° A établir sur les maisons tenues par ces institutrices une surveillance continuelle, qui mette l'Administration à même de connaître la direction donnée à l'éducation des jeunes personnes, de suivre et d'éclairer la conduite des institutrices elles-mêmes et des sous-maîtresses dans tout ce qui a rapport à leur profession ; enfin, de juger si elles méritent la louange et la protection ou le blâme et l'interdiction.

Vous sentez, Monsieur le Préfet, que les règlements établis pour les Écoles primaires de filles ne rempliraient en aucune manière l'objet que nous nous proposons ici. Les maîtresses de pension exercent sur les mœurs et sur le caractère de leurs élèves une trop grande influence, le bonheur des familles dépend trop immédiatement de l'usage que ces personnes ont fait de l'autorité qu'on leur a confiée, pour qu'on ne leur demande pas d'autres garanties que celles exigées des institutrices primaires.

L'autorisation du Gouvernement semble recommander à la confiance publique les maisons d'éducation dont il permet l'ouverture : il doit donc prendre des mesures pour que cette confiance ne soit pas trompée.

Une Commission composée de sept membres, et formée par vous, sera chargée de vous seconder dans les soins auxquels vous aurez à vous livrer pour arriver au but que nous voulons atteindre.

Cette Commission, dont les membres se réuniront au moins une fois par mois, vous donnera son avis sur toutes les questions relatives aux maisons d'éducation de filles.

Vous lui communiquerez les différents rapports qui vous seront adressés ; vous lui procurerez les renseignements dont elle aura besoin pour éclairer son opinion sur les individus et sur les choses, et vous la mettrez ainsi à même de vous proposer des améliorations et des mesures utiles.

Elle sera, en outre, chargée d'examiner, sous le rapport de l'instruction, les personnes qui se présenteraient pour obtenir des diplômes de maîtresse ou de sous-maîtresse de pension.

C'est sur le choix et l'admission de ces maîtresses que j'appellerai d'abord votre attention. Je ne saurais trop vous répéter que la plus grande sévérité doit présider à cette opération : le succès de tous nos efforts dépend de la manière dont elle sera exécutée.

Aucun individu ne pourra tenir une maison d'éducation sans s'être préalablement pourvu du diplôme et d'une autorisation de s'établir dans un lieu déterminé.

Aucune personne ne pourra remplir les fonctions de sous-maîtresse ou de maîtresse d'études si elle n'a obtenu un diplôme.

Les filles ou parentes des directrices ne sont point dispensées de cette obligation.

Aucune personne, fille, mariée ou veuve, ne pourra être admise comme directrice d'une maison d'éducation avant l'âge de vingt-cinq ans accomplis.

Il faudra avoir dix-huit ans accomplis pour obtenir le diplôme de sous-maîtresse ou de maîtresse d'étude.

Vous n'enverrez devant le jury d'examen que les personnes qui rempliront ces conditions d'âge, et qui seront munies des pièces suivantes, dont vous ferez avec soin la vérification, savoir :

Un acte de naissance ;

Un certificat de bonnes mœurs délivré, sur l'attestation de trois témoins, par le maire de la commune qu'habite la postulante.

Si elle est mariée, elle fournira un extrait de l'acte de célébration de son mariage, et le certificat de bonnes mœurs devra être commun à elle et à son mari.

Si elle est veuve, elle devra se pourvoir de l'acte de décès de son mari.

Si elle est séparée de corps, elle produira un extrait du jugement qui prononce la séparation, afin que vous puissiez connaître si les motifs de cette mesure ne témoignent rien contre ses mœurs.

Les connaissances exigées des personnes qui se présenteront pour obtenir le diplôme de maîtresse de pension seront les principes de la religion, la lecture, l'écriture, la grammaire française et l'arithmétique.

Les personnes qui voudraient être sous-maîtresses devront savoir lire et écrire correctement, et justifier qu'elles sont en état de montrer au moins l'une des parties de l'enseignement dont suit l'énoncé : les principes de la religion, la lecture, l'écriture, la grammaire française, l'arithmétique, l'histoire ancienne et moderne et la géographie.

Indépendamment des bons témoignages renfermés dans les certificats fournis par les postulantes, vous vous procurerez, par tous les moyens qui sont à votre disposition, des renseignements plus complets sur leur compte. Ces renseignements devront particulièrement avoir pour objet les différents points que je vous ai indiqués au commencement de cette lettre.

Vous vous adresserez, pour les obtenir, soit à MM. les préfets des départements, soit aux maires des communes que les postulantes auront habitées.

D'après le résultat de ces recherches et le rapport du jury d'examen, vous délivrerez, s'il y a lieu, le diplôme sollicité.

Ce diplôme n'aura de valeur que dans l'étendue du département.

Vous donnerez ensuite à celle qui l'aura obtenu, et qui voudra se mettre à la tête d'une maison d'éducation, l'autorisation de s'établir dans le lieu qu'elle aura choisi, si toutefois ce lieu ne présente aucun danger sous le rapport de la salubrité et du voisinage des habitations.

Les maîtresses de pension déjà établies et les sous-maîtresses déjà placées devront se munir de diplômes et d'autorisations avant le 1er octobre prochain; mais les premières ne seront point tenues de subir un examen : elles devront seulement fournir les certificats exigés des personnes qui entrent dans la carrière de l'enseignement.

La cession d'une maison d'éducation ne pourra être faite qu'à une personne préalablement autorisée à diriger l'établissement.

Les maîtresses et sous-maîtresses appartenant à des Congrégations religieuses autorisées par le Roi seront dispensées de subir l'examen; vous pourrez leur remettre le diplôme et l'autorisation d'enseigner, d'après l'exhibition de leur lettre d'obédience, et si, dans quelques cas particuliers, vous voyiez des inconvénients à leur confier l'éducation de jeunes filles, vous devriez m'en référer, et je déciderais si le diplôme doit ou ne doit pas être délivré.

Vous pourrez, pour des motifs graves et par un arrêté, révoquer le diplôme et l'autorisation accordés à une institutrice; mais cet arrêté devra être soumis à mon approbation avant de recevoir son exécution.

Le maire de chaque commune s'assurera si les institutrices qui y résident ou qui viendront s'y établir sont munies de diplômes et d'autorisations.

Vous aurez recours à MM. les procureurs du Roi pour faire fermer les maisons des individus qui ne seraient point en règle.

Le décret du 15 novembre 1811, les ordonnances des 29 février 1816 et 3 mai 1820, vous assurent l'appui des tribunaux dans ces circonstances.

Toutes les mesures que je viens d'indiquer me semblent indispensables pour empêcher que les jeunes personnes ne tombent entre les mains de maîtresses indignes et incapables de diriger leur éducation; mais elles n'auraient que peu d'effets si les institutrices n'étaient soumises à une surveillance active et continuelle.

Convaincu de la nécessité de cette surveillance, je sens cependant qu'elle ne peut être exercée qu'avec une extrême circonspection, et, pour cet objet, il me paraît encore impossible d'étendre aux pensions les dispositions appliquées aux Écoles primaires.

L'opinion publique pourrait s'alarmer de voir les pensionnats de filles sans cesse inspectés par des hommes, qui ne pourraient d'ailleurs entrer dans tous les détails nécessaires.

Pour que les visites qui doivent avoir lieu dans l'intérieur des maisons ne fassent naître aucune idée étrangère à leur véritable but, il est indispensable qu'elles soient faites par des personnes du sexe.

Je crois donc convenable de désigner à cet effet deux ou trois personnes dans chaque arrondissement communal.

Elles devront être choisies par vous entre les mères de famille plus recommandables par leur rang, leur caractère, et surtout par la pureté de leurs mœurs et de leurs principes religieux.

Elles auront le titre de *dames inspectrices*.

Elles visiteront de temps en temps, et à l'improviste, les maisons d'éducation placées sous leur surveillance.

Elles s'assureront de l'exécution des règlements en ce qui concerne les directrices d'établissements et les maîtresses d'études.

Elles examineront si les maisons sont suffisamment vastes pour le nombre d'élèves qui s'y tiennent, et si les dispositions intérieures ne laissent rien à désirer sous le rapport de la salubrité et de la décence.

Elles s'informeront s'il n'y a point de voisinage dangereux pour les mœurs ou la santé des enfants.

Elles auront soin de visiter les infirmeries, et, dans le cas où il y aurait des maladies contagieuses, elles se feront rendre compte des mesures prises pour éviter toute communication entre les malades et les autres personnes de la maison.

Elles recommanderont la pratique de la vaccine.

Elles examineront si la nourriture est suffisante et de bonne qualité, et s'informeront si les heures de repas, d'étude, de repos et de récréation sont convenablement réglées, si on n'inflige aux jeunes personnes aucune punition, si on ne leur permet aucun jeu qui puisse nuire à leur santé.

Les inspectrices s'assureront encore si l'on fait pratiquer exactement aux élèves les exercices de leur religion.

Elles tâcheront de connaître d'une manière certaine quelle est la direction donnée à l'éducation, et si elle ne tend pas, soit à relâcher les mœurs des élèves, soit à leur inculquer des principes erronés.

L'unique but que les institutrices doivent se proposer est de former des mères de famille estimables; on ne doit point tolérer tout ce qui tendrait à détourner les jeunes personnes de cette vocation naturelle et respectable.

Les pensionnats tenus par des religieuses seront, comme les autres établissements, soumis à la surveillance des dames inspectrices, en tout ce qui concerne les jeunes élèves.

Les dames inspectrices vous feront leur rapport sur tout ce qu'elles auront remarqué dans leurs visites.

Les fonctions qui leur sont confiées sont aussi délicates qu'elles sont honorables; elles imposent de grandes obligations. Vous ferez connaître d'avance ces obligations aux personnes que vous voudriez désigner, et vous leur ferez observer qu'elles ne doivent accepter une mission aussi importante qu'avec la ferme intention de la remplir scrupuleusement dans tous ses détails. Votre choix ne doit, d'ailleurs, tomber que sur les dames que vous croirez bien capables de s'acquitter convenablement de pareils soins.

MM. les sous-préfets et maires vous communiqueront directement les renseignements qu'ils seront à même de recueillir sur les maisons placées dans l'étendue de leur arrondissement ou commune.

En terminant ces instructions, qui, j'espère, ne vous laisseront aucune incertitude sur la conduite que vous avez à tenir avec les maîtresses et sous-maîtresses de pension, il n'est peut-être pas inutile de vous rappeler qu'un arrêté ministériel relatif aux maisons d'éducation de filles interdit les jeux, les danses, les concerts, et les représentations théâtrales dans les distributions de prix.

Ces distributions ne peuvent être faites qu'en présence des maîtresses d'établissement, des pères, tuteurs et des mères ou correspondantes des élèves, de leurs parentes et des dames inspectrices.

Vous me rendrez compte, Monsieur le Préfet, des mesures que vous aurez prises pour vous conformer aux instructions renfermées dans cette lettre.

Recevez, etc.

22 juillet 1820. **Ordonnance portant que la Commission de l'Instruction publique sera désormais composée de sept membres[1].**

22 Juillet 1820.

LOUIS, etc.,

Sur le compte qui nous a été rendu de l'étendue des travaux qu'embrasse l'administration de l'Instruction publique dans notre Royaume;

Voulant porter la Commission qui en est chargée au nombre de membres nécessaires pour la plus prompte et la meilleure expédition des affaires;

Vu la loi du 10 mai 1806 et les décrets et règlements concernant l'Université de France, nommément notre ordonnance du 15 août 1815;

Sur le rapport de notre Ministre secrétaire d'État de l'Intérieur, Nous avons ordonné et ordonnons ce qui suit :

ARTICLE 1er. — La Commission de l'Instruction publique sera désormais composée de sept membres.

ART. 2. — Notre Ministre secrétaire d'État de l'Intérieur est chargé de l'exécution de la présente ordonnance.

---

23 juillet 1820. **Extrait de la loi portant fixation du budget des recettes de 1820.**

23 Juillet 1820.

ARTICLE 17. — Continueront également d'être perçues....; 2° les diverses rétributions imposées en faveur de l'Université sur les établissements particuliers d'instruction et sur les élèves qui fréquentent les Écoles publiques, à l'exception du droit décennal établi par l'article 27 du décret du 17 mars 1808, lequel demeure supprimé.

1. La Commission, créée par l'ordonnance du 15 août 1815, art. 3, était, à l'origine, composée de cinq membres : MM. Royer-Collard, Cuvier, Sylvestre de Sacy, l'abbé Frayssinous, Guéneau de Mussy. M. Petitot en était le secrétaire général. M. Éliçagaray avait remplacé l'abbé Frayssinous au commencement de 1820. Au mois de juin 1820, une place devint vacante, celle de Royer-Collard : il avait donné sa démission à la suite de l'ordonnance qui l'éloignait du Conseil d'État. Les trois titulaires nommés le 22 juillet 1820 furent : l'abbé Nicolle, Rendu et Poisson.

Ordonnance relative à l'instruction primaire et à la surveillance exercée sur les Écoles par les Comités cantonaux[1].

2 août 1820.

2 Août 1820.

Louis, etc.,

Sur le compte qui nous a été rendu des avantages, qui sont résultés pour l'instruction du peuple de notre Royaume, des dispositions prescrites par notre ordonnance du 29 février 1816, et notamment de la surveillance qui est exercée sur les Écoles primaires par les Comités gratuits et de charité établis dans chaque canton ;

Considérant qu'il importe d'encourager le zèle de ces Comités, et de faciliter la réunion des membres qui les composent ;

Sur le rapport de notre Ministre secrétaire d'État de l'Intérieur ;

Notre Conseil d'État entendu,

Nous avons ordonné et ordonnons ce qui suit :

Article 1er. — Les Recteurs se concerteront avec les préfets pour porter chacun de ces Comités au nombre de membres proportionné à la population du canton, ainsi qu'au nombre et à l'importance des Écoles qui y sont établies. Toutefois, ce nombre ne pourra être porté au delà de douze.

Art. 2. — Lorsque le sous-préfet ou le procureur du Roi assiste aux séances des Comités de son arrondissement, il en prend la présidence ; en cas de concurrence, la présidence est dévolue au sous-préfet.

Art. 3. — A Paris, les maires jouissent, à cet égard, de la prérogative des sous-préfets.

Art. 4. — En l'absence du président de droit, le Comité est présidé par celui des membres présents qui est placé le premier sur le tableau.

Art. 5. — Chaque Comité choisit un secrétaire pris parmi ses membres, dont les fonctions sont incompatibles avec celles du président ; en son absence, il est remplacé par le plus jeune des membres présents.

Art. 6. — Ce Comité tient une séance par mois, à la fin de laquelle il fixe et inscrit, à son procès-verbal, l'époque de la séance du mois suivant, ou d'une séance plus rapprochée, s'il le juge nécéssaire.

Art. 7. — La séance ainsi indiquée a lieu, sans qu'une convocation spéciale soit nécéssaire.

---

1. Consulter la circulaire du 1er *septembre* suivant, transmissive de cette ordonnance, ainsi que celles des 27 *septembre* et 11 *novembre* suivant.

Gréard. *Lég. de l'Instr. primaire.*

Art. 8. — Le curé cantonal, président, ou, à son défaut, le juge de paix et le membre inscrit après eux ont le droit de convoquer des séances extraordinaires, lorsqu'une circonstance imprévue les rend nécessaires.

Art. 9. — Ce droit appartient également au sous-préfet et au procureur du Roi, et aux inspecteurs d'Académie en tournée.

Art. 10. — Le préfet et le Recteur peuvent aussi ordonner à un Comité de se réunir extraordinairement pour délibérer sur un objet déterminé ; l'un et l'autre doivent veiller à ce que les séances ordinaires se tiennent exactement.

Art. 11. — Toute séance extraordinaire doit être indiquée par billets à domicile.

Art. 12. — Dans une séance extraordinaire précédemment indiquée au procès-verbal, ou dans une séance indiquée ou prescrite par l'un des fonctionnaires désignés ci-dessus et notifiée à domicile, il suffit de la présence de trois membres pour qu'une délibération soit valable.

Art. 13. — Tout membre d'un Comité qui, sans avoir justifié d'une excuse valable, n'aura point paru aux séances pendant un an, sera censé avoir donné sa démission, et remplacé dans les formes ordinaires.

Art. 14. — Tous les ans, à l'époque où les Recteurs s'occupent du tableau des instituteurs de leur Académie, prescrit par l'article 33 de l'ordonnance du 29 février, ils s'occuperont aussi de vérifier l'état des Comités cantonaux, de compléter ceux où il y aurait des vacances, et de renouveler ceux qui n'auraient pas rempli les fonctions qui leur sont confiées, sans préjudice des remplacements qui pourront avoir lieu dans le cours de l'année.

Art. 15. — La communication des registres des Comités ne peut être refusée aux fonctionnaires qui ont le droit de les convoquer.

Art. 16. — Pour jouir du droit accordé, par l'article 18 de l'ordonnance du 29 février, aux personnes et aux associations qui auront fondé des Écoles, d'en présenter les maîtres, il sera nécessaire que ces personnes ou associations contractent l'engagement légal d'entretenir l'École au moins pendant cinq ans.

Art. 17. — Le droit de révoquer un instituteur légalement établi n'appartient qu'au Recteur, lequel est tenu d'observer les formes prescrites par les articles 25 et 26 de notre ordonnance du 29 février.

Art. 18. — Notre Ministre secrétaire d'État de l'Intérieur est chargé de l'exécution de la présente ordonnance.

19.

Circulaire de la Commission de l'Instruction publique, relative à l'envoi des modèles d'engagement pour les instituteurs primaires.

10 octobre 1820.

10 Octobre 1820.

Monsieur le Recteur, la Commission ne doit accorder aux instituteurs primaires de certificats pour l'exemption du service militaire qu'après s'être assurée qu'ils ont rempli toutes les obligations qui leur sont imposées par la loi du 10 mars 1818 et par l'ordonnance du Roi du 29 février 1816.

Il est nécessaire que la formule de l'engagement qu'ils contractent indique qu'ils ont les qualités requises pour obtenir l'exemption. Ces indications sont souvent portées d'une manière incomplète et inexacte dans les engagements des instituteurs, qui nous sont transmis par MM. les Recteurs. La Commission a jugé convenable, en conséquence, d'en régler la forme et la teneur, et elle vous en adresse à cet effet le modèle [1].

Cet engagemnnt indique les nom et prénoms de l'instituteur, le lieu et la date de sa naissance, la date de l'autorisation dont il est pourvu et de l'approbation du préfet; la classe à laquelle il appartient pour le recrutement, et la promesse de se vouer pendant dix ans au service de l'Instruction publique.

Les jeunes instituteurs qui s'engagent ainsi n'ayant pas ordinairement atteint leur majorité, il faut qu'ils aient le consentement de leur père, de leur mère ou de leur tuteur, pour qu'ils ne puissent avoir par la suite aucun prétexte de se soustraire à leur engagement.

Enfin l'acte doit être dûment légalisé par l'autorité locale, et visé par vous. Avec ces précautions, on n'aura à craindre ni erreur ni surprise dans l'exercice du privilège accordé par la loi aux individus qui se consacrent à l'enseignement primaire.

Vous voudrez bien veiller à ce que les engagements que vous adresserez à la Commission soient conformes au modèle ci-joint. La Commission ne délivrera de certificats que lorsque ces engagements seront réguliers.

Recevez, etc.

Ordonnance donnant à la Commission de l'Instruction publique le titre de Conseil royal de l'Instruction publique [2]. (Extrait.)

1er novembre 1820.

1er Novembre 1820.

Louis, etc.,

Vu la loi du 10 mai 1806, portant établissement d'un corps enseignant; ensemble les divers actes du Gouvernement concernant l'Instruction publique, et spécialement notre ordonnance du 15 août 1815;

---

1. Voir le modèle à l'*Appendice*. — Consulter, sur le même objet, les circulaires des 6 *juin* 1821, 28 *février* et 4 *mars* 1822, 31 *octobre* 1825, 23 *août* 1828, 9 *juillet* 1831.

2. La décision fut notifiée aux Recteurs par circulaire du 10 *novembre* 1820.

Voulant établir sur des bases plus fixes la direction et l'administration du corps enseignant et préparer ainsi son organisation définitive;

Voulant en même temps marquer aux membres de la Commission de l'Instruction publique la satisfaction que nous avons éprouvée de leurs services,

Avons ordonné et ordonnons ce qui suit .

ARTICLE 1er. — La Commission de l'Instruction publique prendra le titre de *Conseil royal de l'Instruction publique.*

ART. 2. — L'instruction et le rapport des affaires seront répartis entre les membres du Conseil et dans l'ordre suivant :

. . . .

ART. 8. — Un cinquième conseiller exercera les fonctions de Recteur de l'Académie de Paris, en ce qui concerne les Collèges, les Institutions, les Pensionnats et les Écoles primaires de la capitale et du département de la Seine, et sera chargé de l'instruction et des rapports y relatifs.

Le même conseiller sera chargé aussi de la surveillance de l'École normale.

ART. 9. — Un sixième conseiller exercera les fonctions du ministère public, telles qu'elles sont réglées par le décret du 15 novembre 1811, et sera, en outre, chargé de l'instruction et des rapports concernant l'Instruction primaire et les Écoles primaires autres que celles dont il est question dans l'article précédent.

. . . .

ART. 13. — Le Conseil royal de l'Instruction publique reprendra le rang et le costume de l'ancien Conseil de l'Université.

ART. 14. — Tout membre de l'Université, quelques fonctions ou dignité dont il soit d'ailleurs revêtu, sera tenu de porter en tout temps les signes distinctifs de son grade universitaire.

---

4 novembre 1820. **Instruction du Ministre de l'Intérieur aux Préfets, les informant que les maîtresses de pension de filles doivent produire, pour obtenir l'autorisation de leur établissement, un certificat de bonnes vie et mœurs du curé de leur commune, et que leurs pensionnats peuvent être visités par MM. les archevêques et évêques.**

4 Novembre 1820.

J'apprends que des doutes se sont élevés pour savoir si les maîtresses de pension de filles doivent produire, pour obtenir l'autorisation de leur établissement, un certificat de bonnes vie et mœurs du curé de leur commune, et si leurs pensionnats peuvent être visités par les archevêques et les évêques. Ces doutes ont pour motifs ma circulaire du 19 juin 1820, où le droit des archevêques et évêques n'a point été rappelé, et où il n'est parlé que du certificat de bonnes mœurs, délivré, sur l'attestation de trois témoins, par le maire de la commune qu'habite la postulante.

L'objet de la circulaire du 19 juin n'était point de déroger à celle du 3 juin 1819, et moins encore aux ordonnances des 29 février 1816 et 3 avril 1820. Son but était, au contraire, d'assurer leur exécution, et de fournir pour cela quelques développements, sans répéter néanmoins toutes leurs dispositions. Or, l'article 10 de l'ordonnance du 29 février 1816 veut que tout particulier qui désirera se vouer aux fonctions d'instituteur primaire présente au Recteur de son Académie un certificat de bonne conduite des curés et maires des communes où il aura habité; l'article 40 autorise les archevêques et évêques, dans le cours de leurs tournées, à prendre connaissance de l'enseignement religieux.

La nécessité du certificat des curés et maires fut mentionnée dans la circulaire du 3 juin 1819; on n'y parle pas de la visite des archevêques et évêques, parce qu'elle est indépendante de la surveillance qui vous est confiée, et qui ne saurait préjudicier à celle qui leur appartient exclusivement sur l'enseignement religieux.

L'ordonnance du 3 avril 1820, en appliquant généralement aux Écoles de filles l'ordonnance du 29 février 1816, rendue pour les Écoles de garçons, a soumis nécessairement celles des filles à toutes les dispositions de l'ordonnance qui leur était rendue commune, par conséquent au certificat des curés pour l'obtention du diplôme, et au droit des évêques de prendre connaissance de l'enseignement religieux. Je n'ai voulu ni pu, dans ma circulaire, déroger à ces deux dispositions; les doutes élevés à cet égard ne sont pas fondés, et j'ai fait retirer des diplômes qui avaient été délivrés sans le certificat du curé. Néanmoins, pour lever de plus en plus toute incertitude à cet égard, je crois utile, Monsieur le Préfet, de vous prévenir que vous ne devez envoyer devant le jury d'examen les personnes qui voudront tenir une école ou un pensionnat de filles, qu'autant qu'aux autres conditions requises, elles joindront un certificat de bonne conduite des curés et maires de la commune ou des communes où elles auront habité depuis trois ans au moins, ainsi que le prescrit l'article 10 de l'ordonnance du 29 février 1816.

Quant à la visite des archevêques et évêques, je ne sache pas que personne l'ait refusée; et, bien qu'il soit présumable qu'elle ne le sera jamais de la part des institutrices catholiques, vous auriez, si le cas arrivait, à user du droit de suspendre ou de révoquer l'autorisation en vertu de laquelle elles tiennent leurs Écoles ou pensionnats.

Circulaire du Conseil royal de l'Instruction publique, relative à l'envoi de feuilles d'examen pour la délivrance des brevets de capacité.   14 novembre 1820.

14 Novembre 1820.

Monsieur le Recteur, le Conseil royal de l'Instruction publique, pénétré de toute l'importance de l'enseignement primaire et de la nécessité de ne le confier qu'à des hommes sûrs et suffisamment instruits, pense qu'on ne saurait prendre trop de précautions pour obtenir sur le compte de ces maîtres toutes les garanties désirables.

Il est particulièrement essentiel que les examens qu'ils doivent subir soient faits avec soin et avec sévérité. Jusqu'à présent, on s'est borné à énoncer sommairement dans un rapport que les candidats possédaient les connaissances requises. Ces renseignements sont presque toujours très succincts, et par conséquent insuffisants. On ne peut bien juger de la capacité réelle des sujets qu'en précisant avec exactitude tous les points sur lesquels auront porté les examens.

Le Conseil royal a jugé qu'il était nécessaire, pour obtenir ce résultat, de faire dresser des feuilles d'examen qui continssent en détail l'énumération de toutes les connaissances exigées pour chacun des trois degrés. Nous vous adressons ci-joint un certain nombre d'exemplaires de ces feuilles, qui sont conçues à l'instar des certificats d'aptitude qui ont été récemment adoptés pour le grade de bachelier dans la Faculté des lettres. Aucun brevet du deuxième ou du troisième degré ne devra être délivré par vous, sans que la feuille d'examen relative à l'un ou à l'autre des deux degrés sur laquelle l'examinateur aura porté ses notes, soit jointe à sa proposition. Quant aux brevets du premier degré, vous devrez pareillement à l'avenir annexer à vos propositions à cet égard le procès-verbal de l'examen subi par le candidat. Le Conseil royal ne prononcera que sur le vu de ce procès-verbal. On aura soin de se conformer, pour le mode de procéder aux examens, et pour le compte qui devra en être rendu, à ce que prescrit la circulaire du 14 juin 1816, relative à la délivrance des brevets de capacité [1].

Recevez, etc.

Nota. A l'avenir, les sujets qui se présenteront pour obtenir un brevet de capacité devront apposer leur signature au bas de la feuille d'examen, et aussi sur le brevet, au moment où il leur sera délivré. Cette précaution sera la garantie la plus sûre que l'on puisse avoir contre toute supposition de personne, fait qui n'est pas sans exemple, et qui, de cette manière, ne sera plus à craindre.

Arrêté relatif aux formalités que doivent remplir les Instituteurs primaires qui désirent obtenir la faculté d'avoir des pensionnaires.

5 Décembre 1820.

Le Conseil royal de l'Instruction publique,

Vu l'arrêté du Conseil de l'Université en date du 17 juillet 1812, portant qu'il ne peut être établi de pensionnat dans une maison dont le chef n'aura point obtenu une autorisation du Grand-Maître;

Considérant qu'il est aujourd'hui reconnu que, dans certaines localités, il est intéressant, pour l'instruction primaire, que les instituteurs primaires puissent prendre des pensionnaires;

1. Voir les modèles à l'*Appendice.*

Que, pour prévenir les abus ou les inconvénients de cette faculté, il est nécessaire que les instituteurs soient assujettis à obtenir préalablement du Recteur, dans le ressort duquel ils exercent leurs fonctions, une autorisation spéciale,

Arrête ce qui suit :

ARTICLE 1er. — L'autorisation accordée à un instituteur primaire de tenir école dans une commune ne lui donne que le droit de recevoir des élèves externes.

ART. 2. — A partir du 1er janvier 1821, tout instituteur primaire qui désirera obtenir la faculté d'avoir des pensionnaires devra demander, à cet effet, une autorisation spéciale du Recteur de l'Académie dans le ressort de laquelle il exerce ses fonctions.

ART. 3. — Les instituteurs primaires qui auraient déjà joui de cette faculté, soit en vertu d'une autorisation, soit par une simple tolérance, devront se retirer par devers le Recteur, pour obtenir ou une autorisation, ou le renouvellement de celle qu'ils auraient précédemment obtenue.

ART. 4. — Avant de permettre à un instituteur primaire de recevoir des pensionnaires, le Recteur s'assurera que les besoins de l'instruction et de l'éducation dans la commune où cet instituteur veut former son établissement autorisent, en effet, un pensionnat de cette espèce, et que le local[1] destiné au pensionnat est conve-

---

1. EXTRAIT DU REGISTRE DES DÉLIBÉRATIONS DU CONSEIL ROYAL
DE L'INSTRUCTION PUBLIQUE.

Procès-verbal de la séance du 21 octobre 1826, adressé aux Recteurs le 12 décembre 1826 et interprété par circulaire du 12 mars 1827.

Le Conseil royal de l'Instruction publique,

Vu les règlements qui veulent qu'aucun établissement d'éducation et d'instruction publique ne puisse être formé avant que le Recteur de l'Académie ait acquis la certitude que le local réunit les conditions nécessaires, et qui défendent à tout chef d'école de transférer son établissement sans une permission de l'autorité supérieure;

Considérant que, outre ces premières mesures, qui ont pour objet d'empêcher les abus résultant de locaux mal choisis, il importe, dans l'intérêt même des instituteurs, comme dans celui des élèves et des pères de famille, de prévenir les suites fâcheuses de traités imprudemment faits par des chefs d'institution ou des maîtres de pension, soit entre eux, soit avec des personnes étrangères à l'Université,

Arrête ce qui suit :

ARTICLE 1er. — L'autorisation nécessaire à tout instituteur pour transférer son école dans une autre commune, ou dans un autre local de la même commune, devra être demandée, sous peine de l'annulation du diplôme, dans le cas même où l'instituteur ne voudrait que transporter son établissement dans un autre déjà formé.

ART. 2. — Tout traité relatif à une maison d'éducation, soit pensionnat, soit externat, sera soumis à l'approbation du Conseil royal; faute de quoi le traité ne pourra sortir aucun effet vis-à-vis de l'Université, et l'instituteur qui l'aura conclu sera privé de son diplôme.

Signé : † D. ÉV. D'HERMOPOLIS.

nable sous le rapport des dortoirs, du réfectoire, des lieux de récréation, des salles d'études, et généralement pour tout ce qui intéresse
la discipline et les bonnes mœurs.

ART. 5. — L'instituteur primaire autorisé à tenir un pensionnat
aura un registre coté et parafé par un des surveillants spéciaux. Il
y inscrira, en double colonne, d'un côté les élèves externes, et de
l'autre côté les élèves pensionnaires, en indiquant leurs noms et
prénoms, l'époque de leur entrée et celle de leur sortie.

ART. 6. — Il sera enjoint à l'instituteur, de la manière la plus
expresse, de se renfermer strictement dans les limites de l'instruction primaire, telles que les détermine le degré du brevet de capacité qu'il aura obtenu.

En cas de contravention, toute autorisation d'enseigner et de
tenir école sera retirée sur-le-champ, et le Recteur pourra même retirer le brevet de capacité, conformément aux dispositions des
articles 25, 26 et 28 de l'ordonnance du 29 février 1816.

ART. 7. — Les autorisations ne seront accordées que sur l'avis
des Comités cantonaux. Elles seront conformes au modèle ci-joint[1],
et délivrées sans aucun frais.

ART. 8. — Les élèves pensionnaires que les maîtres d'école auront
été ainsi autorisés à recevoir ne payeront, non plus que les élèves
externes, aucune rétribution à l'Université.

ART. 9. — Les Recteurs inscriront sur un registre particulier
toutes les autorisations par eux délivrées.

ART. 10. — Tout instituteur primaire qui, à partir du 1er janvier
1821, aurait des pensionnaires sans en avoir obtenu l'autorisation,
sera poursuivi comme chef d'une école clandestine et non autorisée[2].

ART. 11. — Les Recteurs sont chargés de l'exécution du présent
arrêté.

**Extrait du procès-verbal de la séance du Conseil royal de l'Instruction
publique[3].**

12 Décembre 1820.

Le Conseil royal de l'Instruction publique,
Considérant qu'aux termes de l'article 24 de l'ordonnance du

1. Voir ce modèle à l'*Appendice*.
2. Voir les articles 12 et 14 de l'ordonnance du 21 avril 1828.
3. Consulter la circulaire du 4 *janvier* 1821, transmissive de ce document.

29 février 1816 un individu muni d'un brevet de capacité, qui désire s'établir dans une commune à l'effet d'y tenir école, doit présenter des certificats qui attestent sa bonne conduite depuis qu'il a obtenu le brevet ;

Voulant faciliter et régulariser l'exécution de cette mesure à l'égard des instituteurs qui, après avoir exercé dans une commune, veulent s'établir dans une autre,

Arrête ce qui suit :

ARTICLE 1er. — Tout instituteur primaire qui veut quitter la commune où il exerce pour s'établir dans une autre commune, soit de la même Académie, soit d'une autre, est tenu de se munir préalablement d'un *exeat* conforme au modèle joint au présent arrêté.

ART. 2. — La nouvelle autorisation dont il a besoin pour s'établir dans une autre commune ne lui sera délivrée que sur la représentation qu'il fera de son *exeat*[1].

ART. 3. — Les Recteurs sont chargés de l'exécution des présentes.

Projet de règlement général pour les Écoles primaires, présenté par F. Cuvier au Conseil royal de l'Instruction publique[2].   Janvier 1821.

Janvier 1821.

Le Conseil royal de l'Instruction publique,

Vu les articles 76 et 107 du décret du 17 mars 1808, relatifs aux Écoles en général et aux Écoles primaires en particulier,

Vu l'article 30 de l'ordonnance du 29 février 1815, qui charge spécialement le Conseil royal de faire les règlements généraux sur l'instruction primaire,

Vu les rapports des Recteurs des Académies et les observations des inspecteurs généraux sur cette partie importante de l'éducation publique,

Arrête ce qui suit :

§ Ier. *Objet et bases de l'instruction primaire.*

ARTICLE 1er. — L'instruction et l'éducation primaire ont pour objet essentiel d'inculquer aux enfants, avec les premiers éléments des connaissances humaines, la piété envers Dieu, le respect envers les parents, l'attachement et la fidélité au souverain, l'amour de la patrie, l'obéissance aux lois.

---

1. Voir le modèle à l'*Appendice*.
2. Le projet fut discuté dans les séances des 13 et 19 janvier 1821. Diverses modifications dans l'ordre des articles y furent apportées. — Le projet n'aboutit pas.

§ II. *Des exercices religieux.*

ART. 2. — Tous les exercices religieux de l'École sont dirigés d'après les instructions et sous la surveillance du curé de la paroisse.

ART. 3. — L'année scolaire, pour toutes les Écoles primaires catholiques, commence par une messe du Saint-Esprit, et finit par une messe d'action de grâces.

ART. 4. — Les dimanches et fêtes conservées, les élèves se rendent ensemble et en ordre aux offices de l'église, sous la conduite de l'instituteur, et aussi sous la surveillance des élèves qu'il a préposés à cet effet.

ART. 5. — Durant tout le cours des études, et principalement vers l'époque de la première communion, l'instituteur conduit ou fait conduire les élèves au catéchisme de la paroisse.

Il se concerte avec le curé, pour que les heures des classes se concilient avec celles du catéchisme.

ART. 6. — Les dimanches et fêtes, hors le temps des offices et du catéchisme, l'instituteur peut permettre à ceux des élèves qui le désireraient, et qu'il en jugerait dignes, de se réunir pendant une heure ou deux, pour entendre des lectures choisies de religion et de morale.

ART. 7. — Au commencement et à la fin de chaque classe, un élève désigné par l'instituteur récite à haute voix la prière qui a été indiquée par le Comité cantonal.

La classe du soir se termine par la prière pour le roi : *Domine, salvum fac Regem...*

ART. 8. — Il y a dans toutes les Écoles un buste du Roi ou une gravure de son portrait. Il y a de plus, dans les Écoles catholiques, un crucifix placé au-dessus du buste du Roi ou vis-à-vis.

§ III. *De l'enseignement.*

ART. 9. — Indépendamment du catéchisme de la paroisse, les élèves suffisamment avancés dans la lecture apprennent tous les jours à l'École une leçon de catéchisme.

ART. 10. — Le samedi de chaque semaine et les veilles des fêtes conservées, ces mêmes élèves lisent à haute voix ou récitent de mémoire l'évangile du jour suivant.

ART. 11. — Les progrès des élèves dans l'instruction religieuse sont l'objet d'une attention particulière de la part des instituteurs et des surveillants spéciaux.

ART. 12. — L'enseignement simultané a lieu dans toutes les Écoles pour la lecture de l'alphabet et des principales syllabes, au moyen de tableaux suspendus, qui sont écrits en très gros caractères.

ART. 13. — Il y a de même une planche noire suspendue dans la classe, pour l'enseignement simultané des notions de calcul.

ART. 14. — Les modèles d'écriture sont détachés des cahiers des élèves, et suspendus à un cordon placé dans le sens de la longueur de la table.

ART. 15. — Les modèles d'écriture ne doivent contenir que des choses utiles aux enfants, notamment les principes de la religion, les règles de la morale, les traits de l'histoire de France les plus propres à faire aimer la dynastie régnante et à faire connaître les personnages célèbres par leurs vertus, ou enfin les notions élémentaires les plus utiles sur l'histoire naturelle, sur les arts et métiers.

ART. 16. — Tous les élèves ayant le même degré d'instruction se servent des mêmes livres.

ART. 17. — Les seuls livres qui peuvent être en usage dans les Écoles sont ceux qui sont prescrits par les Comités cantonaux d'après la liste générale à eux adressée par le Recteur.

ART. 18. — Toute École est, autant qu'il est possible, partagée en trois classes, suivant les divers degrés d'instruction des élèves, savoir la grande, la moyenne et la petite classe.

ART. 19. — Chaque classe ouvre le matin et le soir : et les exercices durent chaque fois pendant trois heures au moins.

ART. 20. — Les progrès des élèves dans les différents exercices sont vérifiés et constatés au moins une fois par mois, dans un examen général que fait l'instituteur en présence des surveillants spéciaux ou de l'un d'eux ou d'un membre quelconque du Comité cantonal.

§ IV. *De la discipline.*

ART. 21. — Les garçons seuls peuvent être admis dans les Écoles tenues par des instituteurs, et ils n'y sont admis, à moins d'une permission formelle de la part d'un des surveillants spéciaux, ni au-dessous de cinq ans, ni au-dessus de quatorze.

ART. 22. — Quatre élèves, désignés par le maître le premier jour de chaque semaine, sont chargés d'entretenir l'ordre et la propreté dans le local; ils s'y rendent en conséquence une demi-heure avant le commencement des exercices.

ART. 23. — Les élèves doivent arriver les mains et le visage lavés : deux d'entre eux désignés par le maître sont chargés de s'assurer si ce soin a été négligé.

ART. 24. — Les élèves absents ou en retard sans cause légitime sont notés et punis.

ART. 25. — Chaque classe est divisée en sections de neuf à dix élèves, à la tête desquels sont placés ceux qui se sont fait distinguer par leur bonne conduite en même temps que par leurs progrès.

ART. 26. — Tous les enfants sont rangés dans une même direction, de manière que le maître placé vis-à-vis d'eux puisse les voir tous d'un seul regard.

ART. 27. — Hors le cas où le maître a quelque instruction ou quelque exhortation générale à adresser aux élèves, il doit, le plus qu'il est possible, s'abstenir de parler. A cet effet, il manifeste ses intentions et donne ses ordres au moyen de divers signaux, tels que ceux qui sont usités chez les Frères des Écoles chrétiennes.

ART. 28. — Des sentences rappelant les principaux devoirs que les élèves ont à remplir dans la classe, et écrites en gros caractères sur autant de tableaux séparés, sont suspendues en divers endroits, de telle sorte que si un élève vient à manquer à quelqu'un de ces devoirs, il suffise au maître de lui faire lire à haute voix, ou debout, ou à genoux, la sentence qui retrace le devoir auquel il a manqué.

ART. 29. — La prison et le fouet sont des punitions interdites.

Les autres espèces de punitions sont réglées en Conseil académique sur la proposition des Comités cantonaux.

ART. 30. — Les élèves sortent en ordre et en silence. Ils se rangent, au nombre de dix ou douze, en conséquence de leurs demeures respectives, et se rendent chez leurs parents sous la conduite de ceux d'entre eux qui ont été désignés par l'instituteur.

ART. 31. — Il est expressément défendu aux élèves de jouer à aucun jeu de hasard, ou d'exposer de l'argent à quelque jeu que ce soit.

ART. 32. — Si l'instituteur est obligé d'exclure un élève, il en donne avis dans la journée à l'un des surveillants spéciaux.

ART. 33. — Il y a dans chaque École un registre destiné à constater l'admission des élèves, et les notes que chacun aura méritées sous le double rapport du travail et de la conduite, comme aussi les places qu'il aura obtenues.

ART. 34. — Ce registre des élèves est tenu suivant le modèle nº 1, joint au présent statut; il appartient à l'École; l'instituteur en est responsable, et doit le représenter toutes les fois qu'il en est requis par ses supérieurs.

ART. 35. — Chaque élève a son livret, sur lequel sont également inscrites les bonnes ou les mauvaises notes qui lui ont été données pour le travail et pour la conduite, et les places qu'il a obtenues dans ses différentes classes. Il le reporte chez ses parents, à la fin de chaque mois.

ART. 36. — Lorsqu'un enfant quitte l'École, l'instituteur indique le jour et le motif de sa sortie sur le livret, qui est ensuite visé par les surveillants spéciaux.

ART. 37. — L'élève sorti d'une École ne peut être admis dans une autre, s'il ne présente le livret dûment visé; et si l'enfant est admis, le livret est aussitôt visé par le chef de la nouvelle École.

ART. 38. — Tous les quinze jours, les élèves sont classés suivant leur application et leurs progrès, soit d'après les notes portées sur le registre, soit d'après des compositions spéciales.

ART. 39. — Si l'École a pu être pourvue de médailles classiques, dont le modèle aura été déterminé par le Comité cantonal, l'élève qui obtient la première place porte une de ces médailles à la boutonnière.

ART. 40. — Le premier de chaque mois, l'instituteur dresse ou fait dresser, par un de ses élèves, un tableau qui contient sur deux colonnes : 1º les noms des enfants qui, dans le courant du mois précédent, se sont le plus appliqués et ont fait le plus de progrès; 2º les noms de ceux qui, durant le même mois, ont eu constamment une bonne conduite.

Ce tableau demeure affiché pendant tout le mois dans le lieu le plus apparent de la classe.

ART. 41. — Chaque année, au commencement des vacances, des prix sont accordés, s'il y a lieu, aux élèves que l'instituteur désigne d'après les tableaux mensuels et d'après les notes portées au registre.

Les Comités cantonaux règlent la forme de ces distributions de prix, pour les communes où les fonds nécessaires auraient été votés et alloués.

ART. 42. — A cette même époque du commencement des vacances, chaque instituteur dresse un tableau de ses élèves, conformément au modèle nº 2, et l'envoie au Comité cantonal, qui le transmet au Recteur de l'Académie.

§ V. *Dispositions générales.*

ART. 43. — Les Comités cantonaux et les surveillants spéciaux veilleront à ce que toutes les dispositions qui précèdent soient, aussitôt que les circonstances le permettront dans leurs divers arrondissements, observées avec exactitude.

ART. 44. — Si les localités réclamaient quelque autre disposition propre à compléter ou à perfectionner le régime intérieur de quelques Écoles, des articles supplémentaires pourraient être délibérés par les Comités cantonaux, qui les adresseraient au Recteur, pour être arrêtés définitivement en Conseil académique.

ART. 45. — Les Recteurs sont chargés de l'exécution du présent statut.

INSTRUCTION PRIMAIRE.

UNIVERSITÉ DE FRANCE.

TABLEAU Nº 1
annexé au statut
du   1821.

ÉCOLE DU   DEGRÉ.

Académie d... Département d... Arrondissement d... Canton d... Commune d...

M.... né à.... département d.... le.... vacciné ou ayant eu la petite vérole au mois d.... 18.... venant de l'école d.... est entré à l'école le.... 18....

Jours du mois.	JANVIER:						Places obtenues.	Mêmes colonnes pour les 12 mois de l'année.	Places obtenues.	OBSERVATIONS.
	TRAVAIL.			CONDUITE.						
	Médiocre.	Passable.	Soutenu.	Passable.	Bonne.	Très bonne.				
1										
2										
3										
4										
etc.										

N. B. Pour tenir exactement ce tableau, le maître n'a autre chose à faire que de mettre dans les cases de chaque élève un ou deux signes convenus.

INSTRUCTION PRIMAIRE.

UNIVERSITÉ DE FRANCE.

TABLEAU Nº 1
annexé au statut
du   ·   1821.

ÉCOLE DU   DEGRÉ.

Académie d... Département d... Arrondissement d... Canton d... Commune d...

Noms et prénoms des élèves.	Lieu et date de leur naissance.	Jour de leur entrée à l'école.	INSTRUCTION					Conduite.	Places obtenues.	Sortie de l'école.
			Catéchisme et évangile.	Lecture.	Écriture.	Calcul.	Autres objets d'instruction.			

**Instruction du Conseil royal de l'Instruction publique sur la juridiction
de l'Université envers ses membres.**

19 Janvier 1821.

Monsieur le Recteur, Sa Majesté, en fixant, par l'ordonnance du 1er novembre
dernier, les attributions du Conseil royal de l'Instruction publique et celles de
chaque conseiller en particulier, a rappelé expressément et a confirmé les
statuts qui ont réglé jusqu'à ce jour la juridiction que l'Université exerce sur
tous ses membres.

« Un sixième conseiller, porte l'article 9 de l'ordonnance, exercera les fonc-
« tions du ministère public, telles qu'elles sont réglées par le décret du 15 no-
« vembre 1811. »

Ce décret de 1811 a lui-même pour principe et pour base la loi de 1806, qui,
en créant le corps enseignant, a annoncé que ses membres contracteraient des
obligations spéciales, et le décret du 17 mars 1808, qui a défini et développé la
plus grande partie de ces obligations.

L'expérience de dix années a démontré deux choses : l'une, qu'en général le
corps universitaire, pénétré du sentiment de ses devoirs, a suivi la ligne de
l'honneur et de la conscience, de telle sorte que son code de censure et de
peines a dû être assez rarement appliqué ; l'autre, que, lorsqu'on a été forcé
d'en faire quelque application, la législation a été trouvée suffisamment forte
contre les abus qu'il fallait réprimer ou contre les fautes qu'il fallait punir.

Il ne s'agit donc que de continuer à se servir, avec modération et avec fermeté tout à la fois, des moyens d'ordre et de discipline qui ont été donnés au
corps enseignant vis-à-vis de ceux qui le composent.

Toutefois, on ne peut se dissimuler que la marche qu'il convient de suivre,
principalement à l'origine des affaires, n'a pas été généralement comprise ou
uniformément pratiquée ; et c'est sur ce point important, duquel dépend tout
le reste, que nous croyons devoir rappeler aujourd'hui l'attention de MM. les
Recteurs.

Deux règles sont fondamentales en cette matière :

La première veut que nul ne soit condamné qu'il n'ait été entendu ;

La deuxième, que toute accusation soit éclaircie, à charge ou à décharge.

Et d'abord, nous devons inscrire en tête du code pénal de l'Université que
nul ne sera jamais condamné à subir aucune peine, qu'il n'ait été suffisamment
averti de l'inculpation dont il est l'objet, et qu'il n'ait été mis à portée de se
défendre par tous les moyens qui sont en son pouvoir. A cet effet, il est nécessaire que, du moment où une inculpation commence à prendre quelque consistance, tous ceux qui ont droit de surveillance et de répression, depuis le
président du Comité cantonal, qui surveille immédiatement les instituteurs
primaires de son canton, jusqu'au Recteur, qui gouverne et maintient toute
l'Académie, se fassent une loi inviolable, chacun dans sa sphère, de préciser
par écrit les griefs sur lesquels l'homme inculpé devra fournir ses réponses.

De cette manière, tout se réduira en faits ; on citera des actes constants
d'insubordination, des propos coupables suffisamment attestés ; des devoirs
d'état obstinément violés : sur ces propos, ces actes, ces violations de devoirs,
clairement articulés, le prévenu saura ce qu'il peut dire pour sa justification,
ce qu'il est contraint d'avouer, ce qu'il est fondé à repousser comme faux et
calomnieux, ou comme invraisemblable, ou même comme absolument impossible en raison de telles ou telles circonstances.

Alors, dès le commencement de l'affaire, avant que le scandale ait pu se propager au dedans et encore moins se répandre au dehors, on verra le plus souvent la vérité se faire jour, soit au soutien de l'accusation, soit dans le sens de la défense.

Dans le premier cas, on est à peu près sûr de parvenir à la conviction du coupable; et si le délit acquiert de la publicité, du moins le mal de cette publicité est compensé par l'avantage d'une punition exemplaire, ou encore par l'avantage d'une démission volontaire et définitive.

Dans le second cas, tout s'efface, tout rentre dans l'ordre accoutumé, tout s'oublie, et l'avenir reste tout entier à celui qui a su expliquer et justifier le passé.

La seconde règle n'est pas moins conforme à ce que demandent l'équité naturelle, un sage et honorable esprit de corps : toute plainte sérieuse doit être examinée, toute inculpation doit être éclaircie.

Une plainte, un reproche, s'élèvent contre un fonctionnaire.

Ce reproche, cette plainte, viennent du dedans ou du dehors.

Si le délit a été signalé à l'autorité académique par quelqu'un qui soit étranger à l'Université, il est probable que l'accusateur est alors peu discret, et que l'accusation va se propageant de bouche en bouche. Il importe donc extrêmement, soit de faire taire promptement cet accusateur du dehors, ou trompeur ou trompé, en donnant lieu à la manifestation de l'innocence du fonctionnaire dont il compromet la réputation, soit de prouver, si l'imputation se trouve établie, que le corps enseignant ne tolère dans son sein aucun vice constaté, n'y laissant impuni aucun tort reconnu.

Si c'est un membre du corps qui s'est déterminé à intenter une plainte contre un autre membre, il y a double raison pour que l'inculpation soit suivie jusqu'à ce que la vérité ait été découverte. D'une part, le sort de l'homme inculpé ne doit pas rester en suspens; d'autre part, le plaignant doit, s'il est fondé, obtenir un prompt redressement des torts qu'il a soufferts; et s'il a tort lui-même dans sa plainte, il doit être promptement amené à reconnaître, vis-à-vis d'un collègue qu'il a mal à propos affligé, son erreur involontaire, ou peut-être le fruit amer d'une aveugle prévention.

En se tenant à ces deux règles essentielles, dont il est facile de déduire les conséquences pour le détail de la conduite, on parviendra infailliblement à fonder, sur des bases durables, au dedans entre les membres de l'Université, comme au dehors vis-à-vis d'eux, la considération, le respect mutuel et les justes égards qui sont à la fois la récompense et la sauvegarde de l'homme public.

Certain de n'être pas jugé sans avoir été entendu, assuré que, tant qu'il ne lui est point fait de reproche, c'est qu'on n'en a point à lui faire, tout fonctionnaire de l'Université recueillera de cette conviction même le plus doux prix de ses travaux, une entière liberté d'esprit, une pleine et parfaite sécurité : il saura qu'il tient son sort dans ses mains, et qu'il ne doit craindre pour lui que lui-même.

Certain aussi que, s'il donnait lieu à des plaintes sérieuses, à des inculpations graves, il ne pourrait pas se promettre le silence ni se flatter de l'impunité, il concevra qu'il doit redoubler de zèle dans l'observation de tous ses devoirs, respecter toutes les bienséances, veiller sans cesse sur lui-même et ne donner aucune prise à une juste censure.

Sous cette double influence d'une sécurité qui est le premier droit de l'honnête homme, et d'une vigilance religieuse qui est sa première garantie contre lui-même et contre les autres, le membre de l'Université envisagera d'un œil satisfait l'honorable et modeste carrière où les talents et les vertus lui permettent d'espérer un bonheur qui peut aussi n'être pas sans gloire.

Nous avons parlé jusqu'ici des fonctionnaires qui appartiennent tout à fait à l'Université, qui sont membres du corps en vertu de titres formels et définitifs; et nous comprenons dans cette catégorie les jeunes maîtres sortis de l'École normale, lors même qu'ils ne seraient nommés que provisoirement à tel emploi, puisque, d'ailleurs, ils sont voués, par un engagement général, au service de l'Instruction publique.

Nous devons parler maintenant de ceux qui sont admis à exercer des fonctions dans le corps enseignant en vertu de simples autorisations émanées, soit du Recteur de leur Académie, soit du Conseil royal. Ceux-là, n'ayant point de nomination qui les constitue membres de l'Université, sont encore, pour ainsi dire, à l'essai : et ils pourraient, en cas de plainte ou de reproche, être congédiés par la seule raison que leurs services auraient cessé d'être agréables ou nécessaires. On peut donc, dans ce cas, tout en se défendant de la précipitation et de la légèreté, donner davantage à la crainte du bruit et du scandale; on peut, on doit même éviter une information, qui n'est jamais sans inconvénients pour l'établissement auquel appartient le prévenu : c'est à la sagesse et à la prudence des Recteurs à peser toutes les circonstances des temps et des lieux, à s'entourer de tous les documents qu'ils peuvent rassembler, et à dénouer d'une manière inaperçue, ou à rompre promptement, s'il le faut, les faibles liens qui unissaient l'homme inculpé et l'établissement où il n'a pu consolider son existence par une conduite sans tache.

Il est une troisième classe ou plutôt une classe intermédiaire d'hommes employés dans l'Instruction publique : ce sont ces fonctionnaires, encore en assez grand nombre, qui, sans être sortis de l'École normale, ont, à la suite de quelques services déjà rendus au corps enseignant, obtenu une nomination du Conseil royal, mais une *nomination provisoire*. Ils ont justifié une première marque de confiance, ou dans le même emploi, ou dans un emploi inférieur. Tout annonce qu'ils veulent obtenir et qu'ils mériteront, en effet, un titre définitif.

Dans cette position, ils ne sont pas non plus membres du corps, et ils ne peuvent réclamer tous les droits que donne cette qualité. Pourtant, ils sont fondés à compter sur une protection particulière; et dans le cas d'une accusation ils peuvent invoquer la forme solennelle des informations académiques et des jugements universitaires.

Ici, Monsieur le Recteur, il y aura lieu de faire quelques distinctions.

Si vous jugiez qu'en raison des circonstances qui environnent l'accusation et l'accusé, il y eût lieu de mettre à la défense de celui-ci toute la solennité qu'il pourrait souhaiter, l'affaire alors rentrerait dans la classe de celles dont il a été question au commencement de cette circulaire; vous suivriez la marche accoutumée.

Si, au contraire, l'homme inculpé ne vous semblait pas mériter d'être l'objet d'une instruction aussi complète, vous commenceriez par nous adresser votre rapport, et le Conseil déciderait s'il y a lieu de procéder suivant toutes les formes destinées à protéger les membres du corps enseignant.

Telles sont, Monsieur le Recteur, les premières réflexions dont nous avons jugé nécessaire de frapper votre esprit relativement à l'exercice de la juridiction universitaire : juridiction toute paternelle, qui veut surtout prévenir et réformer, qui doit conséquemment avertir et conseiller avant de frapper, et, quand enfin elle frappe, frapper juste, de manière à forcer l'assentiment même du coupable.

Maintenant que nous avons fixé les idées sur les principes et les sentiments qui doivent diriger les chefs des établissements et des Académies, avant même que l'instruction commence, il nous reste à vous entretenir des détails de l'instruction une fois commencée.

Nous avons dit que, toutes les fois qu'une inculpation semblait avoir quelque consistance, il fallait se faire une loi invariable de consigner par écrit et de préciser les griefs allégués, afin que l'accusé fût mis à même d'y fournir des réponses.

Cette obligation regarde tous ceux à qui des réclamations et des plaintes peuvent être adressées, c'est-à-dire, suivant l'article 86 du décret du 15 novembre, les doyens des Facultés, les proviseurs des Collèges royaux, les principaux des Collèges communaux, et les chefs de toute autre École où le membre inculpé exercerait ses fonctions ; à plus forte raison le Recteur, devant qui toute plainte et toute réclamation peut être portée directement, et qui, dans tous les cas, doit en connaître.

Il ne faut pas perdre de vue qu'à l'exemple de ce qui se passe dans les tribunaux le législateur a voulu que les réclamations et les plaintes fussent fixées par écrit, datées même et signées par celui qui les présente ; et l'on sent que cette précaution est tout à fait propre à prévenir l'indiscrétion et la légèreté des attaques. Elle tend aussi à réprimer un autre mal, les dénonciations par lettres anonymes, en accoutumant à l'idée que l'autorité n'attache point d'importance à ce qui n'est garanti par aucune signature.

Cette sage mesure doit donc être observée en général ; et, d'un autre côté, MM. les Recteurs et les chefs d'établissements doivent bien se dire qu'il ne leur est pas permis de rien négliger ; que, sentinelles vigilantes et infatigables, ils sont tenus de tout voir et de tout entendre ; que même un avertissement purement verbal peut les mettre sur la voie d'un désordre à faire cesser, d'une faute à punir. C'est à leur prudence à discerner les cas où ils devront suivre ces premières indications, et ceux où ils pourront les abandonner jusqu'à nouvel ordre.

Mais, enfin, ils sont entre les mains une affaire qui demande à être suivie ; le Conseil royal ou le Conseil académique en ont ainsi jugé, conformément aux articles 94 et suivants du décret, et déjà l'homme inculpé a reçu communication écrite des griefs dont il est l'objet, comme aussi des procès-verbaux ou des pièces à l'appui (*art. 97 et 102*).

C'est à ce moment que le Recteur doit examiner s'il fera usage du droit que lui donne l'article 90 du décret du 15 novembre, celui de suspendre provisoirement les membres de l'Université contre lesquels une plainte s'élève. Il sait que deux conditions précèdent ou accompagnent l'exercice de ce droit : la première, c'est que l'inculpation soit de nature à pouvoir donner lieu, si elle vient à être prouvée, à l'une ou à l'autre des deux plus fortes peines du code universitaire, à la réforme ou à la radiation ; la seconde, c'est qu'en même temps qu'il prononce cette suspension provisoire, il rende compte sans délai au Conseil royal de la mesure qu'il prend et de ses motifs. Par là se trouvent garantis, dès les premiers instants, l'intérêt et l'honneur de l'établissement auquel appartient l'accusé ; si le mal est réel, il est arrêté dans sa source ; et lors même que l'imputation finirait par être trouvée sans fondement légitime, on ne saurait se reprocher une précaution qui a du moins fait sentir combien devait être pure et à l'abri de tout soupçon la conduite d'un membre de l'Université.

Sous tous les rapports et dans toutes les hypothèses, il importe qu'une accusation ne reste pas longtemps incertaine. Aussi le décret du 15 novembre

Gréard. *Lég. de l'Instr. primaire.*   20

trace-t-il une marche assez rapide. L'homme accusé doit répondre *dans huitaine* au mémoire ou précis qui lui a été envoyé, soit par le chef de son établissement, soit par le Recteur de l'Académie ; et, faute par l'accusé de remettre sa réponse dans le délai prescrit, il sera fait droit (*art.* 97 *et* 98).

Il peut se faire que cette espèce d'instruction écrite ne suffise pas à la manifestation de la vérité, et qu'il y ait lieu de faire comparaître les parties devant le Conseil académique. Cette comparution, ou du moins la sommation de comparaître, est même déclarée indispensable dans le cas où il s'agirait d'un délit entraînant la radiation ou la réforme. Les articles 99 et 100 expliquent suffisamment ce que doivent faire alors et le Recteur, et le Conseil, et le prévenu.

L'article qui suit mérite une attention particulière. On a trop négligé de se conformer à ses dispositions, et il en est résulté plus d'un inconvénient. Des procédures incomplètes ont embrassé et éternisé des affaires qui auraient pu être terminées sur-le-champ et sans difficulté ; les souvenirs se sont affaiblis, les témoins se sont dispersés, les paroles se sont perdues ; et plus d'une fois, celui que, dans le premier instant, on aurait aisément convaincu pour toujours, s'est étonné de l'accusation, a crié à l'injustice et a redemandé, du ton de l'innocence, un emploi au moins égal à celui que, disait-il, la jalousie d'un collègue, le faux zèle et la prévention d'un supérieur, enfin la préoccupation de ses juges ou la précipitation d'un jugement sans enquête et sans preuves, lui avaient fait perdre contre l'attente de tous les gens de bien.

Il est donc essentiel que les faits soient d'abord recueillis, examinés, constatés; et dans les faits on comprend nécessairement les propos tenus, les déclarations, les témoignages.

Lorsque tous ces éléments ont été rassemblés, lorsque le prévenu a fourni ses réponses par écrit, lorsqu'il a été entendu, s'il y a lieu, devant le Conseil académique, ou du moins lorsqu'il a été averti, assigné et mis en demeure de se défendre, il ne reste plus au Recteur qu'à transmettre au Conseil royal les procès-verbaux et toutes les pièces du procès, en y joignant, s'il le juge à propos, ses propres observations.

Il est bon de remarquer que rien n'oblige le Conseil académique à prononcer sur les affaires qui sont instruites devant lui ; il peut se borner à constater les faits, à dresser procès-verbal des réponses de l'accusé, ou de sa non-comparution, s'il a fait défaut. Il ne juge pas, il instruit. Cependant les membres du Conseil et le Conseil tout entier ont toujours la faculté de faire consigner à la suite du procès-verbal des séances les observations qui leur paraîtraient dans l'intérêt de la justice et de la vérité, soit à la charge, soit à la décharge de l'accusé : bien entendu que, dans le premier cas, l'accusé aurait eu la connaissance des dires qui l'inculpent et la faculté d'y répondre.

Vous sentirez, Monsieur le Recteur, les motifs et l'importance de toutes ces règles de conduite dans une matière aussi grave et aussi délicate. La bonne composition du personnel, dans un corps chargé de l'éducation et de l'instruction de toute la jeunesse, est la première et la plus indispensable condition du bien que nous sommes appelés à faire. Le Souverain lui-même a daigné le dire à son Conseil royal de l'Instruction publique, et tous les membres de l'auguste famille ont bien voulu le répéter : *le Corps enseignant tient dans ses mains l'avenir de la France.* Nous voulons tous répondre à cette haute et généreuse confiance de nos princes : nous devons donc tous porter incessamment des yeux sévères autant que justes sur nous-mêmes et sur tout ce qui nous entoure.

Recevez, etc.

20.

Rapport et Ordonnance concernant le Conseil royal de l'Instruction publique, les 27 février 1821. Facultés des lettres, les Collèges royaux et communaux, les Collèges particuliers, les Écoles normales partielles et les élèves qui se destinent à l'état ecclésiastique.

27 Février 1821.

1° Rapport.

SIRE,

Placé par Votre Majesté à la tête de l'Instruction publique, je dois répondre à la confiance dont elle a daigné m'honorer, en lui soumettant quelques vues qui, sans avoir le danger des innovations, ne tendent qu'à régulariser et à consolider ce qui existe.

Un corps enseignant, dont le temps n'a pas encore cimenté l'union, et qui s'est trouvé, par l'effet des circonstances, hors d'état d'adopter des doctrines certaines, a besoin d'une surveillance forte et active; et une jeunesse, la plus chère espérance de la patrie, naturellement disposée à se livrer aux théories qui favorisent des passions en apparence généreuses et nobles, réclame une direction religieuse et morale, sans laquelle il lui sera impossible de résister aux séductions dont elle est environnée.

Les mesures qui sont l'objet de ce rapport conduisent à ces deux résultats, indispensables, d'ailleurs, pour perpétuer, dans l'Université de France, les bonnes et solides études.

L'accord nécessaire des diverses Académies dans les mêmes principes, l'ensemble qui doit régner dans leurs doctrines, semblent exiger que la surveillance et la direction générale de l'Université deviennent plus concentrées qu'elles ne le sont aujourd'hui, et que les fonctionnaires qui la composent reçoivent une impulsion unique. Les choix ne sauraient être entourés de trop de lumières, et toutes les précautions doivent être prises pour qu'ils offrent des garanties suffisantes, sous les rapports de la religion, des mœurs et de l'enseignement.

Cette surveillance locale qui, dans toutes les parties du Royaume, maintient les divers fonctionnaires de l'Université dans la ligne tracée par l'autorité supérieure, et sans laquelle les établissements sont exposés, soit à s'isoler, soit à s'engager dans de mauvaises voies, cette surveillance de tous les instants a jusqu'à présent manqué à l'Académie de Paris. Placée sous la direction immédiate du Conseil, trop occupé d'affaires générales pour lui donner des soins particuliers, cette Académie, la plus considérable de toutes, n'a pas encore été gouvernée; et le zèle des fonctionnaires dont elle se compose a pu seul lui assurer, dans les études, une supériorité que personne ne conteste. Organisée désormais sur le même pied que les autres Académies, tout porte à croire qu'elle verra bientôt disparaître les abus qui ont mis des entraves à ses progrès, et qu'elle rappellera les glorieux souvenirs de l'ancienne Université de Paris, objet constant de la protection éclairée des ancêtres de Votre Majesté.

L'admission au premier grade conféré par les Facultés des lettres a besoin d'être soumise à des formes qui garantissent l'instruction des candidats; mais, pour les moyens de procurer aux enfants cette espèce de connaissances qui se lient à la première éducation, il semble qu'on doit s'en rapporter, conformément aux vues de la Providence et de la nature, à la sollicitude presque toujours éclairée de l'autorité paternelle.

La direction religieuse qui doit être donnée aux Collèges de l'Université de France appartient de droit aux premiers pasteurs ; mais leur zèle serait trop souvent sans effet, si leur influence, sous ce rapport, n'était pas clairement déterminée. Il convient donc de réclamer d'eux, pour ces établissements qui renferment la partie la plus intéressante de leur troupeau, une surveillance continuelle, et de les appeler légalement à provoquer toutes les mesures qu'ils croiront nécessaires.

Les études ont généralement acquis, dans les Collèges, une méthode et une force qui laissent peu à désirer : il ne reste qu'à en régulariser certaines parties et à faire disparaître des statuts quelques dispositions puisées dans des systèmes qui n'ont pu être adoptés qu'à des époques malheureuses.

Les professeurs, auxquels on est redevable de l'état florissant où se trouvent aujourd'hui les études, et dont les fonctions si utiles et si nobles ne sont pas suffisamment honorées, ont droit à des récompenses remarquables, lorsqu'ils unissent à une bonne conduite religieuse et morale de grands succès dans l'enseignement. Ces récompenses, qui doivent être préférées à tout autre titre pour l'avancement, et qui peuvent consister en des médailles d'or, deviendront du plus grand prix, s'il m'est permis de fixer les regards de Votre Majesté sur ceux qui les auront méritées.

Au milieu de ces établissements, auxquels de justes encouragements ont été prodigués, se sont élevées quelques maisons, qui, fondées par des particuliers, ont obtenu la faveur publique et ont paru dignes de la conserver, les unes par une instruction plus variée, les autres par un esprit plus éminemment religieux. Il serait injuste qu'elles ne prissent pas dans l'Université le rang qui leur est assigné par leur importance, et qu'elles ne participassent point aux avantages qui sont accordés aux Collèges royaux et communaux. Il conviendra donc que, sans cesser d'appartenir à des particuliers, elles puissent être érigées en Collèges, à des conditions qui assurent la bonne direction de leurs études. Ce fut ainsi que se formèrent autrefois la plupart des meilleures Écoles qui composaient l'ancienne Université de Paris : cette Université florissait déjà par un grand nombre d'établissements de ce genre, lorsque le premier Collège royal fut établi au quatorzième siècle[1].

Il existe, dans ce moment, quelques moyens de perpétuer dans le corps enseignant un esprit d'ordre et de conservation ; mais l'expérience nous montre qu'il est nécessaire d'en ajouter de plus efficaces. On peut y parvenir en établissant, près du Collège royal de chaque chef-lieu d'Académie, des Écoles normales partielles, dans lesquelles un petit nombre d'élèves choisis seraient préparés dès l'enfance aux études et aux mœurs qu'exige la profession grave et sérieuse à laquelle ils se destineraient. C'est de cette manière que, de tout temps, les corps enseignants se sont renouvelés. Des aspirants ainsi formés ne dédaigneraient pas les emplois inférieurs, et ils n'arriveraient aux places importantes qu'après avoir appris, par de longs travaux, l'art difficile de gouverner la jeunesse.

Telles sont, Sire, les mesures que j'ai l'honneur de soumettre à l'approbation de Votre Majesté. Elles ne sont que le développement des paroles mémorables que Votre Majesté a adressées au Conseil royal de l'Instruction publique, et par lesquelles elle a déterminé les véritables bases de l'éducation, *la religion, la monarchie, la légitimité et la charte*. Sans rien changer à l'ordre actuel de l'Université, ces mesures ont pour objet de disposer le corps enseignant à

---

1. Le Collège de Navarre, fondé en 1304.

prendre un esprit conforme aux devoirs qui lui sont imposés, de donner à la jeunesse une direction religieuse et monarchique, en l'attachant en même temps aux institutions dont la France est redevable à son Roi, et de resserrer les liens qui doivent unir au clergé, dépositaire des doctrines divines, le corps chargé de l'enseignement des sciences humaines.

Le Ministre secrétaire d'État, président du Conseil royal de l'Instruction publique,

Signé : CORBIÈRE.

2° Ordonnance.

LOUIS, etc.,

Vu le rapport de notre Ministre secrétaire d'État, président du Conseil royal de l'Instruction publique ;

Vu nos ordonnances des 5 août 1815, 5 juillet et 1er novembre 1820,

Avons ordonné et ordonnons ce qui suit :

TITRE Ier.

Conseil royal de l'Instruction publique.

ARTICLE 1er. — L'organisation du Conseil royal de l'Instruction publique reste la même, sauf les modifications suivantes.

ART. 2. — Les affaires continueront à être décidées à la pluralité des voix, sur le rapport des conseillers qui les auront instruites ; mais, pour les nominations aux diverses places, le président prendra seulement l'avis du Conseil, qui discutera les titres des candidats.

ART. 3. — Les vingt-six Académies qui composent l'Université seront divisées en trois arrondissements, dont le premier sera formé de la seule Académie de Paris. L'instruction et le rapport des affaires concernant les Collèges, les institutions et les pensions, dans chacun de ces trois arrondissements, seront faits :

Pour le premier arrondissement, conformément à l'article 8 ci-après :

Pour le second, par le conseiller désigné dans l'article 6 de notre ordonnance du 1er novembre 1820 ;

Et pour le troisième, par le conseiller désigné dans l'article 7 de la même ordonnance.

ART. 4. — Le président signera seul les dépêches. Celles qui porteront décision seront aussi signées par le conseiller sur le rapport duquel la décision aura été rendue.

ART. 5. — Le président dispose seul des places d'employé dans les bureaux.

ART. 6. — Le secrétaire général du Conseil aura le titre, les droits et le traitement de conseiller.

ART. 7. — A l'avenir, les membres de notre Conseil royal de l'Instruction publique seront nommés par nous, entre trois candidats, qui nous seront présentés par le président, de l'avis du Conseil royal, et qu'il aura choisis parmi les personnes les plus recommandables dans l'Instruction publique.

TITRE II.

Académie de Paris.

ART. 8. — L'Académie de Paris aura, comme les autres Académies, un Recteur, qui sera toujours un des membres du Conseil royal de l'Instruction publique. Il sera nommé par nous. Conformément à l'article 11 de notre ordonnance du 1er novembre 1820, le Recteur de l'Académie de Paris sera en même temps chargé, près du Conseil, de l'instruction et du rapport de toutes les affaires relatives aux Collèges, aux institutions, aux pensions et aux Écoles primaires de ladite Académie.

ART. 9. — Le chef-lieu de l'Académie de Paris sera l'ancienne maison de Sorbonne, où seront placées les Écoles de la Faculté de théologie, de la Faculté des sciences, de la Faculté des lettres et l'École normale.

ART. 10. — Un inspecteur général sera attaché à l'Académie de Paris, particulièrement pour ce qui concerne l'administration, et sera sous la direction immédiate du Recteur.

TITRE III.

Facultés des lettres.

. . . .

TITRE IV.

Collèges.

. . . .

Titre V.

Collèges particuliers.

. . . .

Titre VI.

Écoles normales partielles.

Art. 24. — Il sera établi des Écoles normales partielles près les Collèges royaux de Paris qui auront des pensionnaires, et près du Collège royal du chef-lieu de chaque Académie. Chacune de ces Écoles sera composée de huit élèves.

Art. 25. — Sur les bourses royales affectées à chaque Collège royal, six bourses seront particulièrement destinées à ces élèves.

Ces bourses seront données au concours ; nul ne sera admis à concourir qu'après avoir terminé sa troisième.

Art. 26. — Le cours d'études sera pour eux de quatre années. Après qu'ils l'auront terminé, les uns resteront pendant deux années, en qualité de maîtres d'études, dans les Collèges où ils auront été élevés ; les autres seront appelés à la grande École normale de Paris.

Art. 27. — Tous les élèves des Écoles normales particulières seront, comme ceux de la grande École normale de Paris, et conformément à l'article 112 du décret du 17 mars 1808, soumis à l'obligation de rester dix années dans le corps enseignant.

Titre VII.

Élèves qui se destinent à l'état ecclésiastique.

Art. 28. — Lorsque, dans les campagnes, un curé ou un desservant voudront se charger de former deux ou trois jeunes gens pour les petits séminaires, ils devront en faire la déclaration au Recteur de l'Académie, qui veillera à ce que ce nombre ne soit pas dépassé ; ils ne payeront point de droit annuel, et leurs élèves seront exempts de la rétribution du droit universitaire.

Circulaire du Conseil royal de l'Instruction publique, relative aux Comités cantonaux.

9 Mai 1821.

Monsieur le Recteur, je reçois de tous côtés les plaintes les plus graves sur l'état actuel de l'instruction primaire dans le Royaume. On dit que, dans quelques lieux, les Comités cantonaux offrent des hommes, dont l'esprit irréligieux est incompatible avec les devoirs qui leur sont imposés, et que leur présence a déterminé la retraite des curés, auxquels l'ordonnance primitive en donnait la présidence. On ajoute qu'il est résulté de cette combinaison les choix les plus malheureux, et que plusieurs instituteurs inspirent à leurs élèves des principes contraires à la religion et à la monarchie.

Je ne doute pas que ces plaintes ne soient, sous plusieurs rapports, exagérées; mais elles deviennent si générales, qu'il est difficile de croire que de funestes erreurs n'y aient pas donné lieu. Quoi qu'il en soit, l'intérêt de la classe nombreuse, dont les enfants sont admis dans ces Écoles, ne me permet pas d'être indifférent à des bruits qui, fondés ou non, doivent exciter toute ma sollicitude.

Je vous prie de surveiller, surtout sous le rapport religieux, les Établissements de ce genre qui sont dans le ressort de votre Académie, de mettre tous vos soins à ce que les Comités cantonaux ne soient composés que d'hommes attachés à la religion, et de m'adresser, le plutôt que vous le pourrez, le résultat des efforts que vous aurez faits pour calmer des inquiétudes qui seraient respectables, à supposer même qu'elles ne fussent pas aussi fondées qu'elles l'ont paru dans divers lieux.

Recevez, etc.

Arrêté qui prescrit les formalités à remplir pour la remise des brevets, diplômes, certificats de capacité ou d'autorisation d'enseigner.

15 Septembre 1821.

Le Conseil royal de l'Instruction publique,

Considérant qu'il importe d'assurer à ceux qui obtiennent un brevet, un diplôme, un certificat de capacité ou une autorisation d'enseigner, la jouissance propre et personnelle des droits que les lois et statuts attachent à ces divers actes, et que, pour cela, il est nécessaire de garantir ces actes de toute altération, surprise ou erreur,

Arrête ce qui suit :

ARTICLE 1er. — A compter du 1er novembre prochain, nul brevet, diplôme ou certificat de capacité, nulle autorisation pour enseigner publiquement et pour tenir une École quelconque, ne pourront être remis à l'impétrant qu'après qu'il aura apposé sa signature, tant sur l'acte même que sur un récépissé dont le modèle est joint au présent arrêté[1].

Art. 2. -- Tout brevet et autre acte de même nature qui, ayant été délivré postérieurement à l'époque ci-dessus désignée, ne portera point la signature de l'impétrant, sera considéré comme non avenu et comme ne conférant aucun droit dans l'Université.

Art. 3. — Les Recteurs sont chargés de l'exécution du présent arrêté.

Décision royale portant organisation d'un compte annuel et d'une statistique triennale pour les Écoles primaires. 5 octobre 1821.

5 Octobre 1821.

Louis, etc.,

Nous avons ordonné et ordonnons :

Il sera communiqué aux Chambres :

1° Tous les ans, un compte détaillé de l'emploi des fonds alloués aux Écoles primaires ;

2° Tous les trois ans, une statistique de l'instruction primaire.

Ordonnance contenant un règlement relatif aux maisons d'éducation de filles au degré supérieur. 31 octobre 1821.

31 Octobre 1821.

Vu la loi du 22 décembre 1819, qui attribue aux administrations départementales la surveillance de l'éducation publique en général ;

Vu l'ordonnance du 3 avril 1820, qui maintient les préfets dans l'exercice de cette surveillance pour les Écoles des filles ;

Considérant qu'il importe de lever toutes les difficultés qui pourraient s'opposer à la répression des délits commis par les institutrices de tous les degrés ;

Sur le rapport de notre Ministre secrétaire d'État de l'Intérieur ;

Notre Conseil d'État entendu,

Nous avons ordonné et ordonnons ce qui suit :

1. Voir le modèle à l'*Appendice*.

Article 1ᵉʳ. — Les maisons d'éducation des filles du degré supérieur sont, comme les Écoles primaires de filles, maintenues sous la surveillance des préfets des départements.

Art. 2. — Aucune École primaire, pension ou institution de filles, ne pourra être ouverte sans que la maîtresse se soit préalablement pourvue d'une autorisation du préfet du département.

Art. 3. — Les sous-maîtresses employées dans ces maisons seront également tenues de se munir d'une pareille autorisation.

Art. 4. — Une autorisation légalement donnée ne pourra être retirée par nos préfets qu'après qu'il en aura été, par eux, référé à notre Ministre de l'Intérieur.

Art. 5. — Les maîtresses d'Écoles primaires, de pensions et institutions de filles, ouvertes sans autorisation, ou qui continueraient de l'être, après que l'autorisation aura été retirée, seront poursuivies pour contravention aux règlements de police municipale, sans préjudice des peines plus graves qui pourraient être requises pour des cas prévus dans le Code pénal.

Art. 6. — Dans tous les cas, soit que notre procureur agisse d'office, soit que la poursuite se fasse à la diligence du préfet, ces fonctionnaires se préviendront réciproquement et se concerteront pour que les parents ou tuteurs des élèves soient avertis de les retirer.

Art. 7. — Notre Ministre secrétaire d'État de l'Intérieur et notre Garde des Sceaux Ministre secrétaire d'État de la Justice sont chargés de l'exécution de la présente ordonnance, qui sera insérée au *Bulletin des Lois.*

---

20 mars 1822.   **Circulaire du Conseil royal de l'Instruction publique pour recommander un moyen de répandre de bons livres élémentaires dans les Écoles [1].**

20 Mars 1822.

Monsieur le Recteur, le Conseil royal vous a souvent entretenu de l'importance qu'il attache à voir se répandre dans les Écoles de bons livres élémentaires. Il se propose à cet égard deux objets principaux : le premier, d'améliorer l'instruction, en même temps que l'éducation religieuse et morale des enfants ; le second, d'introduire dans les Écoles des livres uniformes, afin d'en faire disparaître peu à peu la vicieuse méthode de l'enseignement individuel.

Différents petits ouvrages vous ont déjà été adressés dans cette vue, pour être recommandés aux instituteurs ou distribués à leurs élèves. Quelques fonds ont été mis à votre disposition pour être employés à cette destination. Les

---

1. Voir sur le même objet la circulaire du 29 *avril* 1822.

efforts du Conseil n'ont pas été perdus jusqu'à présent, et il a pu juger, par diverses nouvelles demandes de livres que MM. les Recteurs lui ont faites, qu'avec du zèle et de la persévérance ses vues pourraient être assez promptement remplies.

Il est à désirer qu'outre les mesures que prescrit directement le Conseil pour atteindre un but aussi intéressant, MM. les Recteurs tâchent de pourvoir par eux-mêmes, dans leurs Académies, aux besoins de l'instruction sous ce rapport. C'est ce que vient de faire en particulier M. le Recteur de Metz pour le département de la Moselle.

Le moyen dont il s'est servi, avec l'approbation du Conseil, a obtenu le résultat le plus favorable ; et, comme il peut être employé avec le même succès dans chaque Académie, le Conseil croit utile de vous en donner connaissance.

M. le Recteur a conçu l'idée de confier à un homme sûr un choix de livres convenables aux enfants des Écoles primaires ; de charger cet homme, muni de recommandations près des Comités cantonaux, des maires, des curés, et des maîtres d'écoles, de se transporter dans les bourgs et villages du ressort de l'Académie, pour y remettre les livres dont il serait porteur au prix d'achat marqué sur les ouvrages mêmes. Il a, de plus, obtenu que M. le préfet recommandât de son côté le colporteur aux maires des communes et autorisât même ces fonctionnaires à prendre sur les fonds de charité une somme de 10 francs par commune, pour acheter les livres nécessaires aux enfants indigents.

Un libraire du chef-lieu de l'Académie s'est engagé à fournir les livres, qui ont été particulièrement choisis parmi ceux en usage chez les Frères des Écoles chrétiennes. Il s'est aussi engagé à reprendre ceux des livres qui n'auraient pas été vendus, et qui seraient rapportés en bon état. Le colporteur a été muni de la patente nécessaire, et son salaire a été fixé à 1 fr. 50 par jour, tant pour sa nourriture que pour les frais de transport.

Ce colporteur a déjà fait de cette manière deux tournées dans quelques parties du département. Partout il a été parfaitement accueilli, et il a trouvé un débit considérable de ses livres. Dans son premier voyage, il a vendu 1 528 volumes, et dans le second plus de 3 000. La remise faite par le libraire sur le prix des ouvrages a suffi pour payer le colporteur, à une très légère différence près, à laquelle il a été facile de pourvoir sur la portion des fonds d'encouragement consacrée à l'acquisition d'ouvrages élémentaires.

Le Conseil ne doute pas que l'emploi d'une pareille mesure dans les autres Académies ne soit également utile et n'obtienne un résultat aussi avantageux. Il le recommande donc particulièrement à votre attention et à votre zèle pour le bien de l'instruction primaire.

Pour ne laisser à désirer aucune précaution utile dans une matière aussi importante que le choix des livres à mettre entre les mains des enfants, il serait à propos de faire estampiller du sceau de l'Académie les livres que vous remettriez à votre colporteur. On éviterait ainsi toute surprise et toute erreur.

Recevez, etc.

**Circulaire du Conseil royal de l'Instruction publique, portant communication
aux Recteurs d'observations générales sur l'Instruction primaire.**

22 Avril 1822.

Monsieur le Recteur, les observations ci-après, relatives à l'instruction primaire ont été puisées, pour la plupart, dans les derniers rapports généraux
transmis au Conseil royal par vous et par MM. les Recteurs des autres Académies. Elles ont été remises à MM. les inspecteurs de l'Université, qui vont visiter cette année les diverses Académies, comme étant propres à leur donner
une notion assez exacte de l'état des choses dans cette partie de l'Instruction
publique. Vous aurez à conférer avec eux sur ces observations et à examiner
quels sont les points sur lesquels il importe que vous dirigiez principalement
votre attention. On parviendra ainsi, soit à propager dans toutes les Académies
les bonnes idées et les mesures utiles qui sont déjà mises à exécution dans
quelques-unes, soit à combattre avec plus d'avantage les divers obstacles qui
peuvent se rencontrer.

Recevez, etc.

INSPECTION GÉNÉRALE DE 1822.

Observations relatives à l'Instruction primaire.

Les instructions générales remises à MM. les inspecteurs leur rappellent en
deux mots l'importance que le Conseil royal attache, sous le rapport du bien
public, au développement et à l'amélioration de l'enseignement primaire, dont
dépend en grande partie le perfectionnement moral et intellectuel que les peuples sont capables de recevoir ; il a paru, en outre, qu'il convenait de rassembler comme en un faisceau les principales observations disséminées dans la correspondance de MM. les Recteurs. Un même zèle, un même désir du bien, a dicté
ces diverses réflexions ; et MM. les inspecteurs généraux sauront en tirer partout le meilleur parti en propageant toutes les idées utiles.

En général, l'instruction primaire a continué de se répandre et de s'améliorer
dans le cours de l'année 1821. La sévérité apportée dans les examens et dans
les épreuves qui doivent précéder la délivrance des brevets et des autorisations,
la fermeté à maintenir, sauf des exceptions très rares, la règle qui exige le
brevet du deuxième degré pour fonder la dispense du service militaire, la distribution des médailles et des fonds d'encouragement, ont principalement contribué à ce meilleur état de choses.

On peut dire même que, dans certaines Académies, cette partie de l'instruction marche sensiblement vers la perfection (Strasbourg, Besançon, Metz,
Amiens, Douai, etc.). Une grande émulation se manifeste parmi les instituteurs. Ils se sont beaucoup fortifiés pour l'orthographe et pour le calcul ; ils
étudient l'histoire de l'Ancien et du Nouveau Testament. Ils lisent pour leur
propre compte de bons ouvrages et notamment le catéchisme historique de
Fleury (Besançon).

Dans quelques-unes de ces Académies, il n'y a pas une seule commune
qui, pouvant avoir son École, ne l'ait en effet, et toutes celles qui, seules, ne
pouvaient payer un instituteur se sont arrangées avec une commune voisine,

pour y envoyer leurs enfants et pour faire les frais en commun (Strasbourg, Metz).

Ailleurs, l'état de l'instruction n'est pas, à beaucoup près, aussi satisfaisant, notamment sous le rapport du nombre des Écoles comparé à la population (Bordeaux, Clermont, Rennes), et l'on observe qu'il en sera de même tant que le Gouvernement n'ordonnera pas pour chaque commune une indemnité attachée à l'École qui sera chargée d'en élever les enfants. Il est affligeant de voir des départements (Ardèche, Lozère) où une très grande partie de la population n'y peut acquérir la connaissance de ses devoirs religieux et sociaux que par une simple tradition orale, laquelle encore est extrêmement rare et ne peut qu'être insuffisante, attendu le trop petit nombre d'ecclésiastiques (Nîmes). Ce qui nuit aussi à l'amélioration de l'instruction sur plusieurs points, c'est que des personnes des classes supérieures de la société semblent regarder l'instruction que l'on veut donner au peuple comme inutile et même dangereuse (Dijon).

Le plus grand obstacle est, en beaucoup de lieux, la négligence ou l'indifférence des Comités cantonaux. Beaucoup de présidents et vice-présidents ne répondent pas ; souvent même les curés s'opposent (Amiens, Rennes), tant ils sont portés à mettre en principe, et encore plus en action, qu'ils ne reconnaissent d'autre autorité que l'autorité épiscopale. Si ce genre de résistance paraît difficile à vaincre, il semble du moins qu'on pourrait surmonter l'insouciance et l'inertie des juges de paix, qui sont payés et amovibles. Il suffirait sans doute qu'une ordonnance du Roi les chargeât de dresser chaque année le tableau des Écoles primaires de leurs ressorts respectifs, et qu'en cas de négligence le Recteur pût la dénoncer au procureur général, qui en rendrait compte au Garde des Sceaux (Rennes).

On ne se plaint pas moins de la négligence des surveillants spéciaux à remplir leurs obligations (Pau, Montpellier) : s'ils s'en acquittaient avec plus de soin, la partie morale de l'instruction primaire laisserait peu de choses à désirer. Mais souvent les plaintes sur le mode actuel d'organisation des Écoles sont exprimées par ceux mêmes qui en paralysent une partie des heureux effets. On doit regretter que beaucoup de curés ne remplissent point le vœu des ordonnances à cet égard, et se privent ainsi des moyens de succès qu'ils trouveraient dans leurs relations avec les Comités, d'autant plus qu'ils exercent déjà une première autorité sur les maîtres, dont un grand nombre sont en même temps chantres et sacristains. Il serait bien à souhaiter que leur zèle fût stimulé par MM. les évêques (Montpellier).

On se loue en général du zèle et de la coopération des préfets, des sous-préfets et des autorités judiciaires.

Il y a encore beaucoup de communes où les Écoles réunissent les deux sexes. On lutte péniblement, pour arriver à l'entière exécution de l'ordonnance sur ce point, contre l'insouciance des autorités locales, contre des intérêts privés, contre le défaut d'emplacement, contre le défaut d'institutrices ou d'instituteurs (Montpellier, Metz).

Le sort des instituteurs excite de vives réclamations. Beaucoup d'Écoles ne se soutiennent qu'avec la plus grande difficulté, parce que très peu de communes accordent des indemnités pour les instituteurs (Poitiers). Tous les efforts se brisent en grande partie contre l'insouciance et l'esprit de parcimonie des conseils municipaux, soit des villes, soit des campagnes. Tous les rapports des Comités cantonaux sont pleins de doléances sur la nécessité de doter les Écoles, et d'acquérir par là, non seulement la faculté d'augmenter le nombre des maîtres, mais encore le droit de les choisir. Il faudrait, pour que l'enseignement primaire prospérât dans certains départements, que l'article 14 de l'ordonnance du 29 février 1816, portant que l'instruction des enfants indigents est à la charge des communes, fût converti en loi (Cahors).

En quelques départements, tels que celui de l'Yonne, les préfets ont insisté par leurs circulaires sur cet article essentiel, et ont recommandé aux maires et aux conseils municipaux l'un de ces deux moyens : ou un mémoire, qui serait fourni chaque année par l'instituteur et acquitté par la caisse municipale; ou un abonnement contracté entre la commune et l'instituteur, et consistant dans le payement annuel d'une somme fixe et déterminée, proportionnée au nombre des enfants indigents.

Un grand nombre d'Écoles sont encore réduites à la méthode de l'enseignement individuel, et la principale raison en est que les instituteurs ne peuvent obtenir des livres uniformes de la part des parents (Montpellier, Dijon); cependant l'enseignement simultané s'est répandu en beaucoup de lieux, et l'on entrevoit dans quelques Académies qu'il remplacera presque partout l'ancienne routine (Besançon, Metz). Plusieurs conseils généraux de départements ont accueilli les demandes des Recteurs à cet égard, et voté des sommes assez considérables (de 3 et 4 000 francs) pour répandre dans les Écoles des ouvrages uniformes (l'intention du Conseil est de consacrer à ce même objet une somme annuelle dans chaque Académie).

Les Écoles chrétiennes s'accréditent de plus en plus, et leur nombre va toujours croissant. Trois causes principales y contribuent : l'instruction gratuite qui s'y donne; les soins et le zèle qu'emploient les maîtres à former leurs élèves, et la protection spéciale qui leur est accordée par les curés et ecclésiastiques des lieux où ils sont établis (Amiens, Dijon, Caen).

Quelques sociétés analogues à celles des frères Saint-Yon et des frères Saint-Antoine se sont formées avec l'approbation des autorités compétentes, dans les anciennes provinces de la Bretagne et de l'Alsace. Elles ont eu soin d'insérer dans leurs statuts la faculté d'envoyer un seul frère dans les petites communes qui n'en pourraient défrayer plusieurs. Elles comprennent dans leur enseignement, outre la lecture, l'écriture, l'orthographe et l'arithmétique, le plain-chant, la géographie et l'arpentage, toutes choses dont la connaissance peut avoir une si heureuse influence sur le bien-être et sur les mœurs du peuple.

Mgr l'évêque de Nancy se propose de former une association charitable du même genre, et les statuts qu'il a rédigés sont dans ce moment même sous les yeux du Conseil royal, à qui le Ministre de l'Intérieur les a transmis, et qui doit préalablement les examiner et les revêtir de son approbation.

Le nombre des Écoles d'enseignement mutuel a diminué. Elles sont l'objet d'une forte opposition, surtout de la part du clergé, qui les redoute au lieu de les surveiller; et cependant il a été constamment recommandé aux maîtres de suivre scrupuleusement les intentions de MM. les curés, relativement à l'instruction religieuse, et il est certain qu'un grand nombre de ces Écoles offrent des progrès très satisfaisants sous tous les rapports (Caen, Dijon, Limoges, Montpellier, etc.). On assure que dans plusieurs endroits les élèves des Écoles mutuelles savent le catéchisme aussi bien que ceux des frères, et ont l'avantage de lire, de calculer et d'écrire beaucoup mieux : aussi voit-on de temps à autre des maires et même quelques curés solliciter des Écoles de ce genre pour leurs communes (Metz).

Parmi les maîtres qui n'osent mettre en pratique la méthode d'enseignement mutuel qu'ils connaissent, mais qu'on discrédite, un certain nombre en conservent au moins quelque ombre, et ils empruntent aussi à l'enseignement simultané d'utiles procédés. Le résultat, surtout si on le compare à ceux de l'ancienne routine, présente d'immenses améliorations (Amiens).

Il faut dire aussi que des causes naturelles s'opposent quelquefois à l'établissement d'Écoles mutuelles dans certains lieux, comme la disposition des locaux et les frais de premier établissement qu'elles exigent.

Dans plusieurs Académies, un certain nombre de communes étant situées dans des lieux montueux, d'un difficile accès, et où la population est très disséminée, les enfants de ces communes sont instruits par des maîtres ambulants. Ces instituteurs ont été soumis à l'obligation d'avoir des livrets, qui sont visés par le maire et le curé de chaque commune où ils séjournent ; et il est résulté un grand bien de cette mesure (Grenoble, Nancy, Strasbourg).

En général, on n'a point délivré de brevets de capacité à des candidats qui eussent moins de seize ans ; mais l'âge n'est point fixé par les règlements, et il conviendrait peut-être d'exiger au moins dix-huit ans.

Les instituteurs clandestins sont encore en grand nombre ; et ce qui a souvent paralysé à cet égard les efforts des Recteurs et des procureurs du Roi, a été l'oubli d'une distinction essentielle que le Conseil royal n'a pourtant cessé de rappeler, entre les deux mesures à prendre en pareilles circonstances : 1° et avant toutes poursuites devant les tribunaux, la clôture de l'École illégale, par l'ordre et par les soins de l'autorité administrative, ou du procureur du Roi, que les lois et décrets y autorisent formellement ; 2° la poursuite devant les tribunaux, pour faire condamner le prétendu instituteur aux peines portées par le décret du 15 novembre 1811.

En ce qui concerne les dispenses de service militaire réclamées en vertu de la loi du 15 mars 1818, par des instituteurs primaires quelconques, soit isolés, soit appartenant à des congrégations religieuses ou à des associations charitables, MM. les inspecteurs généraux ne sauraient trop répéter aux différentes autorités, soit administratives, soit universitaires, que la seule pièce d'après laquelle les conseils de revision peuvent et doivent accorder ces dispenses, est un certificat délivré par le Conseil royal, et attestant qu'il a accepté l'engagement souscrit par tel ou tel instituteur de se consacrer pendant dix ans au service de l'Instruction publique.

Circulaire du Conseil royal de l'Instruction publique, relative aux livres élémentaires 29 avril 1822.
en usage dans les Écoles primaires.

29 Avril 1822.

Monsieur le Recteur, vous savez que l'Université a dressé, au commencement de l'année 1817, une liste des ouvrages qui pouvaient être provisoirement indiqués aux Comités cantonaux comme propres à être mis entre les mains des enfants et des maîtres pour l'enseignement primaire.

Depuis cette époque, il a paru divers ouvrages qui méritent de trouver place sur cette liste ; peut-être aussi en existait-il dès lors dans les Académies qui auraient mérité d'y être compris.

Le Conseil royal, désirant obtenir sur cet objet essentiel un travail aussi complet qu'il sera possible de l'avoir, a souhaité de connaître d'abord quels sont les livres élémentaires qui, indépendamment de ceux que l'Université a recommandés, sont en usage dans les Écoles primaires des diverses Académies. Vous voudrez donc bien, en conséquence, Monsieur le Recteur, m'adresser la liste des meilleurs livres élémentaires dont on se sert dans la vôtre, en y joignant, autant que vous le pourrez, un exemplaire de chacun de ces livres. Vous ferez en même temps connaître votre opinion sur leur mérite. Il vous sera tenu compte du prix de ceux que vous m'aurez fait passer.

Afin d'établir un certain ordre dans la nomenclature de ces livres, il conviendra qu'ils soient distribués, dans le compte que vous en rendrez, suivant les différents objets dont se compose l'enseignement des Écoles primaires, et aussi suivant les divers degrés de cet enseignement. Il faudra indiquer, par exemple, en les classant sous ces deux rapports, ceux de ces livres qui servent pour l'instruction religieuse, pour les prières et pour les exercices de piété ; ensuite, ceux qui sont employés pour les autres parties de l'instruction primaire, c'est-à-dire pour la lecture, l'orthographe, la grammaire, le calcul et l'arithmétique, enfin pour l'arpentage et les autres connaissances dont l'enseignement a lieu dans les Écoles primaires du deuxième et du premier degré.

Le Conseil ne doute pas que l'on ne parvienne ainsi à former pour toutes les Écoles de France un choix de livres élémentaires qui satisfasse à tous les besoins de l'instruction. Il attend de votre zèle tous les secours qui peuvent l'aider à atteindre ce but.

Recevez, etc.

1er juin 1822.

Ordonnance donnant au chef de l'Université le titre de Grand-Maître et déterminant ses attributions.

1er Juin 1822.

LOUIS, etc.,

Vu les décrets des 17 mars 1808 et 15 novembre 1811, et nos ordonnances des 1er novembre 1820 et 27 février 1821 ;

Sur le rapport de notre Ministre secrétaire d'État au département de l'Intérieur,

Nous avons ordonné et ordonnons ce qui suit :

ARTICLE 1er. — Le chef de l'Université prendra le titre de Grand-Maître. Il aura, outre les attributions actuelles du Président du Conseil royal, celles qui sont spécifiées dans les articles 51, 56 et 57 du décret du 17 mars 1808. Dans tous les cas prévus par ces articles, il prendra préalablement l'avis exigé par l'article 56.

ART. 2. — Il proposera à la discussion du Conseil tous les projets de règlements et de statuts qui pourront être faits pour les Écoles de divers degrés.

Art. 3. — Il aura, quant aux présentations pour les places vacantes dans les Écoles spéciales, les attributions données par l'article 24 de la loi du 11 floréal An X (1er mai 1802) aux anciens inspecteurs généraux des études.

Art. 4. — En cas d'absence, de maladie ou d'autre empêchement, il pourra déléguer ses fonctions à l'un des membres du Conseil.

Art. 5. — Le Grand-Maître nous présentera, deux fois par an, un rapport sur la situation morale de l'instruction et de l'éducation.

Art. 6. — Toutes les dispositions contraires à celles de la présente ordonnance sont et demeurent révoquées.

Art. 7. — Notre Ministre secrétaire d'Etat au département de l'Intérieur est chargé de l'exécution de la présente ordonnance.

Circulaire adressée par le Grand-Maître à MM. les Archevêques et Évêques du Royaume, 12 juillet 1822. pour appeler tout leur intérêt sur les divers établissements de l'Université.

12 Juillet 1822.

Monseigneur, depuis que Sa Majesté m'a fait l'insigne honneur de m'élever au poste redoutable de Grand-Maître de l'Université, j'ai été vivement frappé de deux pensées : la première, que l'éducation est une chose plus morale encore et religieuse que littéraire et scientifique ; la seconde, que, pour faire fleurir la piété et les bonnes mœurs dans les établissements d'éducation publique, il faut que le zèle et les efforts continuels des principaux fonctionnaires de l'Université trouvent un appui dans l'assistance du clergé, et surtout de ces premiers pasteurs qui gouvernent avec autant de sagesse que de dévouement les diverses portions de l'Église de France.

Sans doute, il importe d'ouvrir devant la jeunesse la carrière des connaissances humaines, et de donner à son esprit un essor généreux, pour la rendre capable d'exercer avec honneur les diverses professions qui partagent la société ; mais il importe davantage encore de la prémunir, par des habitudes vertueuses, contre l'abus des lumières et des talents, et de donner à sa probité la meilleure de toutes les garanties ; et c'est ici que se fait sentir le besoin de cette religion si puissante sur le cœur de l'homme, dont vous êtes, Monseigneur, établi par Dieu même comme le dépositaire et le gardien.

Ma sollicitude, il est vrai, embrasse la France entière ; je dois veiller à ce que partout la jeunesse soit nourrie de toutes les bonnes doctrines, élevée dans l'amour de la religion, des devoirs qu'elle impose et des pratiques qu'elle consacre ; mais, j'aime à le publier, Monseigneur, encore que je sois honoré comme vous du caractère épiscopal, je n'ai ni vos droits, ni votre juridiction ; mon premier devoir est de respecter votre autorité spirituelle dans toute l'étendue de votre diocèse, pour la faire mieux respecter de ceux qui peuvent se trouver sous ma dépendance.

Mon désir le plus sincère est de voir régner toujours l'accord le plus parfait entre le sacerdoce et l'Université, et de resserrer de plus en plus les liens qui doivent unir au clergé, dépositaire des doctrines divines, le corps chargé de l'enseignement des sciences humaines[1].

C'est à vous, Monseigneur, qu'il appartient, par votre sollicitude pastorale, par des visites paternelles, par des avis salutaires donnés aux aumôniers de nos établissements, par la condescendance que vous aurez de nous céder quelquefois des ecclésiastiques capables de les diriger ; c'est à vous, dis-je, qu'il appartient de contribuer puissamment à pénétrer de sentiments religieux le cœur de l'enfance et de la jeunesse, cette portion si précieuse de votre troupeau.

Je me réjouis de l'heureuse influence que vous donnent votre dignité et votre zèle, tant sur ces maisons principales où les enfants des classes plus riches et plus élevées reçoivent une éducation digne du rang qu'ils doivent occuper un jour, que sur ces Écoles modestes où l'enfant de l'artisan et du pauvre trouve aussi l'instruction dont il a besoin. Ainsi, par l'accord et par les soins réunis de l'épiscopat et de l'Université, l'éducation publique formera un plus grand nombre de sujets instruits et vertueux, bienfait immense pour la religion comme pour la société.

Recevez, etc.

---

6 septembre 1822.   **Ordonnance supprimant la grande École normale de Paris, et portant qu'elle sera remplacée par les Écoles normales partielles des Académies.**

6 Septembre 1822.

LOUIS, etc.,

Sur le rapport de notre Ministre secrétaire d'État au département de l'Intérieur,

Nous avons ordonné et ordonnons ce qui suit :

ARTICLE 1er. — La grande École normale de Paris est supprimée[2]; elle sera remplacée par les Écoles normales partielles des Académies.

ART. 2. — Les chefs et maîtres de conférences de l'École qui n'auraient pas droit à une pension de retraite recevront leurs traitements actuels jusqu'au 1er juillet 1824. Notre Ministre de l'Intérieur soumettra à notre approbation l'état des secours qui pourront être accordés à ceux des élèves qui ne seront pas employés dans l'enseignement.

ART. 3. — Notre Ministre secrétaire d'État au département de l'Intérieur est chargé de l'exécution de la présente ordonnance.

---

1. Rapport au Roi sur l'ordonnance du 27 février 1821.
2. L'École fut rétablie sous le nom d'*École préparatoire* en 1826 ; elle prit le titre d'École normale supérieure en 1830 ; son but était de former des maîtres pour l'enseignement secondaire.

21.

Circulaire relative aux précautions à prendre contre les maladies contagieuses dans les établissements d'instruction publique.

12 novembre 1822.

12 Novembre 1822.

Monsieur l'inspecteur, M. le Préfet de la Seine m'annonce qu'une épidémie variolique, qui règne depuis quelque temps dans Paris, vient d'acquérir tout récemment une intensité très alarmante. Il appelle mon attention la plus active à l'effet de prescrire à tous les chefs d'établissements d'Instruction publique les mesures les plus sévères et les plus efficaces pour arrêter les progrès de la contagion. L'art indique la vaccination comme un préservatif assuré.

En conséquence, Monsieur l'inspecteur, j'ai l'honneur de vous inviter à vous rendre chez les différents chefs d'institution et maîtres de pension de votre arrondissement, en leur prescrivant d'employer sans aucun délai le préservatif annoncé plus haut, à l'égard de tous les élèves de leurs maisons qui n'auraient pas été inoculés, ou qui n'auraient pas eu la petite vérole naturelle.

En leur faisant sentir combien cette mesure est nécessaire et utile dans l'intérêt même de leurs établissements, vous voudrez bien ajouter qu'ils deviennent personnellement responsables, vis-à-vis du Gouvernement, de l'Université et des familles qui leur ont confié leurs enfants, si, par indifférence ou par une négligence coupable, ils n'employaient pas tous les moyens pour préserver leurs élèves des attaques de la contagion.

J'ai l'honneur d'être, etc.

Ordonnance autorisant l'établissement, dans la ville de Rouen, d'une École normale d'instituteurs primaires, dirigée par les Frères des Écoles chrétiennes.

26 novembre 1823.

26 Novembre 1823.

Louis, etc.,

Sur le rapport de notre Ministre secrétaire d'État au département de l'Intérieur;

Vu les délibérations du Conseil général de la Seine-Inférieure, relatives au projet d'établir dans l'ancien couvent de Saint-Lô une École spéciale destinée à former de jeunes instituteurs laïques pour les campagnes, et dirigée par les Frères des Écoles chrétiennes;

Vu les déclarations du supérieur général de ladite Congrégation, par lesquelles il accepte les propositions qui lui ont été faites par le préfet de la Seine-Inférieure;

Vu l'avis du préfet du 31 juillet 1823, et celui du Grand-Maître de l'Université;

Notre Conseil d'État entendu,

Nous avons ordonné et ordonnons ce qui suit:

ARTICLE 1er. — L'établissement d'une École normale d'institu-teurs primaires, dirigée par les Frères des Écoles chrétiennes, est autorisée dans la ville de Rouen, département de la Seine-Infé-rieure.

ART. 2. — Les bâtiments de l'ancien couvent de Saint-Lô, où était établie la maison d'arrêt de la ville et de l'arrondissement de Rouen, sont mis à la disposition de la Congrégation des Frères de la Doctrine chrétienne, pour y loger ceux de ses membres employés à l'instruction primaire, y former un noviciat, si elle le juge à propos, et y établir ladite École normale; le tout suivant les réserves et aux conditions contenues dans l'arrêté du préfet de la Seine-Infé-rieure précité, lequel est approuvé dans son entier et restera annexé à la présente ordonnance.

ART. 3. — Notre Ministre secrétaire d'État au département de l'Intérieur est chargé de l'exécution de la présente ordonnance.

---

8 avril 1824. **Ordonnance concernant l'administration supérieure de l'Instruction publique, les fonctionnaires des Collèges, les boursiers royaux, les institutions et pensions, et les Écoles primaires.**

8 Avril 1824.

Louis, etc.,

Vu nos ordonnances des 29 février 1816, 1er juin et 30 décembre 1822 [1],

Sur le rapport de notre Ministre secrétaire d'État au département de l'Intérieur,

Nous avons ordonné et ordonnons ce qui suit :

TITRE Ier.

Administration supérieure de l'Instruction publique.

ARTICLE 1er. — Le Grand-Maître remplira les fonctions de Rec-teur de l'Académie de Paris, avec les attributions fixées par l'ar-ticle 8 du titre II de l'ordonnance du 27 février 1821.

---

1. L'ordonnance du 30 décembre 1822 n'a pas été publiée dans cet ouvrage; elle ne se rapporte qu'à la nomination de membres complémentaires du Conseil royal de l'Instruction publique.

TITRE II.

Fonctionnaires des Collèges.

. . . .

TITRE III.

Boursiers royaux.

. . . .

TITRE IV.

Institutions et pensions.

ART. 6. — Les diplômes des chefs d'institution et maîtres de pension seront renouvelés avant le 1er septembre 1825. Aucun de ces chefs et maîtres ne pourra continuer ses fonctions, s'il n'a pas, à cette époque, obtenu un nouveau diplôme. Les nouveaux diplômes seront délivrés gratuitement[1].

TITRE V.

Écoles primaires catholiques.

ART. 7. — Ceux qui se destineront aux fonctions de maîtres de ces Écoles seront examinés par ordre des Recteurs des Académies et recevront d'eux, s'ils en sont jugés dignes, des brevets de capacité du premier, du second ou du troisième degré.

ART. 8. — Pour les Écoles dotées, soit par les communes, soit par des associations, et dans lesquelles seront admis cinquante élèves gratuits, l'autorisation spéciale d'exercer sera délivrée aux candidats munis de brevets, par un Comité dont l'évêque diocésain ou l'un de ses délégués sera président.

ART. 9. — Le maire de la commune sera membre nécessaire de ce Comité, qui se composera, en outre, de quatre notables, moitié laïques, moitié ecclésiastiques, les premiers à la nomination du préfet, et les seconds à la nomination de l'évêque.

ART. 10. — Le Comité surveillera ou fera surveiller ces Écoles[2];

---

1. Voir le modèle à l'*Appendice*.
2. Voir la circulaire aux Archevêques et Évêques (25 *avril* 1826) sur divers points relatifs aux Écoles primaires et sur l'exécution de l'ordonnance. Les questions suivantes y sont traitées : fermeture d'une École qui serait tenue par un maître non autorisé; — procédure à suivre pour les autorisations à délivrer en exécution des articles 8 et 11 de l'ordonnance; — conditions d'ouverture d'un pensionnat; — situation des Écoles dites *dotées*.

il pourra révoquer l'autorisation spéciale des instituteurs qui, pour des fautes graves, s'en seraient rendus indignes. Le Recteur de l'Académie pourra aussi, en connaissance de cause, retirer le brevet de capacité.

ART. 11. — Pour les Écoles qui ne sont pas comprises dans l'article 8, l'autorisation spéciale d'exercer sera délivrée par l'évêque diocésain aux candidats munis de brevets. Il surveillera ou fera surveiller ces Écoles; il pourra révoquer les autorisations spéciales par les motifs prévus dans l'article précédent. Le Recteur exercera les attributions qui lui sont données par le même article.

ART. 12. — Les Frères des Écoles chrétiennes de Saint-Yon et des autres Congrégations régulièrement formées conserveront leur régime actuel. Ils pourront être appelés par les évêques diocésains dans les communes qui feront les frais de leur établissement.

TITRE VI.

Écoles primaires protestantes.

ART. 13. — Les Écoles primaires protestantes continueront d'être organisées conformément à l'ordonnance du 29 février 1816.

ART. 14. — Les membres des Comités chargés de les surveiller seront choisis parmi les notables de leur communion. Cependant le proviseur ou le principal du Collège le plus voisin, ou, à son défaut, un délégué du Recteur, en fera nécessairement partie.

---

14 avril 1824　**Circulaire relative à l'ordonnance du Roi du 8 avril 1824, concernant l'administration supérieure et divers établissements de l'Instruction publique.**

14 Avril 1824.

Monsieur le Recteur, j'ai l'honneur de vous transmettre une ordonnance royale du 8 de ce mois, qui introduit dans diverses parties de l'éducation publique d'importantes et larges améliorations. Vous recevrez incessamment une instruction sur le mode à suivre pour remplir les instructions de Sa Majesté.

Des plaintes se sont élevées quelquefois contre mon administration et la conduite du Conseil royal dont j'ai l'honneur d'être le chef. Je pouvais craindre que l'Université n'en fût troublée; mais tout est resté calme; le corps enseignant s'est montré fidèle à ses devoirs : l'expérience lui avait appris que si nous savons, quand il le faut, mettre quelque force dans nos mesures, la modération est dans nos habitudes.

Telles sont aujourd'hui les dispositions de quelques esprits, que les uns ne voient dans la justice que de la rigueur, et que les autres sont tentés d'appeler faiblesse tout ce qui n'est pas violence. De là naissent des contradictions et des embarras pour l'autorité. Vous l'aurez éprouvé, Monsieur le Recteur, vous l'éprouverez davantage encore dans la nouvelle position où vous place l'ordonnance du 8 avril. Continuons de marcher ensemble vers une véritable régénération ; faisons le bien, et laissons dire le mal.

J'attends de votre part une coopération également sage et courageuse ; il n'est pas d'obstacle qu'on ne puisse vaincre avec du bon sens et du caractère. Forts de l'appui d'un gouvernement qui se dévoue à tous les gens de bien, nous travaillerons à faire fleurir plus que jamais la religion, les mœurs et les études, et à nourrir dans l'âme de la jeunesse tous les sentiments dont elle doit être pénétrée à l'égard de cette race auguste, qui ne règne sur la France que pour son bonheur.

Vous vous attacherez surtout à bien faire comprendre aux chefs d'établissement que si le bâtiment qu'ils occupent et son mobilier peuvent être leur propriété, les enfants qu'on leur confie sont à la religion, à leurs familles, à leur Roi et à leur pays, et que l'autorisation pour enseigner n'est pas le droit de les égarer par de mauvaises doctrines et de mauvais exemples.

Recevez, etc.

Nouvelle circulaire concernant les instructions relatives à l'ordonnance royale du 8 avril 1824.　　　29 avril 1824.

29 Avril 1824.

Monsieur le Recteur, ...
L'Université demeure juge de la capacité des instituteurs primaires catholiques ; elle continue à surveiller leur enseignement classique, décerne des récompenses à ceux qui se distinguent, et reçoit les engagements des jeunes maîtres appelés par la loi du recrutement. Les inspecteurs de l'Académie ne pouvant suffire à cette surveillance, vous y emploierez les principaux des Collèges les plus voisins ou d'autres délégués choisis parmi les chefs d'institution et maîtres de pension. Ils se borneront en général à prendre connaissance des méthodes des maîtres et des progrès des élèves ; néanmoins, s'ils découvrent quelque abus échappé à la surveillance de l'évêque diocésain, ils vous en rendront compte, et vous en avertirez sur-le-champ ce prélat.

Deux motifs peuvent vous autoriser à retirer le brevet de capacité : 1° l'inhabileté du maître bien reconnue par vous et par l'autorité chargée de donner l'autorisation d'exercer ; 2° la privation de cette autorisation prononcée pour des fautes graves par la même autorité. Vous veillerez à ce que l'enseignement de ces Écoles ne s'élève pas au delà des bornes qui lui sont prescrites, et qu'elles ne se dérobent pas ainsi aux dispositions de la loi du budget, laquelle soumet à une rétribution tous les élèves qui apprennent les langues anciennes dans un établissement public. En ce cas, vous examinerez si l'instituteur doit être mis au nombre des maîtres de pension, et, si vous ne l'en jugez pas digne, vous pourrez, après avoir averti l'évêque diocésain, exercer contre cet instituteur les poursuites prescrites par l'article 54 du décret du 15 novembre 1811.

Quant aux Écoles primaires protestantes, elles restent sous le régime de l'ordonnance du 29 février 1816, si ce n'est toutefois que la présence du juge de paix n'est plus nécessaire dans les Comités cantonaux : il suffira que le proviseur ou le principal du Collège le plus voisin, ou l'un de vos délégués en fasse partie. Vous prendrez, relativement à l'enseignement de ces Écoles, les mêmes précautions que celles qui vous sont prescrites à l'égard des Écoles primaires catholiques.

Vous connaissez à présent, Monsieur le Recteur, l'esprit qui a dicté l'ordonnance du 8 avril, et les nouveaux devoirs qui vous sont imposés. Votre zèle me répond que vous ne négligerez aucun effort pour remplir les intentions paternelles du Roi, et qu'en saisissant tous les moyens d'étendre et de perfectionner les bonnes études, vous vous appliquerez plus particulièrement à la régénération religieuse et morale de l'éducation publique.

Recevez, etc.

---

26 août 1824. **Ordonnance portant création d'un Ministère pour les Affaires ecclésiastiques et l'Instruction publique.**

26 Août 1824.

Louis, etc.,
Nous avons ordonné et ordonnons ce qui suit :

ARTICLE 1er. — Les Affaires ecclésiastiques et l'Instruction publique seront dirigées à l'avenir par un Ministre secrétaire d'État, qui prendra le titre de Ministre secrétaire d'État au département des Affaires ecclésiastiques et de l'Instruction publique.

ART. 2. — Les attributions du Ministre des Affaires ecclésiastiques et de l'Instruction publique comprendront la présentation des sujets les plus dignes d'être promus aux archevêchés, évêchés et autres titres ecclésiastiques de notre Royaume, les affaires concernant la religion catholique et l'Instruction publique, les dépenses du clergé catholique, des édifices diocésains, des Collèges royaux et des bourses royales.

Il exercera les fonctions de Grand-Maître de l'Université de France, telles qu'elles sont déterminées par les lois et règlements, à l'exception de celles qui sont relatives aux Facultés de théologie protestante, à l'égard desquelles les fonctions de Grand-Maître seront exercées par un membre de notre Conseil royal de l'Instruction publique, et continueront d'être dans les attributions de notre Ministre de l'Intérieur, ainsi que toutes les affaires relatives aux cultes non catholiques.

ART. 3. — Le Président de notre Conseil des Ministres est chargé de l'exécution de la présente ordonnance.

Ordonnance concernant les Directeurs des Affaires ecclésiastiques et de l'Instruction publique. [Extrait.]

1er Septembre 1824.

. . . .

ARTICLE 2. — Les Directeurs nommés par l'article précédent auront, sous les ordres de notre Ministre, la signature de la correspondance qui ne concernera que l'instruction des affaires et la transmission des décisions.

En l'absence de notre Ministre, le Directeur de l'Instruction publique présidera le Conseil royal.

. . . .

Ordonnance qui détermine les attributions des inspecteurs généraux des études. [Extrait.]

22 Septembre 1824.

ARTICLE 1er. — A l'avenir, les fonctions des inspecteurs généraux des études seront de remplir des missions spéciales dans les diverses Académies, conformément aux ordres du chef de l'Université [1].

Loi relative à l'établissement des Congrégations et Communautés religieuses de femmes.

24 Mai 1825.

CHARLES, etc.,
Notre Conseil d'État entendu,
Nous avons ordonné et ordonnons ce qui suit :

ARTICLE 1er. — A l'avenir, aucune Congrégation religieuse de femmes ne pourra être autorisée, et, une fois autorisée, ne pourra former d'établissement que dans les formes et sous les conditions prescrites dans les articles suivants.

ART. 2. — Aucune Congrégation religieuse de femmes ne sera

---

1. *Lois et Règlements concernant l'Instruction publique*, T. VII, 350.

autorisée qu'après que ses statuts, dûment approuvés par l'évêque diocésain, auront été vérifiés et enregistrés au Conseil d'État, en la forme requise pour les bulles d'institution canonique. Ces statuts ne pourront être approuvés et enregistrés s'ils ne contiennent la clause que la Congrégation est soumise, dans les choses spirituelles, à la juridiction de l'Ordinaire.

. Après la vérification et l'enregistrement, l'autorisation sera accordée par une loi à celles de ces Congrégations qui n'existaient pas au 1er janvier 1825. A l'égard de celles de ces congrégations qui existaient antérieurement au 1er janvier 1825, l'autorisation sera accordée par une ordonnance du Roi [1].

1. Voir à l'*Appendice* la liste des congrégations autorisées.
Il nous a paru intéressant de reproduire l'extrait ci-après des *Règlements de la Confrérie de la Charité desdites Servantes des pauvres malades.* (*Statuts du 18 janvier* 1655.)

. . . . Leur principal soin sera de bien servir les pauvres malades, les traitant avec compassion et cordialité, et tâchant de les édifier, les consoler et les disposer à la patience, les portant à faire une bonne confession générale, et surtout à moyenner qu'ils reçoivent les sacrements.

Outre cela, quand elles seront appelées à leurs autres emplois, comme d'assister les pauvres forçats, élever les petits enfants trouvés, instruire les pauvres filles, elles s'y porteront avec une affection et diligence particulières, se représentant qu'en se faisant, elles rendent service à Notre-Seigneur, comme enfant, comme malade, comme pauvre et comme prisonnier. Elles s'entre-chériront et respecteront comme sœurs que Jésus-Christ a liées par son amour, assisteront à l'enterrement de celles qui décèderont, communieront à leur intention, feront dire une messe haute pour chacune d'icelles; elles assisteront aussi à l'enterrement des pauvres qu'elles auront servis, si la commodité le leur permet, et prieront Dieu pour le repos de leurs âmes....

Comme type des traités conclus entre les communes et les Congrégations existantes de sœurs, nous donnerons celui qui a été adopté par les Sœurs de la Charité de Saint-Vincent-de-Paul.
Il n'est pas nécessaire de rappeler que la loi du 30 octobre 1886 a, par son article 17, prescrit que, dans les Écoles publiques de tout ordre, l'enseignement est exclusivement confié à un personnel laïque. L'article 18 ne fixe pas le délai dans lequel la laïcisation devra être complète pour les Écoles de filles; aucune nomination nouvelle ne peut être faite dans les départements qui possèdent depuis quatre ans une École normale.

Traité conclu entre . . . . et . . . . la Supérieure générale des Sœurs de la Charité de Saint-Vincent-de-Paul, les sœurs assistantes, économe et dépensière, toutes quatre officières, présentement en charge, agissant au nom de toute la communauté desdites filles, autorisées par . . . . . . Supérieur général de la Congrégation de la Mission et des Filles de la Charité, pour arrêter les conditions auxquelles cet établissement est confié à ladite communauté.

Article 1er. — Les Filles de la Charité de Saint-Vincent-de-Paul seront chargées, au nombre de. . . . .
Celle qui sera supérieure rendra compte de l'emploi des sommes qu'elle recevra

Art. 3. — Il ne sera formé aucun établissement d'une Congrégation religieuse de femmes déjà autorisée, s'il n'a été préalablement informé sur la convenance et les inconvénients de l'établissement,

pour les besoins des pauvres, mais non de celle qui lui sera payée pour son entretien et celui de ses compagnes.

Art. 2. — Le nombre des sœurs ne pourra point être augmenté sans une autorisation spéciale de. . . . . . . Toutefois, dans des cas d'urgence, tel par exemple que celui de la maladie d'une des sœurs qui la mettrait hors d'état de continuer son service, la supérieure générale pourra envoyer une autre sœur pour la remplacer provisoirement ou définitivement, en prévenant.

Art. 3. — Les Filles de la Charité sont placées, quant aux rapports temporels, sous l'autorité de. . . . . . .

Art. 4. — Il leur sera fourni une maison convenablement garnie de lits et de meubles, et des ustensiles nécessaires tant pour elles que pour les besoins des pauvres. Elles seront logées, blanchies, chauffées et éclairées aux frais de . . . . . . qui leur fournira aussi le gros linge, comme draps, taies d'oreillers, nappes, serviettes, essuie-mains, torchons, tabliers de travail.

Elles ne payeront de contributions d'aucune espèce, et ne seront point chargées des réparations de la maison par elles occupée.

Il sera dressé, à l'entrée des sœurs, un état des lieux et un inventaire du mobilier qui leur sera fourni, et il sera procédé chaque année au récolement de cet état des lieux et de cet inventaire.

Art. 5. — . . . . payer. . . . . . à chaque sœur une somme de. . . . . . par an, pour sa nourriture, son entretien et son vestiaire; cette somme sera acquittée par trimestre et à l'avance.

Art. 6. — Une ou deux femmes ou filles de service seront attachées à l'asile suivant son importance, aux frais de. . . . . . .

Art. 7. — Les Filles de la Charité ne rendront point leurs services aux personnes riches, ni aux femmes ou filles de mauvaise vie, ou qui seraient atteintes du mal qui en procède. Elles ne seront point tenues de visiter les malades la nuit, ni de les veiller.

Art. 8. — Celle qui sera supérieure et. . . . . auront respectivement la faculté de provoquer le changement des sœurs. Dans le premier cas, les frais du changement seront à la charge de la Congrégation, et, dans le second, à celle de l'établissement charitable.

Art. 9. — . . . . tenu. . . de payer les frais du premier voyage et du port des hardes. Il en sera de même lors du remplacement d'une sœur par décès, ou lors de l'admission autorisée de nouvelles sœurs en sus du nombre fixé par le présent traité. Dans ce dernier cas, les sœurs admises le seront aux mêmes conditions que les premières.

Art. 10. — Les Filles de la Charité seront chargées du soin de faire gratuitement l'école aux petites filles indigentes de. . . . . . .

Elles les instruiront des principaux mystères de notre sainte religion, et leur apprendront à lire et à écrire; mais elles ne recevront à leur École aucun garçon, quel que soit son âge et sous quelque prétexte que ce soit.

Lorsqu'il arrivera quelques maladies épidémiques parmi les pauvres ou les sœurs, elles suspendront leur École, s'il est nécessaire, pour aider au soulagement des malades, et reprendront leurs fonctions le plus tôt possible.

Les sœurs seront également chargées de la direction de l'asile, mais dans l'asile les enfants des deux sexes y seront admis.

Art. 11. — Comme paroissiennes, les Filles de la Charité seront tenues d'assister à la messe et aux vêpres de leur paroisse; mais elles doivent s'en tenir à accomplir ce devoir. Elles ne peuvent suivre les exercices de piété qui, n'étant pas selon leur règlement, dérangeraient les heures de leurs exercices et les détourneraient du seret si l'on ne produit à l'appui de la demande le consentement de l'évêque diocésain et l'avis du conseil municipal de la commune où l'établissement devra être formé[1].

L'autorisation spéciale de former l'établissement sera accordée par ordonnance du Roi, laquelle sera insérée dans la quinzaine au *Bulletin des Lois*.

ART. 4. — Les établissements dûment autorisés pourront, avec l'autorisation du Roi :

1° Accepter les biens meubles et immeubles qui leur auraient été donnés par actes entre vifs ou par actes de dernière volonté, à titre particulier seulement ;

2° Acquérir à titre onéreux des biens immeubles ou des rentes ;

3° Aliéner les biens immeubles ou les rentes dont ils seraient propriétaires.

ART. 5. — Nulle personne faisant partie d'un établissement autorisé ne pourra disposer, par actes entre vifs ou par testament, soit en faveur de cet établissement, soit au profit de l'un de ses membres, au delà du quart de ses biens, à moins que le don ou legs n'excède pas la somme de dix mille francs.

Cette prohibition cessera d'avoir son effet relativement aux membres de l'établissement, si la légataire ou donataire était héritière en ligne directe de la testatrice ou donatrice.

vice des pauvres. Il leur est également défendu de s'associer à aucune confrérie, quelque faciles qu'en soient les obligations.

ART. 12. — Quand une sœur décédera, elle sera enterrée aux frais de. . . . . . et on fera célébrer pour le repos de son âme une grand'messe et trois messes basses.

ART. 13. — Avant le départ des Sœurs de la Charité pour commencer l'établissement de. . . . . . . il sera fourni à leur supérieure de Paris l'argent nécessaire pour l'accommodement personnel desdites sœurs, à raison de deux cents francs pour chacune, une fois payés, pour les habits et le linge à leur usage. Cette indemnité ne sera jamais accordée lorsqu'il s'agira du changement des sœurs.

ART. 14. — En cas du retrait volontaire de la Communauté ou de son remplacement par une autre Congrégation, déterminé par. . . . . . . , la supérieure générale et. . . . . . . devront se prévenir réciproquement quatre mois à l'avance, et convenir dans cette limite de l'époque précise de la sortie des sœurs de l'établissement. Dans ce cas, les frais de voyage seront supportés par celle des parties qui aura provoqué la résiliation du traité.

Fait à Paris. . . . . exemplaires, le premier pour. . . . . le deuxième pour la supérieure générale, le troisième pour la sœur qui sera supérieure de l'établissement.

1. Cet article a été expliqué et interprété par une instruction ministérielle du 17 juillet 1825. Voici les termes de cette circulaire : « Les sœurs d'école et de charité, « placées dans un local fourni par une commune ou dans un hospice, ne seront cen- « sées former un établissement susceptible d'être autorisé par le Roi, qu'autant que « l'engagement de la Congrégation avec la commune ou l'hospice serait à perpétuité. » Dans la pratique, l'application de cet article n'a guère plus lieu que pour les établissements durables, formés à l'aide de legs ou donations.

Le présent article ne recevra son exécution, pour les Communautés déjà autorisées, que six mois après la publication de la présente loi; et pour celles qui seraient autorisées à l'avenir, six mois après l'autorisation accordée.

ART. 6. — L'autorisation des Congrégations religieuses de femmes ne pourra être révoquée que par une loi.

L'autorisation des maisons particulières dépendant de ces Congrégations ne pourra être révoquée qu'après avoir pris l'avis de l'évêque diocésain, et avec les autres formes prescrites par l'article 3 de la présente loi.

ART. 7. — En cas d'extinction d'une Congrégation ou maison religieuse de femmes, ou de révocation de l'autorisation qui lui aurait été accordée, les biens acquis par donation entre vifs ou par disposition à cause de mort feront retour aux donateurs ou à leurs parents au degré successible, ainsi qu'à ceux des testateurs au même degré.

Quant aux biens qui ne feraient pas retour, ou qui auraient été acquis à titre onéreux, ils seront attribués ou répartis, moitié aux établissements ecclésiastiques, moitié aux hospices des départements dans lesquels seraient situés les établissements éteints.

La transmission sera opérée avec les charges et obligations imposées aux précédents possesseurs.

Dans le cas de révocation prévu par le premier paragraphe, les membres de la Congrégation ou maison religieuse de femmes auront droit à une pension alimentaire, qui sera prélevée : 1° sur les biens acquis à titre onéreux; 2° subsidiairement, sur les biens acquis à titre gratuit, lesquels, dans ce cas, ne feront retour aux familles des donateurs ou testateurs qu'après l'extinction desdites pensions.

ART. 8. — Toutes les dispositions de la présente loi, autres que celles qui sont relatives à l'autorisation, sont applicables aux Congrégations et maisons religieuses de femmes autorisées antérieurement à la publication de la loi du 2 janvier 1817.

Instruction ministérielle sur l'exécution de la loi du 24 mai 1825, concernant les Congrégations et les Communautés religieuses de femmes.   17 juillet 1825.

17 Juillet 1825.

ARTICLE 1er. — Toute Congrégation ou maison particulière définitivement autorisée avant la loi du 2 janvier 1817, soit par décret, soit par ordonnance royale, demeure reconnue, et n'est obligée en aucune manière de demander une nouvelle autorisation.

ART. 2. — Parmi les Congrégations, il en est qui existaient de fait avant le 1er janvier 1825, et qui sans être autorisées ont pu librement se former et se propager; maintenant, pour qu'elles puissent avoir une existence légale et jouir des avantages qui y sont attachés, comme la faculté de recevoir, d'acquérir et de posséder, il faut qu'une demande en autorisation, accompagnée de leurs statuts, revêtus de l'approbation de l'évêque diocésain, soit transmise au Ministre des Affaires ecclésiastiques, si toutefois elle n'a déjà été adressée au Gouvernement dans l'intervalle du 2 janvier 1817 au 1er janvier 1825.

ART. 3. — La communication des règlements particuliers sur la discipline intérieure des maisons, tels que ceux qui fixent les heures, la nature et la durée des exercices religieux, n'est pas nécessaire; il suffit de faire connaître les statuts, c'est-à-dire les points fondamentaux qui déterminent le but, le régime général de la Congrégation.

ART. 4. — Après que les formalités prescrites par l'article 2 de la présente loi auront été remplies, ces Congrégations et maisons particulières, aux termes du même article, pourront être autorisées par une ordonnance royale.

ART. 5. — Une Congrégation se compose ou d'établissements qui reconnaissent une supérieure générale, comme celle des Filles de Saint-Vincent-de-Paul, ou d'établissements qui ne reconnaissent qu'une supérieure locale, qui sont indépendants les uns des autres, encore qu'ils soient soumis aux mêmes règles et statuts, comme la Congrégation des religieuses Ursulines.

ART. 6. — Pour les unes comme pour les autres de ces Congrégations, lorsque les statuts qui les régissent auront été vérifiés et enregistrés une première fois, il suffira, dans la demande en autorisation de chaque établissement, de déclarer que ces statuts sont adoptés et suivis par les religieuses qui le composent, et l'autorisation pourra être accordée d'après le consentement de l'évêque diocésain et l'avis des conseils municipaux.

ART. 7. — Les sœurs d'école et de charité placées dans un local fourni par une commune ou dans un hospice, ne seront censées former un établissement susceptible d'être autorisé qu'autant que l'engagement de la Congrégation avec la commune ou l'hospice sera à perpétuité.

ART. 8. — La supérieure générale d'une Congrégation conserve une action immédiate sur tous les sujets qui en dépendent : elle a le droit de les placer et de les déplacer, de les transférer d'un établissement dans un autre, de surveiller le régime intérieur et l'administration. Mais chaque établissement n'en demeure pas moins soumis, dans les choses spirituelles, à l'évêque diocésain; cette reconnaissance de l'autorité spirituelle des Ordinaires doit toujours être exprimée dans les statuts.

ART. 9. — Nul établissement autorisé comme faisant partie d'une Congrégation à supérieure générale ne peut s'en séparer, soit pour s'affilier à une autre Congrégation, soit pour former une maison à supérieure locale indépendante, sans perdre, par cela seul, les effets de son autorisation.

ART. 10. — Tout acte émané du Saint-Siège, portant approbation d'un statut religieux, ne pourrait avoir d'effet qu'autant qu'il aurait été vérifié dans les formes voulues pour la publication des bulles d'institution canonique.

ART. 11. — Nul doute que les communautés religieuses ne puissent déclarer dans leurs statuts que les membres qui les composent se lient par des vœux; mais la loi civile ne prêtant son appui et sa force qu'à des vœux qui n'excéderaient pas cinq ans, des statuts qui exprimeraient la perpétuité des vœux ne recevraient pas d'approbation légale.

ART. 12. — La loi n'interdit point aux religieuses la libre jouissance de leurs biens patrimoniaux et autres qu'elles possèdent, ou qui pourraient leur échoir ; ici leurs droits sont ceux du reste des Français. Elles peuvent même disposer de leurs biens, soit par donation, soit par testament : il n'est dérogé à leur égard que dans les cas déterminés par l'article 5 de la loi.

Art. 13. — Mais, comme il était notoire que les propriétés de beaucoup d'établissements, même leur habitation avec ses dépendances, avaient été acceptées ou acquises par l'un ou quelques-uns de leurs membres, la loi a voulu empêcher le tort que ces établissements pourraient souffrir de l'exécution immédiate de cet article 5. En conséquence, si une religieuse veut en disposer en faveur de sa communauté, elle reste dans le droit commun pendant six mois, à dater du 2 juin 1825, jour de la promulgation de la loi, s'il s'agit d'établissements déjà autorisés définitivement, et pendant six mois à dater du jour de l'autorisation définitive, s'il s'agit d'établissements qui, existant de fait au 1er janvier 1825, pourront être autorisés à l'avenir.

Art. 14. — Les religieuses doivent bien se pénétrer de cette disposition si favorable à leur communauté, et ne pas négliger d'en profiter en temps utile ; il suffira pour cela que la donation et la demande en autorisation pour accepter soient faites dans les délais fixés par la loi. Mais ces délais sont de rigueur ; une fois qu'ils seraient passés, il ne serait plus permis ni possible d'empêcher l'exécution des dispositions textuelles de cette loi.

Art. 15. — Les actes de donation doivent contenir l'énonciation des sommes dues et hypothéquées sur les biens cédés, pour que la transmission de ces dettes soit comprise dans l'ordonnance qui autorise l'acceptation de la donation.

Art. 16. — Tous les dons et legs qui seraient faits à l'avenir à des établissements de religieuses doivent être acceptés par la supérieure générale des Congrégations dont ils font partie, ou par la supérieure locale des maisons qui ne reconnaissent pas de supérieure générale, à la charge, dans l'un et l'autre cas, de donner aux libéralités la destination voulue par les donateurs ou testateurs.

Art. 17. — La demande en autorisation d'accepter sera transmise au Ministre, revêtue de l'avis de l'évêque dans le diocèse duquel se trouve l'établissement donataire ou légataire ; elle sera communiquée au préfet, pour qu'il fournisse ses renseignements sur les réclamations qui pourraient être faites.

Art. 18. — Les dispositions des lois et règlements qui prescrivent les formalités à remplir par les établissements d'utilité publique, pour acquisitions, aliénations et, en général, pour l'administration des biens, sont applicables aux actes de cette nature concernant les Congrégations et Communautés qui seront représentées, suivant les cas, par la supérieure générale ou par la supérieure locale.

Art. 19. — Les préfets, ainsi qu'il est prescrit par l'ordonnance du 2 avril 1817, autoriseront l'acceptation de tout don et legs en argent ou effets mobiliers dont la valeur n'excède pas 300 francs.

Art. 20. — Les registres de chaque établissement où seront inscrits tous actes, délibérations, comptes en recette et dépense, quoique sur papier non timbré, seront cotés et paraphés par la supérieure, et tenus sans lacune.

Circulaire du Directeur de l'Instruction publique, relative aux poursuites à exercer contre les individus qui tiendraient école sans autorisation.

26 Décembre 1827.

Monsieur le Recteur, des doutes s'étaient élevés sur l'interprétation des articles 54, 55 et 56 du décret du 15 novembre 1811, qui règlent la marche à suivre près des tribunaux pour la poursuite des individus, qui tiendraient école sans autorisation.

Dans plusieurs circonstances, où l'autorité universitaire et le ministère public avaient eu à réclamer, ou à requérir l'application des lois, contre les Écoles clandestines, les prévenus avaient été renvoyés de la plainte, les tribunaux ayant pensé que, d'après l'article 56 du décret précité, ainsi conçu : « Celui qui « enseignera publiquement et tiendra école sans autorisation sera traduit en « police correctionnelle et condamné à une amende », il n'y avait délit que dans le cas de la publicité de l'enseignement.

Cette doctrine, qui serait la destruction de tout frein contre l'enseignement clandestin, était, d'ailleurs, en opposition formelle avec le texte de l'article 2 du décret du 17 mars 1808, qui porte « qu'aucun établissement quelconque d'in- « struction ne peut être formé hors de l'Université et sans l'autorisation de son « chef ». Aussi les jugements dont il s'agit ont-ils, pour la plupart, été déférés par le ministère public à la Cour de Cassation.

Cette Cour ayant, dans un arrêt rendu le 1er juin dernier, levé tous les doutes qui pourraient avoir lieu en cette matière, et fixé, de la manière la plus expresse, la jurisprudence à cet égard, vous trouverez ci-joint un exemplaire de cet arrêt, qui vient d'être communiqué aussi par Son Excellence à MM. les procureurs généraux près les Cours royales, avec invitation d'en donner connaissance aux procureurs du Roi de leur ressort.

Recevez, etc.

Arrêt de la Cour de Cassation annexé à la circulaire du 26 décembre 1827.

CHARLES, etc.,

Notre Cour de Cassation a rendu l'arrêt suivant sur le pourvoi du procureur du Roi près le tribunal de l'arrondissement d'Auxerre, en cassation du jugement de ce tribunal, rendu sur appel, en matière de police correctionnelle, le 21 avril dernier, dans la cause du ministère public contre le nommé *Marie-Joseph Langlois* :

Ouï M. Brière, conseiller, en son rapport, et M. Laplagne-Barris, avocat général, en ses conclusions ;

Vu le mémoire joint à l'appui du pourvoi ;

Vu l'article 2 du décret du 17 mars 1808, ainsi conçu : « Aucune École, « aucun établissement quelconque d'instruction ne peut être formé hors de « l'Université et sans l'autorisation de son chef » ;

Vu les articles 54 et 56 du décret du 15 novembre 1811, portant, article 54 : « Si quelqu'un enseigne publiquement et tient école sans l'autorisation du « Grand-Maître, il sera poursuivi par nos procureurs, qui feront fermer l'École, « et, suivant l'exigence des cas, pourront décerner un mandat d'arrêt contre les « délinquants » ;

Article 56 : « Celui qui enseignera publiquement et tiendra école sans auto-
« risation sera traduit, à la requête de notre procureur, en police correction-
« nelle, et condamné à une amende qui ne pourra être au-dessous de cent francs
« ni de plus de trois mille francs, dont moitié applicable au trésor de l'Univer-
« sité, et l'autre moitié aux enfants trouvés, sans préjudice de plus grandes
« peines, s'il était trouvé coupable d'avoir dirigé l'enseignement d'une manière
« contraire à l'ordre et à l'intérêt public » ;

Attendu qu'il est constaté par le procès-verbal du maire de Pacy-sur-Armançon, du 30 novembre 1826, par le jugement du tribunal de première instance de Tonnerre, et par le jugement correctionnel d'Auxerre, chef-lieu du
département de l'Yonne, confirmatif dudit jugement correctionnel de Tonnerre,
que Marie-Joseph Langlois, demeurant en ladite commune de Pacy-sur-Armançon,
tenait, et sans en avoir obtenu l'autorisation, une École, dans laquelle il a été
trouvé une dizaine de jeunes gens de diverses familles occupés à écrire, et qu'il
a été renvoyé de l'action du ministère public, par le motif, d'après le jugement
attaqué, qu'il n'était pas suffisamment prouvé que ledit Langlois ait tenu une
École publiquement ; que, d'ailleurs, l'accusation ne qualifiait ce qui se passait
chez lui que d'École clandestine ;

Attendu que la première partie du motif repose sur une erreur de droit évidente ; une École étant publique dans le sens de la loi, toutes les fois que des
enfants ou des jeunes gens de différentes familles se réunissent publiquement
dans un local commun, dans l'objet de se livrer à l'étude, soit des lettres, soit
des sciences ; le mot *publiquement* étant employé dans la loi par opposition à
l'enseignement domestique et privé ;

Que s'il était nécessaire, pour constituer l'enseignement public, qu'il y eût, de
la part du maître, distribution de prospectus, enseigne ou écriteau indicatif de
l'École à la porte de la maison où elle se tiendrait, la loi serait éludée avec la
plus grande facilité ; qu'elle deviendrait inutile par le fait, et que toutes les
Écoles, dans les campagnes principalement, et même dans les villes, seraient,
au grand détriment de l'instruction et de la morale, soustraites à la surveillance
des autorités universitaires ;

Attendu, sur la deuxième partie du motif, que la citation du 28 février, notifiée au sieur Langlois, à la requête du ministère public, repose uniquement
sur la prévention *d'avoir tenu une École sans autorisation*, et qu'il n'y est fait
aucune mention de la clandestinité de cette École ; mais qu'en supposant cette
clandestinité, elle ne serait qu'un moyen frauduleux pour se soustraire à la surveillance des autorités légales, et que cette circonstance aggravante ne détruirait
point le caractère de publicité résultant de la réunion d'écoliers de différentes
familles ;

D'où il suit qu'en confirmant le jugement correctionnel du tribunal de première instance de Tonnerre, par lequel Marie-Joseph Langlois avait été renvoyé
de l'action du ministère public, le tribunal correctionnel d'Auxerre a fausse-
ment interprété les articles 54 et 56 du décret du 15 novembre 1811, violé, par
suite, lesdits articles et l'article 2 du décret du 17 mars 1808 :

En conséquence, la Cour casse et annule le jugement correctionnel rendu le
21 avril 1827, par le tribunal de première instance d'Auxerre, confirmatif du
jugement correctionnel du tribunal de première instance de Tonnerre, du 9 mars
précédent, par lequel Marie-Joseph Langlois a été renvoyé de l'action du ministère public ;

Et, pour être statué, conformément à la loi, sur l'appel interjeté par le ministère public, dudit jugement du tribunal de Tonnerre, du 9 mars 1827, renvoie

les parties et les pièces du procès devant le tribunal de première instance de l'arrondissement de Troyes, chef-lieu du département de l'Aube, pour ce déterminé par délibération spéciale prise en la Chambre du Conseil ;

Ordonne qu'à la diligence du procureur général du Roi, le présent arrêt sera imprimé et transcrit sur les registres du tribunal de première instance d'Auxerre.

Ainsi jugé et prononcé par la Chambre criminelle de la Cour de Cassation, en son audience publique du 1er juin 1827; présents sa seigneurie le comte Portalis, pair de France, président, et MM. Brière, rapporteur, Bailly, Busschop, Choppin, d'Aubers, Gaillard, Chantereyne, Merville, Ollivier, le baron Bernard et Mangin, conseillers en la Cour.

Mandons et ordonnons, etc.

---

4 janvier 1828.

Ordonnance portant nomination à plusieurs Ministères.

[Extrait.]

4 Janvier 1828.

ARTICLE 2. — A l'avenir, l'Instruction publique ne fera plus partie du Ministère des Affaires ecclésiastiques.

---

9 janvier 1828. **Décision qui place provisoirement l'Instruction publique dans les attributions du Ministre de l'Intérieur.**

9 Janvier 1828.

SIRE, l'ordonnance royale du 4 de ce mois porte qu'à l'avenir l'Instruction publique ne fera plus partie du Ministère des Affaires ecclésiastiques. En attendant que Votre Majesté ait pourvu définitivement à cette importante administration, il est indispensable, pour l'expédition des affaires, qu'elle soit placée sous l'autorité d'un de ses Ministres. Avant d'avoir été érigée en Ministère avec les Affaires ecclésiastiques, elle dépendait du département de l'Intérieur. Présumant qu'il est dans l'intention de Votre Majesté qu'elle y rentre provisoirement, je la prie de vouloir bien l'ordonner en approuvant le présent rapport.

Je suis, etc.

Le Ministre secrétaire d'État au département de l'Intérieur,
Signé : Vicomte DE MARTIGNAC.

Approuvé :

Signé : CHARLES.

22.

Décision portant que le Ministre de l'Intérieur exercera provisoirement les fonctions de Grand-Maître de l'Université.

16 Janvier 1828.

SIRE, l'Instruction publique ayant cessé, aux termes de l'ordonnance royale du 4 de ce mois, de faire partie du Ministère des Affaires ecclésiastiques, Votre Majesté a ordonné, par sa décision du 9, que cette administration, jusqu'à ce qu'il y soit pourvu d'une manière définitive, serait provisoirement replacée dans les attributions du Ministère de l'Intérieur, comme elle s'y trouvait avant d'être érigée en Ministère avec les Affaires ecclésiastiques.

Cette décision provisoire suffit pour l'expédition des affaires qui, après avoir cessé en 1824 de faire partie du Ministère de l'Intérieur, avaient été réunies au Ministère des Affaires ecclésiastiques et de l'Instruction publique. Mais le Ministre de ce dernier département avait en outre à statuer, comme Grand-Maître, sur beaucoup d'affaires auxquelles le Ministre de l'Intérieur est toujours demeuré étranger, et qu'une décision spéciale peut seule lui déférer. Telles sont les ordonnances de payement sur les fonds spéciaux de l'Université; la signature des diplômes de grades ou d'emplois; la nomination aux places d'administration ou d'enseignement; l'institution des professeurs, régents et maîtres d'études, nommés par les Recteurs d'Académie.

La décision du 9 de ce mois n'étant pas assez explicite à cet égard, j'ai l'honneur de proposer à Votre Majesté de décider que j'exercerai provisoirement les fonctions de *Grand-Maître de l'Université*, concurremment avec celles que Votre Majesté a daigné me confier aussi, provisoirement, par la décision précitée.

Je suis, etc.

Le Ministre secrétaire d'État au département de l'Intérieur,
Signé : Vicomte DE MARTIGNAC.

Approuvé :

Signé : CHARLES.

10 février 1828. **Ordonnance portant que l'Instruction publique sera dirigée par un Ministre secrétaire d'État, qui exercera les fonctions de Grand-Maître de l'Université de France.**

10 Février 1828.

Charles, etc.,

Vu l'ordonnance du 26 août 1824, qui avait créé le Ministère des Affaires ecclésiastiques et de l'Instruction publique ;

Vu l'article 2 de notre ordonnance du 4 janvier dernier, portant qu'à l'avenir l'Instruction publique ne fera plus partie du Ministère des Affaires ecclésiastiques,

Nous avons ordonné et ordonnons ce qui suit :

Article 1er. — L'Instruction publique sera dirigée par un Ministre secrétaire d'État.

Il exercera les fonctions de Grand-Maître de l'Université de France, telles qu'elles sont déterminées par les lois et règlements.

---

21 avril 1828.   **Ordonnance concernant l'instruction primaire.**

21 Avril 1828.

Charles, etc.,

Vu la loi du 10 mai 1806, qui établit, sous le nom d'Université, un corps chargé exclusivement de l'enseignement et de l'éducation publique dans tout le Royaume ;

Vu les décrets du 17 mars 1808 et du 15 novembre 1811 ; les ordonnances du 29 février 1816, du 2 août 1820 et du 8 avril 1824 ;

Vu le mémoire de notre Conseil royal de l'Instruction publique ;

Sur le rapport de notre Ministre secrétaire d'État au département de l'Instruction publique ;

Considérant que la direction et la surveillance de l'enseignement primaire doivent être soumises à des règles qui concilient les droits de l'autorité civile avec les intérêts de la religion, et qui favorisent le perfectionnement de l'instruction ;

Nous avons ordonné et ordonnons ce qui suit :

Article 1er. — Les ordonnances du 29 février 1816 et du 2 août 1820, concernant l'instruction primaire, seront exécutées dans tout le Royaume, sauf les modifications qui suivent en ce qui concerne les Écoles catholiques.

Art. 2. — Il sera formé, dans chaque arrondissement de sous-préfecture, un Comité gratuit pour surveiller et encourager l'instruction primaire [1].

Néanmoins, notre Ministre de l'Instruction publique pourra, suivant la population et les besoins des localités, établir dans le même arrondissement plusieurs Comités, dont il déterminera la circonscription.

Art. 3. — Chaque Comité sera composé de neuf membres, savoir : un délégué de l'évêque diocésain, ou, à son défaut, le curé de la ville dans laquelle le Comité tiendra ses séances, et, si dans cette ville il y avait plusieurs curés, le plus ancien d'entre eux ; le maire de la ville, le juge de paix de la ville, ou si dans cette ville il y avait plusieurs juges de paix, le plus ancien d'entre eux, et six notables, dont deux à la nomination de l'évêque, deux à la nomination du préfet, et deux à la nomination du Recteur.

Le Comité pourra délibérer au nombre de cinq membres.

Le Comité sera présidé par le délégué de l'évêque ou par le curé. A défaut de l'un et de l'autre, il sera présidé par celui des membres qui sera le premier inscrit sur le tableau.

Art. 4. — A Paris, il y aura un Comité par arrondissement municipal.

Chacun de ces Comités sera composé ainsi qu'il est prescrit par l'article précédent.

Art. 5. — Les six notables faisant partie des Comités seront renouvelés par moitié tous les ans. Ils pourront être renommés.

Art. 6. — Les Comités se réuniront au moins une fois par mois à un jour déterminé, et plus souvent s'il est nécessaire.

Ils pourront tenir leurs séances dans une salle de la maison commune.

Art. 7. — Le Comité désignera un ou plusieurs inspecteurs gratuits, qu'il chargera de surveiller l'instruction primaire et de lui faire connaître les résultats de cette surveillance.

Art. 8. — Le Comité nommera dans son sein un secrétaire, qui tiendra registre des délibérations.

Le président correspondra, au nom du Comité, avec le Recteur de l'Académie ; il lui rendra compte de toutes les décisions du Comité et des résultats de sa surveillance.

Chaque année, au mois de mai, le président fera connaître au Recteur, par un compte ou tableau particulier, la situation de l'in-

---

1. Consulter, sur le rôle des Comités gratuits, la circulaire du 27 décembre 1828. Le Ministre rappelle qu'ils doivent « employer tous leurs soins pour faire établir des Écoles dans tous les lieux où il n'y en a pas ».

struction primaire dans chacune des communes comprises dans la circonscription du Comité[1].

Art. 9. — Les brevets de capacité continueront d'être délivrés par les Recteurs.

Pour être admis à subir l'examen qui, aux termes de l'article 10 de l'ordonnance du 26 février 1816, doit précéder la délivrance desdits brevets, l'aspirant devra présenter au Recteur de l'Académie ou à l'examinateur délégué par le Recteur, outre le certificat de bonnes vie et mœurs exigé par ledit article, un certificat d'instruction religieuse, délivré par un délégué de l'évêque ou, à son défaut, par le curé de la paroisse de l'aspirant.

Art. 10. — A l'égard des Frères des Écoles chrétiennes et des membres de toute autre association charitable légalement autorisée pour former ou fournir des instituteurs primaires, le Recteur remettra à chacun d'eux un brevet de capacité sur le vu de l'obédience délivrée par le supérieur ou le directeur général de ladite association, conformément à ce qui est prescrit par les ordonnances du 1er mai 1822, du 11 juin, du 17 septembre et du 3 décembre 1823.

Le Recteur délivrera pareillement à chaque frère l'autorisation d'exercer dans le cas prévu par l'article 12 de l'ordonnance du 8 avril 1824.

Art. 11. — Toute demande à fin d'obtenir l'autorisation spéciale d'exercer les fonctions d'instituteur primaire dans une commune sera soumise au Comité dans la circonscription duquel se trouve cette commune.

Le Comité recueillera les renseignements nécessaires sur sa conduite religieuse et morale, depuis l'époque où il aura obtenu le brevet de capacité.

Il donnera son avis motivé et le transmettra au Recteur, qui accordera ou refusera l'autorisation.

Les mêmes formes seront suivies dans le cas des articles 18 et suivants de l'ordonnance du 29 février 1816, qui accordent le droit de présentation aux fondateurs, associations ou communes fondatrices d'écoles.

Art. 12. — Nul instituteur primaire ne peut recevoir d'élèves pensionnaires sans en avoir obtenu la permission de notre Conseil royal de l'Instruction publique. Cette permission sera donnée après avoir consulté le Recteur de l'Académie, et à la charge, par l'insti-

---

1. L'un des renseignements les plus importants à fournir était celui qui concernait les pensions de retraite. Consulter, à cet égard, la circulaire du 28 *février* 1829 et les tableaux y annexés.

tuteur, de se renfermer strictement dans les limites que lui assigne son brevet de capacité[1].

Art. 13. — Les instituteurs primaires ne pourront recevoir des élèves de différentes religions sans en avoir obtenu la permission de notre Conseil royal de l'Instruction publique, qui statuera, après avoir consulté le Recteur de l'Académie, et prescrira en même temps les mesures convenables.

Art. 14. — Dans les cas prévus par les deux articles précédents, le Recteur prendra l'avis du Comité et le transmettra à notre Ministre de l'Instruction publique, avec son opinion personnelle.

Art. 15. — Lorsqu'un instituteur primaire voudra quitter la commune où il exerce ses fonctions et demandera l'autorisation d'exercer dans une autre, il ne pourra l'obtenir qu'en présentant un certificat de bonnes vie et mœurs, délivré par les autorités de celle d'où il sort, visé et confirmé par le Recteur de l'Académie ou par son délégué; et il sera fait mention de ce certificat dans la nouvelle autorisation spéciale qui lui sera délivrée.

Cette nouvelle autorisation ne sera, d'ailleurs, délivrée qu'après l'accomplissement des autres formalités ci-dessus prescrites.

Dans les villes au-dessus de dix mille âmes, lorsqu'un instituteur voudra changer de demeure, il devra de même obtenir la permission du Recteur, qui prendra, à cet égard, l'avis du Comité.

Art. 16. — En cas, soit d'infraction aux articles 12, 13 et 15, soit de toute autre faute grave, l'autorisation spéciale et même le brevet de capacité pourront être retirés.

Le Comité mandera l'instituteur inculpé, dressera procès-verbal de ses réponses ou de sa non-comparution, et donnera un avis motivé, qui sera adressé au Recteur.

En cas d'urgence, le Comité pourra provisoirement ordonner la suspension conformément à l'article 27 de l'ordonnance de 1816, et pourvoir provisoirement au remplacement de l'instituteur inculpé.

Art. 17. — Le Recteur pourra, selon les circonstances, retirer l'autorisation spéciale d'exercer, ou prononcer une simple suspension.

Dans l'un et l'autre cas, sa décision sera exécutoire par provision.

Art. 18. — Si le Recteur pense qu'il y a lieu de retirer le brevet de capacité, il soumettra l'affaire au Conseil académique, qui statuera, après avoir entendu l'inspecteur chargé du ministère public.

Art. 19. — Les décisions prises par les Conseils académiques,

1. Consulter, pour les conditions à remplir, la circulaire du 29 *septembre* 1828.

dans les cas prévus par l'article précédent, seront sujettes au recours devant notre Conseil royal de l'Instruction publique.

Le recours devra être exercé dans le délai d'un mois, à partir du jour où le Recteur aura notifié la décision du Conseil académique.

Toute autre décision ou mesure relative à l'instruction primaire sera sujette au recours devant notre Ministre de l'Instruction publique.

ART. 20. — L'évêque pourra, toutes les fois qu'il le jugera convenable, visiter ou faire visiter les Écoles primaires de son diocèse.

ART. 21. — Les dispositions de la présente ordonnance s'appliquent tant aux Écoles primaires des garçons qu'aux Écoles primaires des filles [1].

ART. 22. — Les articles 8, 9, 10 et 11 de l'ordonnance du 8 avril 1824 sont abrogés.

---

1. Voir ci-après, page 349, la circulaire du 13 *juin* 1828.

A la date du 13 *octobre* 1828, le Ministre adressait, sur le même objet, la lettre suivante à l'inspecteur chargé de l'administration de l'Académie de Paris :

Monsieur l'inspecteur général, M. le préfet de la Seine m'a adressé diverses observations, relativement à l'application de l'ordonnance du 21 avril aux Écoles de filles, et qui ont pour objet de faire déterminer d'une manière précise quelles sont celles de ces Écoles qui sont soumises au régime de cette ordonnance.

Parmi les maisons d'éducation de filles qui existent dans la ville de Paris, il s'en trouve d'un ordre intermédiaire, qui se rapprochent des Écoles primaires pour le degré d'enseignement, mais qui aussi peuvent être assimilées aux pensions par leur nature et leur destination. Ce sont celles qui ont été désignées par M. le préfet sous le nom d'Écoles secondaires.

D'après les détails qui ont été donnés par M. le préfet à l'égard de ces établissements, le Conseil royal a décidé qu'ils seraient considérés comme des pensions, et qu'ils continueraient d'être sous la juridiction et la surveillance de l'autorité administrative. Les directrices de ces Écoles seront donc autorisées par M. le préfet, qui leur délivrera à cet effet un *diplôme*. Ces maisons ne seront point soumises à la surveillance des Comités d'instruction primaire, et leur régime doit être semblable à celui des institutions et pensions.

Quant aux Écoles primaires de filles proprement dites, il importe d'éviter, par rapport à leur surveillance, tout ce qui pourrait inquiéter la sollicitude des familles, et il paraît nécessaire de conserver le mode actuel de surveillance, qui satisfait à toutes les convenances.

Ainsi la visite et l'inspection des Écoles, dans l'intérieur de Paris, devront être spécialement confiées à des dames surveillantes, que les Comités d'instruction primaire de chaque arrondissement seront invités à nommer.

M. le préfet avait adopté, à l'égard des Écoles primaires de la ville de Paris, une mesure qui a paru au Conseil utile, sage et fondée sur des motifs bien entendus d'intérêt public. Elle consistait à ne délivrer d'autorisation d'institutrice primaire, pour l'intérieur de Paris, que dans le cas où l'admission de tous les élèves devait être gratuite. Cette mesure doit être maintenue au moins provisoirement, jusqu'à ce qu'elle puisse être introduite définitivement dans les règlements administratifs concernant les Écoles primaires de filles. Il sera bon que vous l'adoptiez jusqu'à nouvel ordre à l'égard des autorisations d'institutrices primaires que vous serez dans le cas de délivrer pour la ville de Paris.

Les articles 12, 13, 14, 15, 16, 17, 18, 19 et 21 de la présente ordonnance sont applicables aux Écoles primaires protestantes.

Il n'est pas dérogé aux règlements actuellement en vigueur, relativement à l'organisation des Comités de surveillance de ces Écoles. Ces Comités rempliront, à l'égard desdites Écoles, les fonctions déterminées par les articles susénoncés.

Circulaire du Ministre de l'Instruction publique, relative à l'exécution de l'ordonnance du 21 avril 1828, concernant l'instruction primaire. 6 mai 1828.

6 Mai 1828.

Monsieur le Recteur, une nouvelle ordonnance, relative à l'instruction primaire, rend à l'Université d'importantes attributions. Cette ordonnance, qui concerne principalement les Écoles catholiques, abroge les articles 8, 9, 10 et 11 de l'ordonnance du 8 avril 1824; elle charge les Recteurs de délivrer ou de refuser les autorisations nécessaires pour l'établissement des Écoles primaires; elle accorde en même temps aux ministres de la religion une participation salutaire à la surveillance des Écoles. Les dispositions n'en sont pas limitées aux Écoles de garçons; elles s'étendent aussi aux Écoles de filles, qui, jusqu'à présent, avaient été soumises à un autre régime.

Ainsi sont conciliés les droits de la puissance civile et les intérêts de la religion. D'un côté, l'autorité universitaire emploiera tous ses soins et tous ses efforts à propager l'enseignement primaire, et encouragera, par une égale protection, les divers modes de cet enseignement; d'un autre côté, les supérieurs ecclésiastiques veilleront à ce que, dans toutes les Écoles, on donne à l'instruction religieuse le temps et l'attention que réclame cette partie nécessaire de l'éducation. Le concours du pouvoir civil et de l'autorité spirituelle, leur bonne intelligence, entretenue par la conformité de leurs intentions, favoriseront les progrès de l'instruction élémentaire, que l'État et l'Église ont un intérêt égal à seconder, puisque les sages principes, les louables habitudes, et les connaissances utiles, que la jeunesse acquiert dans des Écoles bien dirigées et bien tenues, sont de sûrs moyens d'améliorer les mœurs.

L'ordonnance du 21 avril remet en vigueur, avec diverses modifications, les ordonnances du 29 février 1816 et du 2 août 1820. Par là se trouvent aussi confirmés (sauf les modifications corrélatives à celles qui ont été introduites dans la dernière ordonnance) les arrêtés et circulaires qui, depuis 1816 jusqu'à 1824, avaient dirigé votre zèle pour le perfectionnement des méthodes, le maintien de la discipline et l'amélioration du sort des maîtres. La législation actuelle vous fournira des moyens efficaces de faire le bien, qui depuis longtemps est l'objet de vos vœux. Je vais parcourir avec vous les divers points sur lesquels votre attention doit plus particulièrement se fixer.

1° *Comités gratuits.*

L'ordonnance rétablit ces Comités, sorte de magistrature paternelle, dont l'intervention bienfaisante doit contribuer puissamment à l'amélioration de l'enseignement primaire : il importe avant tout de procéder à leur organisation.

Au lieu d'un Comité par canton, l'ordonnance n'exige plus, d'une manière impérative, qu'un Comité par arrondissement de sous-préfecture; mais, comme elle permet, suivant la population et les besoins des localités, d'établir, dans le même arrondissement, plusieurs Comités, dont le Ministre doit déterminer la circonscription, vous aurez soin de m'indiquer, le plus promptement possible, les arrondissements où il conviendrait de partager et de multiplier ainsi la surveillance sur les Écoles. Tout à cet égard dépend de la possibilité de composer convenablement un Comité gratuit. S'il existait un arrondissement où les ressources fussent telles que l'on pût établir un Comité par canton, il ne faudrait pas hésiter à pousser la subdivision jusqu'à ce terme : peut-être ce cas se présentera-t-il rarement; mais du moins il me paraît convenable d'établir des Comités dans toutes les villes, et même dans les bourgs dont la population approche de celle des villes.

Outre le délégué de l'évêque et les deux membres de droit, il doit y avoir dans chaque Comité six notables, dont deux sont à la nomination de l'évêque diocésain, deux à celle du préfet du département et deux à la vôtre. Vous devez, de concert avec les deux autres autorités, vous efforcer de parvenir à composer incessamment une réunion de personnes éclairées et dévouées, qui comprennent bien l'importance et l'étendue de leurs fonctions. Je vous invite à choisir des hommes connus par leur zèle pour la propagation de l'enseignement, et doués d'assez de sagesse et d'impartialité pour favoriser toutes les méthodes utiles. Les Comités, lorsqu'ils donnent des avis, et les Recteurs, lorsqu'ils statuent, ne doivent jamais oublier que, dans tout ce qui tient au choix de la méthode, il serait injuste de contrarier, soit directement, soit indirectement, les vœux des communes, les intentions des fondateurs et la liberté des maîtres.

Vous ne manquerez pas de faire remarquer aux membres que vous nommerez, que les Comités sont appelés à représenter les intérêts de tous les pères de famille ; et j'espère que cette considération déterminera les personnes les plus distinguées, soit par leurs places, soit par leur situation sociale, à accepter ces utiles fonctions.

Vous aurez remarqué une disposition nouvelle, qui sera propre à favoriser la tenue des assemblées. Aux termes de l'article 6, ces assemblées pourront avoir lieu dans une salle de la maison commune : dès lors, on doit espérer qu'avec le concours des maires, les menus frais qu'elles entraînent, se trouvant notablement diminués, seront supportés sans peine par les communes, conformément à la circulaire adressée, le 27 septembre 1820, par le Ministre de l'Intérieur aux préfets.

Dans le cas où un arrondissement vous paraîtra susceptible de division, vous n'en devez pas moins vous occuper immédiatement de l'organisation du Comité qui siégera au chef-lieu de l'arrondissement. Ce Comité exercera ses fonctions pour tout l'arrondissement, en attendant qu'il ait été statué sur la division. Il importe de hâter le plus possible l'organisation des Comités.

2° *Attributions des Comités et moyens de surveillance.*

Outre leurs anciennes attributions, résultant des articles 7, 8 et 9 de l'ordonnance de 1816, les Comités en auront une dont l'utilité a été sentie, même sous le régime qui voulait un Comité par canton, et sera plus sensible encore avec des Comités moins multipliés : c'est celle qui les autorise à désigner un ou plusieurs inspecteurs gratuits. L'importance, ou plutôt la nécessité et les heureux effets de l'instruction primaire, sont aujourd'hui si universellement reconnus, qu'on ne peut douter qu'il ne se rencontre, dans chaque arrrondissement, un certain nombre d'hommes zélés qui consacreront volontiers, de temps en temps, quelques heures à l'inspection des Écoles.

Il est bien entendu que ces inspecteurs, désignés par les Comités, existeront indépendamment des surveillants spéciaux, dont parlent les articles 8 et 9 de l'ordonnance de 1816. Rien ne pourrait suppléer à l'action constante de ces autorités locales, et aux services qu'elles sont à portée de rendre chaque jour.

Outre ces moyens ordinaires de surveillance, la bonne tenue des Écoles et la bonne direction de l'enseignement seront encore garanties par les visites des inspecteurs généraux de l'Université et des inspecteurs des Académies, et enfin par celles que pourront toujours faire, et que sans doute voudront quelquefois accorder, dans le cours de leurs tournées, les évêques ou leurs délégués, les préfets et les sous-préfets.

On veillera donc de toutes parts à ce que l'instruction primaire soit fondée sur la religion, l'amour dû au Roi et le respect pour les lois, comme le veulent les principes sur lesquels repose l'Université tout entière.

3° *Brevets de capacité et Autorisations spéciales.*

Un degré suffisant d'instruction religieuse, tel que l'on peut l'exiger d'un maître laïque, sera la première condition à remplir par tout homme qui désirera se vouer aux fonctions d'instituteur : l'aspirant devra en obtenir le certificat de l'autorité religieuse, avant de se présenter devant l'examinateur que vous aurez délégué pour constater sa capacité sur les autres points.

Le brevet de capacité obtenu, l'aspirant devra, conformément à l'article 13 de l'ordonnance de 1816, obtenir une autorisation spéciale pour un lieu déterminé. A cet effet, il se présentera au Comité, qui, après avoir recueilli tous les renseignements nécessaires sur sa conduite, et après avoir examiné si la commune n'est pas déjà suffisamment pourvue d'instituteurs, donnera un avis motivé et l'adressera au Recteur. Le Recteur accordera ou refusera l'autorisation. Toutes les fois que votre décision sera contraire à l'avis du Comité, vous voudrez bien m'en informer, et me transmettre cet avis avec vos observations. L'ordonnance ne soumettant les arrêtés par lesquels les Recteurs accordent des autorisations, qu'au recours devant le Ministre de l'Instruction publique, ces autorisations n'ont plus besoin d'être revêtues de l'agrément des préfets, qui, d'ailleurs, sont aujourd'hui représentés dans les Comités par deux membres de leur choix.

Quant aux Frères des Écoles chrétiennes et aux membres de toute autre association charitable légalement autorisée à tenir des Écoles, l'ordonnance maintient les règles qu'avait trouvées en vigueur et qu'avait confirmées l'article 12 de l'ordonnance du 8 avril 1824. Les mêmes règles s'appliquent aux Congrégations enseignantes de femmes, lorsqu'elles sont légalement reconnues.

Quant aux instituteurs que présenteraient des personnes, des associations ou des communes fondatrices d'écoles, les formes à suivre seront les mêmes que celles qui sont prescrites pour les instituteurs ordinaires : ils devront également être munis d'un brevet de capacité, et recevoir une autorisation spéciale; il faudra, en outre, comme le prescrit l'article 16 de l'ordonnance du 2 août 1820, que les personnes ou les associations fondatrices, qui voudront jouir du droit de présentation, contractent l'engagement légal d'entretenir l'école au moins pendant cinq ans.

4° *Des Classes normales primaires.*

Il serait inutile, Monsieur le Recteur, de rappeler les principales dispositions par lesquelles le Roi a voulu encourager l'instruction élémentaire dans toute l'étendue de la France. Ces dispositions, confirmées par l'ordonnance du 21 avril, vont être de nouveau l'objet de vos soins; mais je dois pourtant vous remettre sous les yeux celle qui a pour but d'établir sur plusieurs points des classes normales, c'est-à-dire destinées à former, même pour la première instruction, un certain nombre de jeunes gens dans l'art d'enseigner.

Tel est le vœu formel de l'article 39 de l'ordonnance de 1816; et déjà, à l'imitation de ce qui avait si heureusement réussi dans l'Académie de Strasbourg, plusieurs autres Académies ont vu s'élever des établissements de cette nature. Je ne puis trop vous recommander, Monsieur le Recteur, de travailler à former aussi, dans une des principales communes de votre Académie, une classe normale de ce genre. Je ne doute pas que vous ne soyez secondé en cela, et par les maires et par les préfets, qui verront dans une pareille mesure le moyen le plus assuré de donner à l'enseignement primaire tout le développement et toute la perfection dont il est susceptible.

5° *Tableau annuel présentant la situation de l'instruction primaire.*

Dorénavant, Monsieur le Recteur, la rédaction de votre tableau général sera rendue plus facile par les tableaux particuliers que devront vous envoyer, dès le mois de mai, les présidents des différents Comités; et pour que ces divers tableaux soient aussi complets et aussi utiles qu'on peut le désirer, j'aurai soin qu'il vous soit envoyé un nombre suffisant de modèles uniformes, où seront indiqués par colonnes tous les renseignements à recueillir.

Les tableaux de cette année seront particulièrement destinés à constater le point de départ, au moment où va commencer l'exécution de la nouvelle ordonnance. J'espère que, grâce à vos soins et à ceux de toutes les personnes qui doivent concourir avec vous à l'exécution de l'ordonnance du 21 avril dernier, les tableaux des années suivantes présenteront une amélioration graduelle dans cette branche de l'éducation publique.

6° *Mesures d'ordre et de discipline.*

L'article 12 sanctionne une mesure déjà ordonnée depuis longtemps par l'autorité universitaire, et dont l'expérience a démontré partout la convenance et la nécessité.

Il en est de même de celles que prescrivent les articles 15 et 17.

Je ferai seulement remarquer les dispositions nouvelles que contiennent les articles 13, 16, 18 et 19.

Lorsque des enfants de diverses religions sont reçus dans la même École, il est nécessaire que cette École soit soumise à des règles et à des précautions propres à garantir la liberté des cultes. Il faut que, sur ce point, la volonté des pères de famille soit exactement suivie. C'est sur les motifs que je viens d'indiquer qu'est fondée la disposition de l'article 13. L'autorisation du Conseil royal est exigée, parce qu'il est indispensable que ce Conseil vérifie si l'organisation de l'École est telle que la liberté religieuse soit pleinement assurée. Ainsi l'article 13 doit être exécuté de manière qu'il soit toujours une garantie et jamais un obstacle. Vous aurez soin de rappeler ces principes aux Comités qui sont chargés de donner des avis, dans le cas prévu par l'article 13.

Il faudra, dans l'application, distinguer les Écoles véritablement mixtes, c'est-à-dire destinées à recevoir habituellement des enfants de diverses religions, de celles qui ne sont ordinairement composées que d'élèves d'une seule religion, mais dans lesquelles il se trouverait pourtant, d'une manière accidentelle et momentanée, quelques enfants d'une autre religion.

L'article 13 doit être exactement suivi pour les premières; mais, à l'égard des secondes, les Comités pourront provisoirement autoriser les instituteurs à recevoir les enfants qui se trouvent dans la situation que je viens d'indiquer; seulement, ils devront vous en référer, et vous m'en rendrez compte.

Les articles 16 et suivants règlent le mode de procéder et les peines à appliquer, en cas, soit d'infraction aux articles 12, 13 et 15, soit de toute autre faute grave. Lorsque l'information et l'avis du Comité vous auront été adressés, vous examinerez attentivement l'affaire: si vous pensez qu'il n'y ait lieu qu'à retirer l'autorisation ou à suspendre l'instituteur inculpé, vous prononcerez seul; si, au contraire, il vous paraît que le brevet de capacité doive aussi être retiré, vous porterez l'affaire devant le Conseil académique, qui statuera sur l'inculpation.

7° Des Écoles protestantes.

Toutes les dispositions qui concernent cette portion des Écoles primaires dans les trois ordonnances de 1816, de 1820 et de 1824, et qui, dans l'usage, ont été appliquées avec succès aux Écoles israélites, sont et demeurent maintenues dans leur intégrité. Il n'y aura, de plus, à l'égard de toutes ces Écoles, que l'exécution des utiles mesures contenues dans les articles que rappelle l'article 22 de la nouvelle ordonnance; et j'ai tout lieu de penser que les instituteurs de ces Écoles, comme ceux des Écoles catholiques, sauront apprécier les intentions bienveillantes qui ont inspiré ces différentes mesures.

Vous trouverez ci-joint   exemplaires de l'ordonnance du 29 février 1816, de celle du 2 août 1820 et de celle du 21 avril dernier. Des notes indiquent celles des dispositions des ordonnances de 1816 et de 1820 qui sont abrogées ou modifiées.

Recevez, etc.

Circulaire du Ministre de l'Instruction publique 13 juin 1828.
rendant applicables aux Écoles primaires de filles les dispositions relatives aux Écoles primaires de garçons.

13 Juin 1828.

Monsieur le Recteur, vous savez qu'aux termes de l'article 21 de l'ordonnance du 21 avril dernier, les dispositions relatives aux Écoles primaires des garçons doivent être appliquées aux Écoles primaires des filles, et, comme l'ordonnance du 21 avril maintient expressément, sauf quelques modifications, les ordonnances du 29 février 1816 et du 2 août 1820, il s'ensuit que ces deux anciennes ordonnances doivent, en général, servir aussi de règle pour tout ce qui concerne ces dernières Écoles.

C'est, au surplus, ce qui avait déjà été décidé par les deux ordonnances du 3 avril 1820 et du 31 octobre 1821, ainsi que par diverses instructions du Ministre de l'Intérieur, en date du 3 juin 1819, du 29 juillet suivant et du 27 septembre 1820.

Il résulte de ces premières observations que vous pouvez, sans aucun doute, appliquer aux Écoles primaires des filles comme aux Écoles primaires des garçons tout ce que je vous recommande dans ma circulaire du 6 mai dernier, relativement aux attributions des Comités gratuits et aux autres moyens de surveillance, aux brevets de capacité et aux autorisations spéciales, aux classes normales primaires, aux tableaux annuels du mois de juillet, aux mesures d'ordre et de discipline, et enfin aux Écoles protestantes.

Ce sont les mêmes Comités qui auront à surveiller et à encourager les Écoles primaires des enfants des deux sexes; et, par là, se trouve naturellement étendue aux Écoles primaires de filles la part active et salutaire que les autorités civiles et ecclésiastiques doivent prendre, concurremment avec l'autorité universitaire, à tout ce qui intéresse les Écoles de garçons.

Vous remarquerez particulièrement, dans la circulaire du 19 juin 1820, les dispositions qui concernent l'inspection. Il a été jugé convenable de confier cette inspection à des personnes du sexe, choisies dans chaque ressort, au nombre de deux ou trois, parmi les mères de famille les plus recommandables par leur rang, par leur caractère et surtout par la pureté de leurs mœurs et de leurs principes religieux. Cette sage mesure doit être maintenue avec le plus grand soin.

Vous voyez, Monsieur le Recteur, que j'insiste sur les mots *Écoles primaires de filles*. En effet, le nouveau régime introduit par l'ordonnance du 21 avril ne regarde que les Écoles de ce degré, et nullement les Écoles des degrés supérieurs, connues sous le nom de pensions et d'institutions, sur lesquelles a aussi statué l'ordonnance du 31 octobre 1821. Ces Écoles supérieures de filles demeurent placées uniquement sous la surveillance des autorités administratives et sous celle des autorités ecclésiastiques, comme les y avaient établies, soit cette ordonnance du 31 octobre, soit les instructions ministérielles du 19 juin et du 4 novembre 1820. Et ici je vous rappelle que vous trouverez les différentes ordonnances et instructions dont je viens de vous entretenir, imprimées à la fin du Tome VIII du Recueil général des Lois et Règlements sur l'Instruction publique.

Vous concevez, Monsieur le Recteur, que les premières conséquences à tirer du nouvel ordre de choses, par rapport aux Écoles primaires, sont :

1° La nécessité de vous assurer si toutes les institutrices actuellement en exercice sont munies et du brevet de capacité et de l'autorisation spéciale, sans lesquels elles ne peuvent tenir légalement leurs Écoles;

2° La formation de jurys, que vous chargerez spécialement d'examiner, conformément à la circulaire du 3 juin 1819 et à l'article 9 de l'ordonnance du 21 avril dernier, les personnes aspirant aux fonctions d'institutrice;

3° La rédaction, au mois de juillet, de tableaux qui me présentent, pour les Écoles de filles et pour les institutrices, des documents semblables à ceux que je vous ai demandés pour les Écoles de garçons et pour les instituteurs, dans les 5e, 6e, 7e, 11e, 12e, 19e et 20e colonnes du tableau n° 1, qui vous a été récemment envoyé.

Je sens que je vous demande beaucoup; mais je connais votre zèle, et j'y compte.

Recevez, etc.

P. S. — Il est bien entendu qu'à l'égard de toutes les Écoles tenues par des Congrégations religieuses, l'inspection ne sera faite que par des dames inspectrices ou par des ecclésiastiques.

Procès-verbal de l'installation des Comités gratuits de la ville de Paris, établis par l'ordonnance royale du 21 avril 1828, pour surveiller et encourager l'instruction primaire. 14 juillet 1828.

14 Juillet 1828.

Le 14 juillet 1828, à midi, le Ministre secrétaire d'Etat de l'Instruction publique, Grand-Maître de l'Université, exerçant les fonctions de Recteur de l'Académie de Paris, s'est rendu dans une des salles de l'École de droit, accompagné du Conseil royal de l'Instruction publique et du Conseil académique, à l'effet d'y procéder à l'installation des Comités gratuits de la ville de Paris, établis par l'article 2 de l'ordonnance royale du 21 avril dernier, pour surveiller et encourager l'instruction primaire. MM. les membres de ces Comités s'étaient empressés de se rendre à la convocation qui leur avait été faite.

La séance ayant été ouverte, S. Exc. le Ministre a prononcé le discours suivant :

« Messieurs,

« De vénérables ministres des autels, de nobles pairs, d'honorables députés, des magistrats intègres, de sages administrateurs, des hommes de lettres, dont les talents contribuent si puissamment à la gloire de la France, des propriétaires investis de la considération publique : en un mot, des citoyens aussi distingués par leurs vertus et par leurs lumières, que par leur rang dans la société, s'imposent le devoir de consacrer leur temps et leurs soins à la surveillance de l'instruction primaire. Grâces leur en soient rendues! L'Université, à laquelle ils apportent le secours de leur influence et de leur zèle, se félicite d'une telle coopération.

« Voués à la bienfaisance par sentiment et par habitude, vous avez compris que, de tous les objets auxquels cette vertu pouvait s'appliquer, le plus important, le plus profitable pour l'humanité, était l'encouragement de l'instruction élémentaire. Tandis que l'ignorance entraîne à sa suite la grossièreté, la misère et le vice, une instruction fondée sur la religion et la morale, judicieusement dirigée et appropriée aux besoins de la population, rend ceux qui la reçoivent à la fois meilleurs et plus heureux. Elle grave profondément dans les âmes le sentiment du devoir; elle favorise les progrès de l'industrie, en développant les facultés des hommes qui exercent les arts mécaniques; elle diminue la turbulence des masses par le bien-être qu'elle leur procure, et elle devient ainsi l'une des plus puissantes garanties du maintien de l'ordre. Elle tend à faire disparaître les préjugés funestes et les routines nuisibles. Pour l'homme de la classe laborieuse qui n'a pas reçu l'instruction primaire, l'existence n'offre pas d'avenir : il est condamné à vivre misérablement, à mourir accablé de travail, et d'un travail qui n'aura pas porté tous ses fruits, parce que l'intelligence ne l'aura pas dirigé. Il ne lègue à ses enfants que l'exemple déplorable, et souvent perdu pour eux, des inconvénients de l'ignorance. Combien le sort de cet homme eût été différent s'il avait reçu, dans une École bien tenue, de sages principes, de bonnes habitudes et une instruction suffisante ! Il aurait eu tout ce qui lui a manqué : la réflexion, la prévoyance, l'esprit d'ordre ; plus habile et plus économe, il aurait su acquérir et conserver ; constamment animé, soutenu, encouragé par le désir d'améliorer la situation de sa famille, il eût été meilleur époux, meilleur père, meilleur citoyen.

« Vous concourrez puissamment, Messieurs, à faire jouir la génération qui s'élève du grand bienfait de l'instruction primaire. Si les Écoles sont bien dirigées ; si elles inspirent une juste confiance ; si les élèves y puisent l'amour de la religion et l'attachement à leurs devoirs ; si l'on encourage les méthodes qui rendent l'enseignement plus facile, plus prompt, plus économique, moins fastidieux et moins rebutant pour l'enfance, l'instruction primaire se propagera rapidement. Les subventions des communes et celles de la bienfaisance privée multiplieront les Écoles gratuites. Moins l'enseignement exigera de temps, moins les parents pauvres hésiteront à le procurer à leurs enfants. Chaque année verra s'accroître le nombre des Écoles primaires. Ces résultats, Messieurs, seront dus à votre zèle, à votre sagesse et à vos soins. Le bien que vous opérerez ne sera pas limité dans l'enceinte de la capitale, quoique vos fonctions ne s'étendent pas au delà de cette enceinte. Votre exemple donnera une heureuse impulsion à tous les Comités du Royaume. Vos noms seuls, Messieurs, suffiraient déjà pour exercer une puissante influence : ils réveilleraient dans tous les cœurs des sentiments religieux et monarchiques, dans tous les esprits des idées d'ordre et d'invariable attachement à nos institutions ; ils exciteraient partout des intentions nobles et généreuses. Vos actes viendront encore fortifier ces dispositions salutaires. Vous aurez de dignes et louables imitateurs. L'enseignement primaire étendra progressivement son domaine. Il surmontera l'apathie ; il vaincra les préventions, et ne cessera de faire de paisibles conquêtes, au profit de la morale publique et de tous les autres intérêts sociaux.

« Messieurs, les ordonnances relatives à l'instruction primaire confient aux Comités de surveillance d'importantes fonctions. C'est sur leur avis que les autorisations spéciales sont accordées ; ce sont eux qui procèdent aux informations contre les instituteurs inculpés soit de contravention aux règlements, soit de toute autre faute grave ; ils peuvent, en cas d'urgence, suspendre et remplacer provisoirement ces instituteurs ; ils émettent leur opinion sur le résultat des informations ; ils sont consultés sur les demandes que forment les instituteurs afin d'être autorisés à recevoir des pensionnaires ; ils le sont encore lorsqu'un instituteur sollicite la permission d'avoir dans son École des élèves de religions différentes ; ils indiquent, dans ce cas, les mesures convenables pour que la liberté des consciences soit pleinement garantie, et que la volonté des pères de famille soit respectée ; ils désignent les inspecteurs gratuits qu'ils chargent de surveiller l'instruction primaire. Ils veillent, enfin, à ce que, *dans toutes les Écoles, l'instruction primaire soit fondée sur la religion, le respect pour les lois et l'amour dû au souverain.*

« Je viens, Messieurs, de vous retracer rapidement vos attributions légales ;

quant aux devoirs à remplir dans l'exercice de ces attributions, qu'ai-je besoin de les indiquer à des hommes si profondément pénétrés de l'amour du devoir; à des hommes dont la vie tout entière offre un modèle parfait de l'exact et religieux accomplissement du devoir dans les diverses fonctions de l'homme public, comme dans les diverses situations de l'homme privé? Investis d'un honorable patronage, vous représentez tous les pères de famille; c'est entre les mains de l'élite de la société que sont remis les intérêts les plus chers de chaque citoyen. Les élèves des Écoles primaires vous sont confiés; par une touchante adoption, ils deviennent vos enfants : vous voudrez pour eux des maîtres tels qu'un père les veut pour ses enfants; des principes et des exemples tels qu'un père les désire pour ses enfants. En échange de vos soins, les familles vous offriront un juste tribut de reconnaissance. Vous leur direz alors que leur gratitude doit s'élever respectueusement jusqu'au trône; que le Roi est la source première de tout bon enseignement public; que, constamment occupé du bonheur de son peuple, il veut que chaque Français jouisse non seulement de cette abondance que son aïeul, de glorieuse mémoire, désirait procurer à tous ses sujets, mais encore des avantages intellectuels et moraux que produit une instruction bien dirigée. »

Après ce discours, S. Exc. le Ministre a fait donner lecture des arrêtés par lesquels chacun des douze Comités d'arrondissement a été organisé ainsi qu'il suit :

Iᵉʳ ARRONDISSEMENT.

MM. le Curé de la Madeleine, *Président;*
le Maire;
le Juge de paix;
le Curé de Saint-Louis-d'Antin;
le Curé de Saint-Philippe-du-Roule;
le Duc DE CRILLON, Pair de France;
BASSET, Officier émérite de l'Université;
le Comte Amédée DE PASTORET, Conseiller d'État;
LAFFON DE LADEBAT père, ancien Député.

IIᵉ ARRONDISSEMENT.

MM. le Curé de Saint-Roch, *Président;*
le Maire;
le Juge de paix;
le Curé de Notre-Dame-de-Lorette;
l'Abbé PARADIS;
BALLY, Docteur-Médecin;
le Comte DE LA BORDE, Député;
le Comte DE TOURNON, Pair de France;
Eugène DE BRAY, Membre du Conseil général des manufactures.

IIIᵉ ARRONDISSEMENT.

MM. le Curé de Saint-Eustache, *Président;*
le Maire;

MM. le Juge de paix ;
le Curé de Notre-Dame-des-Victoires ;
le Curé de Bonne-Nouvelle ;
BRETON, ancien Député ;
VASSAL, Député ;
le Baron TERNAUX, Député ;
le Baron CRETTÉ DE PALUEL, Membre du Conseil général du département de la Seine.

IVe ARRONDISSEMENT.

MM. le Curé de Saint-Germain-l'Auxerrois, *Président ;*
le Maire ;
le Juge de paix ;
l'Abbé LONGIN ;
l'Abbé DARSE ;
LAHURE, Notaire honoraire ;
LAUNOY DE LA CREUSE, Avoué ;
le Baron HÉLY D'OISSEL, Député ;
Jules PASQUIER, directeur de la Caisse d'amortissement.

Ve ARRONDISSEMENT.

MM. le Curé de Saint-Laurent, *Président ;*
le Maire ;
le Juge de paix ;
le Curé de Saint-Vincent-de-Paul ;
l'Abbé FISICAT ;
CHODRON, ancien Notaire ;
VILLEMAIN, Membre de l'Académie Française ;
le Comte DE LA RIBOISSIÈRE ;
BERGERON D'ANGUY, Conseiller référendaire à la Cour des Comptes.

VIe ARRONDISSEMENT.

MM. le Curé de Saint-Nicolas-des-Champs, *Président ;*
le Maire ;
le Juge de paix ;
le Curé de Saint-Leu ;
le Curé de Sainte-Élisabeth ;
AUBÉ, ancien Négociant et juge au Tribunal de commerce ;
LOUVEAU, ancien Notaire ;
TITON, Conseiller à la Cour royale ;
REY, Membre du Conseil général du commerce et des manufactures.

VIIe ARRONDISSEMENT.

MM. le Curé de Saint-Merry, *Président ;*
le Maire ;
le Juge de paix ;
le Curé des Blancs-Manteaux ;
23.

MM. le Curé de Saint-Jean-Saint-François;
GUITTON, Régent de la Banque de France;
LHERBETTE, ancien Notaire;
le Comte DE SÈZE, Pair de France, Président de Chambre à la Cour royale;
GAUTHIER, Membre du Conseil général du département de la Seine.

VIIIᵉ ARRONDISSEMENT.

MM. le Curé de Sainte-Marguerite, *Président;*
le Maire;
le Juge de paix;
le Curé de Saint-Ambroise;
le Curé de Saint-Denis;
DE MONTMERQUÉ, Conseiller à la Cour royale;
LEBOEUF, Chef de division à la Légion d'honneur;
PERROT DE CHEZELLES, Substitut du Procureur du Roy;
le Baron DE MALHERBE.

IXᵉ ARRONDISSEMENT.

MM. le Curé de Notre-Dame, *Président;*
le Maire;
le Juge de paix;
le Curé de Saint-Gervais;
le Curé de Saint-Paul-Saint-Louis;
le Baron MOURRE, Procureur général près la Cour de Cassation;
DENISE fils;
D'HÉROUVILLE, ancien Trésorier des Poudres et salpêtres;
QUATREMÈRE, Professeur au Collège de France.

Xᵉ ARRONDISSEMENT.

MM. le Curé de Saint-Thomas-d'Aquin, *Président;*
le Maire;
le Juge de paix;
le Curé des Missions-Étrangères;
le Curé de Saint-Valère;
le Duc DE DOUDEAUVILLE, Pair de France;
PIAULT, ancien Maire;
le Baron MOUNIER, Pair de France;
le Comte DE TASCHER, Pair de France.

XIᵉ ARRONDISSEMENT.

MM. le Curé de Saint-Sulpice, *Président;*
le Maire;
le Juge de paix;
le Curé de Saint-Germain-des-Prés;
le Curé de Saint-Séverin;
CRAPELET, Imprimeur;

MM. COUTELLE, Colonel en retraite;
le Baron DE GÉRANDO, Conseiller d'État;
LEMERCIER, de l'Académie française.

XIIe ARRONDISSEMENT.

MM. le Curé de Saint-Étienne-du-Mont, *Président;*
le Maire;
le Juge de paix;
le Curé de Saint-Jacques-du-Haut-Pas;
le Curé de Saint-Médard;
MALLEVAL, ancien Proviseur;
LAFONT fils;
DEMANTE, Professeur à la Faculté de Droit;
le Baron DES ROTOURS, Directeur de la Manufacture royale des Go-
belins.

Le Ministre a ensuite déclaré que les Comités sont constitués, et il a invité MM. les présidents à convoquer, sans retard, les membres qui en font respectivement partie, afin de fixer le jour de la réunion qui devra avoir lieu chaque mois, aux termes de l'article 6 de l'ordonnance, sans préjudice des autres séances extraordinaires dont la nécessité pourrait être reconnue.

---

15 juillet 1828. **Décision relative au renouvellement des membres des Comités d'instruction primaire.**

15 Juillet 1828.

Le Conseil royal de l'Instruction publique,

Consulté sur la question de savoir à quelle époque et dans quelle forme devra se faire, conformément à l'article 5 de l'ordonnance royale du 21 avril dernier, le renouvellement des membres amovibles des Comités gratuits de surveillance de l'Instruction primaire,

Décide que, pour la première fois, ce renouvellement aura lieu le 1er août 1829, par la voie du sort.

Décision portant qu'un maire peut être remplacé dans un Comité d'instruction
primaire par l'adjoint qui remplit ses fonctions.

29 Juillet 1828.

Le Conseil royal de l'Instruction publique,

Consulté sur la question suivante : Un adjoint, remplissant les fonctions du maire pendant l'absence de cet administrateur, peut-il le remplacer dans le Comité de surveillance de l'instruction primaire?

Décide que, dans les Comités gratuits de surveillance de l'instruction primaire, l'adjoint remplace le maire absent ou légalement empêché.

Circulaire du Ministre de l'Instruction publique relative à la tenue
des Classes normales primaires.

19 Août 1828.

Monsieur le Recteur, il a été prescrit, par l'article 107 du décret du 17 mars 1808, de prendre des mesures pour que l'art d'enseigner à lire, à écrire, et les premières notions du calcul, ne soit exercé que par des maîtres assez éclairés pour communiquer facilement et sûrement ces premières connaissances nécessaires à tous les hommes. L'article 108 porte que, dans cette vue, il sera établi des classes normales, destinées à former des maîtres pour les Écoles primaires. Ces dispositions du décret organique de l'Université ont été renouvelées par l'article 39 de l'ordonnance royale du 29 février 1816, remise en vigueur par celle du 21 avril dernier. Il m'a paru convenable de vous les rappeler, au moment où de nouvelles mesures venaient d'être adoptées par le Gouvernement du Roi, pour étendre et propager le bienfait de l'instruction élémentaire : c'est ce que j'ai fait, par le 4e paragraphe de ma circulaire du 6 mai, où il vous est recommandé de faire vos efforts pour qu'une classe normale soit érigée dans une des principales communes de votre ressort académique.

Des établissements de ce genre existent déjà dans quelques Académies; ils y rendent les plus importants services, en procurant aux communes qui en ont besoin des instituteurs pénétrés de l'esprit de leur état, suffisamment instruits, et familiarisés avec l'emploi des meilleures méthodes d'enseignement. Il est très désirable que la population soit appelée, aussitôt que possible, à jouir du même avantage dans les autres Académies : il vous appartient, Monsieur le Recteur, de donner dans la vôtre la première impulsion à une entreprise si utile.

C'est pour vous mettre à portée de le faire avec plus de succès, que je crois devoir vous adresser quelques renseignements sur les moyens qui ont été employés pour créer ces classes normales, sur leur administration et leur gestion économique, sur l'objet et la durée des études qui y sont suivies. Vous serez en droit de proposer avec confiance des procédés et des règles, dont l'heureux essai a eu lieu plusieurs fois, et qui peuvent, d'ailleurs, recevoir facilement les modifications que les convenances locales rendraient nécessaires.

D'abord, c'est au zèle des autorités, et aux dispositions généreuses des principales notabilités, qu'il faut recourir pour les moyens d'établissement. Voici à peu près ce qui a été fait à cet égard dans les départements qui possèdent des classes normales primaires : des fonds ont été votés par les conseils généraux, pour acheter ou louer un local, et pour l'approprier à sa destination. Des bourses et des demi-bourses ont été également créées par les conseils généraux. D'autres sont dues aux votes des communes. Le prix des bourses varie de 300 à 360 francs. Le nombre en a été fixé une fois pour toutes, suivant les besoins présumés, et suivant les sommes dont il est reconnu qu'on pourra disposer annuellement. Chaque élève s'habille à ses frais ; il fournit en entrant un trousseau convenable, qui est entretenu par sa famille ; il se procure les livres et autres objets à son usage. L'établissement donne, s'il est possible, le lit et le mobilier des chambres. Les pensionnaires sont en nombre déterminé ou indéfini, selon ce que permet l'étendue de l'emplacement. Ils payent une pension égale au prix des bourses, pour dix mois de l'année, les vacances étant de deux mois. Les recettes sont ainsi établies et combinées de telle sorte, qu'elles suffisent aux traitements des fonctionnaires, aux gages des domestiques, à la nourriture des élèves, au chauffage, à l'éclairage, à l'entretien du mobilier, et à tous les frais autres que ceux de premier établissement. Le mode de nomination aux bourses est réglé d'une manière correspondante à leur création.

Pour l'administration, la discipline, la gestion économique, la direction et la surveillance de l'enseignement, tout est confié aux soins d'un directeur, qui remplit en outre les fonctions d'aumônier, s'il est ecclésiastique. Le directeur est nommé par le Chef de l'Instruction publique, sur présentation concertée entre le préfet du département et le Recteur de l'Académie. Il y a près de l'établissement une Commission de cinq membres, en y comprenant le directeur, qui en fait nécessairement partie : elle est chargée de surveiller l'administration, de dresser le budget annuel, de pourvoir à ce que toutes les dépenses se fassent conformément aux prévisions de ce budget. Deux de ses membres sont au choix du préfet, deux à celui du Recteur. Elle élit dans son sein un président et un secrétaire, sans que le directeur puisse jamais être appelé à ces fonctions. Elle se réunit au moins une fois par mois, et prend des délibérations qui doivent être approuvées par le préfet, si elles ont rapport à l'administration matérielle, et par le Recteur, si elles ont pour objet la discipline et l'enseignement. Les attributions de l'autorité administrative, du Recteur, de la Commission de surveillance, du directeur, sont déterminées plus en détail par un règlement, qui est soumis au Conseil royal de l'Instruction publique.

Le directeur est aidé dans ses fonctions par des maîtres, dont le traitement est proportionné aux services qu'ils rendent, et qui sont au nombre de deux ou de trois, suivant que les élèves sont plus ou moins nombreux : il les choisit lui-même, sauf l'approbation du Recteur.

Les élèves boursiers sont admis entre 16 et 25 ou même 30 ans. Le cours d'études est de deux années au moins ; il a pour objets principaux : la religion, l'histoire sainte, le perfectionnement de la lecture et de l'écriture, l'arithmétique, la grammaire française, des notions de l'histoire générale, un précis de l'histoire de France, la géographie, le dessin linéaire, l'arpentage, le plain-chant, la démonstration des méthodes d'enseignement les plus utiles.

Le régime est, en outre, arrêté et constitué par le Conseil royal, sur la proposition des autorités locales, de telle manière que tous les exercices tendent à inspirer aux élèves des principes religieux, à leur faire contracter des habitudes honorables, à les rendre, en un mot, dignes d'être proposés à la jeunesse comme des modèles, sous le rapport de la tenue et de la bonne conduite.

Vous voudrez bien, Monsieur le Recteur, faire usage de tous les détails ci-dessus, dans les relations que vous aurez, soit avec les préfets des départements, soit avec les maires des principales communes, pour parvenir, dans votre Académie, à la création d'une ou de plusieurs Écoles normales primaires. Un établissement semblable pourrait en même temps appartenir à plusieurs départements : si vous reconnaissiez que cela dût présenter plus de facilités pour la dotation, vous auriez soin de communiquer cette idée aux préfets de deux départements voisins. J'ai lieu de penser que vous trouverez ces magistrats empressés à faire toutes les démarches nécessaires auprès des conseils généraux, qui doivent incessamment tenir leur session annuelle. Vous pouvez compter que les efforts qui seront faits dans votre Académie seront soutenus par l'autorité supérieure. Si les ressources n'étaient pas tout à fait suffisantes, je m'efforcerais d'y suppléer par tous les moyens qui sont à ma disposition ; il ne me paraît pas possible de donner une destination plus convenable au fonds qui est porté au budget de mon département pour secours et encouragements à l'Instruction primaire.

Je vous prie de m'accuser réception de la présente lettre-circulaire, et de me tenir au courant des suites que vous pourrez donner aux instructions qu'elle renferme.

Recevez, etc.

Décision relative aux autorisations d'admettre des élèves pensionnaires dans des Écoles primaires. 30 août 1828.

30 Août 1828.

Le Conseil royal de l'Instruction publique,

Consulté sur diverses questions relatives aux autorisations d'admettre des élèves pensionnaires dans des Écoles primaires,

Décide :

1° Que les autorisations accordées antérieurement à l'ordonnance du 21 avril dernier doivent être maintenues ;

2° Qu'à l'égard des, demandes d'autorisation qui pourront être faites à l'avenir, on devra se conformer, pour l'envoi des baux et des plans locaux, à ce qui est prescrit pour les institutions et pensions ;

3° Que les changements de domicile des instituteurs primaires qui reçoivent les pensionnaires devront être autorisés par le Conseil royal, comme cela a lieu aussi pour les institutions et pensions.

---

16 novembre
1828.

Ordonnance qui supprime la place de Directeur de l'Instruction publique.

16 Novembre 1828.

Charles, etc.,

Nous avons ordonné et ordonnons ce qui suit :

La place de Directeur de l'Instruction publique est supprimée[1].

---

31 janvier 1829.

Circulaire du Ministre de l'Instruction publique relative aux méthodes d'enseignement que doivent suivre les instituteurs primaires, et aux brevets de capacité dont ils doivent être pourvus.

31 Janvier 1829.

Monsieur le Recteur, un des principaux services que l'Université est appelée à rendre est le perfectionnement de l'instruction primaire. C'est le vœu des ordonnances de 1816 et de 1828 ; c'est le besoin de toute la France : ce doit être notre but constant.

Plusieurs mesures me paraissent nécessaires pour hâter le moment où le pays jouira de ce bienfait dans toute sa plénitude. Je recommande particulièrement à votre zèle et à votre surveillance celles que je vous indique aujourd'hui.

Choix des méthodes d'enseignement. — Les méthodes actuellement connues et pratiquées sont au nombre de trois : l'enseignement individuel, l'enseignement simultané, l'enseignement mutuel.

La première de ces méthodes est jugée depuis longtemps et réprouvée par tous les hommes raisonnables. Elle est si défectueuse de tous points, elle consume si misérablement le temps des enfants, elle est la cause habituelle de tant d'abus et de désordres, qu'on ne saurait trop tôt parvenir à la supprimer dans le double intérêt de l'instruction et des mœurs.

Malheureusement, la plus mauvaise de toutes les méthodes est celle que suivent exclusivement les quatre cinquièmes des instituteurs primaires, malgré l'exemple donné depuis cent cinquante ans, relativement à l'enseignement simultané, par les disciples du vertueux abbé de la Salle, et malgré les heureux résultats obtenus dans ces derniers temps par la méthode d'enseignement mutuel, qui offre de si grands et de si incontestables avantages sous les rapports de la promptitude, de l'économie et du facile maintien de la discipline.

Il faut travailler à déraciner enfin cette longue et funeste habitude de l'enseignement individuel, en y substituant peu à peu, et sur tous les points du Royaume, celle de l'enseignement mutuel ou celle de l'enseignement simultané, selon les localités et selon le vœu des communes et des associations qui dotent les Écoles.

---

1. Une décision royale du même jour autorise le Grand-Maître à déléguer les attributions remplies au Conseil par le Directeur de l'Instruction publique à un conseiller désigné par lui.

Pour cela, Monsieur le Recteur, vous aurez soin d'annoncer dans votre Académie, et de répéter en toute occasion, que désormais, ni le brevet du second degré, sans lequel les jeunes maîtres ne peuvent prétendre à l'exemption du service militaire, ni les médailles ou les fonds d'encouragement qui doivent récompenser les anciens et bons services, ne seront accordés aux sujets qui, d'ailleurs suffisamment instruits, ne posséderaient pas et ne s'engageraient pas à suivre au moins la méthode de l'enseignement simultané.

Vous annoncerez de même que les maîtres formés dans les classes normales primaires ne pourront être placés, au sortir de ces Écoles, qu'autant qu'ils rempliront la condition ci-dessus exprimée.

Vous aurez soin aussi, et l'Université secondera de tout son pouvoir vos efforts à cet égard, de recommander, d'exiger même que dans chaque École les élèves fassent leurs exercices de lecture dans des livres uniformes ; et, outre que ce sera un des plus sûrs moyens d'introduire promptement une des deux méthodes qui seules doivent subsister, on aura l'inappréciable avantage de délivrer les Écoles primaires d'une foule d'ouvrages plus ou moins absurdes ou dangereux, dont elles sont trop souvent infectées.

Mon intention, et celle du Conseil royal, est de consacrer une partie notable des fonds dont l'Université dispose pour l'instruction primaire, à répandre dans les Écoles cet usage doublement précieux de livres uniformes et de livres bien choisis.

Degrés des brevets. — Vous savez, Monsieur le Recteur, que, dès 1819, une circulaire vous a invité à fixer pour votre Académie une époque après laquelle il ne serait plus délivré de brevet de troisième degré. Depuis longtemps on ne délivre pour Paris aucun brevet de cet ordre ; et bientôt il ne suffira nulle part d'avoir des instituteurs qui sachent seulement apprendre à lire, écrire et chiffrer. Vous appellerez sur ce point l'attention particulière de vos Comités gratuits, et vous me ferez connaître le résultat de leurs observations et des vôtres à ce sujet.

Plusieurs instituteurs primaires sollicitent l'autorisation de recevoir des pensionnaires : je ne soumettrai ces demandes au Conseil royal de l'Instruction publique qu'autant que les maîtres qui les formeront seront pourvus au moins d'un brevet du second degré, et pratiqueront, soit la méthode d'enseignement mutuel, soit la méthode d'enseignement simultané. Ainsi, toutes les fois que vous m'adresserez les pièces relatives à une affaire de cette nature, vous aurez soin de me faire connaître si ces conditions sont remplies.

Je dois, au surplus, remarquer qu'en général il est convenable de n'accorder aux instituteurs primaires la permission de recevoir des pensionnaires que dans les lieux où il n'y a ni Collège, ni institution, ni pension. Le Conseil royal n'admet d'exception à cette règle qu'en faveur des instituteurs primaires qui, sans excéder les limites du premier degré, donnent à leur enseignement une direction telle qu'il soit propre à préparer leurs élèves à l'exercice des professions commerciales et industrielles. En ce cas, les instituteurs pourront être autorisés à recevoir des pensionnaires même dans les localités où il existe des Collèges, des institutions ou des pensions, lorsque ces établissements n'auront pas adopté un plan d'études qui présente les mêmes avantages pour le commerce et l'industrie.

Conférences et examens annuels. — L'Académie de Besançon a donné un exemple qu'il importe de faire connaître, et qui sans doute, dès qu'il aura été imité dans la vôtre, Monsieur le Recteur, y produira de même des fruits salutaires : je veux parler d'examens et de conférences à établir chaque année, canton par canton, ou arrondissement par arrondissement, sous la présidence d'un inspecteur de l'Académie. Cet officier de l'Université se transporterait pendant le mois de mai, de juin et de juillet, par vos ordres et avec vos instructions, dans tel ou tel arrondissement que vous lui auriez désigné : là, seraient réunis les instituteurs appartenant à la circonscription d'un ou de plusieurs Comités, suivant les localités et les circonstances. L'inspecteur les questionnerait séparément ; il les mettrait en présence, il les soumettrait à diverses épreuves de leçons ou de compositions ; il leur distribuerait la louange ou le blâme ; il donnerait des avis à tous. L'on peut croire que, par ce moyen si simple, une vive émulation se répandrait infailliblement dans toute cette classe d'hommes ; qu'ils ne tarderaient pas à renoncer à la routine que suivent un grand nombre d'entre eux, et que les bonnes méthodes se propageraient ainsi d'une manière plus rapide et plus sûre. L'impulsion étant donnée, d'autres réunions pourraient avoir lieu dans le courant de l'année, sous la présidence d'un membre du Comité de surveillance ou d'un des inspecteurs gratuits nommés conformément à l'article 7 de l'ordonnance du 21 avril 1828.

Dans les départements qui ont une École normale primaire, ou qui sont voisins de départements dans lesquels une École de cette nature est établie, les inspecteurs engageraient les communes qui posséderaient des revenus suffisants, et qui auraient des instituteurs jeunes et doués de dispositions heureuses, à envoyer à leurs frais, pendant l'été, ces instituteurs à l'École normale primaire, pour perfectionner leur instruction et changer ou améliorer leur méthode. Non seulement ces instituteurs deviendraient plus habiles, mais dans les réunions subséquentes ils pourraient exercer une influence utile sur leurs confrères.

J'ai voulu, comme vous le voyez, Monsieur le Recteur, commencer par vous entretenir de cette idée, avant de vous prescrire aucune mesure d'exécution. Je désire avoir là-dessus vos propres réflexions. C'est lorsque j'aurai recueilli tout ce que les lumières et l'expérience de MM. les Recteurs leur auront suggéré à cet égard, que je proposerai au Conseil royal de prendre un arrêté pour établir d'une manière régulière les examens annuels dont il s'agit.

Recevez, etc.

---

7 février 1829. **Arrêté portant qu'il sera distribué dans les diverses Académies du Royaume des médailles d'encouragement aux instituteurs primaires.**

7 Février 1829.

Le Conseil royal de l'Instruction publique,

Vu l'arrêté pris par la Commission de l'Instruction publique, en date du 15 juin 1818 ;

Vu l'article 35 de l'ordonnance royale du 29 février 1816, et la circulaire de S. Exc. le Ministre de l'Instruction publique en date du 31 janvier dernier,

Arrête ce qui suit :

ARTICLE 1er. — Il sera distribué dans les diverses Académies du Royaume des médailles d'encouragement en argent et en bronze, aux instituteurs primaires qui se seront distingués par la meilleure tenue de leur École, le progrès des élèves et la supériorité des méthodes d'enseignement.

ART. 2. — Les médailles seront décernées chaque année par une délibération du Conseil académique, d'après les délibérations des divers Comités et les rapports des inspecteurs de l'Académie.

ART. 3. — La remise des médailles sera faite publiquement aux instituteurs qui les auront méritées.

Le nom de l'impétrant sera gravé aux frais de l'Université sur la médaille qui lui aura été décernée.

Circulaire du Ministre de l'Instruction publique concernant l'organisation, l'établissement et l'entretien des Classes normales primaires. 24 mars 1829.

24 Mars 1829.

Monsieur le Préfet, dans la vue d'assurer autant que possible la propagation et le perfectionnement de l'instruction primaire, j'ai recommandé plusieurs fois à MM. les Recteurs des Académies de s'occuper, de concert avec MM. les préfets, de la création de classes normales destinées à former de bons instituteurs. Des communications ont été faites sur cet objet aux conseils généraux pendant leur dernière session ; et l'on doit déjà aux votes de quelques-uns de ces conseils de précieuses ressources, qui ont été mises à profit avec empressement. Il importe que de nouveaux efforts aient lieu cette année, soit pour affermir l'existence des classes normales qui s'ouvrent en ce moment, soit pour en établir dans chacun des départements, ou du moins dans chacun des ressorts académiques qui n'en ont pas encore. D'après les documents que j'ai recueillis jusqu'à ce jour, je puis croire qu'avec du zèle et de la persévérance on parviendra partout à l'exécution d'un projet si utile ; mais il semble que l'on n'atteindra promptement ce but que par une grande variété de moyens, appropriés aux diverses localités.

J'ai fait dresser un tableau¹ présentant l'exposé succinct de ces différents moyens, ou proposés ou déjà mis en usage, pour l'organisation, l'établissement et l'entretien des classes normales primaires. Je l'ai envoyé à MM. les Recteurs, et je vous le fais également passer ci-joint, afin que vous puissiez d'autant mieux apprécier les mesures, qui conduiront le plus sûrement à un résultat favorable, dans le département que vous administrez. Je vous prie, Monsieur le Préfet, d'examiner avec attention quel est, parmi les divers plans qui peuvent être suivis, celui auquel il conviendra que vous donniez la préférence. Je ferai toutefois observer que c'est seulement pour ordre que le brevet du troisième degré a été indiqué dans la première colonne du tableau : car l'enseigne-

---

1. Ce tableau n'est pas d'une forme à pouvoir être inséré ici.

ment doit être dirigé, dans les Écoles normales primaires, de manière que les élèves qui en sortent aient au moins la capacité du second degré, et qu'ils y joignent, autant que possible, la connaissance du plain-chant, de l'arpentage, du toisé et du dessin linéaire. Si vous aviez besoin, pour vous décider, de quelques explications plus détaillées, vous les trouverez dans votre correspondance avec M. le Recteur de l'Académie d   .
Je m'empresserais de vous les adresser moi-même, dans le cas où vous m'en témoigneriez le désir.

Parmi les moyens indiqués pour subvenir aux dépenses des classes normales, vous verrez figurer les bourses entières ou partielles, fondées, soit par les départements, soit par les communes. Il est à désirer que dans les villes qui ont des ressources suffisantes, les Conseils municipaux, dont la réunion ordinaire aura lieu au mois de mai prochain, soient invités à délibérer sur la proposition de créer de semblables bourses. Elles seraient accordées à des jeunes gens que ces Conseils désigneraient eux-mêmes ; placés ainsi, pour un temps plus ou moins long, dans la classe normale la plus voisine, afin d'y acquérir la connaissance des meilleurs procédés d'enseignement, et toutes les qualités nécessaires à la profession d'instituteur, les boursiers seraient ensuite rappelés au milieu de leurs compatriotes, pour les faire jouir du bienfait d'une instruction plus méthodique et plus facile à répandre. Les communes ne tarderaient point à recueillir le fruit des légers sacrifices qu'elles se seraient imposés ; elles n'auraient qu'à s'applaudir, par la suite, d'une détermination destinée à produire les plus salutaires effets pour le bien-être moral, et même pour tous les intérêts de leur population.

Je vous prie, Monsieur le Préfet, de m'envoyer la liste des villes où un vote aura été demandé au Conseil municipal dans les vues ci-dessus indiquées, et de me faire connaître le résultat de chacune de ces demandes. Veuillez inviter ensuite le Conseil général à s'occuper du même objet : lorsque sa délibération aura aussi été portée à ma connaissance, et que je saurai d'une manière positive quels moyens d'exécution doivent provenir du département, des communes, d'associations qui se seraient formées, de souscriptions ouvertes, ou de toute autre source, je verrai ce qu'il y aura lieu d'accorder sur les fonds alloués à l'instruction primaire par la loi de finances. Je m'efforcerai d'ajouter aux ressources locales le complément qui serait nécessaire ; mon intention est d'y consacrer toutes les sommes dont je pourrai disposer, après l'acquittement des autres dépenses de première nécessité : il ne me paraît pas possible d'en faire un emploi plus avantageux.

Recevez, etc.

---

26 mars 1829.   **Ordonnance concernant l'Instruction publique.**

[Extrait.]

26 Mars 1829.

Charles, etc.,

. . . .

Titre V.

Des Écoles primaires protestantes.

Article 20. — Les Comités gratuits chargés de surveiller les Écoles primaires protestantes seront placés de manière qu'il y en ait un au moins par arrondissement d'église consistoriale. Les mesures nécessaires pour l'organisation de ces Comités seront prescrites par un règlement universitaire.

. . . .

Programme pour la composition d'un livre de lecture courante à l'usage des Écoles primaires.

mars-avril 1829

Mars-Avril 1829.

La première condition d'une bonne éducation, c'est qu'elle soit religieuse. Toutefois, il n'est pas question ici de s'occuper des livres destinés à l'enseignement de la religion. Parmi ces livres, les uns, prescrits par l'autorité ecclésiastique, sont d'obligation ; le choix est libre pour les autres. Mais, dans le nombre de ces derniers, il en est dont le mérite a été reconnu généralement ; et lors même qu'on pourrait en faire composer d'aussi bons, il conviendrait encore de préférer ceux qui se recommandent par une longue possession et qui sont consacrés par le temps.

L'éducation a un second objet : elle considère les besoins temporels de l'homme, elle prépare les enfants à remplir un jour les différents états de la société ; elle doit, par conséquent, s'étendre avec la civilisation et en suivre les progrès. Sous ce rapport, l'enseignement primaire manque de plusieurs ouvrages, pour la composition desquels il convient de faire un appel aux talents et à l'expérience.

C'est dans cette vue que l'Université, chargée, par son institution même et par les ordonnances royales, de faire composer ou imprimer des ouvrages propres à l'instruction populaire[1], met au concours la composition d'un livre destiné à être placé dans les mains des élèves des Écoles primaires, immédiatement après le syllabaire.

Ce livre aura un double but : il devra exciter chez les enfants le goût de la lecture, le désir de l'instruction ; il devra, en outre, faire pénétrer dans leurs esprits, avec les principes de la morale, les premiers éléments des connaissances usuelles.

Une explication nette et précise des phénomènes sensibles de la nature, des notions exactes et tout à fait élémentaires sur les sciences et les arts qui se rattachent aux premiers besoins de la vie ; en même temps, de sages préceptes,

---

1. Ordonnance du 29 février 1816, art. 35; ordonnance du 21 avril 1828.
Consulter la circulaire du 2 *novembre* 1831 sur la publication des livres de lecture et leur distribution dans toutes les Écoles primaires.

et plus encore des exemples capables de développer les sentiments naturels de bienveillance et toutes les affections généreuses ; des traits d'histoire et surtout des traits de l'histoire sainte et de l'histoire nationale ; en un mot, tout ce qui peut éclairer les intelligences et fortifier le sentiment du devoir ; tout ce qui peut inspirer l'amour de Dieu et des hommes, le dévouement à l'auguste famille dont les destinées sont inséparablement unies à celles de la France, l'attachement au pays et à ses institutions : voilà ce qui doit principalement entrer dans ce premier livre des Écoles primaires. Du reste, l'Université n'entend pas tracer aux auteurs des limites rigoureuses, mais seulement leur donner des indications.

Les concurrents choisiront le cadre qui leur paraîtra convenable.

Il importe que l'ouvrage soit intéressant, sans être romanesque ; qu'il pique la curiosité, sans fausser le jugement et sans égarer l'imagination ; la forme doit en être variée, agréable, attachante ; le style clair, simple, expressif ; l'auteur doit disparaître, et le maître se cacher.

Les concurrents n'oublieront pas qu'ils écrivent pour des enfants, dont la plupart appartiennent aux campagnes. Ils ne laisseront échapper aucune occasion de combattre les préjugés absurdes, et souvent funestes, qui, malgré les conseils réunis de la raison et de la religion, règnent encore dans beaucoup de lieux.

L'intention de l'Université est qu'à la lecture de ce premier livre succède dans les Écoles celle de traités spéciaux sur les diverses connaissances qui sont du domaine de l'enseignement primaire. Il faut donc que ce livre soit composé de manière à servir d'introduction aux traités particuliers.

On n'exigera point que le livre de lecture courante soit appris par cœur ; mais il sera lu et relu dans toutes les Écoles primaires, et par tous les élèves. Il en restera nécessairement beaucoup de choses dans la mémoire des enfants ; elles y demeureront ineffaçables comme toutes les impressions de leur âge, et elles devront exercer une grande influence sur leurs sentiments, sur leur conduite, sur tout leur avenir, sur l'avenir de la société entière. Que cette pensée soit présente à l'esprit des concurrents ; elle relèvera sans doute à leurs yeux un travail si modeste en apparence, et ils concevront toute l'importance qu'y attache l'Université.

Les concurrents devront adresser leurs manuscrits au Ministre de l'Instruction publique, avant le 1er mai 1830, sans faire connaître leurs noms. Chaque manuscrit portera une épigraphe ; le nom de l'auteur sera mis sous une enveloppe cachetée, qui sera jointe au manuscrit, et sur laquelle la même épigraphe sera répétée.

L'ouvrage devra former un volume de douze à quinze feuilles d'impression, format grand in-douze, caractère petit cicéro.

Le prix sera décerné par le Ministre, Grand-Maître, de l'avis du Conseil royal de l'Instruction publique.

Il sera de 10 000 francs.

L'auteur qui aura obtenu le prix ne pourra prétendre à aucun droit de propriété sur l'ouvrage, qui entrera aussitôt dans le domaine public, afin que la libre concurrence permette de l'imprimer et de le vendre au meilleur marché possible.

Les autres ouvrages pourront obtenir des mentions honorables et être déclarés par le Conseil royal admissibles dans les Écoles primaires.

Aucun manuscrit ne sera rendu ; les auteurs pourront seulement en faire prendre des copies.

Ordonnance qui autorise l'établissement à Lyon d'une Société pour l'encourage- 5 avril 1829.
ment de l'Instruction primaire dans cette ville et dans le département du
Rhône, et qui approuve les statuts de cette Société [1].

5 Avril 1829.

Charles, etc.,

Sur le rapport de notre Ministre secrétaire d'État au département
de l'Instruction publique;

Vu les statuts de la Société formée à Lyon pour la propagation
de l'instruction primaire, d'où il résulte qu'elle se compose de
souscriptions volontaires et pourrait plus facilement atteindre le
but qu'elle s'est proposé, si l'autorisation d'accepter des legs et
donations lui donnait le moyen d'augmenter ses fonds et d'en faire
un emploi utile;

De l'avis du Comité de l'Intérieur et du Commerce;

Nous avons ordonné et ordonnons ce qui suit :

Article 1er. — Sont approuvés les statuts de la Société d'Instruction élémentaire du département du Rhône annexés à la présente
ordonnance.

Art. 2. — Cette Société se conformera aux lois et règlements de
l'Instruction publique.

Art. 3. — En cas de dissolution de ladite Société, les sommes
composant le fonds social ne seront applicables qu'à des établissements quelconques d'instruction primaire, suivant le mode de délibération indiqué par l'article 23 de ses statuts.

Art. 4. — Nous nous réservons de révoquer la présente ordonnance, si la Société venait à manquer à l'observation de ses statuts.

Art. 5. — Notre Ministre secrétaire d'État au département de
l'Instruction publique est chargé de l'exécution de la présente
ordonnance.

---

1. Par ordonnance du 15 *juillet* 1829, la Société d'encouragement pour l'instruction des protestants de France a été reconnue d'utilité publique. Elle devait se conformer aux lois, ordonnances et règlements relatifs à l'instruction primaire. Aux
termes des statut annexès à ladite ordonnance, la Société pouvait recevoir des
offrandes; elle affectait les fonds mis à sa disposition, soit à améliorer les Écoles
existantes, soit à en créer de nouvelles, soit à concourir à des œuvres de propagation
d'instruction primaire. — Voir, ci-après, page 374.

Statuts de la Société d'Instruction élémentaire du département du Rhône.

5 Avril 1829.

Titre Iᵉʳ.

But de la Société.

ARTICLE 1ᵉʳ. — Le but de la Société est d'assurer à Lyon l'établissement d'une ou plusieurs Écoles primaires gratuites d'enseignement mutuel, par la méthode lancastrienne, avec toutes les améliorations dont elle est susceptible, et d'encourager l'établissement d'Écoles du même genre, gratuites ou non gratuites, tant à Lyon que dans le département du Rhône.

ART. 2. — Les Écoles gratuites de garçons seront dirigées par des instituteurs, et celles des filles par des maîtresses. Les instituteurs et maîtresses devront avoir toutes les qualités requises par les lois pour l'instruction primaire.

On enseignera aux enfants : 1° les principes religieux, dont le développement est réservé aux Écoles secondaires et aux ministres du culte ; 2° la lecture, l'écriture, le calcul et le dessin linéaire. On enseignera, en outre, aux filles, les ouvrages de couture et autres convenables à leur sexe.

Titre II.

Formation de la Société et droits des sociétaires.

ART. 3. — La Société sera composée d'un nombre indéfini d'actionnaires, qui cependant ne pourra être moindre de deux cents.

ART. 4. — La mise de fonds consistera en actions de cent vingt-cinq francs chacune, payables par cinquième au commencement de chaque année à partir du 1ᵉʳ octobre 1828, pour les souscriptions faites cette année. Les termes de souscriptions subséquentes seront payables en semblables fractions, à partir de la date de la souscription.

ART. 5. — En cas de décès de l'un des actionnaires, ses héritiers ne sont pas passibles du payement des actions non soldées. Ils ne remplaceront le décédé qu'après s'être conformés aux dispositions des articles 3 et 4.

ART. 6. — Chaque actionnaire a le droit de faire admettre de préférence, dans l'une des Écoles entretenues par la Société, autant d'enfants qu'il aura pris d'actions, à la charge par ceux-ci de se conformer au régime établi par le Conseil d'administration. A cet effet, il sera tenu registre des demandes des actionnaires, contenant les noms, professions et demeure des enfants par ordre d'inscription dans les places vacantes.

ART. 7. — Chaque actionnaire pourra, quand il le jugera convenable, consulter les registres et les procès-verbaux de la Société.

ART. 8. — La Société ne sera point dissoute par la retraite ou le décès d'un ou de plusieurs actionnaires ; le montant des actions versé demeure acquis à la Société sans indemnité.

Titre III.

Conseil d'administration.

Art. 9. — Le Conseil d'administration sera composé de quarante membres pris parmi les actionnaires élus à la majorité relative en assemblée générale. Il sera renouvelé par quarts, d'année en année. Les premiers quarts sortants seront désignés par la voie du sort. Parmi les membres sortants, seront compris, de plein droit, ceux qui auront donné leur démission, ou qui, pendant l'année, n'auront assisté à aucune des séances.

La nomination du Conseil d'administration aura lieu, pour la première fois, aussitôt que deux cents actionnaires auront souscrit.

Art. 10. — Le Conseil d'administration, présidé par le doyen d'âge, nommera son bureau, qui sera composé d'un président, d'un vice-président, de deux censeurs, d'un trésorier, d'un secrétaire général, d'un secrétaire adjoint, d'un Comité de fonds composé de six membres, d'un Comité d'instruction composé de six membres, d'un Comité d'économies ou de dépenses composé de six membres, d'un Comité d'inspection composé de six membres. Le Conseil est autorisé à s'adjoindre dix autres sociétaires.

Les nominations auront lieu à la majorité absolue, et au troisième tour de scrutin, à la majorité relative.

Art. 11. — En cas d'absence motivée du président ou du vice-président, le Conseil sera présidé par le doyen d'âge des censeurs, et successivement par le doyen d'âge des divers Comités, dans l'ordre ci-dessus établi. Les secrétaires et secrétaires adjoints seront suppléés par les membres du Conseil que le président désignera.

Art. 12. — Chaque Comité nommera son bureau, qui se composera d'un président et d'un secrétaire. Ils seront, en cas d'absence, suppléés par les secrétaires que le Conseil est autorisé à s'adjoindre.

Art. 13. — Le président, et en son absence le vice-président, dirigera les travaux de la Société; ils en signeront tous les actes et ordonneront les dépenses en conséquence des rapports des Comités et des délibérations du Conseil d'administration. Ils convoqueront les assemblées générales, et les présideront en l'absence des présidents honoraires; ils convoqueront et présideront toutes les assemblées des Conseils et feront de droit partie de toutes les Commissions.

Art. 14. — Les secrétaires rédigeront les procès-verbaux des séances et le compte rendu annuel des travaux de la Société.

Art. 15. — Le trésorier rendra ses comptes tous les ans, en séance générale, après les avoir fait préalablement vérifier par le Conseil d'administration.

Art. 16. — Les censeurs seront spécialement chargés de veiller au maintien des statuts et à l'exécution des règlements, et d'y rappeler, les cas échéants.

Art. 17. — Le Comité d'instruction s'occupe des moyens d'améliorer les méthodes d'enseignement mutuel et d'en faire l'application aux Écoles de la Société, sous la condition que tous les changements qu'il serait question d'introduire, seront préalablement soumis à l'approbation du Recteur de l'Académie.

Art. 18. — Le Comité d'inspection surveille les instituteurs et les maîtresses, fait observer les méthodes et le régime prescrit, propose des encouragements pour les maîtres, maîtresses et leurs élèves, et veille au maintien de la discipline. Il rend compte au Conseil de l'état des Écoles, au moins une fois par trimestre.

Art. 19. — Le Comité des fonds donnera son avis sur le placement des montants des souscriptions et des dons volontaires, et sur leur emploi, qui sera déterminé par le Conseil d'administration.

Art. 20. — Le Comité d'économies et des dépenses s'occupera du choix du logement des Écoles et des maîtres, et de toute espèce de dépense.

Art. 21. — Il sera nommé des présidents honoraires parmi les sociétaires qui auront rendu le plus de services à l'institution.

Le doyen d'âge de ces présidents occupera le fauteuil dans les assemblées générales. Le président du Conseil d'administration siégera à sa droite, et le secrétaire à sa gauche.

Titre IV.

Dispositions particulières.

Art. 22. — Les changements à faire aux présents statuts seront discutés en assemblée générale. Les propositions à ce sujet seront déposées sur le bureau, un mois à l'avance, et le rapport en sera fait par le président du Conseil d'administration. Les changements qui auront été adoptés en assemblée générale seront soumis à l'approbation du Conseil royal de l'Instruction publique.

Art. 23. — L'article 1er des présents statuts est excepté des dispositions de l'article qui précède.

Si, par force majeure, les établissements d'enseignement mutuel se trouvaient supprimés, les fonds destinés à leur entretien ne pourront être employés à d'autres œuvres qu'en vertu de la décision de l'assemblée générale, composée au moins, dans ce cas, des trois cinquièmes des actionnaires existants. La délibération n'aura son effet qu'autant qu'elle aura été confirmée par une seconde délibération prise à une année d'intervalle.

---

30 juin 1829.   **Arrêté portant règlement concernant les Comités gratuits chargés de surveiller les Écoles primaires protestantes.**

30 Juin 1829.

Le Conseil royal de l'Instruction publique,

Vu l'article 20 de l'ordonnance royale du 26 mars dernier, portant que les Comités gratuits chargés de surveiller les Écoles primaires protestantes seront placés de manière qu'il y en ait un au moins par arrondissement d'église consistoriale, et que les mesures nécessaires pour l'organisation de ces Comités seront prescrites par un règlement universitaire;

Vu également les ordonnances royales des 29 février 1816, 2 août

24.

1820, 21 avril 1828, les articles 13 et 14 de l'ordonnance du 8 avril 1824 et autres dispositions concernant l'instruction primaire,

Arrête ce qui suit :

Article 1er. — Il sera formé dans l'arrondissement de chaque église consistoriale, par les soins des Recteurs, un Comité gratuit pour surveiller et encourager l'instruction primaire des individus appartenant aux communions protestantes.

La circonscription de ce Comité sera la même que celle de l'église.

Néanmoins, si la population et les besoins des localités le demandent, il pourra être établi dans un même arrondissement consistorial d'autres Comités, dont la circonscription sera déterminée par le Grand-Maître.

Art. 2. — Le nombre des membres de chaque Comité ne pourra être au-dessous de six ni au-dessus de douze. La moitié plus un des membres dûment convoqués suffira pour délibérer.

En cas de partage, le président aura voix prépondérante.

Les délibérations seront signées par tous les membres présents à la séance.

Art. 3. — Seront membres nécessaires du Comité consistorial le président du Consistoire, un autre pasteur de l'église, présenté par le Consistoire, et le maire de la commune où se tient le Comité.

La présentation réservée par le présent article aux Consistoires réformés sera faite, en ce qui concerne les Comités de la Confession d'Augsbourg, par le directoire général de ladite Confession, d'après l'avis des Consistoires locaux.

Les membres du Consistoire général et du directoire de cette Confession feront nécessairement partie des Comités de leurs arrondissements respectifs.

Art. 4. — Les autres membres seront choisis par le Recteur parmi les notables de l'église consistoriale. Leur nomination sera approuvée par le Grand-Maître.

Art. 5. — Les membres qui ne font pas nécessairement partie du Comité seront renouvelés par moitié tous les ans. Ils pourront être renommés.

Art. 6. — Le président sera choisi parmi les pasteurs de l'église consistoriale.

Le président du directoire de la Confession d'Augsbourg présidera le Comité dont il fera partie.

Art. 7. — Les membres du Comité prendront rang entre eux d'après l'ordre d'ancienneté de nomination. Ceux qui seraient nommés le même jour prendront rang d'après leur âge.

ART. 8. — Les Recteurs procéderont à l'installation des Comités par eux-mêmes ou par des délégués laïques choisis dans l'ordre universitaire ou dans l'ordre civil.

ART. 9. — En l'absence du président, le Comité est présidé par celui des membres présents qui est placé le premier sur le tableau.

ART. 10. — Chaque Comité choisit un secrétaire pris parmi ses membres laïques, dont les fonctions sont incompatibles avec celles de président. En son absence, il est remplacé par le plus jeune des membres présents.

ART. 11. — Le Comité déterminera, suivant les localités, le lieu de ses séances.

ART. 12. — Le Comité tient au moins une séance par mois, à la fin de laquelle il fixe et inscrit à son procès-verbal l'époque de la séance du mois suivant, ou d'une séance plus rapprochée, s'il le juge nécessaire.

ART. 13. — La séance ainsi indiquée a lieu sans qu'aucune convocation spéciale soit nécessaire.

ART. 14. — Le président, ou, à son défaut, le membre inscrit après lui, a le droit de convoquer des séances extraordinaires, lorsqu'une circonstance imprévue les rend nécessaires.

ART. 15. — Ce droit appartient également au sous-préfet, au procureur du Roi et aux inspecteurs d'Académie en tournée.

ART. 16. — Le préfet, le Recteur et le président du directoire de la Confession d'Augsbourg, en ce qui concerne les Comités de son culte, peuvent aussi ordonner à un Comité de se réunir extraordinairement pour délibérer sur un objet déterminé.

ART. 17. — Toute séance extraordinaire doit être indiquée par billet à domicile.

ART. 18. — Dans une séance extraordinaire précédemment indiquée au procès-verbal, ou dans une séance indiquée ou prescrite par l'un des fonctionnaires désignés ci-dessus et notifiée à domicile, il suffit de la présence de trois membres pour qu'une délibération soit valable, sauf les cas prévus par l'article 16 de l'ordonnance du 21 avril 1828, où l'avis demandé au Comité devra être pris à la majorité absolue de ses membres.

ART. 19. — Tout membre d'un Comité qui, sans avoir justifié d'une excuse valable, n'aura point paru aux séances pendant un an, sera censé avoir donné sa démission, et remplacé dans les formes ordinaires.

ART. 20. — Tous les ans, à l'époque où les Recteurs s'occupent du tableau des instituteurs de leur Académie, prescrit par l'article 33 de l'ordonnance du 29 février, ils s'occuperont aussi de vérifier l'état des Comités, de compléter ceux où il y aurait des vacances, et de renouveler ceux qui n'auraient pas rempli les fonctions qui leur sont confiées, sans préjudice des remplacements qui pourront avoir lieu dans le cours de l'année.

Art. 21. — La communication des registres des Comités ne peut être refusée aux fonctionnaires qui ont le droit de les convoquer.

Art. 22. — Le Comité veillera au maintien de l'ordre, des mœurs et de l'enseignement religieux, à l'observation des règlements et à la réforme des abus, dans toutes les Écoles de son arrondissement. Il sollicitera près du Recteur, du préfet et de toute autre autorité compétente les mesures convenables, soit pour l'entretien des Écoles, soit pour l'ordre et la discipline.

Il est spécialement chargé d'employer tous ses soins pour faire établir des Écoles dans les lieux où il n'y en a point, et pour remplacer dans les Écoles existantes l'enseignement individuel par l'enseignement mutuel ou simultané.

Art. 23. — Le président correspondra, au nom du Comité, avec le Recteur de l'Académie. Il lui rendra compte de toutes les décisions du Comité et des résultats de sa surveillance.

Chaque année, au mois de mai, le président fera connaître au Recteur, par un compte ou tableau particulier, la situation de l'instruction primaire dans chacune des communes comprises dans la circonscription du Comité.

Art. 24. — Chaque École aura pour surveillants spéciaux le pasteur et le maire de la commune où l'École est située.

Art. 25. — Le Comité pourra adjoindre aux surveillants spéciaux un ou plusieurs des membres du Comité ou des autres notables du même culte, choisis de préférence parmi les bienfaiteurs de l'École.

Art. 26. — Les surveillants spéciaux et les surveillants adjoints visiteront, au moins une fois par mois, l'École primaire qui sera sous leur inspection, feront faire l'exercice sous leurs yeux et en rendront compte au Comité.

Art. 27. — Sont également soumises à l'autorité du Comité les Écoles primaires de filles.

Néanmoins, l'inspection des pensions de filles sera confiée à des personnes du sexe, choisies par le Comité, au nombre de deux ou trois, parmi les mères de famille les plus recommandables du lieu. Ces personnes auront le titre de dames inspectrices; elles rendront compte au Comité des résultats de leur mission.

Art. 28. — Chaque Comité, avec l'autorisation du Recteur, pourra, dans le courant de l'année, à une époque fixée par lui, convoquer les instituteurs de son ressort à des conférences, qui auront pour but le perfectionnement des méthodes d'enseignement primaire. Il sera rendu compte au Recteur du résultat de ces conférences.

ART. 29. — Dans les villes où se trouvent deux ou plusieurs Consistoires, les divers Comités consistoriaux pourront se réunir, sur la demande du Recteur, pour concerter ensemble des mesures uniformes. Ces réunions seront présidées par le plus ancien des présidents de Comité.

ART. 30. — Il restera établi, selon les besoins des localités, des jurys spécialement chargés d'examiner les futurs instituteurs et institutrices, lesquels seront composés d'un président de Comité et de deux membres protestants, au choix et à la nomination du Recteur. Les règlements établis et les usages reçus dans l'Académie de Strasbourg pour l'examen des futurs instituteurs sont maintenus.

Disposition générale.

ART. 31. — Les Comités, les examinateurs et les Recteurs, chacun en ce qui les concerne, se conformeront, dans leurs opérations, pour tout ce qui n'est pas l'objet du présent arrêté, aux ordonnances et règlements sur l'instruction primaire.

———————

15 juillet 1829. **Ordonnance portant que la Société d'encouragement pour l'Instruction primaire parmi les protestants de France est reconnue comme établissement d'utilité publique, et que les statuts de ladite Société sont approuvés.**

15 Juillet 1829.

CHARLES, etc.,

Sur le rapport de notre Ministre secrétaire d'État au département de l'Instruction publique;

Vu les ordonnances royales des 29 février 1816, 8 avril 1824 et 21 avril 1828, relatives aux Écoles primaires;

Les projets de statuts d'une Société formée pour l'encouragement de l'instruction primaire parmi les protestants de France;

Le projet de règlement adressé à notre Ministre de l'Instruction publique, le 2 juin 1829, par les sieurs marquis de Jaucourt, comte Verhuel, baron Delessert et autres;

De l'avis du Comité de l'Intérieur et du Commerce;

Nous avons ordonné et ordonnons ce qui suit:

Article 1er. — La Société d'encouragement pour l'Instruction primaire parmi les protestants est reconnue comme établissement d'utilité publique; les statuts de ladite Société, dont un exemplaire restera annexé à la présente ordonnance, sont et demeurent approuvés[1].

Il n'y pourra être fait aucun changement sans notre autorisation.

Art. 2. — Pour la fondation, l'organisation et la direction de ces Écoles, ladite Société sera tenue de se conformer aux lois, ordonnances et règlements relatifs à l'Instruction primaire.

1. *Règlement de la Société d'encouragement pour l'instruction primaire parmi les protestants de France.*

Article 1er. — Le but de la Société est de seconder les progrès de l'instruction primaire parmi les protestants de France.

Art. 2. — La Société emploiera les fonds qui seront mis à sa disposition de la manière qui paraîtra le plus utile pour aider à l'amélioration des églises existantes, à l'établissement de nouvelles Écoles, et pour concourir, avec les institutions publiques ou particulières, à tout ce qui peut propager l'instruction primaire dans la population protestante.

Art. 3. — Seront membres de la Société les personnes qui souscriront pour la somme annuelle de 10 francs au moins, et qui auront été agréées par le Comité, sur la présentation de deux sociétaires. Toute offrande, quelque faible qu'elle soit, sera reçue avec reconnaissance, et le nom de celui qui l'aura faite sera inscrit sur la liste des bienfaiteurs de la Société.

Art. 4. — La direction des travaux de la Société est confiée à un Comité, composé d'un président, de quatre vice-présidents au moins, d'un trésorier, de deux secrétaires, de vingt assesseurs, dont douze résident à Paris, et huit dans les départements.

Art. 5. — Il est établi près de ce Comité deux censeurs nommés par la Société. Ils assistent aux séances du Comité; ils veillent au maintien des règlements; ils vérifient et arrêtent les comptes du trésorier.

Art. 6. — Le Comité se réunit ordinairement une fois par mois et extraordinairement, sur la demande de trois membres, toutes les fois que les travaux de la Société l'exigent.

Dans les réunions ordinaires, cinq membres peuvent délibérer : en cas d'absence du président ou des vice-présidents, le membre le plus âgé préside la séance.

Art. 7. — Il y aura tous les ans une assemblée générale de la Société pour entendre le rapport sur les travaux des Comités et recevoir les comptes du trésorier. Ce rapport et ces comptes seront rendus publics par la voie de l'impression.

Art. 8. — A l'époque de l'assemblée générale, le Comité sera renouvelé par moitié. Les membres sortants pourront être réélus.

Art. 9. — Nul changement au présent règlement ne peut avoir lieu que dans une assemblée générale de la Société, et sur la demande du Comité d'administration.

Art. 10. — Toutes les fonctions du Comité sont gratuites.

29 décembre 1829.

Arrêté relatif aux instituteurs primaires du département de Seine-et-Oise.

29 Décembre 1829.

Le Conseil royal de l'Instruction publique,

Après avoir entendu un rapport de M. Frédéric Cuvier, inspecteur général des études adjoint, concernant les Écoles primaires du département de Seine-et-Oise,

Arrête :

1° Que, provisoirement, dans les communes du département de Seine-et-Oise, où les instituteurs primaires jouissent, en cette qualité ou à tous autres titres, d'un traitement au-dessus de 800 francs, non compris le logement, il ne sera plus autorisé que des instituteurs ayant au moins un brevet du deuxième degré ;

2° Que tout aspirant âgé de moins de vingt-cinq ans, qui désirera recevoir un brevet de capacité, ne sera admis à l'examen qu'autant qu'il se présenterait pour obtenir le brevet du deuxième degré.

---

6 janvier 1830.

Rapport au Roi et Décision relative aux Écoles tenues par des institutrices qui appartiennent à des Communautés religieuses légalement reconnues.

6 Janvier 1830.

Rapport au Roi.

Sire,

Des règles particulières d'administration ont été établies par l'ordonnance royale du 3 avril 1820 à l'égard des Écoles de filles qui sont dirigées par des institutrices appartenant à des communautés religieuses légalement reconnues ; il a été jugé utile de définir d'une manière spéciale les rapports de subordination qui doivent exister entre ces établissements et l'autorité.

Cette mesure est principalement fondée sur ce que les communautés de femmes qui se livrent à l'éducation sont régies par des statuts préalablement approuvés et ayant pour elles force de loi. La nature et le régime des Écoles qu'elles dirigent sont diversement déterminés suivant la teneur de ces statuts, en sorte qu'il serait impossible de leur faire l'application uniforme des dispositions qui ont été adoptées pour les autres Écoles de filles.

L'article 21 de l'ordonnance de Votre Majesté, en date du 21 avril 1828, rend applicables aux Écoles primaires de filles les dispositions de cette même ordonnance et celles des ordonnances antérieures concernant les Écoles de garçons ; mais les Écoles de filles tenues par des religieuses sont-elles du nombre des établissements que cet article regarde, et doivent-elles, en conséquence, être soumises à la surveillance des Comités gratuits d'instruction primaire ? Le

Conseil royal de l'Instruction publique, consulté sur cette question, a cru devoir la résoudre négativement. Il a considéré que la marche prescrite par l'ordonnance de 1820 a été suivie partout sans difficulté ; que, sous ce régime, les Écoles dont il s'agit ont toujours présenté des garanties suffisantes de bonne direction ; que, pour se soustraire à un changement d'état qu'elles redoutent, les institutrices faisant partie de communautés ont fait valoir des motifs de convenances très respectables et des droits acquis hors de toute contestation ; enfin, que l'ordonnance de 1828 n'ayant pas formellement abrogé la législation spéciale relative à ces institutrices, elle ne doit pas avoir plus d'effet à leur égard que n'en ont eu les autres ordonnances rendues sur les Écoles primaires depuis 1820, et sous le régime desquelles cette législation spéciale a été maintenue.

J'ai lieu d'espérer, Sire, que Votre Majesté jugera ces motifs dignes de son approbation.

C'est ce qui m'engage à proposer à Votre Majesté de décider :

1° Les Écoles de filles, tenues par des institutrices qui appartiennent à des communautés religieuses légalement reconnues, ne sont point comprises dans les termes de l'article 21 de l'ordonnance du 21 avril 1828.

2° Lesdites Écoles continueront d'être surveillées par les autorités ecclésiastiques et administratives, conformément aux dispositions antérieures.

Signé : DE GUERNON-RANVILLE.

Approuvé :

Signé : CHARLES.

Ordonnance concernant les moyens de pourvoir aux besoins de l'Instruction primaire[1]. 14 février 1830.

14 Février 1830.

CHARLES, etc.,

Sur le rapport de notre Ministre secrétaire d'État au département des Affaires ecclésiastiques et de l'Instruction publique ;

Nous étant fait rendre compte de la situation des Écoles primaires dans le Royaume, nous avons reconnu qu'un nombre assez considérable de communes étaient encore privées des moyens d'instruction que notre volonté est de mettre à la portée de tous nos sujets, et qu'il importait de prendre de nouvelles mesures, afin de parvenir à ce but dans le plus bref délai possible ;

1. Consulter le rapport au Roi qui porte l'exposé des motifs de l'ordonnance. — Consulter également la circulaire du 11 *mai* 1832.

Voulant améliorer en même temps le sort des instituteurs et leur assurer la récompense que méritent leurs utiles fonctions;

Vu l'avis de notre Conseil royal de l'Instruction publique;

Vu l'avis du Comité de l'Intérieur de notre Conseil d'État,

Nous avons ordonné et ordonnons ce qui suit :

Article 1er. — Les mesures suivantes seront prises, pour que toutes les communes du Royaume soient immédiatement pourvues de moyens suffisants d'instruction primaire.

Art. 2. — Les Écoles communales seront divisées en trois classes, correspondantes aux trois degrés d'enseignement reconnus par l'article 11 de l'ordonnance du 29 février 1816. Ce classement sera fait dans chaque département par le préfet, de concert avec le Recteur de l'Académie, et présenté à l'approbation du conseil général dans sa session annuelle[1].

Art. 3. — Le conseil général déterminera le minimum des émoluments divisés en traitements fixes et produits éventuels de chacune des trois classes d'Écoles.

Le tableau général du classement des Écoles du département sera dressé en trois expéditions, dont l'une sera déposée à la préfecture, la seconde dans les archives de l'Académie, et la troisième transmise à notre Ministre des Affaires ecclésiastiques et de l'Instruction publique.

Art. 4. — Ce tableau sera revisé annuellement dans les mêmes formes. Les Écoles qui, par l'effet de fondations, donations particulières ou vote nouveau des communes, auraient acquis une importance suffisante, seront élevées, s'il y a lieu, à une classe supérieure.

Art. 5. — Les conseils municipaux de toutes les communes du Royaume délibéreront, dans leur prochaine session ordinaire du mois de mai, sur les moyens de pourvoir à l'établissement et à l'entretien des Écoles primaires dont ils auront reconnu la nécessité.

Dans le cas où les dépenses ne pourraient être couvertes qu'à l'aide d'une imposition extraordinaire, elle sera votée dans les formes prescrites par les articles 39 et suivants de la loi du 15 mai 1818[2].

1. La circulaire du 8 mars 1830 détermine la procédure à suivre.

2. Voici le texte de ces articles :

Article 39. — Dans le cas où, les cinq centimes additionnels imposés pour les dépenses des communes étant épuisés, une commune aurait à pourvoir à une dépense véritablement urgente, le maire, sur l'autorisation du préfet, convoquera le conseil municipal et les plus forts contribuables aux rôles de la commune en nombre égal à celui des membres de ce conseil, pour reconnaître l'urgence de la dépense,

Art. 6. — Les conseils municipaux arrêteront dans cette délibération :

1° Le montant des frais indispensables pour le premier établissement de l'École ;

2° Le traitement fixe annuel propre à assurer le sort de l'instituteur, en ayant égard aux émoluments éventuels qu'il pourra obtenir
des élèves payants ;

3° Le vote des fonds destinés aux frais d'établissement de l'École ;
et ceux affectés au traitement fixe de l'instituteur ; ce traitement
sera voté pour cinq ans ;

4° La liste des enfants qui seront admis gratuitement à l'École ;

5° Enfin le taux de la rétribution mensuelle à payer pour les enfants qui ne seront pas admis aux leçons gratuites.

Art. 7. — Lorsqu'une commune n'aura pas les moyens d'entretenir un instituteur, elle pourra s'entendre avec une ou plusieurs
communes voisines pour en avoir un en commun.

Dans ce cas, chaque conseil municipal votera sa portion contri-
butive aux diverses dépenses, conformément à l'article précédent,

l'insuffisance des revenus municipaux et des cinq centimes ordinaires pour y pourvoir.

Art. 40. — Lorsque les plus forts contribuables seront absents, ils seront rem-
placés en nombre égal par les plus forts contribuables portés après eux sur le rôle.

Art. 41. — Le conseil municipal auquel, aux termes de l'article 39, auraient été
adjoints les plus forts contribuables, votera sur les centimes extraordinaires proposés.
Dans le cas où ils seraient consentis, la délibération sera adressée au préfet, qui,
après l'avoir revêtue de son autorisation, la transmettra au Ministre secrétaire
d'État de l'Intérieur, pour y être définitivement statué par une ordonnance du
Roi.

Art. 42. — Il sera pourvu dans les formes prescrites par les articles précédents
aux dépenses extraordinaires communes à plusieurs municipalités du département et
dans leur intérêt. La répartition en sera faite d'après les délibérations des conseils
municipaux formés, comme ci-dessus, par l'adjonction des plus forts contribuables
dûment approuvée par le préfet, et, sur le rapport du Ministre secrétaire d'État de
l'Intérieur, par une ordonnance du Roi.

Art. 43. — A partir du jour de l'ouverture de la session prochaine, les villes dont
les revenus excèdent cent mille francs ne pourront faire aucun emprunt ni imposer
aucune contribution extraordinaire qu'en vertu d'une loi, si ce n'est pour des cas
urgents, dans l'intervalle des sessions, et sans que ces emprunts ou ces contributions
puissent excéder le quart de leurs revenus.

Ces villes seront dispensées des adjonctions présentées par l'article 39.

Art. 44. — Les budgets desdites villes et les comptes de leurs recettes et dépenses,
tant ordinaires qu'extraordinaires, seront annuellement rendus publics en chacune
desdites villes par la voie de l'impression.

Art. 45. — Il sera présenté, dans chaque session des Chambres, un tableau détaillé des emprunts qui auront été autorisés et des contributions extraordinaires
qui auront été imposées en conformité des articles précédents : ce tableau indiquera
les motifs qui auront rendu lesdits emprunts et impositions nécessaires, la date des
lois ou ordonnances qui les auront autorisés, leur montant ou le nombre des centimes, leur produit et leur emploi.

et dressera la liste des enfants de la commune qui devront recevoir l'instruction gratuite.

La distribution des leçons entre les enfants des communes ainsi associées sera réglée d'un commun accord par les maires respectifs, et ce règlement sera soumis à l'approbation du Recteur, qui statuera, après avoir pris l'avis du Comité de surveillance.

Art. 8. — Les préfets présenteront aux conseils généraux, dans leur prochaine réunion, outre le tableau énoncé en l'article 2 ci-dessus, l'état des communes qui auront voté les fonds suffisants pour couvrir toutes leurs dépenses relatives à l'instruction primaire et de celles qui n'auront pu se charger que d'une partie de ces mêmes dépenses.

Art. 9. — Vérification faite de ces états, le conseil général délibérera sur les secours qu'il conviendrait d'accorder aux communes reconnues dans l'impossibilité de subvenir aux frais de leurs Écoles, et votera les sommes qu'il jugera devoir allouer à cet effet.

L'état de répartition de ces sommes, arrêté par le conseil général, sera transmis au Recteur de l'Académie et à notre Ministre des Affaires ecclésiastiques et de l'Instruction publique.

Art. 10. — Outre les Écoles primaires proprement dites, il sera établi des Écoles modèles préparatoires destinées à former des instituteurs.

Il y aura au moins une de ces Écoles par Académie[1].

Les conseils généraux délibéreront, dans leur prochaine session, sur l'établissement et l'entretien d'une de ces Écoles dans le département même, s'il y a lieu, ou sur la contribution du département aux dépenses de l'École commune, qui sera, autant que possible, placée au chef-lieu de l'Académie.

Les préfets se concerteront avec les Recteurs pour préparer les propositions sur lesquelles il conviendra d'appeler à cet égard l'attention des conseils généraux.

Art. 11. — Chaque année, il sera porté au budget de l'État une somme spécialement destinée à encourager l'instruction primaire; et pendant cinq ans, à partir du 1er janvier 1831, il sera prélevé, pour le même objet, le vingtième du produit de la rétribution universitaire établie par les articles 134 du décret du 17 mars et 25 du décret du 17 septembre 1808.

Art. 12. — Le fonds ainsi formé sera employé par notre Ministre

1. Consulter, sur la fondation des Écoles normales, les circulaires des 6 *mai*, 19 *août* 1828, 24 *mars* et 7 *août* 1829, 13 *août* 1831.

des Affaires ecclésiastiques et de l'Instruction publique, d'après l'avis de notre Conseil royal :

1° A donner des secours aux communes qui se trouveraient dans l'impossibilité absolue de se procurer des moyens d'enseignement, et principalement à fonder des Écoles modèles préparatoires;

2° A faire composer, imprimer et distribuer des livres élémentaires;

3° A donner des encouragements et des récompenses aux instituteurs qui se seront distingués par leur aptitude, leur zèle et leur bonne conduite.

Art. 13. — Un rapport sur l'emploi des fonds susénoncés et sur l'état de l'instruction primaire dans toute l'étendue du Royaume nous sera présenté chaque année au mois de janvier, et communiqué aux Chambres.

Art. 14. — Notre Ministre des Affaires ecclésiastiques et de l'Instruction publique nous proposera incessamment un règlement général, pour assurer aux instituteurs primaires communaux, au moyen de retenues sur leurs traitements et des autres ressources dont on pourra disposer, des pensions de retraite, lorsque l'âge ou les infirmités les mettront dans la nécessité de renoncer à leurs fonctions, après les avoir exercées pendant un nombre d'années déterminé.

Art. 15. — Notre Ministre des Affaires ecclésiastiques et de l'Instruction publique et notre Ministre de l'Intérieur sont chargés, chacun en ce qui le concerne, de l'exécution de la présente ordonnance.

Décision relative aux instituteurs primaires et aux membres de l'Université 9 mars 1830. **qui contractent l'engagement de se vouer pendant dix ans au service de l'Instruction publique.**

9 Mars 1830.

Le Conseil est d'avis que tous les instituteurs primaires, comme les maîtres d'études, régents des Collèges communaux et autres membres de l'Université qui contractent l'engagement décennal envers l'Instruction publique, aux termes de la loi du 10 mars 1818, doivent être considérés comme obligés de servir l'Instruction publique pendant dix ans, soit qu'ils aient été dispensés du service militaire en vertu dudit engagement, soit qu'ils n'aient pas fait usage de ce même engagement.

13 mars 1830.

Arrêté portant qu'on ne peut être autorisé à tenir une École primaire avant l'âge de dix-neuf ans.

13 Mars 1830.

Le Conseil royal de l'Instruction publique
Arrête :

Que, désormais, il ne sera accordé aucune autorisation pour tenir une École primaire à un candidat âgé de moins de dix-neuf ans accomplis.

1er avril 1830.

Ordonnance portant qu'il pourra être accordé des pensions de retraite aux veuves des membres de l'Université [1].

1er Avril 1830.

Article 1er. — Des pensions de retraite pourront être accordées aux veuves des membres de l'Université, mariées depuis cinq ans au moins, et dont les maris viendront à décéder postérieurement au 1er juillet 1830.

Art. 2. — Ces pensions ne pourront excéder le tiers de celles auxquelles les décédés auraient eu droit.

Art. 3. — Jusqu'à l'époque où la situation des fonds affectés au payement des pensions de retraite de l'Université le permettra, il ne sera accordé des pensions aux veuves qu'en proportion de leurs besoins, et lorsqu'elles auront justifié qu'elles n'ont pas des moyens suffisants d'existence.

Art. 4. — Lorsque notre Conseil royal de l'Instruction publique aura reconnu que le fonds de retraite peut faire face à la dépense, toutes les veuves des membres de l'Université auront droit au maximum de la pension déterminé par l'article 2.

Art. 5. — Les veuves qui se remarieront cesseront de recevoir des pensions et des secours sur les fonds de l'Université.

---

1. Consulter, sur la question générale des pensions de retraite, les circulaires des 31 *mai* 1828 et 28 *février* 1829. Voir également la loi du 18 *avril* 1831, l'ordonnance du 10 *mai* et l'instruction du 19 *mai* de la même année, concernant les retenues à exercer sur les traitements et pensions payés sur les fonds de l'État.

Charte constitutionnelle. [Extrait.]   14 août 1830.

14 Août 1830.

Dispositions particulières.

ARTICLE 60. — Il sera pourvu successivement, par des lois séparées et dans le plus court délai possible, aux objets qui suivent :

. . . .

8° L'Instruction publique et la liberté de l'enseignement[1].

Ordonnance concernant les Comités d'instruction primaire.   16 octobre 1830.

16 Octobre 1830.

LOUIS-PHILIPPE, etc.,
Vu les décrets du 17 mars 1808 et du 15 novembre 1811 ;
Vu les ordonnances du 29 février 1816, du 2 août 1820, du 8 avril
1824, du 21 avril 1828, du 26 mars 1829 et du 14 février 1830 ;
Considérant que l'institution des Comités gratuits chargés d'encourager et de surveiller les Écoles primaires est une des mesures
les plus propres à hâter l'amélioration et les progrès de l'instruction
élémentaire, et qu'il importe de donner à ces Comités toute l'action
dont ils ont besoin ;
Vu le mémoire de notre Conseil royal de l'Instruction publique ;
Sur le rapport de notre Ministre secrétaire d'État de l'Instruction
publique et des Cultes, Grand-Maître de l'Université ;
Nous avons ordonné et ordonnons ce qui suit :

ARTICLE 1er. — Les Comités d'instruction primaire seront incessamment organisés[2], conformément aux dispositions suivantes.
ART. 2. — Il y aura, suivant la population et les besoins des localités, un ou plusieurs Comités par arrondissement de sous-préfecture.
ART. 3. — Chaque Comité sera composé de sept membres au
moins et de douze membres au plus.
Seront membres de droit de tous les Comités de l'arrondissement :

---

1. Consulter sur la liberté d'enseignement la circulaire du 19 *octobre* 1831.
2. Consulter sur la question de la réorganisation des Comités cantonaux la circulaire du 30 *octobre* 1830 aux préfets.

Le sous-préfet et le procureur du Roi,

Le maire de la commune où le Comité tiendra ses séances,

Le juge de paix du canton,

Le curé cantonal.

Les autres membres du Comité seront choisis parmi les notables de l'arrondissement ou du canton, par le Recteur de l'Académie, de concert avec le préfet du département, sauf l'approbation de notre Ministre, Grand-Maître de l'Université.

Art. 4. — Les membres qui ne font point nécessairement partie des Comités seront renouvelés annuellement par tiers. Ils pourront être renommés.

Tout membre d'un Comité qui, sans avoir justifié d'une excuse valable, n'aura point assisté à trois séances ordinaires consécutives, sera censé avoir donné sa démission, et il sera remplacé dans les formes prescrites.

Art. 5. — Le maire de la commune où se tiendra le Comité sera, de droit, président de ce Comité. En cas d'absence ou d'empêchement, soit du maire, soit de l'adjoint au maire, le Comité sera présidé par celui des membres présents qui sera inscrit le premier sur le tableau.

Lorsque le sous-préfet et le procureur du Roi voudront assister à la séance d'un des Comités de leur arrondissement, ils prendront la présidence. En cas de concurrence, la présidence est dévolue au sous-préfet.

Art. 6. — Les dispositions concernant les attributions et les devoirs des Comités seront prescrites par des règlements universitaires, de manière que tout y tende à favoriser la propagation de l'instruction primaire dans toutes les communes du Royaume, l'emploi des meilleures méthodes d'enseignement et le prompt établissement des Écoles normales primaires.

Art. 7. — Notre Conseil royal de l'Instruction publique fera un règlement spécial pour l'organisation des Comités chargés de surveiller et d'encourager les Écoles primaires israélites.

Art. 8. — Les ordonnances antérieures sont maintenues en tout ce qui n'est pas contraire à la présente.

Art. 9. — Notre Ministre Secrétaire d'État au département de l'Instruction publique et des Cultes est chargé de l'exécution de la présente ordonnance.

Statuts adoptés par la Société pour l'Instruction élémentaire dans la séance générale du 24 novembre 1830.

24 Novembre 1830.

Titre Ier.

But de la Société.

Article 1er. — Le but de la Société est de propager, en France et à l'étranger, l'éducation élémentaire, et d'en perfectionner le mode.

Art. 2. — Elle établit des Écoles pour les enfants et les adultes de l'un et de l'autre sexe.

Art. 3. — Elle fait composer, traduire, imprimer des tableaux et des livres élémentaires, ainsi que des ouvrages propres à diriger les personnes qui veulent mettre en pratique les meilleures méthodes.

Art. 4. — Elle distribue aux Écoles des livres, des tableaux et autres secours.

Art. 5. — Elle propose des prix pour provoquer la composition et la publication de livres destinés à l'éducation populaire.

Art. 6. — Elle encourage la création de bibliothèques populaires.

Art. 7. — Elle distribue des médailles et autres encouragements aux maîtres qui se sont le plus distingués.

Art. 8. — Elle forme, à l'usage de ses membres, une bibliothèque relative à l'usage de ses travaux.

Art. 9. — Elle publie un bulletin périodique.

Art. 10. — Elle encourage l'établissement des Sociétés et correspond avec elles.

Titre II.

Membres de la Société.

Art. 11. — La Société se compose de membres titulaires, de correspondants et d'associés étrangers.

Art. 12. — Pour devenir membre, il faut être présenté par un membre et reçu par l'assemblée générale ou par le Conseil.

Art. 13. — Chaque membre paye une cotisation annuelle d'au moins 25 francs, et cesse de faire partie de la Société dès qu'il n'acquitte plus sa souscription.

Art. 14. — Il a le droit de présenter des enfants et des adultes pour être admis, par préférence, aux places vacantes dans les Écoles de la Société.

Art. 15. — Il peut assister aux séances du Conseil avec voix consultative.

Art. 16. — Il reçoit gratuitement un exemplaire du règlement et le bulletin périodique.

Art. 17. — Les correspondants et les associés étrangers sont nommés par le le Conseil.

Titre III.

Conseil d'administration.

Art. 18. — La Société est régie par le Conseil d'administration, qui délibère à la majorité des membres présents et agit au nom de la Société.

ART. 19. — Le Conseil accepte ou refuse, par l'intermédiaire d'un de ses membres autorisé à cet effet, et en se conformant aux lois, les dons et les legs faits à la Société.

Le Conseil autorise également les acquisitions et aliénations.

ART. 20. — Le Conseil se compose de : présidents et membres honoraires, d'un président, deux vice-présidents, un secrétaire général, six secrétaires, un trésorier, et trente-six membres au moins et quarante-huit au plus, répartis en Comités.

ART. 21. — Parmi ces Comités, celui des fonds donne son avis sur toutes les recettes, dépenses et emplois de fonds. Il en rend compte au Conseil toutes les fois qu'il en est requis, et présente tous les ans à la Société un compte général.

ART. 22. — Le trésorier, ou, à son défaut, un membre délégué par le Conseil, est chargé, sous l'inspection du Comité des fonds, des recettes, dépenses et emplois de fonds.

ART. 23. — Un Comité de dames, institué par le Conseil, surveille conjointement avec lui les Écoles de filles de la Société.

ART. 24. — Le président, les vice-présidents, le secrétaire général et le trésorier sont nommés tous les ans. Les secrétaires et les membres des divers Comités sont renouvelés par tiers tous les ans.

ART. 25. — Les président et vice-présidents, le secrétaire général et les secrétaires sortants ne sont rééligibles aux mêmes fonctions qu'après une année d'intervalle.

Le trésorier et les autres membres du Conseil sortants sont rééligibles aux mêmes fonctions.

ART. 26. — Aux membres sortants sont ajoutés de droit ceux qui ont donné leur démission, ou qui, sans excuse admise par le Conseil, n'ont point assisté dans l'année à quatre au moins de ses séances.

ART. 27. — Le Conseil a le droit de nommer des membres adjoints, dont le nombre ne peut dépasser dix.

ART. 28. — Les présidents et membres honoraires seront choisis parmi les personnes qui auront rendu de longs ou d'éminents services à la cause de l'éducation élémentaire.

ART. 29. — Ils sont nommés à perpétuité par l'assemblée générale, au scrutin secret, et sur la présentation du Conseil.

ART. 30. — Le nombre des présidents honoraires ne peut dépasser cinq, celui des membres honoraires, dix.

ART. 31. — Les présidents honoraires président de droit, à tour de rôle, les assemblées générales.

TITRE IV.

Assemblée générale des souscripteurs.

ART. 32. — Le Conseil convoque, au moins une fois par an, l'assemblée générale des souscripteurs, pour lui rendre compte de ses travaux et de la situation de la caisse.

ART. 33. — Cette assemblée nomme au scrutin secret les membres du Conseil.

ART. 34. — Nul changement aux présents statuts ne pourra être proposé à l'autorité compétente que sur la demande du Conseil, adoptée par l'assemblée générale, à la majorité des membres présents.

25.

Ordonnance relative aux donations et legs, acquisitions et aliénations de biens concernant les établissements ecclésiastiques et les communautés religieuses de femmes. 14 janvier 1831.

14 Janvier 1831.

LOUIS-PHILIPPE, etc.,

Vu les lois des 2 janvier 1817 et 24 mai 1825, relatives aux donations et legs, acquisitions et aliénations de biens meubles, immeubles et de rentes, concernant les établissements ecclésiastiques et les communautés religieuses de femmes;

Voulant remédier aux abus qui ont lieu par défaut d'exécution ou par fausse interprétation de ces lois;

Notre Conseil d'État entendu, etc.,

ARTICLE 1er. — L'article 6 de l'ordonnance royale du 2 avril 1817 est rapporté. En conséquence, aucun transfert ni transcription de rente sur l'État, au profit d'un établissement ecclésiastique ou d'une communauté, ne sera effectué qu'autant qu'il aura été autorisé par une ordonnance royale dont l'établissement autorisé présentera, par l'intermédiaire de son agent de change, expédition en due forme au directeur du grand-livre de la dette publique.

ART. 2. — Aucun notaire ne pourra passer acte de vente, d'acquisition, d'échange, de transaction, au nom desdits établissements s'il n'est justifié de l'ordonnance royale portant autorisation de l'acte, et qui devra y être entièrement insérée.

ART. 3. — Nulle acceptation de legs au profit des mêmes établissements ne sera présentée à notre autorisation, sans que les héritiers connus du testateur ne soient appelés par acte extra-judiciaire, pour prendre connaissance du testament, donner leur consentement à son exécution ou produire leurs moyens d'opposition. S'il n'y a pas d'héritiers connus, extrait du testament sera affiché de huitaine en huitaine, et à trois reprises consécutives, au chef-lieu de la mairie du domicile du testateur, et inséré dans le journal judiciaire du département, avec invitation aux héritiers d'adresser au préfet, dans le même délai, les réclamations qu'ils auront à présenter.

ART. 4. — Ne pourront être présentées à notre autorisation les donations qui seraient faites à des établissements ecclésiastiques ou religieux, avec réserve d'usufruit en faveur du donateur.

ART. 5. — L'état de l'actif et du passif, ainsi que des revenus et des charges des établissements légataires ou donataires, vérifié et certifié par le préfet, sera produit à l'appui de leur demande en autorisation d'accepter les dons et legs qui leur seraient faits.

ART. 6. — Les dispositions de la présente ordonnance seront applicables aux autorisations à donner par le préfet en vertu de l'article 1ᵉʳ de l'ordonnance du 2 avril 1817.

20 janvier 1831.

Projet de loi concernant l'instruction primaire.

20 Janvier 1831.

LOUIS-PHILIPPE, etc.,

Nous avons ordonné et ordonnons ce qui suit :

Le projet de loi dont la teneur suit sera présenté en notre nom à la Chambre des Pairs par notre Ministre secrétaire d'État au département de l'Instruction publique et des Cultes, président du Conseil d'État, que nous chargeons d'en exposer les motifs et d'en soutenir la discussion.

ARTICLE 1ᵉʳ. — L'enseignement primaire comprend, outre l'instruction morale et religieuse, la lecture, l'écriture, la langue française, le calcul, le système légal des poids et mesures, le dessin linéaire et l'arpentage.

Le vœu des pères de famille sera toujours consulté et suivi, en ce qui concerne la participation de leurs enfants à l'instruction religieuse.

ART. 2. — Les Écoles primaires, situées dans chaque arrondissement de justice de paix, seront placées sous la protection et la surveillance d'un Comité gratuit, composé :

Du maire de la commune chef-lieu, président ;

Du juge de paix ;

Et de notables habitants, au nombre de quatre à douze, lesquels seront choisis moitié par le Recteur de l'Académie, moitié par le préfet du département.

Les membres autres que les membres de droit seront renouvelés par moitié tous les deux ans.

Les Comités pourront délibérer, quand la moitié plus un des membres qui les composent seront réunis.

ART. 3. — Le sous-préfet sera membre de droit de tous les Comités de son arrondissement, et, s'il y assiste, il en prendra la présidence.

Le préfet aura le même droit pour tous les Comités de son département.

Chacun des maires des communes qui composent un arrondissement de justice de paix aura séance et voix délibérative au Comité, pour toute affaire intéressant l'instruction primaire dans sa commune.

Le président a le droit de convoquer des séances extraordinaires, lorsqu'une circonstance imprévue les rend nécessaires. Ce droit appartient également aux Recteurs et aux inspecteurs de l'Université.

ART. 4. — Les Comités prendront les mesures propres à assurer dans toutes les Écoles primaires de leur ressort le maintien de l'ordre et des mœurs, les progrès de l'instruction et l'observation des règlements.

Ils vérifient les titres des candidats qui aspireront aux fonctions d'instituteur communal.

Ils feront connaître au préfet, au Recteur, et à toute autre autorité compétente, les besoins des Écoles et des instituteurs.

Toutes les délibérations des Comités seront transmises au Recteur.

ART. 5. — Les Écoles primaires sont ou communales ou privées.

Tout individu, majeur et jouissant des droits civils, pourra donner l'enseignement primaire, à charge par lui de déposer entre les mains du maire de la commune où il voudra exercer :

1° Un brevet de capacité émané d'un Recteur d'Académie ;

2° Des certificats de bonnes vie et mœurs, délivrés par le maire et par trois membres du conseil municipal de la commune ou des communes où il aura résidé depuis trois ans.

Le maire de la commune où l'instituteur primaire voudra exercer visera le brevet et les certificats, et il donnera aussitôt avis de l'établissement de la nouvelle École au président du Comité, au préfet du département, au Recteur de l'Académie.

ART. 6. — Les personnes ou associations qui auraient fondé ou entretiendraient des Écoles en auront l'administration et la surveillance immédiate, sans préjudice des droits de l'administration et de la surveillance exercée par le Comité.

Les fondateurs pourront aussi réserver cette administration et cette surveillance à leurs successeurs.

ART. 7. — A défaut de fondations, donations ou legs suffisants, toute commune sera tenue de pourvoir, ou par elle-même, ou en se réunissant à une commune voisine, à ce que les enfants qui l'habitent reçoivent l'instruction primaire, et à ce que les enfants indigents reçoivent gratuitement cette instruction.

ART. 8. — Nul ne pourra être nommé instituteur communal, s'il ne produit le brevet et les certificats mentionnés à l'article 5 de la présente loi. Les instituteurs communaux seront choisis par l'autorité municipale, sauf l'approbation du Comité. Il sera donné avis de leur nomination au préfet du département et au Recteur de l'Académie.

ART. 9. — Il sera fourni à tout instituteur communal :

1° Un local qui sera convenablement disposé, tant pour servir de logement à l'instituteur, que pour recevoir les élèves ;

2° Un traitement fixe, dont le minimum sera 200 francs.

Moyennant le traitement fixe, l'instituteur communal devra recevoir et instruire tous les élèves que le conseil municipal aura désignés comme étant hors d'état de payer la rétribution.

ART. 10. — Dans le cas prévu par l'article 7, un local convenable et un traitement fixe d'au moins 200 francs seront fournis à l'instituteur communal, soit aux frais de la commune ou de plusieurs communes réunies, soit aux frais de la commune et du département, en cas d'insuffisance des ressources ordinaires de la commune, soit aux frais de la commune, du département et de l'État, si les ressources communales et départementales ne suffisent point.

ART. 11. — Chaque année, la somme nécessaire pour suppléer aux ressources locales, en ce qui touche la maison d'école et les 200 francs formant le minimum du traitement fixe, seront portés au budget de l'État.

Un rapport sur l'emploi des fonds qui auront été alloués l'année précédente, et sur la situation générale de l'instruction primaire, sera annexé à la proposition du budget.

ART. 12. — En sus du traitement fixe, les instituteurs communaux recevront, à raison de chaque élève non inscrit pour les leçons gratuites, une rétribution mensuelle, dont le taux sera réglé tous les cinq ans par le conseil municipal de chaque commune.

Art. 13. — A partir de la publication de la présente loi, les communes ver-
seront annuellement dans les caisses des receveurs d'arrondissement une
somme égale au vingtième du traitement fixe de chaque instituteur communal ;
laquelle sera placée en rentes sur l'État, à l'effet d'assurer des pensions de
retraite aux instituteurs communaux, soit au bout de trente ans de services
révolus, soit après dix ans au moins de services, dans le cas d'infirmités qu'ils
auraient contractées pendant leurs fonctions, et qui les empêcheraient de les
continuer.

Néanmoins, aucune de ces pensions ne pourra être accordée avant le 1er janvier 1836. A cette époque, leur quotité, en proportion des années de services
et des traitements fixes, sera déterminée par une ordonnance du Roi.

Les pensions seront ensuite liquidées par le Conseil de l'Instruction publique, sur l'avis du Comité cantonal de la dernière résidence de chaque récla-
mant.

Art. 14. — Outre les Écoles primaires appartenant à chaque commune, il
pourra être établi dans chaque Académie, aux frais des communes et des départements, après délibération des conseils municipaux et des conseils généraux, une ou plusieurs Écoles normales, destinées à former des instituteurs
primaires.

Les directeurs de ces Écoles normales seront nommés et rétribués par l'Université.

Art. 15. — Selon les ressources et les besoins des communes, et sur la proposition des Comités, il pourra être établi des Écoles primaires communales de
filles.

Les dispositions de la présente loi seront applicables à toutes les Écoles primaires de filles, soit communales, soit privées. Mais le Comité pourra faire
exercer sa surveillance, à l'égard de ces Écoles, par l'intermédiaire de dames
inspectrices qu'il aura choisies.

Art. 16. — En cas de faute grave de la part de l'instituteur, soit communal,
soit privé, le Comité pourra, selon les circonstances, et après avoir entendu
et dûment appelé l'instituteur inculpé, prononcer contre lui la peine de la réprimande ou de la censure ; il pourra même retirer les certificats de bonnes vie
et mœurs que l'instituteur avait précédemment obtenus.

Dans ce dernier cas, l'instituteur aura la faculté de se pourvoir contre la
décision du Conseil académique. Le recours devra être exercé dans le délai de
trois mois.

S'il y a urgence, le Recteur ou le Comité pourra, avant toute instruction de
l'affaire, ordonner la suspension provisoire d'un instituteur. Il sera statué définitivement, dans le délai d'un mois au plus, sur l'imputation qui aura motivé
la suspension.

Art. 17. — Sur la demande du conseil municipal, le Comité pourra priver
de son emploi un instituteur communal reconnu incapable de remplir ses fonctions, ou convaincu de négligence habituelle.

Art. 18. — Tout individu qui, sans avoir rempli les formalités prescrites
par les articles 5 et 8 de la présente loi, aura ouvert ou tenu publiquement
une École primaire sera poursuivi correctionnellement devant le tribunal du
lieu du délit et condamné à une amende de 50 à 100 francs.

En cas de récidive, il pourra être condamné à une détention de quinze jours
à un mois et à une amende double de la première.

Ordonnance qui nomme une Commission chargée de reviser les lois, décrets et ordonnances sur l'Instruction publique, et de préparer un projet de loi pour l'organisation générale de l'enseignement. 3 février 1831

3 Février 1831.

LOUIS-PHILIPPE, etc.,

Sur le rapport de notre Ministre Secrétaire d'État au département de l'Instruction publique et des Cultes, président du Conseil d'État,

Nous avons ordonné et ordonnons ce qui suit :

ARTICLE 1ᵉʳ. — Une Commission sera chargée de la revision des lois, décrets et ordonnances concernant l'Instruction publique ; elle préparera un projet de loi pour l'organisation générale de l'enseignement, en conformité aux dispositions de la Charte constitutionnelle.

. . . .

Ordonnance concernant l'établissement d'une École normale primaire à Paris. 11 mars 1831.

11 Mars 1831.

LOUIS-PHILIPPE, etc.,

Sur le rapport de notre Ministre Secrétaire d'État au département de l'Instruction publique et des Cultes ;

Vu le décret du 17 mars 1808, articles 107 et 108, le décret du 15 novembre 1811, article 190, l'ordonnance du 29 février 1816, article 39, l'ordonnance du 14 février 1830, articles 10, 11 et 12 ;

Vu le mémoire de notre Conseil royal de l'Instruction publique,

Nous avons ordonné et ordonnons ce qui suit :

ARTICLE 1ᵉʳ. — Il sera établi à Paris[1] une École normale destinée :

1° A former des instituteurs primaires pour l'Académie de Paris ;

2° A éprouver ou vérifier les nouvelles méthodes d'enseignement applicables à l'instruction primaire.

ART. 2. — Le directeur et les maîtres de l'École normale primaire

---

1. Une ordonnance du 15 *avril* 1831 porte ce qui suit :

« ART. 1ᵉʳ. — L'École normale destinée à former des instituteurs primaires pour « l'Académie de Paris, qui doit être créée en vertu de notre ordonnance du 11 mars

seront nommés par notre Ministre de l'Instruction publique et des Cultes, Grand-Maître de l'Université.

Art. 3. — L'enseignement de l'École normale primaire comprendra, indépendamment de l'instruction morale et religieuse, la lecture, l'écriture, la grammaire française, la géographie, le dessin linéaire, l'arpentage, des notions de physique, de chimie et d'histoire naturelle, les éléments de l'histoire générale, et spécialement de l'histoire de France.

Art. 4. — Plusieurs classes primaires seront annexées à l'École normale; elles seront confiées par le directeur, soit aux maîtres attachés à l'École, soit aux élèves-maîtres.

Art. 5. — Il y aura des élèves-maîtres internes et des élèves-maîtres externes.

Art. 6. — Nul ne sera admis comme élève-maître, soit interne, soit externe, s'il ne remplit les conditions suivantes.

Il devra :

1º Être âgé de dix-huit ans au moins;

2º Prouver, par le résultat d'un examen ou d'un concours, qu'il sait lire et écrire correctement, et qu'il possède les premières notions de la grammaire française et du calcul;

3º Produire des certificats attestant sa bonne conduite.

Les boursiers en âge de minorité devront, en outre, présenter le consentement de leur père et de leur mère ou de leur tuteur, à ce qu'ils s'engagent pour dix ans dans l'Instruction publique comme instituteurs communaux.

Art. 7. — Les élèves-maîtres, soit boursiers, soit externes, ne pourront rester plus d'un an à l'École normale. Ils subiront, à la fin de l'année, un examen d'après le résultat duquel ils seront inscrits,

« 1831, pourra être placée dans telle commune du ressort académique que notre « Ministre de l'Instruction publique et des Cultes jugera le plus convenable de choisir « pour cet établissement.

« Art. 2. — La Commission de surveillance de l'École normale primaire, instituée « par l'article 12 de ladite ordonnance, pourra être composée de neuf membres, tant « fonctionnaires de l'Université que personnes notables du ressort académique, « choisis par notre Ministre de l'Instruction publique et des Cultes.

« Art. 3. — Les articles 1 et 2 de l'ordonnance du 11 mars 1831 sont modifiés « conformément aux dispositions ci-dessus. »

Par arrêté du 5 *avril* 1831, le préfet de Seine-et-Oise, sur le vœu du conseil général, décida qu'une École normale provisoire serait établie à Versailles, rue de Satory, dans un local offert gratuitement par M. Polonceau.

Cet arrêté fut approuvé le 19 avril par le Conseil royal.

Le Ministre en autorisa l'exécution le 8 mai de la même année.

Le directeur provisoire fut M. Gallien. Par arrêté du 21 *juillet* 1831, le Ministre le remplaça par M. Froussard. Le 17 septembre suivant, l'École provisoire était transférée dans l'ancienne Vénerie, et prenait le titre d'École normale de l'Académie de Paris. (Voir ci-après, pages 396, 409 et suiv.)

par ordre de mérite, sur un tableau dont copie sera adressée aux préfets des sept départements composant l'Académie de Paris et aux présidents des Comités de ladite Académie. Les élèves-maîtres qui n'auront pas satisfait à cet examen seront rayés du tableau de l'École normale, et l'engagement décennal qu'ils auraient contracté sera considéré comme non avenu.

Art. 8. — Les formes et les conditions des examens ou concours seront déterminées par notre Conseil royal de l'Instruction publique.

Art. 9. — Une bibliothèque à l'usage des élèves-maîtres sera placée dans les bâtiments de l'École normale primaire. Une somme sera consacrée tous les ans à l'acquisition des ouvrages que le Conseil royal aura jugés utiles à l'instruction des élèves-maîtres ou, en général, à l'enseignement primaire.

Un des maîtres attachés à l'École aura la garde de la bibliothèque.

Art. 10. — Des bourses entières ou partielles pourront être fondées dans l'École normale primaire, soit par les départements, soit par les communes, soit par l'Université, soit par des donateurs particuliers ou par des associations bienfaisantes.

Les bourses fondées par l'Université seront toujours données au concours.

Il sera facultatif, pour tous autres fondateurs de bourses, de déterminer s'ils entendent que les bourses par eux fondées soient données par la voie du concours ou à la suite d'examens particuliers.

Art. 11. — Le taux des bourses sera fixé par le Conseil royal.

Les élèves externes seront admis gratuitement; ils seront seulement tenus de se procurer, à leurs frais, les livres, papiers, crayons, compas et autres objets nécessaires pour leurs études.

Les élèves boursiers apporteront un trousseau tel qu'il aura été réglé.

Art. 12. — Une Commission spéciale, composée de cinq membres choisis par le Ministre, Grand-Maître, parmi les fonctionnaires de l'Université, sera chargée de la surveillance de l'École normale primaire, sous tous les rapports d'administration, d'enseignement et de discipline.

En cas de faute grave de la part d'un élève-maître, la Commission pourra prononcer la censure ou même l'exclusion provisoire ou définitive, sauf, en cas d'exclusion définitive, l'approbation du Grand-Maître.

Si un ou plusieurs des départements qui composent l'Académie de Paris fondent des bourses dans ladite École normale, les préfets de ces départements auront le droit d'assister avec voix délibérative de leur personne, ou par un conseiller de préfecture délégué à cet effet, aux séances de la Commission.

Le directeur de l'École normale assistera aux séances de la Commission, et il y aura voix délibérative, hors le cas où il s'agirait de juger l'administration économique de l'École.

ART. 13. — Les dépenses que nécessiteront les traitements du directeur et des maîtres de l'École normale primaire, la formation et l'entretien de la bibliothèque, l'achat et l'entretien du mobilier, les gages des domestiques et les frais de bureau, seront portées au budget de l'École. Ce budget, dressé par le directeur au mois de novembre de chaque année et présenté par lui, avec les pièces à l'appui, à l'examen de la Commission de surveillance, sera soumis à l'approbation du Conseil royal.

La présentation du budget sera accompagnée du compte de gestion de l'exercice précédent.

ART. 14. — La somme nécessaire pour subvenir aux dépenses portées au budget de l'École et approuvées par le Conseil royal sera prélevée sur les fonds affectés à l'Instruction primaire par le budget de l'État.

ART. 15. — Notre Ministre Secrétaire d'État au département de l'Instruction publique et des Cultes est chargé de l'exécution de la présente ordonnance.

---

12 mars 1831.

Ordonnance concernant la délivrance des brevets de capacité[1].

12 Mars 1831.

LOUIS-PHILIPPE, etc.,

Vu les lois, décrets et ordonnances concernant l'Instruction primaire ;

Considérant qu'en attendant qu'il ait pu être statué législativement sur l'Instruction primaire, il importe d'introduire dans les règlements existants les modifications que réclame avec plus d'instance le besoin de la société ;

Sur le rapport de notre Ministre Secrétaire d'État au département de l'Instruction publique et des Cultes ;

Nous avons ordonné et ordonnons ce qui suit :

---

1. Consulter la circulaire du 28 *mars* 1831, pour l'application de cette ordonnance.

Article 1er. — A l'avenir, pour être admis à subir l'examen qui doit, aux termes des ordonnances du 29 février 1816 et du 21 avril 1828, précéder la délivrance des brevets de capacité, il suffira que les candidats remplissent les conditions suivantes. Ils devront:

1° Justifier qu'ils sont âgés de dix-huit ans accomplis;

2° Présenter au Recteur de l'Académie, ou aux examinateurs délégués par le Recteur, des certificats de bonnes vie et mœurs délivrés par les maires des communes où ils auront résidé depuis trois ans.

Art. 2. — Toutes dispositions contraires sont abrogées.

Art. 3. — Notre Ministre Secrétaire d'État au département de l'Instruction publique et des Cultes est chargé de l'exécution de la présente ordonnance.

Ordonnance concernant les examens du brevet de capacité. 18 avril 1831.

18 Avril 1831.

Louis-Philippe, etc.,

Sur le rapport de notre Ministre Secrétaire d'État au département de l'Instruction publique et des Cultes;

Vu le mémoire de notre Conseil royal de l'Instruction publique, Nous avons ordonné et ordonnons ce qui suit:

Article 1er. — A l'avenir, nul[1] ne pourra obtenir un brevet de capacité, à l'effet d'exercer les fonctions d'instituteur primaire, à quelque titre que ce soit, s'il n'a préalablement subi, dans les formes établies et devant qui de droit, les examens prescrits par les ordonnances.

Toutes dispositions contraires à la présente ordonnance sont et demeurent abrogées[2].

Art. 2. — Notre Ministre Secrétaire d'État au département de l'Instruction publique et des Cultes est chargé de l'exécution de la présente ordonnance.

---

1. Aux termes de la circulaire du 20 *juin* 1831, les Frères des Écoles sont tenus de subir les examens aux conditions suivantes:

1° Le frère qui sera à la tête d'une École sera seul tenu d'être pourvu du brevet et de l'autorisation spéciale;

2° Tous les frères qui, à la date du 18 avril 1831, étaient à la tête d'une École, pourront obtenir le brevet sans examen préalable;

3° A l'avenir, les frères ne pourront être présentés pour la dispense du service militaire que s'ils sont brevetés. (Voir ci-après, page 420, la circulaire du 1er *juin* 1832.)

2. Ces dispositions sont celles de l'article 10 de l'ordonnance du 21 *avril* 1828 et des ordonnances mentionnées dans ledit article.

Ordonnance portant que la Société établie à Paris pour l'Instruction élémentaire est reconnue comme établissement d'utilité publique.

29 Avril 1831.

LOUIS-PHILIPPE, etc.,

Sur le rapport de notre Ministre Secrétaire d'État au département du Commerce et des Travaux publics;

Vu l'ordonnance royale du 29 février 1816, relative à l'Instruction primaire;

Notre Conseil d'État entendu,

Nous avons ordonné et ordonnons ce qui suit:

ARTICLE 1er. — La Société établie à Paris pour l'instruction élémentaire est reconnue comme établissement d'utilité publique[1].

ART. 2. — Pour l'établissement des Écoles, le placement des maîtres, la publication des livres destinés à l'éducation populaire, et pour la distribution des récompenses aux maîtres qui se sont le plus distingués, elle sera tenue de se conformer aux lois, ordonnances et règlements relatifs à l'Instruction publique.

Elle ne pourra recevoir de legs ou donations, acquérir ou aliéner, qu'après en avoir obtenu l'autorisation, conformément à l'article 910 du Code civil et aux autres lois sur la matière.

ART. 3. — Nos Ministres Secrétaires d'État du Commerce et des Travaux publics, et de l'Instruction publique et des Cultes, sont chargés de l'exécution de la présente ordonnance.

Règlement concernant l'École normale primaire de l'Académie de Paris.

13 Mai 1831.

Le Conseil royal de l'Instruction publique arrête ce qui suit:

TITRE Ier.

De l'administration en général.

ARTICLE 1er. — L'administration, qui comprend la direction de l'enseignement, la discipline, la gestion économique et la compta-

---

1. Voir, page 385, les statuts adoptés par la Société dans la séance générale du 24 novembre 1830.

bilité, est confiée au directeur de l'École, sous la surveillance immédiate de la Commission établie en vertu de l'article 12 de l'ordonnance du 11 mars 1831.

Art. 2. — La Commission de surveillance prend ou propose au
Grand-Maître, selon les circonstances, toutes les mesures qu'elle
juge utiles pour le bien de l'École.

Art. 3. — La Commission fait au moins une fois par mois la
visite de l'École; elle examine les classes, interroge les élèves sur
tous les objets de l'enseignement, et tient note de leurs réponses.

Art. 4. — La Commission examine chaque année le compte et le
budget qui lui sont présentés par le directeur de l'École; elle consigne, dans un rapport spécial, les observations auxquelles ce
compte et ce budget lui paraissent donner lieu, et le tout est soumis
au Conseil royal, qui propose définitivement à l'approbation du Ministre le compte et le budget.

Art. 5. — A la fin de chaque semestre, la Commission fait un
rapport sur la situation de l'École, en ce qui concerne la discipline
et les études : le second rapport est accompagné du tableau dont
parle l'article 7 de l'ordonnance.

L'un et l'autre rapport sont communiqués au Conseil royal.

Art. 6. — Nul ne peut être nommé maître à l'École normale primaire que sur la présentation de la Commission de surveillance et
après les épreuves qui auront été jugées convenables.

Art. 7. — Les candidats qui aspirent à des bourses doivent
adresser leur demande et les pièces à l'appui dans le mois de juin
au plus tard, soit au Grand-Maître, soit au préfet du département,
soit au maire de la commune, soit aux donateurs particuliers, selon
qu'il s'agit de bourses fondées par l'Université, par le département,
par la commune, par une association ou par un individu. Toutes
les demandes sont renvoyées à la Commission de surveillance, qui
vérifie quels candidats satisfont aux dispositions de l'article 6 de
l'ordonnance.

Art. 8. — Les certificats de bonne conduite exigés par ledit
article 6 doivent être délivrés par les maires des communes, ou par
les chefs des établissements où le candidat réside depuis trois ans.

Art. 9. — Dans les premiers jours du mois d'août, la Commission dresse le tableau de tous les aspirants reconnus admissibles.
L'examen ou le concours est indiqué pour les premiers jours de
septembre et avis en est donné à tous les aspirants inscrits au
tableau.

Art. 10. — Le directeur et les autres maîtres de l'École, sous la
présidence d'un membre de la Commission de surveillance, sont

juges des épreuves qui doivent précéder l'admission à l'Ecole normale. Le Grand-Maître désigne, s'il l'estime à propos, un ou plusieurs juges adjoints. L'examen et le concours sont publics. Des places d'honneur sont réservées aux fondateurs de bourses et aux autres bienfaiteurs de l'École.

Art. 11. — Les matières de l'examen et du concours sont, outre l'instruction morale et religieuse, la lecture, l'écriture, la grammaire française et le calcul.

Les examinateurs et les juges ne se bornent pas à constater jusqu'à quel point les candidats possèdent les connaissances susénoncées; ils doivent s'attacher aussi à connaître les dispositions des candidats et leur degré d'intelligence.

Art. 12. — Le résultat des épreuves est constaté par une liste, où les candidats sont classés, à la pluralité des voix, suivant l'ordre de mérite. Cette liste est adressée au Grand-Maître, qui statue, après avoir pris l'avis du Conseil royal, sur l'admission des boursiers.

Lorsqu'un aspirant présenté par le fondateur d'une bourse n'est pas inscrit en ordre utile sur la liste de mérite, le fondateur est libre de choisir parmi les candidats avantageusement inscrits, et non présentés par d'autres fondateurs, le sujet qu'il veut faire jouir de la bourse par lui fondée.

Art. 13. — Les boursiers qui n'obtiennent que des portions de bourse doivent remettre, outre les pièces ci-dessus mentionnées, un acte par lequel leurs parents ou tuteurs s'obligent de payer la portion de bourse qui reste à leur charge.

Tout boursier doit aussi produire un certificat de médecin, constatant qu'il n'est sujet à aucune infirmité qui s'oppose à l'exercice des fonctions d'instituteur, et qu'il a été vacciné ou qu'il a eu la petite vérole.

Art. 14. — Le directeur prononce seul sur l'admission des élèves-maîtres externes, après avoir vérifié s'ils remplissent les conditions prescrites.

Titre II.

De l'enseignement.

Art. 15. — L'enseignement est partagé en différents cours, dont le nombre, l'objet et la durée sont réglés par le Conseil royal sur la proposition de la Commission de surveillance.

Art. 16. — L'année scolaire commence au 1er octobre et finit au 15 septembre de l'année suivante.

Les cours ont lieu tous les jours de l'année, excepté les dimanches et les fêtes conservées ; le jour de l'an ; le jeudi, le vendredi et le samedi saints ; les lundis de Pâques et de la Pentecôte, et le jour de la fête du Roi.

La distribution des heures pour tous les mouvements et les exercices de l'École est arrêtée par la Commission, sur la proposition du directeur.

Art. 17. — L'instruction religieuse est donnée aux élèves-maîtres, suivant la religion qu'ils professent, ou par un prêtre catholique, ou par des pasteurs d'un autre culte.

Tous les élèves reçoivent chaque jour, pendant les deux semestres de l'année, une instruction religieuse qui dure une heure, et qui consiste essentiellement dans la connaissance de l'ancien et du nouveau Testament et dans l'étude du catéchisme.

Art. 18. — Les jours de dimanches et de fêtes conservées, les élèves-maîtres sont conduits à l'église, ou au temple, suivant la religion que chacun d'eux professe.

Les jours de congé, le plain-chant est enseigné à ceux qui désirent recevoir ce genre de leçons.

Art. 19. — Les journées commencent et finissent par une prière commune, qui, selon les différents cultes professés par les élèves, est conforme à ce que prescrivent ou le catéchisme du diocèse, ou les instructions de l'église consistoriale.

La prière du soir est suivie d'une lecture de piété qui dure un quart d'heure.

Art. 20. — Les autres cours sont répartis sur les deux semestres, de manière que toute la série des objets d'enseignement soit comprise dans l'espace d'une seule année.

Dans le premier semestre, les objets d'enseignement sont : la lecture, l'écriture, le calcul, la grammaire française, les éléments de la géographie et de l'histoire générale.

Dans le second semestre, les objets d'enseignement sont : le dessin linéaire, l'arpentage, quelques notions des sciences naturelles particulièrement applicables aux usages de la vie, et les éléments de l'histoire de France ; ce dernier cours comprend l'explication de la Charte constitutionnelle.

Art. 21. — Les élèves-maîtres sont exercés à lire non seulement les imprimés français et latins, mais aussi les manuscrits les plus difficiles.

Tous les genres d'écriture sont cultivés, et spécialement l'écriture cursive et la ronde.

On forme les élèves à la rédaction des actes de l'état civil et des procès-verbaux.

ART. 22. — Pendant les récréations, ils reçoivent des leçons d'exercice militaire.

Si quelques-uns d'eux connaissent un métier, on leur procure la facilité de s'y exercer.

On leur apprend, autant que cela est possible, l'art de cultiver les jardins, la greffe et la taille des arbres.

ART. 23. — On fait connaître aux élèves-maîtres les diverses méthodes d'enseignement; on les exerce à la pratique des méthodes les plus simples, les plus rapides et les plus favorables à l'instruction des élèves.

ART. 24. — Chaque maître rédige tous les ans, avant la rentrée, le programme des cours pour les deux semestres; il y indique les ouvrages qu'il propose de mettre entre les mains des élèves.

Ces programmes sont remis au directeur, qui les présente, avec ses observations, à la Commission de surveillance; elle les modifie, s'il y a lieu, les arrête et les vise.

Une copie en est adressée au Grand-Maître.

ART. 25. — Des compositions ont lieu deux fois par mois sur les divers objets de l'enseignement.

ART. 26. — Il est tenu, par les soins du directeur, un registre divisé en autant de colonnes qu'il y a d'objets d'enseignement; sur ce registre sont inscrits chaque mois les résultats des rapports sur l'application et sur les progrès des élèves-maîtres, ainsi que les numéros qu'ils ont obtenus dans leurs diverses compositions.

Ce registre est mis tous les mois sous les yeux de la Commission de surveillance.

ART. 27. — Indépendamment des examens faits chaque mois par la Commission, le Grand-Maître fait visiter l'École, quand il le juge à propos, par des inspecteurs de l'Académie ou de l'Université. Les résultats de ces inspections sont également communiqués au Conseil royal.

ART. 28. — Les fondateurs de bourses et les autres bienfaiteurs de l'École ont droit d'assister aux examens mensuels et annuels des élèves-maîtres. Il en est de même des membres des Comités.

ART. 29. — Des prix sont distribués par la Commission à la fin de chaque semestre. La distribution de la fin de l'année a lieu en séance publique.

La Commission désigne chaque année les livres ou instruments d'arts et de métiers qui doivent être donnés en prix.

ART. 30. — A la fin de l'année, la Commission délivre, s'il y a lieu, aux élèves-maîtres un certificat d'aptitude aux fonctions d'instituteur primaire; elle y fait une mention particulière de la conduite que l'élève a tenue, des numéros qu'il a obtenus, et de la méthode dont il connaît le mieux la pratique et la théorie.

Ce certificat doit être produit par l'élève-maître, lorsqu'il se présente pour subir l'examen de capacité.

Art. 31. — Les élèves qui ont obtenu les quatre premiers rangs sur la liste de mérite, à la suite du dernier examen, peuvent être autorisés à rester une année de plus à l'École, pour y remplir les fonctions de maîtres adjoints.

Art. 32. — Les préfets sont invités à faire insérer dans les journaux de leurs départements respectifs la liste des élèves-maîtres, dressée en vertu de l'article 7 de l'ordonnance.

Les communes qui ont fait les frais de l'instruction d'un ou de plusieurs élèves sont les premières pourvues, et on leur donne, autant que possible, les candidats qu'elles ont placés à l'École normale.

Art. 33. — Des instituteurs primaires, déjà en exercice, peuvent être admis à suivre les cours comme externes, afin de se fortifier dans les connaissances qu'ils possèdent, ou d'apprendre à pratiquer les méthodes perfectionnées.

Art. 34. — La garde de la bibliothèque est confiée à celui des maîtres que désigne le directeur. Tous les ans le catalogue des livres est vérifié en présence du directeur et d'un autre membre de la Commision.

Titre III.

De la discipline.

Art. 35. — Dans les différents mouvements de la journée et pour passer d'un exercice à un autre, les élèves-maîtres marchent toujours en ordre et en silence. Chaque division est conduite par l'un d'eux, que le directeur désigne parmi ceux qui se distinguent par leur bonne conduite et par leurs progrès.

Les élèves surveillants sont nommés pour huit jours et peuvent être renommés.

Art. 36. — Hors le cas de faute grave, pour lequel l'article 12 de l'ordonnance renvoie l'affaire à la Commission de surveillance, l'élève-maître qui a manqué à son devoir peut être puni par le directeur, qui ordonne les arrêts.

Art. 37. — Les élèves-maîtres externes sont tenus de faire connaître au directeur de l'École la maison qu'ils habitent, et le nom et la demeure de leur répondant.

Art. 38. — Il est expressément interdit aux externes d'apporter dans l'École d'autres livres que ceux dont l'usage est prescrit ou autorisé. Il leur est également défendu de faire aucune commission pour les élèves internes.

Art. 39. — Serait exclu tout élève externe qui aurait fait une fausse déclaration sur son propre domicile ou sur celui de son répondant.

Art. 40. — Toutes les fois qu'il s'agit de la peine de l'exclusion pour un boursier, l'élève-maître est préalablement entendu ou dûment appelé par la Commission.

Art. 41. — Le lever est fixé à quatre heures en été et à cinq heures en hiver ; le coucher à neuf heures en été et en hiver.

Art. 42. — Pendant le souper et le dîner, un des élèves fait une lecture instructive dans un ouvrage désigné par le directeur.

Art. 43. — Les élèves ne peuvent recevoir de visite qu'aux heures de récréation, et seulement de la part de leurs parents ou de leurs correspondants.

Art. 44. — Ils ne sortent jamais de l'École sans une permission du directeur.

Les sorties en ville ne sont accordées que deux fois par mois ; les élèves doivent être rentrés à six heures en hiver, à huit heures en été.

Ils ne peuvent jamais découcher.

Art. 45. — Les élèves ont soin d'entretenir la plus grande propreté dans les dortoirs et sur leurs vêtements.

Art. 46. — Aucun élève ne peut coucher ni travailler dans une chambre séparée sans une permission du directeur.

Art. 47. — Tous les jeux de cartes et de hasard sont interdits ; il est défendu de jouer de l'argent à quelque jeu que ce soit.

L'introduction de toute arme et celle de la poudre à tirer, même en artifice, est interdite.

Art. 48. — Le directeur remet, tous les mois, à la Commission de surveillance les notes de chaque semaine sur la conduite et le travail des élèves-maîtres, et sur les numéros obtenus par chacun d'eux dans chaque genre de composition.

Art. 49. — Dans le cas où la Commission prononcerait l'exclusion contre un élève de l'École normale, le Grand-Maître en serait informé par un rapport spécial.

Titre IV.

De la gestion économique.

Art. 50. — La plus grande économie doit être apportée dans les dépenses et dans l'emploi des objets de consommation. La Commis-

26.

sion de surveillance détermine quel doit être le service de la table commune des maîtres et des élèves.

ART. 51. — Les marchés passés pour les principaux approvisionnements ne peuvent recevoir d'exécution qu'après avoir été approuvés par la Commission de surveillance.

Toutes les dépenses non prévues et excédant 50 francs doivent aussi être provisoirement autorisées par la Commission.

ART. 52. — Le directeur tient un livre de caisse ouvert par crédit et débet, où il porte les recettes et les dépenses le jour même où elles ont été effectuées.

Un deuxième registre offre, en quatre parties distinctes, un compte séparé pour les bourses de l'Université, pour celles des départements, pour celles des communes, et pour celles des fondateurs particuliers.

Un troisième registre est affecté au compte des fournisseurs. Chaque nature d'objet forme un compte particulier, où sont libellées la quotité des fournitures, la date de l'achat et celle du payement.

Le directeur tient, en outre, un registre de contrôle, sur lequel il inscrit l'entrée et la sortie des élèves boursiers.

Tous ces registres sont cotés et parafés par le président de la Commission.

ART. 53. — Les objets de menues dépenses qui ne sont pas de nature à former approvisionnements, et dont on ne peut tirer reçu, sont portés sur des feuilles hebdomadaires, et le montant par semaine en est inscrit en masse le samedi soir.

ART. 54. — Lors de l'entrée du directeur en fonctions, il est dressé sous ses yeux, et en présence de deux membres de la Commission, un inventaire du mobilier, constatant la quantité et l'état des objets. Il est fait de cet inventaire deux expéditions, dont une reste entre les mains du directeur et l'autre est déposée aux archives de l'École.

ART. 55. — Les dépenses se composent :

1° Des traitements du directeur et des maîtres;

2° Des indemnités aux ecclésiastiques qui donnent des soins à l'École;

3° Des frais de nourriture, de chauffage, d'éclairage et d'entretien des élèves-maîtres; des frais d'entretien du mobilier à l'usage de l'établissement; des gages des domestiques strictement nécessaires;

4° Des frais d'acquisition et d'entretien des livres, tableaux et autres objets d'art et d'étude, nécessaires pour les cours et pour les travaux des élèves internes.

ART. 56. — Les recettes de l'établissement se composent :

1° Des fonds alloués pour les bourses universitaires, départementales, communales ou particulières;

2° Des compléments des bourses payés par les familles;

3° Des sommes accordées par l'Université sur les fonds affectés à l'Instruction primaire, indépendamment du prix des bourses universitaires.

Art. 57. — Les bourses sont payées par trimestre et d'avance;

Art. 58. — Le trousseau que les élèves boursiers doivent apporter d'après l'article 11 de l'ordonnance, se compose des objets ci-après énoncés :

Un matelas, un traversin, une couverture, deux paires de draps;

Douze serviettes et essuie-mains ;

Un couvert de table.

La maison fournit aux élèves-maîtres internes une commode, une table, deux chaises, le lit en fer et la paillasse, moyennant une rétribution de 10 francs.

Art. 59. — Les élèves boursiers qui renonceraient à leurs études avant la fin du cours, ou qui ne rempliraient pas intégralement l'engagement par eux contracté de servir pendant dix ans comme instituteurs communaux, seront tenus de rembourser les frais des bourses dont ils auront joui.

Art. 60. — Dans le courant de janvier de chaque année, le directeur présente le compte de l'exercice précédent appuyé des pièces justificatives.

Une copie de ce compte est ensuite présentée à l'appui du budget de l'année suivante.

Art. 61. — Le boni qui résulte du compte général rendu au mois de janvier est employé principalement à augmenter les moyens d'instruction des élèves-maîtres et à améliorer l'établissement sous le rapport matériel.

---

28 juin 1831. **Arrêt de la Cour royale de Paris qui établit que les décrets constitutifs de l'Université n'ont pas été abrogés par la Charte de 1850; qu'ils ont conservé et conserveront force de loi tant que la loi nouvelle promise par l'article 69 de cette Charte, pour l'Instruction publique et la liberté de l'enseignement, n'aura pas été rendue.**

[Extrait des minutes du greffe de la Cour royale de Paris.]

28 Juin 1831.

La Cour royale de Paris, Chambre des appels de police correctionnelle, a rendu l'arrêt suivant :

Entre le procureur du Roi près le tribunal de première instance du département de la Seine, plaignant, demandeur appelant, ... d'une part;

Et 1° Charles Decoux, âgé de quarante-quatre ans, maître d'école, demeurant à Paris, rue de Sèvres, n° 113;

2° Charles de Montalembert, âgé de vingt et un ans, maître d'école, demeurant rue de l'Université, n° 11;

3° Jean-Baptiste-Henri Lacordaire, âgé de vingt-neuf ans, maître d'école, demeurant rue des Beaux-Arts, n° 3 bis;

Prévenus, défendeurs intimés, non comparants quoique régulièrement cités et légalement appelés, ... d'autre part :

Ledit procureur du Roi appelant, par acte passé au greffe le 4 juin 1834, d'un jugement contradictoire du tribunal de police correctionnelle de Paris, en date du 3 du même mois, qui, attendu qu'aux termes de l'article 69 de la Charte de 1830 une loi avait été rendue le 8 octobre 1830, qui attribuait, par son article 6, aux Cours d'assises la connaissance des délits politiques; que l'article 7 de cette loi était démonstratif, et non limitatif; que les circonstances qui environnaient le fait imputé aux intimés lui donnaient tous les caractères d'un délit politique, dans le cas où il serait reconnu que le délit existait, s'est déclaré incompétent sur la prévention dirigée contre lesdits Decoux, de Montalembert et Lacordaire, d'avoir ouvert et tenu une École publique sans autorisation, et a renvoyé la cause devant les juges qui en devaient connaître, dépens réservés.

Par un arrêt contradictoire, en date du 17 juin 1834, la Cour, en infirmant le jugement susénoncé, a déclaré la juridiction correctionnelle compétente pour connaître du fait imputé aux susnommés, a retenu le fond, et, pour y être statué, a continué la cause à l'audience du mardi 28 juin;

Et à l'audience publique dudit jour, les prévenus, ni personne pour eux ne se présentant, ouï le rapport fait par M. le conseiller Moreau,

Ouï, pour le procureur général, M. Miller, avocat général, qui, après sa discussion au soutien de l'appel du ministère public, a conclu à l'application des dispositions des décrets des 17 mars 1808 et 15 novembre 1811, et à la condamnation des intimés défaillants à l'amende y portée;

Vu enfin toutes les pièces du procès, et après en avoir délibéré,

La Cour donne défaut contre Decoux, de Montalembert et Lacordaire, non comparants, quoique dûment cités et régulièrement appelés et pour le profit;

En ce qui concerne l'autorité et la force obligatoire que les décrets des 17 mars 1808 et 15 novembre 1811 auraient conservées,

Considérant que c'est un principe reconnu et consacré par une jurisprudence constante, que les actes du Gouvernement impérial, qui avaient été exécutés comme lois, ont conservé le même caractère et la même force d'exécution, tant qu'ils n'ont pas été abrogés par une loi postérieure;

Considérant que les décrets ci-dessus désignés ont été exécutés comme lois, et que, loin qu'aucune loi postérieure jusqu'à la Charte de 1830 ait dérogé aux dispositions qu'ils renferment, leur existence a été formellement reconnue par les lois de finances successivement rendues de 1816 à 1829, et même par la loi électorale du 19 avril 1831;

En ce qui concerne la question de savoir si la Charte de 1830 n'a pas formellement ou implicitement abrogé ces décrets;

Considérant qu'il n'existe dans la Charte aucune disposition qui déclare que les lois et règlements ayant force de loi sur l'Instruction publique cesseront d'être exécutés;

Considérant que, si, parmi les objets auxquels l'article 69 de la Charte a déclaré qu'il serait pourvu successivement par des lois séparées et dans le plus bref délai possible, figurent l'Instruction publique et la liberté d'enseignement, ce ne peut être une raison pour en conclure qu'à l'instant même la législation qui nous régissait sur ce point a dû être regardée comme anéantie ;

Que, tout en proclamant comme principe constitutionnel qu'il devait être pourvu par une loi à l'Instruction publique et à la liberté de l'enseignement, la Charte a laissé au pouvoir législatif le soin de donner les institutions nouvelles qu'elle regardait comme nécessaires sur ce point ;

Qu'il suit de là qu'en reconnaissant le besoin de changement aux lois et aux règlements qui existaient, et en promettant une loi destinée à les organiser, elle a voulu que ces lois et règlements fussent exécutés jusqu'à ce que la loi promise fût intervenue ;

Considérant que c'est dans ce sens que l'article 69 de la Charte de 1830 a été entendu et appliqué ; que jusqu'au moment où des lois ont statué sur la compétence des tribunaux, en matière de délits de la presse, sur l'organisation des gardes nationales, sur les institutions communales, les lois anciennes sur ces différents objets ont été constamment suivies, et que cependant l'article 69 de la Charte s'était exprimé relativement à ces objets comme il l'a fait en ce qui concerne l'Instruction publique et la liberté de l'enseignement ;

Considérant en fait qu'il est établi au procès que, dans le cours du mois de mai dernier, une École publique d'enseignement gratuit a été ouverte rue des Beaux-Arts, n° 3, sous la direction de Jean-Baptiste-Henri Lacordaire, Charles de Montalembert et Charles Decoux, sans avoir obtenu l'autorisation de l'Université ;

Qu'ainsi ils se sont rendus coupables de contravention aux dispositions des articles 2 du décret du 17 mars 1808, et 54, 55 et 56 du décret du 15 novembre 1811 ;

Faisant application desdits articles, dont il a été donné lecture par le président, et qui sont ainsi conçus :

« Art. 2. — Aucune École, aucun établissement quelconque d'instruction ne « peut être formé hors de l'Université impériale, et sans l'autorisation de « son chef.

« Art. 54. — Si quelqu'un enseigne publiquement et tient école sans auto- « risation du Grand-Maître, il sera poursuivi d'office par nos procureurs « impériaux, qui feront fermer l'École, et, suivant l'exigence des cas, pourront « décerner un mandat d'arrêt contre le délinquant.

« Art. 55. — Si notre procureur impérial négligeait de poursuivre, le Rec- « teur de l'Académie et même le Grand-Maître seront tenus de dénoncer « l'infraction à nos procureurs généraux, qui tiendront la main à ce que les « poursuites soient faites sans délai, et rendront compte à notre Grand-Juge de « la négligence de nos officiers de nos tribunaux inférieurs.

« Art. 56. — Celui qui enseignera publiquement et tiendra école sans auto- « risation, sera traduit à la requête de notre procureur impérial en police « correctionnelle, et condamné à une amende qui ne pourra être au-dessous de « cent francs, ni de plus de trois mille francs, dont moitié applicable au trésor « de l'Université, et l'autre moitié aux Enfants-Trouvés, sans préjudice de plus « grandes peines, s'il était trouvé coupable d'avoir dirigé l'enseignement d'une « manière contraire à l'ordre et à l'intérêt public. »

Condamne, et par corps, Lacordaire, de Montalembert et Decoux, chacun en 100 francs d'amende,

Les condamne aussi, solidairement et par corps, en tous les frais de première instance et d'appel, liquidés en totalité à la somme de 32 fr. 85 c., non compris le timbre, l'enregistrement, le coût et la signification du présent arrêt.

Fait et prononcé au Palais de Justice, à Paris, le 28 juin 1831, en l'audience publique de la Cour, où siégeaient M. Dehaussy, président; MM. Monmerqué, Villedieu de Torcy, Faure, Moreau et Grandet, conseillers, et M. Jurieu, conseiller-auditeur, ayant voix délibérative, lesquels, ainsi que Me Barbuat de Juranvigny, greffier, ont signé le présent arrêt.

En marge est écrit : Enregistré à Paris le 28 juin 1831; droit dû, 1 franc 10 centimes, dixième compris. Signé : Morin.

Pour expédition conforme délivrée à M. le Procureur général, ce requérant,

Le Greffier en chef,
Signé : Ed. Chanlon.

Décision portant qu'il sera établi à Paris une Commission chargée d'examiner et de réviser les ouvrages destinés à l'enseignement primaire et une bibliothèque centrale où ces ouvrages seront déposés. 12 août 1831.

12 Août 1831.

Rapport au Roi.

Sire,

Dans la vue de répondre aux intentions de Votre Majesté, qui veut le progrès des lumières et tous les développements de civilisation propres à augmenter le bien-être du peuple Français, je dois rechercher avec soin tous les moyens de propager, aussi promptement que possible, le bienfait de l'instruction primaire.

Le nombre des Écoles est encore loin de suffire à tous les besoins de la population; mais il s'est déjà accru d'une manière sensible depuis la glorieuse révolution de 1830. Des Écoles normales, destinées à former des instituteurs, sont déjà fondées ou vont être fondées dans beaucoup de départements. Les maîtres sortis de ces établissements ne tarderont pas à généraliser l'emploi des méthodes perfectionnées qui rendent l'instruction élémentaire plus rapide, moins dispendieuse, et par conséquent accessible à tous. Il est permis d'espérer que, dans quelques années, il n'y aura plus un seul Français qui ne puisse acquérir, dans la commune qui l'aura vu naître, ces premières connaissances qui sont une dette de l'État envers chaque citoyen.

Mais, pour déterminer un résultat si important, ce n'est pas assez de multiplier les Écoles et les instituteurs et de propager les bonnes méthodes, il faut encore procurer aux enfants des livres qui puissent être utilement employés à leur instruction pendant qu'ils fréquentent les Écoles, et rester avec avantage entre leurs mains après qu'ils les auront quittées. Cette nécessité avait été sentie par le Ministre qui dirigeait l'Instruction publique en 1828. Ce Ministre, à qui le temps seul a manqué pour réaliser de louables vues, s'était proposé d'établir pour les Écoles primaires un certain nombre de bibliothèques, où devaient être réunis les ouvrages jugés les plus propres à l'enseignement, pour être distribués, au besoin et en quantité suffisante, aux enfants des familles pauvres. J'ai pensé que Votre Majesté daignerait approuver la continuation d'un projet qui paraît fondé sur les considérations les plus évidentes d'intérêt général.

Le but principal de l'instruction primaire est d'enseigner aux enfants la lecture, l'écriture et le calcul. Mais tout en acquérant ces notions fondamentales, ils doivent recevoir aussi de salutaires leçons de morale, de patriotisme et d'économie domestique. Enfin, il importe que des explications simples et claires leur soient données sur les merveilles de la nature, sur les phénomènes qui font naître et entretiennent la plupart des préjugés populaires, sur les procédés des arts utiles et de l'agriculture, sur les faits les plus remarquables de l'histoire nationale. L'enseignement élémentaire remplira aisément ces conditions essentielles, lorsque des livres bien adaptés à leur destination seront seuls en usage dans les Écoles.

Il existe beaucoup de productions composées pour la première éducation; il en a été publié un très grand nombre tant en France qu'à l'étranger. D'après les recherches que j'ai prescrites et les renseignements recueillis dans plusieurs États d'Allemagne, en Hollande, en Angleterre et en Écosse, j'en ai fait dresser un catalogue raisonné, qui ne comprend pas moins de 1 500 ouvrages. On peut les classer en quelques grandes divisions génériques, telles que : 1° méthodes de lecture, d'écriture, de calcul, d'orthographe; 2° livres de morale, éléments de géographie et d'histoire; 3° traités sur les sciences les plus usuelles et sur leurs applications; manuels pour les différents arts ou professions industrielles.

Mais quels sont, parmi ces livres, ceux qui doivent être considérés comme des richesses véritables?

Cette question ne peut être résolue qu'après une revision détaillée et un examen approfondi de tous les ouvrages destinés aux Écoles primaires. C'est un vaste travail à entreprendre; il semble impossible qu'il soit bien fait, à moins qu'on ne le confie à une Commission spécialement instituée pour cet objet, dans laquelle siégeraient des hommes versés dans les matières relatives à l'Instruction publique, et en particulier à l'enseignement élémentaire.

Les membres de cette Commission, dont plusieurs devraient connaître les langues modernes, se partageraient entre eux le compte à rendre de tous les ouvrages qu'il s'agit d'apprécier. Ils signaleraient ceux qui sont bons à tous égards, ceux qui peuvent le devenir au moyen de quelques changements, ceux enfin dont l'emploi ne peut offrir que des inconvénients. Les livres étrangers, dont l'usage serait jugé utile, seraient traduits en français, avec les modifications que pourraient exiger nos mœurs, nos intérêts nationaux, ou les croyances répandues parmi nous. Des aperçus seraient présentés par la Commission concernant les parties de l'instruction sur lesquelles il conviendrait de faire composer de nouveaux ouvrages, soit par la voie du concours, soit de toute autre manière. Enfin, elle proposerait un choix de livres d'instruction primaire; elle présenterait le catalogue d'une bibliothèque centrale, où devrait désormais aboutir, de tous les pays du monde civilisé, le résultat des travaux entrepris dans l'intérêt de l'éducation populaire, et d'où sortiraient ensuite, en faveur de cette même éducation tous les moyens d'amélioration progressive.

Cette bibliothèque centrale serait établie à Paris.

Elle servirait de modèle à d'autres dépôts de même nature, qui seraient formés successivement dans tous les chefs-lieux d'Académie.

Le nombre s'en accroîtrait ensuite peu à peu, et n'aurait de limite que le nombre même des Écoles primaires.

Les sommes nécessaires, tant pour l'acquisition des livres que pour indemniser les membres de la Commission de leurs travaux, seraient prélevées sur le crédit alloué au budget pour les Écoles élémentaires.

Je supplie Votre Majesté de vouloir bien honorer de son approbation les vues ci-dessus exposées, en m'autorisant à former la Commission qui sera chargée de reviser tous les ouvrages destinés à l'enseignement primaire.

Je suis, etc.

Le Ministre de l'Instruction publique et des Cultes,

Signé : MONTALIVET.

Approuvé :

Signé : LOUIS-PHILIPPE.

Rapport et Ordonnance portant que le local (l'ancienne Vénerie) situé à Versailles entre l'avenue de Saint-Cloud et celle de Paris est mis à la disposition du Ministre de l'Instruction publique, pour y établir l'École normale primaire de l'Académie de Paris. 7 septembre 1831.

7 Septembre 1831.

1° Rapport au Roi.

SIRE,

Un des premiers moyens de propager et d'améliorer l'instruction primaire, dont le besoin est si généralement senti, est l'établissement des Écoles normales destinées à former de bons instituteurs.

Une au moins de ces Écoles est nécessaire dans chacune des vingt-six Académies dont se compose l'Université.

Quelques Écoles de ce genre existent depuis plusieurs années sur divers points du Royaume, et elles ont rendu de véritables services.

A Paris même s'est formée, il y a quinze ans, sous les auspices de la Société d'Instruction élémentaire, une École de laquelle sont sortis des maîtres habiles, qui ont heureusement contribué à répandre les méthodes perfectionnées.

Mais vous avez voulu, Sire, faire davantage pour une Académie qui embrasse sept départements, et, par une ordonnance du 11 mars de cette année, vous avez prescrit l'organisation d'une nouvelle École normale, qui réunirait des élèves-maîtres internes et externes, des classes primaires annexées à l'établissement normal, et qui aurait le double objet : 1° de former des instituteurs; 2° d'éprouver et de vérifier les diverses méthodes proposées pour l'enseignement primaire.

Par une décision postérieure [1], vous m'avez chargé d'examiner où il conviendrait le mieux de placer cette nouvelle École.

Il m'a paru, Sire, que ce serait entrer dans toutes les intentions de Votre Majesté de choisir, de préférence à tout autre lieu, la ville de Versailles, où, sous plusieurs rapports, se rencontre une réunion de circonstances tout à fait favorables.

1. Ordonnance du 15 *avril* 1831.

Placée à peu de distance de la capitale, elle laisse toute facilité pour attacher à l'École des maîtres distingués, qui, résidant habituellement à Paris, pourront très bien concilier leurs occupations ordinaires avec les services qu'ils rendront au nouvel établissement. Il y a, d'ailleurs, au Collège royal de Versailles des professeurs de mérite, qui pourraient aussi être employés utilement à l'École normale primaire.

La population de la ville est assez considérable pour fournir des élèves-maîtres externes aux cours de l'École normale, et en même temps beaucoup d'enfants aux leçons des classes primaires.

Versailles est rempli d'anciens bâtiments de la Couronne, construits dans de vastes proportions, desquels dépendent des terrains libres plus ou moins étendus; et il est facile d'approprier, sans de trop grandes dépenses, ces terrains et ces bâtiments à tous les usages d'une École, soit pour y loger des pensionnaires, soit pour y admettre des externes. Surtout, ce qui est inappréciable, on y trouve le moyen de procurer aux élèves-instituteurs ce genre d'occupations simples, graves, morales, qui offre le plus utile délassement ou la plus agréable instruction, je veux dire la culture des plantes usuelles, la taille et la greffe des arbres; en un mot, tout ce qui doit vivement intéresser des hommes dont la plupart vivront à la campagne.

Déjà M. le préfet du département de Seine-et-Oise a indiqué un de ces anciens bâtiments comme très propre à la destination dont il s'agit.

Ce local (l'ancienne Vénerie), situé entre l'avenue de Paris et celle de Saint-Cloud, formant l'encoignure de deux belles rues, dans un quartier tranquille et néanmoins à portée de toutes les communications, renferme tout ce qui est nécessaire : bâtiments vastes et commodes, cours spacieuses, terrains faciles à convertir en jardins.

En ce moment, une partie de ce local est occupée par les ordres de M. le Ministre de la Guerre.

Mais la ville offre beaucoup d'autres emplacements, que M. le Ministre trouverait certainement tout aussi convenables pour le logement des officiers ou le casernement des troupes; et rien ne serait plus facile que de concilier les divers intérêts de l'administration.

Une École qui fournira aux campagnes des instituteurs suffisamment instruits et cependant fidèles à leurs habitudes simples, attachés à leurs pénibles devoirs; une telle École, placée dans un de ces édifices que le luxe avait élevés à de fastueux plaisirs, sera, ce semble, un digne monument d'une époque où tout ce qui peut rendre les peuples meilleurs et plus heureux est sûr d'obtenir encouragement, faveur et protection.

D'après les considérations que je viens d'exposer à Votre Majesté, j'ai l'honneur de lui soumettre le projet d'ordonnance ci-joint.

J'ai l'honneur, etc.

Le Ministre de l'Instruction publique et des Cultes,
Signé : Montalivet.

2° Ordonnance.

Louis-Philippe, etc.,

Sur le rapport de notre Ministre Secrétaire d'État au département de l'Instruction publique et des Cultes,

Nous avons ordonné et ordonnons ce qui suit :

ARTICLE 1er. — Le local situé à Versailles entre l'avenue de Saint-Cloud et celle de Paris, et formant l'encoignure des rues dites de Saint-Pierre et du Chenil, est mis à la disposition de notre Ministre de l'Instruction publique et des Cultes, pour y placer l'École normale primaire de l'Académie de Paris.

La partie de ce local actuellement employée pour le service du département de la Guerre sera rendue libre le plus promptement possible.

ART. 2. — Nos Ministres de la Guerre et de l'Instruction publique et des Cultes se concerteront avec l'administration de l'ancienne liste civile, pour l'exécution de la présente ordonnance.

Arrêté contenant règlement pour les épreuves du concours et des examens que devront subir les élèves-maîtres qui seront admis à l'École normale primaire de l'Académie de Paris. 9 septembre 1831.

9 Septembre 1831.

Le Conseil royal de l'Instruction publique,

Vu le rapport de M. le président de la Commission de surveillance de l'École normale primaire de l'Académie de Paris, en date du 1er septembre courant,

Arrête le règlement suivant pour les épreuves du concours et des examens que devront subir les élèves-maîtres qui seront admis dans cette École :

TITRE Ier.

Règles pour les épreuves du concours.

ARTICLE 1er. — Toutes les épreuves auront lieu en présence des juges du concours, soit de vive voix, soit par écrit.

ART. 2. — Les concurrents devront écrire des exemples en divers genres d'écriture.

ART. 3. — Il leur sera fait en commun une dictée contenant diverses difficultés d'orthographe.

ART. 4. — Ils devront faire, de vive voix, l'analyse logique et grammaticale d'une ou plusieurs phrases choisies par les juges.

ART. 5. — Ils tireront au sort des questions d'arithmétique.

ART. 6. — Indépendamment de ces épreuves, il sera tenu compte aux concurrents des autres connaissances qu'ils auraient à faire valoir relativement à la musique, au dessin, à l'histoire naturelle, à l'agriculture, à la tenue des livres, à l'histoire, à la géographie, etc.

TITRE II.

Règles pour les épreuves des examens.

ART. 7. — Les candidats qui se présenteront pour les examens devront justifier qu'ils possèdent au moins des connaissances élémentaires suffisantes pour pouvoir profiter des leçons du premier semestre de l'École. En conséquence, ils devront :

1° Lire couramment tous les livres français qui leur seront présentés ;

2° Écrire en diverses grandeurs et en divers genres d'écriture ;

3° Montrer, par la pratique, qu'ils commencent à posséder les quatre premières règles de l'arithmétique ;

4° Faire l'analyse logique et grammaticale de quelques phrases françaises qui leur auront été dictées à l'instant ;

5° Tous ces exercices auront lieu en présence des examinateurs.

---

5 octobre 1831. Décision portant qu'il sera présenté au Roi, et qu'il sera communiqué aux Chambres : 1° tous les ans, un compte détaillé de l'emploi des fonds alloués aux Écoles primaires ; 2° tous les trois ans, une statistique de l'Instruction élémentaire.

5 Octobre 1831.

Rapport au Roi. [Extrait.]

SIRE,

. . . .

J'ai déjà signalé, comme complément naturel de la statistique de l'instruction élémentaire, l'état des Écoles normales destinées à procurer des instituteurs aux communes. Il ne suffit pas de chercher à augmenter le nombre des Écoles ; il n'est pas moins urgent de former des hommes capables de bien enseigner. Des établissements ayant cette destination se sont ouverts et s'ouvrent encore tous les jours dans la plupart des départements. Ils consistent tantôt en un pensionnat, avec des bourses créées sur les fonds communaux ou départementaux, par des réunions de souscripteurs ou par le Gouvernement ; tantôt en un externat, que les aspirants aux fonctions d'instituteur fréquentent pendant un espace de temps déterminé. Dans certaines localités, l'enseignement normal est donné par le directeur de quelque École primaire importante, où les élèves-maîtres s'habituent à l'exercice de leur profession et à la pratique des méthodes perfectionnées, en même temps qu'ils étudient les théories ; ailleurs, ce sont des professeurs d'humanités, de belles-lettres ou de sciences, qui s'associent dans la généreuse intention de donner des leçons aux instituteurs et aux personnes qui veulent le devenir. Nulle préférence exclusive n'a été accordée à une manière quelconque d'organiser ces Écoles normales. L'Administration s'est empressée d'accueillir tous les plans qui lui ont paru bien conçus, et dont l'exécution a été reconnue appropriée aux ressources locales. Ainsi s'est établie une combinaison de moyens divers, qui tendent au même but, qui entraîneront moins de dépenses qu'une rigoureuse uniformité, et dont il est permis d'espérer des effets plus rapides. Les détails propres à faire connaître ces Écoles, et à faire apprécier la part qu'elles doivent avoir à la propagation des lumières, ont leur place marquée dans la statistique de l'instruction primaire.

En attendant que le tableau de 1831 puisse être achevé, il m'a paru, Sire, qu'il serait à propos de mettre sous les yeux de Votre Majesté le résumé des documents que j'ai pu recueillir sur l'état de l'instruction primaire en 1829. Par là, j'aurai livré au passé ce qui lui appartient, c'est-à-dire ce qui a été fait ou omis avant notre régénération politique ; j'aurai en même temps donné une idée de ce qui restera à faire sous des auspices bien plus favorables.

Je joins ici l'état des documents sur 1829.

Les faits qui y sont établis seraient, au premier aperçu, assez rassurants, si l'on s'arrêtait à une comparaison pure et simple entre le nombre des Écoles existantes et le nombre total des communes. Le premier étant de 30 796, tandis que le second est de 38,135, la différence est seulement de 7 339. Cependant, malgré les louables efforts qui ont été tentés, à différentes époques, pour répandre le bienfait de l'instruction primaire, il n'en est pas moins vrai que plus du tiers des communes du Royaume en est encore entièrement privé. La colonne des communes qui n'ont pas encore d'École présente, en effet, un total de 13 984. Les Écoles ne peuvent être réparties d'une manière égale entre les communes. Parmi celles-ci, les plus populeuses et les plus riches ont à elles seules un nombre plus ou moins considérable d'Écoles, qui sont par conséquent en moins dans le partage général : c'est ce qui explique le chiffre si élevé des communes dépourvues d'École.

Observons, en outre, que, dans tous les lieux où une École existe, il s'en faut de beaucoup que toute la population en profite : sur 2 404 178 garçons qui, à raison de leur âge, auraient dû être admis dans les Écoles, on ne compte, en 1829, que 1 372 206 élèves, ce qui laisse sans instruction la moitié du nombre total des enfants. Loin d'être exagéré, cet affligeant résultat est même encore au-dessous de la vérité, par la raison que, les garçons et les filles fréquentant les mêmes Écoles en plusieurs contrées, la population de certaines Écoles, rangées parmi les Écoles de garçons, comprend des enfants des deux sexes. Tout porte à croire que des Écoles spécialement destinées aux filles ont été laissées dans une situation encore plus déplorable.

Enfin la méthode si lente, si défectueuse, de l'enseignement individuel a été, jusqu'à ces derniers temps, suivie à peu près exclusivement dans les Écoles primaires. Les progrès de l'instruction en ont été nécessairement retardés et restreints de la manière la plus fâcheuse. Le total des Écoles d'enseignement mutuel ne s'élevait, en 1829, qu'à 804. Ce sont de faibles débris échappés à une proscription générale, et sauvés par la persévérance de quelques citoyens généreux, ou de quelques-unes de ces associations philanthropiques qui ont lutté courageusement contre de funestes influences. Pour affaiblir les regrets qu'un tel état de choses inspire, je puis dès à présent déclarer que, depuis un an, presque toutes les anciennes Écoles d'enseignement mutuel ont été rouvertes, et qu'il s'en établit de toutes parts de nouvelles.

Sire, entre cette statistique de 1829 et celle qui se prépare pour les années subséquentes, j'espère que la différence sera grande. Une ère nouvelle est commencée parmi nous pour l'instruction primaire : elle prendra date du règne de Votre Majesté.

Je vous prie de vouloir bien, en approuvant les vues que je viens de soumettre à Votre Majesté, décider qu'il lui sera présenté, et qu'il sera communiqué aux Chambres :

1° Tous les ans, un compte détaillé de l'emploi des fonds alloués aux Écoles primaires[1] ;

2° Tous les trois ans, une statistique de l'Instruction élémentaire, renfermant tous les renseignements que j'ai indiqués ci-dessus[2].

J'ai l'honneur d'être, etc.

Le Ministre de l'Instruction publique
et des Cultes,

Signé : MONTALIVET.

Approuvé :

A Paris, le 5 octobre 1831,

Signé : LOUIS-PHILIPPE.

---

24 octobre 1831. **Projet de loi proposé à la Chambre des Députés par M. Emmanuel Las-Cases, député.**

24 Octobre 1831.

TITRE Ier.

Des communes et des fondateurs.

ARTICLE 1er. — L'instruction est placée sous la protection et la surveillance de l'administration municipale ; elle rentrera, en conséquence, dans les attributions du Ministère de l'Intérieur.

ART. 2. — L'enseignement primaire est libre, à la charge, par les instituteurs, de remplir les formalités et de réunir les conditions voulues par la loi.

ART. 3. — L'autorité municipale a droit de visite, en tout temps, dans l'intérieur des Écoles et dans les bâtiments qui en dépendent.

ART. 4. — Sont communales les Écoles soutenues, en tout ou en partie, aux frais de la commune. Le conseil municipal a le droit d'en régler l'entière administration.

Les autres Écoles, soit qu'elles aient été élevées par des instituteurs et à leurs frais, soit qu'elles aient été établies par des particuliers ou des associations, sont déclarées libres ; elles ne sont soumises qu'à la surveillance qu'exigent l'ordre public et le respect dû aux mœurs. A ce titre, les fondateurs sont entièrement libres pour le choix du maître, la discipline, les méthodes d'enseignement et l'administration économique.

---

1. Consulter, à ce sujet, les circulaires des 2, 28 *juin*, 13 *décembre* 1831, 12 *janvier* 1833.
2. Consulter la circulaire du 30 *novembre* 1832.

Toutefois, lors de l'ouverture d'une École libre, la déclaration devra en être faite un mois à l'avance, tant à la mairie du lieu qu'au chef-lieu de la sous-préfecture de l'arrondissement.

Art. 5. — Tout instituteur d'une École primaire communale devra être agréé par le conseil de la commune. Il devra présenter une attestation de capacité et un certificat de moralité. La première sera délivrée, après examen, par une Commission de trois membres siégeant au chef-lieu de la préfecture et formée d'un ingénieur en chef, d'un juge de paix et d'un membre nommé par le préfet. Le second sera délivré par le maire du lieu de la résidence. Cette dernière pièce ne sera admise que dans le cas où elle n'aurait pas plus de six mois de date.

Tout instituteur primaire autre que les instituteurs communaux sera soumis aux mêmes règles que ces derniers, quant à l'obtention des attestations de capacité et des certificats de moralité.

Art. 6. — Toute commune est tenue de pourvoir, proportionnellement à ses ressources, à ce que l'enseignement primaire soit donné gratuitement aux enfants dont les parents sont indigents et domiciliés sur son territoire. A cet effet, le maire mettra, chaque année, sous les yeux du conseil municipal, le nombre de ces enfants, lors de la discussion du budget de la commune, et il sera voté une allocation spéciale pour les frais d'instruction et d'entretien.

Art. 7. — Les conseils généraux des départements contribueront, par un vote annuel, à l'entretien des Écoles primaires dans toutes les communes qui ne pourront supporter, en tout ou en partie, les dépenses d'établissement ou les frais d'entretien.

Art. 8. — Chaque année, le Gouvernement mettra sous les yeux des Chambres l'état des besoins de l'enseignement primaire dans toutes les communes du Royaume, et il y sera pourvu par la loi des finances pour une portion à déterminer en raison des votes des communes et de ceux des conseils de département.

Art. 9. — Dix ans après la promulgation de la présente loi, les individus âgés de 25 ans et au-dessus, qui ne justifieront pas qu'ils savent lire et écrire, seront exclus des droits civiques : ils ne pourront, en conséquence, être jurés, électeurs, maires, adjoints, membres des conseils municipaux, ni être admis comme témoins dans les actes civils.

Les secours publics accordés aux familles indigentes ne seront plus délivrés qu'à la charge, par les parents, de prouver que leurs enfants fréquentent les Écoles, ou qu'ils savent lire et écrire.

Art. 10. — Lorsque plusieurs communes veulent unir leurs ressources pour fonder ou entretenir une École primaire sur le territoire de l'une d'elles, elles sont autorisées à en faire la dépense à frais communs.

Partout où la modicité des ressources, le local de l'École pourra servir aux deux sexes, sauf à régler les heures des leçons respectives.

Les communes et les fondateurs pourront admettre, sans autre autorisation, dans les Écoles publiques et privées, les enfants appartenant aux diverses communions religieuses.

Titre II.

Des Instituteurs primaires.

Art. 11. — Tout instituteur primaire qui prend l'engagement d'enseigner pendant 15 ans est dispensé de la loi du recrutement.

ART. 12. — Il sera pourvu par des règlements généraux d'administration publique à ce qu'une retraite soit assurée à tout instituteur primaire communal qui, par suite de ses travaux, serait hors d'état de continuer ses fonctions, ou qui aura exercé pendant au moins vingt ans consécutifs. Le fonds de ces retraites sera formé au moyen : 1° d'une retenue annuelle sur ses appointements; 2° d'une partie déterminée des sommes votées pour l'instruction primaire dans les budgets de la commune, du département et de l'État.

ART. 13. — Dix ans après la promulgation de la présente loi, aucun individu ne pourra être appelé à exercer un emploi inférieur dans les administrations des forêts, des douanes, de l'octroi, des ponts et chaussées, des travaux publics et des postes, s'il ne possède suffisamment les connaissances prescrites pour être instituteur communal.

ART. 14. — Il sera établi au chef-lieu de chaque département une classe normale primaire destinée à former les instituteurs et institutrices. La dépense en sera supportée, moitié par le Trésor public, moitié par le département.

ART. 15. — Il est interdit à tout instituteur primaire communal d'exercer un emploi incompatible avec l'assiduité qu'exige la direction des Écoles, ou tout autre qui serait de nature à porter atteinte à sa considération.

ART. 16. — Tout individu qui aura été condamné à une peine afflictive ou infamante, ou qui aura subi une condamnation judiciaire, soit pour la composition d'un ouvrage immoral, soit pour attentats contre les mœurs, prévus par les articles 330 et 334 du Code pénal, sera privé à perpétuité du droit d'établir une École primaire, particulière ou communale.

Quiconque aura été condamné pour délit correctionnel sera privé de la faculté de tenir une École pendant un temps proportionnel à la gravité du délit, et qui ne pourra pas être moindre de six mois, ni excéder dix années.

TITRE III.

Dispositions générales.

ART. 17. — Il sera établi des Écoles primaires dans toutes les maisons de détention et de réclusion, ainsi que dans les bagnes et les prisons militaires.

ART. 18. — Des Écoles primaires à l'usage des militaires, marins et enfants de troupe seront établies et entretenues dans les corps des armées de terre et de mer.

ART. 19. — Partout où les communes rurales seront dépourvues de moyens d'instruction, il pourra être formé des Écoles ambulantes, ou institutions dirigées par des maîtres ambulants, ayant la faculté de s'établir successivement dans diverses communes, à différents jours ou dans des saisons différentes.

ART. 20. — Aussitôt la publication de la présente loi, les anciens Comités de surveillance des Écoles primaires, dépendant de l'Université, cesseront leurs fonctions.

Toutes les lois et ordonnances concernant l'instruction primaire, et antérieures à la publication de la présente loi, sont abrogées.

Ordonnance portant que la Société établie à Angers pour l'encouragement de l'enseignement mutuel élémentaire est reconnue comme établissement d'utilité publique.

3 Décembre 1831.

Louis-Philippe, etc.,

Sur le rapport de notre Ministre de l'Instruction publique et des Cultes;

Vu les lois et ordonnances royales relatives à l'instruction primaire;

Notre Conseil d'État entendu,

Nous avons ordonné et ordonnons ce qui suit:

Article 1er. — La Société établie à Angers pour l'encouragement de l'enseignement mutuel élémentaire est reconnue comme établissement d'utilité publique. Ses statuts annexés à la présente ordonnance sont approuvés [1].

Art. 2. — Pour l'établissement des Écoles, le placement des maîtres, la distribution des livres destinés à l'instruction primaire et des récompenses aux maîtres qui se seront le plus distingués, ladite Société sera tenue de se conformer aux lois, ordonnances et règlements relatifs à l'instruction publique.

Art. 3. — Cette Société pourra recevoir des legs et donations, acquérir ou aliéner, après en avoir obtenu l'autorisation, conformément aux lois sur cette matière.

Loi sur le recrutement de l'armée. [Extrait.]

21 Mars 1832.

Article 14. — Seront considérés comme ayant satisfait à l'appel, et comptés numériquement en déduction du contingent à former, les jeunes gens désignés par leur numéro pour faire partie dudit contingent, qui se trouveront dans l'un des cas suivants:

. . . .

---

1. Aux associations laïques autorisées pour l'instruction primaire, il faut ajouter: la Société pour l'instruction primaire dans l'arrondissement de Mirecourt (*ordonn. du 2 mars* 1832); les Sociétés de bienfaisance établies dans le département de Seine-et-Oise, à Montfort-l'Amaury, à Houdan et à Mantes pour la propagation et l'amélioration de l'instruction primaire, principalement pour les classes indigentes (*ordonn. du 8 avril* 1832).

3° Les élèves de l'École polytechnique, à condition qu'ils passeront, soit dans ladite École, soit dans les services publics, un temps égal à celui fixé par la présente loi pour le service militaire;

4° Ceux qui, étant membres de l'Instruction publique, auraient contracté, avant l'époque déterminée pour le tirage au sort, et devant le Conseil de l'Université, l'engagement de se vouer à la carrière de l'enseignement[1]; la même disposition est applicable aux élèves de l'École normale centrale de Paris, à ceux de l'École dite des *Jeunes de langue* et aux professeurs des Institutions royales des sourds-muets;

5° Les élèves des grands séminaires, régulièrement autorisés à continuer leurs études ecclésiastiques; les jeunes gens autorisés à continuer leurs études pour se livrer au ministère dans les autres cultes salariés par l'État, sous la condition, pour les premiers, que, s'ils ne sont pas entrés dans les ordres majeurs à vingt-cinq ans accomplis, et pour les seconds, que s'ils n'ont pas reçu la consécration dans l'année qui suivra celle où ils auraient pu la recevoir, ils seront tenus d'accomplir le temps de service prescrit par la présente loi;

6° Les jeunes gens qui auront remporté les grands prix de l'Institut ou de l'Université.

Les jeunes gens désignés par leur numéro pour faire partie du contingent cantonal, et qui en auront été déduits conditionnellement en vertu des nᵒˢ 3, 4 et 5 du présent article, lorsqu'ils cesseront de suivre la carrière en vue de laquelle ils auront été comptés en déduction du contingent, seront tenus d'en faire la déclaration au maire de leur commune dans l'année où ils auront cessé leurs services, fonctions ou études, et de retirer expédition de leur déclaration.

Faute par eux de faire cette déclaration, et de la soumettre au *visa* du préfet du département, dans le délai d'un mois, ils seront passibles des peines prononcées par le premier paragraphe de l'article 38 de la présente loi.

Ils seront rétablis dans le contingent de leurs classes, sans déduction du temps écoulé depuis la cessation desdits services, fonctions ou études, jusqu'au moment de la déclaration.

1. Consulter la circulaire du 10 *octobre* 1832, en ce qui concerne les conditions de l'engagement des élèves des Écoles normales primaires. Ces élèves sont tenus de subir un examen spécial devant une Commission formée par le Ministre et composée d'au moins trois membres.

Consulter également la circulaire du 21 *février* 1833, relative aux formalités exigées des fonctionnaires de l'Instruction publique et notamment des instituteurs pour la dispense du service militaire.

27.

Arrêté portant qu'il sera fait, au profit du fonds de retraite, retenue du pre- 11 mai 1832.
mier mois de traitement et du premier mois d'augmentation de traitement
aux fonctionnaires et employés de l'Université.

11 Mai 1832.

Le Conseil royal,

Vu les observations faites à la Chambre des Députés par la Commission des finances sur la retenue à exercer, au profit du fonds de retraite, du premier mois d'augmentation de traitement de tous les fonctionnaires et employés de l'Université;

Considérant que l'article 14 du décret du 17 février 1809 impose aux membres de l'Université qui entrent dans des fonctions salariées ou qui passent à des fonctions supérieures l'obligation de payer, pour droit de sceau de leurs diplômes et brevets, le vingt-cinquième de leur traitement fixe;

Que les nouveaux membres de l'Université ne peuvent être nommés qu'à des emplois inférieurs faiblement rétribués;

Que, lorsqu'ils sont promus à des fonctions supérieures, non seulement l'augmentation de traitement qu'ils obtiennent est soumise au droit de sceau, mais qu'ils ont, en outre, à supporter des frais de déplacement;

Que les traitements des principaux et régents des Collèges communaux, qui ne sont point passibles du droit de sceau, sont trop modiques pour être soumis à des retenues;

Que ces considérations ne sont applicables ni aux employés des bureaux de l'Administration centrale, ni aux secrétaires des Académies et des Facultés, ni aux économes des Collèges royaux,

Décide ce qui suit :

Il sera fait, au profit du fonds de retraite, retenue du premier mois de traitement et du premier mois d'augmentation de traitement aux employés des bureaux de l'Administration centrale, aux secrétaires des Académies, aux secrétaires et employés des Facultés ayant droit à la retraite, et aux économes des Collèges royaux nommés postérieurement au 1er juin 1832 [1].

---

1. Cette décision a été étendue à partir du 1er janvier 1833 à tous les fonctionnaires et professeurs de l'Université, ainsi qu'aux principaux et régents des Collèges communaux. (*Décision du 9 octobre* 1832.)
Consulter sur l'application de l'arrêté la circulaire du 6 *décembre* 1832. Ce document se trouve dans les *Circulaires et Instructions officielles*, Tome II, page 91. — Il est utile à consulter, de même que beaucoup d'autres que nous ne pouvons reproduire dans cet ouvrage, et que nous nous bornons nécessairement à indiquer. Le lecteur trouvera les circulaires auxquelles nous le prions de se reporter dans le Recueil précité.

1er juin 1832. Circulaire du Ministre de l'Instruction publique portant que tous les Frères des Écoles chrétiennes, sans exception, qui voudront exercer les fonctions d'instituteur primaire, seront tenus de se pourvoir d'un brevet de capacité et d'une autorisation spéciale.

1er Juin 1832.

Monsieur le Recteur, la lettre circulaire qui vous a été adressée le 20 juin 1831 [1], concernant les Frères des Écoles chrétiennes, a été l'objet de plusieurs réclamations. Il a paru que la disposition de cette circulaire portant que le frère directeur d'une École sera seul obligé d'être pourvu d'un brevet de capacité constituait une sorte de privilège.

La question a été examinée de nouveau par le Conseil royal de l'Instruction publique, qui a décidé, par son arrêté du 24 avril dernier[2], que tous les frères, sans exception, seront tenus, pour exercer les fonctions d'instituteur, de se pourvoir d'un brevet de capacité et d'une autorisation spéciale.

Le même arrêté dispose que les frères pourront, comme tous les autres instituteurs, être autorisés à recevoir des pensionnaires ou des demi-pensionnaires dans leurs établissements, en faisant les justifications exigées en pareil cas.

Cette décision a été approuvée, conformément à l'article 24 de l'ordonnance du 26 mars 1829. Je vous prie de veiller à ce qu'elle soit régulièrement exécutée dans votre ressort académique.

Recevez, etc.

---

17 octobre 1832. Circulaire du Ministre de l'Instruction publique portant demande de renseignements et d'observations sur l'instruction primaire et l'instruction supérieure.

17 Octobre 1832.

Monsieur le Recteur, le Roi, en complétant le Ministère de l'Instruction publique par l'accession de plusieurs grandes Écoles, des dépôts scientifiques et de tous les moyens d'encouragement littéraire, a voulu prêter une nouvelle force à l'enseignement national. Plus l'esprit de notre Constitution doit laisser de place à la liberté, dans l'enseignement comme ailleurs, plus il importe que les Écoles de l'État répondent aux besoins du temps, aux diversités locales, et qu'elles obtiennent partout la primauté du travail, de la discipline et des succès.

Déjà, depuis deux ans, elles ont reçu des améliorations importantes. L'enseignement supérieur s'est enrichi de chaires nouvelles; l'instruction secondaire s'est appliquée à de nouveaux objets; l'enseignement primaire a fait des progrès immenses. Étendre ces résultats, discerner ce que l'Administration peut

1. Voir la note de la page 395.
2. Voici le texte de la décision de l'assemblée :
« Le Conseil..... consulté sur les deux questions suivantes :
1° Tous les Frères des Écoles chrétiennes doivent-ils être pourvus de brevet de capacité et d'autorisations;
2° Les frères peuvent-ils être autorisés à recevoir des pensionnaires ou demi-pensionnaires?
Est d'avis de l'affirmative sur ces deux questions. »

faire immédiatement et ce qui doit être réservé à la loi, améliorer sans réduire, fortifier à la fois et varier l'éducation, telle est la tâche que nous devons nous proposer, et pour laquelle j'attends de vous les renseignements les plus exacts et les données les plus précises. Il importe également pour la législature et pour l'Administration d'éviter, d'une part, les plans abstraits et généraux conçus sans expérience, de l'autre, les tâtonnements partiels et hasardés qui entraînent une grande déperdition de temps et d'efforts. La connaissance intime des faits, des moyens, des ressources, est nécessaire pour arriver à ce que mérite et veut la France, une organisation d'enseignement qui tende à ce double résultat, le perfectionnement des hautes études et l'extension illimitée des connaissances utiles.

Un travail approfondi doit, à cet égard, précéder toutes propositions législatives, et c'est dans cette vue, Monsieur le Recteur, qu'indépendamment des rapports d'inspection générale et des autres documents, j'attends de chaque ressort académique du Royaume un tableau complet et précis des établissements d'instruction qu'il renferme, et de leur état actuel, Facultés ou Écoles secondaires spéciales, Collèges royaux, Collèges communaux, Écoles normales primaires, Écoles primaires de tous les degrés.

Cet exposé de l'état actuel doit être accompagné de vos propres vues sur les améliorations que peuvent recevoir tous les établissements d'instruction publique que renferme votre Académie. Pour donner à ce travail plus de précision et en assurer d'avance les résultats, je vous indiquerai les points sur lesquels j'appelle particulièrement votre attention.

Je tiens surtout à connaître l'état actuel de l'instruction primaire, ce premier besoin du pays, ce premier devoir du Gouvernement. Je vous invite à répondre avec quelque développement aux questions suivantes :

1° Les Écoles normales primaires sont les vrais foyers de l'instruction populaire; il faut mettre tous nos soins à les perfectionner successivement. Dans votre Académie, quelle devrait être la durée du cours normal? Un an suffit-il, ou faut-il deux années pour obtenir des résultats satisfaisants?

Quel devrait être le programme de l'examen d'entrée que doivent subir les candidats pour être admis à l'École normale? Quel devrait être le programme de sortie, d'après lequel ils doivent obtenir le brevet d'instituteur primaire?

Est-il convenable d'attribuer aux communes le droit de donner des bourses, dans l'École normale, à qui bon leur semble, ou bien toutes les bourses ne doivent-elles pas être conférées sur la liste de mérite que donne l'examen d'entrée?

Enfin, combien de jeunes gens devraient entrer chaque année à l'École normale, ou aux Écoles normales de votre Académie, pour qu'on pût remplir chaque année les vides de l'instruction populaire ?

Je sais quel empressement les conseils généraux et MM. les préfets ont partout montré pour la fondation d'Écoles normales primaires. C'est à nous, Monsieur le Recteur, à perfectionner sans cesse leur organisation intérieure. Vous savez que je suis disposé à me charger toujours du traitement du directeur. Que ce soit une raison pour vous de ne proposer jamais, pour cet important emploi, que des hommes d'élite, d'une moralité éprouvée, d'une expérience consommée, et qui aient eux-mêmes passé par tous les degrés de l'instruction primaire.

2° Je me propose de fonder, entre nos Collèges et l'instruction primaire proprement dite, des établissements intermédiaires, où une partie considérable de la population qui ne se destine pas aux professions savantes, et n'a pas besoin de passer par les Collèges royaux et communaux, trouve une instruction appropriée à ses besoins, moins élevée en ce qui regarde les études classiques, plus étendue, plus variée pour les sciences usuelles, l'histoire, la géographie, les langues modernes et la littérature nationale. Ces Écoles intermédiaires devraient être fondées ou sur des Collèges communaux, dont les dépenses seraient trop onéreuses à des petites villes, sans produire de grands résultats, ou sur des Écoles primaires du premier degré, qui pourraient recevoir aisément un agrandissement convenable.

Comme il ne faut pas qu'il y ait une seule commune sans une École primaire, ni un seul département sans une École normale, de même il ne faut pas qu'il y ait une seule petite ville de huit ou dix mille âmes sans une École moyenne, qui couronne l'instruction primaire, et ne s'arrête que là où commenceraient les études savantes de nos Collèges. Je vous prie, Monsieur le Recteur, de me faire des propositions à cet égard dans le plus court délai; elles recevront une prompte réponse.

J'insiste plus particulièrement sur ces deux points, Monsieur le Recteur, parce qu'ils sont en quelque sorte dans notre main, et qu'ici un zèle éclairé, une activité qui ne se relâche jamais, peuvent suppléer au temps. Faites-moi connaître aussi vos vues sur tous les autres objets d'instruction primaire. Les résultats obtenus sont déjà grands; indiquez-moi tout ce qui pourrait les étendre. La Révolution de Juillet a trouvé en France cinq ou six Écoles normales; nous en avons aujourd'hui plus de trente en pleine activité, qui déjà rendent d'importants services. Par ce progrès, mesurez ceux que nous pouvons faire, en redoublant d'efforts, et en nous pénétrant de la haute mission qui nous est confiée.

Quant à l'enseignement supérieur, je désire que vous me fassiez aussi connaître quelle est, à votre avis, l'extension qu'il pourrait recevoir dans votre Académie. Ici, tout n'est pas au pouvoir de l'Administration; il faut qu'elle trouve des esprits empressés à solliciter et déjà préparés à recevoir cette haute instruction, qui veut être laborieusement recherchée pour rester digne de son nom. Elle ne peut être donnée que là où existent déjà des centres d'étude, des foyers de lumière. Indiquez-moi quelles chaires nouvelles seraient particulièrement désirées ou utiles dans le ressort de votre Académie, et vers quel genre d'études supérieures les esprits vous semblent surtout enclins. Je rechercherai les moyens de satisfaire à ces besoins intellectuels d'un ordre élevé, que le Gouvernement ne saurait faire naître, mais qu'il ne doit jamais laisser en souffrance.

Vous le voyez, Monsieur le Recteur, ce que j'attends surtout de vous, c'est un grand ensemble de faits exactement recueillis et décrits, qui me mette en mesure de bien apprécier, d'abord les besoins locaux dans les divers genres et les divers degrés d'instruction publique; ensuite les moyens que nous pouvons trouver, dans le pays même, pour y satisfaire. Je désire aller dans la voie du perfectionnement aussi loin qu'il sera possible; mais je veux n'y marcher qu'en pleine connaissance de cause et en sûreté.

J'attends de vous une réponse aussi prompte que le permettront la nature et l'étendue du travail que je vous demande.

Recevez, etc.

Décision autorisant la publication d'un recueil périodique à l'usage
des Écoles primaires.

19 octobre 1832.

19 Octobre 1832.

Rapport au Roi.

SIRE,

Le Gouvernement de Juillet a dû comprendre, et il a compris, la haute importance de l'instruction primaire : une puissante impulsion a été donnée; de grands résultats ont été obtenus. Pour les assurer et les étendre, une institution me paraît indispensable : je veux dire une publication périodique, qui recueille et répande tout ce qui peut servir à l'amélioration des Écoles et à l'instruction du peuple.

Bien peu d'instituteurs primaires ont reçu, dans les Écoles normales récemment fondées, le secret des bonnes méthodes et les principes d'une éducation nationale. Ceux qui sortent de ces Écoles demandent à être dirigés dans leurs études et dans leurs efforts; sans cela, leur zèle s'affaiblit, et bientôt une triste routine devient leur ressource dernière. Ainsi l'ignorance se maintient et se propage par ceux-là mêmes qui sont chargés de la combattre; et les sacrifices faits par l'État, les départements, les communes, demeurent stériles.

Nos nouvelles institutions, spécialement celle des Comités locaux, appellent d'ailleurs à la surveillance des Écoles des citoyens que nulles études spéciales n'ont préparés à l'accomplissement de cette mission. C'est pour eux un assez grand sacrifice que de dérober à leurs intérêts, à leurs affaires, quelques instants pour la surveillance qui leur est confiée.

Il appartient donc à l'autorité qui les institue de leur adresser des instructions précises, qui rendent cette surveillance plus facile pour eux-mêmes, et vraiment efficace pour les Écoles qui en sont l'objet.

Pour satisfaire à ce besoin, des théories générales sont loin de suffire; il faut des indications précises, des conseils répétés. Chaque jour voit éclore, en matière d'enseignement, un nouveau livre, une méthode nouvelle; le pays doit s'en féliciter; mais ces inventions, ces essais, ont besoin d'être appréciés avec science et indépendance. Des rapports précieux, pleins de faits et de vues, rédigés par les Comités, les inspecteurs, les Recteurs, les maires, les préfets, demeurent inconnus du public. Le Gouvernement doit prendre soin de connaître et de répandre toutes les méthodes heureuses, de suivre tous les essais, de provoquer tous les perfectionnements.

Dans nos mœurs, dans nos institutions, un seul moyen offre assez d'action, assez de puissance pour assurer cette influence salutaire : c'est la presse.

Je propose donc à Votre Majesté d'autoriser, en principe, la publication d'un recueil périodique à l'usage des Écoles primaires de tous les degrés.

Ce recueil devra contenir : 1° la publication de tous les documents relatifs à l'instruction populaire en France; 2° la publication de tout ce qui intéresse l'instruction primaire dans les principaux pays du monde civilisé; 3° l'analyse des ouvrages relatifs à l'instruction primaire; 4° des conseils et des directions propres à assurer les progrès de cette instruction dans toutes les parties du Royaume.

Pour présenter toutes les garanties désirables, cette publication serait confiée à un haut fonctionnaire de l'Université, sous la direction du Conseil royal. Ce fonctionnaire devra être pénétré de cette vérité, que, si les institutions font les destinées des peuples, ce sont les mœurs qui font les institutions nationales, et que la base la plus inébranlable de l'ordre social est l'éducation morale de la jeunesse.

Il comprendra aussi que les mœurs se rattachent aux convictions religieuses, et que l'action de la conscience ne se remplace par aucune autre. C'est en Hollande, en Allemagne, en Écosse, que se trouvent les Écoles les plus florissantes, les plus efficaces de notre époque; et, dans tous ces pays, la religion s'associe à l'instruction primaire et lui prête le plus utile appui.

La France, Sire, ne restera point en arrière de tels exemples. Elle saura concilier des convictions profondes avec des lumières rapidement progressives, des mœurs fortes avec des institutions libres. C'est la mission de l'éducation nationale d'assurer ces beaux résultats. L'institution, pour laquelle j'ai l'honneur de solliciter l'approbation de Votre Majesté me paraît un des meilleurs moyens de les préparer.

Je suis, etc.

*Le Ministre Secrétaire d'État au département
de l'Instruction publique,*

Signé : GUIZOT.

Approuvé :

Signé : LOUIS-PHILIPPE.

---

17 novembre
1832.

**Projet de loi présenté à la Chambre des Députés
par MM. Salverte, Laurence, Taillandier et Eschassériaux, députés.**

17 Novembre 1832.

TITRE Ier.

Dispositions générales. — Comités cantonaux d'instruction primaire.

ARTICLE 1er. — L'enseignement donné dans les Écoles primaires comprend : la lecture, l'écriture, les éléments de la langue française et du calcul, des notions sur les droits et les devoirs sociaux et politiques.

Selon les ressources et les besoins des localités, l'enseignement primaire pourra en outre comprendre le dessin linéaire, l'arpentage et d'autres notions élémentaires.

Les instituteurs seront tenus de veiller à ce que, selon le vœu qui aura été manifesté par les parents, les élèves reçoivent l'instruction religieuse des ministres des différents cultes.

ART. 2. — Les Écoles primaires, privées ou communales, sont placées sous la protection et la surveillance de Comités gratuits d'instruction primaire.

ART. 3. — Il y aura un Comité gratuit d'instruction primaire par canton.

ART. 4. — Chaque Comité sera composé :

1° Du maire du chef-lieu de canton, président ;

2° Du juge de paix ;

3° Des membres du conseil général du département, qui auront leur domicile réel dans le canton ;

4° Du curé cantonal et d'un ministre de chacun des cultes reconnus par la loi, qui résidera dans le canton et qui aura été désigné par son Consistoire ;

5° De quatre autres citoyens choisis à cet effet par les maires réunis au chef-lieu pour la revision des listes électorales.

Le Comité ne pourra délibérer, quand la moitié de ses membres sera absente ;

6° Toutes les délibérations seront transmises au préfet du département.

Art. 5. — A Paris, il y aura un Comité par arrondissement municipal, et il sera composé du maire, du juge de paix et du curé de l'arrondissement, d'un ministre de chacun des autres cultes, désignés conformément aux dispositions de l'article 4, et de huit autres membres nommés par le conseil général, parmi les citoyens domiciliés dans l'arrondissement.

Art. 6. — Le préfet, ou le sous-préfet délégué par lui, pourra convoquer extraordinairement un Comité cantonal pour se faire rendre compte de ses actes, et lui indiquer les améliorations dont les Écoles primaires du canton paraîtront susceptibles.

TITRE II.

Écoles primaires libres ou privées.

Art. 7. — Tout citoyen ou toute réunion de citoyens qui se proposera de fonder une École primaire dans une commune en fera la déclaration à la mairie ou au Comité cantonal, en indiquant la nature et les objets de l'enseignement qui devra y être donné.

Art. 8. — Toute personne âgée de dix-huit ans au moins pourra exercer la profession d'instituteur, sous la condition de présenter au maire de la commune où elle voudra ouvrir une École, et de faire viser par lui :

1° Un brevet de capacité, délivré, après examen, par une Commission départementale de trois membres, nommés annuellement par le conseil général ;

2° Des certificats de bonnes vie et mœurs, délivrés, sur l'attestation de trois conseillers municipaux, par le maire de la commune ou de chacune des communes où elle aura résidé depuis trois ans.

Art. 9. — Quiconque aura ouvert une École primaire sans avoir satisfait aux conditions prescrites par les articles 7 et 8 sera poursuivi devant le tribunal correctionnel du lieu du délit et condamné à une amende de 50 à 200 francs. Son École sera fermée.

En cas de récidive, il sera condamné à un emprisonnement de 15 à 30 jours, et à une amende double de la première.

Art. 10. — Sont incapables d'être instituteurs primaires :

1° Ceux qui ont été interdits par jugement de la jouissance de leurs droits civils ;

2° Les condamnés à des peines afflictives ou infamantes ou emportant la dégradation civique ;

3° Les condamnés en police correctionnelle pour vol, escroquerie, banqueroute simple, abus de confiance, soustraction commise par des dépositaires publics, ou pour attentat aux mœurs.

Art. 11. — Le Comité cantonal a droit d'inspection sur les Écoles primaires tenues par des particuliers ; il les surveillera sous les rapports de la salubrité, de l'ordre public et des mœurs ; et, dans les cas où il y aurait lieu à l'application de l'article suivant, il transmettra au ministère public les renseignements qu'il aura recueillis.

Art. 12. — Pour cause d'inconduite ou d'immoralité, tout instituteur primaire pourra, sur la demande du Comité cantonal, et à la poursuite du ministère public, être traduit devant le tribunal civil de l'arrondissement, et être interdit de l'exercice de sa profession à temps ou à toujours. Le tribunal entendra les parties et statuera en chambre du conseil. Il en sera de même sur l'appel qui, en aucun cas, ne sera suspensif.

L'affaire sera instruite comme en matière de police correctionnelle. Néanmoins, si les parties intéressées le requéraient, les témoins pourront être entendus devant le juge de paix de leur domicile.

Le tout aura lieu sans préjudice des poursuites et des peines qui pourraient être encourues dans l'exercice de la profession d'instituteur pour crimes, délits ou contraventions prévues par le Code pénal.

Titre III.

Écoles primaires communales.

Art. 13. — Toute commune est tenue de pourvoir, ou par elle-même ou en se réunissant à des communes voisines, à ce que tous les enfants qui l'habitent puissent recevoir l'instruction primaire.

Art. 14. — Plusieurs conseils municipaux pourront s'entendre à l'effet d'établir une École en commun.

S'ils ne s'accordaient pas sur le lieu où elle devrait être placée ou sur le choix de l'instituteur, le Comité cantonal serait appelé à statuer sur ces deux points.

Art. 15. — Hors le cas prévu par l'article précédent, les instituteurs communaux seront choisis par le corps municipal. Mais avant leur entrée en fonctions, le Comité cantonal vérifiera la légalité de leur nomination et en donnera immédiatement avis au préfet.

La nomination de l'instituteur communal n'est valable, qu'autant qu'il a préalablement obtenu le brevet de capacité et les certificats de bonnes vie et mœurs, exigés pour les instituteurs privés par l'article 8, et qu'il ne se trouve dans aucun des cas prévus par l'article 10.

Art. 16. — Il sera fourni à l'instituteur communal :

1º Un logement convenablement disposé, tant pour lui servir d'habitation que pour recevoir ses élèves ;

2º Un traitement fixe, qui ne pourra être moindre de 200 francs.

Art. 17. — L'instituteur communal devra recevoir gratuitement tous ceux des élèves de la commune ou des communes réunies que les conseils municipaux auront désignés, sur une liste annuelle, comme ne pouvant payer de rétribution.

Il recevra de tout élève, non inscrit sur cette liste, une rétribution mensuelle, dont le taux sera fixé tous les ans par le conseil municipal, et qui sera perçue dans la même forme et selon les mêmes règles que les contributions directes. Le rôle en sera recouvrable, mois par mois, sur un état des élèves certifié par l'instituteur et visé par le maire.

Art. 18. — Dès que le choix d'un instituteur communal aura été fait, conformément aux articles 14 et 15, le conseil municipal sera tenu, à défaut de ressources ordinaires, d'imposer la commune jusqu'à concurrence de 5 centimes additionnels au principal des contributions directes, pour l'établissement de l'École primaire communale.

Art. 19. — L'état des communes qui n'auraient point rempli l'obligation prescrite par l'article 13 de la présente loi sera dressé chaque année par le préfet, qui veillera à ce que, dans le cours de l'année suivante, les conseils municipaux établissent l'imposition additionnelle fixée par l'article 18, et invitera, s'il y a lieu, les Comités cantonaux à organiser les Écoles primaires, conformément aux articles 14, 15, 16 et 17.

Aucune commune ne pourra être dispensée des obligations susdites, que dans le cas où il aura été reconnu par le préfet, sur l'avis du Comité cantonal, que les Écoles privées établies dans cette commune satisfont à tous les besoins de l'instruction primaire, et spécialement de celle des enfants pauvres, conformément au premier paragraphe de l'article 17.

Art. 20. — Chaque École primaire communale sera immédiatement surveillée par le maire, qui communiquera ses observations au Comité cantonal, et y prendra séance avec voix consultative pour toute affaire relative à l'École de sa commune.

Art. 21. Les Comités cantonaux sont chargés de la direction des Écoles primaires communales.

Ils vérifient les choix des instituteurs, conformément aux articles 14 et 15 ci-dessus.

Ils s'assurent qu'il est pourvu à l'enseignement gratuit des enfants pauvres ; ils veillent au maintien de la salubrité de ces Écoles et à ce qu'aucun désordre ne s'y introduise.

Ils provoquent toutes les réformes et améliorations nécessaires.

Ils font connaître à l'autorité compétente les divers besoins des Écoles primaires.

Ils peuvent les faire visiter par des délégués, qu'ils choisissent parmi leurs propres membres ou hors de leur sein.

Art. 22. — En cas de négligence ou de faute grave d'un instituteur communal, le Comité cantonal pourra, après l'avoir entendu ou dûment appelé, lui adresser une réprimande, ou le suspendre provisoirement, ou même le révoquer de ses fonctions.

Art. 23. — Les dispositions de l'article 12, relatives aux instituteurs privés, sont applicables aux instituteurs communaux.

Titre IV.

Écoles primaires spéciales.

Art. 24. — Selon les besoins et les ressources des communes, il sera, sur le vœu des conseils municipaux, établi des Écoles de filles sous la surveillance et la direction des Comités cantonaux.

Art. 25. — Les institutrices communales seront choisies dans les mêmes formes et aux mêmes conditions que les instituteurs communaux. Elles demeureront assujetties aux mêmes obligations.

Art. 26. — Dans les communes où il n'y aura point d'institutrice, l'instruction primaire sera donnée aux filles par l'instituteur communal, mais à d'autres jours ou à d'autres heures que celles où il tiendra l'École des garçons, et sans qu'aucune fille âgée de onze ans puisse être comprise au nombre des élèves.

Art. 27. — Les rétributions à payer par les filles à l'institutrice ou à l'instituteur communal seront réglées conformément à l'article 18 ci-dessus.

Art. 28. — Moyennant des rétributions fixées de la même manière, et aux jours et heures que le Comité cantonal déterminera, l'instituteur communal donnera l'instruction primaire aux hommes adultes qui la voudront recevoir.

Art. 29. — Des Écoles primaires à l'usage des militaires et des marins seront organisées, entretenues et dirigées par le Gouvernement, dans les corps des armées de terre et de mer.

Art. 30. — Il sera établi aux frais de l'État des Écoles primaires dans les maisons centrales de détention et dans les bagnes.

Ces Écoles demeureront sous la surveillance et la direction exécutive de l'administration publique.

Art. 31. — En chaque département, il sera pourvu par le conseil général à ce que l'une des Écoles primaires devienne École modèle, embrassant toutes les parties principales et accessoires de l'enseignement primaire, indiquées dans l'article 1er de la présente loi.

On recevra dans cette École, outre les élèves ordinaires, les adultes qui se destineront à la profession d'instituteur : ils y assisteront aux leçons communes, et il leur en sera donné de spéciales sur la méthode à suivre dans l'enseignement.

Cette École demeurera sous la surveillance du Comité cantonal du lieu où elle sera établie ; mais la nomination des maîtres appartiendra au conseil général.

L'accroissement de dépense sera porté au budget du département.

Art. 32. — Sous les conditions établies au titre II de la présente loi, tout particulier peut fonder, ouvrir ou tenir une École spécialement destinée à former des instituteurs.

Art. 33. — Les instituteurs communaux actuellement en exercice devront, pour conserver leurs fonctions, être confirmés par les conseils municipaux, dont ils dépendent, après que les Comités cantonaux auront vérifié s'ils remplissent les conditions prescrites par la présente loi.

---

14 décembre 1832.

Règlement concernant les Écoles normales primaires[1].

14 Décembre 1832.

Le Conseil royal de l'Instruction publique,

Sur le rapport du conseiller chargé des Écoles primaires,

Vu les décrets et ordonnances concernant l'instruction primaire ;

Voulant réunir et coordonner les principales dispositions d'après lesquelles les Écoles normales primaires, actuellement existantes dans les diverses Académies de l'Université, ont été successivement organisées, conformément aux vœux des autorités locales et aux propositions des Recteurs,

Arrête ce qui suit :

1. Consulter sur l'application du règlement les deux circulaires du 12 *janvier* suivant aux recteurs et aux préfets. (*Circulaires et Instructions officielles sur l'instruction publique*, Tome II, p. 100 et 101.)

TITRE Iᵉʳ.

Des objets de l'enseignement.

ARTICLE 1ᵉʳ. — Dans toute École destinée à former des instituteurs primaires, l'enseignement comprend :

L'instruction morale et religieuse ;

La lecture ;

L'arithmétique, y compris le système légal des poids et mesures ;

La grammaire française ;

Le dessin linéaire, l'arpentage et les autres applications de la géométrie pratique ;

Des notions de sciences physiques, applicables aux usages de la vie ;

La musique et la gymnastique ;

Les éléments de la géographie et de l'histoire, et surtout de la géographie et de l'histoire de la France.

L'instruction religieuse est donnée aux élèves-maîtres, suivant la religion qu'ils professent, par les ministres des divers cultes reconnus par la loi.

ART. 2. — Le cours d'études est partagé en deux années.

Le programme des leçons est arrêté chaque année par le Conseil royal, sur la proposition du Recteur.

ART. 3. — Durant les six derniers mois du cours normal, les élèves-maîtres sont particulièrement exercés à la pratique des meilleures méthodes d'enseignement, dans une ou plusieurs classes primaires annéxées à l'École normale.

On les forme également à la rédaction des actes de l'état civil et des procès-verbaux.

On leur enseigne la greffe et la taille des arbres.

ART. 4. — Une bibliothèque à l'usage des élèves-maîtres est placée dans les bâtiments de l'École normale. Une somme est consacrée tous les ans à l'acquisition des ouvrages que le Conseil royal juge utiles à l'instruction des élèves-maîtres, ou, en général, à l'enseignement primaire.

Chaque année, le catalogue des livres est vérifié.

TITRE II.

Du Directeur et des Maîtres adjoints.

ART. 5. — L'École normale et les classes primaires qui y sont annexées sont confiées à un directeur, que le Ministre de l'Instruc-

tion publique nomme sur la présentation du préfet du département
et du Recteur de l'Académie.

Le traitement du directeur est payé, en tout ou en partie, sur les
fonds généraux affectés à l'instruction primaire.

Art. 6. — Le directeur est toujours chargé d'une partie importante du cours d'études.

Art. 7. — Les maîtres, qu'il est nécessaire d'adjoindre au directeur pour diverses parties de l'enseignement, sont choisis par le
Recteur sur le rapport de la Commission spéciale chargée de la surveillance de l'École, et sauf l'approbation du Ministre de l'Instruction publique.

Titre III.

De l'admission des élèves-maîtres.

Art. 8. — Dans les Écoles normales primaires, des bourses entières ou partielles peuvent être fondées par les départements, par
les communes, par l'Université, par des donateurs particuliers, ou
par des associations charitables.

Art. 9. — Les bourses fondées par l'Université sont toujours
données au concours.

Il est facultatif pour les autres fondateurs de déterminer s'ils entendent que les bourses par eux fondées soient données par la voie
du concours, ou à la suite d'examens individuels.

Art. 10. — Les formes et les conditions des examens et des concours sont réglées par le Conseil royal pour chaque Académie, sur
le rapport de la Commission de surveillance et la proposition du
Recteur.

Art. 11. — Nul n'est admis comme élève-maître, soit interne,
soit externe, s'il ne remplit les conditions suivantes;

Il doit :

1° Être âgé de seize ans au moins;

2° Produire des certificats attestant sa bonne conduite, et en
outre un certificat de médecin, constatant qu'il n'est sujet à aucune
infirmité incompatible avec les fonctions d'instituteur, et qu'il a été
vacciné ou qu'il a eu la petite vérole;

3° Prouver, par le résultat d'un examen ou d'un concours, qu'il
sait lire et écrire correctement; qu'il possède les premières notions
de la grammaire française et du calcul, et qu'il a une connaissance
suffisante de la religion qu'il professe.

Les examinateurs et les juges ne se bornent pas à constater jusqu'à quel point les candidats possèdent les connaissances exigées;

ils s'attachent aussi à connaître les dispositions des candidats, leur caractère, leur degré d'intelligence et d'aptitude.

Art. 12. — Nul n'est admis comme boursier, s'il ne prend l'engagement de servir pendant dix ans au moins dans l'instruction publique comme instituteur communal.

Les boursiers en âge de minorité doivent être autorisés par leur père, leur mère ou leur tuteur, à contracter cet engagement décennal.

Art. 13. — Les boursiers qui renoncent à leurs études avant la fin du cours, ou qui, sortis de l'École, ne remplissent pas l'engagement par eux contracté de servir pendant dix ans comme instituteurs communaux, sont tenus de rembourser le prix de la pension pour le temps de leur séjour à l'École, et considérés comme étrangers au service de l'Instruction publique; ce qui les replace sous le droit commun quant à l'obligation du service militaire.

Art. 14. — Les boursiers qui n'obtiennent que des portions de bourse, doivent, outre les pièces exigées de tous les élèves-maîtres, déposer entre les mains du directeur un acte, par lequel ils s'obligent, ou, s'ils sont mineurs, leurs parents ou tuteurs s'obligent de payer la portion de bourse qui reste à leur charge.

Il en est de même pour la totalité de la pension, à l'égard des pensionnaires libres.

Art. 15. — Tous les élèves internes sont tenus d'apporter le trousseau prescrit par les règlements.

Art. 16. — Les instituteurs primaires déjà en exercice peuvent être admis, dans le cours de l'année et particulièrement pendant le temps où vaquent les Écoles primaires, à suivre comme externes les cours de l'École normale, afin de se fortifier dans les connaissances qu'ils possèdent, ou d'apprendre à pratiquer les méthodes perfectionnées.

La Commission de surveillance examine s'il y a lieu d'accorder à quelques-uns de ces instituteurs des indemnités de séjour, pour le temps pendant lequel ils auront suivi les cours de l'École normale. Elle adresse à ce sujet un rapport au Recteur et au préfet.

Des indemnités peuvent aussi être accordées aux maîtres de l'École normale, qui auront donné des leçons extraordinaires aux instituteurs admis à suivre les cours de l'École.

TITRE IV.

De la Commission de surveillance.

Art. 17. — Une Commission, nommée par le Ministre de l'Instruction publique, sur la présentation du préfet du département et du Recteur de l'Académie, est spécialement chargée de la surveillance de l'École normale primaire, sous tous les rapports d'administration, d'enseignement et de discipline.

ART. 18. — Le directeur de l'École assiste aux séances de la Commission avec voix délibérative, hors le cas où il s'agirait de statuer sur des questions intéressant la personne ou la gestion du directeur.

ART. 19. — La Commission de surveillance prend ou propose, selon les circonstances, les mesures qu'elle juge utiles pour le bien de l'École et pour le progrès des élèves-maîtres.

ART. 20. — La Commission de surveillance détermine, chaque année, d'après les besoins présumés de l'instruction primaire dans le département, quel est le nombre des élèves qui doivent être admis à contracter l'engagement décennal, et qui seuls peuvent obtenir des bourses entières ou partielles, conformément à l'article 12.

ART. 21. — Elle examine, chaque année, le compte et le budget qui lui sont présentés par le directeur de l'École. Elle consigne, dans un rapport particulier, les observations auxquelles ce compte et ce budget lui paraissent donner lieu ; le tout est soumis à l'examen du Conseil académique et à l'approbation du Conseil royal.

ART. 22. — Le directeur tient un registre divisé en autant de co-lonnes qu'il y a d'objets d'enseignement, sur lequel il inscrit les notes relatives au travail des élèves. Il y inscrit aussi les notes sur le caractère et la conduite de chacun d'eux. Le registre est mis tous les mois sous les yeux de la Commission de surveillance.

ART. 23. — La Commission fait, au moins une fois par trimestre, la visite de l'École ; elle examine les classes, interroge les élèves sur tous les objets de l'enseignement, et tient note de leurs réponses.

Chaque année, elle reçoit du directeur un rapport sur tout ce qui concerne les études et la discipline. Un double de ce rapport, visé par le Recteur, qui y joint ses observations, est envoyé au Ministre et communiqué au Conseil royal.

ART. 24. — A la fin de la première année, la Commission décide, d'après les rapports et les notes, quels élèves sont admis à passer en seconde année.

Les élèves non admis à suivre les cours de la seconde année ne peuvent plus être boursiers ni élèves internes.

A l'expiration de la seconde année, tous les élèves-maîtres su-bissent devant la Commission un dernier examen, d'après lequel ils sont inscrits par ordre de mérite sur un tableau, dont copie est adressée par le Recteur de l'Académie au préfet et aux Comités du département.

Les examens de sortie comprennent aussi une leçon d'épreuve qui puisse faire juger le degré de capacité des élèves pour l'enseignement.

ART. 25. — Les élèves-maîtres qui n'ont pas satisfait à ce dernier examen sont rayés du tableau de l'École normale.

Un certificat d'aptitude est délivré par la Commission à ceux qui ont répondu d'une manière satisfaisante. Il y est fait mention de la conduite que l'élève a tenue, et de la méthode d'enseignement dont il connaît le mieux la théorie et la pratique. Ce certificat est produit par les élèves-maîtres, lorsqu'ils se présentent pour obtenir le brevet de capacité.

ART. 26. — En cas de faute grave de la part d'un élève-maître, la Commission de surveillance peut prononcer la réprimande ou la censure, ou même l'exclusion provisoire ou définitive, sauf, dans ce dernier cas, l'approbation du préfet s'il s'agit d'un boursier communal ou départemental, et l'approbation du Recteur s'il s'agit de tout autre élève-maître.

L'exclusion ne peut être prononcée sans que l'élève ait été entendu ou dûment appelé. Aussitôt que la décision est intervenue, le Recteur en donne avis au Ministre de l'Instruction publique.

Arrêté concernant les Écoles normales primaires. 8 janvier 1833.

8 Janvier 1833.

Le Conseil royal de l'Instruction publique,

Sur le rapport du conseiller chargé des Écoles primaires,

Vu le règlement général du 14 décembre dernier, concernant les Écoles normales primaires;

Considérant que, pour assurer l'exécution des articles 21, 23 et 24 dudit règlement, il convient de fixer les époques où devront être présentés au Conseil royal les divers rapports sur l'administration économique, sur les études et sur la discipline de ces Écoles,

Arrête ce qui suit :

ARTICLE 1er. — Le rapport du directeur de chaque École normale primaire sur tout ce qui concerne les études et la discipline, le procès-verbal de l'examen de sortie et les observations du Recteur devront être réunis par ce dernier fonctionnaire, et par lui transmis au Ministre de l'Instruction publique, au plus tard le 1er septembre de chaque année.

Le préfet du département transmettra directement au Ministre de l'Instruction publique ses observations sur la situation de l'École normale primaire.

Les remarques auxquelles le rapport et le procès-verbal pourront donner lieu seront adressées au Recteur avant l'ouverture de la nouvelle année scolaire.

ART. 2. — Dans les huit premiers jours de novembre, le Recteur adressera au Ministre le budget pour l'année suivante de chacune des Écoles normales primaires situées dans le ressort académique; il joindra au budget le compte de l'exercice précédent et l'état de situation de l'exercice courant.

---

2 mars 1833.

Rapport au Roi concernant les Écoles normales primaires, et décision portant que le budget de ces Écoles sera réglé annuellement.

2 Mars 1833.

Rapport au Roi.

SIRE,

Le projet de loi sur l'instruction primaire, présenté par ordre de Votre Majesté à la Chambre des Députés, porte (*art.* 11) :

« Tout département sera tenu d'entretenir une École normale primaire. »

Par mes circulaires du 12 janvier dernier, adressées aux Recteurs des Académies et aux préfets, j'ai appelé l'attention des conseils généraux de département sur cette proposition législative, et sur l'importance des établissements qu'elle concerne. La plupart des conseils généraux, dans la session qui vient de finir, ont répondu à cet appel avec un zèle et une libéralité qui ont dépassé mon espérance. Je n'ai encore reçu les procès-verbaux que de trente d'entre eux ; mais il en résulte déjà, en 1833, soit pour l'instruction populaire en général, soit pour les Écoles normales primaires en particulier, une allocation de 509 979 francs [1] ; et tout donne lieu de croire que, si le projet de loi soumis en ce moment à l'examen des Chambres eût déjà été adopté, ces votes se seraient élevés à une somme encore plus considérable.

Le système de l'enseignement normal, destiné à former des instituteurs primaires, est donc près de recevoir un grand développement. Pour en constater le mérite et en assurer le succès, je crois devoir :

1° Recueillir et résumer les principaux faits relatifs aux Écoles normales primaires déjà fondées, à leur origine, à leur histoire et aux progrès dont l'instruction populaire leur est redevable ;

2° Soumettre à l'approbation de Votre Majesté quelques mesures qui rendront, si je ne m'abuse, l'administration de ces Écoles plus régulière, y établiront

---

1. Depuis que ce rapport a été présenté au Roi, le relevé des votes des conseils généraux a pu être complété. Il donne pour résultat des allocations en faveur de l'Instruction primaire une somme de 1 100 166 fr. 69 cent. (*Note du* BULLETIN.)

l'ordre et l'économie, et garantiront ainsi leur durée en même temps que leur efficacité.

Le Gouvernement impérial avait senti la nécessité d'un enseignement normal pour les instituteurs primaires, aussi bien que pour les professeurs des Collèges.

Le décret du 17 mars 1808 porte (*art.* 107) :

« Il sera pris par l'Université des mesures pour que l'art d'enseigner à lire,
« à écrire, et les premiers éléments du calcul, ne soit exercé désormais que par
« des maîtres capables de communiquer facilement et sûrement ces premières
« connaissances, nécessaires à tous les hommes. »

Cet article semblait promettre à l'enseignement élémentaire une ère de réforme et de progrès. Mais de puissants obstacles empêchèrent ou du moins retardèrent l'accomplissement de cette promesse. L'administration de l'Université se livra d'abord aux travaux d'une première organisation, qui embrassait toutes les Écoles de tout genre établies ou à établir dans la vaste étendue de l'Empire. L'instruction secondaire et supérieure, la plus pressante peut-être, à cette époque, pour relever l'ordre social, absorba longtemps son attention. Enfin les événements politiques et leur irrésistible entraînement firent bientôt ajourner et presque oublier le soin de l'instruction populaire, œuvre d'un temps de paix et de sécurité.

Cependant un essai fut tenté sur un point du territoire. A Strasbourg, par les soins réunis du Recteur de l'Académie et du préfet du département, s'ouvrit, en 1811, sous le titre de *Classe normale des Instituteurs primaires du Bas-Rhin*, un établissement qui devait répondre aux intentions manifestées par le décret de 1808.

Dans son organisation primitive, cet établissement comptait soixante élèves boursiers, dont vingt à pension entière, vingt à trois quarts de pension et vingt à demi-pension.

Les candidats, pour y être admis, devaient être âgés de seize ans au moins, de trente ans au plus, et posséder les connaissances préliminaires, sans lesquelles ils n'auraient pu suivre avec fruit l'enseignement de l'École.

Le cours d'instruction normale comprenait les langues française et allemande, la géographie, l'arithmétique, des éléments de physique, la calligraphie, le dessin, la musique et le chant, l'étude des meilleures méthodes d'enseignement, quelques notions d'agriculture ; enfin des exercices de gymnastique. L'étendue de ce cours était de quatre années.

Les bourses avaient été créées par un vote du conseil général du département; elles coûtaient annuellement environ 30 000 francs, répartis, sous forme de contribution professionnelle, entre les communes, selon leur population, leurs revenus, le nombre et l'importance de leurs Écoles. Le montant de ces bourses et des portions de pensions laissées à la charge des familles couvrait les dépenses de nourriture et d'instruction, ainsi que les frais de matériel et de mobilier.

Les élèves boursiers contractaient l'engagement de passer, après leur sortie de l'École, au moins dix années dans les fonctions de l'enseignement.

L'établissement recevait des pensionnaires libres, en nombre indéterminé, et qui n'étaient pas assujettis au même engagement.

La direction des études et la gestion économique étaient placées sous la surveillance d'une Commission administrative, composée de citoyens notables, dont le choix était concerté entre le Recteur de l'Académie et le préfet du département.

L'École normale primaire de Strasbourg, ainsi constituée, a subsisté sans interruption jusqu'à ce jour, en recevant de temps en temps dans son organisation les changements dont l'expérience a fait reconnaître l'utilité. Le cours d'études étant de quatre ans, et le nombre des élèves de soixante, elle fournissait annuellement aux communes du Bas-Rhin un contingent de quinze nouveaux instituteurs, pénétrés de l'esprit de leur état, imbus de principes moraux, formés à des habitudes régulières, et capables de les inculquer à la jeunesse, en même temps que les connaissances dont elle avait besoin. Une meilleure répartition du temps et quelques réformes introduites dans le régime intérieur permirent de restreindre le cours d'études à trois années. Le département du Haut-Rhin, témoin des bons résultats obtenus ainsi dans son voisinage, voulut y avoir part : son conseil général affecta une somme de 6 000 francs à la création d'un certain nombre de bourses ou de portions de bourse ; et l'École normale de Strasbourg, dont le département du Bas-Rhin avait d'ailleurs augmenté la dotation, s'est trouvée dans ces derniers temps en état d'admettre près de cent aspirants aux fonctions d'instituteur.

Les deux départements qui forment l'Académie de Strasbourg comprennent 1 032 communes, dont 71 seulement sont encore privées d'Écoles, savoir : 19 dans le Bas-Rhin et 52 dans le Haut-Rhin. Il suffit de jeter les yeux sur les tableaux publiés récemment pour reconnaître que nulle part le nombre des communes dépourvues de moyens d'instruction n'est aussi peu considérable. Parmi les 1 252 écoles primaires de garçons ouvertes dans le ressort de cette Académie, on en compte 53 du premier degré et 499 du second. La méthode si lente et si défectueuse de l'enseignement individuel n'y est plus suivie que dans 144 écoles. Ainsi, sous tous les rapports, la supériorité de l'éducation populaire dans l'Académie de Strasbourg est frappante ; et la conviction aussi juste que générale du pays l'attribue surtout à l'existence de l'École normale primaire.

Cette conviction, que nous venons de voir s'étendre du département du Bas-Rhin à celui du Haut-Rhin, gagna peu à peu les populations des contrées limitrophes. Il est digne de remarque que les Écoles normales primaires ne sont point nées simultanément dans les départements éloignés les uns des autres. Elles se sont, pour ainsi dire, propagées par voie de contact, et à mesure qu'une expérience immédiate, irrécusable, a répandu de proche en proche la démonstration de leur utilité.

Ce furent les Académies les plus rapprochées de celle de Strasbourg, les Académies de Metz et de Nancy, qui les premières suivirent son exemple, par la fondation des Écoles normales primaires d'Helfedange et de Bar-le-Duc.

Le projet de ces deux établissements remonte à une époque assez ancienne, mais en 1820 seulement, on s'occupa sérieusement de le mettre à exécution.

L'École d'Helfedange fut alors placée à quelques lieues de Metz, dans un château qui faisait partie de la dotation de la Chambre des Pairs, et qui fut loué au nom du département de la Moselle. Les recettes se composaient d'une allocation annuelle de 6 000 francs votée par le conseil général, d'une somme de 4 000 francs provenant des cotisations des communes et d'un secours accordé sur les fonds généraux de l'instruction primaire. La durée du cours d'études fut fixée à deux années. Outre les objets mentionnés au programme de l'École de Strasbourg, il comprenait la géométrie, le dessin linéaire, des éléments de mécanique et d'astronomie, des notions d'histoire naturelle, d'hygiène ; la rédaction et la tenue des actes de l'état civil.

Cette École normale a été en pleine activité depuis 1822 jusqu'à sa translation récente dans la ville de Metz, où elle est maintenant établie.

L'École de Bar-le-Duc reçut une dotation départementale de 4 000 francs ; le surplus des dépenses devait être couvert par les allocations communales, et par le prix des pensions entières ou partielles, soit des boursiers, soit des pensionnaires libres. Le nombre des places de boursiers était de vingt, savoir : quatre à bourse entière, quatre à demi-bourse pour le compte du département, et douze à bourse entière pour le compte des communes. Soixante élèves étaient réunis dans cet établissement en 1829. Le cours d'études y dure deux ans, de même qu'à Metz. Il y a quelques différences entre les programmes de ces deux Écoles : celui de Bar comprend de plus les principales notions de l'histoire générale, un précis de l'histoire de France et des leçons d'arpentage. Mais il ne fait mention ni d'éléments de physique et d'histoire naturelle, ni d'instruction sur l'hygiène, ni de gymnastique, ni enfin de rédaction des actes de l'état civil.

Les tableaux de statistique fournissent encore la preuve éclatante des services que ces deux Écoles normales ont rendus à l'instruction primaire, dans les lieux où elles ont été fondées. Les départements de la Moselle et de la Meuse se distinguent, en effet, de tous les autres par le petit nombre des communes privées d'Écoles (il n'est que de quatre dans la Meuse), par l'emploi plus général des bonnes méthodes d'enseignement, et par l'abandon presque complet de la méthode individuelle.

L'ouverture des Écoles normales de Strasbourg, Helfedange et Bar-le-Duc forme en quelque sorte une première époque dans l'histoire de l'instruction populaire, depuis les promesses, peu accomplies, du décret du 17 mars 1808. Après la fondation de ces trois établissements, on ne rencontre, de 1820 à 1828, qu'une longue et triste lacune. D'honorables citoyens, des associations persévérantes, travaillaient encore, soit à multiplier, soit à perfectionner les simples Écoles primaires. Mais les Écoles normales étaient des établissements trop considérables et d'une exécution trop difficile pour surmonter les méfiances et la mauvaise volonté du pouvoir. Toute création de ce genre demeura donc suspendue[1].

En 1828 reparurent pour l'instruction primaire des auspices plus favorables. Une ordonnance du 24 avril rendit à l'Université les attributions dont elle avait été dépouillée à l'égard des Écoles primaires. Le besoin de multiplier les instituteurs habiles fut de nouveau senti et hautement proclamé. Un appel sincère fut adressé au zèle de l'administration civile, des sociétés philanthropiques et de tous les bons citoyens. Des propositions furent présentées aux conseils généraux des départements. Aussi vit-on bientôt de nouvelles Écoles normales s'organiser et porter leurs fruits.

Dans cette seconde époque, comme dans la première, le progrès de ces utiles établissements s'est opéré par une sorte de gradation géographique, en pénétrant peu à peu des départements où ils avaient d'abord pris naissance dans les départements les plus rapprochés.

C'est dans le département des Vosges, à Mirecourt, que s'est ouverte la quatrième École normale. L'autorité fut activement secondée dans cette entreprise par une association locale d'honorables citoyens.

Le département de la Meurthe suivit de près cet exemple : une École fut

---

1. Il faut toutefois mentionner, comme se rapportant à cette époque, l'établissement formé à Paris par les soins de la Société pour l'Enseignement élémentaire, soutenu par le préfet de la Seine, et spécialement destiné à propager la méthode de l'enseignement mutuel. (*Note du* BULLETIN.)

annexée au Collège de Toul, pour les jeunes gens qui se destinaient à l'enseignement primaire, et pour les instituteurs déjà en fonctions, mais n'ayant que des connaissances insuffisantes ou une méthode défectueuse. Cet établissement n'a été que faiblement soutenu, le conseil général ayant manifesté l'intention de le transférer au chef-lieu du département. L'École normale primaire qui s'organise en ce moment à Nancy sera ouverte le 1er avril prochain.

Des cours d'instruction normale furent pareillement établis au Collège de Charleville, pour le département des Ardennes.

En même temps on créait, dans le département de la Côte-d'Or, à Dijon, une École normale à pensionnat, destinée, sinon à surpasser, du moins à égaler presque toutes les autres en importance et en utilité.

Les villes d'Orléans et de Bourges étaient dotées d'un établissement de même nature.

Le projet d'une École normale, que dirigeraient des Frères des Écoles chrétiennes, conçu à Rouen depuis plusieurs années, recevait enfin son exécution.

Des membres d'une autre association vouée à l'instruction primaire étaient autorisés à former des Écoles normales, l'une dans le département de la Haute-Saône, l'autre dans le département du Jura.

Un vote du conseil général du Cantal était mis à profit, par l'érection d'un pensionnat normal dans la petite ville de Salers.

Enfin, celui des départements où le bienfait de l'instruction est le plus hautement invoqué par les besoins de l'ordre social, la Corse obtenait la fondation d'une École normale à Ajaccio [1].

C'était là sans doute un grand et honorable progrès; mais ce progrès, bientôt suspendu par la politique du 8 août 1829, eût été infailliblement compromis et perdu, si la Révolution de Juillet ne fût venue rendre à la France ses droits et son avenir. Avec elle a commencé, pour l'instruction populaire, une troisième époque, déjà plus féconde que toute autre en résultats accomplis, et qui tiendra toutes ses promesses. Les intérêts et les sentiments du Gouvernement et du pays sont désormais identiques. L'activité des esprits, la propagation des connaissances usuelles, comme l'élan des sciences élevées, n'alarment plus le pouvoir; c'est, au contraire, sur le développement chaque jour plus complet, sur l'empire chaque jour plus ferme de la raison et des lumières publiques, qu'il fonde sa force et sa sécurité. Aussi l'impulsion donnée à l'instruction primaire est-elle devenue en même temps libre et réglée, vive et tranquille. Elle ne se borne plus à des espérances hasardées, à des essais précipités. Une persévérance prévoyante s'est unie à l'ardeur du zèle; les grands pouvoirs de l'État, l'Administration centrale, les autorités des départements et des communes, les associations, les simples citoyens, tous agissent, tous tendent au même but, et se secondent réciproquement, au lieu de s'entraver.

Dans ce mouvement général, le nombre des Écoles normales primaires s'est élevé, en moins de trois ans, de treize à quarante-sept. Et ce n'est plus de proche en proche, avec lenteur, dans quelques départements limitrophes, que s'accomplit le progrès. Partout, au nord et au midi, à l'est et à l'ouest, au centre et aux extrémités du Royaume, l'impulsion est donnée; partout on avance rapidement vers le but. Le tableau des votes des conseils généraux, que je viens de mettre sous les yeux de Votre Majesté, ne permet pas d'en douter. Que la

---

1. Outre ces Écoles, des essais du même genre ont été tentés à Pontoise et à Étampes (Seine-et-Oise), à Chartres (Eure-et-Loir) et à Mende (Lozère).

loi sur l'instruction primaire soit rendue, et l'époque sera très prochaine où tous les départements, soit chacun pour son compte, soit en se réunissant aux départements voisins, entreront en possession de leur École normale. Alors seront organisés sur tous les points de la France des moyens de pourvoir au renouvellement continuel des instituteurs; et toutes les fois que des Écoles deviendront vacantes, il sera possible de ne confier qu'à des hommes exercés et sûrs le précieux dépôt de l'éducation populaire.

Maintenant que les choses en sont à ce point, c'est évidemment sur la bonne organisation et le perfectionnement progressif des Écoles normales primaires que doit se porter la principale sollicitude de l'administration supérieure. J'ai déjà pris, de concert avec le Conseil royal de l'Instruction publique, plusieurs mesures à cet égard. Un règlement général, rédigé pour les Écoles normales, institue auprès de chacune une Commission de surveillance administrative, et une Commission pour les examens d'admission et de sortie des élèves-maîtres. Nous aurons, en outre, à établir des rapports de proportion entre le nombre des places d'instituteurs qui doivent annuellement se trouver vacantes, et le nombre des maîtres nouveaux que l'ensemble des Écoles normales pourra fournir chaque année. C'est là la pensée qu'il ne faut jamais perdre de vue dans les mesures relatives à cette institution. Les éléments de la comparaison à établir sont, d'une part, le chiffre des communes qui n'ont pas encore d'École, l'examen des tables de mortalité pour un nombre déterminé d'hommes âgés de 20 à 70 ans et l'appréciation approximative des autres causes qui peuvent engager ou forcer les instituteurs à quitter leur état; d'autre part, le nombre total des élèves des Écoles normales, la durée moyenne du temps d'études dans ces Écoles, et par suite le nombre des instituteurs qui doivent en sortir tous les ans.

Il n'est qu'un moyen de connaître avec précision ces derniers faits, et de les adapter dans une juste mesure aux besoins du service général de l'instruction primaire : c'est de faire dresser et de régler annuellement le budget des Écoles normales primaires, selon ce qui se pratique pour tout établissement public d'instruction supérieure et d'instruction secondaire. Je prie Votre Majesté de vouloir bien décider que cette règle fondamentale de toute bonne administration leur sera immédiatement appliquée, et je mets sous ses yeux la circulaire que j'ai rédigée dans ce dessein, ainsi que le modèle de budget qui y est annexé.

Ce budget divisé, selon l'usage, en deux parties, recettes et dépenses, indiquera avec détail, pour chaque École normale, le montant des bourses et des portions de bourse des communes et du département, de celles qui seraient entretenues par des particuliers ou par des souscriptions, et de celles dont le Gouvernement se serait chargé. Il présentera le total du prix des pensions payées par les familles des élèves, et le produit des revenus que l'École posséderait. Il réglera l'emploi de toutes ces sommes en frais d'instruction, de nourriture, de matériel, de mobilier, d'entretien, etc. Il fera connaître le nombre des élèves boursiers, demi-boursiers, pensionnaires libres; enfin tous les éclaircissements nécessaires pour justifier les dépenses de toute nature y seront annexés.

Ainsi s'exercera, sur l'administration des Écoles normales et sur leur gestion économique, un contrôle permanent qui fortifiera les garanties qu'offre déjà l'existence des Commissions de surveillance; ainsi se présentera chaque année à l'autorité supérieure une occasion régulière, et, pour ainsi dire, obligée, d'étudier dans tous leurs détails le régime intérieur, la situation matérielle, la direction morale, l'enseignement de ces Écoles, et d'y introduire les améliorations dont la méditation et l'expérience auront fait connaître l'utilité ; ainsi les moyens d'ordre deviendront une source de progrès, et nous marcherons d'un pas sûr dans une carrière indéfinie de perfectionnement.

Je suis, etc.

Le Ministre Secrétaire d'État au département de l'Instruction publique,

Signé : GUIZOT.

Approuvé, le 2 mars 1833.

Signé : LOUIS-PHILIPPE.

APPENDICE

I

DIPLÔMES

ET

PROCÈS-VERBAUX D'EXAMENS

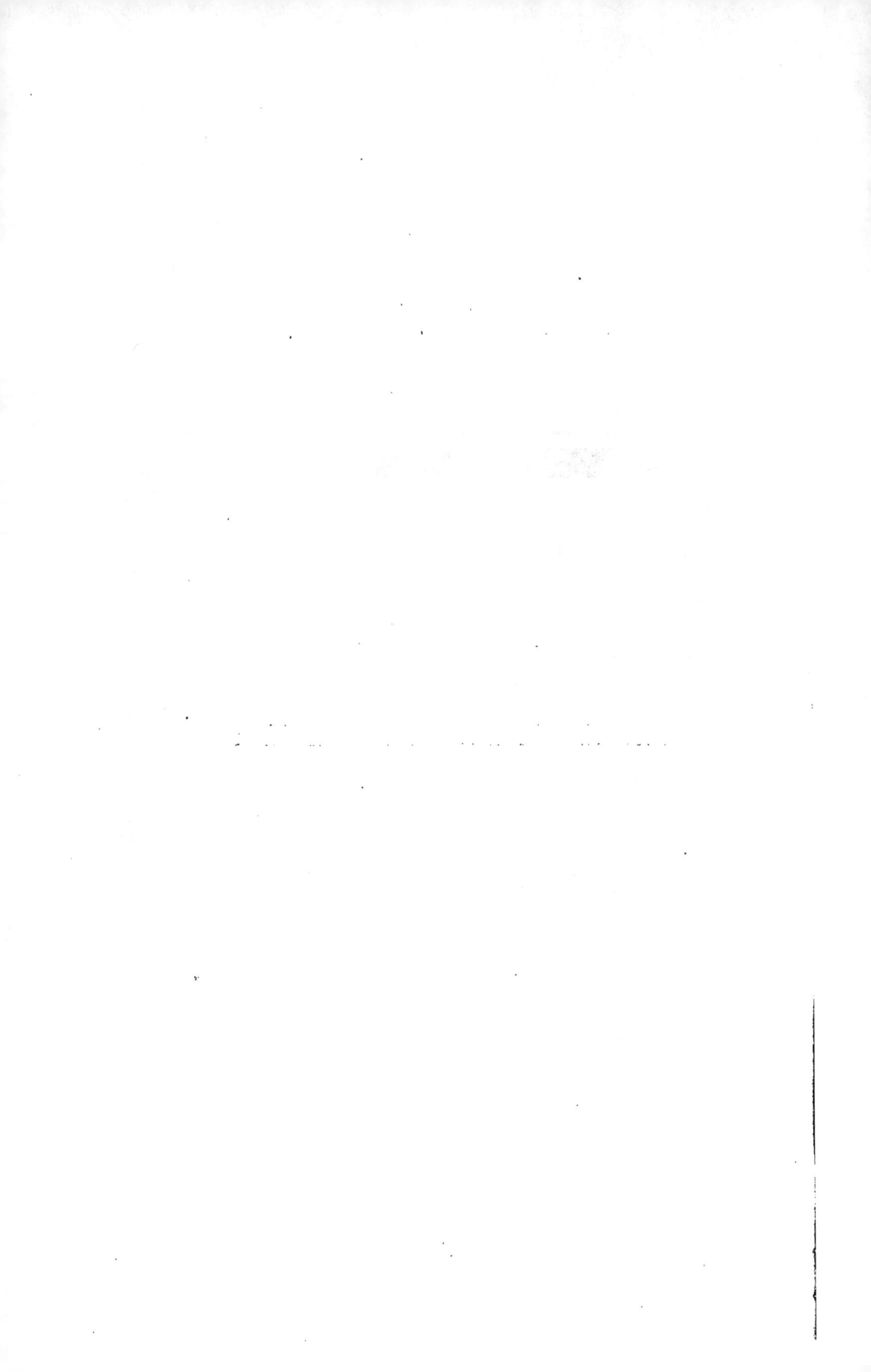

UNIVERSITÉ IMPÉRIALE.

DIPLÔME DE MAITRE DE PENSION.

AU NOM DE NAPOLÉON, EMPEREUR DES FRANÇAIS, ROI D'ITALIE, ET PROTECTEUR DE LA CONFÉDÉRATION DU RHIN.

NOUS LOUIS DE FONTANES, Grand-Maître de l'Université Impériale, Comte de l'Empire,

Vu les articles 51, 54, 59, 105 et 136 du décret du 17 mars 1808;

Vu également les articles 3, 4, 13, 27 et suivans du décret du 17 septembre de la même année;

Et sur le rapport qui nous a été fait par les Inspecteurs-Généraux de l'Université:

AVONS NOMMÉ ET NOMMONS le sieur *Benoît* (*Gabriel*) MAITRE DE PENSION dans l'arrondissement de l'Académie de *Paris* ; lui donnant par le présent diplôme pouvoir de tenir son établissement à *Paris rue P. Paul N° 16*. pendant l'espace de dix années, à compter de ce jour, à la charge par lui de prêter le serment exigé par l'article 59 du décret du 17 mars, et de se conformer à tous les statuts de l'Université, particulièrement aux réglemens de discipline et d'études que nous lui adresserons.

Délivré, au chef-lieu, et sous le Sceau de l'Université Impériale, à Paris, le *huit Avril 1809*

LE CHANCELIER,
villaret

Par Son Excellence le Grand Maître
le Conseiller Secrétaire général.

LE GRAND-MAITRE,
Fontanes

443

Académie de Paris.　　Instruction primaire.

BREVET DE CAPACITÉ pour l'Enseignement primaire.

TROISIÈME DEGRÉ.

Nous, Inspecteur de l'Académie de Paris,

Sur le rapport qui nous a été fait par M.ʳ *Séquminal du Collège d'auxerre* chargé de l'examen des individus qui se destinent à l'Enseignement primaire, portant que le sieur *Jean Baptiste jossier*, né à *Riv.* le *11 mars 1789.* a été examiné sur la lecture, l'écriture, le calcul, ainsi que sur les procédés de leur enseignement, et qu'il a fait preuve de la capacité requise pour exercer les fonctions d'Instituteur primaire du troisième degré;

Après nous être assurés également qu'il possède une connaissance suffisante des préceptes et des dogmes de la religion;

Vu les certificats de bonne vie et mœurs produits par ledit sieur *jossier*

Lui avons accordé le présent Brevet, qui lui est nécessaire pour pouvoir être appelé auxdites fonctions, aux termes de l'article II de l'Ordonnance du Roi du 29 février 1816.

Délivré à Châlons-sur-Marne, le 21 août 1817 *P. Sequuy*

465

Académie de Paris

Instruction primaire

Brevet de Capacité
pour l'Enseignement primaire

Deuxième Degré

Ce Brevet n'autorise point
l'Instituteur à enseigner. Il faut
une autorisation spéciale pour
tenir une école

Nous, Président de la Commission de l'Instruction publique chargé des fonctions rectorales dans l'Académie de Paris

Sur le Rapport qui nous a été fait par M. ... chargé de l'examen des personnes qui se destinent à l'Enseignement primaire, portant que le S. ... (...) né à ... le 8 Mai 1782, a été examiné sur la lecture, la calligraphie, l'orthographe, les principales règles de l'arithmétique, ainsi que sur les procédés de leur enseignement, et qu'il a fait preuve de la capacité requise pour exercer les fonctions d'Instituteur primaire de deuxième degré

Après nous être également assurés qu'il possède une connaissance suffisante des préceptes et des dogmes de la Religion, Vu les certificats de vie et mœurs produits par ledit S. ... lui avons accordé le présent Brevet, qui lui est nécessaire pour pouvoir être appelé auxdites fonctions, aux termes de l'article 11 de l'Ordonnance du Roi du 29 Février 1816

Délivré à ... le 19 Mars 1817 Royer Collard

468

ACADÉMIE DE DIJON.

INSTRUCTION PRIMAIRE.

BREVET DE CAPACITÉ
POUR L'ENSEIGNEMENT PRIMAIRE.

TROISIÈME DEGRÉ.

Nous Recteur de l'Académie de Dijon,

Sur le rapport qui nous a été fait par M. *le Principal du Collège de Châtillon* chargé de l'examen des individus qui se destinent à l'enseignement primaire *, le 1 juin* ,

Portant que le Sieur *Moutenot (Jacque)* né à *Moutènot _____ le ___ en 1796* a été examiné, sur la lecture, l'écriture, le calcul, ainsi que sur les procédés de leur enseignement, et qu'il a fait preuve de la capacité requise pour exercer les fonctions d'Instituteur primaire de troisième degré.

Après nous être également assuré qu'il possède une connaissance suffisante des principes et des dogmes de la Religion.

Vu les certificats de bonne vie et mœurs produits par ledit Sieur *Moutenot*

Lui avons accordé le présent Brevet qui lui est nécessaire pour pouvoir être appelé auxdites fonctions, aux termes de l'ordonnance du Roi du 29 février 1816.

Délivré à Dijon le *8 7bre 1819.*

pour M. Le Recteur de l'Académie, absent par Congé

L'inspecteur *Renaud*

Par le Recteur :
Le Secrétaire de l'Académie ,

Grégoire

Nota. Le présent Brevet ne peut donner le droit d'exercer l'enseignement primaire, avant la réception d'une autorisation spéciale pour une Commune déterminée.

Académie de Paris. Instruction primaire.

BREVET DE CAPACITÉ pour l'Enseignement primaire.

PREMIER DEGRÉ.

Nous, Inspecteur de l'Académie de Paris,

Sur le rapport qui nous a été fait par M.ʳ *el Principal du collège de Joigny* chargé de l'examen des individus qui se destinent à l'Enseignement primaire, portant que le sieur *Lhomme (Claude-Charles)* né à *Sénlis* le *15 8bre 1766* a été examiné sur la lecture, la calligraphie, l'ortographe, les principes de la grammaire française, les élémens de la géographie, de l'arithmétique et de l'arpentage, ainsi que sur leur enseignement, et qu'il a fait preuve de la capacité requise pour exercer les fonctions d'Instituteur primaire du premier degré ;

Après nous être assurés également qu'il possède une connaissance suffisante des préceptes et des dogmes de la religion ;

Vu les certificats de bonne vie et mœurs produits par ledit sieur *Lhomme*

Lui avons accordé le présent Brevet, qui lui est nécessaire pour pouvoir être appelé auxdites fonctions, aux termes de l'article II de l'Ordonnance du Roi du 29 février 1816.

Délivré à Châlons-sur-Marne, le 10 8bre 1820. *P Vecquery*

451

Université de France.

Académie de Paris.

Instruction primaire.

Le Conseiller au Conseil royal, exerçant les fonctions de Chancelier,

Brevet de Capacité
pour l'Enseignement primaire.
Deuxième Degré.

Ce Brevet n'autorise point l'Instituteur à enseigner. Il faut une autorisation spéciale pour tenir une école.

Nous, Conseiller au conseil royal de l'Instruction publique faisant fonctions de Président du Conseil royal de l'Instruction publique,

Sur le Rapport qui nous a été fait par M. F. Cuvier _____ Inspecteur de l'Académie, chargé de l'examen des personnes qui se destinent à l'Enseignement primaire, portant que le S. Lepleux (Jean-Abinbal) _____ né à _____ le _____ Octobre 178_ a été examiné sur la lecture, la calligraphie, l'orthographe, les principales règles de l'arithmétique, ainsi que sur les procédés de leur enseignement, et qu'il a fait preuve de la capacité requise pour exercer les fonctions d'Instituteur primaire de deuxième degré;

Après avoir obtenu l'assurance qu'il possède une connaissance suffisante des préceptes et des dogmes de la Religion; Vu les certificats de vie et mœurs produits par ledit S. Lepleux _____ lui avons accordé le présent Brevet, qui lui est nécessaire pour pouvoir être appelé auxdites fonctions, aux termes de l'article 11 de l'Ordonnance du Roi du 29 Février 1816.

Délivré à Paris, le 18 Novembre _____ 1820.

Signature dudit Lepleux.

Lepleux

Faisant fonctions de Président du Conseil royal de l'Instruction publique.

Pour M. le Président,
Le Secrétaire général,

453

1. Le diplôme du 1er degré était établi sur un cadre analogue, dont le 2e paragraphe était modifié conformément aux dispositions de la circulaire du 14 juin 1816 (p. 264). — Voir ci-après, p. 455, l'instruction imprimée au dos des brevets.

INSTRUCTION

POUR LES MAITRES D'ÉCOLES PRIMAIRES,

EXTRAITE de l'Ordonnance royale du 29 février 1816,
et de divers autres Règlemens.

1. Il sera formé dans chaque canton un Comité gratuit et de charité, pour surveiller et encourager l'instruction primaire.

2. Ce Comité veillera au maintien de l'ordre, des mœurs et de l'enseignement religieux, à l'observation des règlemens et à la réforme des abus dans toutes les Écoles du canton.

3. Chaque École aura pour surveillans spéciaux le Curé ou Desservant de la paroisse et le Maire de l'arrondissement communal où elle est située.

4. Tout particulier qui désirera se vouer aux fonctions d'Instituteur primaire, devra présenter au Recteur de son Académie un certificat de bonne conduite des Curés et Maires de la commune ou des communes où il aura habité depuis trois ans au moins. Il sera ensuite examiné, et reçu, s'il en est trouvé digne, un brevet de capacité du Recteur.

5. Les brevets de capacité seront de trois degrés.

Le troisième degré, ou le degré inférieur, sera accordé à ceux qui savent suffisamment lire, écrire et chiffrer, pour en donner des leçons.

Le deuxième degré, à ceux qui possèdent bien l'orthographe, la calligraphie et le calcul, et qui sont en état de donner un enseignement simultané analogue à celui des Frères des Écoles chrétiennes.

Le premier degré, ou supérieur, à ceux qui possèdent par principes la grammaire française et l'arithmétique, et sont en état de donner des notions de géographie, d'arpentage, et des autres connaissances utiles dans l'enseignement primaire.

6. Pour avoir le droit d'exercer, il faut, outre le brevet général de capacité, une autorisation spéciale du Recteur pour un lieu déterminé. Cette autorisation spéciale devra être agréée par le Préfet.

7. Tout Instituteur pourvu du brevet de capacité, qui voudra s'établir dans une commune, devra obtenir l'autorisation d'exercer, devra être présenté par le Maire de l'arrondissement communal, et par le Curé ou le Desservant de la paroisse, au Comité cantonal, qui transmettra la demande, avec son avis, au Recteur.

8. Les garçons et les filles ne pourront jamais être réunis pour recevoir l'enseignement.

9. Tout Instituteur, dans les communes rurales, qui, sans l'autorisation du Recteur, quitterait l'École à laquelle il a été nommé, pour tenir École dans une autre commune, serait considéré comme Instituteur clandestin, et traduit en police correctionnelle, conformément à l'art. 36 du décret du 15 novembre 1811. Il en serait de même des Instituteurs primaires des villes, qui, pour s'établir dans une autre rue, quitteraient sans permission celle où ils ont été autorisés à ouvrir leur École.

10. Un Instituteur primaire ne peut transporter son École d'une maison dans une autre, sans avoir fait préalablement constater, par le Comité de canton, si le nouveau local convient à l'établissement d'une École. La permission d'occuper le nouveau local sera accordée par le Recteur.

11. Un Instituteur ne devra pas élever l'enseignement, dans son École, au-dessus de celui dont il a été reconnu capable par son brevet de capacité.

12. S'il veut porter son enseignement au delà, il faut qu'il obtienne, à la suite d'un examen, un brevet de capacité d'un degré supérieur.

13. Un Instituteur primaire ne peut prendre d'élèves pensionnaires sans une autorisation spéciale du Recteur; en contrevenant à cette règle, il serait considéré comme maître de pension clandestin, et puni comme tel.

14. Un Instituteur primaire ne doit, ni se faire suppléer, ni se donner un adjoint, sans en avoir obtenu la permission du Recteur.

15. Il ne doit rien être imprimé pour annoncer une École, l'enseignement qu'on y reçoit, l'ordre qui y est établi, les conditions auxquelles on y entre, sans que ces prospectus, annonces, programmes, adresses, aient été soumis à l'approbation du Recteur, par l'intermédiaire du Comité du canton.

16. Aucune distribution de prix ne pourra être faite publiquement, sans l'autorisation du Comité cantonal.

17. Chaque Instituteur primaire placera au-dessus de sa porte un tableau noir, sur lequel il fera écrire, en lettres rouges et très lisiblement, l'annonce suivante :

INSTRUCTION PUBLIQUE.

École primaire de . . . . degré, tenue par M . . . . où l'on enseigne (ici on rapportera l'enseignement autorisé par le brevet de capacité).

La lecture, l'écriture, la grammaire française, l'arithmétique, l'arpentage et la géographie.

Pour le brevet de premier degré :

La lecture, l'écriture, l'orthographe et le calcul.

Pour le brevet de deuxième degré :

A lire, à écrire et à chiffrer.

Pour le brevet de troisième degré :

18. Sur le rapport motivé des Surveillans spéciaux, et l'avis du Comité cantonal, le Recteur peut révoquer l'autorisation donnée pour un lieu déterminé à un Instituteur.

19. Le Comité cantonal peut aussi provoquer d'office cette révocation de la part du Recteur.

20. S'il y a urgence, et dans le cas de scandale, le Comité cantonal a le droit de suspension.

21. Le Recteur peut de lui-même retirer le brevet de capacité à un Instituteur.

22. Les Élèves et les Maîtres des écoles primaires sont exempts de tous droits et contributions envers l'Administration de l'Instruction publique.

23. Il sera fait annuellement, par le Trésor royal, un fonds pour être employé, par la Commission d'Instruction publique, à récompenser les Maîtres qui se seront le plus distingués par l'emploi des bonnes méthodes d'instruction.

455

Procès-verbal d'examen du Brevet de Capacité du 1er degré annexé
à la circulaire du 14 novembre 1820 (p. 293).

INSTRUCTION PRIMAIRE. UNIVERSITÉ ROYALE DE FRANCE.

ACADÉMIE D

1er DEGRÉ.

Procès-verbal de l'examen subi par le Sieur
né à   département d   le
pour obtenir le Brevet de Capacité du 1er degré.

MATIÈRES DE L'EXAMEN.	NOTES SUR L'EXAMEN.	OBSERVATIONS. (Lieux où le candidat a déjà exercé; avis des autorités civiles et ecclésiastiques, etc.)
Connaissance des préceptes et des dogmes de la religion. { Histoire sainte. {Ancien Testament. . / Nouveau Testament. Catéchisme.		
Lecture. . . . . . {Imprimés.{Français . . . . . . / Latins . . . . Manuscrits français		
Procédés pour enseigner à lire		
Écriture. . . . . { Bâtarde. . {Lettres majuscules / Lettres ordinaires. . Coulée . . {Lettres majuscules / Lettres ordinaires. . Cursive. . {Lettres majuscules . / Lettres ordinaires. . Ronde. . . {Lettres majuscules . / Lettres ordinaires. .		
Orthographe . . . {Théorie. . . . . / Pratique		
Grammaire. . . . {Exposition des principes . . . . / Analyse des phrases dictées . .		
Arithmétique (Mesures anciennes et nouvelles). { Théorie. . {Les quatre règles. . / La règle de trois . . / La règle de société . / Les {décimales / fractions{ et autres. Pratique . {Les quatre règles. . / La règle de trois . . / La règle de société . / Les {décimales / fractions{ et autres.		
Arpentage. . . . {Instruments et méthodes . . . . / Connaissance des figures qui servent à mesurer les surfaces. / Règles du toisé . . . . / Opérations pour rapporter les mesures sur le papier et pour dessiner les plans		

MATIÈRES DE L'EXAMEN.			NOTES SUR L'EXAMEN.	OBSERVATIONS. (Lieux où le candidat a déjà exercé; avis des autorités civiles et ecclésiastiques, etc.)
Géographie. . . .		Termes de géographie.		
		Grandes divisions du globe. . .		
		Principales chaînes de montagnes		
		Principaux fleuves.		
		Peuples célèbres		
		Productions naturelles des principaux pays, leur industrie et leur commerce.		
	pour la France.	Limites.		
		Divisions administratives		
		Divisions judiciaires.		
		Divisions ecclésiastiques.		
		Situation respective des départements, fleuves et rivières qui les arrosent. .		
		Montagnes.		
		Villes principales. .		
		Genres de culture. .		
		Genres d'industrie .		
		Événements remarquables de l'histoire de France. .		
Autres connaissances non exigibles.		Plain-chant.		
		Arts et métiers		
		Dessin linéaire.		
		Perspective.		
		Notions de la sphère		
Méthode d'enseignement.		Simultané.		
		Mutuel		

Nous   de l'Académie d   après avoir fait subir au Sieur   l'examen qui précède et nous être assuré de la bonne réputation dont il jouit sous le rapport de la Religion, des mœurs et de la conduite en général, proposons d'accorder audit Sieur   le Brevet de Capacité du 1er degré.

En foi de quoi,
Nous avons signé le présent procès-verbal, à

Ce

Procès-verbal d'examen du Brevet de Capacité du 2ᵉ degré annexé
à la circulaire du 14 novembre 1820 (p. 293).

INSTRUCTION PRIMAIRE. UNIVERSITÉ ROYALE DE FRANCE.

ACADÉMIE D

2ᵉ DEGRÉ.

*Procès-verbal de l'examen subi par le Sieur
né à   département d   le
pour obtenir le Brevet de Capacité du 2ᵉ degré.*

MATIÈRES DE L'EXAMEN.	NOTES SUR L'EXAMEN.	OBSERVATIONS. (Lieu où le candidat a déjà exercé; avis des autorités civiles et ecclésiastiques, etc.)
Connaissance des préceptes et des dogmes de la religion. Histoire sainte. {Ancien Testament. / Nouveau Testament. Catéchisme du diocèse.		
Lecture. . . . . . {Imprimés. {Français. . . . . . . {Latins . . . . (Manuscrits français.		
Procédés pour enseigner à lire		
Écriture. . . . . {Bâtarde. . {Grandes lettres. . . {Petites lettres. . . Coulée . {Grandes lettres. . . {Petites lettres. . . Cursive. {Grandes lettres. . . {Petites lettres. . . Ronde. . {Grandes lettres . . . {Petites lettres. . . .		
Orthographe.		
Calcul décimal et autre calcul. Théorie (Mesures anciennes et actuelles). {Multiplication. . . . {Division . . . . . . Pratique. {Multiplication . . . . {Division		
Connaissances non exigibles. {Plain-chant . . . . {Arts et métiers . . . . {Dessin linéaire.		
Méthode d'enseignement. {Simultané. . . . . {Mutuel.		

Nous Examinateur soussigné, après avoir fait subir au Sieur
l'examen qui précède, et nous être assuré de la bonne réputation dont il jouit, sous
le rapport de la Religion, des mœurs et de la conduite en général, proposons d'accorder audit Sieur   le Brevet de Capacité du 2ᵉ degré.

En foi de quoi nous avons signé le présent Procès-verbal, à
ce

Procès-verbal d'examen du Brevet de Capacité du 3ᵉ degré annexé
à la circulaire du 14 novembre 1820 (p. 293).

INSTRUCTION PRIMAIRE. UNIVERSITÉ ROYALE DE FRANCE.

ACADÉMIE D

3ᵉ DEGRÉ.

Procès-verbal de l'examen subi par le Sieur
né à   département d   le
pour obtenir le Brevet de Capacité du 3ᵉ degré.

MATIÈRES DE L'EXAMEN.	NOTES SUR L'EXAMEN.	OBSERVATIONS. (Lieu où le candidat a déjà exercé; avis des autorités civiles et ecclésiastiques, etc.)
Connaissance des préceptes et des dogmes de la Religion. { Histoire sainte. { Ancien Testament.. / Nouveau Testament. Catéchisme du diocèse......		
Lecture..... { Imprimés. { Français....... / Latins........ Manuscrits français.......		
Procédés pour enseigner à lire..........		
Écriture..... { Cursive.. { Lettres majuscules . / Lettres ordinaires.. Ronde... { Lettres majuscules . / Lettres ordinaires..		
Notions élémentaires du calcul. { Théorie. { Calcul décimal.... / Mesures { anciennes / actuelles. Pratique. { Calcul décimal.... / Mesures { anciennes / actuelles.		
Connaissances non exigibles. { Plain-chant.......... Arts et métiers........		
Méthode d'enseignement. { Individuel........ Simultané........... Mutuel..........		

Nous Examinateur, après avoir fait subir au Sieur
l'examen qui précède, et nous être assuré de la bonne réputation dont il jouit, sous
le rapport de la Religion, des mœurs et de la conduite en général, proposons d'accorder audit Sieur   le Brevet de Capacité du 3ᵉ degré.

En foi de quoi nous avons signé le présent Procès-verbal, à
ce

Université   de France.

Conseil royal de l'Instruction publique.

DIPLÔME DE Maître de Pension.

AU NOM DU ROI.

Nous Jacques Corbière, Chevalier de l'Ordre Royal de la légion d'honneur, Ministre et secrétaire d'État, Président du Conseil royal de l'Instruction publique,

Vu le rapport de M.˙ Nicolle, Conseiller Recteur de l'Académie de Paris, Donnons, par ces présentes, au sieur Durdan (Jacques-Basile-Clair.), Bachelier ès lettres, né à Paris (Seine.), le vingt quatre Avril, Mil sept cent quatrevingt-un.

le Diplôme de Maître de Pension, pour en jouir avec les droits et prérogatives qui y sont attachés par les lois et réglemens, et l'autorisons à diriger un Pensionnat à Paris, département de la Seine, Rue Dauphine, N.˙ 93.

Fait au chef-lieu et sous le sceau de l'Université,
à Paris, le sept Avril, Mil huit cent vingt-un.

LE CONSEILLER AU CONSEIL ROYAL
exerçant les fonctions du Chancelier,

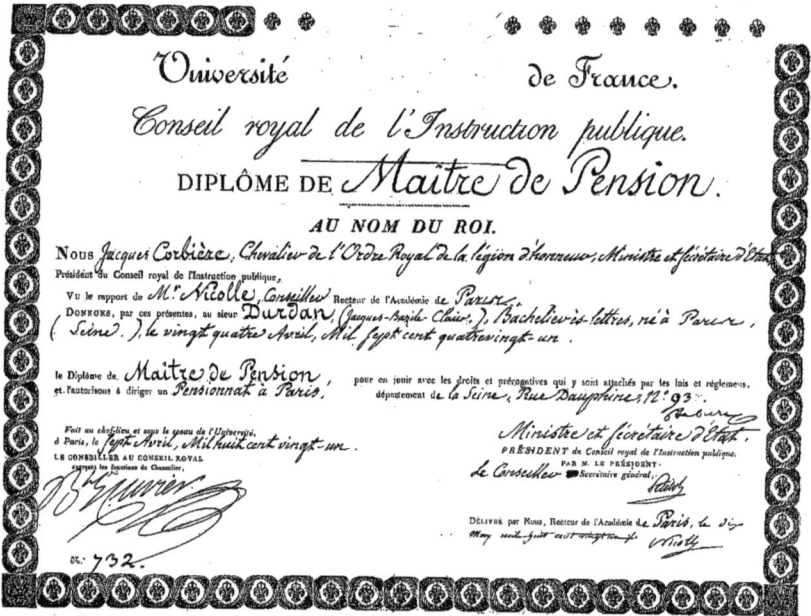

Ministre et secrétaire d'État.
PRÉSIDENT du Conseil royal de l'Instruction publique.
PAR M. LE PRÉSIDENT.
Le Conseiller Secrétaire général

N.˙ 732.

Délivré par Nous, Recteur de l'Académie de Paris, le dix May mil huit cent vingt-un.

463

MINISTÈRE DES AFFAIRES ECCLÉSIASTIQUES
ET DE L'INSTRUCTION PUBLIQUE.

Université de France.

DIPLÔME DE *Maître de Pension*

AU NOM DU ROI.

Nous, DENIS FRAYSSINOUS, Évêque d'Hermopolis, Pair de France, Premier Aumônier du Roi, Ministre Secrétaire d'état au département des Affaires ecclésiastiques et de l'Instruction publique, exerçant les fonctions de Grand-Maître de l'Université,

Vu le rapport du *M. l'inspecteur général attaché à* Recteur de l'Académie de *Paris*

DONNONS, par ces présentes, au sieur *Bergeret, Jean Charles*, né à

le diplôme de *Maître de pension* pour en jouir avec les droits et prérogatives qui y sont attachés par les lois et réglemens, et l'autorisons à diriger un *pensionnat à Fontainebleau* département de *Seine et Marne*.

Fait au chef-lieu et sous le sceau de l'Université,
à Paris, le *17 Décembre* 182*5*

LE CONSEILLER AU CONSEIL ROYAL
remplit les fonctions de Chancelier.

+ *D. E. Hermopolis*
Ministre Secrétaire-d'État au département des Affaires
ecclésiastiques et de l'Instruction publique

PAR SON EXCELLENCE

Le Conseiller Secrétaire du Conseil royal,

Signature de l'impétrant.

DÉLIVRÉ par Nous,

Université de France.

Conseil royal de l'Instruction publique.

DIPLÔME DE Maître de Pension.

AU NOM DU ROI.

NOUS Jacques Corbière, Chevalier de l'Ordre Royal de la Légion d'honneur, Ministre et Secrétaire d'État, Président du Conseil royal de l'Instruction publique,

VU le rapport de M. Nicolle, Conseiller, Recteur de l'Académie de Paris,

DONNONS, par ces présentes, au sieur Chevet, (Jean-Marie), Bachelier ès-lettres, né à Paris (Seine), le dix Mai, Mil sept cent soixante Cinq,

le Diplôme de Maître de Pension, pour en jouir avec les droits et prérogatives qui y sont attachés par les lois et réglemens, et l'autorisons à diriger un Pensionnat à Passy-les-Paris, département de la Seine

Fait au chef-lieu et sous le sceau de l'Université, à Paris, le sept Avril, Mil huit cent vingt-un.

Ministre Secrétaire d'État.

PRÉSIDENT du Conseil royal de l'Instruction publique.

LE CONSEILLER AU CONSEIL ROYAL exerçant les fonctions de Chancelier,

PAR M. LE PRÉSIDENT Le Conseiller Secrétaire général.

DÉLIVRÉ par Nous, Recteur de l'Académie de Paris, le dix Mai mil huit cent vingt un.

Nicolle

DE 720.

497

Extrait des Décrets, Arrêtés, Règlemens et Circulaires, concernant les Chefs d'Institution et Maîtres de Pension.

NUL ne peut ouvrir ou tenir une École, s'il n'en a reçu l'autorisation du Conseil royal de l'Instruction publique.

Quiconque enseigne publiquement ou tient une École sans autorisation, doit être poursuivi d'office par le Procureur du Roi, qui fait fermer l'École, et prononcer une amende contre le délinquant.

Pour recevoir le titre de Chef d'institution, il faut avoir obtenu le grade de Bachelier dans les Facultés des lettres et des sciences. Le seul grade de Bachelier ès-lettres est nécessaire pour obtenir le titre de Maître de pension.

Les Chefs d'institution et Maîtres de pension sont tenus de se conformer, en ce qui concerne les tableaux qu'ils doivent placer à la porte de leurs Écoles, aux règles prescrites par la circulaire du 12 avril 1812.

Aucun prospectus ou programme ne peut être publié par les Chefs d'école, qu'il n'ait été préalablement approuvé par le Conseil académique, et, dans l'Académie de Paris, par le Conseil royal de l'Instruction publique.

Les Chefs d'institution et Maîtres de pension, en recevant le diplôme portant autorisation d'ouvrir une École, diplôme qui devait être renouvelé tous les dix ans, étaient assujettis à payer un droit nommé droit décennal. Ce droit était, pour les Chefs d'institution, de 400 L., et pour les Maîtres de pension, de 200 f. : à Paris, il était fixé, pour les premiers, à 600 f., et pour les seconds, à 300 f. Le Conseil royal de l'Instruction publique a suspendu provisoirement la perception de ce droit, dont il sollicite auprès du Gouvernement la suppression définitive.

Les Chefs d'institution et Maîtres de pension sont assujettis à payer un droit annuel. Ce droit, fixé au quart de la somme à laquelle montait le droit décennal, est payable au 1er novembre de chaque année.

Il est dû une rétribution annuelle pour les Élèves, pensionnaires et autres, des Institutions et Pensions où l'on donne l'instruction du second degré. Cette rétribution est fixée au vingtième du prix de la pension payée par les Élèves pensionnaires.

Les Chefs d'École sont personnellement responsables du recouvrement et du versement de la rétribution due pour leurs Élèves ; ils en effectuent le versement par trimestre, et d'avance, dans les caisses qui leur sont désignées par l'Administration de l'Instruction publique.

A l'effet de constater les sommes dues pour le montant de la rétribution, les Chefs d'École sont tenus d'adresser au Recteur, et, dans l'Académie de Paris, à l'Inspecteur sous la surveillance duquel ils sont placés, avant le dixième jour du troisième mois de chaque trimestre, des états indiquant le nombre de leurs Élèves pensionnaires, demi-pensionnaires, externes gratuits ou non gratuits, tous divisés par classe d'enseignement.

Lesdits états trimestriels doivent être nominatifs ; ils sont signés et certifiés par les Chefs d'École, et doivent être visés par le Maire de la commune, et, à Paris, par celui de l'arrondissement.

Ils doivent établir le prix de la pension, tel qu'il est payé par chaque Élève, et sans aucune déduction.

Il y est fait mention distincte des Élèves entrés ou sortis depuis le commencement du trimestre.

Toute fausse déclaration faite par un Chef d'École sur le nombre de ses Élèves, le prix de la pension qu'ils paient ou le degré d'instruction qu'ils reçoivent, entraîne, suivant la gravité des cas, la restitution, l'amende, la censure ou la clôture de l'École.

Les Chefs d'École qui négligeraient ou refuseraient de fournir les états trimestriels, ou d'acquitter la rétribution due pour leurs Élèves ou le droit annuel, doivent y être contraints, et être poursuivis à la diligence des Procureurs du Roi.

Dans le cas où un Élève aurait obtenu l'exemption de la rétribution, cette exemption n'est valable que pour l'exercice pour lequel elle a été accordée. Il doit être fait, dans les états trimestriels, une mention spéciale des Élèves exemptés.

Les Chefs d'École sont responsables de la rétribution due pour ceux de leurs Élèves pour lesquels ils auraient formé des demandes en exemption, jusqu'à ce qu'il ait été statué sur les demandes.

Les divers articles du statut sur la police des Collèges royaux, relatifs aux sorties des Élèves, aux congés, aux vacances, aux exercices religieux, aux dortoirs, dans lesquels les lits doivent être éloignés de trois pieds les uns des autres, au régime des Élèves, à la vaccination, &c., sont applicables à toutes les institutions, pensions ou autres Écoles.

Les Chefs des Écoles établies dans l'enceinte des villes où il y a un Collège royal ou communal, sont tenus de conduire ou de faire conduire par des Maîtres, aux leçons desdits Collèges, leurs pensionnaires, demi-pensionnaires et externes âgés de dix ans et capables de suivre la sixième. Faute de se conformer à cette disposition, et à moins d'une dispense spéciale, l'autorisation à eux accordée peut être révoquée.

Il ne peut être fait aucune distribution de prix dans les Écoles du second degré, situées dans les villes où il existe des Collèges royaux ou communaux.

Aucun Chef d'École ne peut, sans en avoir préalablement obtenu la permission, transporter son École dans un autre lieu que celui où elle était placée lorsqu'il a obtenu l'autorisation.

Les Chefs d'institution et Maîtres de pension ne peuvent recevoir ou conserver dans leurs Écoles aucun Précepteur ou Répétiteur, Maître d'études ou de quartier, s'il n'est muni d'une autorisation spéciale. A Paris, ces autorisations sont délivrées par la Commission des Répétiteurs, établie près du Conseil royal de l'Instruction publique.

Tout Maître employé dans une institution ou pension est tenu de faire constater sur l'autorisation dont il est porteur, par le Chef de l'École, la date de son entrée, la nature de ses fonctions et la date de sa sortie.

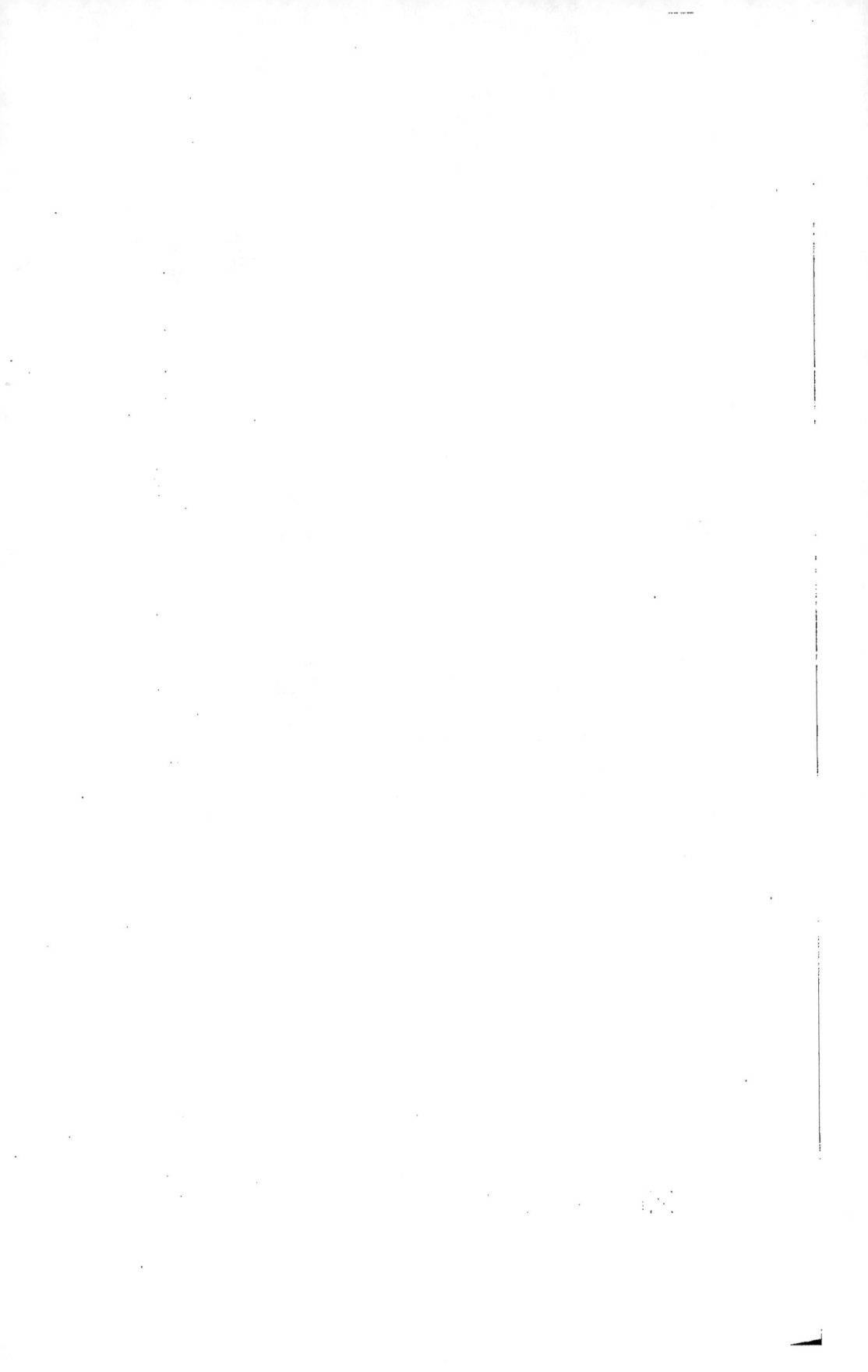

Université royale de France.

Académie de Paris.

Instruction primaire.

Brevet de Capacité

pour l'Enseignement primaire.

Troisième Degré.

Ce Brevet n'autorise point l'instituteur à enseigner. Il faut une autorisation spéciale pour tenir une école.

Nous, Denis Frayssinous, Évêque d'Hermopolis, Premier Aumônier du Roi, Pair de France, Grand-Maître de l'Université,

Sur le Rapport qui nous a été fait par Mr. Bourdon Inspecteur de l'Académie Paris, chargé de l'examen des personnes qui se destinent à l'Enseignement primaire, portant que le Sr Magisson (Jean Marie Adolphe) né à Carnetin (Seine-et-Marne) le 28 Décembre 1810 a été examiné sur la lecture, l'écriture, le calcul, ainsi que sur les procédés de leur enseignement, et qu'il a fait preuve de la capacité requise pour exercer les fonctions d'Instituteur primaire de troisième degré,

Après avoir obtenu l'assurance qu'il possède une connaissance suffisante des préceptes et des dogmes de la Religion,

Vu les certificats de vie et mœurs produits par ledit Sr Magisson, lui avons accordé le présent Brevet, qui lui est nécessaire pour pouvoir être appelé auxdites fonctions, aux termes de l'article 11 de l'Ordonnance du Roi du 29 Février 1816.

Délivré à Paris le 3 Janvier 1827.

Pour Son Excellence le Grand-Maître:

L'Inspecteur général délégué

492

INSTRUCTION POUR LES MAITRES D'ÉCOLES PRIMAIRES

EXTRAITE de l'ordonnance royale du 8 avril 1824, et de divers autres règlemens.

ÉCOLES PRIMAIRES CATHOLIQUES.

1. CEUX qui se destineront aux fonctions de Maîtres de ces Écoles, seront examinés par ordre des Recteurs des Académies, et recevront d'eux, s'ils en sont jugés dignes, des brevets de capacité du premier, du second ou du troisième degré.

2. Pour les Écoles dotées soit par les communes, soit par des associations, et dans lesquelles seront admis cinquante élèves gratuits, l'autorisation spéciale d'exercer sera délivrée aux candidats munis de brevets, par un comité dont l'Évêque diocésain ou l'un de ses délégués sera Président.

3. Le Maire de la commune sera membre nécessaire de ce comité, qui se composera, en outre, de quatre notables moitié laïcs, moitié ecclésiastiques, les premiers à la nomination du Préfet, les seconds à la nomination de l'Évêque.

4. Le Comité surveillera ou fera surveiller ces Écoles; il pourra révoquer l'autorisation spéciale des Instituteurs qui, pour des fautes graves, s'en seraient rendus indignes. Le Recteur de l'Académie pourra aussi, en connaissance de cause, retirer le brevet de capacité.

5. Pour les Écoles qui ne sont pas comprises dans l'article 2, l'autorisation spéciale d'exercer sera délivrée par l'Évêque diocésain aux candidats munis de brevets. Il surveillera ou fera surveiller ces Écoles. Il pourra révoquer les autorisations spéciales pour les motifs prévus dans l'article précédant : le Recteur exercera les attributions qui lui sont données par le même article.

ÉCOLES PRIMAIRES PROTESTANTES.

6. Les Écoles primaires protestantes continueront d'être organisées conformément à l'ordonnance du 29 février 1816.

7. Les membres des Comités chargés de les surveiller seront choisis parmi les notables de leur communion. Cependant le Proviseur ou le Principal du Collège le plus voisin, ou, à son défaut, un délégué du Recteur, en fera nécessairement partie.

DISPOSITIONS COMMUNES A TOUS LES INSTITUTEURS.

8. Chaque Instituteur primaire placera au-dessus de sa porte un tableau noir, sur lequel il fera écrire, en lettres rouges et très lisiblement, l'annonce suivante :

INSTRUCTION PUBLIQUE.

École primaire de . . . . degré, tenus par M. . . . . . . , où l'on enseigne (ici on rapportera l'enseignement autorisé par le brevet de capacité).

Pour le brevet de premier degré :

  La lecture, l'écriture, la grammaire française, l'arithmétique, l'arpentage et la géographie.

Pour le brevet de deuxième degré :

  La lecture, l'écriture, l'orthographe et le calcul.

Pour le brevet de troisième degré :

  A lire, à écrive et à chiffrer.

Université royale
de France.

Académie de Paris.

Instruction primaire.

Brevet de Capacité
pour l'Enseignement primaire.

Deuxième Degré.

Ce Brevet n'autorise point
l'Instituteur à entreprendre. Il faut
une autorisation spéciale pour
tenir une École.

Nous, Denis Frayssinous, Évêque d'Hermopolis, Premier Aumônier du Roi,
Pair de France, Ministre des Affaires ecclésiastiques et de l'Instruction publique, Grand-Maître de l'Université,

Sur le Rapport qui nous a été fait par M. Peletz ———, Inspecteur de l'Académie de Paris,
chargé de l'examen des personnes qui se destinent à l'Enseignement primaire, portant que le S. Jullien (Jean-Baptiste)
né à Jully (Yonne) le 3 Avril 1809, a été examiné sur la lecture, la calligraphie, l'orthographe,
les principales règles de l'arithmétique, ainsi que sur les procédés de leur enseignement, et qu'il a fait preuve de la capacité
requise pour exercer les fonctions d'Instituteur primaire de deuxième degré;

Après avoir obtenu l'assurance qu'il possède une connaissance suffisante des préceptes et des dogmes de la Religion;

Vu les certificats de vie et mœurs produits par ledit S. ——— lui avons accordé le présent
Brevet, qui lui est nécessaire pour pouvoir être appelé auxdites fonctions, aux termes de l'article 11 de l'Ordonnance du
Roi du 29 Février 1816.

Délivré à Paris ——— le 3 Mai ——— 1827.

Pour Son Excellence le Ministre Grand-Maître.

L'Inspecteur général délégué,

475

- Ministère
de
l'Instruction publique

UNIVERSITÉ ROYALE
De France

Académie d'Amiens

Instruction primaire

Nº du registre général
4473

Brevet de Capacité

POUR L'ENSEIGNEMENT PRIMAIRE.

Troisième Degré

Nous, Jean Marie Guillore, Chevalier de l'Ordre royal de la Légion d'Honneur, Recteur de l'Académie d'Amiens,

Vu les Certificats de bonnes vie et mœurs produits par le Sr Dubois, Jean Charles,

Vu le Certificat d'instruction religieuse à lui délivré le 10 février 1829 — par M. L. Dupuy de Noisin,

Sur le rapport qui nous a été fait par M. Desprans N... à préciser, chargé de l'examen des personnes qui se destinent à l'Enseignement Primaire, portant que ledit Sr Dubois, Jean Charles, — né à Chissère — Département de l'Oise le 12 août 1793 — a été examiné sur la Lecture, l'Écriture et le Calcul, ainsi que sur les procédés de leur enseignement, & qu'il a fait preuve de la capacité requise pour exercer les fonctions d'Instituteur Primaire du Troisième Degré,

Lui avons accordé le présent Brevet pour pouvoir être appelé auxdites fonctions, aux termes des articles 10 de l'Ordonnance du Roi du 17 février 1816 & 9 de l'Ordonnance du 21 Avril 1828.

Délivré à Amiens le 16 Mars — 1829

Signature de l'Impétrant

Dubois.tz

Guillore
Recteur de l'Académie
PAR M. LE RECTEUR
Le Secrétaire de l'Académie
Emery

477

INSTRUCTION POUR LES MAITRES D'ÉCOLES PRIMAIRES,

Extraite des Ordonnances des 29 Février 1816 et 21 Avril 1828, et de divers autres Réglemens.

1. Il sera formé dans chaque arrondissement de Sous-préfecture un Comité gratuit pour surveiller et encourager l'Instruction primaire.

Néanmoins le Ministre de l'Instruction publique pourra, suivant la population et les besoins des localités, établir dans le même arrondissement plusieurs Comités, dont il déterminera la circonscription. (*Ordonnance du 21 avril 1828, article 2.*)

2. La Religion, le respect pour les Lois et l'amour du Souverain sont les bases sur lesquelles l'Instruction primaire doit être fondée dans toutes les Écoles. (*Ordonnance du 29 février 1816, article 50.*)

3. Chaque Comité veillera au maintien de l'ordre, des mœurs, de l'enseignement religieux, au perfectionnement de l'Instruction, à l'observation des réglemens et à la réforme des abus dans toutes les Écoles de son ressort. (*Ordonnance du 29 février 1816, article 7.*)

4. Chaque École aura pour surveillans spéciaux le Curé, ou Desservant de la paroisse et le Maire de la Commune où elle est située. (*Ordonnance du 29 février 1816, article 8.*)

5. Les Surveillans spéciaux visiteront, au moins une fois par mois, l'École primaire qui sera sous leur inspection, feront faire les exercices sous leurs yeux et en rendront compte au Comité. (*Ordonnance du 29 février 1816, article 9.*)

6. Le Comité désignera un ou plusieurs Inspecteurs gratuits, qu'il chargera de surveiller l'Instruction primaire, et de lui rendre compte des résultats de cette surveillance. (*Ordonnance du 21 avril 1828, article 7.*)

7. L'Évêque pourra, toutes les fois qu'il le jugera convenable, visiter ou faire visiter les Écoles de son diocèse. (*Ordonnance du 21 avril 1828, article 20.*)

8. Tout particulier qui désirerait se vouer aux fonctions d'Instituteur primaire devra présenter au Recteur de son académie :

1° Un Certificat de bonne conduite du Curé et Maire de la Commune, ou des Communes, où il aura habité depuis trois ans au moins ;

2° Un Certificat d'instruction religieuse, délivré par un délégué de l'Évêque, ou, à son défaut, par le Curé de la paroisse de l'aspirant.

Il sera ensuite examiné et recevra du Recteur, s'il en est trouvé digne, un Brevet de capacité. (*Ordonnance du 29 février 1816, art. 10, et Ordonnance du 21 avril 1828, article 9.*)

9. Les Brevets de Capacité sont de trois degré

Le troisième degré, ou degré inférieur, sera accordé à ceux qui savent suffisamment lire, écrire et chiffrer pour en donner des leçons ;

Le deuxième degré, à ceux qui possèdent bien l'orthographe, le calligraphie et le calcul, et qui sont en état de donner un enseignement semblable analogue à celui des Frères ;

Le premier degré, ou degré supérieur, à ceux qui possèdent sur principes la grammaire française et l'arithmétique, et sont en état de donner des notions de géographie et d'arpentage et des autres connaissances utiles à l'Enseignement primaire. (*Ordonnance du 29 février 1816, article 11.*)

10. Pour avoir le droit d'exercer, il faut, outre le Brevet général de capacité, une Autorisation spéciale du Recteur pour un lieu déterminé. (*Ordonnance du 29 février 1816, article 13, et Ordonnance du 21 avril 1828, article 11.*)

11. Toute demande, afin d'obtenir l'autorisation spéciale d'exercer les fonctions d'Instituteur primaire dans une Commune, sera soumise au Comité dans la circonscription duquel se trouve cette Commune.

Le Comité donnera son avis motivé et le transmettra au Recteur, qui accordera ou refusera l'Autorisation. (*Ordonnance du 21 avril 1828, article 11.*)

12. Les Chefs des Écoles primaires communales et particulières devront, avant d'entrer en exercice, faire enregistrer au Secrétariat de la Mairie leur Brevet de capacité et leur Autorisation ; ils y laisseront un dépôt cette dernière pièce dont il leur sera délivré un récépissé. (*Circulaires aux Préfets, du 24 novembre 1819 ; aux Recteurs, du 30 novembre 1819.*)

13. Les Instituteurs primaires établis sans autorisation ne pourront en obtenir soit pour la Commune où ils enseignent soit pour les autres Communes du Canton. Ils seront d'ailleurs poursuivis conformément aux lois. (*Arrêté du 27 mai 1818.*)

14. Tout Instituteur dans les Communes rurales, qui, sans l'autorisation du Recteur, quitterait l'École à laquelle il a été nommé pour tenir École dans une autre Commune, serait considéré comme Instituteur clandestin, et traduit en police correctionnelle, conformément à l'article 50 du décret du 15 novembre 1811.

Il en serait de même des Instituteurs primaires des villes, qui, pour s'établir dans une autre rue, quitteraient sans permission celle où ils ont été autorisés à ouvrir leur École.

Dans tous les cas, un Instituteur ne peut obtenir l'autorisation d'exercer dans un autre lieu, qu'en représentant un Certificat de bonnes vie et mœurs, délivré par les Autorités de celui d'où il sort, visé et confirmé par le Recteur de l'Académie. (*Ordonnance du 21 avril 1828, articles 15 et 16.*)

15. Un Instituteur ne devra pas élever l'enseignement dans son École au-dessus de celui dont il a été reconnu capable par son Brevet de capacité.

16. S'il veut porter son enseignement au-delà, il faut qu'il obtienne, à la suite d'un examen, un Brevet de capacité d'un degré supérieur.

17. Nul Instituteur ne peut recevoir d'élèves pensionnaires sans en avoir obtenu la permission du Conseil royal de l'Instruction publique par l'intermédiaire du Recteur : en contrevenant à cette règle, il serait considéré comme Maître clandestin et puni comme tel. (*Ordonnance du 21 avril 1828, article 17.*)

18. Un Instituteur primaire ne doit ni se faire suppléer ni se donner un adjoint sans en avoir obtenu la permission du Recteur.

19. Il ne doit rien dans l'imprimé pour annoncer une École, l'enseignement qu'on y reçoit, l'ordre qui y est établi, les conditions auxquelles on y entre, sans que ces prospectus, annonces, programmes, adresses, aient été soumis à l'approbation du Recteur par l'intermédiaire du Comité. (*Décret du 7 mars et Circulaire du 10 août 1810.*)

20. Chaque Instituteur placera au-dehors de sa porte un tableau sur lequel il fera écrire lisiblement l'annonce suivante :

INSTRUCTION PUBLIQUE.

École primaire de . . . . . . , degré, où l'on enseigne (ici on rapportera l'enseignement autorisé par le Brevet de capacité)

Pour le Brevet du premier degré,

La Lecture, l'Écriture, la Grammaire française, l'Arithmétique, l'Arpentage et la Géographie.

Pour le Brevet de deuxième degré,

La Lecture, l'Écriture, l'Orthographe et le Calcul,

Pour le Brevet de troisième degré,

A lire, à écrire et à chiffrer.

21. Sur le rapport motivé des Surveillans spéciaux et l'avis du Comité, le Recteur peut révoquer l'autorisation donnée à un Instituteur pour un lieu déterminé. (*Ordonnance du 29 février 1816, article 16.*)

22. En cas d'instruction aux réglemens ou de toute autre faute grave, l'autorisation spéciale et même le Brevet peuvent être retirés.

Le Comité entendra l'Instituteur inculpé, dressera procès-verbal de l'instruction, et donnera un avis motivé qui sera adressé au Recteur.

En cas d'urgence, le Comité pourra provisoirement ordonner la suspension de l'Instituteur et pourvoir provisoirement au remplacement de l'Instituteur inculpé. (*Ordonnance du 21 avril 1828, article 16.*)

23. Le Recteur pourra, selon les circonstances, retirer l'autorisation spéciale d'exercer ou prononcer une suspension. Dans l'un et dans l'autre cas, sa décision sera exécutoire par provision. (*Même Ordonnance, article 18.*)

24. Si le Recteur pense qu'il y a lieu de retirer le Brevet de capacité, il soumettra l'affaire au Conseil académique qui statuera. (*Même Ordonnance, article 18.*)

25. Les décisions prises par les Conseils académiques, dans le cas précédent, seront sujettes au recours devant le Conseil royal de l'Instruction publique. Le recours devra être exercé dans le délai d'un mois, à partir du jour où le Recteur aura notifié la décision du Conseil académique. (*Même Ordonnance, article 19.*)

26. Toute autre décision au mesure relative à l'Instruction primaire sera sujette au recours devant le Ministre de l'Instruction publique. (*Ibid.*)

Nota. Un fonds a été porté à 100,000 francs par la loi du budget de l'année 1829.

27. Il est fait annuellement par le Trésor royal un fonds pour être employé, soit à faire composer ou imprimer des ouvrages propres à l'instruction populaire, soit à établir temporairement des Écoles-modèles dans les pays où les bonnes méthodes n'ont point encore pénétré, soit à récompenser les maîtres qui se sont le plus distingués par l'emploi de ces méthodes. (*Ordonnance du 29 février 1816, article 35.*)

28. Les Comités d'arrondissement, de concert avec les Recteurs, feront connaître chaque année, au Ministre de l'Instruction publique, les Instituteurs qui pourraient avoir mérité par leur zèle, leur bonne conduite et l'utilité de leurs services, de participer aux encouragemens destinés à l'Instruction primaire.

29. Les Instituteurs primaires qui n'ont pas encore atteint l'âge du recrutement peuvent être admis à la dispense du service militaire en contractant devant l'Université l'engagement de se vouer pendant dix ans au service de l'Instruction publique. (*Art. 15 de la loi du 10 mars 1818 sur le recrutement de l'armée.*)

Cet engagement, revêtu du consentement des père et mère où tuteur des contractans, doit être parvenu au Recteur de l'Académie avant l'époque fixée pour le tirage de la classe à laquelle l'Instituteur appartient par son âge. Les signatures doivent être légalisées par les Maires des Communes respectives, et le tout visé par le Sous-préfet de l'Arrondissement. (*Circulaires des 22 octobre 1818 et 23 août 1818.*)

Brevet de Capacité du 3ᵉ degré délivré par le Grand-Maître de l'Université en exécution de l'article 9 de l'ordonnance du 21 avril 1828 (p. 342).

Ministère

de

...ction publique

...é royale

de France.

Académie de Paris

Instruction Primaire.

Brevet de Capacité
pour l'Enseignement Primaire.

Troisième Degré.

Nous, Antoine-François-Henri Lefebvre de Vatimesnil, Ministre Secrétaire d'État au département de l'Instruction publique, exerçant les fonctions de Grand-Maître de l'Université et de Recteur de l'Académie de Paris,

Vu les Certificats de bonnes vie et mœurs produits par le Sⁱ Picard (Louis Antoine) —

Vu le Certificat d'instruction religieuse, à lui délivré le 7 Octobre 1828 par Mᵉ Gourmant, Desservant de la Paroisse de Dammemaine, délégué à cet effet par Mᵍʳ l'archevêque de Sens, —

Sur le rapport qui nous a été fait par Mᵉ de Salis, Inspecteur de l'Académie à Paris chargé de l'examen des personnes qui se destinent à l'Enseignement Primaire, portant que ledit Sⁱ Picard — né à Lézien — Département de l'Yonne — le 14 Octobre 1805 — a été examiné sur la Lecture, l'Écriture et le Calcul, ainsi que sur les Procédés de leur enseignement, et qu'il a fait preuve de la capacité requise pour exercer les fonctions d'Instituteur Primaire du Troisième Degré;

Lui avons accordé le présent Brevet pour pouvoir être appelé auxdites fonctions, aux termes des articles 10 de l'Ordonnance du Roi du 29 Février 1816 et 9 de l'Ordonnance du 21 Avril 1828.

Délivré à Paris, le 12 Novembre — 1828.

Signature de l'Impétrant.

L. A. Picard

Par délégation de S. Exc. le Ministre de l'Instruction publique,

L'Inspecteur général des Études,
chargé de l'Administration de l'Académie de Paris,

Rouneux

Brevet de Capacité du 2e degré délivré par le Recteur de l'Académie de Douai
en exécution de l'article 9 de l'ordonnance du 21 avril 1828 (p. 342).

Académie de Douai.

Instruction primaire.

Brevet de capacité
Pour l'Enseignement primaire.

Deuxième Degré.

Nous Recteur de l'Académie de Douai,

Vu les articles 10 & 11 de l'Ordonnance royale du 29 février 1816 &
l'art. 9 de l'Ordonnance du 21 avril 1828;

Vu les certificats de bonnes vie & mœurs produits par
le S.ʳ *Contal* ..... né le ..... 1806 à Étouvie ..... dép.ᵗ du Pas de Calais

Vu le certificat constatant qu'il a une instruction religieuse suffisante;

Vu le rapport qui nous a été fait par M.ʳ *Delétaille* M.ᵗʳᵉ de français
chargé par nous de l'examen des personnes qui se destinent à l'enseignement
primaire, d'où il résulte qu'il a été examiné sur la lecture, l'écriture, la
calligraphie, l'orthographe, les principales règles de l'arithmétique, ainsi que
sur les procédés de leur enseignement, & qu'il a fait preuve de la capacité requise
pour exercer les fonctions d'Instituteur primaire du deuxième degré;

Accordons audit S.ʳ *Conty* —————
le présent Brevet de capacité du deuxième degré, à la charge par lui de se
conformer aux Lois, Ordonnances & Règlemens relatifs à l'Instruction publique.

À Douai, le 9 Octobre 1830.

Signature de l'Impétrant

Le Recteur

Par M. le Recteur,

Le Secrétaire de l'Académie

Le présent Brevet ne donne pas le droit de tenir École. Il faut en outre
une *Autorisation spéciale* qui est accordée par le Recteur, sur la proposition du Comité d'instruction primaire. Un Instituteur qui se serait établi
sans autorisation dans une Commune, ne pourrait plus en obtenir ni pour
cette Commune, ni pour aucune de celles du canton. Il serait en outre
traduit en police correctionnelle, conformément aux art. 54 et 56 du décret du 15 novembre 1811. C'est aux Comités que les Instituteurs doivent
adresser leurs demandes de quelque nature qu'elles soient. Ils ne feraient
que retarder l'expédition de leurs affaires, en écrivant directement au
Recteur. Ils ne rendraient cette expédition ni plus prompte ni plus facile
en se présentant eux-mêmes ou en chargeant d'autres personnes de se présenter pour eux au chef-lieu de l'Académie. Si leur Brevet était déjà
d'une date un peu ancienne, ils devraient joindre à leur demande d'autorisation de nouveaux certificats de bonne conduite religieuse et morale.
Dans tous les cas, ils devront y joindre leur Brevet. Les demandes et les
certificats peuvent être sur papier libre. Les Instituteurs primaires ne peuvent être dispensés du recrutement qu'autant qu'ils sont en exercice en
vertu d'une Autorisation régulière et qu'ils sont Chefs d'une École. Il ne
leur suffirait pas d'être Maîtres ou Associés chez un autre Instituteur. En
cas d'infraction aux Règlemens ou de toute autre faute grave de la part d'un
Instituteur, son Brevet de capacité peut lui être retiré par décision du
Conseil académique. Le Brevet de capacité du premier degré peut être accordé à ceux qui possèdent, par principes, la grammaire française et l'arithmétique, et qui sont en état de donner des notions d'histoire de France, de
géographie, d'arpentage et des autres connaissances utiles dans l'enseignement primaire. Les aspirans à ce degré ne peuvent être examinés qu'au
chef-lieu de l'Académie. Ils doivent s'adresser à cet effet à M. le Proviseur du Collège royal.

LETTRE D'OBÉDIENCE.

Nous, Supérieurs de la Congrégation des Sœurs Hospitalières de la Doctrine chrétienne dite de la Providence, établie à Portieux (Vosges), approuvée par le ROI le 2 Août 1816, déclarons que Sœur Sainte-Croix, Supérieure, est membre de ladite Congrégation, et a été envoyée par Nous dans la commune de Champlitte (Haute-Saône), à la sollicitation de M. le Curé et de M. le Maire, pour l'instruction des jeunes filles et le soin des malades.

Fait à notre Couvent de Portieux, le 18 octobre 1824.

Les Supérieurs,

Sœur CÉCILE COLART, Supérieure générale.   FEŸS.

MINISTÈRE
DE
L'INSTRUCTION PUBLIQUE
ET DES CULTES.

UNIVERSITÉ ROYALE
DE FRANCE.

ACADÉMIE DE PARIS.

INSTRUCTION PRIMAIRE.

Nota. Ce Brevet n'autorise point à enseigner. Il faut en outre une Autorisation spéciale pour tenir une École dans un lieu déterminé.

BREVET DE CAPACITÉ POUR L'ENSEIGNEMENT PRIMAIRE

DEUXIÈME DEGRÉ.

Nous,   Ministre Secrétaire d'État au département de l'Instruction publique et des Cultes, exerçant les fonctions de Grand-Maître de l'Université et de Recteur de l'Académie de Paris,

En exécution de l'article 21 de l'Ordonnance royale du 21 Avril 1828, concernant l'Instruction primaire;

Sur la demande formée par la dame Vᵉ JOLY (Marie-Antoinette-Victoire MORSALINE), née à Poissy (département de Seine-et-Oise), le 24 juillet 1802, tendant à obtenir un brevet de capacité, pour pouvoir être admise à tenir une École primaire du Deuxième Degré;

Vu les dispositions de la Circulaire ministérielle du 3 Juin 1819, portant que les Brevets du Deuxième Degré, ou degré inférieur, seront accordés aux personnes qui sauront suffisamment lire, écrire et chiffrer pour en donner des leçons;

Vu les Certificats de bonne conduite et de bonnes mœurs qui nous ont été présentés par la Postulante;

Vu le procès-verbal de l'examen qu'elle a subi le 15 Juin 1834 devant M. de Cardaillac, Inspecteur de l'Académie;

Avons accordé à ladite dame Vᵉ JOLY le présent Brevet, qui lui est nécessaire pour pouvoir être appelée aux fonctions de l'Instruction primaire, aux termes de l'ordonnance du 21 Avril 1828.

Délivré à Paris, le 21 Juin 1834.

Signature de l'Impétrante :

Par délégation de S. Exc. le Ministre de l'Instruction publique,
L'Inspecteur général des Études,
chargé de l'Administration de l'Académie de Paris,

ROUSSELLE.

487

INSTRUCTION

Contenant les principales dispositions des ordonnances et réglemens applicables aux Écoles primaires de filles,
En exécution de l'article 21 de l'Ordonnance royale du 21 avril 1828.

1. IL sera formé dans chaque Arrondissement de Sous-préfecture un Comité gratuit pour surveiller et encourager l'Instruction primaire.

Néanmoins le Ministre de l'Instruction publique pourra, suivant la population et les besoins des localités, établir dans le même Arrondissement plusieurs Comités dont il déterminera la circonscription. (*Ordonnance du 21 avril 1828, article 2.*)

2. Chaque Comité veillera avec soin au maintien de l'ordre, des mœurs, de l'enseignement religieux, au perfectionnement de l'Instruction, à l'observation des réglemens et à la réforme des abus dans les Écoles de son ressort. (*Ordonnance du 29 février 1816, article 7.*)

3. Chaque École aura pour Surveillans spéciaux le Curé ou Desservant de la Paroisse et le Maire de la Commune où elle est située. (*Même Ordonnance, article 8.*)

4. L'Évêque pourra, toutes les fois qu'il le jugera convenable, visiter ou faire visiter les Écoles de son diocèse. (*Ordonnance du 21 avril 1828, article 20.*)

5. L'autorisation d'avoir des Pensionnaires ne peut être accordée aux Institutrices primaires que par le Conseil royal de l'Instruction publique et de l'avis du Comité. (*Même Ordonnance, article 13.*)

6. Les Écoles primaires étant destinées à propager les connaissances nécessaires à tous, chaque Commune sera tenue de pourvoir à ce que les enfans qui l'habitent reçoivent l'Instruction primaire, et à ce que les enfans indigens la reçoivent gratuitement. (*Ordonnance du 29 février 1816, article 14.*)

7. Toute demande afin d'être autorisée à tenir une École primaire de filles doit être adressée au Recteur de l'Académie, ou au Comité chargé de la surveillance de l'Instruction primaire dans l'Arrondissement où demeure la Postulante. (*Ordonnance du 21 avril 1828, article 11.*)

8. Aucune École primaire de filles ne peut exister sans une Autorisation spéciale délivrée par le Recteur de l'Académie à une personne déjà pourvue d'un Brevet de capacité, lequel doit être également délivré par le Recteur. (*Circulaire du 3 juin 1819 et Ordonnance du 21 avril 1828.*)

9. Toute demande afin d'obtenir le Brevet de capacité nécessaire pour être appelée aux fonctions d'Institutrice et l'Autorisation de tenir une École primaire de filles doit être adressée au Recteur de l'Académie ou au Comité chargé de surveiller l'Instruction primaire dans l'Arrondissement où réside la Postulante. (*Ordonnance du 21 avril 1828, article 11.*)

10. Aucune Postulante, fille, mariée ou veuve, ne sera admise par le Recteur à paraître devant le Jury d'examen, pour obtenir le Brevet de capacité, si elle n'est âgée de vingt ans au moins, et si elle n'est munie des pièces suivantes :

1° Un Acte de naissance, et, si elle est mariée, un extrait de l'Acte de la célébration de son mariage ;

2° Un Certificat de bonne conduite et de bonnes mœurs des Curés et Maires de la Commune ou des Communes où elle aura habité depuis trois ans au moins ;

3° Un Certificat d'Instruction religieuse délivré par un délégué de l'Évêque diocésain, ou, à son défaut, par le Curé de la Paroisse de l'Aspirante.

D'après le rapport du Jury d'examen, le Recteur délivrera, s'il y a lieu, un Brevet de capacité. (*Circulaire du 3 juin 1819 et Ordonnance du 21 avril 1828, article 9.*)

Ceux du deuxième degré, ou du degré inférieur, seront accordés aux personnes qui sauront suffisamment lire, écrire et chiffrer, pour en donner des leçons.

Les connaissances exigées des Institutrices du premier degré seront la Lecture, l'Écriture, les quatre premières Règles de l'Arithmétique, celles de Trois et de Société, et les Élémens de la Grammaire. (*Circulaire du 3 juin 1819.*)

12. L'Autorisation spéciale d'exercer ne pourra être accordée par le Recteur qu'après avoir pris l'avis du Comité. (*Ordonnance du 29 février 1816, article 24, et Ordonnance du 21 avril 1828, article 11.*)

12. Toute personne munie des titres nécessaires pour tenir une École primaire de filles ne pourra entrer en exercice qu'après avoir fait enregistrer son Brevet de capacité et son Autorisation spéciale au Secrétariat de la Mairie du lieu pour lequel elle est autorisée ; elle y laissera en dépôt son Autorisation, dont il lui sera délivré un récépissé au nom du Maire. (*Circulaires du 24 novembre 1819 et du 29 septembre 1828.*)

14. Les Institutrices primaires établies sans Autorisation ne pourront en obtenir, soit pour la Commune où elles enseignent, soit pour toute autre Commune du Canton. (*Arrêté du 22 mai 1818.*)

15. Aucune École primaire de filles ne peut être transférée d'un lieu dans un autre, sans une Autorisation du Recteur. (*Ordonnance du 21 avril 1828, article 13.*)

16. L'Autorisation spéciale et même le Brevet de capacité peuvent être retirés par le Recteur, pour infraction aux Réglemens ou toute autre faute grave, d'après l'avis du Comité chargé de la surveillance de l'Instruction primaire. (*Même Ordonnance, article 16.*)

17. Le Comité et le Recteur peuvent aussi suspendre provisoirement l'Institutrice, si le cas le requiert. (*Idem.*)

18. Toute décision de ce genre et toute autre mesure relative à l'Instruction primaire sera sujette au recours devant le Conseil royal ou devant le Ministre de l'Instruction publique. (*Même Ordonnance, article 19.*)

II

AUTORISATIONS D'ENSEIGNER

ÉMANANT DE L'AUTORITÉ CIVILE.

Autorisation accordée par le **Préfet** de la Seine le **21 mai 1804**
pour l'ouverture d'une Ecole du 1er degré.

493

PRÉFECTURE

DU DÉPARTEMENT DE LA SEINE.

Le Préfet du Département de la Seine,

Vu le certificat de mœurs délivré au Citoyen Michel BINET et à Marie-Marguerite BALLOT, sa femme, par le Maire du 1er Arrondissement ;

Le certificat de promesse d'être fidèle à la Constitution, délivré au Citoyen BINET et à sa femme par le Maire du premier Arrondissement ;

Le procès-verbal du Jury d'instruction publique, pour les Écoles primaires et particulières, attestant que le Citoyen BINET et sa femme peuvent tenir une école du 1er degré,

Autorise le Citoyen BINET et sa femme à ouvrir une école du premier degré dans le 1er Arrondissement, à la charge par eux s'ils prennent des Répétiteurs pour les aider dans leurs fonctions, de se conformer à l'article V de l'Arrêté du 6 Frimaire An 9, relatif à la surveillance des Écoles particulières, portant que les Répétiteurs seront soumis aux mêmes formalités que les Instituteurs particuliers.

Le Maire du premier Arrondissement est chargé de l'exécution de cet Arrêté.

Fait à Paris, le deux Prairial an douze (21 mai 1804).

Le Préfet du Département,

FROCHOT.

ACADÉMIE DE PARIS.

UNIVERSITÉ IMPÉRIALE.

· BUREAU CENTRAL
DES INSTITUTEURS.

AU NOM DU SÉNATEUR GRAND-MAITRE, ET EN EXÉCUTION DE L'ARRÊTÉ DE SON EXCELLENCE EN DATE DU 31 MARS 1810.

Mr. *Vivier (Ant. Jos ph.)* né à *Chateaudun, le 2 juillet 1770* élevé à *Chateaudun (Eure et Loire)* âgé de *42 ans* ——————— a paru digne d'être employé dans l'instruction publique en qualité de *Répétiteur* ——————
Il sera tenu de se conformer aux dispositions du règlement, qui exigent *une autorisation spéciale pour chaque école*, et qui ordonnent qu'aucun *instituteur ne puisse quitter les fonctions qui lui auront été confiées, sans avoir prévenu quinze jours d'avance, le bureau central et le chef d'école chez lequel il sera placé.*

Cette approbation est valable pour *un an* .

Fait au chef-lieu de l'Université impériale, le *26 février 1813* .

Les inspecteurs-généraux, conseillers de l'Université impériale,
directeurs du bureau central des instituteurs,

Par ordre de MM. les inspecteurs-généraux conseillers,

SECRÉTAIRE.

495

INSTRUCTION PUBLIQUE.

Autorisation pour l'Enseignement primaire.

Orléans. Imp. de l'Instr. primaire.

Académie Royale
de CAEN.

Instruction Primaire.

Département de *la Manche*

Arrondissement de *Coutances*

Canton de *Gavray*

N.° 749

Nous PIERRE-ROBERT ALEXANDRE, Recteur de l'Académie Royale de Caen,
en exécution de l'article 13 de l'Ordonnance du 29 février 1816 ;

Vu la proposition à nous faite par le Comité d'Instruction primaire du Canton de *Gavray*

Vu le Brevet de capacité du 3.ᵉ degré, n.° 503 délivré le 16 juin 1817 au S.ʳ *Pavie*

(*Gille*) né à *Gavray* département de *la Manche*

le 21 Septembre 1757 *Pavie*

AUTORISONS ledit S.ʳ *Pavie* à donner l'instruction primaire du degré dont
il a obtenu le Brevet, dans la Commune de *Gavray*

DÉLIVRÉ à Caen, le 16 Septembre 1817.

Alexandre

Nota. La présente autorisation ne sera
valable qu'après avoir été approuvée par
M. le Préfet du Département.

Vu & approuvé,
Saint-Lô, le 23 8bre 1817,
Par délégation de M. le Préfet en tournée.
Le Conseiller de préfecture, Secrétaire général,
Lechenu

497

Académie de Paris

Instruction primaire.

ART. 24 de l'Ordonnance
du 29 Février 1816

Le Commissaire chargé
du Sceau,

Autorisation
pour l'Enseignement primaire.

Nous, Président de la Commission de l'Instruction publique chargée des fonctions rectorales dans l'Académie de Paris.

Sur la demande présentée par le sieur Dalton, Idal Nicolas, à l'effet d'être admis à exercer les fonctions d'Instituteur primaire dans la commune de Paris, rue de l'oratoire département de la Seine.

Vu le Certificat de capacité du 3e degré délivré par Mr Berguey audit sieur Dalton sous la date du 5 mars 1817.

Vu l'avis du Comité cantonnal en faveur de la demande dont il s'agit.

Vu aussi les Certificats constatant que ledit sieur Dalton — a tenu une bonne conduite puis l'époque où il a obtenu son brevet de capacité.

Lui avons accordé l'autorisation d'exercer les fonctions d'Instituteur primaire dans la commune de Paris rue de l'oratoire sauf l'agrément de Mr le Préfet du département, que ledit sieur Dalton devra se procurer avant d'entrer en exercice.

Délivré a Paris le 23 Oùt 1819

499

Préfecture
du Dép.¹ du Loiret.

Arrondissement
de Montargis.

Commune
d Montargis

N.⁰

Instruction primaire de Filles.

Autorisation d'Institutrice.

Nous

Préfet du département du Loiret, en exécution des dispositions de la Circulaire Ministérielle du 3 juin 1819;

Vû la proposition à nous faite par le comité cantonnal de Montargis

Vû le Brevet de capacité ———— délivré le 5 Juillet 1820 par M. le Préfet de Seine & Marne sous le N.°.... , à l'attache Etienne Bourguignon Brisson V.ᵉ Picault, née au département d .... âgée de trente six ans

Autorisons ladite D. Agathe d. Bourguignon-Brisson, V.ᵉ Picault à exercer la profession d'Institutrice primaire du premier degré dans la commune de Montargis

Délivré à Orléans, en l'Hôtel de la Préfecture, le Onze Mai Mil huit cent vingt quatre

Pour le Préfet

591

UNIVERSITÉ DE FRANCE.

ACADÉMIE DE

AUTORISATION
POUR TENIR UN PENSIONNAT DANS UNE ÉCOLE PRIMAIRE.

Instruction primaire.

Ordonnances royales du 29 Février 1816 et du 2 Août 1820.

Signature de l'Instituteur.

Nous, Recteur de l'Académie d

Sur la demande présentée par le Sieur   Instituteur primaire à canton d   à l'effet d'être admis à recevoir dans son École des élèves pensionnaires,

Vu l'autorisation de tenir École, par nous délivrée audit Sʳ   le

Vu l'avis du Comité cantonal, duquel il résulte que les besoins de l'Instruction et de l'éducation dans la commune d   rendent nécessaire l'établissement du Pensionnat dont il s'agit, et que l'emplacement destiné à ce Pensionnat est convenable;

Vu aussi les Certificats constatant que ledit Sʳ   a tenu une bonne conduite depuis l'époque où il exerce les fonctions d'Instituteur,

Lui avons accordé l'autorisation de tenir un Pensionnat dans son École primaire, sous la condition expresse qu'il se renfermera strictement dans les limites de l'instruction que son brevet du   degré lui permet de donner.

Délivré à   , le   18   .

Recteur de l'Académie d

Par M. le Recteur :
Le Secrétaire de l'Académie,

503

III

AUTORISATIONS D'ENSEIGNER

ÉMANANT DE L'AUTORITÉ RELIGIEUSE.

**APPROBATION
DE CLERC-CHANTRE.**

JEAN-CHARLES DE COUCY,

Par la miséricorde Divine et la grâce du Saint-Siége Apostolique, Archevêque de Reims,
Légat né du Saint-Siége, Primat de la Gaule Belgique, etc. etc. etc.

A tous ceux qui ces présentes verront :

SALUT ET BÉNÉDICTION EN NOTRE SEIGNEUR.

SUR le bon témoignage qui Nous a été rendu de la conduite régulière du
Sieur *queutot pilere mettrot*
ainsi que de sa capacité dans le Chant et son aptitude aux Cérémonies de l'Eglise,
Nous l'avons approuvé et approuvons, par ces présentes valables pour un an, en
qualité de Clerc-Chantre de la Paroisse de *Beaumecourt*
lui enjoignant de s'acquitter de ses fonctions avec l'exactitude et la décence convenables.

Nous lui recommandons expressément la plus grande soumission pour son Pasteur,
et lui défendons de faire aucune fonction ecclésiastique sans son autorisation spéciale ; comme aussi, en son absence, de s'en arroger aucune autre que celle de
chanter Vêpres et Complies, les jours de Dimanches et de Fêtes, ainsi qu'il est
prescrit par notre Ordonnance du premier Juillet 1822, sur la Division et l'Administration de notre Diocèse.

Donné à Reims sous *notre Seing*
le sceau de nos armes et le contre-seing du Secrétaire de notre Archevêché,
le *29 7bre 1822*

Par Mandement de Son Excellence,

DROIT DU SCEAU : UN FRANC.

ARCHEVÊCHÉ DE REIMS.

JEAN-BAPTISTE-MARIE-ANNE-ANTOINE DE LATIL, par la miséricorde divine et la grâce du Saint-Siège apostolique, Archevêque de Reims, Légat né du Saint-Siège, primat de la Gaule belgique, pair de France, etc.;

2ᵉ DEGRÉ.

Vu le Brevet de capacité délivré par le Recteur ou l'Inspecteur de l'Académie d'Amiens (2ᵉ degré), Vu le bon témoignage qui Nous a été délivré des bonnes vie et mœurs, religion et intelligence de NIVERD (Louis-Joseph),

L'avons approuvé et approuvons pour les présentes pour exercer, tant les fonctions de Clerc de chœur et des sacremens, que d'Instituteur dans la paroisse de Magneux, canton de Fismes, sous l'autorité et la surveillance immédiate de M. le Curé ou Desservant de ladite paroisse, à la charge d'observer le règlement suivant :

RÈGLEMENT.

ART. I.

Les Clercs-Laïcs auront les cheveux courts et propres, et porteront, dans l'exercice de leurs fonctions, la soutane, le rochet et le bonnet carré.

ART. II.

Ils se rendront à l'Église de bonne heure, pour préparer les linges et ornemens, et tout ce qui est nécessaire à l'Office Divin.

ART. III.

Ils se conformeront strictement aux rits, chants et cérémonies du Diocèse, suivant l'ordre qui leur sera donné à cet effet par M. le Curé ou M. le Desservant.

ART. IV.

Ils ne pourront se dispenser d'accompagner les Ecclésiastiques pour l'Administration des Sacremens, soit pendant le jour, soit pendant la nuit.

ART. V.

Ils seront tenus de sonner l'Angélus, le matin, à midi, et au soir, de fournir des serviteurs de Messe, les jours de la Semaine, comme les Dimanches, d'enseigner le plain-chant aux enfans, et de les former aux cérémonies de l'Église.

ART. VI.

Considérés comme Instituteurs primaires, ils commenceront leur leçon par la prière et la finiront de même ; ils feront le catéchisme aux enfans deux fois la semaine : ils ne laisseront entrer dans leur école que de bons livres, propres à inspirer les sentimens de religion et d'honnêteté, et approuvés par M. le Curé ou Desservant.

ART. VII.

Nous leur défendons d'assister aux danses ou autres divertissemens publics, de fréquenter les cabarets.

ART. VIII.

Nous les exhortons à se mettre en état d'approcher des sacremens plus souvent que les autres fidèles, et à faire respecter leur état par une conduite édifiante.

ART. IX.

Il est défendu à toutes personnes d'exercer les fonctions de Clerc ou de Maître d'école, dans l'étendue de notre Diocèse, sans être munies d'une autorisation spéciale de notre part.

ART. X.

MM. les Curés ou Desservans sont chargés de tenir la main à l'exécution du présent réglement, qui sera publié au prône de la messe paroissiale, et de Nous dénoncer les infractions, pour être par Nous pris tel parti qui sera jugé convenable.

Donné à Reims, sous le seing de notre Vic. Gén., le sceau de nos armes, et le contre-seing du Secrétaire de notre Archevêché, le 13 juin 1828.

MAQUART, *Vic. Gén.*

Par Mandement de Monseigneur,
GROS.

Autorisation d'exercer les fonctions de *Maitre d'école* accordée par l'Archevêque de Sens et d'Auxerre en exécution des articles 8 et 11 de l'ordonnance du 8 avril 1824 (p. 325 et 326).

ANNE-LOUIS-HENRI DE LA FARE,

Cardinal-Prêtre de la Sainte Église Romaine, du titre de *Sanctá Mariá in Transpontiná*, par la miséricorde divine, Archevêque de SENS et d'AUXERRE, Primat des Gaules et de Germanie, Duc et Pair de France, Ministre d'État, Commandeur de l'Ordre du Saint-Esprit, premier Aumônier de S. A. R. Madame la DAUPHINE, etc.

VU les articles 8 et 11 de l'ordonnance royale du 8 avril 1824, relative à l'instruction publique, qui portent que l'autorisation spéciale d'exercer les fonctions de Maitre d'École sera délivrée par l'Évêque Diocésain, aux candidats munis de brevets.

Étant dûment informés de la vie chrétienne et régulière, probité et capacité du sieur *Perrin antoine Joseph*, né à *Louey Burgonne* le *trois gendemiaire* pourvu des certificats nécessaires et du brevet de capacité au degré, à lui délivré par le Recteur de l'Académie de Paris, et présumant qu'il apportera à l'instruction religieuse de la jeunesse et au maintien des bonnes mœurs, tout le zele convenable, nous lui avons délivré et délivrons par ces présentes, l'autorisation spéciale d'exercer dans la paroisse de *Erucy sal. yonne* les fonctions de Maitre d'École au susdit degré exprimé dans son brevet

Donné à SENS, sous le sceau de nos armes, le seing de *notre Vicaire Général* et le contre-seing du Secrétaire de notre Archevêché, *le 1er avril* de l'an mil huit cent vingt *cinq*.

De Vaudreuil Vic gl

Par Mandement de son Éminence

Bernard ch g

enregistré sur le Tableau des maîtres d'après du Canton d'boulange le cinq avril 1835 /

Aabell

Du 3

avr Pierce

Autorisation d'exercer les fonctions d'*Instituteur* accordée le 6 mai 1825 par l'Évêque de Versailles en application de l'article 11 de l'ordonnance du 8 avril 1824 (p. 326).

ÉVÊCHÉ

DE

VERSAILLES.

LOUIS CHARRIER DE LA ROCHE, par la Providence divine et l'autorité du Saint-Siége apostolique, Évêque de Versailles, etc.

A M lour Toussaint Pinçon

SALUT ET BÉNÉDICTION EN NOTRE SEIGNEUR JÉSUS-CHRIST.

Vu le rapport à nous adressé par le Comité de surveillance du Canton d'*Étampes* et qui atteste votre moralité, votre attachement sincère à la Religion, ainsi que votre dévouement au Roi et à son auguste Famille;

Vu le brevet de capacité à vous délivré par M. le Recteur de l'Académie;

Vu l'article 11 du titre V de l'Ordonnance royale, en date du 8 avril 1824;

Vu l'article 14 de notre Circulaire du 1.er août même année, relative à l'organisation de l'Instruction primaire dans notre Diocèse:

Ayant la confiance que vous exercerez avec zèle et fidélité la profession utile et importante à laquelle vous avez l'intention de vous dévouer,

Nous vous accordons l'autorisation spéciale de remplir les fonctions d'Instituteur primaire dans la Commune de *Boissy-le-Sec* — Canton d'*Étampes* —

Donné à Versailles, sous notre seing, le sceau de nos armes et le contreseing du Secrétaire-général de notre Évêché, le *6 Mai 1825* —

+ *Louis évêque de Versailles*

Par Monseigneur :

Gréard. *Lég. de l'Instr. primaire.*

33

AUTORISATION POUR   L'ENSEIGNEMENT PRIMAIRE.

MARIE-JOSEPH-FRANÇOIS-VICTOR MONYER DE PRILLY, par la Miséricorde divine et la grâce du Saint-Siége apostolique, Evêque de Châlons-sur-Marne ;

Vu le certificat de capacité du *Deuxième* degré, délivré par M. l'Inspecteur de l'Académie de Paris au *sieur amand-charles-nicolas-joseph Aubertel né à Sompuis*, sous la date du *22 février 1827* ;

Vu les observations de M. le Curé-desservant de *Scandonvillers, c.ne de St Remy en Bouzemont* et la présentation faite par le Comité ecclésiastique du canton de *St Remy en Bouzemont* ;

Vu aussi les certificats constatant que *le dit Sieur Aubertel* ——— tient une conduite irréprochable, qu'*il* jouit d'une bonne réputation ; et espérant qu'*il* se rendra de plus en plus digne de la confiance de son Pasteur et de la Paroisse, par sa piété et son exactitude, et qu'*il* se soumettra à nos Ordonnances relatives à la tenue des Ecoles et à l'Enseignement primaires ;

Lui accordons l'Autorisation d'exercer les fonctions d'Institut*eur* primaire dans la paroisse de ——— *Scandonvillers, canton de St Remy en Bouzemont, ar. de Vitry le Foi*.

Donné à Châlons-sur-Marne, sous ~~notre seing~~, le sceau de nos armes, ~~et le contre-seing du Secrétaire de notre Evêché~~, le *Deux janvier*, 182*8*.

NOTA. On correspond directement avec M. le Grand-Ecolâtre du Diocèse, pour toutes réclamations, consultations, demandes d'autorisation, concernant les Ecoles et l'Enseignement primaires, dont nous lui avons confié la surveillance générale.

Délégation
Par commandement de MONSEIGNEUR.

Au Comité ecclésiastique
du canton de St Remy
en Bouzemont

545

CAUSES DE RÉVOCATION D'UN INSTITUTEUR.

1º L'omission habituelle de ses devoirs de religion ;

2º La négligence à remplir ses fonctions, soit comme Instituteur, soit comme Clerc-Chantre ;

3º L'habitude des juremens et des paroles grossières ;

4º Les emportemens fréquens, les rixes publiques, ou tout autre délit qui troubleroit l'ordre ;

5º Les désordres contre les mœurs, et l'ivrognerie ;

6º La fréquentation suspecte des personnes du sexe ;

7º L'habitude de boire et de manger dans les cabarets, de se trouver dans les danses, les billards, les cafés, etc. ;

8º L'insubordination envers le Curé de la paroisse ;

9º L'admission des filles à l'école des garçons, et *vice versâ*.

L'ordonnance du Roi est expresse ; cependant les Comités ecclésiastiques pourront, selon les localités, tolérer cette admission, pourvu qu'elle ne porte point atteinte aux mœurs, et qu'il soit pris des mesures sages et fermes, afin de prévenir les abus qui existent dans plusieurs écoles où l'on reçoit les filles et les garçons ;

10º L'introduction de livres autres que ceux que Mgr. l'Évêque a adoptés pour l'enseignement primaire dans le diocèse, et dont le catalogue a été publié par M. Demonville, Imprimeur-Libraire, rue Christine, nº 2, à Paris ;

11º Le refus de se soumettre aux règlemens du diocèse, concernant la discipline et la tenue des écoles primaires, et la manière d'instruire dans les classes.

IV

AVIS DES COMITÉS.

DÉPARTEMENT
de Seine-et-Oise.

ARRONDISSEMENT
de Versailles.

CANTON OUEST
de Versailles.

ACADÉMIE DE PARIS.

Le Comité de Surveillance de l'Instruction primaire,

Vu la demande de MM. les Maire et Curé de la commune de Versailles, canton de Versailles, à l'effet d'obtenir l'avis du Comité sur la nomination de D^lle BARBIER (Marie-Pauline), née à Varacieux, département de l'Isère, le 27 février 1797, à la place d'Institutrice primaire dans ladite commune,

Vu le Brevet de capacité du second degré, délivré à D^lle BARBIER par le Recteur de l'Académie de Paris, sous la date du 5 janvier 1829,

Vu les Certificats qui constatent que la D^lle BARBIER n'a pas cessé de se bien comporter jusqu'à ce jour, depuis l'époque où elle a obtenu son Brevet de capacité;

Considérant que Mlle BARBIER réunit toutes les qualités propres à inspirer la plus grande confiance pour l'instruction de la jeunesse,

Est d'avis qu'une autorisation spéciale soit accordée à Mlle BARBIER (Marie-Pauline), pour exercer les fonctions d'Institutrice primaire dans la ville de Versailles.

Délibéré à Versailles, le 6 septembre 1829.

MOREAU, *président du Comité.*

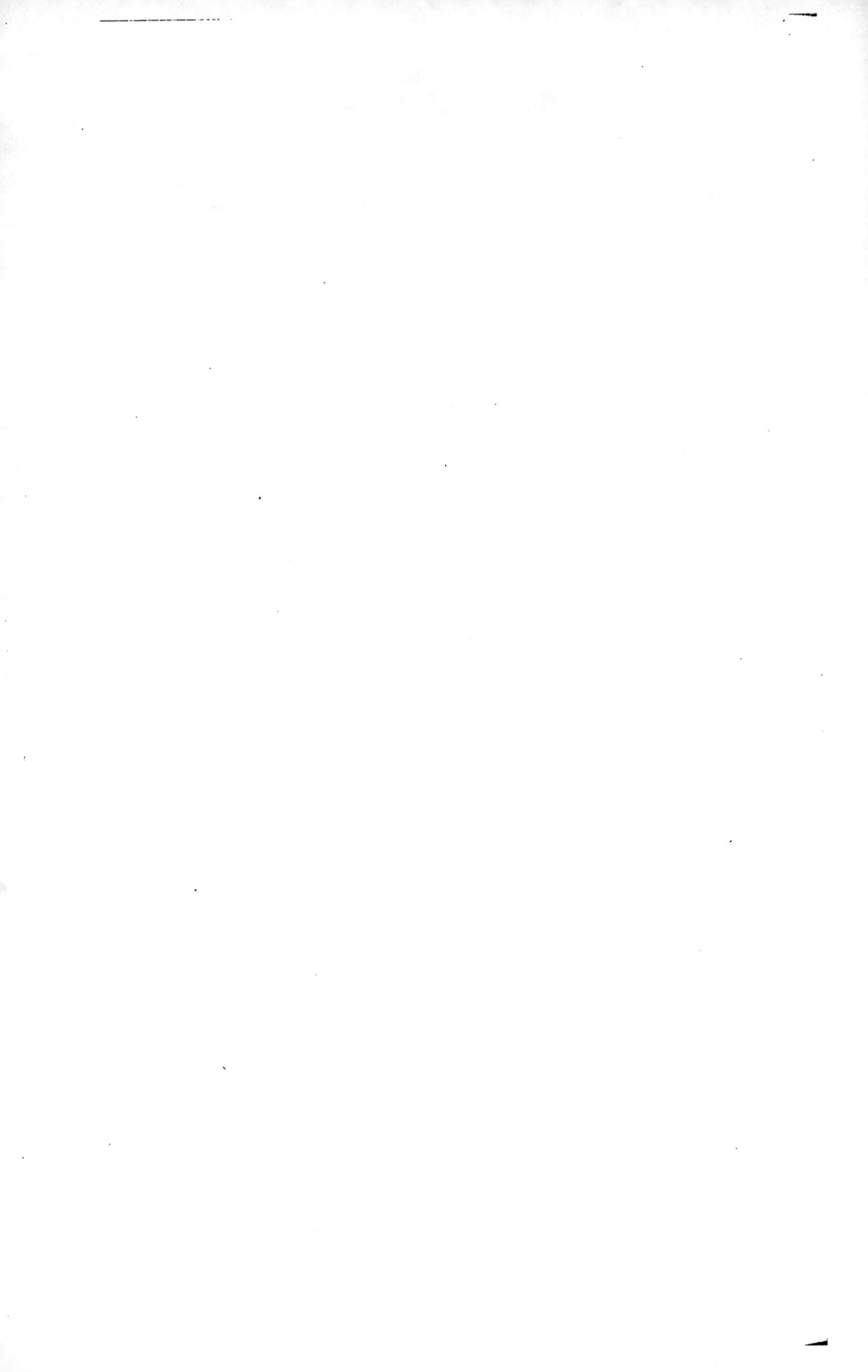

523

Avis du Comité des trois cantons réunis de Versailles exprimé en exécution
de l'article 11 de l'ordonnance du 21 avril 1828 (p. 342).

DÉPARTEMENT
de Seine-et-Oise.

ARRONDISSEMENT
de Versailles.

CANTONS RÉUNIS
de Versailles.

ACADÉMIE DE PARIS.

Le Comité de Surveillance de l'Instruction primaire des trois cantons réunis de Versailles,

Vu la demande de MM. les Maire et Curé de Saint-Louis de la commune de Versailles, canton ouest de Versailles, à l'effet d'obtenir l'avis du Comité sur la nomination de Demoiselle BARBIER (Marie-Pauline), née à Varacieux, département de l'Isère, le 27 février 1797, à la place d'Institutrice primaire dans ladite commune de Versailles,

Vu le Brevet de capacité du second degré, délivré à Mlle BARBIER par le Recteur de l'Académie de Paris, sous la date du 5 janvier 1829,

Vu les Certificats qui constatent que la D^{lle} BARBIER n'a pas cessé de se bien comporter jusqu'à ce jour, depuis l'époque où elle a obtenu son Brevet de capacité;

Considérant que Mlle BARBIER réunit toutes les qualités propres à inspirer la confiance pour l'instruction des jeunes filles, que tous les renseignements recueillis lui sont favorables,

Considérant que le local destiné à la Classe de cette Institutrice *situé à Versailles, rue Saint-Martin*, n° 29, est très convenable,

Est d'avis qu'une autorisation spéciale soit accordée à Mlle BARBIER (Marie-Pauline) pour exercer les fonctions d'Institutrice primaire à Versailles, rue Saint-Martin, n° 29.

Délibéré à Versailles, le 12 novembre 1829.

MOREAU, *président*.

Nous soussignés composant le Jury d'examen des Institutrices primaires de l'arrondissement de Vitry-le-François, département de la Marne.

Certifions que la Demoiselle Marie-Antoinette PANET, née à Ecriennes, le 26 novembre 1803, demeurant à Ecriennes, s'est présentée devant Nous, pour être examinée sur les connaissances nécessaires à une Institutrice primaire ; qu'exhibition faite par ladite demoiselle PANET des pièces exigées par les ordonnances des 29 février 1816 et 21 avril 1828, et dont il a été fait lecture par le Secrétaire, nous avons procédé à l'examen de la postulante ; qu'elle a répondu aux questions qui lui ont été adressées sur les principes de la Religion, la lecture, l'écriture, les premières notions du calcul.

Que nous l'avons jugée en état d'enseigner, et qu'elle a fait preuve de la capacité nécessaire pour exercer les fonctions d'Institutrice primaire du deuxième degré.

En foi de quoi nous lui avons délivré le présent qui sera transmis à M. l'Inspecteur de l'Académie avec les pièces ci-dessus mentionnées.

Les pièces exigées ayant été mises sous les yeux du Jury et du Comité, j'ai jugé qu'il était inutile de les envoyer à M. l'Inspecteur Garnier, président.

Fait à Vitry-le-François ce six mars an mil huit cent vingt-neuf.

SALLIGNE, I. ALIPS, GARNIER, FOURLON, B. DE FENOURS.

V

ENGAGEMENT DÉCENNAL.

Engagement décennal contracté le 13 mars 1821 en exécution de la loi
du 10 mars 1818 (p. 265).

INSTRUCTION PRIMAIRE.

INSTRUCTION PUBLIQUE.

ACADÉMIE DE PARIS.

ENGAGEMENT
de se vouer pour 10 ans
au service de l'instruction
publique.

Je soussigné Joseph-Victor DAVID, né à Vigny,
département de Seine-et-Oise, le 7 mars 1800, instituteur primaire de la commune de Vigny, canton
de Marines, département de Seine-et-Oise, pourvu
d'une autorisation délivrée par M. le Président de
l'Instruction publique le 15 janvier 1820 et approuvée par M. le Préfet le 13 mars 1820, atteint par la
loi du 10 mars 1818 sur le recrutement de l'armée,
pour la classe de 1820, promets, conformément à
ladite loi, de me vouer pendant dix ans au service
de l'Instruction publique.

A Vigny, ce 13 mars 1821.

DAVID fils.

Je soussigné Louis-Sébastien DAVID consens à
ce que Joseph-Victor DAVID, mon fils, se voue pour
dix ans au service de l'Instruction publique.

A Vigny, ce 13 mars 1821.

DAVID père.

Vu pour légalisation des signatures ci-dessus.

A Vigny, le 13 mars 1821.

Le Maire de Vigny,
LEGUILLON.

Vu par nous, Recteur,

Modèle d'Acceptation d'un Engagement décennal contracté en exécution de la loi du **10 mars 1818** (p. 265).

UNIVERSITÉ DE FRANCE.

EXTRAIT

DU REGISTRE DES DÉLIBÉRATIONS

DU CONSEIL ROYAL DE L'INSTRUCTION PUBLIQUE.

Séance du 6 avril 1822.

Le Conseil royal de l'Instruction publique, sur le rapport de M. le Conseiller, Recteur de l'Académie de Paris, conformément à l'article 15 de la loi du 10 mars 1818, reçoit l'engagement de se vouer, pendant dix ans, au service de l'Instruction publique, contracté par le Sr ADAM (Pierre-Simon), né à Saint-Arnould-les-Bois, département d'Eure-et-Loir, le 9 nivôse An X (vingt-neuf décembre mil huit cent un).

Signé au Registre :

Le baron CUVIER, exerçant les fonctions de Président.

PETITOT, Conseiller Secrétaire général.

Certifié conforme à l'original :

Le Conseiller Secrétaire général,
PETITOT.

Pour le Conseiller au Conseil royal, exerçant les fonctions de Chancelier,

GUENEAU DE MUSSY.

VI

PROCÈS-VERBAL D'INSTALLATION.

EXEAT ET RÉCÉPISSÉ.

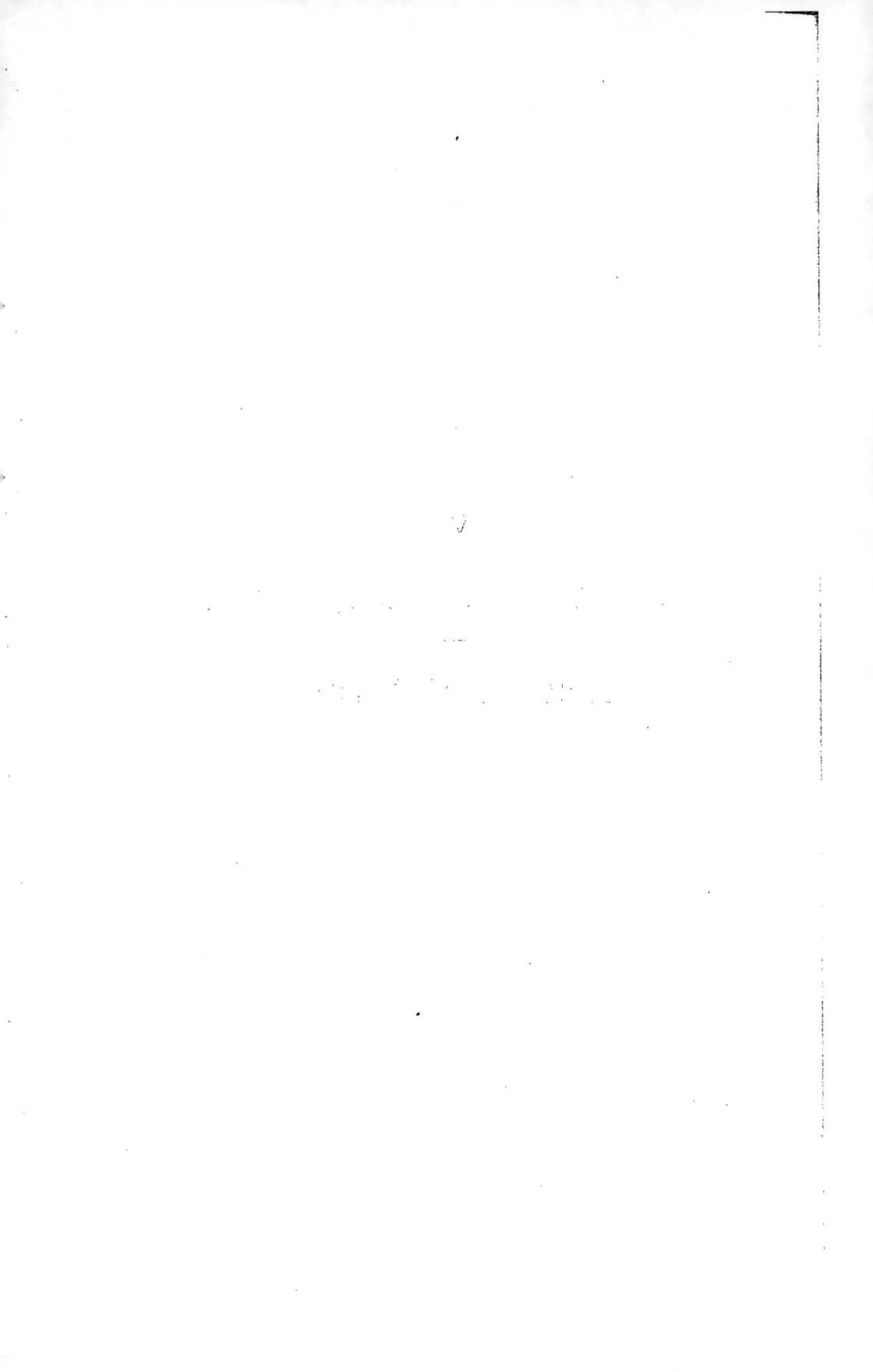

COMMUNE DE LA TRETOIRE. CANTON DE REBAIS.

Arrondissement de Coulommiers.

Département de Seine-et-Marne.

NOUS SOUSSIGNÉS

Louis-Auguste Huart, Doyen de Rebais et desservant de la commune de la Trétoire, et Monsieur Cuisinier, Maire de la dite commune, et les officiers municipaux, et principaux habitants de la dite commune ; étant tous assemblés par l'avis de Monsieur le Maire, à l'effet de recevoir le dit sieur Louis-Auguste Gallot, natif de Doue (Seine-et-Marne), âgé de dix-neuf ans, pour être Clerc paroissial, et Instituteur de la dite commune ; en se conformant aux dispositions suivantes.

Article 1er. Le dit sieur Gallot sera tenu de se rendre à toutes les offices de l'Eglise, comme Clerc paroissial, et encore il sera tenu d'accompagner le prêtre, à porter les sacrements aux malades au cas requis. Il sera tenu de servir la messe au Prêtre.

Art. 2. Il sera tenu d'entretenir l'église proprement, comme de la nétoyer quand il en sera besoin.

Art. 3. Il sera tenu de sonner la cloche, depuis la fête de la Toussaint, jusqu'à la fête de la Chandeleur, à six heures, soir et matin ; et depuis la fête de la Chandeleur jusqu'à la fête de la Toussaint, à cinq heures le matin, et à huit heures le soir, et à onze heures pour midi, en tout temps.

Art. 4. Il sera tenu de faire l'école quand il se présentera des enfants, et de la tenir jusqu'à ce qu'il n'y en ait qu'un bien petit nombre. Les enfants seront divisés en trois classes, savoir : la première classe payera un franc, la seconde soixante et quinze centimes, et la troisième cinquante centimes par mois d'école.

Art. 5. Il sera tenu de sonner, le premier, second et troisième des offices.

RÉTRIBUTION.

Art. 1er. Le sieur Gallot recevra des Cultivateurs 22 livres de bléd, par quatre hectares 80 acres, ou dix arpents de terre recoltés en bléd ; et non d'autre nature ; et le surplus dans la proportion ; et comme ceux qui feront au dessous de dix arpents de bléd payeront en numéraire.

Art. 2. Il recevra des Meuniers la quantité de quarante-quatre livres de blé. Le payement se fera au onze novembre prochain.

ART. 3. Il recevra des Manouvriers divisés en trois classes : savoir la première classe deux francs, la deuxième classe un franc cinquante centimes, et de la troisième classe un franc.

ART. 4. Il aura l'herbe, et les tonsures du cimetière, à la charge de l'élaguer, et de l'entretenir clos.

ART. 5. Il recevra la somme de soixante francs par chaque année, pour indemnité de logement, ou bien un logement.

ART. 6. Il sera tenu de se transporter chez tous les habitants, pour recevoir ses rétributions, à l'exception des soixante francs, desquels il recevra un mandat de Monsieur le Maire, pour toucher chez Monsieur le Percepteur.

ART. 7. Pour quand aux rétributions de clerc parroissial il recevra suivant l'indic du Tarif.

ART. 8. Quand aux indigents, ceux qui en seront reconnus par les classes, leurs enfants seront instruits gratuitement.

Ainsi que toutes les clauses, et conditions, cy dessus ennoncées de l'autre part, seront avec l'Approbation de Monseigneur l'Évêque de Meaux, exécutées dans toutes leurs formes.

Fait en assemblée à la Trétoire le vingt-sept janvier Mil huit cent vingt-huit.

INSTRUCTION
PRIMAIRE.

UNIVERSITÉ ROYALE DE FRANCE.

ACADÉMIE
d

ARRONDISSEMENT
d

CANTON
d

COMMUNE
d

Nous, Président du Comité cantonal d

sur la déclaration qui nous a été faite par le S^r

Instituteur de la commune d

de son intention de quitter ladite commune, attendu (1)

EXEAT.

(1) Motif de la demande.
(2) Temps de l'exercice.
(3) Notes sur la conduite, la capacité, etc.

Avons délivré audit Sieur un *EXEAT* à cet effet, et certifions que pendant (2)
qu'il a exercé (3)

(4) Signature du Président du Comité.

Fait à   , le
(4)

537

Modèle de Récépissé annexé à l'arrêté du 15 septembre 1821, art. 1er (p. 313).

MODÈLE DE RÉCÉPISSÉ.

Je soussigné (¹)

né à   , département d

le   (²)   reconnais

que M. (³)

m'a remis à l'instant l (⁴)

délivré à   le

par   et sur l   quel   j'ai

moi-même apposé ma signature.

(1) Nom et prénoms de l'impétrant.
(2) Qualité résultante de l'espèce d'acte qui doit lui être remis.
(3) Nom et qualité du fonctionnaire de l'Université ou de l'administrateur civil qui remet le brevet, diplôme ou autre acte semblable.
(4) Désignation de l'acte dont la remise doit être faite.

VII

LISTE DES CONGRÉGATIONS AUTORISÉES.

Associations religieuses d'hommes voués à l'enseignement et autorisées
(p. 330).

INDICATION DE L'ASSOCIATION.	SIÈGE DE L'ASSOCIATION.	DATE DE L'AUTORISATION.
Frères des Écoles chrétiennes, *dits* de Saint-Yon.	Rue Oudinot, Paris.	17 mars 1808.
Frères de l'Instruction chrétienne, *dits* de Lamennais.	Ploërmel (Morbihan).	1er mai 1822.
Frères de la Doctrine chrétienne, *dits* de Sion-Vaudemont.	Nancy (Meurthe-et-Moselle).	17 juillet 1822.
Frères de l'Instruction chrétienne.	Saint-Paul-Trois-Châteaux (Drôme)[1].	11 juin 1823.
Frères de Saint-Antoine.	Boulevard de l'Hôpital, 70, Paris.	23 —
Frères de Sainte-Croix, *dits* de Saint-Joseph.	Avenue du Roule, 22, Neuilly (Seine).	25 —
Frères de l'Instruction chrétienne du Saint-Esprit, *dits* de Saint-Gabriel.	Saint-Laurent-sur-Sèvre (Vendée).	11 septembre 1823 et 3 mars 1853.
Frères de Saint-Joseph.	Saint-Fuscien (Somme).	3 décembre 1823.
Frères de l'Instruction chrétienne, *dits* du Sacré-Cœur.	Paradis, près Le Puy (Haute-Loire).	10 mars 1825.
Frères de la Société de Marie.	Rue Montparnasse, 28, Paris.	16 novembre 1825 et 18 août 1860.
Frères du Saint-Viateur.	Les Ternes (Cantal).	10 janvier 1830.
—	Vourles (Rhône).	10 juin 1830.
Petits-Frères de Marie.	Saint-Genis-Laval (Rhône).	20 juin 1851 et 12 novembre 1868.
Frères de Notre-Dame-de-Bon-Secours.	Misserghin, province d'Oran (Algérie).	16 avril 1853.
Frères de Saint-Joseph.	Oullins (Rhône).	6 mai 1853.
Frères de Saint-François-d'Assise, *dits* Frères Agriculteurs.	Saint-Antoine-des-Bois (Charente-Inférieure).	4 mai 1854.
Frères de la Croix-de-Jésus.	Ménestruel (Ain).	4 —
Frères de Saint-François-Régis.	La Roche-Arnaud, près Le Puy (Haute-Loire).	19 août 1856.
Frères des Écoles chrétiennes de la Miséricorde.	Montebourg (Manche).	4 septembre 1856.
Frères de la Sainte-Famille.	Belley (Ain).	10 janvier 1874.
Frères du Saint-Esprit et du Saint-Cœur de Marie.	Rue Lhomond, 30, Paris.	20 février 1874.
Association des Frères laïques de la Congrégation de la Mission *dite* de Saint-Lazare.	Rue de Sèvres, 95, Paris.	27 janvier 1876.
Association de Notre-Dame-d'Afrique.	Alger (Algérie).	31 août 1878.

1. Cette association est actuellement réunie à l'institut des Petits-Frères de Marie, dont le siège est à Saint-Genis-Laval (Rhône).

Associations religieuses de femmes vouées à l'enseignement et autorisées (p. 530).

I. — CONGRÉGATIONS GÉNÉRALES A SUPÉRIEURE GÉNÉRALE.

INDICATION DE L'ASSOCIATION.	SIÈGE DE L'ASSOCIATION.	DATE DE L'AUTORISATION.
Sœurs de la Doctrine chrétienne, *dites* Watelottes.	Nancy (Meurthe-et-Moselle).	28 prairial An XI, 3 août 1808 et 23 juin 1824.
Sœurs de Notre-Dame-de-Grâce.	Aix (Bouches-du-Rhône).	23 avril 1807.
Sœurs de Saint-Roch.	Felletin (Creuse).	1er juin 1807 et 5 août 1853.
Filles de la Charité de Saint-Vincent-de-Paul.	Paris (Seine).	8 novembre 1809.
Sœurs de la Mère de Dieu.	Paris (Seine).	15 juillet 1810.
Dames de Saint-Thomas-de-Villeneuve.	Paris (Seine).	16 —
Sœurs de la Sainte-Trinité.	Valence (Drôme).	16 —
Sœurs de la Charité.	Besançon (Doubs).	28 août 1810.
Sœurs de Notre-Dame-de-la-Charité.	Lisieux (Calvados).	22 octobre 1810.
Sœurs Saint-Charles.	Lyon (Rhône).	22 octobre 1810 et 12 janvier 1813.
Sœurs de la Providence.	Evreux (Eure).	2 novembre 1810.
Sœurs de Sainte-Marthe.	Périgueux (Dordogne).	13 novembre 1810 et 8 décembre 1852.
Filles du Saint-Esprit.	Saint-Brieuc (Côtes-du-Nord).	13 novembre 1810 et 21 mars 1836.
Sœurs de la Charité.	Evron (Mayenne).	13 novembre 1810.
Sœurs de Saint-Charles.	Angers (Maine-et-Loire).	15 —
Sœurs de Sainte-Marthe.	Angoulême (Charente).	15 novembre 1810 et 25 janvier 1860.
Sœurs de la Charité de Sainte-Marie.	Angers (Maine-et-Loire).	15 novembre 1810.
Religieuses Franciscaines.	Calais (Pas-de-Calais).	15 novembre 1810 et 10 avril 1854.
Religieuses de Saint-Augustin.	Cambrai (Nord).	22 novembre 1810 et 14 janvier 1853.
Sœurs de l'Instruction chrétienne, *dites* Ursulines.	Troyes (Aube).	14 décembre 1810.
Sœurs de Saint-Charles.	Nancy (Meurthe-et-Moselle).	15 —
Sœurs de Sainte-Anne, *dites* de la Providence.	Saint-Hilaire-Saint-Florent (Maine-et-Loire).	14 décembre 1810, 19 avril 1854 et 30 décembre 1862.
Sœurs de la Miséricorde.	Billom (Puy-de-Dôme).	14 décembre 1810 et 14 janvier 1853.
Sœurs de Saint-Augustin.	Meaux (Seine-et-Marne).	14 décembre 1810 et 19 août 1854.
Sœurs de Sainte-Chrétienne.	Longuyon (Meurthe-et-Moselle).	26 décembre 1810 et 2 décembre 1874.
Sœurs du Saint-Sacrement.	Autun (Saône-et-Loire).	26 décembre 1810 et 30 juillet 1837.
Sœurs de la Présentation de la Sainte-Vierge.	Saint-Symphorien-lès-Tours (Indre-et-Loire).	19 janvier 1811, 14 août 1813 et 5 octobre 1845.
Sœurs de la Charité et Instruction chrétienne.	Nevers (Nièvre).	19 janvier 1811.
Sœurs de Saint-Maur.	Rue des Missions, 8, Paris.	19 —
Sœurs d'Ernemont.	Rouen (Seine-Inférieure).	19 —
Sœurs de la Providence.	Séez (Orne).	22 —

Sœurs de la Charité.	Bourges (Cher).	16 février 1811.
Filles de la Sagesse.	Saint-Laurent-sur-Sèvre (Vendée).	27 —
Sœurs de Saint-Joseph, *dites* du Bon-Pasteur.	Clermont (Puy-de-Dôme).	9 avril 1811.
Sœurs de Saint-Paul, *dites* de Saint-Maurice.	Chartres (Eure-et-Loir).	23 juillet 1811.
Sœurs de la Providence.	Lisieux (Calvados).	30 septembre 1811.
— —	Frasne-le-Château (Haute-Saône).	15 juin 1812 et 28 octobre 1873.
— —	Alençon (Orne).	24 août 1812 et 20 octobre 1852.
Sœurs du Saint-Sacrement.	Valence (Drôme).	13 janvier 1813 et 13 décembre 1866.
Sœurs de la Charité de Saint-Louis.	Vannes (Morbihan).	21 mars 1816.
Sœurs de Saint-Joseph.	Annecy (Haute-Savoie).	23 septembre 1823.
Sœurs de la Providence.	Fillières (Meurthe-et-Moselle).	28 mai 1825 et 9 novembre 1874.
Sœurs de l'Instruction chrétienne, *dites* de la Providence.	Troyes (Aube).	14 mai 1826 et 13 décembre 1835.
Filles de la Croix, *dites* de Saint-André.	La Puye (Vienne).	28 mai 1826.
Sœurs de la Providence.	Corenc (Isère).	28 mai 1826 et 31 octobre 1842.
— —	Langres (Haute-Marne).	28 mai 1826.
Ursulines de Jésus.	Chavagnes (Vendée).	28 —
Filles de la Conception.	Avignon (Vaucluse).	28 mai 1826 et 11 juin 1858.
Sœurs de la Sainte-Famille.	Besançon (Doubs).	28 mai 1826.
Sœurs de la Réunion au Sacré-Cœur de Jésus.	Bordeaux (Gironde).	28 —
Sœurs de la Doctrine chrétienne.	Bordeaux (Gironde).	28 —
Sœurs de la Nativité de Notre-Seigneur-Jésus-Christ.	Valence (Drôme).	28 mai 1826.
Sœurs de Sainte-Marthe.	Romans (Drôme).	28 —
Sœurs de Notre-Dame-de-Compassion.	Toulouse (Haute-Garonne).	7 juin 1826.
Sœurs de Notre-Dame-de-Présentation.	Manosque (Basses-Alpes).	7 —
Sœurs de Notre-Dame-de-Lorette.	Bordeaux (Gironde).	7 —
Sœurs de l'Immaculée-Conception de la Vierge.	Bordeaux (Gironde).	7 —
Filles de la Croix.	Limoges (Haute-Vienne).	7 —
Sœurs des Écoles chrétiennes, *dites* de la Sainte-Enfance.	Versailles (Seine-et-Oise).	7 juin 1826, 2 août 1844 et 13 septembre 1852.
Dames de Sainte-Clotilde.	Rue de Reuilly, 99, Paris.	7 juin 1826.
Sœurs de la Nativité de la Sainte-Vierge.	Saint-Germain-en-Laye (Seine-et-Oise).	7 —
Sœurs de la Charité de la Providence.	Ruillé-sur-Loir (Sarthe).	19 novembre 1826.
Sœurs de Notre-Dame.	Le Cateau (Nord).	19 novembre 1826 et 17 août 1853.
Sœurs de l'Immaculée-Conception.	Nogent-le-Rotrou (Eure-et-Loir).	17 janvier 1827 et 16 novembre 1859.
Dames de Nazareth.	Montléan-Montmirail (Marne).	17 janvier 1827.
Sœurs de Marie-Thérèse, *dites* Servantes de Jésus.	Bordeaux (Gironde).	17 —
Sœurs de Saint-Jacut.	Saint-Jacut (Morbihan).	17 janvier 1827 et 30 décembre 1854.
Sœurs de la Miséricorde.	Moissac (Tarn-et-Garonne).	17 janvier 1827.
Sœurs de l'Enfant-Jésus.	Soissons (Aisne).	17 —
Sœurs de Notre-Dame-de-Bon-Secours.	Charly (Aisne).	17 —
Sœurs de la Providence.	Laon (Aisne).	17 —
Sœurs de la Retraite.	Angers (Maine-et-Loire).	17 janvier 1827 et 8 février 1854.

Bénédictines de Notre-Dame-du-Calvaire.	Orléans (Loiret).	17 janvier 1827.
Filles de la Retraite.	Quimper (Finistère).	17 janvier 1827 et 23 avril 1845.
Sœurs de la Sainte-Famille.	Villefranche (Aveyron).	17 janvier 1827.
Sœurs des Sacrés-Cœurs de Jésus et de Marie.	Saint-Quay (Côtes-du-Nord).	17 —
Sœurs de Saint-Joseph.	Rue du Faubourg-Saint-Jacques, 57, Paris.	17 janvier 1827 et 21 juillet 1870.
Sœurs de Bon-Secours, dites de Notre-Dame-Auxiliatrice.	Rue Notre-Dame-des-Champs, 20, Paris.	17 janvier 1827.
Sœurs de Saint-Joseph.	Saint-Jean-de-Maurienne (Savoie).	18 avril 1827.
Dames du Sacré-Cœur de Jésus.	Rue de Varennes, 77, Paris.	22 —
Ursulines du Sacré-Cœur.	Pons (Charente-Inférieure).	22 —
Sœurs de Sainte-Marie-de-la-Providence.	Saintes (Charente-Inférieure).	22 avril 1827 et 22 juillet 1853.
Sœurs de Notre-Dame.	Saint-Erme (Aisne).	22 avril 1827.
Bernardines.	Esquermes (Nord).	22 avril 1827 et 9 janvier 1854.
Filles de la Providence, dites de Sainte-Thérèse.	Avesnes (Nord).	22 avril 1827 et 14 décembre 1851.
Sœurs de l'Enfant-Jésus.	Lille (Nord).	22 avril 1827 et 27 août 1852.
Sœurs du Bon-Sauveur.	Caen (Calvados).	22 avril 1827 et 16 mars 1852.
Sœurs Augustines.	Rue Fausse-Porte, 4, Arras (Pas-de-Calais).	22 avril 1827 et 21 juillet 1855.
Sœurs de Saint-Joseph.	Moutiers (Savoie).	6 juin 1827.
Sœurs du Saint-Nom de Jésus.	Toulouse (Haute-Garonne).	17 juin 1827.
Filles de la Croix.	Saint-Quentin (Aisne).	23 mars 1828.
Sœurs de Saint-Joseph.	Lyon (Rhône).	23 —
Sœurs de l'Éducation chrétienne.	Argentan (Orne).	23 mars 1828, 1er juin 1828, 14 novembre 1848.
Sœurs de Marie.	Agen (Lot-et-Garonne).	23 mars 1828.
Sœurs de Saint-Joseph.	Bourg (Ain).	31 août 1828.
— —	Aubenas (Ardèche).	22 février 1829, 20 juillet 1859, 10 mai 1876.
Sœurs de la Miséricorde.	Place de la Madeleine, Rouen (Seine-Inférieure).	9 avril 1829 et 13 septembre 1852.
Sœurs de Saint-Joseph.	Les Vans (Ardèche).	14 février 1830.
Sœurs de la Providence.	Sens (Yonne).	2 mai 1830 et 14 juillet 1855.
Sœurs de la Présentation de Marie.	Bourg-Saint-Andéol (Ardèche).	29 mai 1830.
Sœurs de l'Instruction chrétienne.	Saint-Gildas-des-Bois (Loire-Inférieure).	24 septembre 1836.
Sœurs de la Sainte-Famille.	Amiens (Somme).	19 juin 1837.
Sœurs des Sacrés-Cœurs de Jésus et de Marie.	Mormaison (Vendée).	5 septembre 1837 et 13 novembre 1859.
Sœurs de la Miséricorde.	Saint-Sauveur-le-Vicomte (Manche).	13 octobre 1838 et 30 avril 1851.
Sœurs du Saint-Sauveur et de la Sainte-Vierge.	La Souterraine (Creuse).	23 décembre 1838 et 1er août 1852.
Sœurs de la Charité de Jésus et de Marie.	Cherbourg (Manche).	8 janvier 1839 et 29 juillet 1854.
Filles de Marie.	Broons (Côtes-du-Nord).	30 mars 1839.
Sœurs de Saint-Joseph.	Saint-Flour (Cantal).	9 janvier 1840 et 3 août 1853.
Sœurs de la Providence.	Le Cheylard (Ardèche).	26 novembre 1840 et 23 mai 1855.
— —	Gap (Hautes-Alpes).	21 janvier 1841.

35.

Sœurs de l'Instruction chrétienne, *dites* de la Providence.	Portieux (Vosges).	21 janvier 1841.
Filles de la Providence, *dites* Mères des pauvres.	Créhen (Côtes-du-Nord).	18 novembre 1841.
Sœurs de l'Adoration perpétuelle du Saint-Sacrement.	Quimper (Finistère).	24 avril 1842.
Ursulines de Jésus.	Malet, commune de Saint-Côme (Aveyron).	11 mai 1842.
Sœurs Hospitalières, *dites* de la Providence.	Rouen (Seine-Inférieure).	27 juin 1842.
Filles de Jésus.	Plumelin (Morbihan).	31 octobre 1842.12 mai 1853 et 28 juin 1857.
Demoiselles de l'Instruction de l'Enfant-Jésus.	Le Puy (Haute-Loire).	24 janvier 1843.
Sœurs du Sacré-Cœur de Jésus.	Saint-Aubin-Jouxte-Boulleng (Seine-Inférieure).	26 mars 1843.
Sœurs de la Compassion de la Sainte-Vierge.	L'Hermitage, commune de Villersexel (Haute-Saône).	26 août 1843.
— —	Saint-Denis (Seine).	31 —
Sœurs de Saint-Joseph.	Veyreau (Aveyron).	29 janvier 1845.
Sœurs de la Charité.	La Roche (Haute-Savoie).	8 février 1845.
Sœurs de la Sainte-Enfance de Marie.	Nancy (Meurthe-et-Moselle).	4 septembre 1845, 14 avril 1866 et 23 août 1870.
Sœurs du Sacré-Cœur de Marie.	Coutances (Manche).	9 avril 1846 et 15 novembre 1858.
Sœurs de Saint-Martin.	Bourgueil (Indre-et-Loire).	16 avril 1846.
Sœurs de la Miséricorde.	Montcuq (Lot).	11 juillet 1846.
Sœurs de l'Instruction chrétienne, *dites* de la Providence.	Vitteaux (Côte-d'Or).	21 septembre 1846.
Dames de la Sainte-Union.	Siu (Nord).	13 avril 1850 et 30 novembre 1862.
Dames de la Retraite.	Vannes (Morbihan).	26 décembre 1850.
Sœurs de la Miséricorde.	Blou, commune de Vaudry (Calvados).	10 mars 1852 et 5 août 1853.
Sœurs de la Providence.	La Pommeraye (Maine-et-Loire).	25 mars 1852.
Sœurs de la Charité du Sacré-Cœur de Jésus.	La Salle-de-Vihiers (Maine-et-Loire).	2 avril 1852.
Sœurs de Sainte-Marie de Torfou.	Torfou (Maine-et-Loire).	4 mai 1852.
Sœurs de l'Immaculée-Conception.	Castres (Tarn).	13 septembre 1852.
Sœurs de Notre-Dame-du-Mont-Carmel.	Avranches (Manche).	23 octobre 1852.
Sœurs de Saint-Joseph.	Bordeaux (Gironde).	23 —
Sœurs de l'Immaculée-Conception.	Saint-Méen (Ille-et-Vilaine).	8 novembre 1852.
Sœurs de Saint-Joseph de Tarbes.	Tuzaguet (Hautes-Pyrénées).	30 —
Sœurs de Notre-Dame-du-Calvaire.	Gramat (Lot).	8 décembre 1852.
Servantes de Marie.	Anglet (Basses-Pyrénées).	14 —
Sœurs de la Croix.	Lavaur (Tarn).	14 —
Filles du Saint et Immaculé Cœur de Marie.	Niort (Deux-Sèvres).	23 —
Sœurs de la Sainte-Famille.	Pézens (Aude).	3 janvier 1853.
Sœurs de Notre-Dame.	Brionze (Orne).	5 —
Sœurs de Notre-Dame-de-la-Présentation.	Castres (Tarn).	5 —
Sœurs Adoratrices de la Justice de Dieu.	Faubourg de Rillé, Fougères (Ille-et-Vilaine).	1er février 1853.
Sœurs du Cœur-Immaculé de Marie.	Saint-Loup (Haute-Marne).	1er —
Sœurs de la Doctrine chrétienne.	Digue (Basses-Alpes).	9 mars 1853.
Sœurs de la Sainte-Enfance de Jésus et de Marie.	Sainte-Colombe, commune de Saint-Denis-lès-Sens (Yonne).	30 avril 1853.
Sœurs de Saint-Joseph.	Gap (Hautes-Alpes).	30 —
Sœurs de l'Enfance de Jésus et de Marie.	Draguignan (Var).	29 —

Sœurs de Sainte-Marie.	Rue Carnot, 8, Paris.	7 juillet 1853.
Filles des Sacrés-Cœurs de Jésus et de Marie.	Tournon (Ardèche).	1er août 1853 et 16 août 1859.
Dames Célestines.	Provins (Seine-et-Marne).	17 août 1853.
Sœurs de Saint-Joseph.	Oullas, commune de Castelnau (Tarn).	19 —
Fidèles Compagnes de Jésus.	Rue de la Santé, 7, Paris.	8 octobre 1853.
Filles de Jésus.	Vaylats (Lot).	10 novembre 1853.
Sœurs de l'Enfant-Jésus.	Reims (Marne).	29 —
Sœurs de Saint-Joseph.	Saint-Gervais-sur-Mare (Hérault).	29 —
Sœurs de Saint-François-d'Assise.	Lyon (Rhône).	8 décembre 1853.
Pauvres Sœurs de Saint-François-d'Assise.	Avignon (Vaucluse).	8 —
Sœurs du Sacré-Cœur de Jésus.	Privas (Ardèche).	14 décembre 1853 et 14 janvier 1861.
Sœurs de la Providence.	Arras (Pas-de-Calais).	10 janvier 1854.
Ursulines.	Dijon (Côte-d'Or).	15 janvier 1854 et 5 novembre 1877.
Sœurs de Saint-Joseph.	Saint-Félicien (Ardèche).	1er février 1854.
Sœurs de Saint-Régis.	Aubenas (Ardèche).	19 avril 1854.
Sœurs de Sainte-Philomène.	Salvert, commune de Migné (Vienne).	18 juillet 1854.
Religieuses Franciscaines, *dites* Filles de Notre-Dame-des-Anges.	Lille (Nord).	19 août 1854.
Filles du Divin-Rédempteur.	Epinal (Vosges).	6 novembre 1854 et 3 décembre 1872.
Sœurs de Saint-Joseph.	Saint-Etienne-de-Luglarès (Ardèche).	23 décembre 1854.
— —	Vanesc (Ardèche).	26 juin 1855.
— —	Cusset (Allier).	4 juillet 1855.
Sœurs de la Sainte-Famille de Nazareth.	Le Plan (Haute-Garonne).	25 —
Sœurs de l'Instruction de l'Enfant-Jésus.	Aurillac (Cantal).	25 —
Sœurs de la Charité.	Nîmes (Gard).	31 —
Sœurs de la Compassion, Servantes du Seigneur.	Domfront (Oise).	29 août 1855 et 7 décembre 1859.
Sœurs de Saint-Aignan.	Orléans (Loiret).	3 octobre 1855.
Sœurs de Saint-Joseph-de-l'Apparition.	Marseille (Bouches-du-Rhône).	17 —
Sœurs du Saint-Nom de Jésus.	Loriol (Drôme).	27 —
Dames Trinitaires.	Saint-Martin-d'En-Haut (Rhône).	19 novembre 1855.
Sœurs du Très-Saint Cœur de Marie.	Gap (Hautes-Alpes).	29 —
Petites Servantes de Marie-Immaculée.	Gaudechat (Oise).	9 janvier 1856.
Sœurs de l'Immaculée-Conception, *dites* de la Providence.	Niort (Deux-Sèvres).	9 —
Tiers ordre des Filles de Marie.	Auch (Gers).	16 février 1856 et 11 novembre 1865.
Dames de l'Assomption.	Rue de l'Assomption, Anteuil-Paris.	5 mars 1856 et 6 mai 1858.
Sœurs du Tiers ordre de Saint-Dominique.	Ambert (Puy-de-Dôme).	12 mars 1856 et 27 novembre 1864.
Sœurs du Saint-Nom de Joseph.	Mailhac (Aude).	25 juin 1856.
Sœurs de Notre-Dame-de-Sion.	Rue Notre-Dame-des-Champs, Paris.	25 —
Sœurs de Saint-Joseph.	Ruoms (Ardèche).	4 août 1856 et 14 août 1876.
Sœurs du Saint-Cœur de Marie.	Treignac (Corrèze).	19 août 1856.
— —	Béziers (Hérault).	19 —
Sœurs du Sacré-Cœur de Jésus.	Valence-d'Albigeois (Tarn).	18 septembre 1856.
Sœurs de la Sainte-Famille.	Clos des Chartreux, Lyon (Rhône).	11 novembre 1856.

Sœurs de Saint-Joseph.	Abbeville (Somme).	14 novembre 1856.
Sœurs de l'Adoration perpétuelle du Sacré-Cœur de Jésus.	Quartier des Chartreux, Lyon (Rhône).	3 décembre 1856.
Sœurs de Notre-Dame-de-la-Compassion.	Marseille (Bouches-du-Rhône).	22 janvier 1857.
Sœurs de Notre-Dame-de-Chartres.	Chartres (Eure-et-Loir).	23 mars 1857 et 25 octobre 1862.
Sœurs de l'Enfant-Jésus.	Claveisolle (Rhône).	17 février 1858.
Sœurs Maristes.	Belley (Ain).	11 décembre 1858.
Sœurs de Sainte-Marthe.	Grasse (Alpes-Maritimes).	15 janvier 1859.
Sœurs des Saints-Noms de Jésus et de Marie.	Paramé (Ille-et-Vilaine).	21 février 1859.
Sœurs de l'Ange-Gardien.	Montauban (Tarn-et-Garonne).	21 —
Sœurs de Saint-Joseph.	Champagnole (Jura).	25 mai 1859.
Dames de Saint-Louis.	Juilly (Seine-et-Marne).	25 —
Sœurs du Saint-Cœur de Marie.	Nancy (Meurthe-et-Moselle).	16 septembre 1859.
Sœurs de Notre-Dame-de-la-Croix.	Murinais (Isère).	27 novembre 1859.
Sœurs de la Divine-Providence.	Reims (Marne).	8 décembre 1863.
Sœurs de Marie-Immaculée.	Bourges (Cher).	18 mai 1867.

II. — CONGRÉGATIONS DIOCÉSAINES A SUPÉRIEURE GÉNÉRALE.

INDICATION DE L'ASSOCIATION.	SIÈGE DE L'ASSOCIATION.	DATE DE L'AUTORISATION.
Sœurs de Saint-Joseph de la Présentation.	Verdun (Meuse).	3 février 1864.
Sœurs du Saint-Sacrement.	Perpignan (Pyrénées-Orientales).	4 mai 1864.
Sœurs de l'Instruction de l'Enfant-Jésus.	Chauffailles (Saône-et-Loire).	25 janvier 1865.
Sœurs de Saint-Joseph.	Chambéry (Savoie).	14 avril 1866.
Sœurs de Notre-Dame.	La Montgie (Puy-de-Dôme).	3 août 1867.
Ursulines.	Rougères (Allier).	13 —
—	Montmartin (Doubs).	25 —
Sœurs de Saint-Joseph.	Le Puy (Haute-Loire).	23 octobre 1867.
Dames de Marie.	Longny (Orne).	19 décembre 1868.
Sœurs du Pauvre-Enfant-Jésus, dites de la Bienveillance chrétienne.	Charmois-l'Orgueilleux (Vosges).	13 mars 1869.
Sœurs de Notre-Dame-de-la-Providence.	Blois (Loir-et-Cher).	23 février 1870.
Ursulines.	Arras (Pas-de-Calais).	25 octobre 1871.
Sœurs de l'Union chrétienne.	Fontenay (Vendée).	15 octobre 1872.
Augustines.	Abbeville (Somme).	17 décembre 1872.
Sœurs de Notre-Dame-du-Saint-Rosaire.	Pont-de-Beauvoisin (Isère).	23 janvier 1873.
Filles de Jésus.	Massac (Tarn).	1er mai 1874.
Franciscaines de l'Immaculée-Conception.	Macornay (Jura).	29 octobre 1874.
Sœurs de Saint-François.	Saint-Philbert-de-Grandlieu (Loire-Inférieure).	9 novembre 1874.
Sœurs de l'Immaculée-Conception.	Buzançais (Indre).	16 juin 1875.
Sœurs de la Mission d'Afrique.	Kouba (Algérie).	6 juillet 1875.
Sœurs de Saint-Joseph.	Estaing (Aveyron).	9 —
Sœurs de la Sainte-Famille.	Toulouse (Haute-Garonne).	27 octobre 1875.
Sœurs de Notre-Dame-des-Anges.	Puyperoux, commune d'Aigues-et-Puyperoux (Charente).	19 novembre 1875.
Franciscaines.	Saint-Chinian (Hérault).	8 avril 1876.

Filles des Sacrés-Cœurs de Jésus et de Marie, *dites* de Louvencourt.	Amiens (Somme).	8 avril 1876.
Franciscaines.	Vichy (Allier).	21 juin 1876.
Sœurs de Saint-Joseph de Nazareth.	Valenciennes (Nord).	22 novembre 1876.
Filles de la Providence.	Saint-Brieuc (Côtes-du-Nord).	7 avril 1877.
Religieuses Franciscaines de la Petite Famille du Sacré-Cœur de Jésus.	Alais (Gard).	5 novembre 1877.
Religieuses Ursulines.	Tours (Indre-et-Loire).	13 —
Sœurs de la Foi.	Haroué (Meurthe-et-Moselle).	13 mars 1878.
Dames Zélatrices de la Sainte-Eucharistie.	Rue de Douai, 60, Paris.	14 mai 1878.

III. — COMMUNAUTÉS A SUPÉRIEURE LOCALE.

INDICATION DE L'ASSOCIATION.	SIÈGE DE L'ASSOCIATION.	DATE DE L'AUTORISATION.
Ursulines.	Vitré (Ille-et-Vilaine).	9 avril 1806 et 21 septembre 1808.
	Annonay (Ardèche).	15 juin 1807.
Sœurs de Sainte-Marthe.	Dijon (Côte-d'Or).	2 novembre 1810.
Sœurs Hospitalières, *dites* du Saint-Esprit.	Ronceux (Vosges).	8 novembre 1810 et 20 mars 1843.
Sœurs de la Miséricorde.	Saint-Martin-des-Champs (Finistère).	15 novembre 1810 et 9 février 1837.
— —	Pont-l'Abbé (Finistère).	15 novembre 1810 et 17 mai 1859.
Sœurs Hospitalières (Hôtel-Dieu).	Bayeux (Calvados).	25 novembre 1810.
Sœurs de Saint-Joseph (hospice civil).	Baugé (Maine-et-Loire).	25 —
Sœurs de Sainte-Agnès.	Arras (Pas-de-Calais).	14 décembre 1810.
Sœurs de Saint-Michel.	Faubourg Saint-Irénée, Lyon (Rhône).	20 janvier 1811.
Sœurs de la Providence.	Limoges (Haute-Vienne).	28 septembre 1813.
Sœurs de la Visitation.	Nice (Alpes-Maritimes).	20 février 1816 et 14 décembre 1829.
Sœurs de la Mère-Agnès.	Le Puy (Haute-Loire).	29 février 1816.
Bénédictines de Saint-Désir.	Lisieux (Calvados).	11 septembre 1816.
Religieuses de Notre-Dame, *dites* de l'Ave.	La Flèche (Sarthe).	18 —
Ursulines.	Clermont (Puy-de-Dôme).	18 —
Sœurs de la Visitation.	Chambéry (Savoie).	5 novembre 1816 et 8 avril 1824.
Sœurs de la Providence.	Chartres (Eure-et-Loir).	20 novembre 1816.
Ursulines.	Montfort (Ille-et-Vilaine).	20 —
—	Pau (Basses-Pyrénées).	27 —
Sœurs de la Charité de Saint-Louis.	Pléchatel (Ille-et-Vilaine).	14 janvier 1817.
Augustines.	Pont-de-Beauvoisin (Savoie).	11 février 1823.
Sœurs de la Visitation.	Bourg (Ain).	22 février 1826.
— —	Caen (Calvados).	22 —
— —	Dijon (Côte-d'Or).	22 —
— —	Gex (Ain).	22 —
— —	Montluel (Ain).	22 —
— —	Rue du Petit-Maulevrier, Rouen (Seine-Inférieure).	15 mars 1826.
Dames Chanoinesses de Saint-Augustin.	Rue de Sèvres, 106, Paris.	7 juin 1826.

Ursulines.	Amiens (Somme).	7 juin 1826.
Sœurs de la Visitation Sainte-Marie.	Rue de Vaugirard, 140, Paris.	7 —
Sœurs de la Visitation.	Rue Sainte-Geneviève, Rouen (Seine-Inférieure).	14 —
	Riom (Puy-de-Dôme).	21 —
Ursulines.	Beaugency (Loiret).	5 juillet 1826.
—	Abbeville (Somme).	19 —
—	Boulogne (Pas-de-Calais).	19 —
—	Caen (Calvados).	19 —
—	Grenoble (Isère).	19 —
—	Morlaix (Finistère).	19 —
—	Saint-Omer (Pas-de-Calais).	19 —
—	Saint-Pol-de-Léon (Finistère).	19 —
—	Périgueux (Dordogne).	19 —
—	Tullins (Isère).	19 —
—	Aire (Landes).	23 —
—	Aix (Bouches-du-Rhône).	23 —
—	Avranches (Manche).	23 —
—	Bayeux (Calvados).	23 —
—	Dôle (Jura).	23 —
—	Evreux (Eure).	23 —
—	Saint-Sever (Landes).	23 —
—	Saint-Saulve (Nord).	23 juillet 1826 et 29 janvier 1845.
—	Bourg-Argental (Loire).	26 juillet 1826.
—	Crémieux (Isère).	26 —
—	Angers (Maine-et-Loire).	30 —
—	Orléans (Loiret).	30 —
—	Quimperlé (Finistère).	30 —
—	Sousceyrac (Lot).	30 —
—	Bourges (Cher).	13 août 1826.
—	Dinan (Côtes-du-Nord).	20 —
—	Aire (Pas-de-Calais).	27 —
—	Digne (Basses-Alpes).	27 —
—	Tonnerre (Yonne).	27 —
—	Ispagnac (Lozère).	30 août 1826 et 8 mai 1845.
Sœurs de la Visitation.	Périgueux (Dordogne).	3 septembre 1826.
Ursulines.	Saint-Chamond (Loire).	6 —
—	Blois (Loir-et-Cher).	17 —
—	Chirac (Lozère).	24 —
—	Boulieu (Ardèche).	4 octobre 1826.
—	Argentac (Corrèze).	8 —
—	Brives (Corrèze).	8 —
—	Rue des Capucins, Rouen (Seine-Inférieure).	8 —
—	Le Havre (Seine-Inférieure).	15 —
Augustines.	Carentan (Manche).	19 novembre 1826.
—	Orbec (Calvados).	19 —
Sœurs de Notre-Dame.	Caudebec (Seine-Inférieure).	19 —
— —	Rue des Cordeliers, Etampes (Seine-et-Oise).	19 —
— —	Saint-Flour (Cantal).	19 —
— —	Saint-Geniez (Aveyron).	19 —
— —	Langogne (Lozère).	19 —
— —	Limoges (Haute-Vienne).	19 —
— —	Masseube (Gers).	19 —

Sœurs de Notre-Dame.	Moulins (Allier).	19 novembre 1826.
— —	Poitiers (Vienne).	19 —
— —	Pradelles (Haute-Loire).	19 —
— —	Rodez (Aveyron).	19 —
— —	Toulouse (Haute-Garonne).	19 —
— —	Grand-Champ, Versailles (Seine-et-Oise).	19 —
Sœurs de Notre-Dame-de-Charité.	Saint-Vigor-le-Grand (Calvados).	19 novembre 1826 et 7 décembre 1859.
Bénédictines de l'Adoration perpétuelle du Saint-Sacrement.	Orient (Aveyron).	19 novembre 1826 et 29 novembre 1853.
Sœurs de Notre-Dame.	Lunéville (Meurthe-et-Moselle).	19 novembre 1826 et 11 mai 1850.
— —	Verdun (Meuse).	19 novembre 1826 et 26 novembre 1840.
— —	Tournemire (Aveyron).	10 décembre 1826.
Ursulines.	Château-Gontier (Mayenne).	10 janvier 1827.
Sœurs de Notre-Dame.	Honfleur (Calvados).	14 —
Ursulines.	Quintin (Côtes-du-Nord).	14 —
Sœurs Annonciades.	Boulogne-sur-Mer (Pas-de-Calais).	17 —
Bénédictines.	Arras (Pas-de-Calais).	17 —
—	Bayeux (Calvados).	17 —
—	Caen (Calvados).	17 —
—	Estaires (Nord).	17 —
—	Mantes (Seine-et-Oise).	17 —
—	Saint-Nicolas-du-Port (Meurthe-et-Moselle).	17 —
—	Poitiers (Vienne).	17 —
—	Toulouse (Haute-Garonne).	17 —
—	Valognes (Manche).	17 —
Dames de Saint-Benoît, sous l'invocation de Notre-Dame-de-Paix.	Calais (Pas-de-Calais).	17 —
Chartreuses.	Beauregard (Isère).	17 —
Religieuses de l'ancienne abbaye de Flines.	Douai (Nord).	17 —
Sœurs de la Miséricorde.	Rue Tournefort, 39, Paris.	17 —
Sœurs de Sainte-Marie-de-Fontevrault.	Chemillé (Maine-et-Loire).	17 —
Filles de la Vierge.	Rennes (Ille-et-Vilaine).	17 —
Ursulines.	Beaulieu (Corrèze).	24 —
Sœurs de Notre-Dame.	Carcassonne (Aude).	11 février 1827.
— —	Narbonne (Aude).	11 —
Ursulines.	Bordeaux (Gironde).	25 —
Bénédictines.	Bourges (Cher).	18 mars 1827.
Sœurs de Saint-Joseph.	Saint-Vallier (Drôme).	22 —
Ursulines.	Hennebont (Morbihan).	22 —
—	Ploërmel (Morbihan).	22 —
	Vannes (Morbihan).	22 —
Sœurs de la Visitation.	Valence (Drôme).	25 —
Bénédictines de l'Adoration perpétuelle.	Flavigny (Meurthe-et-Moselle).	1er avril 1827.
Sœurs de l'Adoration perpétuelle du Saint-Sacrement.	Avignon (Vaucluse).	22 —
— —	Bollène (Vaucluse).	22 —
— —	Carpentras (Vaucluse).	22 —
Augustines.	Barenton (Manche).	22 —
	Coutances (Manche).	22 —
Bernardines.	Saint-Paul-aux-Bois (Aisne).	22 —
Sœurs de Sainte-Claire.	Gourdon (Lot).	22 —

Sœurs de Sainte-Claire.	Lavaur (Tarn).	22 avril 1827.
Clarisses.	Saint-Omer (Pas-de-Calais).	22 —
Sœurs de la Croix.	Aiguillon (Lot-et-Garonne).	22 —
— —	Guingamp (Côtes-du-Nord).	22 —
— —	Villeneuve-d'Agen (Lot-et-Garonne).	22 —
— —	Villeréal (Lot-et-Garonne).	22 —
Sœurs de Saint-Dominique.	Allègre (Haute-Loire).	22 —
— —	Craponne (Haute-Loire).	22 —
— —	Langres (Haute-Marne).	22 —
	Chalon - sur - Saône (Saône-et-Loire).	22 —
Sœurs de Saint-François.	Allègre (Haute-Loire).	22 —
Sœurs de Saint-Joseph, *dites* de l'Union.	Rodez (Aveyron).	22 —
Hospitalières des Orphelines de Saint-Joseph.	Rue Poisson, 28, Rouen (Seine-Inférieure).	22 —
Sœurs de la Présentation de l'Adoration du Saint-Sacrement.	Saint-Laurent-d'Olt (Aveyron).	22 —
Sœurs de la Providence du Bon-Pasteur.	Douai (Nord).	22 —
Sœurs du Saint-Sacrement.	Aix (Bouches-du-Rhône).	22 —
Sœurs des Saints-Cœurs de Jésus et de Marie.	Tours (Indre-et-Loire).	22 —
Sœurs du Bon-Sauveur.	Saint-Lô (Manche).	22 —
Sœurs de la Trinité.	Saint-James (Manche).	22 —
Sœurs de l'Union chrétienne.	Poitiers (Vienne).	22 —
Ursulines.	Montauban (Tarn-et-Garonne).	22 —
—	Montpezat (Tarn-et-Garonne).	22 —
Sœurs de la Visitation.	Saint-Céré (Lot).	22 —
Ursulines.	Auch (Gers).	18 juin 1827.
Sœurs du Verbe-Incarné.	Evaux (Creuse).	20 —
Sœurs de Notre-Dame.	Vienne (Isère).	24 juin 1827 et 17 novembre 1838.
—	Albi (Tarn).	24 juin 1827.
Sœurs de Saint-Dominique.	Neufchâteau (Vosges).	24 —
Sœurs de Saint-Joseph.	Allanche (Cantal).	1er juillet 1827.
Sœurs de Notre-Dame.	Lautrec (Tarn).	21 —
Ursulines.	Thoissey (Ain).	29 —
Augustines.	Saint-Pierre-Eglise (Manche).	1er août 1827 et 6 mars 1846.
Sœurs de Saint-Joseph.	Neuvéglise (Cantal).	11 novembre 1827.
	Satillieu (Ardèche).	11 —
Dames chanoinesses de Notre-Dame de Saint-Augustin.	Abbaye-aux-Bois, rue de Sèvres, 16, Paris.	18 —
Sœurs de l'Union chrétienne.	Champdenier (Deux-Sèvres).	2 décembre 1827.
Ursulines.	Saint-Jean-de-Bournay (Isère).	6 —
Sœurs de la Visitation-Sainte-Marie.	Annecy (Haute-Savoie).	4 janvier 1828.
Sœurs de Notre-Dame.	Saint-Julien-d'Emparre (Aveyron).	13 —
Sœurs de la Miséricorde de Jésus.	Gouarec (Côtes-du-Nord).	10 février 1828.
Ursulines.	Valréas (Vaucluse).	9 mars 1828.
Sœurs de Notre-Dame-de-Sainte-Marie.	Grenoble (Isère).	20 —
Sœurs de Notre-Dame.	Châlons (Marne).	23 —
— —	Tournon (Ardèche).	23 —
Sœurs du Sacré-Cœur de Marie, *dites* de la Providence.	Sainte-Colombe, près La Flèche (Sarthe).	23 —
Religieuses du Saint-Sépulcre.	Charleville (Ardennes).	23 —
Sœurs de Notre-Dame.	Reims (Marne).	30 —
Ursulines.	Carhaix (Finistère).	27 avril 1828.
Sœurs de Notre-Dame-de-Sainte-Marie.	Saint-Antoine (Isère).	21 décembre 1828.

Ursulines.	Flavigny (Côte-d'Or).	22 mars 1829.
	Auvillars (Tarn-et-Garonne).	3 mai 1829.
Bénédictines de l'Adoration perpétuelle.	Craon (Mayenne).	5 août 1829.
Sœurs de la Visitation.	Marseille (Bouches-du-Rhône).	5 —
Ursulines.	Montigny-sous-Vingeanne (Côte-d'Or).	6 septembre 1829.
Carmélites.	Roubaix (Nord).	25 octobre 1829.
Sœurs de Saint-Dominique.	Le Monestier (Haute-Loire).	20 juin 1830.
Sœurs de Saint-Joseph, dites de l'Union.	Rudelle (Lot).	20 —
Ursulines.	Turtas (Landes).	17 septembre 1831.
Sœurs de Sainte-Marie-Thérèse.	Limoges (Haute-Vienne).	20 novembre 1834 et 20 mars 1851.
Sœurs du Verbe-Incarné.	Saint-Junien (Creuse).	21 octobre 1835.
Sœurs de Notre-Dame.	Pamiers (Ariège).	31 octobre 1836.
Augustines.	Mattaincourt (Vosges).	27 avril 1837.
Ursulines.	Brignoles (Var).	10 juillet 1837.
—	Pézenas (Hérault).	30 —
—	Gravelines (Nord).	12 juin 1838.
—	Paroisse de Saint-Orens, Auch (Gers).	18 septembre 1838.
Sœurs de Saint-Joseph, dites de l'Union.	Guéret (Creuse).	2 octobre 1838.
Ursulines.	Le Faouet (Morbihan).	13 —
—	Orchamps-Vennes (Doubs).	31 janvier 1839.
—	Condom (Gers).	30 mars 1839.
Sœurs de Notre-Dame.	Cavaillon (Vaucluse).	25 décembre 1840.
Ursulines.	L'Arbresle (Rhône).	31 décembre 1840 et 20 décembre 1850.
Sœurs de Notre-Dame.	Tulle (Corrèze).	26 mars 1841.
Bénédictines de l'Adoration perpétuelle du Saint-Sacrement.	Ussel (Corrèze).	13 mai 1841.
Bernardines.	Rue Monsieur, Paris.	17 novembre 1841.
Sœurs de la Visitation.	Belley (Ain).	13 février 1842.
Ursulines.	Troyes (Aube).	14 mars 1843.
	Bazas (Gironde).	26 —
—	Nevers (Nièvre).	12 juin 1843.
—,	Langon (Gironde).	21 juillet 1843.
Sœurs de la Visitation.	Saint-Marcellin (Isère).	31 août 1843.
Hospitalières de Saint-Martin.	Digne (Basses-Alpes).	16 janvier 1846, 3 août 1853 et 22 novembre 1863.
Sœurs de la Visitation.	Clermont (Puy-de-Dôme).	21 septembre 1846.
Sœurs de Sainte-Marie.	Boulaur (Gers).	15 mai 1847.
Dames de Sainte-Elisabeth.	Rue de Turenne, Paris.	10 août 1847.
Bénédictines de Saint-Désir.	Lisieux (Calvados).	27 juillet 1850.
Franciscaines de Notre-Dame-des-Anges.	Tourcoing (Nord).	2 septembre 1850.
Sœurs de la Visitation.	Aurillac (Cantal).	16 mars 1852.
Sœurs de Saint-Joseph.	Pierrefort (Cantal).	14 juin 1852.
— —	Saint-Martin-de-Beaupréau (Maine-et-Loire).	20 octobre 1852.
Sœurs de Saint-Dominique.	Bar-le-Duc (Meuse).	11 décembre 1852.
Sœurs de la Croix.	Merdrignac (Côtes-du-Nord).	6 janvier 1853.
Sœurs de la Charité.	La Délivrande, commune de Douvres (Calvados).	7 juillet 1853.
Sœurs de Notre-Dame.	Castelsarrasin (Tarn-et-Garonne).	26 —
Ursulines.	Corbigny (Nièvre).	3 août 1853.
Hospitalières de Saint-Martin.	Digne (Basses-Alpes).	3 août 1853 et 22 novembre 1863.
Sœurs de la Visitation Sainte-Marie.	Autun (Saône-et-Loire).	3 août 1853.

Dames chanoinesses de Saint-Augustin.	Rue Saint-Honoré, 205, Paris.	22 novembre 1853.
Augustines de l'Intérieur de Marie.	Montrouge (Seine).	29 —
Sœurs de la Visitation.	Rue de la Dalbade, 13, Toulouse (Haute-Garonne).	29 —
Sœurs de la Croix.	Tréguier (Côtes-du-Nord).	8 décembre 1853.
Sœurs de Notre-Dame.	Le Puy (Haute-Loire).	26 janvier 1854.
Sœurs de la Visitation.	Montélimar (Drôme).	1er février 1854.
—	Le Puy (Haute-Loire).	1er —
Sœurs de la Visitation Sainte-Marie.	Tarascon (Bouches-du-Rhône).	1er —
Sœurs de Notre-Dame.	Castelnaudary (Aude).	15 mars 1854.
Sœurs de Saint-Joseph, *dites* de l'Union.	Sainte-Colombe (Lot).	15 —
— —	Besse, commune de Villefranche-de-Panot (Aveyron).	19 avril 1854.
Ursulines.	Monestrol-sur-Loire (Haute-Loire).	15 juin 1854.
Bénédictines de Saint-Jacques.	Argentan (Orne).	17 juillet 1854.
Sœurs du Tiers ordre de la Pénitence de Saint-François.	Langeac (Haute-Loire).	29 —
Sœurs de Saint-François.	Doué (Maine-et-Loire).	13 décembre 1854.
Religieuses Trappistines.	Notre-Dame-des-Gardes (Maine-et-Loire).	23 —
Sœurs de la Miséricorde du Sacré-Cœur de Jésus.	Isigny (Calvados).	17 janvier 1855.
Bénédictines de l'Adoration perpétuelle du Saint-Sacrement.	Longuenesse (Pas-de-Calais).	15 décembre 1855 et 1er juillet 1865.
Sœurs de Notre-Dame.	L'Isle-Jourdain (Gers).	12 mars 1856.
Sœurs de la Visitation.	Rue Saint-Fuscien, 55, Amiens (Somme).	10 septembre 1856.
— —	Brioude (Haute-Loire).	14 novembre 1856.
Sœurs de Saint-Joseph.	Bougé-Chambalud (Isère).	24 —
Ursulines.	Voiteur (Jura).	3 décembre 1856.
Religieuses Trappistines.	Maubec (Drôme).	18 septembre 1857.
Sœurs de la Croix.	Casseneuil (Lot-et-Garonne).	26 avril 1858.
Sœurs de la Visitation Sainte-Marie.	Voiron (Isère).	23 août 1858.
Dames Augustines du Saint-Cœur de Marie.	Rue de la Santé, 29, Paris.	30 novembre 1858.
Sœurs de la Croix.	Loudéac (Côtes-du-Nord).	27 décembre 1858.
Sœurs Augustines.	Condé-sur-Noireau (Calvados).	7 juillet 1859.
Ursulines.	Pont-de-Beauvoisin (Isère).	26 septembre 1860.
Sœurs de la Croix.	Rue du Cherche-Midi, 138, Paris.	1er décembre 1860.
Ursulines.	Viriville (Isère).	1er août 1864.
Sœurs de l'Enfant-Jésus.	Neufchâtel (Sarthe).	19 novembre 1864.
Sœurs de l'Adoration perpétuelle du Saint-Sacrement.	Marseille (Bouches-du-Rhône).	27 mai 1865.
Sœurs du Verbe-Incarné.	Saint-Benoît-du-Sault (Indre).	26 août 1865.
Sœurs de l'Immaculé-Cœur de Marie.	Boulogne (Pas-de-Calais).	18 juillet 1866.
Religieuses Trappistines de Notre-Dame-des-Anges.	Espira-de-l'Agly (Pyrénées-Orientales).	21 —
Sœurs des Sacrés-Cœurs de Jésus et de Marie.	Recoubeau (Drôme).	28 novembre 1866.
Ursulines.	Beaujeu (Rhône).	17 janvier 1867.
Sœurs du Verbe-Incarné.	Azerables (Creuse).	6 avril 1867.
Sœurs du Saint-Cœur de Marie.	Chartres (Eure-et-Loir).	25 août 1867.
Sœurs de Saint-François.	Le Mas, commune de Tence (Haute-Loire).	22 janvier 1868.
Franciscaines de l'Immaculée-Conception.	Champfleur (Sarthe).	6 mai 1868.
Sœurs de Saint-Charles.	Le Puy (Haute-Loire).	30 décembre 1868.
Sœurs de Notre-Dame-des-Anges.	Digne (Basses-Alpes).	13 janvier 1869.

Sœurs de l'Union chrétienne.	Mende (Lozère).	27 janvier 1869.
Sœurs de la Sainte-Famille.	Séez (Orne).	12 mai 1869.
Sœurs de la Providence.	Mende (Lozère).	15 janvier 1870.
Sœurs de la Croix.	Saint-Paul-en-Chalençon (Haute-Loire).	9 mars 1870.
Dominicaines.	Nancy (Meurthe-et-Moselle).	19 —
Sœurs de la Croix.	Monsempron (Lot-et-Garonne).	18 juin 1870.
Sœurs de la Visitation Sainte-Marie.	Meaux (Seine-et-Marne).	23 janvier 1873.
Ursulines.	Trévoux (Ain).	22 mars 1873.
Sœurs de Notre-Dame-de-Fourvières.	Lyon (Rhône).	22 avril 1874.
Sœurs de Notre-Dame.	Villeneuve (Aveyron).	16 juillet 1875.
Sœurs de Notre-Dame-des-Anges.	Rue Blomet, 147, Paris.	4 mars 1876.
Sœurs Dominicaines de la Bonne-Providence.	Mirecourt (Vosges).	27 —
Sœurs du Tiers ordre des Servites de Marie.	Le Raincy (Seine-et-Oise).	3 juin 1876.
Sœurs de Notre-Dame.	Millau (Aveyron).	13 novembre 1876.
Sœurs de la Compassion.	Marmande (Lot-et-Garonne).	14 août 1877.
Ursulines.	Auxerre (Yonne).	19 septembre 1877.

TABLE CHRONOLOGIQUE

DES MATIÈRES CONTENUES DANS LE TOME Ier

DE LA

LÉGISLATION SUR L'INSTRUCTION PRIMAIRE

1789-1833

[Dans la dernière colonne, *n* renvoie aux *Notes*.]

36.

APPENDICE

PARIS. — IMPRIMERIE DELALAIN FRÈRES

RUE DE LA SORBONNE, 1 ET 3.

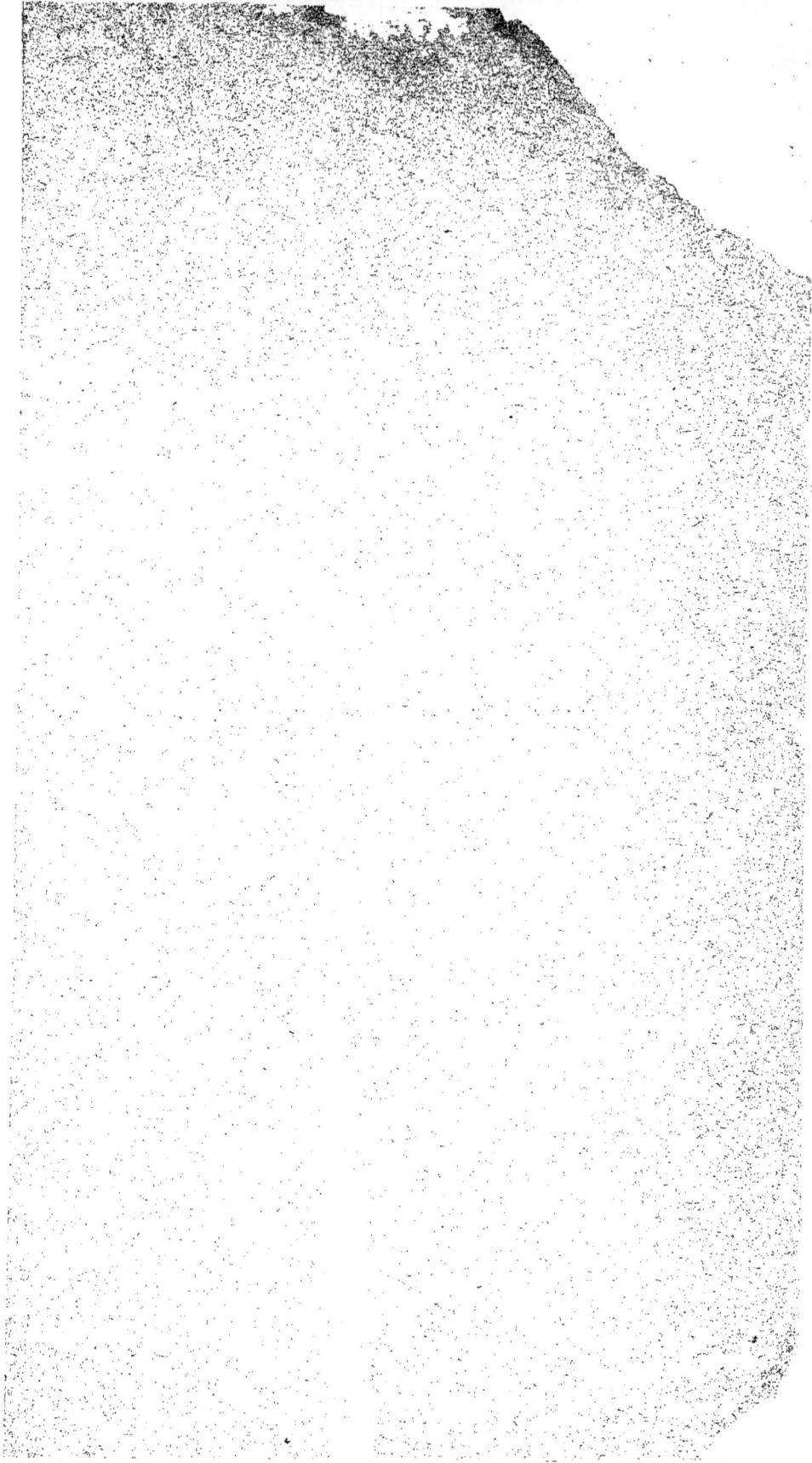

PARIS. — IMPRIMERIE DELALAIN FRÈRES,
1 ET 3, RUE DE LA SORBONNE.